Os Trabalhadores e a Cidade

Os Trabalhadores e a Cidade

A FORMAÇÃO DO PROLETARIADO DE JUIZ DE FORA E SUAS LUTAS POR DIREITOS (1877 - 1920)

LUÍS EDUARDO DE OLIVEIRA

Copyright © 2010 Luís Eduardo de Oliveira

EDITORA FGV
Rua Jornalista Orlando Dantas, 37
22231-010 | Rio de Janeiro, RJ | Brasil
Tels.: 0800-021-7777 | 21-3799-4427
Fax: 21-3799-4430
editora@fgv.br | pedidoseditora@fgv.br
www.fgv.br/editora

Todos os direitos reservados. A reprodução não autorizada desta publicação, no todo ou em parte, constitui violação do copyright (Lei nº 9.610/98).

Os conceitos emitidos neste livro são de inteira responsabilidade do autor.

Grafia atualizada segundo o Acordo Ortográfico da Língua Portuguesa, em vigor no Brasil desde 2009.

1ª edição — 2010

PREPARAÇÃO DE ORIGINAIS: Ronald Polito
REVISÃO: Adriana Alves e Tathyana Viana
DIAGRAMAÇÃO: FA Editoração
CAPA: André Castro
IMAGENS DA CAPA: rua Direita, Juiz de Fora, MG, 1890 (Setor de Memória da Biblioteca Municipal Murilo Mendes — SMBMMM); no detalhe do canto inferior esquerdo, operários da Fábrica de Banha Mineira, e no canto superior direito, da Fábrica de Máquinas Otto & Irmãos, ambas em Juiz de Fora. Na quarta capa, trabalhadores da Fábrica de Máquinas e Fundição George Grande (acervo pessoal de Sérgio Neumann) e recortes de anúncios do jornal *O Pharol* da década de 1880 (SMBMMM).

Impresso no Brasil | *Printed in Brazil*

**Ficha catalográfica elaborada pela
Biblioteca Mario Henrique Simonsen/FGV**

Oliveira, Luís Eduardo de

    Os trabalhadores e a cidade : a formação do proletariado de Juiz de Fora e suas lutas por direitos (1877-1920) / Luís Eduardo de Oliveira. - Rio de Janeiro : Editora FGV, 2010.
        484 p. : il.

    Originalmente apresentada como tese do autor (doutorado – Universidade Federal Fluminense, Departamento de História, 2008)
        Inclui bibliografia.
        ISBN: 978-85-225-0807-5

        1. Trabalhadores - Juiz de Fora (MG). 2. Proletariado - Juiz de Fora (MG) 3. Mercado de trabalho – Juiz de Fora (MG). 4. Direitos sociais. I. Fundação Getulio Vargas. II. Título.

                                                              CDD – 331.1098151

Para Lisa e Clarice, que enchem meu presente de amor, responsabilidades, alegrias, cores, sons, sonhos e esperanças.

Para minha mãe, Sofia dos Santos de Oliveira, meu exemplo primordial de luta pela dignidade e o bem-estar dos seus.

Para meu pai, Paulo Leite de Oliveira, em memória, sempre vivo e lúcido em meu coração.

Para Clodsmidt Riani, líder das classes trabalhadoras juizforana, mineira e brasileira nas décadas de 1950 e 1960, por sua honradez e coragem.

Vivendo do salário miserável, do salário irrisório (...) como poderão os operários desta cidade organizar uma greve, se não possuem ainda uma caixa mútua que os sustentem durante o tempo da mesma e se, por outro lado, os patrões, acastelados dentro de suas fortunas, têm meios de esperar, sossegadamente, que os estômagos vazios obriguem os grevistas a voltar ao trabalho, muitas vezes aceitando novas e odiosas imposições? (...) Entretanto, os operários permanecem todos em atitude ordeira e pacífica, tudo querendo obter mansamente, sem agitações, sem atentados, sem reuniões subversivas, sem hostilidade de espécie alguma. Mais uma razão para que sejam quanto antes atendidos. Seu direito é insofismável e se ele não tem, em nosso país, uma garantia na lei, não se segue daí que deva ser postergado ou espezinhado. (...) Não desanime a classe operária. Continue a empenhar-se pacificamente pela obtenção de um salário melhor e da redução das horas de trabalho: tendo por si, como tem, as simpatias gerais, é bem possível que seus direitos sejam respeitados e feitas as concessões por que se bate.

GILBERTO DE ALENCAR, *O Pharol*, junho de 1912.

Sumário

O Prêmio Pronex/UFF Culturas Políticas 15
Daniel Aarão Reis

Agradecimentos 17

Apresentação 21

Introdução 25

Parte I — A formação do núcleo urbano e do proletariado de Juiz de Fora (1840-1910) 35

1 — Primórdios do centro urbano e formação da mão de obra: Juiz de Fora, 1840-1880 **37**

A constituição e expansão do núcleo urbano de Juiz de Fora entre as décadas de 1840 e 1870 **41**

Trabalho escravo e livre nas grandes fazendas do principal município do complexo cafeicultor da Zona da Mata mineira **51**

Uma cidade construída por cativos: o trabalho escravo no núcleo urbano de Juiz de Fora **64**

Uma cidade também construída por homens e mulheres livres, despossuídos e de múltiplas nacionalidades **85**

2 — Generalizando e estendendo o "cativeiro" para muito além da Abolição: o disciplinamento do mundo do trabalhador na transição para o capitalismo **109**

A transformação de um centro mercantil e manufatureiro em uma cidade-fábrica **111**

As classes conservadoras e o ordenamento dos mundos do trabalho
e do trabalhador na passagem ao capitalismo **136**

Generalizando o "cativeiro": o disciplinamento às vésperas do treze de
maio de um mercado urbano de mão de obra em expansão **156**

Estendendo o "cativeiro" para muito além da Abolição: mercado de
trabalho e assalariamento capitalista em Juiz de Fora entre 1890 e 1904 **188**

Parte II — Cultura associativa e luta de classes na "cidade da ordem e do trabalho" (1877-1920) 211

3 — Exploração social, resistência de classe e condições de vida em Juiz de Fora na virada do século 213

Pobreza, marginalização espacial e resistência cotidiana: a experiência
social do proletariado nas décadas de 1890 e 1900 **216**

Opressão capitalista e condições de trabalho nas "casas de tratamento",
oficinas e grandes unidades fabris da mais proletária das cidades de Minas **235**

Por "um pouco de liberdade" nos domingos e dias santificados: a formação
de uma tradição reivindicatória e associativa entre os caixeiros juizforanos **256**

"Seis dias para trabalhar e um dia para Deus!" Os desdobramentos políticos
da questão do fechamento das portas e a criação da Associação
dos Empregados no Comércio **272**

4 — O despertar dos explorados: cultura associativa e lutas por direitos na antiga Manchester Mineira 297

Espírito de associação e mobilizações proletárias em Juiz de Fora
no limiar da República **299**

A questão social sob os pontos de vista das classes conservadoras e
do operariado **329**

Construindo organizações e renovando tradições: partidos, associações
e reivindicações proletárias em Juiz de Fora de 1906 a 1911 **354**

O ruidoso despertar da multidão de explorados na greve geral de 1912 **378**

Um por todos e todos por um: a Associação Beneficente Operária e a
conquista das oito horas **396**

Conclusão 415

Fontes e bibliografia 421

Anexos 437

Anexo I
Profissões, estabelecimentos comerciais e manufatureiros em
    Juiz de Fora (1870-77) **438**

Anexo II
Principais ramos e estabelecimentos manufatureiros em
    Juiz de Fora (1878-83) **439**

Anexo III
Oficiais de ofício, oficinas e estabelecimentos fabris em Juiz de Fora
    por ramos industriais (1890-98) **443**

Anexo IV
Evolução da organização administrativa, da estrutura e das atividades
    produtivas das principais companhias e estabelecimentos industriais
    de Juiz de Fora (1884-1902) **446**

Anexo V
Estabelecimentos e profissões do setor terciário da economia de
    Juiz de Fora (1890-98) **453**

Anexo VI
Folha de pagamento da Fábrica de Fiação e Tecelagem Industrial
    Mineira (fevereiro de 1884) **456**

Anexo VII
Entrada de imigrantes em Minas Gerais pela hospedaria de
    Juiz de Fora (1894-1901) **458**

Anexo VIII
População das zonas urbana, suburbana e rural do distrito-sede
    do município de Juiz de Fora (1907) **460**

Anexo IX
Anúncios de emprego publicados nos jornais *O Pharol*, *Correio de Minas* e
    Jornal do Commercio (1890-1904) **461**

Anexo X
Folha de pagamento da Companhia de Fiação e Tecelagem Industrial Mineira (maio de 1897) **463**

Anexo XI
Greves, ameaças de greves, mobilizações e protestos proletários, no Brasil e no mundo, noticiadas pela imprensa de Juiz de Fora (1890-1912) **465**

Anexo XII
Greves, mobilizações, comemorações e protestos proletários ocorridos em Minas Gerais e noticiados pela imprensa de Juiz Fora (1890-1912) **471**

Anexo XIII
Associações proletárias constituídas em Juiz de Fora (1889-1920) **478**

Listagem das tabelas e imagens

Tabelas

Tabela 1 — Evolução do crescimento populacional da cidade e do município de Juiz de Fora (1853 e 1873) **48**

Tabela 2 — Participação da produção cafeeira da Zona da Mata na produção do estado de Minas Gerais (1847- 1926) **49**

Tabela 3 — Distribuição da população livre e escrava (1872-74) **54**

Tabela 4 — Evolução do preço médio da mercadoria escrava no município de Juiz de Fora (1854-88) **57**

Tabela 5 — Profissões exercidas por escravos e indivíduos livres na paróquia de Santo Antônio do Juiz de Fora (1873) **79**

Tabela 6 — Volume total de café e de mercadorias transportados pela Companhia União e Indústria (1858-68) **97**

Tabela 7 — Profissões exercidas na paróquia de Santo Antônio do Juiz de Fora por brasileiros e estrangeiros livres (1873) **102**

Tabela 8 — Estimativa das rendas anuais e dos ordenados mensais de algumas categorias profissionais na cidade de Juiz de Fora (1878) **175**

Tabela 9 — Valores médios de ordenados mensais pagos na cidade de Juiz de Fora em 1878 e na Fábrica dos Ingleses em 1884 **184**

Tabela 10 — População do município de Juiz de Fora (1890-1907) **189**

Tabela 11 — Evolução da estrutura produtiva das duas principais fábricas de fiação e tecelagem de Juiz de Fora (1883-1907) **248**

Tabela 12 – Preços correntes em Juiz de Fora de alguns gêneros alimentícios de primeira necessidade (1892-1900) **316**
Tabela 13 – Contribuições feitas ao Centro Operário Nacional (1898) **325**
Tabela 14 – Evolução do valor anual da produção e do quantitativo de operários de alguns dos principais estabelecimentos industriais de Juiz de Fora (1905-14) **382**

Imagens
Imagem 1 – As oficinas da Companhia União e Indústria e a estação de diligências de Rio Novo no início da década de 1860 **100**
Imagem 2 – Quarta página da edição de 21 de setembro de 1879 de *O Pharol* **116**
Imagem 3 – Quarta página da edição de 12 de julho de 1882 de *O Pharol* **117**
Imagens 4 e 5 – Propagandas das firmas Brandi & Cia. e A. A. Halfeld & Cia. **119**
Imagem 6 – A ampla e arborizada rua Direita em 1890 e alguns dos símbolos do progresso de Juiz de Fora **134**
Imagem 7 – Área central de Juiz de Fora no início da década de 1900 **135**
Imagens 8, 9 e 10 – Anúncios de empregos veiculados no jornal *O Pharol* **161**
Imagens 11 e 12 – Folha de pagamentos da Fábrica de Fiação e Tecelagem Industrial Mineira (1884) **183**
Imagens 13 e 14 – Notas sobre acidente de trabalho e falecimento de antigo operário **245**
Imagem 15 – Folha de pagamentos da Fábrica de Fiação e Tecelagem Industrial Mineira (1897) **247**
Imagem 16 – Prédio da Fábrica de Tecidos de Juta (1899) **249**
Imagem 17 – Cabeçalho do jornal *Treze de Maio*, com suas divisas e a data de sua publicação **258**
Imagem 18 – Convite para a assembleia preparatória da fundação da Associação dos Empregados no Comércio de Juiz de Fora (1903) **287**
Imagem 19 – Convites para reuniões de industriais e do Centro Operário de Juiz de Fora (1903) **338**
Imagem 20 – Anúncio da vinda do líder operário carioca Antonio Augusto Pinto Machado a Juiz de Fora (1904) **346**
Imagem 21 – Praça da Estação (ao fundo) e Alfândega de Juiz de Fora (à direita) tomadas pelas águas do rio Paraibuna durante a enchente de 1906 **355**
Imagem 22 – Operárias no interior da Fábrica de Meias Viúva Meurer, em Juiz de Fora (1915) **382**

Imagem 23 – Oficinas da Mecânica Central, em Juiz de Fora (1914)   **389**
Imagem 24 – Detalhe da primeira página do jornal *O Pharol* de 22 de agosto de 1912   **393**

O Prêmio Pronex/UFF Culturas Políticas

O projeto Culturas Políticas e Usos do Passado — Memória, Historiografia e Ensino da História, formado por núcleos de pesquisadores da Universidade Federal Fluminense (UFF), da Universidade do Estado do Rio de Janeiro (Uerj), da Universidade Federal do Rio de Janeiro (UFRJ), da Universidade Federal Rural do Rio de Janeiro (UFRRJ) e da Universidade Candido Mendes (Ucam), apoiado pela Faperj e o CNPq por meio do Programa Nacional de Núcleos de Excelência (Pronex), instituiu em 2007 um concurso entre os doutores e mestres formados pelos professores que fazem parte do projeto. Três pós-graduandos foram então premiados, e seus trabalhos publicados em 2009, com recursos do Pronex, pela Editora FGV.

Em 2009, de acordo com nossa programação, um segundo concurso foi realizado, cobrindo a grande área de história moderna e contemporânea.

Os candidatos foram avaliados por uma banca formada pelas professoras doutoras Angela de Castro Gomes (Cpdoc/FGV), Margarida Neves (PUC-RJ), Sheila Castro Faria (UFF) e Margareth Gonçalves (UFRRJ), e pelos professores doutores Manoel Luís Salgado Guimarães (UFRJ) e Flavio Limoncic (UNI-Rio).

Foram premiadas a tese de doutorado de Luís Eduardo de Oliveira, *Os trabalhadores e a cidade: a formação do proletariado de Juiz de Fora e suas lutas por direitos, 1877-1920*, e a dissertação de mestrado de José Eudes Gomes, *As milícias del Rey: tropas militares e poder no Ceará setecentista*.

Temos a grata satisfação e a honra de apresentar aos leitores estes premiados trabalhos de historiadores que, ainda tão jovens, já se apresentam como pesquisadores de alto nível.

Daniel Aarão Reis
Coordenador do Projeto Culturas Políticas e Usos do Passado —
Memória, Historiografia e Ensino da História

Junho de 2010

Agradecimentos

Este trabalho, fruto de minha tese de doutorado, não teria sido possível se o professor Jorge Ferreira não fosse tão generoso e solícito com seus alunos e orientandos. Quero agradecê-lo não somente pelas críticas e sugestões decisivas, mas pelo apoio e incentivo constantes, por sua paciência e pelas cobranças firmes nos momentos necessários. Seus estudos renovadores sobre a cultura e a participação política dos trabalhadores brasileiros na vida nacional entre os anos de 1930 e 1964, em especial, constituem uma das principais referências historiográficas de minhas pesquisas sobre as movimentações classistas do proletariado de Juiz de Fora.

Às professoras Angela de Castro Gomes e Elina Gonçalves da Fonte Pessanha agradeço por participarem das bancas de qualificação, pelas valiosas críticas e sugestões teórico-metodológicas e pela generosidade em proporem a minha progressão do mestrado para o doutorado em abril de 2004. Aos professores Daniel Aarão Reis Filho, Norberto Ferreras e Eliana Regina de Freitas Dutra, que, em julho de 2004, gentilmente integraram a banca especial que avaliou e aprovou a minha progressão do mestrado para o doutorado. A todos eles sou grato pelas orientações teóricas, o incentivo à ampliação da pesquisa de fontes e as sugestões de leituras.

Aos componentes da banca de defesa da tese que originou este livro serei sempre agradecido: professores José Sérgio Leite Lopes, Fernando Teixeira da Silva, Angela de Castro Gomes, Elina Gonçalves da Fonte Pessanha, Paulo Fontes, Norberto Ferreras e, finalmente, meu orientador, Jorge Ferreira.

Agradeço aos professores Guilherme Pereira das Neves, Maria de Fátima Silva Gouvêa (*in memoriam*), Maria Regina Celestino de Almeida, Márcia Maria Menendes Motta, Paulo Knauss e Gislene Neder pela maneira séria e competente com que ministraram os cursos de que participei, durante o mestrado e o doutorado, no Programa de Pós-Graduação em História da Universidade Federal Fluminense.

Aos funcionários do PPGH-UFF e PGH-UFF, em especial, à Joceli Santos Silva, Stela Guerreiro, Silvana e Mário, pelo modo sempre educado e solícito com que me atenderam durante todos esses anos.

Aos alunos de graduação em história da UFF, que, no segundo semestre de 2007, participaram ativamente das atividades do curso "O movimento operário e as lutas por direitos no Brasil: história e historiografia", que ministrei dentro do Programa de Estágio-Docente Voluntário do PPGH-UFF. Muitos dos debates realizados nesse curso encontram-se incorporados neste trabalho.

Aos meus professores do curso de graduação em história na Universidade Federal de Juiz de Fora, especialmente a José Alberto Saldanha e Sonia Regina Miranda, que muito me incentivaram e apoiaram nos momentos decisivos de minha formação profissional.

À professora Thaís Helena da Silva Moreira, que não só revisou a tese como debateu comigo vários dos assuntos nela abordados. Do mesmo modo, agradeço à professora Elisabeth Egarter pela valiosa ajuda na preparação do abstract.

Aos meus amigos de trabalho e pelejas do Colégio Estadual Moacyr Padilha, em Três Rios (RJ), em especial, aos professores Álvaro de Paula, Carlos Tadeu de Oliveira, Thaís Helena, Lucia Helena Joviano, Lídio Damasceno, Hilana Cabral, Amadeu Guedes, Affonso Henriques, Darlan de Oliveira, Fábio Luiz de Almeida, Moema Maria do Nascimento, Carlos Alvim, Rita Pires e Wallace Ignácio, com os quais debati várias partes deste trabalho, compartilhei minhas angústias e de quem sempre recebi apoio e incentivos constantes para avançar em meus estudos.

Aos professores, alunos e funcionários do Instituto Superior de Educação Carlos Chagas, em Juiz de Fora (MG), onde leciono desde 2004, especialmente às professoras Simone Moreira e Emília Jorge Assad e ao professor Octavio Silvério de Souza Vieira Neto, pelo encorajamento e interesse pelo meu trabalho.

Meus agradecimentos aos funcionários e dirigentes das instituições e arquivos em que trabalhei durante esses anos ou dos quais recebi fontes digitalizadas: Associação Comercial, Instituto Histórico e Geográfico de Juiz de Fora, Arquivo Histórico da UFJF e Centro de Memória e Documentação da Unesp.

Sou especialmente grato à professora Ana Lúcia Fiorot de Souza, que gentilmente me cedeu boa parte das fontes digitalizadas por ela no acervo particular da família do sr. Dormevilly Nóbrega.

À Heliane Casarin, do Setor de Memória da Biblioteca Municipal Murilo Mendes, que muito me auxiliou a fazer uma ampla pesquisa nas coleções de jornais sob sua guarda e que me cedeu cópias digitalizadas de edições do jornal *O Pharol* no período imperial.

Aos funcionários e pesquisadores do Arquivo Histórico da Cidade de Juiz de Fora, especialmente à Elione Guimarães, Francisco Carlos Limp e Henrique Lacerda, pelo excelente trabalho que realizam e pelo modo generoso com que sempre receberam a mim e a meus alunos nessa importante instituição de preservação da memória de Juiz de Fora.

Às equipes do Pronex/UFF Culturas Políticas e Usos do Passado e da Editora FGV, em especial, ao professor Daniel Aarão Reis, a Daniela Duarte Candido e ao professor Ronald Polito por suas contribuições fundamentais no processo de transformação de minha tese neste livro.

Ao sr. Clodsmidt Riani, pelo modo sempre amável com que me recebeu em sua casa, me disponibilizou seu acervo para consultas demoradas e pela maneira gentil com que hoje atende minhas alunas do curso de pedagogia do Isecc.

Aos amigos Fernando Gaudereto Lamas e Jefferson de Almeida Pinto, companheiros de incontáveis viagens entre Juiz de Fora e Niterói, na época do mestrado, com os quais discuti muitas das ideias e hipóteses que estruturam este trabalho.

Ao professor José Alcides Figueiredo dos Santos, amigo de longa data que sempre me disponibilizou seus livros e me ensinou, com seu exemplo, a lutar por uma sociedade mais justa.

Aos amigos e professores Sérgio Neumann, fotógrafo e organizador da terceira edição do *Álbum do município de Juiz de Fora (1915)*, e Maria Francisca Lemos Szymanowski, do Centro de Defesa dos Direitos Humanos de Juiz de Fora, pelo carinho, o incentivo e a confiança crescente no meu trabalho.

Aos meus familiares, mãe, irmãos, sobrinhas pelos momentos raros, mas fundamentais, em que nos encontramos e celebramos o presente: Sofia, Sebastião, Sheila, Aldemir, Camila, Isabela, Volnei, Angela e Carolina.

À família que me acolheu e que faz a vida de minha filha, Clarice, ser ainda mais repleta de carinho, conforto e amor: João e Luzia Fontes, Wagner e Yuri.

À Lisa, minha esposa, por seu amor e dedicação total à nossa filha, Clarice, e por tudo o que vivemos e ainda iremos viver, juntos, sempre juntos.

Apresentação

Luís Eduardo de Oliveira é um jovem professor de história. Em certo momento de sua carreira profissional, tomou a decisão de desenvolver pesquisas em nível de pós-graduação sobre os trabalhadores que viveram e lutaram por seus direitos na cidade mineira de Juiz de Fora, entre o final do século XIX e início do século XX. *Os trabalhadores e a cidade*, portanto, é título que expressa a história que nos conta.

Desde fins de 1850, Juiz de Fora se constituiu em importante núcleo urbano. Nas décadas seguintes, a cidade cresceu economicamente, sobretudo com a expansão do café e dos setores comerciais e manufatureiros. Homens livres pobres, libertos do cativeiro e escravos formavam um mercado de trabalho "híbrido". Mas além de escravos e trabalhadores livres nacionais, no decurso da segunda metade do Oitocentos, milhares de imigrantes germânicos, portugueses, italianos, entre homens e mulheres de outras nacionalidades, chegaram na cidade. Com a expansão da economia, todos se viram sob grande exploração no trabalho e em péssimas condições de vida.

Em fins do século XIX, Juiz de Fora tinha intensa vida econômica com a instalação de muitas indústrias e diversificado comércio. Tornou-se, como se dizia na época, a *Manchester Mineira*. A grande aglomeração de operários e a pobreza que eles viviam preocuparam as elites empresariais e políticas da cidade. Como estratégia para impor seu domínio econômico e ideológico, as classes dominantes locais formularam imagens e representações que desqualificavam socialmente os trabalhadores. "Classes perigosas" ou "classes viciosas" eram alguns dos recursos imaginários encontrados para estigmatizar os assalariados. Além disso, práticas autoritárias e repressivas foram implementadas no sentido de disciplinar e controlar os operários. As elites da cidade atuaram em um duplo movimento: ordenar o espaço urbano de acordo com os valores da modernização que avançava e disciplinar a mão de obra da cidade. O resultado desse processo foi o aviltamento ainda maior dos salários e a imposição de rígido controle no ambiente de trabalho e no espaço urbano.

Explorados, vivendo sob condições de vida deploráveis, sofrendo com o autoritarismo e conhecendo preconceitos sociais, os trabalhadores ainda tiveram que enfrentar fragmentações entre eles mesmos: divisões nacionais, étnicas, culturais, religiosas, linguísticas, entre outras. Ser trabalhador nesse mundo era muito difícil.

Luís Eduardo de Oliveira, portanto, preocupou-se com o processo que levaria esses trabalhadores a se compreenderem como classe social em Juiz de Fora. Eram empregados do comércio, operários da construção civil, do setor de transportes, das oficinas e fábricas, todos eles construindo uma identidade coletiva em comum e formando uma cultura política própria. O processo não foi fácil, exigindo lutas políticas, conflitos sociais, movimentos reivindicatórios e a formação de inúmeras associações. A luta era contra a exploração, por seus direitos sociais e pela melhoria das condições de vida. Ainda antes da abolição da escravidão no Brasil, eles mobilizaram-se no sentido de resistir à exploração econômica e aos preconceitos que sofriam. É o caso, por exemplo, da campanha proletária pela redução da jornada de serviço, especialmente em prol do direito de não trabalhar durante o domingo, que se iniciou uma década antes da assinatura da Lei Áurea.

Com talento e sensibilidade, o autor reconstituiu as conflituosas relações entre as classes dominantes e os trabalhadores nos primeiros anos da República: enquanto as elites políticas e empresariais esforçavam-se para consolidar sua dominação sobre a população da cidade, os operários atuavam no sentido de construir sua identidade de classe, aprofundar seu aprendizado político e lutar por direitos sociais.

As três primeiras décadas do século XX foram de crescimento das atividades na indústria e no comércio, alterando a cidade em termos urbanos, econômicos e demográficos. Juiz de Fora se tornou o principal centro industrial de Minas Gerais. Nessas décadas, as lutas dos trabalhadores avançaram e diversas mobilizações deram a eles experiências políticas, organizativas e reivindicatórias. Várias associações beneficentes, auxiliadoras e de socorro mútuo foram fundadas nesse momento. Ao mesmo tempo, greves foram deflagradas. Luís Eduardo nos mostra que beneficência e resistência não se excluíam e foram práticas comuns na luta dos operários por melhores condições de vida.

Greves gerais foram deflagradas em 1912 e 1920, sobretudo na luta pela jornada de oito horas de trabalho. Passeatas, assembleias, quermesses, publicação de manifestos também eram formas de luta encontradas pelos trabalhadores. Mesmo dispondo de instrumentos coercitivos e persuasivos, as elites empresariais e políticas não conseguiram impor suas ideias e projetos sem críticas, recusas e resistências.

O livro, portanto, trata da história de Juiz de Fora, da formação de seu proletariado e das lutas sociais que ocorreram na cidade em período estratégico. As fontes para reconstituir essa história repleta de conflitos foram muitas e variadas, a exemplo da imprensa, de memórias, de documentação contábil das empresas, entre outras. Mas uma modalidade de fonte chama a atenção do leitor: anúncios publicados nos jornais. O uso dos anúncios e a maneira como Luís Eduardo trabalhou com eles é um exemplo de como o historiador, com inteligência e imaginação, pode "inventar" suas fontes.

No doutorado em história da Universidade Federal Fluminense, Luís Eduardo de Oliveira dedicou-se aos seus estudos e realizou intensa pesquisa documental. Como orientador de seus trabalhos, não escondo minha satisfação com o grande êxito de sua tese de doutoramento, agora transformada em livro. O leitor perceberá que sua decisão de ingressar na pós-graduação foi, sem dúvida, muito acertada.

Jorge Ferreira
Professor titular de história do Brasil da
Universidade Federal Fluminense

Introdução

> Já é mais do que tempo de reconhecermos que a compreensão da experiência histórica da classe operária brasileira somente pode ser realizada se forem levadas em conta as inúmeras determinações que agem sobre ela. A classe operária deve ser definida, como já lembrou E. P. Thompson, pelos trabalhadores como eles vivem a sua própria história; a classe é a consciência que emerge da luta de classes. Consequentemente, nenhuma experiência de uma classe operária pode ser considerada mais "verdadeira" do que outra.
>
> PAULO SÉRGIO PINHEIRO, Prefácio
> (Hardman e Leonardi, 1991:10).

Os temas centrais desta tese são os processos simultâneos de expansão do núcleo urbano e de conformação do mercado de trabalho de Juiz de Fora, ocorridos na segunda metade do século XIX, e as experiências sociais, organizatórias e reivindicativas dos trabalhadores dessa cidade de Minas Gerais entre os anos de 1877 e 1920. Partindo do pressuposto de que a formação do proletariado enquanto *classe* é um fenômeno histórico e cultural, cujo compasso se liga essencialmente à história política e econômica de cada região do país, e com base nas pesquisas acadêmicas existentes sobre esse tema, ao longo dos quatro capítulos em que se divide este estudo procuro apresentar respostas satisfatórias para as seguintes questões: que características assumiram localmente o mercado de mão de obra e as relações sociais de produção durante o recrudescimento do processo de *modernização conservadora* de Juiz de Fora nos últimos anos da escravidão e do Império? Quais os contornos assumidos pelos *mundos do trabalho* e *dos trabalhadores* desse importante centro urbano mineiro na passagem do Império para a República? Como os assalariados juizforanos se organizaram para encaminhar suas lutas por direitos sociais e qual o caráter de suas principais reivindicações, expectativas e atitudes políticas durante boa parte da Primeira República?

No levantamento e análise do conjunto variado de informações que reuni para enfrentar e responder tais questões, as noções de *classe*, *consciência de classe*, *luta de classes* e *cultura política* se configuraram como essenciais para a abordagem, compreensão e explicação de fenômenos históricos sincrônicos, transcorridos numa temporalidade relativamente extensa e marcada por transformações socioeconômicas significativas. Por esta razão, considero indispensável expor brevemente, nesta introdução, a partir de que perspectivas teóricas esses conceitos foram pensados e empregados, não raro de modo integrado, nos diversos itens desta tese.

Neste sentido, a princípio, ressalto que foi fundamentalmente a partir das pesquisas sobre os trabalhadores ingleses e europeus desenvolvidas por Edward Thompson e Eric Hobsbawm, nos idos de 1950 e 1960, que os conceitos de *classe* e *consciência de classe* ganharam uma dimensão nova, mais dinâmica e criativa, e passaram a ser tratados como fenômenos históricos propriamente ditos, perceptíveis e compreensíveis unicamente em conexão com a análise de conjunturas reais. Sem romperem com a indissolúvel ligação entre militância e produção intelectual da história social inglesa e sob forte influência das concepções da École des Annales, da sociologia e da antropologia social, esses historiadores propuseram a superação da sobrevalorização de um nível de análise exclusivamente econômico nas explicações históricas, por meio da afirmação da autonomia relativa de outros níveis (político, social e mesmo cultural em um sentido amplo).[1]

Eric Hobsbawm, em especial, ao procurar resgatar nos fundamentos do materialismo histórico a dimensão processual da *classe* e da *consciência de classe* na dinâmica do *conflito social*, enfatiza que para os propósitos do historiador, que é estudar a história como ela aconteceu ou acontece (e não como ela deveria realmente ter acontecido ou deveria realmente acontecer), tais conceitos são *inseparáveis*. Uma *classe*, em sua acepção plena, afirma ele, só vem a existir no momento histórico em que as classes começam a adquirir consciência de si próprias como

---

[1] Thompson, 2001:21-57.

tal. Esse pressuposto impõe ao historiador interessado nas ações desenvolvidas por uma determinada classe, num contexto histórico específico, a devida atenção em relação à *totalidade* dos fenômenos sociais, uma vez que, de acordo com Hobsbawm,

> a história de qualquer classe não pode ser escrita se a isolarmos de outras classes, dos Estados, instituições e ideias que fornecem sua estrutura, de sua herança histórica e, obviamente, das transformações das economias que requerem o trabalho assalariado industrial e que, portanto, criaram e transformaram as classes que o executam.[2]

Na mesma perspectiva teórica, Edward Thompson deu também contribuições valiosas para a constituição de uma *história social do trabalho*, notadamente por colocar na pauta das pesquisas históricas a necessidade de se recuperar a vida cotidiana e as diversas manifestações de *resistência* e de luta dos trabalhadores, tanto no espaço fabril quanto na sociedade. Em seus estudos, o autor britânico recusou a ideia de *classe* como uma *coisa*, presente tanto em textos marxistas tradicionais, que deduzem a *classe* e a *consciência* que ela deveria ter unicamente das relações de produção, quanto em obras de concepções ideológicas diametralmente opostas, geralmente de cunho positivista, que negam simplesmente a existência da *consciência de classe*. No célebre prefácio de *A formação da classe operária inglesa*, em particular, Thompson tratou das questões envolvendo tais noções a partir de um enfoque sociocultural. Nessa perspectiva, como evidencia a citação a seguir, procurou compreender a *classe* como um fenômeno histórico que unifica uma série de acontecimentos diferentes e aparentemente desconectados, tanto na matéria-prima da *experiência* como na *consciência*:

> A classe acontece quando alguns homens, como resultado de experiências comuns (herdadas ou partilhadas), sentem e articulam a identidade de seus interesses entre si, e contra outros homens cujos interesses diferem (e geralmente se opõem) dos seus. A experiência de classe é determinada, em grande medida, pelas relações de produção em que os homens nasceram — ou entraram involuntariamente. A consciência de classe é a forma como essas experiências são tratadas em termos cultu-

---

[2] Hobsbawm, 1988b:13-23, 29-36.

rais: encarnadas em tradições, sistemas de valores, ideias e formas institucionais (Thompson, 1987a:9-10).

Proposições, aliás, que foram reafirmadas e sistematizadas brilhantemente pelo historiador inglês na seguinte passagem de *As peculiaridades dos ingleses*:

> Classe é uma formação social e cultural (frequentemente adquirindo expressão institucional) que não pode ser definida abstrata ou isoladamente, mas apenas em termos de relação com outras classes; e, em última análise, a definição só pode ser feita através do tempo, isto é, ação e reação, mudança e conflito. Quando falamos de uma classe, estamos pensando em um corpo de pessoas, definido sem precisão, compartilhando as mesmas categorias de interesses, experiências sociais, tradições e sistemas de valores, que tem disposição para se comportar como classe, para definir, a si próprios em suas ações e em sua consciência em relação a outros grupos de pessoas, em termos classistas. Mas classe, mesmo, não é uma coisa, é um acontecimento (Thompson, 2001:169).

Thompson adverte, entretanto, que tradicionalmente tem-se dado excessiva atenção à *classe*, frequentemente de maneira anti-histórica, e muito pouca à *luta de classes*, noção que considera heuristicamente inseparável da primeira. Para ele, na verdade, a *classe*, a *consciência de classe* e a *luta de classes* devem ser consideradas conjunta e dialeticamente, uma vez que:

> As classes não existem como entidades separadas que olham ao redor, acham um inimigo de classe e partem para a batalha. Ao contrário, para mim, as pessoas se veem numa sociedade estruturada de um certo modo (por meio de relações de produção fundamentalmente), suportam a exploração (ou buscam manter poder sobre os exploradores), identificam os *nós* dos interesses antagônicos, debatem-se em torno desses mesmos *nós* e, no curso de tal processo de luta, descobrem a si mesmas como uma *classe*, vindo, pois, a fazer a descoberta da sua *consciência de classe*. Classe e consciência de classe são sempre o último e não o primeiro degrau de um processo histórico real (Thompson, 2001:274).

Tais proposições fundamentais, por sua vez, remetem à necessidade de esclarecer o ponto de vista que adotei ao interpretar as ações do patronato e demais segmentos das elites de Juiz de Fora em face do proletariado e dos pobres em geral e, ainda, em que sentido a noção de *cultura política*, em especial, foi utilizada na parte desta tese dedicada ao estudo sobre as instituições e reivindicações sociais dos trabalhadores dessa cidade entre os anos de 1877 e 1920.

A esse respeito, enfatizo primeiramente que o esforço que empreendi para compreender a formação histórica do proletariado de Juiz de Fora, resgatando suas manifestações classistas no contexto em que essa cidade mineira transitava do escravismo para o capitalismo, envolveu também uma análise do comportamento político e das opções ideológicas das classes dominantes nesse cenário de rápidas mudanças e inegável prosperidade material, ainda que para pouquíssimos setores sociais. Entre os anos de 1880 e 1900, faz-se necessário realçar desde já, o que interessava às elites agrárias e mercantis-manufatureiras juizforanas era, fundamentalmente, *ordenar* e *disciplinar* os *mundos do trabalho* e *do trabalhador* e ampliar continuamente a *oferta* de mão de obra.

Para tanto, nessa época, entre outras ações, tais segmentos elitistas desenvolverão iniciativas variadas para elaborar e difundir uma *argumentação* destinada a lhes garantir a *supremacia* política e socioeconômica sobre os antigos e novos habitantes desse dinâmico espaço urbano. Surgem desse empenho sistemático, com efeito, tanto uma *ética do trabalho* autoritária e repressiva e um *discurso mobilizador* que apresentava a sede do município em questão como "uma cidade moderna, industrial, habitada por uma *população laboriosa* e *morigerada*", nos termos do *Almanak de Juiz de Fora* para o ano de 1892 (p. xxiv), quanto uma *pregação* bastante específica sobre a *questão social* e o caráter das associações e demandas proletárias.

Ressalto que tal esforço analítico propiciou não apenas a desmistificação da argumentação burguesa que apresentava Juiz de Fora como a Manchester Mineira, a "cidade da ordem e do trabalho". Favoreceu também uma melhor percepção das *múltiplas formas de resistência* empreendidas pelos trabalhadores locais diante das manifestações cotidianas em seu *mundo* dos mecanismos político-institucionais e elementos discursivos com os quais as elites da cidade buscaram, entre os séculos XIX e XX, estabelecer novas relações de *domínio* e *subordinação*.

No estudo de um dos temas centrais desta tese, as atividades classistas dos assalariados juizforanos entre os anos de 1870 e 1920, portanto, foi constante a preocupação metodológica em considerar a *totalidade* dos *fenômenos sociais* que envolveram tais mobilizações proletárias e lhes ditaram as possibilidades e limites de desenvolvimento em cada conjuntura. Mas, ressalto que meu interesse concentrou-se também na identificação de *padrões culturais, tradições* e *sistemas de valores* gerados, herdados e modificados constantemente por esses trabalhadores urbanos em meio às lutas que travaram por direitos e contra a opressão social ao longo de tal temporalidade. Nessa perspectiva, esclareço que a realização dessa tarefa analítica de modo satisfatório requereu ainda a utilização do conceito de *cultura política*, noção que se compõe de múltiplos parâmetros e cujos contornos flexíveis se adaptam melhor à complexidade dos comportamentos humanos e das distintas relações que os grupos sociais mantêm entre si e com o Estado ao longo do tempo.[3]

Ao proceder a um balanço dos usos, das definições e da trajetória da ideia de *cultura política*, Eliana de Freitas Dutra (2002:23-24) atribuiu um destaque especial ao esforço de Serge Berstein em delimitar esse conceito a partir da ótica dos historiadores. Desse modo, esclarece que o estudioso francês nomeia de *cultura política* o "conjunto de *representações* compartilhadas por um grupo bastante amplo no seio de uma sociedade" e o define, em suma, como um "sistema de representações portadoras de normas e valores que constituiriam a identidade de grandes *famílias políticas*" — como a *socialista*, a *republicana* e a *comunista*. Além dessas indicações — que de acordo com aquela autora remetem à coexistência numa sociedade de "sistemas de valores, de regras e de crenças compartilhados em função de uma leitura comum do passado; de aspirações e projeções de um futuro a ser vivido em conjunto; e da comunhão de uma visão de mundo" —, há ainda outras duas observações em torno da "cultura política" que se revelaram fundamentais para a consecução de parte das análises contidas nesta tese.

A primeira diz respeito ao entendimento, por parte desses autores, do conceito em exame como um *fenômeno de geração*, isto é, "um fenômeno coletivo, partilhado por grupos inteiros que se reclamam dos mesmos postulados e viveram as mesmas experiências". De acordo com Serge Berstein, sujeitados a um mesmo contexto social, a normas idênticas e tendo enfrentado crises e dificuldades semelhantes, "grupos inteiros de uma mesma geração partilham em comum a mesma *cultura política* que vai depois determinar comportamentos solidários face aos novos acontecimentos". A identificação dos elementos constituintes de tal *cultura*

---

[3] Berstein, 1998:349-350.

política, por sua vez, fornece ao historiador uma "chave" que lhe permite compreender e explicar a coesão de grupos organizados à volta dela:

> Fator de comunhão dos seus membros, (...) [sua cultura política os fará] tomar parte coletivamente numa visão comum do mundo, numa leitura partilhada do passado, de uma perspectiva idêntica de futuro, em normas, crenças, valores que constituem um patrimônio indiviso, fornecendo-lhes, para exprimir tudo isto, um vocabulário, símbolos, gestos, até canções que constituem um verdadeiro ritual (Bernstein, 1998:362-363).

Outra observação igualmente importante relaciona-se à percepção da *cultura política* enquanto um *fenômeno evolutivo*, como "um *corpo vivo* que continua a evoluir" e que, no termos de Berstein, "se alimenta, se enriquece com múltiplas contribuições, as das outras culturas políticas quando elas parecem trazer boas respostas aos problemas do momento, os da evolução da conjuntura que inflecte as ideias e os temas". Desta maneira, na análise empreendida nesta tese acerca das mobilizações dos trabalhadores de Juiz de Fora, notadamente nas primeiras três décadas republicanas, procurei considerar não apenas a inserção, os contornos assumidos e os desdobramentos políticos de tais movimentações classistas em distintas conjunturas socioeconômicas. Existe também no presente estudo uma preocupação em identificar e expor a influência do *discurso hegemônico* e as consequências das incursões e ações de membros das elites nos círculos proletários. Da mesma maneira, me empenhei em acompanhar e revelar como cada geração proletária procurou resgatar e atualizar a *experiência organizatória* e *reinvindicatória* passada da *classe* — com suas *tradições, ideias, valores, costumes, rituais, atitudes e formas constitucionais* — para fazer ressurgir e/ou reforçar sua luta por direitos sociais do trabalho e em prol da ampliação do acesso à cidadania à parcela mais laboriosa da população juizforana.

Na instrumentalização dos conceitos centrais desta tese, por conseguinte, o *processo histórico real de luta de classes* na antiga *Manchester Mineira*, resgatado a partir de uma ampla e diversificada pesquisa de informações, constitui a interface dinâmica na qual o *surgimento* da *consciência de classe* e o *desenvolvimento* da *cultura política* do heterogêneo proletariado de Juiz de Fora, a cada momento entre os anos de 1877 e 1920, foram examinados em suas múltiplas dimensões. Tal procedimento teórico-metodológico, além de permitir a identificação das variadas influências políticas e sociais recebidas por esses trabalhadores no curso de suas movimentações classistas, possibilitou também o acompanhamento diacrônico do interesse e das visões correntes na *opinião pública* juizforana em relação à *questão social* e às condições de vida e trabalho dos assalariados da cidade.

O presente estudo divide-se em duas partes, compostas por dois capítulos cada uma. Na parte I procurei ampliar de modo considerável as informações e avaliações referentes à configuração do espaço urbano, das atividades produtivas e do mercado de trabalho de Juiz de Fora entre os séculos XIX e XX, quando essa cidade realizava a sua decisiva passagem para a ordem econômica e social capitalista. Como demonstram os dados reunidos e as análises empreendidas nos capítulos 1 e 2, as características essenciais de tal mercado urbano de mão de obra e as concepções políticas e ideológicas que perpassarão as relações entre as classes dominantes e os trabalhadores juizforanos nos decênios iniciais da República, de modo geral, foram forjadas no intrincado contexto histórico dos anos finais da escravidão e do Império.

De fato, entre os anos de 1880 e 1890, concomitantemente com a intensificação do processo de *modernização conservadora* local e em função do adensamento da pobreza urbana, as elites agrárias e mercantis-manufatureiras de Juiz de Fora desencadearam uma série de ações e medidas com objetivo de manter os *mundos do trabalho* e *dos trabalhadores* ordenados sob sua *hegemonia*. Como uma das principais resultantes desse amplo esforço dominante, que envolveu a elaboração e difusão de uma *ética do trabalho* que combinava elementos coercitivos e persuasivos, um processo de *generalização* e *extensão* do "cativeiro" se verificou nessa cidade, com a imposição e persistência, mesmo nos idos de 1910, de regimes de serviços rígidos e mal pagos e a propagação de visões bastante preconceituosas acerca dos modos de vida da população pobre.

Na parte II, por sua vez, analiso de modo circunstanciado tanto os aspectos centrais da *experiência social* desses estratos populacionais despossuídos, quanto o caráter das atividades classistas, o conteúdo das reivindicações e as formas associativas adotadas pelos assalariados juizforanos na passagem do século XIX para o XX. No capítulo 3, reuni uma série de elementos para demonstrar que em face das precárias condições de vida e trabalho a que estavam submetidos, os integrantes das primeiras gerações do proletariado local, antes mesmo da Abolição e da República, deram início à complexa constituição de sua *identidade de classe* — processo este que, a princípio, se expressou na *resistência cotidiana* à miséria, opressão e marginalização socioeconômica. Nesse sentido, a campanha desenvolvida pelos caixeiros das casas de negócios em prol do descanso hebdomadário, resgatada nos últimos itens desse capítulo, se configurou como um dos principais movimentos a sustentar na sociedade de Juiz de Fora, entre 1877 e 1905, a necessidade de a Câmara Municipal e o patronato adotarem medidas capazes de melhorar as condições gerais de existência das classes trabalhadoras da cidade.

No capítulo 4, por um lado, o foco da análise se concentrou mais fortemente na significativa experiência política, reivindicatória e organizativa do operariado de Juiz de Fora no decurso dos três primeiros decênios da República. Em tal período de intensas transformações, esses assalariados e suas sucessivas lideranças se bateram, quase que incessantemente, pela ampliação do reconhecimento público da importância de sua atividade criadora, algo fundamental para a legitimação de suas demandas sociais. Concomitantemente, forjaram uma importante tradição associativa, materializada, ampliada e atualizada nas práticas rituais e sindicais de agremiações profissionalmente indiferenciadas como o Club dos Operários, a União Operária de Juiz de Fora, a União Protetora dos Operários, a União Operária — Federação do Trabalho e a Associação Beneficente Operária. Promovendo a solidariedade proletária, formulando e difundido as reivindicações de seus consócios, bem como procurando proporcionar-lhes serviços diversos, essas associações de ofícios vários contribuíram em muito para o reforço da *unidade* e da *consciência da classe* operária juizforana, demonstrando que, nesses anos, *beneficência* e *resistência* eram faces de uma mesma moeda.

Por outro lado, há também nesse último capítulo, assim como nos itens do capítulo 3 em que examino a campanha caixeiral pelo descanso aos domingos, um esforço analítico para relacionar essa importante experiência organizativa e reivindicatória com a expressiva cultura política que ela gerou. Do mesmo modo, procurei resgatar e acompanhar a evolução dos debates em torno da *questão social* nos órgãos da grande imprensa local, com objetivo de perceber até que ponto as variadas atividades das associações operárias contribuíram para sensibilizar a opinião pública e alterar as visões correntes em relação às condições de existência e às demandas sociais do proletariado de Juiz de Fora. Nesta perpectiva, as *greves gerais* deflagradas em 1912 e 1920 pelo operariado dessa cidade, em que a *jornada de oito horas* aparece como a reivindicação central, constituíram momentos privilegiados para uma avaliação de como e o quanto, nessa época, a argumentação e as manifestações classistas dos trabalhadores foram capazes de relativizar a *hegemonia* das classes dominantes, colocar em xeque a intransigência patronal e o *princípio liberal de não intervenção* do Estado nas relações de trabalho.

Ao longo dos quatro capítulos deste trabalho, portanto, à luz de referências teóricas renovadas e flexíveis o suficiente para abranger e valorizar a ampla pesquisa de informações que embasa as análises e conclusões aqui apresentadas, procurei acompanhar os processos simultâneos de transformação de Juiz de Fora numa *cidade-fábrica* capitalista e no principal centro proletário de Minas Gerais durante toda a Primeira República. Procurei resgatar o complexo cenário urbano e socioeconômico em que, em diversos momentos, milhares de trabalhadores lotaram salões para tratar de seus interesses materiais e morais, desfilaram altivos pelas ruas e praças ao som de bandas musicais e sustentando os estandartes de suas associações, reuniram-se festivamente em *kermesses* em prol dos "cofres sociais" dessas entidades, realizaram *meetings* e publicaram manifestos contra a carestia e os impostos, deflagraram campanhas e *greves* para conquistar aumentos salariais e horas adicionais de descanso.

Sob o impulso mais forte dessa vigorosa e multifacetada movimentação classista, quase sempre pacífica e contida dentro dos estreitos domínios da *lei* e da *ordem*, como exigiam as elites locais, a "cidade da ordem e do trabalho" perderá em parte o seu aspecto ferrenho e, gradativamente, passará a reconhecer no seu laborioso e heterogêneo proletariado o sustentáculo principal de seu considerável *progresso* — condição fundamental para o prosseguimento, nos anos de 1920 e 1930, de reivindicações políticas e sociais que remontam os momentos finais do Império e os primeiros tempos republicanos.

Parte I
A formação do núcleo urbano e do proletariado de Juiz de Fora (1840-1910)

> Não se separavam bem as pessoas e as cousas; o que se via era aquele ajuntamento, aquela aglomeração, que lá do alto parecia ser uma existência, uma vida, feita de muitas vidas e muitas existências. Não era o palacete ou o cortiço, não era o patrão ou o criado, não era o teatro ou o cemitério, não era o capitalista ou o mendigo; era a cidade, a grande cidade, a soma de trabalho, de riqueza, de dores, de crimes.
>
> Lima Barreto, 1950:35.

1
Primórdios do centro urbano e formação da mão de obra: Juiz de Fora, 1840-1880

> Eu sou um pobre homem do Caminho Novo das Minas dos Matos Gerais. Se não exatamente da picada de Garcia Rodrigues, ao menos da variante aberta pelo velho Halfeld e que, na sua travessia pelo arraial do Paraibuna, tomou o nome de Rua Principal e ficou sendo depois a Rua Direita da Cidade do Juiz de Fora. Nasci nessa rua, no nº 179, em frente à Mecânica, (...) onde homens opacos se entregavam a um trabalho que começava cedo e acabava tarde no meio de apitos de máquinas e das palmadas dos couros nas polias.
>
> PEDRO NAVA, *Baú de ossos*, 2002.

Duzentos anos, aproximadamente, separam no tempo os tormentosos dias em que dezenas de escravos, sob o chicote impiedoso do guarda-mor Garcia Rodrigues Paes, abriam nas matas espessas da região mais ocidental dos antigos Sertões Proibidos do Leste um dos muitos trechos do Caminho Novo das Minas,[4] daqueles, igualmente rudes e atribulados, em que operários nacionais e estrangeiros se entregavam a longas e desgastantes jornadas na Mecânica Mineira — importante estabelecimento industrial de Juiz de Fora na passa-

---

[4] A abertura do Caminho Novo, que cortava os Sertões Proibidos do Leste, atual Zona da Mata mineira, além de diminuir o tempo das viagens entre os campos auríferos das Minas Gerais e o porto do Rio de Janeiro de 60 para cerca de 10 dias, atendeu melhor o interesse da Coroa portuguesa em dificultar o contrabando e a evasão de divisas, razões centrais para que a estrada se tornasse a principal via de comunicação entre essas regiões estratégicas da colônia. Ver Zemella (1990:116-118).

gem do século XIX para o XX e que, nas memórias de infância de Pedro Nava, era movimentado por seres sombrios e maquinismos sibilantes, do alvorecer à alta noite. Esse é também o longo interregno em que nessas mesmas terras foram forjadas, gradativamente, as condições socioeconômicas indispensáveis à formação e consolidação de uma cidade à beira de um rio de águas barrentas, o Paraibuna, e cercada de morros e cafezais por todos os lados. Um centro urbano oitocentista que, à semelhança de outros do Sudeste brasileiro, teve como bases essenciais de seu surgimento e expansão inicial a escravidão, a agroexportação do café e as atividades mercantis e manufatureiras — atividades estas em que se empregavam ainda muitos trabalhadores livres, de etnias e procedências variadas.

Como decorrência de um vigoroso processo de modernização conservadora, ao longo da segunda metade do século XIX, o núcleo do distrito-sede do município, que de início se restringia a algumas ruas mal traçadas e estabelecidas ao redor de um extenso eixo viário norte-sul, cresceu rapidamente e, sob o impulso decisivo da cafeicultura e da ligação rodoferroviária com a Corte e com importantes áreas das províncias do Rio de Janeiro e de Minas Gerais, transformou-se num dinâmico centro mercantil e manufatureiro. Nesse período, Juiz de Fora tornou-se um polo de atração contínua de novos contingentes populacionais, em especial, de milhares de homens e mulheres pobres, nacionais e estrangeiros, que, ao lado de uma legião de escravos, constituíram um diversificado mercado urbano de mão de obra. Um mercado de trabalho híbrido e limitado, até certo ponto, pela presença constante do braço cativo, um dos protagonistas fundamentais da construção dessa importante cidade mineira. São precisamente estes, portanto, os assuntos que serão analisados neste capítulo, que tem como um de seus objetivos principais apresentar a formação histórica do espaço socioeconômico no qual, nos momentos finais do Império e no limiar da República, um proletariado numeroso e submetido a precárias condições de existência emergirá com reivindicações políticas e sociais próprias e, em muitos aspectos, francamente contrárias aos interesses dos grupos dominantes locais.

Caminho Novo das Minas — século XVIII

Fonte: Adaptado do mapa publicado no artigo de Francisco Sodero Toledo "Estrada Real: resgatando o passado, projetando o futuro". Disponível em: <www.valedoparaiba.com/terragente/artigos/estradareal.htm>. Acesso em: 23 ago. 2008

Município de Juiz de Fora em 1915: cidade (Juiz de Fora) e distritos

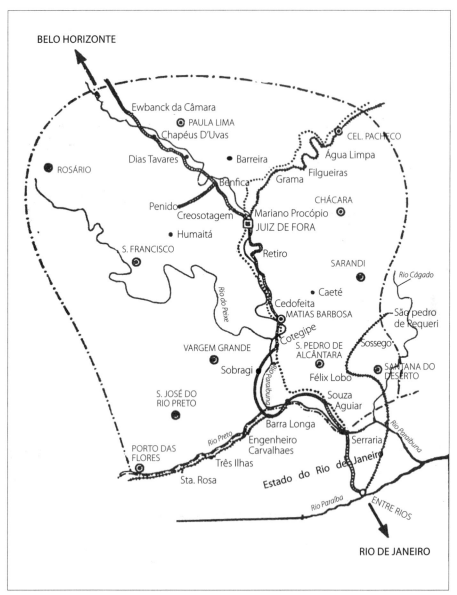

Fonte: Andrade, 1987:61.

A constituição e expansão do núcleo urbano de Juiz de Fora entre as décadas de 1840 e 1870

> Na história de Minas, Juiz de Fora tem um papel relevante e singular. Relevante pelo significado econômico e social, ou pela originalidade de seu processo: não é de origem mineratória, pois se desenvolveu pela posição geográfica, no caminho do centro de busca de ouro e pedraria e o Rio de Janeiro. Com o comércio mais pujante que outros da Província, em breve iniciou atividade produtiva com base no artesanato e na manufatura, como o principal núcleo industrial da unidade.
>
> Francisco Iglésias, Prefácio (Giroletti, 1987:11-13).

Os primeiros núcleos colonizadores da região hoje ocupada pelo município Juiz de Fora, na porção oeste da Zona da Mata mineira, foram organizados nas décadas iniciais do Setecentos, concomitantemente com o princípio da distribuição oficial de sesmarias nas terras que margeavam o Caminho Novo das Minas.[5] O baixo valor venal de tais sesmarias e o prestígio que elas conferiam aos seus detentores junto às autoridades coloniais possibilitaram que, na segunda metade do século XVIII, a atual área central da cidade se tornasse parte integrante de um único grande latifúndio, primeiro sob o domínio de Antonio Vidal e seus filhos e depois sob o controle de Antônio Dias Tostes, que após 1812 se assenhoreou desse imenso patrimônio territorial, composto por diversas fazendas e inúmeros terrenos incultos — terrenos estes que só serão explorados com maior intensidade com a gradual formação de unidades cafeeiras no povoado e em suas redondezas.[6]

Essa grande extensão de terras abrangia quase todo o primitivo arraial de Santo Antônio do Juiz de Fora, que, entre os anos de 1791 e 1850, esteve submetido à vila de Barbacena e à freguesia de Simão Pereira, respectivamente em assuntos

---

[5] Sobre o início da ocupação e exploração colonial das diversas regiões da Zona da Mata, ver, em especial, Carrara (2005) e Almico, Lamas e Saraiva (2003).

[6] Antônio Vidal e Antônio Dias Tostes chegaram à região ocidental da Mata, respectivamente, em 1738 e 1780, vindos das áreas de ocupação mais antiga de Minas Gerais para investirem capitais e escravos nas atividades agrícolas nos arredores de Santo Antônio do Juiz de Fora, algo que, particularmente na passagem do século XVIII para o XIX, parece ter sido uma forte tendência entre os aristocratas e comerciantes enriquecidos nas atividades mercantis e mineradoras desenvolvidas no centro-sul mineiro. Ver Miranda (1990:85-92).

jurídico-administrativos e em questões eclesiásticas.[7] A partir do terceiro decênio do Oitocentos, o café já aparece como cultura subsidiária em diversas propriedades circunvizinhas daquele povoado, que até então se dedicava mais fortemente à produção de gêneros alimentícios e à criação de animais. Na década seguinte, no entanto, a produção cafeeira intensifica-se na região, sob a influência direta das áreas vizinhas do Vale do Paraíba fluminense, onde desde o início do século XIX o cultivo do café para a exportação experimentava uma franca e vigorosa expansão.

À medida que o café produzido na província do Rio de Janeiro alcançava preços cada vez melhores no mercado internacional, o produto afigurava-se como a grande oportunidade de investimento e ascensão ao status de grande proprietário de terras e escravos nas áreas vizinhas da Zona da Mata mineira — sobretudo, nos arredores dos atuais municípios de Juiz de Fora, Matias Barbosa, Mar de Espanha, Rio Preto e Além Paraíba. Os dados estatísticos apresentados por Mônica Ribeiro de Oliveira (2005:58-61) apontam para o aumento contínuo da produção e da rentabilidade do produto no segundo quartel do século XIX:

> No período de 1829/30, Minas já exportava 81.400 arrobas, (...) representando um aumento na ordem de 735% comparado ao decênio anterior. Dez anos mais tarde, a safra de 1839/40 registrou 243.473 arrobas, correspondendo a um aumento de 300% e para o decênio seguinte, 1850/51, a produção mais que triplicou na ordem de 900.597 arrobas, com a Zona da Mata responsável por mais de 99% da exportação total mineira.

Desta forma, entre as décadas de 1830 e 1850, Santo Antônio do Juiz de Fora e seus arredores, de rústicos pontos de abastecimento de tropas transformaram-se, gradativamente, em polo de produção cafeeira. Essa mudança fundamental na economia da região pode ser atribuída tanto à disponibilidade de áreas para o cultivo e aos elevados preços alcançados pelo café nos mercados externos, quanto à oferta regular de mão de obra, garantida pelo intenso e lucrativo tráfico inter e intraprovincial de escravos, e à imposição de um regime fundiário baseado na grande propriedade, que possibilitou uma brutal concentração de terras e de renda nas mãos de um grupo restrito de fazendeiros.[8] Foi também durante esse

---

[7] Ver Teixeira (2005:13-15) e Santiago (1979:29-33).
[8] Ver Pinheiro (2005a), Machado (2005), Andrade (1991:93-131) e Saraiva (2005a:192-196).

período, que nesse antigo arraial, até então dividido em sesmarias, definiu-se um espaço com características tipicamente urbanas. Contribuiu decisivamente para tal processo de urbanização a construção do trecho local da Estrada Nova entre os pontos hoje conhecidos como Benfica (Zona Norte) e a colina do Alto dos Passos (Zona Sul). A execução dessa obra resultou na transferência do crescente fluxo regional de tropeiros para o lado direito do rio Paraibuna e na formação de um novo núcleo de povoação às margens da referida via, que se configurará como o principal eixo de desenvolvimento socioeconômico do distrito-sede do município nas décadas seguintes à sua instalação.[9]

Com efeito, ao longo dos anos de 1840 e 1850, os mais destacados integrantes da aristocracia agrária e escravista que se cristalizara na região empreenderam variadas ações para obter a autonomia política do povoado e dotá-lo do aparelho administrativo e da infraestrutura indispensáveis à definição de seu status urbano. Interessavam-lhes, sobretudo, a rápida configuração e desenvolvimento do espaço que elegeram para investir e multiplicar parte considerável de seus capitais e, concomitantemente, exercer o controle social sobre as populações livre e cativa que cresciam em ritmo acelerado, ao passo que se envolviam com atividades cada vez mais especializadas, complementares ou não à base agrária. De acordo com os mapas populacionais da província e do município, em 1833-35, o antigo arraial de Santo Antônio do Juiz de Fora possuía uma população de 1.532 pessoas, das quais 583 eram livres e 949 eram cativas. Duas décadas depois, o número total de habitantes incrementou-se em 322,06%, saltando para 6.466 indivíduos, sendo 2.441 livres e 4.025 escravos.[10]

Em 1850, como afinal desejavam suas elites, o distrito de Santo Antônio do Juiz de Fora foi desmembrado administrativamente de Barbacena e elevado à categoria de vila com a denominação de Santo Antônio do Paraibuna, sendo a nova paróquia incorporada à diocese de Mariana com o nome primitivo do arraial. No

---

[9] A Estrada Nova ligava Ouro Preto a Paraibuna, povoado situado na divisa de Minas com o Rio de Janeiro, a partir de trechos aproveitáveis do antigo Caminho do Ouro e da construção de variantes deste, como a reta à margem direita do rio Paraibuna que cortava e valorizava boa parte das terras de Antônio Dias Tostes e em torno da qual se desenvolverá o núcleo urbano de Juiz de Fora. Esta cidade, cumpre ressaltar, teve seus arruamentos iniciais demarcados pelo empreiteiro das obras da Estrada Nova, Henrique Halfeld, futuro genro de Tostes e para quem, por herança e negociações, se transferirá parcela do patrimônio territorial de seu sogro. Ver Stehling (1979:43-45) e Miranda (1990:89).

[10] A rápida expansão da cafeicultura na região é a razão principal do aumento de 324,13%, entre 1833-35 e 1855, no contingente de cativos de Santo Antonio do Paraibuna. Ver Oliveira (2005:198-200).

entanto, somente três anos depois houve a instalação e o início da primeira legislatura da Câmara Municipal da futura cidade de Juiz de Fora, que nesse momento, como sugere uma descrição presente no *Annuario historico-chorographico de Minas Geraes* de 1909, "não passava de uma povoação modesta, cujas construções, levantadas sobre um vasto pântano", abrigavam um comércio ainda pouco diversificado, embora em franco crescimento.[11]

Mas são Jair Lessa e Ignácio Gama que fornecem as informações mais abrangentes sobre a configuração da sede da vila no momento de sua instalação. Segundo Lessa (1986:34-38, 60-61), aproximadamente até meados da década de 1850, o nascente núcleo urbano de Santo Antônio do Paraibuna não passava de "uma reta com dois mil metros de comprimento por 34,10 metros de largura", em torno da qual despontavam algumas poucas ruas paralelas e transversais, somando umas quatro dezenas de edificações, algumas assobradadas e com negócios e oficinas estabelecidos no andar térreo. No entanto, a julgar pelo que afirma Ignácio Gama em suas memórias, já nesse momento delineia-se uma primeira segregação espacial nessa cidade em formação. De acordo com o autor, na porção sul daquele grande eixo viário situava-se o Alto dos Passos, onde o "comércio, pequenas indústrias, profissões liberais, representação religiosa, tudo enfim que constitui um povoado", inicialmente se concentrara. Por sua vez, a população pobre — que incluía homens livres, cativos e libertos — "espalhou-se folgada" nas terras mais baixas e na parte norte da referida via principal, habitando modestos casebres de capim erguidos, em sua maioria, próximos aos ranchos e a terrenos pantanosos e sujeitos às inundações periódicas do sinuoso rio Paraibuna.[12]

Gradativamente, os investimentos privados na construção de imóveis residenciais e comerciais irão convergir também para uma região intermediária, isto é, entre a colina e a vargem, sobretudo após a municipalidade ter mandado confeccionar plantas cadastrais e planos de arruamento e ocupação de amplas áreas ao redor do

---

[11] O distrito de Santo Antonio de Juiz de Fora foi elevado à categoria de vila a 31 de maio de 1850, por Lei provincial nº 472. Os foros de cidade, sob a designação de Paraibuna, e o topônimo Juiz de Fora, decorrem de outras duas leis provinciais, respectivamente: a de número 759, de 2 de maio de 1856, e a de número 1.262, de 19 de dezembro de 1865. No que se refere à organização judiciária, cabe esclarecer que a sede da comarca de Paraibuna permaneceu em Barbacena até outubro de 1870, quando acabou transferida para Juiz de Fora por determinação da Lei provincial nº 1.740. Ver *Annuario historico-chorographico de Minas Geraes* (1909:569-570) e Esteves (1915:54, 63).

[12] Ver Esteves (1915:55-58).

núcleo local de religião, justiça e poder, representado pelos edifícios que abrigavam, então, a Matriz de Santo Antônio, as sessões da Câmara Municipal e do Júri e a Cadeia. De fato, em abril de 1853, no momento em que o poder legislativo local era instalado, seus primeiros ocupantes apreciaram um "minucioso plano de arruamento da vila, com aproveitamento das poucas vias já existentes", no qual constavam três praças, dezesseis ruas transversais e duas paralelas ao grande eixo norte-sul, que correspondia à parte do trecho local da Estrada do Paraibuna. Cerca de sete anos depois, os vereadores encomendaram uma nova planta cadastral para a cidade que, além de regularizar o alinhamento de ruas mal delineadas, projetou novas vias e delimitou a região central por meio de um triângulo formado pela rua Direita (atual avenida Barão do Rio Branco), rua do Imperador/estrada União e Indústria (hoje avenida Getúlio Vargas) e pela rua Espírito Santo, que ainda preserva sua denominação original.[13]

Nas décadas posteriores, consequentemente, tais terrenos — que ainda hoje correspondem aos principais quarteirões do centro comercial de Juiz de Fora — se valorizarão continuamente, uma vez que nesse espaço se concentrarão tanto as atividades mercantis e manufatureiras quanto parte significativa da população do distrito-sede do município. Será ainda nessa área central que, ao longo da segunda metade do século XIX e nos primeiros decênios do século seguinte ocorrerá um maior grau de investimentos públicos e privados em serviços e equipamentos urbanos, notadamente aqueles que se destinavam à garantia da qualidade de vida e à manutenção da supremacia social, política e econômica das classes dominantes do lugar.[14]

Mas, ao investirem grandes somas de capitais e utilizarem a Câmara para direcionar o desenvolvimento urbano e socioeconômico da cidade — valendo-se, neste caso, de uma série de responsabilidades outorgadas à municipalidade e a particulares pelos governos imperial e provincial —, as elites locais procuravam

---

[13] A execução do Plano Dott, como ficou conhecido o projeto de urbanização elaborado pelo engenheiro alemão Gustavo Dott em 1860, no entanto, foi parcial e demorada, tendo o poder público priorizado as obras e medidas vinculadas às condições sanitárias de Juiz de Fora (como situar o hospital, o matadouro e o cemitério fora da área central) e destinadas ao "aformoseamento" da cidade (abertura, calçamento e arborização de ruas, fundamentalmente). Ver Passaglia (1982:36-39) e Lessa (1986:59-63, 80-84).

[14] Para uma análise mais detalhada do processo inicial de ocupação, dinamização e valorização imobiliária dos terrenos da área central e das regiões sul e norte da cidade de Juiz de Fora, ver Miranda (1990:89-98).

também transmitir ao conjunto da sociedade e à região a sua visão de mundo, de tal forma que esta se configurasse, em última instância, como a própria identidade de Juiz de Fora. Como ressalta James Willian Goodwin Jr. (1997:126-127), particularmente entre 1853 e 1888:

> Não apenas pelo reconhecimento da Corte trabalha a elite política de Juiz de Fora. Seus esforços objetivam, principalmente, a transformação da Cidade do Juiz do Fora num símbolo do seu poder e do sucesso de seu estilo de vida — leia-se, da economia cafeeira de exportação, baseada na exploração do trabalho escravo. A pretensão é tornar o centro urbano um lugar atraente, para o bem viver de uma elite poderosa e em sintonia com as modernas noções de higiene, planejamento urbano, transporte, cultura e segurança. Uma cidade moderna, uma cidade oitocentista.[15]

Nesse período, a estruturação institucional, a urbanização da cidade e o controle social do cotidiano das populações livre e cativa do município se configuraram como as maiores preocupações e prioridades da Câmara Municipal e das elites políticas de Juiz de Fora.[16] A este respeito, Jefferson de Almeida Pinto argumenta que a busca constante dos vereadores por adequar e implementar, na prática, as leis que formulavam, sobretudo as consubstanciadas no *Código de posturas*, elaborado originalmente entre 1853 e 1857, tinha como objetivos tanto ordenar a cidade segundo os interesses das classes dominantes quanto promover a ruptura com a tradicional sociabilidade vivenciada, em diferentes pontos da malha urbana, pelos estratos mais pobres da sociedade local. Deste modo, complementa Pinto (2004:39-41), o regime de posturas no Oitocentos colaborava para o incremento de um sistema de policiamento da rotina do espaço público:

> A ideia de policiamento (...) neste momento não estaria contemplando somente a questão da garantia da segurança individual e coletiva, mas também a garantia da salubridade, o abastecimento, a vigilância das obras públicas e a iluminação das cidades.

---

[15] Ver também Genovez (1996).

[16] É o que revelam os estudos acadêmicos tanto do conteúdo das atas das sessões da Câmara Municipal de Juiz de Fora entre 1853 e 1888, quanto sobre como se processou a regulamentação do cotidiano escravista nesse município, tendo por base o Código de posturas de 1857. Ver Goodwin (1997:125-131) e Genovez e Souza (1997:35-46).

Assim, além dos batuques, cantorias, danças e vozerias, o entrudo, os botequins etc., seriam também alvo desta legislação o escoamento das águas podres, a secularização dos cemitérios, o comércio de gêneros de primeira necessidade etc., e o não cumprimento das mesmas implicaria uma ação coercitiva sobre o indivíduo a fim de promover e manter a ordem pública, podendo se dar pelo pagamento de multas, reclusão ou trabalhos forçados.

"Ordenar" e "policiar" constantemente o espaço público, portanto, figuram como aspectos marcantes de um projeto de modernização com nítidas feições conservadoras, que foi implementado de forma gradual no principal município do complexo cafeicultor da Zona da Mata mineira dentro de um contexto histórico mais amplo, em que a sociedade brasileira, sob o regime monárquico e ainda fortemente alicerçada no sistema escravista de produção, urbanizava-se lentamente e caminhava aos poucos para a ordem capitalista.[17] Tal projeto destinava-se, em sua essência, a aumentar o poderio econômico de uma elite agrária e mercantil-manufatureira e, ao mesmo tempo, preservar e reforçar de modo contínuo a supremacia política e social exercida por essa elite sobre os homens livres pobres, os libertos e os escravos que habitavam a cidade cada ano em maior número, tendo em vista os significativos processos de expansão urbana e de desenvolvimento demográfico experimentados por Juiz de Fora nos anos de 1850, 1860 e 1870.

De fato, como indica a tabela 1, entre 1853 e o recenseamento de 1873,[18] a população da freguesia de Santo Antônio do Juiz de Fora — que englobava os moradores da cidade, dos povoados e das áreas rurais do distrito-sede do município — experimentou um notável crescimento de 190,36%, passando de 6.466 para 18.775 pessoas, numa média de 9,51% ao ano. No mesmo período, o incremento anual médio da população livre (18,77%) foi bastante superior ao da população cativa (3,90%) nessa freguesia, que, em menos de duas décadas, elevou sua participação percentual no total de habitantes recenseados no município de 29,29%

---

[17] Ver Graham (1973), Costa (1979) e Franco (1997).

[18] O recenseamento geral do Império, determinado pela Lei nº 1.829, de 9 de setembro de 1870, tomou as paróquias como unidade mínima para a coleta e análise de uma série de informações, tendo o dia 1º de agosto de 1872 como a data de referência nacional para sua realização. Contudo, em Minas Gerais o censo só se processou efetivamente doze meses depois, como comprova o trecho a seguir de um relatório oficial: "O recenseamento da população desta província só teve lugar no dia 1º de agosto de 1873. Em 331 paróquias efetuou-se esse trabalho". Ver Recenseamento (1874:67-75).

para 44,01% — índice que, por sua vez, aponta para a continuidade de um vigoroso processo de urbanização iniciado ainda nos anos de 1840 e que se acentuará no último quartel do século XIX.

TABELA 1
Evolução do crescimento populacional da cidade e do município de Juiz de Fora (1853 e 1873)

Segmentos da população		1853 [1]		1873 [3]	
		Cidade [2]	Município	Cidade [2]	Município
Livres	Nacionais	2.441	9.033	7.153	23.518
	Estrangeiros			4.451	
	Escravos	4.025	13.037	7.171	19.141
	Total	6.466	22.070	18.775	42.659

[1] Os dados para 1853 se referem às cinco freguesias então pertencentes à vila de Santo Antonio do Paraibuna (Nossa Senhora da Glória em São Pedro d'Alcântara, São Francisco de Paula, São José do Rio Preto, Nossa Senhora da Assunção de Chapéu D'Uvas e Santo Antônio do Juiz de Fora) e seus nove distritos. Os números correspondentes à população livre total da cidade e do município abrangem "nacionais" e "estrangeiros".
[2] Os dados presentes na coluna "Cidade" referem-se à população da freguesia de Santo Antônio do Juiz de Fora, que inclui os habitantes do núcleo urbano, dos pequenos povoados (como Chácara, Caeté, Sarandi, Matias Barbosa e Grama) e das áreas rurais do distrito-sede do município (Juiz de Fora).
[3] Não consta dos dados de 1873 a paróquia N. S. da Glória, em S. Pedro d'Alcântara. O total de escravos do município para esse último ano, por sua vez, incluiu o contingente de cativos de todas as freguesias e distritos e foi apurado por Antonio H. D. Lacerda nas "Listas de Matrículas de Escravos" da Coletoria de Juiz de Fora (1873). Os números correspondentes à população livre total do município abrangem "nacionais" e "estrangeiros".
Fontes: Lacerda (2002:52-54), Andrade (2005:127), Albino (1915: 67-68) e *Quadro geral da população da paróquia de Santo Antônio do Juiz de Fora*, 1872, p. 1027.

Marco fundamental para o incremento e diversificação da população e das atividades urbanas no município foi a constituição de um sistema viário tecnologicamente avançado para a época e que possibilitou uma interligação eficaz entre Juiz de Fora e o Rio de Janeiro, inicialmente através da rodovia União e Indústria, inaugurada em 1861, e, cerca de 14 anos depois, pelos trilhos da Estrada de Ferro Dom Pedro II.[19] Tais empreendimentos, em primeiro lugar, abriram novos

---

[19] A rodovia União e Indústria, ligando Juiz de Fora a Petrópolis (desse ponto para os portos do Rio de Janeiro a viagem continuava pela antiga estrada da Serra da Estrela e, em seguida, pelos 14,5 km de trilhos da E. F. Mauá), foi construída entre 1855 e 1861 pela Cia. União e Indústria (CUI), criada em 1853 pelo cafeicultor Mariano Procópio Ferreira Lage, detentor de uma concessão imperial para manter e explorar a estrada durante meio século — o que não ocorreu de fato, pois por volta de 1879 a CUI extinguiu-se,

horizontes à cafeicultura da Zona da Mata, permitindo o escoamento regular e em larga escala de uma produção que, como indicam os dados da tabela 2, continuou expandindo-se vigorosamente até 1926, beneficiada não apenas pela facilitação do transporte, mas também pela disponibilidade de terras e de mão de obra, mesmo após a Abolição, e pela organização de uma rede bancária vinculada aos interesses dos cafeicultores da região.[20]

TABELA 2
Participação da produção cafeeira da Zona da Mata na produção do estado de Minas Gerais (1847-1926)

Período	Produção em arrobas		%
	Minas Gerais	Zona da Mata	
1847-48	745.381	743.707	99,77
1850-51	900.264	898.184	99,76
1886	5.776.866	4.316.067	74,71
1888	5.047.600	4.433.800	87,83
1903-04	9.404.136	5.993.425	63,73
1926	12.793.977	9.105.543	71,77

Fonte: Pires, 2004:33.

A construção da União e Indústria, com seus vários ramais, a chegada dos trilhos da Estrada de Ferro Dom Pedro II e o estabelecimento de uma malha ferroviária na Zona da Mata mineira, capitaneada pela Estrada de Ferro Leopoldina, por outro lado, contribuíram também para que Juiz de Fora se configurasse, nos últimos três decênios do século XIX, como um dos mais importantes entrepostos comerciais do estado.[21] Isto porque, durante quase todo esse período, parte signifi-

---

levando a um relativo abandono daquela primeira via. Em 1875, por outro lado, Juiz de Fora passou a ser servida também pela "Linha do Centro" da E. F. D. Pedro II, que a partir de Barra do Piraí "descia" o Vale do Paraíba fluminense até Entre-Rios (hoje Três Rios), de onde "subia" em direção a Minas, em trajeto mais ou menos paralelo ao da rodovia União e Indústria. Ver Stehling (1979:121-145).

[20] Ver Pires (1993) e Saraiva (2005a:185-189).

[21] Além dos 144 km macadamizados e carroçáveis da rodovia União e Indústria, até 1868, a CUI construiu também outros quatro ramais, com 264 km de caminhos vicinais interligando aquela estrada-tronco a importantes áreas cafeeiras do Vale do Paraíba fluminense e da Zona da Mata mineira. Quanto à malha ferroviária desta região, cabe esclarecer que a E. F. Leopoldina, que em 1877 restringia-se a operar o trecho Porto Novo do Cunha-Cataguases, cresceu rapidamente incorporando outras companhias, como

cativa dos produtos exportados e importados por diversas regiões de Minas Gerais (centro, oeste, parte do sul e da Zona da Mata) e de Goiás tinha que passar pela cidade, permitindo que nela se desenvolvessem um vigoroso comércio varejista e atacadista e, ao mesmo tempo, inúmeras atividades manufatureiras. Como consequência, desde meados da década de 1860, tal centro urbano passou a aglutinar grandes interesses, tornando-se a partir de então palco de vultosos negócios, de intensa circulação de mercadorias e acumulação de capitais.[22]

Entre 1870 e 1877, o número de casas mercantis, oficinas, estabelecimentos manufatureiros e de profissionais existentes na cidade aumentou cerca de 67%, saltando de 189 para 316, verificando-se nesse mesmo período uma significativa diversificação dos ramos de negócios, serviços e produção (ver anexo I). Como consequência não apenas desse incremento das atividades econômicas em seu distrito-sede, mas principalmente em função do crescimento da cafeicultura na região, na virada de 1870 para 1880, Juiz de Fora passou a ser o primeiro município arrecadador de impostos da província, superando São João Del Rei e Ouro Preto. Entretanto, como notou Paul Singer (1974:212-213), aquele núcleo urbano jamais desempenhou o papel de "centro econômico" de Minas Gerais, função que, na verdade, era exercida muito mais pelo Rio de Janeiro, ponto de confluência final e porto de embarque de quase todo o café mineiro.

Ao destacar que antes de atingir o Rio de Janeiro a maior parte das ferrovias mineiras confluíam na altura de Juiz de Fora, Singer realçou também que esta era, sem dúvida, "a mais importante cidade de Minas e, em certa medida, a capital regional da Zona da Mata", especialmente entre o Império e a República. Outro importante processo que se desenrolou, de modo gradual, ao longo dos três decênios posteriores à emancipação política e administrativa desse município, foi a estruturação de um mercado híbrido de mão de obra, integrado em proporções distintas por cativos e trabalhadores livres, brasileiros e europeus.

Com base na produção historiográfica mais recente sobre o tema, examinarei preliminarmente quais eram as condições sociais vigentes, sobretudo no que diz respeito ao trabalho, no interior do setor mais importante da economia do municí-

---

as estradas de ferro União Mineira e Juiz de Fora a Piau. Em 1898, aquela empresa passou para o controle de capitalistas ingleses, com a denominação Leopoldina Railway. Ver Stehling (1979:143) e Blasenhein (1982:77-79).

[22] Ver Paula (1976:60-62), Pires (1993:110-113) e Giroletti (1987:28-35, 46-51).

pio de Juiz de Fora na segunda metade do século XIX, a cafeicultura. Em seguida, procurarei identificar e destacar o papel desempenhado por escravos e indivíduos livres pobres na construção e expansão daquela que se tornaria, nos momentos finais do Império, a principal cidade da província de Minas Gerais. Pretendo compreender e apresentar o contexto socioeconômico em que emergiram historicamente as primeiras gerações do proletariado juizforano, bem como demonstrar que esses trabalhadores, provenientes de múltiplas regiões e países, se viram obrigados a buscar os recursos indispensáveis à sua subsistência num mercado urbano de mão de obra permeado pelas práticas e desmandos característicos do mundo senhorial.

Trabalho escravo e livre nas grandes fazendas do principal município do complexo cafeicultor da Zona da Mata mineira

> Nas ruas da jovem Juiz de Fora, aos poucos, chácaras, sobrados e casarões se impunham sobre os casebres em que habitavam a 'gente miúda'. A vida política, o desenvolvimento e a diversificação econômica atraíam para a mancha urbana a elite agrária e os fazendeiros-capitalistas, que nas residências da cidade cuidavam da política, administravam as finanças e assistiam às festas religiosas. (...) Nestes tempos, o crescimento das lavouras cafeeiras na região da Zona da Mata mineira absorvia grande contingente de mão de obra. Não obstante o constante comércio de escravos, os fazendeiros necessitavam alugar cativos e contratar jornaleiros para atender à demanda, principalmente nos momentos em que a cultura exigia maior número de trabalhadores.
>
> ELIONE SILVA GUIMARÃES, 2006:24.

No terceiro quartel do Oitocentos, no momento em que a sua área central cristalizava-se como o grande empório da Zona da Mata, Juiz de Fora se firmou, também, como um importante polo de atração de novos e diversificados contingentes populacionais — cativos e livres, nacionais e estrangeiros. Nesse sentido, os expressivos aumentos verificados entre 1853 e 1873 nos estratos livre e escravo da população, da ordem de 160,35% e 46,82% respectivamente (ver tabela 1), sugerem que foi fundamentalmente em tal intervalo de tempo que ocorreu localmente a constituição de um mercado de mão de obra.

Esclareço que me refiro aqui a um mercado de mão de obra ainda não plenamente capitalista, sobretudo porque a sua estruturação inicial se processou no interior de uma sociedade que tinha, e continuaria a ter ainda por mais algum tempo, a escravidão como principal forma de relação social de produção. Isso em razão, cabe realçar, da estratégia adotada pelas elites imperiais e agrárias, desde que a proibição do tráfico internacional evidenciou a inevitabilidade do fim do cativeiro, em promoverem uma transição lenta e gradual para o novo regime de trabalho, numa clara tentativa de ajustar a manutenção do escravismo aos anseios emancipacionistas de parcelas cada vez maiores do povo brasileiro.

Visando à implementação dessa transição lenta e gradual para o trabalho livre, desde a década de 1850, pelo menos, o governo imperial e as elites agrárias das províncias cafeeiras investiram na imigração subvencionada de europeus, projeto que atendia tanto aos interesses dos fazendeiros de contarem com mão de obra barata e abundante para a lavoura, quanto aos planos governamentais de promover o "branqueamento" da população brasileira, povoando certas áreas do país com indivíduos que as autoridades julgavam superiores técnica e culturalmente aos elementos nacionais livres — homens brancos pobres, mestiços, negros forros e "fugidos". Por outro lado, ao passo que reforçavam uma série de preconceitos em relação a esses estratos sociais despossuídos, as classes dominantes definiam também estratégias para tentar controlá-los, disciplinά-los e conquistá-los para uma vida "ordeira" e "laboriosa", fundamentalmente por meio de uma legislação que obrigava os ex-escravos, ociosos, marginais e mendigos ao trabalho.[23]

Estes elementos essenciais do cenário político e ideológico no qual se desenrolou o processo de formação do mercado de mão de obra no Brasil, de modo geral, são confirmados pelas pesquisas acadêmicas mais recentes. Tais estudos convergem ainda ao considerarem o referido processo, ao mesmo tempo, complexo e regionalmente diferenciado, e ao apontarem o ano de 1850 como o marco fundamental do início de sua fase de maior desenvolvimento. Isso devido tanto à instituição da Lei Eusébio de Queiroz, que pôs termo à importação de africanos, quanto à Lei de Terras, não por acaso, decretada 14 dias após a extinção do tráfico internacional de cativos para o país e que, em síntese, transferiu os terrenos devolutos para o controle do Estado, estabelecendo que novas

---

[23] A este respeito, ver principalmente: Conrad (1978), Cardoso (1988), Lamounier (1988), Eisenberg (1989), Chalhoub (1990) e Costa (1998).

propriedades particulares só seriam formadas mediante transações de compra registradas em cartório.

João Carlos Vieira Kirdeikas (2003:30-42), por sua vez, assinala que após a decretação conjunta em 1850 das leis Eusébio de Queiroz e de Terras e do Código Comercial instala-se um processo lento e gradual de extinção do cativeiro no Brasil. Contudo, o trabalho e a produção no campo não se desorganizaram. Primeiro, em função da intensificação do comércio inter e intraprovincial da "mercadoria escrava", que acabou se concentrando nas províncias cafeeiras do Sudeste — em especial, no Vale do Paraíba fluminense e paulista e na Zona da Mata mineira. Segundo, porque os fazendeiros passaram a empregar com mais intensidade na lavoura os nacionais livres, que representavam 84,2% da população do país em 1872 e que tradicionalmente se configuravam como elementos acessórios da economia escravista, quer seja como agregados, camaradas e trabalhadores ocasionais (quando atuavam como tropeiros, carreiros ou vigias de cativos, por exemplo), quer seja ocupando-se em atividades de subsistência (plantando gêneros alimentícios, criando animais, pescando e derrubando matas). Por fim, em razão da importação massiva de europeus que, sobretudo na década de 1880, se constituíram na fonte significativa, regular e relativamente barata de mão de obra exigida pela expansão da fronteira agrícola, notadamente no Oeste de São Paulo — região que mais se beneficiou da decisão dos governos imperial e provinciais em assumirem o ônus do traslado e hospedagem provisória dos imigrantes.

Cabe ressaltar que na conformação desse mercado de mão de obra "híbrido", pois era composto por diversas modalidades de escravizados e de trabalhadores juridicamente livres, nacionais e estrangeiros, a presença do Estado foi marcante, notadamente nas décadas de 1870 e 1880. Nesse período, as autoridades imperiais e provinciais procuraram centralizar e coordenar os processos de desescravização e transição para um novo regime de trabalho fundamentalmente por meio das leis do Ventre Livre (1871), de Locação de Serviços (1879) e do Sexagenário (1885) e também por meio de diversas modalidades de subsídio à imigração. Consequentemente, após a extinção da escravidão, em maio de 1888, não houve, no campo ou na cidade, a crise social e a desorganização da produção que as elites tanto temiam e propalavam, uma vez que os ex-escravos foram rapidamente integrados às atividades econômicas e à agitação existente às vésperas da Abolição controlada. Segundo Ademir Gebara (1986:208), tais fatos evidenciariam que, de modo geral, "tanto o controle do acesso à liberdade quanto o disciplinamento do trabalhador, visando a sua incorporação ao mercado de trabalho, foram objetivos plenamente realizados".[24]

No caso específico de Juiz de Fora, o intenso comércio inter e intraprovincial propiciou aos cafeicultores uma reserva regular e significativa de cativos até os últimos momentos do regime escravista. De fato, como comprovam os dados do recenseamento do Império reunidos na tabela 3, em meados da década de 1870, a participação percentual dos escravizados no total da população desse município (44,87%) era bastante superior à verificada, respectivamente, na Zona da Mata mineira (28,99%), na província de Minas Gerais (18,13%), no Sudeste (21,84%) e no Brasil (15,80%), quadro que se manteve relativamente estável nos quinze anos seguintes.

TABELA 3
Distribuição da população livre e escrava (1872-74)

Abrangência	População escrava Total	% / (Σ)	População livre Total	% / (Σ)	População total (Σ)
Juiz de Fora	19.141	44,87	23.518	55,13	42.659
Zona da Mata	81.484	28,99	199.507	71,01	280.991
Minas Gerais	370.714	18,13	1.673.991	81,87	2.044.705
Região Sudeste	856.659	21,84	3.065.522	78,16	3.922.181
Brasil	1.540.829	15,80	8.220.590	84,20	9.761.419

Fontes: Juiz de Fora (1873) — ver tabela 1 deste capítulo; Zona da Mata e Minas Gerais (1873) — Cosentino (2004:14-15); Região Sudeste e Brasil (1872-74) — Kirdeikas (2003:31-34) e Conrad (1978:351-353).

Ao pesquisar a evolução dos plantéis em Juiz de Fora, Luiz Fernando Saraiva constatou que entre 1870 e 1887, ao contrário do que ocorreu em outras regiões do país, não se processou uma queda abrupta no contingente de mancípios existentes nas maiores fazendas locais. Nesse interregno de 17 anos, o número médio de escravos por unidade produtiva de café passou de 89 escravos para 88 — índice considerado muito expressivo, tendo em vista que o fim do cativeiro já se afigurava como eminente então. Quanto aos preços, Saraiva (2005b:16-17) enfatiza

---

[24] Ver também Kirdeikas (2003:43-54) e Barbosa (2003:117-135).

que: "Para Juiz de Fora, o valor médio dos escravos somente em 1885 baixou para menos de 1:000$000 e, ainda assim, ficou na média dos 900$000, ou mais que o dobro do valor praticado nesse mesmo momento pelos cafeicultores do Rio de Janeiro".[25]

Essas informações sobre a dimensão dos plantéis e os valores dos cativos, bem como a respeito da significativa participação percentual dos escravizados no total de habitantes de Juiz de Fora, de certo modo, coincidem com os levantamentos realizados anteriormente por Rômulo Andrade (2002:1-3), que, ao comparar a população mancípia desse município mineiro com as de outras importantes áreas cafeeiras do Sudeste brasileiro, concluiu que entre as décadas de 1850 e 1880:

> O contingente escravo de Juiz de Fora manteve-se (...) em equilíbrio com toda a província do Espírito Santo. Por um percentual baixíssimo, perdeu para Vassouras no ano de 1872, deixando-a para trás, todavia, em 1882. Chegou a superar o plantel campineiro em 60%, na década de 50, reduzindo essa diferença para 36% e 40%, em 1872 e 1883, respectivamente. Também Paraíba do Sul, outro modelo de grande lavoura, deteve, em 1872 e 1883, um plantel cerca de 30% abaixo do de Juiz de Fora (-27,5%, em 1872 e -29,5%, em 1883). O que dizer, então, de Rio Claro, cujo total de cativos atingia apenas um oitavo da população mancípia de Juiz de Fora, nos anos 50?

Para melhor visualização dos dados que embasam essas afirmações, o quadro 1 apresenta os números respectivos da evolução, entre 1853 e 1883, dos contingentes de mancípios da província e dos municípios citados. Quanto aos preços dos escravos, Andrade (1991:180, 126) constatou que em Juiz de Fora, especialmente a partir de 1876, se processou uma contínua e acentuada desvalorização, tendo o valor médio de compra de um cativo sofrido uma queda gradual e notável de cerca de 60% até as vésperas da Abolição (ver tabela 4).

Andrade (1991:106-108) demonstrou ainda que, entre o fim do tráfico internacional de escravos e a Abolição, as fazendas de café da região utilizavam não apenas mão de obra cativa própria, como também alugada. Nesse sentido, por

---

[25] Para estabelecer o contingente médio dos plantéis de cativos dos maiores fazendeiros de Juiz de Fora, Saraiva considerou apenas os escravos em "ótimas condições de trabalho" — isto é, homens com idades entre 16 a 40 anos, vinculados diretamente à produção cafeeira — que encontrou entre os bens descritos em 481 inventários *post mortem* do período 1870-88.

meio da análise de contratos de locação e de anúncios publicados no jornal *O Pharol*, apontou para a existência, pelo menos no período de 1867 a 1887, de uma relativa estabilidade nos valores locatícios de indivíduos escravizados, cujos aluguéis anuais, nessa época, giravam em torno de 230$000.

QUADRO 1
Juiz de Fora no contexto demográfico de grandes regiões cafeeiras do Sudeste escravista (1853-83)

Ano	Minas Gerais — Juiz de Fora	Mar de Espanha	Leopoldina	São Paulo — Campinas	Rio Claro	Rio de Janeiro — Vassouras	Paraíba do Sul	Província do Espírito Santo
1853	13.037	—	—	—	—	—	—	—
1854	—	—	—	8.149	—	—	—	—
1856	—	—	—	—	1.426	—	—	12.269
1870	—	—	—	—	—	—	—	18.772
1872/73	19.141	12.658*	15.253*	14.028	3.935	20.168	13.881	22.552
1880	—	—	—	—	—	—	—	21.216
1882	—	—	—	—	4.852	—	—	—
1883	21.808	15.183*	16.001*	15.665	4.866	18.630	15.369	—

Fontes: Andrade, 2002:3 e (*) Lanna, 1988:37.

Utilizando dados existentes em inventários *post mortem* de grandes cafeicultores da Mata mineira, entretanto, Luiz Fernando Saraiva (2005b:17-18) concluiu que esse segmento do mercado local de mão de obra operava com valores bem mais elevados. De acordo com os levantamentos realizados pelo autor, em meados dos anos 1880, o aluguel de cativos para trabalhar nas lavouras de café girava em torno de 900$000 anuais.[26] Comparando essa quantia com a encontrada por Andrade numa edição de *O Pharol* de julho de 1887 — 200$000 —, é lícito inferir que, desde 1867, o preço médio de locação anual dessa modalidade de trabalhador servil experimentou uma forte valorização na zona rural do município de Juiz de Fora, estabilizando-se na faixa de 550$000 no período final do regime escravista.

---

[26] Saraiva esclarece ainda que os cerca de 900$000 anuais, ou 75$000 mensais, pagos de aluguel por um escravo diretamente vinculado à produção cafeeira seriam maior que o "salário molhado" de um trabalhador livre (que incluía os gastos com alimentos, roupas e ferramentas fornecidos pelo patrão) e menor que os salários dos empregados "a seco", isto é, que recebiam apenas o valor do ordenado.

O contrário ocorreu, como indica a tabela 4, com os preços de compra e venda de cativos. Após oscilarem bastante nas décadas de 1850 e 1860 e atingirem o pico de 2:400$000, declinaram continuamente a partir de 1876, chegando, 12 anos depois, ao patamar mínimo de 808$000. Ao que tudo indica, essa desvalorização substancial da mercadoria escrava se processou sob o impacto direto das medidas estatais de desescravização, sobretudo as de natureza fiscal, e do recrudescimento em todo o país do abolicionismo e dos movimentos sociais dos escravizados.[27]

TABELA 4
Evolução do preço médio da mercadoria escrava no município de Juiz de Fora (1854-88)

Ano	Preço médio	Variação (%)
1854	1:350$000	—
1859	2:250$000	+67%
1863	1:550$000	-31%
1866	1:750$000	+13%
1874	2:050$000	+17%
1876	2:400$000	+17%
1880	1:950$000	-19%
1885	1:150$000	-41%
1888	808$000	-30%

Fonte: Andrade (1991:126).

Mas, não obstante as consideráveis diferenças de preços reveladas pelas fontes que utilizaram, é importante realçar que as pesquisas de Saraiva e Andrade convergem plenamente na demonstração de que, no município de Juiz de Fora,

---

[27] Em dezembro de 1880, a Assembleia Provincial mineira instituiu a taxa de 2:000$000 por cada escravo importado de outras províncias, bem como majorou os impostos sobre as demais operações de compra e venda de cativos, o que inviabilizou aquele primeiro tipo de transação, pelo menos legalmente, e restringiu sobremaneira o comércio interno dessa "mercadoria". Quanto aos movimentos sociais de escravizados, os anos de 1880 caracterizaram-se no município de Juiz de Fora pela existência de um forte clima de tensão e conflito entre cativos e senhores, tendo em vista o grande número de fugas e suicídios de mancípios e o aumento significativo de crimes contra a segurança individual praticados por eles. Ver Andrade (1991:120) e Guimarães (2006:90-93).

o mercado de aluguel de escravos mostrou-se vigoroso e desfrutou de uma relativa estabilidade até as vésperas da extinção do cativeiro. Suas respectivas análises colaboram, ainda, para reforçar a tese de que a vitalidade experimentada então por tal sistema de arrendamento de mancípios, particularmente nas regiões cafeicultoras mais dinâmicas, relaciona-se tanto à diminuição dos investimentos na aquisição de cativos, em função da eminência da Abolição, quanto ao fato de que a locação era igualmente vantajosa para o proprietário e para o alugador desse tipo de força de trabalho. Como argumenta, em especial, Andrade (1991:108):

> Apesar de representar para o proprietário um contrato de risco — já que sobre ele pesava o ônus da fuga ou doença prolongada do escravo —, a locação lhe era interessante, porquanto representava liquidez imediata, economia na manutenção alimentar do cativo e perspectiva de reembolso a médio prazo do capital investido. Para o locatário significava a ausência de desembolso de capital vultoso, possibilitando-lhe diversificação nos investimentos. Em suma, excluído o escravo, era um tipo de transação lucrativa para as partes envolvidas.[28]

Diferentemente da cafeicultura sul fluminense, entre as décadas de 1870 e 1880, a produção da rubiácea na Zona da Mata mineira estava ainda em ritmo ascendente. Consequentemente, as maiores unidades cafeeiras de Juiz de Fora empregavam e demandavam uma enorme quantidade de cativos e um número bem menor, embora considerável, de trabalhadores livres, que constituíam então a principal reserva potencial de força de trabalho dessa localidade. Como indica a tabela 3, em 1873 os não escravos representavam 55,13% do total de habitantes do município. Concentrados maciçamente no campo, sobreviviam majoritariamente como pequenos lavradores ou como agregados, camaradas e trabalhadores ocasionais, especializados ou não, nas grandes fazendas juizforanas.[29]

---

[28] Cumpre assinalar, a esse respeito, que nos 25 anos seguintes ao fim do tráfico internacional, em que se registrou uma forte elevação nos preços de cativos (ver tabela 4), ocorreu também uma expansão considerável no sistema de aluguel de escravos na Zona da Mata mineira, particularmente na agricultura. No início da década de 1870, por conseguinte, cerca de um quarto da mão de obra escrava economicamente ativa dessa região era formado por "escravos-jornaleiros", o que representava a maior concentração dessa modalidade de trabalhador na província de Minas Gerais. Ver Andrade (1991:121) e Libby (1988:95).

[29] Ver Souza (2004:145-167).

A inserção destes estratos despossuídos no mercado de mão de obra que se ampliava e se diversificava, então, na extensa zona rural do município de Juiz de Fora, por sua vez, foi também objeto de análise por parte da historiografia local. Saraiva, um dos pesquisadores que mais avançou nesse estudo, tomando como base dados que encontrou em "folhas de pagamentos" anexadas ao inventário *post mortem* da baronesa de Sant'Anna,[30] conseguiu estabelecer um painel bastante relevante das formas e periodicidades de pagamentos, bem como das modalidades e valores de contratação de tipos distintos de profissionais utilizados por uma das mais importantes unidades cafeeiras da região (ver quadro 2).[31]

Nesta perspectiva, as referidas "folhas de pagamentos" da fazenda de Fortaleza de Sant'Anna, relativas aos anos de 1872 e 1887, sugerem primeiramente que desde o início da década de 1870, diversas especialidades de assalariados coexistiam com dezenas de cativos no trabalho do cafezal e nas outras etapas de processamento do produto no âmbito das grandes unidades cafeeiras da Zona da Mata. A exemplo do que ocorria com os meeiros, colonos e empreiteiros, aqueles empregados recebiam seus ordenados em períodos longos de tempo, isto é, por semestres e até anualmente, conforme o caso. Além disso, evidenciando ainda mais a baixa monetização dessa economia agrícola, nas ocasiões em que se faziam os acertos de contas e salários, destes eram deduzidos os adiantamentos porventura realizados em formas de produtos, mercadorias e gêneros.[32]

Por outro lado, as informações e estimativas reunidas no quadro 2 sugerem que, nas grandes fazendas da região, esses empregados remunerados se inseriam

---

[30] Baronesa por decreto imperial de 1861, Maria José de Sant'Anna era mãe de Mariano Procópio Ferreira Lage, organizador da Companhia União e Indústria. Morta em 1870, a proprietária da fazenda Fortaleza de Sant'Anna — localizada no atual município de Goianá — deixou uma herança estimada em cerca de 585 contos de réis, valor que incluía, entre outros bens, 235 escravos, 500 mil pés de café, 2 mil sacas cheias desse produto e 970 alqueires de terra.

[31] Não incluí no quadro 2 informações sobre ordenados pagos ou devidos a um ajudante e a um cozinheiro que constam da folha de 1872 da referida fazenda, tendo em vista o seu pequeno valor (cerca de 100$000 anuais). Também em função da impossibilidade de se estabelecer estimativas coerentes a partir deles, não considerei os "saldos de contas" e os acertos relacionados à execução de tarefas por parte dos meeiros e empreiteiros que aparecem na listagem de 1887. Ver Saraiva (2001:105-112).

[32] Contudo, como sugerem os casos do "maquinista" João Batista Gomes e do "trabalhador" Joaquim Maria Gomes da Silva, havia situações em que esses empregados rurais tinham que esperar até três anos para receber integralmente o que lhes era devido de salário — algo absurdo, de fato, mesmo numa economia de base escravista, em que tradicionalmente os meeiros e parceiros acertavam anualmente suas contas com os fazendeiros. Ver Saraiva (2001:107-113).

basicamente em duas esferas funcionais. A primeira, integrada por administradores (únicos que desfrutavam de salários elevados), feitores e terreiros (que coordenavam a secagem do café), correspondia às funções de gerenciamento da propriedade e de supervisão e controle da produção e das atividades gerais dos demais trabalhadores, sobretudo as desempenhadas por cativos. A segunda, por sua vez, compunha-se de uma variedade de profissionais (matadores de formigas, "trabalhadores", carpinteiros, maquinistas, pedreiros, entre outros) utilizados regularmente em tarefas de manutenção especializada dos cafezais (realizada também por empreiteiros e meeiros) e em atividades de suporte ao beneficiamento de tal produto. Assim, ainda que possam ser caracterizados genericamente como "elementos acessórios da economia escravista" (a exemplo dos agregados, camaradas e de outros tipos de jornaleiros rurais), a presença cada vez maior desses indivíduos juridicamente livres em unidades cafeeiras da Zona da Mata, como notou Saraiva (2001:60-64), indicaria que nelas "diversas modalidades de trabalho estavam sendo tentadas e testadas" às vésperas da Abolição.[33]

Considerando apenas os valores pagos ou devidos, conforme o caso, aos profissionais situados na segunda esfera funcional (matador de formigas, trabalhador, carpinteiro, maquinista, enfermeiro, pedreiro, serrador, seleiro e vaqueiro), percebe-se que, entre 1872 e 1887, o ordenado anual médio de tais trabalhadores livres era de 562$000, correspondendo a jornais diários de 1$800 (ver quadro 2). Essa quantia, convém ressaltar, encontra-se num patamar bastante próximo dos 550$000 anuais (ou cerca de 1$530 por dia), em média, que os fazendeiros da região tinham que desembolsar pela locação de um escravo destinado a cumprir árduas e desgastantes tarefas no eito. Mesmo os vencimentos mais elevados auferidos por indivíduos pertencentes ao segundo grupo ocupacional, que oscilavam no último ano de referência entre 742$000 e 828$000, são inferiores ao preço máximo de 900$000 cobrado localmente pelo aluguel de um cativo. Portanto, ao que tudo indica, no município de Juiz de Fora a produtividade e o custo dos escravizados dimensionavam as faixas em que variavam os vencimentos dos em-

---

[33] Ainda de acordo com Saraiva, à medida que a Abolição se avizinhava, o emprego de homens livres na Fazenda Fortaleza de Sant'Anna foi se elevando, bem como se tornaram mais frequentes os pagamentos mensais, semestrais e anuais a empreiteiros, colonos e meeiros, o que reforça a hipótese de que os braços que continuaram o trabalho nas fazendas da Zona da Mata após a extinção do cativeiro eram majoritariamente de "nacionais" e de "ex-escravos". Ver também Lanna (1988:107-109) e Lima (1981).

pregados rurais, cujos salários nominais eram determinados também de acordo com os atributos e graus de qualificação de cada contratado.

Ainda que ressalvando o caráter ensaístico dessas análises, creio ter reunido elementos suficientes para afirmar que nas áreas de Juiz de Fora e da Zona da Mata mineira, especialmente nas grandes unidades cafeeiras, até as vésperas de sua extinção formal, a escravidão condicionou fortemente, pelo menos nos seus aspectos essenciais, o mercado rural de mão de obra apreciado. O regime do cativeiro não só determinou as formas e delimitou os espaços de inserção de não escravos nas fazendas de maior porte, mas também, por meio de um de seus principais corolários e esteios nesse momento, o mercado de aluguel de mancípios se constituiu num dos parâmetros centrais para a fixação dos preços médios correntes da força de trabalho juridicamente livre, nacional ou estrangeira. Há de se considerar, além disso, que as práticas coercitivas e os desmandos típicos do mundo senhorial se faziam presentes nas diversas relações mantidas entre os fazendeiros e seus prepostos com os assalariados que eventualmente empregavam. É o que pode ser percebido, por exemplo, nos longos prazos impostos para a quitação dos ordenados e nos inúmeros descontos que neles incidiam, por conta de adiantamentos feitos em forma de alimentos e outros produtos indispensáveis à subsistência do trabalhador e de sua família.

QUADRO 2
Valores estimados de pagamentos feitos a alguns trabalhadores livres empregados ou a serviço da fazenda Fortaleza de Sant'Anna (1872-87)

Ocupação	1872	1887	Valor estimado a partir
Administrador	2:000$000	—	dos 1:000$000 pagos a João Antunes Pereira da Costa Maia por seus serviços durante o 2º semestre de 1872.
Feitor/terreiro	700$000	—	dos 349$998 pagos a Luiz Furtado de Aguiar por seus serviços durante o 2º semestre de 1872.
Matador de formigas	660$000	—	dos 330$000 pagos a José Antônio Ribeiro por seus serviços durante o 2º semestre de 1872.
Trabalhador	560$000	742$000	dos 279$000 pagos a Antônio Reis por seus serviços durante o 2º semestre de 1872 e b) dos 2:225$180 devidos a Joaquim Maria Gomes da Silva por seus serviços ao longo dos anos de 1885, 1886 e 1887.

Continua

Ocupação	1872	1887	Valor estimado a partir
Carpinteiro	560$000	828$000	dos 279$000 pagos a Matias Eduardo da Silva por seus serviços durante o 2º semestre de 1872 e b) dos 414$000 devidos a Júlio Nunes Mendes por seus serviços durante o 1º semestre de 1887.
Maquinista	420$000	408$000	dos 210$000 pagos a Inocêncio Custódio Guimarães por seus serviços durante o 2º semestre de 1872 e b) dos 1:223$315 devidos a João Batista Gomes por seus serviços ao longo dos anos de 1885, 1886 e 1887.
Enfermeiro	600$000	—	dos 300$000 pagos a Domingos Gonçalves da Costa por seus serviços durante o 2º semestre de 1872.
Pedreiro	—	780$000	dos 390$000 devidos a Manoel Martins dos Santos por seus serviços durante o 1º semestre de 1887.
Serrador	—	261$000	dos 21$750 devidos a Jacob Alaber por seus serviços durante o mês de setembro de 1887.
Seleiro	—	328$160	dos 82$040 devidos a Antônio Máximo da Silva por seus serviços durante os meses de setembro, outubro e novembro de 1887.
Vaqueiro	—	600$000	dos 300$000 devidos a Manoel Fernandes Menezes por seus serviços durante o 1º semestre de 1887.
Valor médio	560$000	564$000	dos ordenados pagos ou devidos a: matador de formigas, trabalhador, carpinteiro, maquinista, enfermeiro, pedreiro, serrador, seleiro e vaqueiro.

Fonte: Saraiva, 2001:111-112, quadros III e IV.

Essas conclusões, embora não sejam novas nem aprofundem melhor o que ocorria no universo rural brasileiro oitocentista, foram fundamentais para o presente estudo. Desde os anos 1830, pelo menos, boa parte dos liberais antiescravistas compartilhava da percepção de que "os males produzidos pelo cativeiro" não afetavam apenas os milhões de seres humanos que nele eram mantidos atados. Segundo Luiz Felipe de Alencastro (1988:49), se "o país inteiro possui escravos, a escravidão domina o país todo".[34] Nas últimas décadas imperiais, essa ideia assume um caráter

---

[34] Um dos principais liberais antiescravistas da primeira metade do século XIX, Evaristo da Veiga se contrapôs em 1831 ao tráfico e à exploração em larga escala dos cativos, alertando que a "nossa civilização e nosso aperfeiçoamento moral estão freados pela introdução contínua desses bárbaros [africanos] que vêm alimentar a inércia e estimular o despotismo e a depravação dos senhores injustos".

mais abrangente, principalmente por meio das formulações e proposições reformistas dos intelectuais que integravam as diversas correntes da Geração 1870. Um dos principais pensadores desse movimento heterogêneo, mas coeso em torno da campanha abolicionista, o político liberal Joaquim Nabuco (2000:124-125), ao refletir em meados dos anos de 1880 sobre as influências degradantes que as "emanações das senzalas" exerciam nos campos social e político da vida nacional, notou que

> as diversas classes sociais (...) apresentam sintomas de desenvolvimento ou retardado ou impedido, ou, o que é ainda pior, de crescimento prematuro artificial. (...) Uma classe importante, cujo desenvolvimento se acha impedido pela escravidão, é a dos lavradores que não são proprietários [especialmente os meeiros], e, em geral, dos moradores do campo ou do sertão. (...) Sem independência de ordem alguma, vivendo ao azar do capricho alheio, as palavras da oração dominical: *O pão nosso de cada dia, nos dai hoje* têm para ela uma significação concreta e real. Não se trata de operários, que expulsos de uma fábrica, achem lugar em outra; nem de famílias que possam emigrar; nem de jornaleiros que vão ao mercado de trabalho oferecer os seus serviços; trata-se de uma população sem meios, nem recurso algum, ensinada a considerar o trabalho como uma ocupação servil, sem ter onde vender os seus produtos, longe da região do salário — se existe esse Eldorado, em nosso país — e que por isso tem que resignar-se a viver e criar os filhos, nas condições de dependência e miséria em que se lhe consente vegetar.

Entre os anos 1870 e 1880, portanto, como ressalta Alencastro, crescia e firmava-se na opinião pública a consciência de que, "irradiados pelas fazendas, os efeitos perversos da organização agrária escravista atingiriam infalivelmente as populações livres dos campos e das cidades". Nessa época, intelectuais como José do Patrocínio, André Rebouças e Joaquim Nabuco, entre outros, enfatizavam também que, para além da emancipação dos escravos, era imprescindível a realização de reformas estruturais capazes tanto de modernizar o país, quanto de promover a incorporação de todos os estratos sociais que, até então, encontravam-se marginalizados da vida nacional — principalmente a legião de despossuídos que a Abolição trataria de libertar. Na percepção desses militantes da causa abolicionista, como esclarece Alencastro (1988:49-50),

> o estágio supremo da economia de *plantations* seria uma sociedade aviltada, polarizada em torno do conflito entre duas classes majoritárias e antagônicas: os senhores e

os escravos. (...) Ora, o que alguns constatam (...) é que a substituição dos escravos por imigrantes [e também por nacionais livres] em situação de infracidadania prolongaria o "despotismo" dos senhores bem além da abolição da escravatura.[35]

Deste modo, creio que aprofundar os estudos em relação ao processo de estruturação e expansão do mercado híbrido de mão de obra existente na vasta zona rural que envolvia o núcleo urbano de Juiz de Fora, procurando delinear os contornos assumidos então por tal mercado, é fundamental para ampliar a compreensão das formas transitórias de exploração do trabalho, nos anos finais do escravismo e do Império, nesse município cafeicultor. Contudo, faz-se necessário ressaltar e considerar que o espectro da escravidão pairava igualmente sobre os habitantes pobres daqueles dois espaços socioeconômicos, o campo e a cidade, condicionando em aspectos essenciais as relações sociais, o cotidiano e as perspectivas de vida de milhares de homens e mulheres despossuídos, nacionais ou estrangeiros, livres ou não.

Uma cidade construída por cativos: o trabalho escravo no núcleo urbano de Juiz de Fora

> Julgo de muita necessidade que esta pobre Câmara solicite do Ilmo Sr. Juiz Municipal, os pretos cativos fugidos, que se acham presos na Cadeia desta cidade, para estes roçarem e capinarem o largo Municipal, aterrarem e cavarem alguns olhos das ruas, enfim para o que for de utilidade a esta cidade.
> Trecho de um requerimento dirigido, em 1858, à Câmara de Juiz de Fora (transcrito em Guimarães e Guimarães, 2001:43-47).

> Vende-se uma escrava crioula de 32 anos, ótima cozinheira, e um filho de 16 anos, excelente pagem e copeiro.
> Vende-se. *O Pharol*, 18 out. 1877, p. 3.

---

[35] Nesse sentido, para muitos abolicionistas a verdadeira alternativa colocada às sociedades escravistas era a efetivação de uma reforma agrária para acabar com os "males que a escravidão criou" — algo que de fato não ocorreu, como se sabe, nem mesmo após a instituição do regime republicano.

> Aluga-se para ama de leite uma rapariga nova, sem filho, por 30$000.
> Informa-se nesta tipografia.
>
> Aluga-se. *O Pharol*, 31 jul. 1883, p. 4.

Francisco Foot Hardman e Victor Leonardi ponderam que a manutenção da escravatura até o final da década de 1880, apesar de não impedir completamente, representou um sério empecilho à formação no Brasil de um mercado urbano de mão de obra assalariada, um dos elementos indispensáveis ao pleno desenvolvimento da economia capitalista. Por conseguinte, além de retardar e limitar por longos anos a entrada e a fixação de imigrantes europeus, o regime escravista propiciou internamente a difusão de concepções ideológicas contrárias à valorização do trabalho manual, considerado então "humilhante", "degradante", enfim, adequado apenas ao braço servil — muito embora, evidentemente, grande parte da população livre pobre nacional, nos campos e cidades, estivesse obrigada também ao labor regular ou ocasional para prover sua subsistência. Por outro lado, ao investigarem as origens sociais do proletariado brasileiro e as dificuldades para a sua organização enquanto classe, Hardman e Leonardi (1991:90-91) relacionaram as diversas modalidades de emprego de cativos que, ao longo de quase todo o século XIX, contribuíram para embaraçar o processo de generalização do assalariamento no país:

> Certas empresas industriais não empregavam trabalhadores livres. (...) Outras os utilizavam apenas para os serviços especializados, sendo o trabalho mais pesado realizado exclusivamente por escravos. (...) Utilizavam-se ainda vários tipos de trabalho escravo. Os "escravos de ganho" eram relativamente autônomos, custeavam o seu sustento e viviam como ambulantes. "Na obrigação de entregar uma porcentagem de seu ganho a seu dono se resumia e se concretizava sua condição de escravo, funcionando livremente no mercado de trabalho." Havia ainda os escravos "da nação" e os pertencentes às municipalidades. (...) Depois da abolição do tráfico, aparece[m] (...) [os] "africanos livres" que, confiscados pelo Estado, eram alugados a particulares e seus salários destinados, teoricamente, à sua repatriação.

Ainda que possam ser tomadas como corretas em seus aspectos e sentidos mais gerais, essas afirmações necessitam de revisões, sobretudo no que se refere ao papel desempenhado pelos cativos no setor manufatureiro e aos "africanos livres". Sobre estes últimos, os estudos atuais tendem a considerá-los integrantes de um grupo peculiar de trabalhadores forçados que, apesar de juridicamente livres desde 1831, eram empregados nas mesmas ocupações dos escravos, dos quais pouco se diferenciavam no dia a dia. Severamente limitados em sua mobilidade espacial, explica Beatriz Mamigonian (2002:19-21), também sofriam com as punições físicas e eram vítimas do descaso das autoridades, que os mantinham indefinidamente submetidos a um regime de "cativeiro provisório". Além dessas questões, a autora observa ainda que a experiência de trabalho dos africanos livres se insere

> no amplo espectro das relações de trabalho compulsório que coexistiram com a escravidão no Brasil oitocentista. (...) Destinados a serem escravos, eles foram emancipados através da aplicação dos tratados e da legislação que aboliu o tráfico de escravos. Ao invés de serem treinados e empregados como trabalhadores livres, eles foram mantidos como trabalhadores involuntários do mesmo modo que tantos outros grupos de pessoas livres consideradas "inaptas para a liberdade" [como muitos índios, mestiços, negros libertos e brancos pobres "encarcerados", frequentemente engajados em serviços públicos variados].

Nos estudos de Hardman e Leonardi, por outro lado, figuram com destaque dois tipos de associações que também demandam revisão: a que vincula a perícia e a destreza manual ao trabalho exercido por homens brancos livres e a que, ao contrário, atribui a utilização exclusiva e descomunal de força física às tarefas desempenhadas por negros escravizados, notadamente no setor manufatureiro. Tais associações, na verdade, parecem se ajustar muito mais aos discursos e estereótipos elitistas da época do que, propriamente, à diversidade de situações e realidades existentes, em meados do Oitocentos, nesse ramo da economia nacional. Luiz Carlos Soares (2003:1-2), um dos principais críticos das análises que circunscrevem os cativos às funções não qualificadas, é enfático ao afirmar que no município e na província do Rio de Janeiro, ao longo de boa parte do século XIX,

> em quase todos os ramos da atividade industrial, os trabalhadores escravos desenvolviam as mesmas tarefas que os trabalhadores livres, demonstrando habilidade, perícia e destreza, qualidades estas indispensáveis ao processo manual de trabalho vigente

nas oficinas artesanais e manufaturas. Como também existiam trabalhadores livres e escravos desenvolvendo tarefas onde despendiam somente sua força física.[36]

Tendo em vista o crescimento experimentado pelo setor manufatureiro de sua economia, entre 1840 e 1860, uma parcela importante da população da cidade do Rio de Janeiro cristalizou-se enquanto mão de obra industrial. Segundo Luiz Carlos Soares (2003:3-9), excetuando-se as tecelagens e cervejarias, todos os demais ramos empregavam homens e mulheres livres conjuntamente com escravizados, em geral alugados, para o desempenho de tarefas qualificadas e não qualificadas. Assim, o uso regular de cativos nas fábricas do principal centro urbano do Brasil oitocentista pressupunha que muitos desses trabalhadores forçados, como ocorria com os artífices assalariados, dominassem razoavelmente as técnicas e procedimentos de certos ofícios manuais. Isso era particularmente indispensável nas oficinas artesanais, em que cada operário era responsável pela execução de todas as etapas necessárias à confecção de um determinado produto. Nas manufaturas de médio e grande porte, por sua vez, em que a produção se processava com base numa maior divisão do trabalho e mediante utilização de máquinas rudimentares, escravos e não escravos exerciam, igualmente, tanto atividades difíceis e que requeriam certo grau de experiência e qualificação, quanto serviços mais árduos e até arriscados, que demandavam o uso intenso e prolongado de força muscular.

A exemplo do que ocorria nas inúmeras manufaturas existentes na Corte e nas demais regiões da província do Rio de Janeiro, em Minas Gerais o emprego de cativos também não se limitou aos trabalhos mais brutos e penosos, que dispensavam conhecimentos prévios e requeriam pouca ou nenhuma habilidade técnica. De fato, além de constituírem o grosso da mão de obra utilizada nas atividades agrícolas até 1888, como apontam os estudos de Douglas Cole Libby e Sérgio de Oliveira Birchal, os escravizados, qualificados ou não, eram majoritários em diversos outros setores econômicos, especialmente nos ramos de mineração e

---

[36] Foi sobretudo com o fim do tráfico, em 1850, que o estereótipo do negro "boçal", "bárbaro", "ignorante" e inapto para os "serviços mecânicos" passou a ser utilizado tanto por fazendeiros interessados em concentrar os escravos no campo, quanto pelos que defendiam a substituição dos cativos por homens brancos, nacionais e europeus, tidos como mais "industriosos", produtivos e menos dispendiosos.

siderurgia e de construção de estradas. Mesmo que em menor escala, os escravos podiam ser encontrados ainda nas fábricas têxteis que, especialmente a partir da década de 1870, proliferaram pelo território mineiro.[37]

No ramo de mineração e siderurgia, em particular, a escravidão configurou-se como crucial praticamente até a Abolição, tanto porque os mancípios foram responsáveis pela difusão do primeiro método produtivo, quanto em função da existência de oferta regular deste tipo de mão de obra — fatores que, somados às dificuldades naturais de transporte, constituíram, então, as principais vantagens competitivas das pequenas fundições da região central da província frente à concorrência externa.[38] Já nas manufaturas têxteis de médio e grande porte, surgidas em Minas Gerais nos anos de 1870, o emprego de indivíduos escravizados foi bem menor, sobretudo pelo fato de as principais unidades produtivas desse ramo industrial se localizarem em áreas onde, justamente nesse período, o braço servil havia se tornado escasso e caro. Entre as tecelagens mineiras que, em menor ou maior escala, utilizavam cativos de modo sistemático até fins da década de 1880, Libby (1988) e Birchal (1998) destacam as que integravam a Companhia Cedro & Cachoeira, de propriedade da família Mascarenhas, especialmente a fábrica de São Sebastião, fundada em 1884 e cujos teares eram operados quase que exclusivamente por escravos — 75 ao todo, uns próprios, outros alugados de seus acionistas.[39]

Um estudo sobre o papel desempenhado pelo elemento servil nos distintos segmentos mercantis e manufatureiros de Juiz de Fora deve, a princípio, conside-

---

[37] De fato, embora os nacionais livres constituíssem a maior reserva potencial de mão de obra em Minas, até 1888, a escravidão se fez presente de forma determinante em quase todos os setores econômicos, ainda que certas empresas dependessem mais do que outras dos cativos, em função de fatores como: a oferta local de escravos e de fontes alternativas de braços; a época do surgimento de cada indústria; a maior ou menor intensidade do uso de mão de obra de cada atividade econômica e a natureza da tecnologia envolvida em cada indústria específica. Ver Birchal (1998).

[38] Ver Reis e Souza (2006:3-12).

[39] O número de operários livres nacionais no setor de mineração e siderurgia era considerável, mesmo antes de 1850, quando a mercadoria escrava era mais abundante e barata. Os técnicos e mestres de fundição alemães e ingleses, embora poucos, foram essenciais na montagem e manutenção do maquinário, no treinamento do pessoal e na supervisão da produção. Já no setor têxtil a situação se inverte, uma vez que a maior parte do operariado, desde os anos de 1870, constituía-se de brasileiros livres, sobretudo de mulheres e crianças. Além das unidades fabris dos Mascarenhas (Cedro, Cachoeira e São Sebastião), a Tecelagem Cassu de Uberaba e a fábrica de tecidos de Bom Jesus D'Água Fria também utilizavam o braço servil, em serviços de transportes, na limpeza e nas oficinas de carpintaria e serraria. Ver Birchal (1998:3-7, 12-14) e Libby (1988:47, 135-136, 162-165, 229-236).

rar que nos arredores de tal centro populacional, até a sua extinção legal em todo o país, o regime escravista mostrou-se economicamente viável e relativamente estável. Em particular, as principais unidades cafeicultoras juizforanas conseguiram preservar plantéis numerosos e capazes de sustentar o forte incremento que a produção da rubiácea na região conheceu no terceiro quartel do século XIX (ver tabela 2) — ainda que para tanto os fazendeiros recorressem também, cada vez mais, ao aluguel de escravos e a diversas modalidades de contratação de homens livres, recrutados no interior de um mercado híbrido de mão de obra em processo de constituição.

Em 1886, com efeito, havia no município de Juiz de Fora 20.905 cativos, enquanto na Zona da Mata e em Minas Gerais concentravam-se, respectivamente, 101.588 e 286.497 mancípios — o que fazia de Minas a principal província escravista do Brasil no final do Império.[40] Fundamentalmente por isso, a participação de grandes fazendeiros juizforanos em projetos de importação de trabalhadores europeus, sobretudo nas décadas de 1850, 1880 e 1890, atendeu muito mais a outros interesses e objetivos — como garantir mão de obra barata e capitalizar certas empresas estabelecidas no núcleo urbano — do que, propriamente, a resolução de uma muito propalada, porém de fato inexistente, escassez generalizada de braços para a lavoura.

É importante ressaltar, também, que o trabalho escravo foi não apenas predominante na produção de café e outros gêneros agrícolas em Juiz de Fora, como fundamental ainda para a viabilização de uma infraestrutura regional de transportes, para a constituição e expansão inicial da malha urbana do distrito-sede do município e para o desenvolvimento de diversas atividades no interior de tal núcleo populacional. Sobre esta questão, Elione Silva Guimarães e Valéria Alves Guimarães (2001:17) argumentam que, até bem próximo da Abolição,

> os cativos podiam ser encontrados exercendo vários ofícios, como, por exemplo, em funções especializadas de ferreiro, pedreiro, marceneiro, parteira e também em serviços domésticos. Existia ainda outra modalidade como os "escravos de ganho", (...) os

---

[40] Por outro lado, os dados oficiais evidenciam que enquanto o número de cativos de todo o resto de Minas Gerais sofreu um decréscimo de 21,69% entre 1876 e 1886, caindo de 365.861 para 286.497 indivíduos, Juiz de Fora se caracterizou pelo crescimento ou, no mínimo, pela manutenção de sua população escrava nesse mesmo período — o que tem sido atribuído ao fato de ter esse município cafeicultor se configurado, após 1850, num importante entreposto comercial para a mercadoria escrava. Ver Machado (2005:6-16).

escravos alugados e os escravos que serviam em galés (serviços públicos prestados por escravos criminosos ou prisioneiros).

Com base nesta informação geral e em dados mais específicos apresentados por uma série de autores, bem como por meio da análise do recenseamento mineiro de 1873 e de anúncios publicados entre 1870 e 1880 no jornal *O Pharol*,[41] procurarei refletir um pouco mais sobre a presença escrava nos processos de consolidação do núcleo urbano de Juiz de Fora e de conformação de um mercado de trabalho híbrido no interior de tal espaço socioeconômico. Acredito que é justamente a partir do resgate e avaliação das condições gerais e das modalidades de exploração dos cativos que se tornará possível uma compreensão adequada dos estágios iniciais de formação do proletariado juizforano — processo este que ainda está por ser mais bem investigado, especialmente no que se refere à participação de elementos estrangeiros e nacionais (negros, brancos e mestiços) no conjunto da força de trabalho que movimentou e fez crescer as pequenas e médias manufaturas e oficinas, os canteiros de obras, as casas de negócios e as grandes fábricas têxteis do município no final do século XIX.

Neste sentido, no período 1833-55 os escravos representaram sempre mais de 60% do total de habitantes da antiga Santo Antonio do Paraibuna, num claro indicativo de que teria sido majoritariamente cativa a mão de obra empregada nos variados e árduos labores diretamente vinculados ao estabelecimento e expansão inicial dessa vila. Assim, particularmente no espaço em que futuramente se consolidaria o núcleo urbano de Juiz de Fora, o braço servil afigurou-se como imprescindível desde, por exemplo, os desmatamentos e movimentações de terras para a construção do trecho local da Estrada do Paraibuna até a abertura das primeiras ruas, largos e praças e a edificação de ranchos, casas, sobrados, prédios públicos e chafarizes, além de diversos outros serviços e obras a cargo da Câmara e de concessionários privados, especialmente os relacionados ao aformoseamento, limpeza e conservação dessa cidade.

Um caso exemplar de investidor urbano que se valeu da mão de obra de cativos para implantar, manter e ampliar seus negócios especulativos e imobiliários

---

[41] *O Pharol* foi fundado em 1866, na cidade fluminense de Paraíba do Sul, por Tomás Cameron, que, em 1870, se transferiu com seu jornal para Juiz de Fora. Semanário e bissemanal, a princípio, *O Pharol* passou a ser publicado às terças, quintas e sábados a partir de 1882 e diariamente de 1885 em diante, sob a direção de Charles G. Dupin.

na área central de Juiz de Fora, durante as décadas de 1850 e 1860, é o do já citado barão de Bertioga, José Antonio da Silva Pinto, vereador em duas legislaturas (1853-56 e 1861-64) e antigo proprietário da fazenda Soledade, considerada uma das principais unidades produtoras de café da região nesse período. De acordo com Jair Lessa, Silva Pinto usou parte dos seus 200 escravos (alguns deles oficiais e auxiliares de pedreiro, carpinteiro, marceneiro e pintor) não apenas para construir diversas casas e sobrados na colina do Alto dos Passos, como também para erguer ali um hospital, uma igreja, uma coluna hidráulica e um teatro — em terrenos onde hoje se localizam a Santa Casa de Misericórdia de Juiz de Fora, fundada pelo cafeicultor em 1859.[42] Cabe registrar que no seu primeiro ano de funcionamento, essa instituição de caridade, denominada então Hospital do Senhor dos Passos, solicitou e recebeu do governo provincial dois "africanos livres", ao que parece, para o mesmo fim que os enviados para outro hospital na mesma época, como revela um relatório oficial:

> Atendendo à requisição da Mesa Administrativa deste estabelecimento [Hospital de Caridade de Campanha], expedi as convenientes ordens para que lhe sejam prestados dois casais de africanos livres (...) a fim de auxiliar o serviço interno do mesmo estabelecimento e atenuar assim a despesa que sobre ele pesa. (...) Dos mesmos africanos há pouco mencionados mandei que um casal fosse igualmente entregue ao Hospital do Senhor dos Passos da Cidade do Paraibuna [Juiz de Fora], devendo seu digno instituidor, o Comendador José Antonio da Silva Pinto, mandá-los receber e conduzir (Hospitais de caridade, 1860).

Única instituição destinada no período ao tratamento "da numerosa pobreza" do município, na sua primeira década de existência, a Casa ou Hospital de Misericórdia, entretanto, funcionou precariamente e atendeu a um pequeno contingente de enfermos e necessitados. Conforme o relatório de uma comissão de vereadores que a visitou por volta de 1870, suas instalações encontravam-se então em "estado

---

[42] Em 1858, após vender a fazenda Soledade e boa parte dos seus escravos, Silva Pinto concentrou seus negócios (construção e locação de imóveis, investimentos acionários e empréstimos a terceiros) no perímetro da cidade, onde possuía uma chácara, um sobrado e inúmeras moradas de casas que alugava para homens e mulheres livres de diversas condições sociais. Ver Lessa (1986:95-100) e Guimarães (2006:47-63).

de adiantada e geral ruína", apesar de seu patrimônio, desde 1865 administrado pela Irmandade de N. S. dos Passos, ser bastante considerável: "uma casa edificada para hospital, com alguns móveis, terrenos e plantações de café e outros arvoredos", tudo no valor de cem contos de réis, "dois escravos de nome João e José", além de créditos e dinheiro que totalizavam 16:800$000.[43] De todo modo, fica claro que, nesse período, até mesmo em suas raras e inconstantes ações caritativas na cidade de Juiz de Fora, os potentados locais não prescindiam do trabalho forçado, quer seja de cativos, quer seja de "africanos livres".

Por outro lado, a excessiva preocupação dos vereadores em regulamentar e cercar o cotidiano dos escravos no núcleo urbano de Juiz de Fora de inúmeras restrições, consubstanciadas em pelo menos 16 itens do primeiro *Código de posturas* local, elaborado entre 1853 e 1857, constitui também uma evidência significativa da presença forte e constante de cativos, em boa parte da segunda metade do século XIX, na área central da cidade e nas sedes dos distritos do município. Os arts. 118, 149, 173, 218 e 227 de tais posturas, em especial, vedavam aos mancípios transitar pelas ruas sozinhos durante a noite, frequentar casas de jogos, abrir casas de comércio, reunir-se em tavernas ou casas de bebida, entrar em propriedades alheias e promover algazarras com danças e batuques. Aos transgressores, de acordo com a gravidade da infração, estavam previstas multas de até 60$000 ou, quando não houvesse possibilidade de pagamento em dinheiro, sessões de açoitamento que, conforme o caso, variavam de 25 a 200 chibatas, além de prisão celular.[44]

Uma vez encarcerados, os mancípios ficavam sujeitos a serverem ao Estado por longas temporadas. De fato, muitos dos escravos recolhidos ao cárcere da cidade, sobretudo os não reclamados por seus proprietários, além de alguns prisioneiros livres pobres, tinham que realizar trabalhos forçados em obras públicas como forma de garantir o seu sustento. Os serviços de construção de passeios, alinhamento de vias, abertura de valetas e aterramento de pântanos iniciados pela municipalidade em 1887, por exemplo, ficaram a cargo de *galés* da prisão local ou vindos de Ouro Preto, vigiados por feitores e praças da polícia mineira.[45] Por

---

[43] Entre as décadas de 1870 e 1890, a atuação dessa instituição de caridade continuou bastante limitada, faltando-lhe então condições e recursos para atender o crescente contingente de miseráveis que a procuravam no momento de enfermidade. Ver Pinto (2004:133-135) e Oliveira (1966:73-75).

[44] Ver Genovez e Souza (1997:35-46).

[45] Ver Pinto (2004:108-114) e Lessa (1986:197).

outro lado, como demonstram os estudos até agora realizados sobre o assunto, pelo menos entre 1857 e 1877, a Câmara Municipal de Juiz de Fora empregou regularmente diversos cativos, alugados em média a 1$400 diários, na capina e limpeza rotineira das ruas centrais e, em especial, no fornecimento de água e asseio da cadeia.

A este respeito, é bastante elucidativa uma carta dirigida então à Câmara, em que o proprietário de um dos mancípios empregados em tais tarefas estabelecia, nos seguintes termos, as suas condições para a renovação do contrato de locação: "Eu só deixarei o preto [de nome Veridiano] com a condição de que receberei diretamente da Câmara (...) meus *jornais* [de 40$000 mensais] enquanto o preto estiver empregado ao serviço [de asseio e abastecimento da cadeia]".[46] Publicado na edição de 25 de outubro de 1877 do jornal *O Pharol*, o anúncio transcrito a seguir, por sua vez, sugere que muitos empreiteiros de obras públicas também se valeram amplamente de escravos, inclusive de *fugitivos* empregados como *forros*, com o fito de ampliar seus lucros e contornar eventuais dificuldades em contratar trabalhadores livres para certas funções menos especializadas e mal remuneradas:

> Fugiu (...) o escravo João Miguel, que (...) já esteve um mês fugido, trabalhando nas obras da Câmara nova, em Juiz de Fora, e disse também ter estado nas obras da Estrada de Ferro de D. Pedro II três meses, onde passou por livre; tem os sinais seguintes: mulato meio aço, cabelo de negro ruivo escuro, pouca barba, idade 22 anos, estatura alta, cheio de corpo, pés e mãos grandes, olhos escovados, fala grossa e descansada (...) Quem prender e levar à casa de seu senhor [Simpliciano Augusto José de Gouvêa] receberá 100$000.

Mas entre os concessionários públicos estabelecidos ou com obras no município e em seu núcleo urbano durante o Império, a firma que mais empregou o braço servil foi, sem dúvida, a Companhia União e Indústria (CUI). Como atestam os relatos de coevos e os dados reunidos por diferentes pesquisadores, em seus empreendimentos rodoviários a CUI não utilizou apenas mão de obra livre, como obrigava o contrato que firmou com o governo imperial e certos estudiosos

---

[46] Ver Oliveira (2006:1-5) e Pinto (2004:109).

da história local sustentaram durante muito tempo.[47] A esse respeito, apesar de enfatizarem no seu livro *Viagem ao Brasil (1865-1866)* que normas contratuais proibiam expressamente o emprego de escravos na construção da rodovia que ligava Juiz de Fora a Petrópolis, o naturalista Louis Agassiz e sua esposa, Elizabeth Cary Agassiz, indicaram também que, na prática, tal regra foi ignorada, pois constataram que "nos trabalhos de certo gênero não se achou meio de substituir essa pobre gente".[48]

Na verdade, como enfatizam Luiz José Stehling, Domingos Giroletti e Sérgio de Oliveira Birchal, entre 70% e 80% da força de trabalho dos serviços de abertura da principal rodovia construída pela Companhia União e Indústria compunha-se de cativos, num total de cerca de dois mil escravos, em geral, alugados de seus acionistas ou das companhias inglesas de mineração de Cocais e de Congo Soco e de fazendeiros das regiões cortadas por aquela via.[49] Por sua vez, o trecho citado abaixo da "escritura pública de engajamento de escravos e hipoteca dos mesmos por dívida e obrigação", firmada em 7 de junho de 1856 pelo proprietário Silvério de Araújo Loureiro e Mariano Procópio Ferreira Lage (apud Guimarães e Guimarães, 2001:21, 32-36), contém informações valiosas sobre as condições, prazos e valores envolvidos nesse tipo de acordo de locação de trabalhadores escravizados:

---

[47] Devotado em manter imaculada a memória e elevar às alturas a imagem de Mariano Procópio, Wilson de Lima Bastos (1991:18-19) procurou minimizar o inegável envolvimento do presidente e organizador da CUI com a exploração do trabalho escravo, chegando mesmo a afirmar que: "Conquanto não tenha sido Mariano Procópio um escravocrata, há notícias de que possuía um número mui reduzido de escravos em sua residência e na Fazenda Fortaleza de Santana" — que, convém lembrar, contava com mais de duas centenas de cativos por volta de 1870! Já nas obras da União e Indústria, o autor só admite o emprego de cerca de "50 africanos livres" na construção de uma ponte nas proximidades de Mar de Espanha, sob os auspícios de cafeicultores da região.

[48] Hardman e Leonardi (1991:91-92), contudo, equivocaram-se ao concluírem, a partir dessas observações dos Agassiz (2000:80-83), que na construção da estrada União e Indústria somente foram empregados operários livres, germânicos e portugueses. Na verdade, o relato destes viajantes refere-se à utilização exclusiva de não escravos apenas em 1865, nos serviços de conservação dessa rodovia.

[49] Os escravos empregados pela CUI, de acordo com Sérgio de Oliveira Birchal (1998:10-11), provinham de outras firmas, de fazendeiros da região e de alguns dos seus principais acionistas: "Em 7 de junho de 1855, (...) a CUI assinou um contrato com a Companhia de Cocais para alugar 305 escravos. (...) No relatório de 1857, o presidente agradeceu dois acionistas pelos serviços prestados à companhia: José Antonio da Silva Pinto [o barão de Bertioga] e Lino José Ferreira Armond. Entre outras coisas, [Silva] Pinto alugou à companhia mais de 100 escravos de seu próprio plantel que estavam trabalhando na construção da rodovia entre Matias e a ponte sobre o rio Paraibuna". Ver também Stehling (1979:144-145) e Giroletti (1987:63-65).

O outorgado Silvério de Araújo Loureiro, engaja como engajado tem a Companhia União e Indústria, pelo prazo de cinco anos a fim de serem empregados nos trabalhos da Companhia, os escravos seguintes de que é senhor (...). A saber Caitano, Crioulo, Caitano, africano, Francisco, Cabeça, Bento africano, Rufino, João Pendoba, Antonio Lopes, Antonio Cabra, Gabriel Crioulo e Roza (...) o vencimento anual desses Escravos será a partir desta até finalizar o prazo de engajamento da forma seguinte: (...) [dos] de primeira classe a razão de duzentos mil réis, (...) [dos] de segunda classe, a razão de cento e cinquenta mil réis, (...) [e] terceira classe, a razão de cem mil réis (...) vencimentos [que] a Companhia União e Indústria, garante por cinco anos, que os Escravos morram, fujam ou fiquem inabilitados para o serviço. (...) Os Domingos e dias santos de guarda, são por conta dos Escravos, mas nunca poderão trabalhar em serviço estranho a Companhia União e Indústria.

Na documentação cartorária custodiada pelo Arquivo Histórico da Cidade de Juiz de Fora, existem pelo menos outras dez escrituras públicas como essa, envolvendo o aluguel de mais 117 escravos pela Companhia União e Indústria, no biênio 1855/56, por períodos que variavam de dois a cinco anos e ao custo anual médio de 137$500. Desse modo, a relativa facilidade encontrada por Mariano Procópio para compor rapidamente e manter por alguns anos um enorme plantel escravista, aliada às condições bastante vantajosas e aos preços reduzidos negociados junto a diversos locadores de cativos, foram determinantes para que a CUI, durante a construção da rodovia entre Juiz de Fora e Petrópolis, fizesse uso extensivo e sistemático dessa modalidade servil de mão de obra.[50]

Em 1855, ano em que se iniciaram os trabalhos de abertura da rodovia União e Indústria, a Companhia União e Indústria empregou entre 515 e 818 escravos.[51] Possivelmente, parte significativa destes cativos atuou na construção dos trechos daquela estrada que não apenas cortaram, como também redefiniram importantes áreas do núcleo central e dos arrabaldes de Juiz de Fora — desde a principal estação de diligências da Companhia, no atual bairro Mariano Procópio, passando pelo Morro da Gratidão (Morro da Glória/avenida dos Andradas), por um pequeno segmento da rua Direita (avenida Barão do Rio Branco, na altura da praça Largo do Riachuelo), pelas antigas ruas do Imperador (avenida Getúlio Vargas) e

---

[50] Lamas e Oliveira, 2007:4-8.
[51] Birchal, 1998:10.

Espírito Santo e pela região em que surgiria, muito tempo depois, entre outros, o bairro Poço Rico (delineando as atuais ruas Osório de Almeida e Francisco Valadares e avenida Dr. Francisco Valadares, vias que ligam hoje vários bairros das zonas Leste e Sudeste ao centro comercial da cidade). Deste modo, fica mais uma vez patenteado o papel preponderante desempenhado pelo trabalho escravo no processo de expansão da malha urbana do distrito-sede do município.

A partir de informações que encontrou nos relatórios das assembleias gerais de acionistas da Companhia União e Indústria, realizadas entre 1856 e 1866, Birchal (1998:8-12) produziu uma descrição ainda mais abrangente do conjunto da força de trabalho, cativa e livre, que essa empresa recrutou no período de maior intensidade de suas atividades. Naquele primeiro ano,

> a companhia [União e Indústria] empregava 1.102 pessoas; entre elas, 900 escravos que constituíam quase 82% da força de trabalho total. Dos 900 escravos, 48 eram empregados na produção de carvão; 96 eram empregados como pedreiros, cozinheiros etc., e como seus assistentes e aprendizes, nas várias oficinas e seções da estrada; os 756 restantes trabalhavam na construção e manutenção da rodovia. (...) Em 1857, havia 804 escravos trabalhando para a companhia, mas não há informação acerca do total de trabalhadores empregados. (...) Em 1858, a companhia empregava 2.636 trabalhadores: 1.136 eram empregados na seção da rodovia entre Juiz de Fora e Paraíba [do Sul]. Deste número, 800 eram escravos; isto é, 70%. (...) Os outros 1.500 eram empregados na seção entre Petrópolis e Paraíba do Sul, mas não há informação acerca do status destes trabalhadores (...), porém, é razoável supor que a mão de obra escrava representava uma grande parcela.[52]

Os dados apresentados por Birchal comprovam que, particularmente nos anos de construção da estrada Juiz de Fora a Petrópolis, a Companhia União e Indústria empregou um grande número de cativos em funções menos qualificadas, sobretudo como serventes, auxiliares e aprendizes. Mas a empresa valeu-se também de um contingente expressivo de escravos para a execução de serviços que

---

[52] Entre 1857 e 1859, o número total de trabalhadores livres e escravos empregados pela CUI saltou de cerca de mil para 3.500 indivíduos. A partir de 1860, com o término das obras da rodovia União e Indústria, no entanto, houve uma sensível diminuição do número de operários a serviço da Companhia, que, em 1865, empregava um total de 344 pessoas, entre livres, nacionais e estrangeiros, e escravos.

exigiam um relativo grau de especialização, experiência e habilidade técnica, tais como os realizados por pedreiros, cozinheiros, ferreiros, carpinteiros e marceneiros. Neste sentido, é possível inferir que, mesmo na operação das grandes oficinas que instalou nas imediações da Estação Rio Novo, primeiro complexo manufator a ser estruturado naquele município mineiro,[53] a CUI não prescindiu do braço servil, como demonstra também outra evidência concreta sobre o uso de trabalhadores escravizados, neste caso em associação com artífices e operários livres, nas atividades manufatureiras desenvolvidas localmente na década de 1860. A evidência em questão refere-se à compra de uma carta de alforria, paga "por terceiros", em benefício do escravo Jorge Carneiro dos Santos, passada no Cartório do 1º Ofício de Notas de Juiz de Fora, em 18 de janeiro de 1869. Segundo Antônio Henrique Lacerda (2002:74):

> Este cativo, marceneiro, tornou-se devedor da quantia de 1:500$000 (um conto e quinhentos mil réis) que lhe fora emprestado para a compra de sua alforria. A dívida seria paga em 30 meses, com trabalhos de marcenaria efetuados nas oficinas da Companhia União & Indústria. Jorge Carneiro iria receber 75$000 (setenta e cinco mil réis) mensais, podendo retirar 25$000 (vinte e cinco mil réis) mensais para suas despesas e utilizando o restante para amortizar o débito.[54]

São bem mais escassas, entretanto, as referências ao uso de mancípios nos demais ramos e firmas manufatureiras em atividade no núcleo urbano de Juiz de Fora nos dois decênios seguintes. A este respeito, é importante assinalar que ao longo dos anos 1860, como notaram diversos autores, tanto no município quanto na província do Rio de Janeiro, a presença de escravizados na força de trabalho industrial sofreu uma queda acentuada e contínua.[55] Isto ocorreu justamente

---

[53] Entre 1856 e 1861, a Companhia União e Indústria estabeleceu numa ampla área ao norte de Juiz de Fora — atuais bairros Morro da Glória, Mariano Procópio, Vale do Ipê, Democrata e Fábrica — a sua estação central, denominada Rio Novo, e suas principais oficinas e armazéns, uma grande olaria, além de um hotel (Hotel União) e da escola mista da Colônia D. Pedro II, núcleo colonial cuja criação será objeto de análise específica no próximo item deste capítulo.

[54] Lacerda (2002:72-74, 111) localizou ainda outras duas cartas de alforria compradas que se referiam a escravos pertencentes ou alugados à Companhia União e Indústria, sendo um empregado como carpinteiro e o outro no Hotel União.

[55] Foi durante a década de 1860 e em função do encarecimento gradual do preço dos cativos após o fim do tráfico, fundamentalmente, que se processou mais intensamente a substituição do braço escravo

num interregno em que esse setor específico das economias carioca e fluminense, em particular, experimentou uma fase de relativa estagnação e em que, por outro lado, cresceu o contingente de trabalhadores estrangeiros na capital do Império, sobretudo os de origem portuguesa, bem como aumentou sobremaneira a demanda da lavoura cafeeira do Vale do Paraíba por cativos. Com efeito, ao analisar e comparar alguns dos dados estatísticos disponíveis sobre o período, Luiz Felipe Alencastro (1988:43) constatou que

> entre os trabalhadores de 1.013 estabelecimentos artesanais e industriais recenseados no Rio de Janeiro em 1852, contava-se 64,5% de escravos e 35,5% de trabalhadores livres, brasileiros ou estrangeiros. Em 1872, o recenseamento estabelece — entre os artesãos e os trabalhadores — 10,2% de cativos, 40,6% de trabalhadores livres estrangeiros e 49,0% de trabalhadores livres brasileiros.

Essa verdadeira "reviravolta racial e social", segundo o autor, ocorreu também no conjunto da população da cidade do Rio de Janeiro, onde, entre 1849 e 1872, os escravos diminuíram pela metade, ao passo que os habitantes livres dobraram de proporção. Nesse mesmo período, explica Alencastro (1988:41), "62,0% dos escravos homens desaparecem — por falecimento, alforria ou venda para o exterior do município —, enquanto a população masculina portuguesa aumenta de 113,3%", resultando na "progressiva desativação do emprego de cativos nas atividades urbanas". À semelhança do que se processou na Corte e na província fluminense, tudo indica que em Juiz de Fora, onde a população mancípia sempre se concentrou mais fortemente no campo, o percentual de trabalhadores escravizados nas oficinas e manufaturas existentes no seu núcleo urbano reduziu-se continuamente desde meados de 1860, mantendo-se num nível bastante baixo até a Abolição.

Além da já assinalada crescente demanda por braços manifestada pela lavoura cafeeira da região, a grande quantidade de nacionais e estrangeiros livres na freguesia da cidade e o porte ainda limitado dos empreendimentos manufatureiros juizforanos, a meu ver, explicam perfeitamente a presença apenas residual de cativos, e até a sua ausência completa em muitos ramos, nas atividades artesanais e fabris desenvolvidas em Juiz de Fora no limiar da década de 1870. Essa

---

pelo trabalhador livre nas tarefas que aquele desempenhava na indústria carioca e fluminense. Ver Soares (1980:307-312) e Hardman e Leonardi (1991:93-94).

é, por conseguinte, uma tendência que pode ser claramente percebida na análise de alguns dos números do recenseamento mineiro de 1873. Os dados desse censo demográfico referentes às profissões exercidas por escravos e indivíduos juridicamente livres na paróquia de Santo Antônio do Juiz de Fora (tabela 5) revelam que os mancípios representavam apenas 4,75% dos 3.516 homens e mulheres, de todas as condições, relacionados entre os que desempenhavam ocupações "manuais ou mecânicas" — isto é, ofícios mais especializados e tipicamente urbanos, como nos casos da confecção de vestuários e calçados, das obras de construção civil e da produção de artefatos de metal e de madeira.[56]

TABELA 5

Profissões exercidas por escravos e indivíduos livres na paróquia de Santo Antônio do Juiz de Fora (1873)

Profissões		Escravos				Indivíduos livres [(1)]				ΣC (ΣA+ΣB)
		H	M	ΣA	%/ΣC	H	M	ΣB	%/ΣC	
Manuais ou mecânicas	Costureiras	—	150	150	15,32	—	829	829	84,68	979
	Canteiros/ calceteiros/ mineiros/ cavouqueiros	—	—	—	—	1.837	—	1.837	100,00	1.837
	Em metais	—	—	—	—	79	—	79	100,00	79
	Em madeiras	11	—	11	8,46	119	—	119	91,54	130
	De edificações	2	—	2	0,47	421	—	421	99,53	423
	Em couros e peles	1	—	1	9,09	10	—	10	90,91	11
	Em vestuários	2	—	2	7,14	26	—	26	92,86	28
	Em calçados	1	—	1	3,44	28	—	28	96,56	29

Continua

---

[56] Em janeiro de 1872, a freguesia de Santo Antônio do Juiz de Fora se referia aos territórios dos distritos de Juiz de Fora e Sarandi, englobando além de suas populações rurais, os habitantes da sede do município (cidade de Juiz de Fora), dos arraiais de Chácara, Caeté e Sarandi, bem como de dois outros pequenos povoados, Matias Barbosa e Grama, e da Colônia D. Pedro II. Não há, portanto, condições de saber exatamente o número específico de moradores do núcleo urbano desse município, já que ele não foi recenseado separadamente. Entretanto, considero lícito inferir que grande parte dos que se ocupavam como criados e jornaleiros, em trabalhos domésticos e em ofícios manuais, se concentrassem, então, nesse centro administrativo e mercantil-manufatureiro. Ver Esteves (1915:67-68).

Profissões	Escravos				Indivíduos livres [1]				ΣC (ΣA+ΣB)
	H	M	ΣA	%/ΣC	H	M	ΣB	%/ΣC	
Criados e jornaleiros	630	—	630	50,56	616	—	616	49,44	1.246
Serviços domésticos	630	260	890	27,46	600	1.750	2.350	72,54	3.240
Sem profissão	1.293	1.891	3.184	49,85	1.435	1.767	3.202	50,15	6.386
Lavradores	1.650	650	2.300	61,89	1.010	406	1.416	38,11	3.716
Demais ocupações [2]	—	—	—	—	661	10	671	100,00	671
Σ Geral	4.220	2.951	7.171	38,19	6.842	4.762	11.604	61,81	18.775

[1] Nessa tabela, em particular, "nacionais" e "estrangeiros" foram computados conjuntamente nos dados das colunas pertencentes ao campo dos "indivíduos livres".

[2] Conforme os critérios desse recenseamento, as demais ocupações existentes nessa paróquia subdividem-se em: "profissões liberais" (religiosos seculares, juízes, advogados, notários, escrivães, procuradores, oficiais de justiça, médicos, professores, "homens de letras", empregados públicos e artistas), "militares", "capitalistas e proprietários", "comerciantes, guarda-livros e caixeiros".

Fonte: Adaptado de *Quadro geral da população da paróquia de Santo Antônio do Juiz de Fora*, 1873, p. 1029.

Do referido efetivo de indivíduos ocupados em atividades "manuais ou mecânicas", somente entre as costureiras, em que atingia o patamar de 15,32% da mão de obra, o elemento servil mostrou-se mais numeroso, não obstante tal segmento profissional já se apresentar, então, claramente dominado por mulheres livres, que somavam 829 das 979 artífices "de corte e costura" recenseadas na freguesia de Santo Antônio do Juiz de Fora. Já entre os oficiais "em madeira", "de edificações", "em couros e peles", "em vestuário" e "em calçados", a julgar pelos números desse censo, a mão de obra escrava se revelava pouco significativa na paróquia mais populosa do município nessa época.[57] Dos 621 homens que exerciam tais ocupações, então, na cidade de Juiz de Fora e em seus arredores, apenas 2,74% eram cativos. Estes, por outro lado, não figuram entre os 79 trabalhadores "em metais" e muito menos no expressivo contingente de canteiros, calceteiros, mineiros e cavouqueiros que, no início dos anos 1870, labutavam cotidianamente nessas localidades da província de Minas Gerais.

Reforçando os indícios de uma baixa participação percentual de escravizados entre as profissões "manuais ou mecânicas", nas inúmeras edições de *O Pharol* consultadas, particularmente no período que se estende de 1876 a 1885, não fo-

---

[57] Um resumo dos dados censitários das demais paróquias de Juiz de Fora, em 1873, pode ser visualizado em Andrade (1991:127).

ram encontrados anúncios de fábricas ou oficinas interessadas em alugar ou comprar escravos adultos para serem empregados como oficiais de ofício ou operários, juntos ou não com braços livres. Isso não significa, contudo, que esses eram segmentos da economia juizforana completamente alheios ou imunes à escravidão, mesmo nos anos finais de vigência desse sistema socioeconômico. A esse respeito, é preciso levar em consideração os fortes vínculos que as atividades artesanais, mercantis e manufatureiras desenvolvidas na área central de Juiz de Fora mantinham com os capitais provenientes da produção cafeeira do município e da Zona da Mata.[58]

Por outro lado, o fato de 53,18% dos 7.171 mancípios — ou exatos 3.814 homens e mulheres — recenseados na freguesia de Santo Antônio do Juiz de Fora terem sido classificados, em 1873, como "criados e jornaleiros" e "sem profissão" constituiu um forte indicativo de que, nesse momento, boa parte dessa modalidade de mão de obra podia ser ou era acessada por meio de contratos de locação.[59] Em consequência, ainda que não se concentrassem majoritariamente na cidade de Juiz de Fora, e sim na extensa zona rural do município, essas categorias de cativos representavam, pelo menos potencialmente, um importante manancial de força de trabalho para a manutenção e incremento dos negócios de uma série de investidores e proprietários urbanos — como empreiteiros de obras públicas e privadas, concessionários de serviços municipais e donos de oficinas, manufaturas e casas comerciais.[60]

---

[58] Neste sentido, os dados da tabela 5 apontam claramente para a forte e determinante presença dos escravos na produção cafeeira realizada nos arredores da cidade, uma vez que eles representavam quase que 62,0% dos "lavradores" da paróquia de Santo Antônio de Juiz de Fora em 1873 — percentual que parece ter se mantido num patamar elevado até as vésperas da Abolição. Com efeito, as diversas atividades mercantis e manufatureiras implantadas no núcleo urbano de Juiz de Fora, especialmente nas décadas de 1870 e 1880, por serem, em maior ou menor grau, dinamizadas pela enorme soma de riquezas produzida no campo, tinham na exploração extensiva e intensiva da força de trabalho dos mancípios uma fonte importante de recursos para a sua manutenção e ampliação contínuas.

[59] Convém frisar que os escravos representavam 49,97% dos 7.632 habitantes da paróquia de Santo Antônio de Juiz de Fora classificados, no recenseamento de 1873, como "criados e jornaleiros" e "sem profissão" — grupos ocupacionais estes que, ao que parece, tinham a ampla maioria de seus membros concentrados na zona rural.

[60] A este respeito, convém ponderar que o sistema híbrido de exploração de mão de obra (cativa e livre, nacional e imigrante) vigente nas oficinas e canteiros de obra da CUI, mesmo no início de 1870, constituía-se também num modelo para outros negociantes, investidores e concessionários urbanos, que podem muito bem ter recorrido, de modo ocasional ou regular, ao aluguel de escravos para a diversificação e manutenção das atividades que desenvolviam então em Juiz de Fora — algo que somente pesquisas mais específicas e aprofundadas serão capazes de averiguar melhor.

Nesta perspectiva, embora o recenseamento de 1873 não registre, pelo menos de modo claro, a presença de cativos no setor de comércio e serviços, foi possível reunir alguns indícios relevantes de que, até bem próximo da extinção do regime escravocrata, esse segmento econômico da cidade empregava regularmente o braço servil. Os reclames transcritos a seguir constituem evidências significativas de que certos proprietários e negociantes não apenas possuíam escravos e os utilizavam em suas lojas, como também os alugavam para outros comerciantes e donos de hotéis estabelecidos no núcleo urbano de Juiz de Fora:

> Aluga-se um hábil cozinheiro, que também sabe lavar, engomar e fazer doces. Já esteve empregado na grande confeitaria do Largo do Capim, na Corte e em várias casas comerciais. É muito fiel, de boa índole e bons costumes. É escravo. Está ótimo para se empregar em algum hotel ou casa particular. Quem pretendê-lo, informe-se nesta tipografia (*O Pharol*, 31 mar. 1883, p. 4).

> Aluga-se duas escravas, um moleque e um rapaz carpinteiro. Quem os pretender dirija-se à rua da Imperatriz, nº 32, Armarinho do Queiroz, junto ao Hotel Português (*O Pharol*, 11 out. 1883, p. 3).

Portanto, tudo indica que nos distintos setores da economia urbana local, nesse período, os escravos eram empregados regularmente tanto para desempenhar funções de ajudante ou realizar trabalhos que não demandavam grande experiência prévia, quanto em serviços nos quais havia a exigência de certa perícia, de qualidades pessoais específicas e até mesmo de autorização legal. Em 1879, por exemplo, o proprietário Álvaro Antônio Alves, "querendo matricular o seu escravo Gabriel, segundo as novas posturas municipais", solicitou à Câmara que concedesse a devida licença para que o seu cativo continuasse a exercer, como fazia desde 1871, a profissão de "cocheiro" — ofício pelo qual o requerente afirmava ser o mancípio "bem conhecido" em Juiz de Fora.[61]

Mas, a julgar pelos dados censitários da paróquia de Santo Antônio de Juiz de Fora para o ano de 1873 e pela grande quantidade de anúncios n'*O Pharol* ofer-

---

[61] O autor desse requerimento finaliza o seu pedido à Câmara afiançando "que seu escravo além da aptidão é isento da embriaguez, satisfazendo as disposições da lei em vigor [Resolução nº 2.515, de 13 de novembro de 1878]". O requerimento em questão encontra-se transcrito em: Guimarães e Guimarães (2001:44).

tando-os para aluguel, entre 1870 e 1880, um dos mais importantes campos de atuação dos cativos na área central de Juiz de Fora era o trabalho doméstico.[62] Os reclames reproduzidos na sequência deste parágrafo indicam que existia entre as famílias mais ricas da cidade uma predileção por escravas, jovens ou adultas, para executar inúmeros serviços. Os labores caseiros se dividiam, aparentemente, entre as tarefas externas — como ir às ruas para fazer compras, buscar água e vender quitutes e quinquilharias — e as internas, tais como amamentar e tomar conta de crianças pequenas, cozinhar e manter limpas e arrumadas as dependências das residências e lavar, costurar, passar e engomar roupas:

> Aluga-se uma boa escrava, própria para todo serviço de uma casa. Trata-se na rua Direita, nº 111. (Aluga-se. *O Pharol*, 29 nov. 1877, p. 3).

> Aluga-se uma rapariguinha, própria para lidar com crianças e para tratar de mesa e outros serviços de casa de família. Informa-se nesta tipografia. (*O Pharol*, 31 jul. 1883, p. 4).

> Uma preta boa lavadeira, engomadeira, cozinheira e para todo o serviço de casa; aluga-se só para casa de família. Informa-se nessa tipografia. (*O Pharol*, 5 set. 1885, p. 4).

Tratava-se, portanto, de serviços que exigiam múltiplas qualificações e habilidades, além de uma enorme dedicação aos membros das famílias abastadas que faziam uso cotidiano desse tipo de mão de obra e que sobre ela exerciam um enorme poder privado.[63] O anúncio a seguir, por sua vez, parece confirmar a percepção de diversos historiadores de que, em função da escravização dos "ingênuos", quase todas as crianças nascidas no cativeiro após a promulgação da Lei do Ventre Livre, a exemplo dos demais mancípios, só foram libertadas realmente depois de 13 de maio de 1888:

---

[62] Em 1873, de acordo com os dados da tabela 5, existiam na paróquia de Santo Antônio de Juiz de Fora 3.240 indivíduos empregados em "serviços domésticos". Os cativos representavam 27,46% desse contingente, constituindo-se na sua maior parte, ao que parece, de "escravos de aluguel" alocados em residências do núcleo urbano do município.

[63] Em seu estudo sobre as criadas livres e escravas do Rio de Janeiro, Sandra Graham (1992:15-21) afirma que nessa época "ser uma criada significava sobretudo viver proximamente a um amo ou senhor. (...) As criadas atendiam às exigências de trabalho e obediência e, em troca, recebiam proteção. De sua parte, os senhores as proviam nas necessidades diárias, cuidando delas quando estavam doentes e proporcionando uma infinidade de favores arbitrários que tornava concreto seu papel de patrões".

Aluga-se ou vende-se uma boa escrava, muito prendada, faz crochê, costuras, doces, lava, engoma e cozinha perfeitamente: tem uma filha de oito anos, ingênua; quem a pretender dirija-se à rua Halfeld nº 32, loja (Atenção. *O Pharol*, 17 abr. 1883, p. 3).

Embora nascida livre, por força da Lei nº 2.040, de 28 de setembro de 1871, essa criança de oito anos acompanhava a sua mãe no cativeiro e, portanto, era ofertada para ser "alugada" junto com ela. Isto ocorria, primeiramente, em razão de ter a referida lei permitido aos senhores utilizarem o trabalho dos *ingênuos* — isto é, os filhos de cativas nascidos após promulgação desse texto legal — até que eles completassem 21 anos de idade. Por outro lado, o regulamento da Lei do Ventre Livre, datado de 13 de novembro de 1872, legitimou a escravização dessas crianças pelos proprietários de suas mães, autorizando-os, entre outras coisas, a transferirem para terceiros, por meio de compra e venda, o direito de uso dos "serviços" desses menores e a infligirem neles castigos corporais "não excessivos".[64]

É interessante observar também que, notadamente entre 1870 e 1880, muitos proprietários locais, ao oferecerem suas escravas para aluguel, impunham como condição que estas não poderiam sair ou andar pelas ruas. Tentavam evitar, desta forma, a depreciação e mesmo o desaparecimento de suas "peças de ébano" ou, ainda, que houvesse a utilização das cativas e cativos alugados como "escravos de ganho" — que dispunham de certa liberdade para movimentar-se pelas ruas da cidade e aos quais era permitido o acúmulo de pequenos pecúlios com quantias extraídas da renda obtida para seus senhores por meio do comércio ambulante e da realização de serviços para terceiros.

Dois exemplos ilustram bem essa situação. Em fins de 1883, Clara Custodia Alves anunciava que alugava "só para casa de família e com a condição de não sair à rua, uma rapariga que lava, engoma e cozinha". Cerca de quatro anos antes, outro senhor ofertava para aluguel "uma mulata que lava, engoma e cozinha o trivial, sendo o preço módico com condição de não andar na rua".[65] Estas restrições, por sua vez, sugerem que a utilização de mancípios como "escravos de ganho" foi, de fato, uma modalidade de exploração do elemento servil bastante comum em Juiz de Fora, à semelhança do que ocorria em outros núcleos urbanos brasileiros desde o início do século XIX.

---

[64] Ver Pinheiro (2003:29-37) e Conrad (1978:142-144).
[65] Na ordem: Aluga-se. *O Pharol*, 4 dez. 1879, p. 4 e 1 nov. 1883, p. 4.

Esse conjunto de informações permite-me concluir que a escravidão desempenhou um papel crucial no dimensionamento do mercado híbrido de mão de obra que, entre as décadas de 1850 e 1880, se conformou de modo gradual no âmbito da cidade de Juiz de Fora. Contudo, os dados em questão apontam também para uma sensível diminuição da participação percentual dos cativos em certos segmentos econômicos e atividades especializadas desenvolvidas nesse importante núcleo populacional, principalmente a partir da passagem de 1860 para 1870. No entanto, uma melhor definição dos contornos de tal mercado urbano de trabalho, bem como a exposição e análise de suas demais peculiaridades, requerem, necessariamente, uma apreciação das origens e do papel desempenhado pelos outros agrupamentos sociais que o compunham.

Refiro-me aqui, de modo especial, aos expressivos contingentes de nacionais, livres e pobres, que viviam no interior e nas proximidades do núcleo urbano de Juiz de Fora desde a sua constituição inicial e também às centenas de imigrantes, sobretudo os de origem portuguesa, germânica e italiana, que se fixaram gradativamente na cidade entre as décadas de 1850 e 1880. Serão precisamente estes estratos despossuídos da população local e seus descendentes, juntamente com parcela dos negros liberados do cativeiro e de outras levas de europeus chegadas no pós-abolição, que formarão o proletariado numeroso e etnicamente diversificado encontrado no distrito-sede desse município na passagem do século XIX para o XX — momento em que esse importante centro populacional, comercial e manufatureiro ingressou numa etapa de organização social e econômica tipicamente capitalista.

Uma cidade também construída por homens e mulheres livres, despossuídos e de múltiplas nacionalidades

> A cidade consta, afinal, só de uma rua, com exatamente o mesmo aspecto das ruas de outras pequenas cidades do interior do país. Poucos edifícios, entre eles uns dois de propriedade da grande Companhia União e Indústria, (...) divergem da edificação comum no local. (...) Os edifícios pertencentes à Companhia destinam-se à moradia dos empregados na construção da estrada, neles estando também instaladas as cocheiras, serrarias, olarias, forja e fábricas de carroças. (...)

> Em 1857 [o presidente dessa firma, Mariano Procópio Ferreira Lage] mandou aliciar na Alemanha certo número de artífices e jornaleiros, com a intenção de, além dos bons salários pagos pela construção da estrada, reservar-lhes um lote de terreno próprio na sua colônia Pedro II. (...) Meu compatriota Maier [negociante israelita], não quis ouvir falar numa demora maior em Juiz de Fora, nem numa ida a Pedro II, explicando que os habitantes dessa colônia haviam certamente de querer comprar alguns de seus artigos, mas sofriam de falta de dinheiro crônica, e ele não estava disposto a trocar seus artigos por produtos naturais [milho, arroz, legumes e frutas].
>
> OSCAR CANSTATT, *Brasil: terra e gente*, 2002, p. 339-340.[66]

Refletindo sobre os sentidos da liberdade no Brasil ao longo do século XIX, Hebe Mattos concorda, no essencial, com a tese muito difundida de Maria Sylvia de Carvalho Franco de que a "dependência pessoal" constituía o elo básico de inserção dos "homens livres pobres" na ordem escravista. Entretanto, aquela autora questiona a validade de abordagens generalizantes, como a feita por Lúcio Kowarick, por exemplo, que concebem essas camadas despossuídas como economicamente prescindíveis, socialmente marginais e culturalmente anômicas. Para Mattos (1995:33-35), tais interpretações são bastante problemáticas, sobretudo do ponto de vista demográfico:

> Afinal, em 1872, em todo o Império contavam-se 4,2 milhões de negros e mestiços livres e 3,8 milhões de brancos contra apenas 1,5 milhões de escravos. Tendo em vista o tamanho sabidamente reduzido da elite econômica ou política, desenha-se assim uma não sociedade, onde milhões de pessoas, entre livres e escravos, estariam em condições de desclassificação social, desajuste cultural e marginalidade econômica.[67]

No que se refere de modo específico a Juiz de Fora, as diversas informações censitárias apresentadas até aqui demonstram amplamente que a presença forte e

---

[66] Publicado em 1877, *Brasil: terra e gente* (1871), entre outros assuntos, contém um relato da viagem que o seu autor, o alemão Oscar Canstatt (1842-1912), realizou em meados de 1868 do Rio de Janeiro para Ouro Preto, passando por Juiz de Fora, antes de assumir a direção da colônia de Monte Alverne, no Rio Grande do Sul, onde permaneceu até 1871.
[67] Ver também Franco (1997) e Kowarick (1987).

constante do braço escravo nesse município não impediu que a gradativa expansão das funções e limites de seu núcleo urbano, em particular, se fizesse acompanhar também de um aumento sensível no percentual de habitantes livres do lugar, especialmente a partir de fins de 1850 e no decorrer da década seguinte. Com efeito, os dados do censo de 1873 apontam que 61,81% dos 18.775 moradores da paróquia de Santo Antônio do Juiz de Fora, que abrangia os residentes na cidade e nos povoados circunvizinhos, eram indivíduos juridicamente livres, totalizando 11.604 pessoas, entre nacionais e estrangeiros, sendo os outros 38,19% compostos por cativos, que somavam então 7.171 almas. Semelhantemente às demais regiões da província de Minas Gerais, portanto, a população não escrava representava, então, a principal reserva potencial de mão de obra para os diversos setores da economia local.[68]

Convém ressaltar que, desde a sua formação, o antigo arraial de Santo Antônio do Juiz de Fora atraiu um número cada vez maior de homens e mulheres pobres, provenientes, sobretudo, da Zona da Mata e de outras áreas da província de Minas Gerais. Esse parece ser o caso, por exemplo, dos antigos moradores do primitivo povoado agrícola do Morro da Boiada, localizado nos arredores do Caminho Novo e junto à capela e ao cemitério construídos, na década de 1820, em uma das sesmarias de Antônio Dias Tostes. Por volta de 1840, quando o trecho local da Estrada do Paraibuna já havia sido aberto e por ele intensificava-se o fluxo de tropeiros e viajantes, grande parte dessa "gente humilde", "desprovida de recursos" e "dependente" do referido latifundiário mudou-se, gradativamente, para a margem direita do rio Paraibuna. Fixaram-se então, inicialmente, nas terras mais baixas e sujeitas aos transbordamentos cíclicos desse curso d'água caudaloso e sinuoso, terrenos estes situados nas proximidades da povoação que se estruturava ao longo de um trecho reto e ligeiramente elevado do novo eixo viário da região.

A segregação espacial existente entre os habitantes da colina do Alto dos Passos e os indivíduos despossuídos alojados precariamente nos terrenos contíguos ao rio Paraibuna, onde viviam ainda inúmeros cativos e alforriados, de modo geral, guardou uma correspondência importante com a divisão socio-ocupacional que se esboçava no interior dessa nascente sociedade urbana. Tudo indica que foram os moradores da várzea, com o concurso decisivo dos escravos eventualmente deslo-

---

[68] Vale lembrar que em 1873, conforme os dados compilados na tabela 1, os indivíduos livres, nacionais e estrangeiros, representavam 55,13% da população total do município de Juiz de Fora.

cados das fazendas da região para estes fins, que executaram os desmatamentos e aterramentos necessários à abertura das primeiras ruas e praças, bem como para iniciar a edificação dos ranchos, casas e sobrados distribuídos ao longo do trecho local da Estrada do Paraibuna, trabalho este no qual muitos homens livres pobres também tomaram parte ativa.

Nos anos iniciais de instalação e expansão da cidade, esses estratos populacionais despossuídos procuraram garantir a sua sobrevivência entregando-se a uma série de atividades no comércio ambulante e fixo (armazéns, farmácias, estalagens, barbearias e tavernas), no setor de construção e na pequena manufatura (ferrarias, olarias, carpintarias, marcenarias, entre outras). Nessa mesma época, se configuraram também como força de trabalho acessória e ocasional para a economia agrícola escravista, como elementos de controle dos plantéis de escravos, tropeiros, carroceiros, carreiros e boiadeiros. A esse respeito, o trecho a seguir, retirado de uma correspondência da Câmara Municipal à presidência da província mineira, além de fornecer informações valiosas sobre o custo de vida local nesse período, aponta claramente para a existência de um mercado de mão de obra em formação no distrito-sede do município de Juiz de Fora já na primeira metade da década de 1850:

> O preço médio dos trabalhadores, oficiais de ofício mecânicos, regula de $700 a 2$000. (...) O alimento diário regula de $400 a $480, e quanto ao aluguel de uma pequena casa nesta vila regula de 10$000 a 12$000 mensais e quanto ao vestuário, poderá importar no ano, de 20$000 a 60$000 conforme a economia de classe do trabalhador.[69]

Convém esclarecer que a expressão "oficiais de ofício mecânicos" — designação que se dava no mundo colonial português aos homens livres e forros que executavam trabalhos manuais para viver — provavelmente foi empregada pelos vereadores locais não só para distinguir os "mecânicos", "ferradores" e "ferreiros", como também para se referir a todas as demais profissões "em que se trabalha-

---

[69] Estas informações, na verdade, visavam responder uma série de questões dirigidas ao município, no início de 1856, pela Repartição Geral de Terras Públicas, que, por meio desse inquérito, procurava reunir dados que indicassem se era ou não viável a implantação de uma colônia agrícola na região, especialmente o valor de cem braças quadradas de terras já devidamente preparadas para a produção de gêneros variados (arroz, feijão, milho, mandioca, café) e o preço que esses produtos poderiam alcançar no mercado local. Ver Esteves (1915:58).

vam com as mãos" porventura existentes, então, nessa cidade mineira, tais como "sapateiros", "alfaiates", "barbeiros", "marceneiros", "pedreiros" e "canteiros".[70] O processo de diversificação e expansão desse mercado de mão de obra nos três decênios seguintes, por sua vez, vincula-se fortemente tanto às obras de construção quanto às consequências socioeconômicas da entrada em operação da rodovia União e Indústria e da Estrada de Ferro D. Pedro II — empreendimentos que, como já tive a oportunidade de assinalar, contribuíram de forma decisiva para o incremento demográfico e a intensificação das atividades agrícolas, mercantis e manufatureiras em Juiz de Fora nesse período.

No caso específico da interligação rodoviária dessa região com o município fluminense de Petrópolis, ficou também demonstrado anteriormente que entre 20 e 30% da mão de obra empregada pela Companhia União e Indústria era composta de operários livres, nacionais e estrangeiros. Entretanto, falta expor e analisar as informações disponíveis sobre as origens, as condições gerais de existência e a gradual inserção de parcela significativa desses trabalhadores, entre as décadas de 1860 e 1880, no núcleo urbano de Juiz de Fora. Nesse sentido, cabe ressaltar que dos 1.102 homens de que dispunha a CUI em 1856, 18% ou 202 indivíduos eram artífices e jornaleiros livres, em sua maioria brasileiros, alguns qualificados e possivelmente recrutados nos arrabaldes dessa cidade, onde a empresa instalou suas principais oficinas e a sede de sua administração.[71]

Desse contingente de operários não escravos, fazia parte ainda um grupo de aproximadamente vinte oficiais de ofício germânicos, que foram contratados em Hamburgo no segundo semestre de 1855 e que chegaram a Juiz de Fora, com suas respectivas famílias, em janeiro do ano seguinte.[72] Tratava-se, como explica Luiz

---

[70] De meados do século XVIII até 1828, umas das mais importantes atribuições das câmaras municipais, como a da antiga Vila Rica, era exercer um controle efetivo sobre os ofícios mecânicos, convocando e presidindo as eleições dos juízes de ofício, responsáveis por examinar os trabalhadores que desejavam uma carta de ofício para se estabelecerem como alfaiates, ferreiros, pedreiros, marceneiros, entre outras especializações. Ver Campos (s.d.).

[71] No corpo técnico e administrativo da CUI — composto de engenheiros, arquitetos, agrimensores, gerentes e seus assistentes — era marcante a presença de estrangeiros, franceses e germânicos. Mas, dos 30 nomes listados como formando o staff da Companhia em 1865, 22 nomes eram de origem portuguesa, indicando a presença de brasileiros e lusitanos em postos-chave na estrutura hierárquica da CUI. Ver Birchal (1998:10-12).

[72] O relatório da Companhia União e Indústria de 1856 confirma que, de fato, o número de artífices alemães contratados então pela firma não excedia duas dezenas. Estes oficiais de ofício e seus familiares partiram de Hamburgo com destino ao Brasil no dia 2 de novembro de 1855. Desembarcaram no Rio

José Stehling, de artífices experientes e de ramos manufatureiros variados — mecânicos, fundidores, ferreiros, folheiros, ferradores, segeiros, seleiros, carpinteiros, marceneiros, pontoneiros, pedreiros, pintores e oleiros — que dispunham de um contrato com a Companhia União e Indústria, que, em resumo, lhes garantia trabalho durante dois anos, com salários médios de 2$000 por dia, pagos ao final de cada mês, além de transporte, moradia e alimentação durante todo esse período.[73]

Cerca de dois anos depois, entre janeiro e agosto de 1858, novas levas de imigrantes germânicos foram trazidas a Juiz de Fora, desta vez não apenas para trabalharem nas oficinas, estações e estradas que a Companhia União e Indústria construía na região, como também para povoarem a colônia agrícola D. Pedro II, organizada com vultosos recursos obtidos por essa empresa junto ao governo imperial. É possível que, além dos fortes vínculos que o presidente da CUI, Mariano Procópio Ferreira Lage, mantinha com o monarca brasileiro, a existência de uma cláusula que vedava (mas que não impediu de fato) o emprego de cativos nas obras contratadas com o Estado tenha contribuído para que a direção daquela companhia conseguisse a rápida liberação de uma considerável soma de dinheiro público para a importação desses colonos alemães. Tais trabalhadores provinham, em sua maioria, do grão-ducado de Hessen, do Tirol, da Prússia, Holstein e Baden e pertenciam a distintos segmentos profissionais (agricultores, sapateiros, alfaiates, barbeiros, carpinteiros, pedreiros, parteiras, padeiros, carroceiros, relojoeiros, marceneiros, ferreiros, funileiros, pintores, carpinteiros de carros, serralheiros, entre outros).[74]

---

de Janeiro em 28 de dezembro, seguindo em carroções para Juiz de Fora, onde teriam sido recebidos com "grande festa" uma semana depois. Desse grupo fazia parte o chefe da ferraria da CUI, Balthazar Espeschit (?-1890), originário do Grão-Ducado de Essen, no vale do Rur. Ver Birchal (1998:11) e Espechit (1995:149-150).

[73] Eram estes, pelo menos, os benefícios garantidos no "contrato-padrão" firmado, em 11 de outubro de 1855, entre o preposto da CUI em Hamburgo, H. F. Eschels, e o mestre de seges Heinrich Julios Griese (1826-1917), natural de Preetz, Holstein. Por esse contrato, cabia ao artífice "servir a Companhia União e Indústria (...) fazendo toda a obra de seu ofício e segundo for, caixas de seges, carruagens e carros de correio, assim como toda a obra de carro de correio e de carreto" pelo prazo de dois anos, contados a partir de janeiro de 1856, quando ele chegou a Juiz de Fora. Além desse segeiro, Luiz José Stehling identificou apenas outros cinco artífices germânicos que se estabeleceram dessa forma na cidade: os ferreiros Pedro Schubert Sênior e João Ulrico Schiess, os seleiros João Stiegert e Baltazar Weydt e o folheiro Frederico Peters. Ver Stehling (1979:149-152, 415, 429-432).

[74] Para além de garantir a mão de obra qualificada e barata exigida por seus empreendimentos, a entrada da CUI no ramo de imigração e colonização visava a obtenção de vultosos recursos junto à Repartição Geral de Terras Públicas, no caso, 200 contos de réis antecipados para importação e assentamento

Na verdade, esses imigrantes se fixaram no município sob condições bastante diversas daquelas oferecidas, pelo menos em termos contratuais, aos artífices germânicos que desde janeiro de 1856 viviam e trabalhavam em Juiz de Fora. Isto, primeiramente, porque os colonos chegados em 1858, além de serem obrigados a reembolsar as despesas com as viagens marítima e terrestre e pagar por outras "antecipações" eventualmente recebidas (moradia, víveres, ferramentas, pequenos animais de criação), deviam saldar também o valor dos seus respectivos prazos na Colônia D. Pedro II. Por outro lado, quando estes se empregavam como operários nas oficinas e canteiros de obra da CUI, tinham que se submeter a ordenados bem menores, de 1$000 diários em média.[75]

Em dezembro de 1860, a Companhia União e Indústria empregava em suas obras, estações e oficinas aproximadamente 70% da população masculina da Colônia D. Pedro II apta ao trabalho. Dos salários recebidos por esses operários, cerca de um quarto era destinado compulsoriamente à amortização de suas respectivas dívidas com tal firma. Esse endividamento, como notou Domingos Giroletti (1987:62), mantinha grande parte dos colonos atada aos ditames da empresa: "De um montante de 73,8 contos em 1867, a dívida foi reduzida para 67,3 contos em 1870, ou seja, (...) não havendo acréscimo de juros por mora, seriam necessários mais de trinta anos para integralizá-la", se mantida a média de sua redução anual em 2,1 contos de réis.

A difícil situação imposta aos habitantes da Colônia D. Pedro II era bastante semelhante ao endividamento e aos problemas enfrentados pelos cerca de 900 alemães assentados, entre 1840 e 1850, na fazenda Ibicaba, em Limeira, oeste de São Paulo. Embora trazidos ao Brasil com recursos públicos, estes imigrantes estavam submetidos a um "sistema de parceria" que os obrigava tanto a entregar ao latifundiário e senador Nicolau de Campos Vergueiro metade da renda obtida com

---

de 2 mil alemães — ainda que apenas 1.162 tenham sido trazidos e fixados na Colônia D. Pedro II. Tais recursos auxiliaram na capitalização da Companhia e permitiram a aquisição de uma vasta área ao norte da cidade, gerando lucros consideráveis para seus acionistas, com a venda a prestações de aproximadamente 188 lotes ou "prazos" aos colonos. Ver Stehling (1979:149-207).

[75] Por volta de 1860, a Colônia D. Pedro II dividia-se em três regiões: a Villagem (hoje rua Bernardo Mascarenhas e bairro Fábrica), onde residia a maior parte dos colonos empregados na CUI, a "colônia de baixo" (atual bairro Borboleta) e a "colônia de cima" (região hoje conhecida como São Pedro e Cidade Alta), essencialmente agrícolas. Em dezembro de tal ano, esse núcleo colonial abrigava 1.144 pessoas, 54,4% do sexo masculino e cerca de 45% de credo luterano. Ver Stehling (1979:188-191) e Passaglia (1982:29-31).

o cultivo de cafezais e de outros produtos agrícolas, quanto a saldar os adiantamentos feitos (transporte marítimo e terrestre, ferramentas, gêneros alimentícios e habitação). Indignados e exigindo "tratamento justo", em dezembro de 1856, esses colonos germânicos se revoltaram e se recusaram a pagar suas dívidas, que se avolumavam a cada ano, em virtude da incidência de juros e da manipulação de seus valores pela empresa do citado cafeicultor, a Vergueiro & Companhia.[76]

Por contrastar em tudo com o que havia sido anteriormente prometido pelos representantes da Companhia União e Indústria em Hamburgo, a realidade degradante enfrentada também pelos imigrantes alemães em Juiz de Fora — que se tornava mais grave com os constantes atrasos de salários, as péssimas condições de habitação e a escassez de gêneros alimentícios — se constituiu na principal causa de uma tentativa de sublevação na Colônia D. Pedro II em fins de 1858. Embora essa ameaça de levante tenha sido prontamente reprimida pelo destacamento policial local, que encarcerou por alguns dias os seus supostos líderes, o clima de tensão não diminuiu, motivando inclusive o protesto formal do representante diplomático do Reino da Prússia no Brasil, barão de Meusebach, contra "os maus tratos e as explorações que constatara pessoalmente nas visitas" que realizou, nessa época, à citada colônia agrícola. Segundo Luiz José Stehling, aconselhados pelo diplomata prussiano, desde então, muitos colonos se recusaram a pagar a dívida que lhes era atribuída pela CUI, enquanto alguns preferiram se mudar para outras áreas, na cidade ou fora dela.[77]

Ainda que sejam bastante restritos e fragmentados os dados disponíveis sobre os trabalhadores lusos e brasileiros empregados pela CUI, de meados dos anos 1850 até fins da década de 1870, há fortes razões para se acreditar que esses operários recebiam os mesmos salários baixos e aviltantes pagos aos colonos germânicos.[78] As condições vigentes para o engajamento de portugueses na capital do

---

[76] Ferrão, 1999:3-6.

[77] As notícias veiculadas na Europa, ao longo dos anos 1850, de que muitos dos que emigraram para as províncias cafeeiras brasileiras encontravam-se em uma situação análoga à dos escravos alarmou a opinião pública de vários países, sobretudo após a revolta na fazenda de Ibicaba em 1856. Em virtude dos problemas e protestos suscitados pelos famigerados "contratos de parceria", por exemplo, as autoridades da Suíça e de Portugal passaram a desaconselhar a emigração para o Brasil, enquanto o governo da Prússia, a partir de novembro de 1859, proibiu a preparação de viagens com esse fim e destino. Ver Stehling (1979:206-207), Carneiro (2004:183-208) e Ferrão (1999:6).

[78] Entre os artífices e trabalhadores braçais livres engajados pela Companhia União e Indústria, de 1855 a 1861, predominaram os germânicos e lusitanos, mas os nacionais da região eram também importante

Império, nessa época, não deixam muitas dúvidas de que estes imigrantes, em particular, mesmo quando aliciados por firmas, empreiteiros e fazendeiros estabelecidos na fronteira das províncias do Rio de Janeiro e Minas Gerais, eram pessimamente remunerados. A esse respeito, o relato produzido por Oscar Canstatt (2002:312-314), que desembarcou na Corte em 1868, constituiu uma importante fonte de informação de como se processava, então, a contratação desse tipo de mão de obra.

> A grande maioria [de imigrantes lusitanos] chega apenas com a roupa do corpo, nos sujos navios de sua própria pátria. O maior número é de jovens apenas entrados na adolescência, que não estavam em condições de pagar a passagem, mas vêm cheios de coragem e espírito de iniciativa. Assim que entra no porto um desses navios portugueses de imigrantes, seus patrícios vão a bordo, escolhem os que servem para seus fins, pagam a passagem ao capitão e levam o imigrante, assim libertado, para seu novo destino, ora para trabalhar numa fazenda, ora para empregos na cidade. Muito frequentemente é para caixeiros, que é também a colocação mais desejada pela maioria dos recém-chegados. Se na pátria viviam como porcos, começam a nova vida não muito melhor que cachorros. Quartos úmidos, sujos, mal cheirosos para habitarem, comida pior e tratamento rude e brutal é o seu quinhão.

Soma-se a essas precárias condições de existência, dando a elas um aspecto ainda mais grave, o fato de que nas cidades e fazendas das províncias cafeeiras, em especial, grande parte dos imigrantes portugueses e alemães, a exemplo do que ocorria com muitos jornaleiros nacionais livres, eram obrigados a labutar, ombro a ombro, com cativos de todos os tipos.[79] Não raras vezes, num contexto histórico em que as práticas escravistas encontravam-se disseminadas por toda a socieda-

---

fonte de mão de obra qualificada e não qualificada. Em 1856, por exemplo, a CUI empregou 80 brasileiros não escravos no empedramento da estrada, contingente que aumentou no ano seguinte, inclusive nos trabalhos desenvolvidos no interior das diversas seções das oficinas estabelecidas em Juiz de Fora. Ver Birchal (1998:10-12).

[79] A citada passagem do barão de Meusebach por Juiz de Fora, em dezembro de 1860, ilustra bem essa situação. Ao que parece, antes de inspecionar a Colônia D. Pedro II, o representante diplomático do reino da Prússia no Brasil havia percorrido diversas fazendas localizadas na divisa das províncias fluminense e mineira. Nessas visitas, segundo Stehling (1979:206-207), o diplomata prussiano "pôde constatar que, de fato, procediam as reclamações dos colonos alemães que estavam recebendo o mesmo tratamento dos escravos negros".

de, aqueles trabalhadores recebiam o mesmo tratamento desumano dispensado aos mancípios — particularmente no que se refere às longas jornadas diárias e semanais de trabalho, ao fornecimento de alimentação deficiente e de habitações tão insalubres quanto as senzalas, e, até mesmo, aos abusos e violências cometidos por feitores e proprietários.

De fato, dadas as duras condições de transporte e de emprego de boa parte dos proletários europeus emigrados para o Brasil entre 1830 e 1860, especialmente os de origem lusa, como assinala Luiz Felipe de Alencastro, "esses trabalhadores mergulhavam, quase que inevitavelmente, no universo dominado pelas práticas escravistas". Informações pesquisadas pelo autor em jornais e documentos oficiais atestam que essa espécie de "escravidão branca" se processava não apenas no campo, de onde surgiam denúncias de engajados estrangeiros ladeando cativos no eito, coabitando com eles as senzalas e sendo por vezes controlados por escravos-feitores. Também nas cidades e nos serviços de construção de estradas e vias férreas a vida de germânicos e portugueses era bastante precária, sendo constantes as reclamações relativas à exploração de crianças e mulheres nas manufaturas e a ocorrência de conflitos entre operários e feitores nos canteiros de obras.[80]

Esse cotidiano de exploração e miséria, permeado pelas brutalidades do sistema escravista, não estava muito distante da realidade enfrentada, na maior parte do terceiro quartel do Oitocentos, pelos operários germânicos, portugueses e brasileiros nos empreendimentos e domínios da Companhia União e Indústria. Cabe lembrar que durante a construção da rodovia que ligava Juiz de Fora a Petrópolis, e também de seus vários ramais, os artífices não escravos eram maioria apenas em certos serviços especializados, como a edificação de pontes e a operação das estações de muda e carga distribuídas ao longo dessas estradas. No regime de trabalho em que esses indivíduos juridicamente livres encontravam-se inseridos, por conseguinte, muitas práticas características do mundo senhorial se faziam presentes, como evidenciam as jornadas de mais de

---

[80] Como consequência dessa situação, em 1866, os dirigentes da Caixa de Socorros D. Pedro V, instituição filantrópica luso-brasileira sediada na Corte, relataram aos jornais que dois terços dos imigrantes socorridos pela entidade "se apresentaram no mais precário estado de saúde e numa extrema pobreza". Ver Alencastro (1988:44-46).

10 horas diárias que tinham que cumprir, os salários baixíssimos que recebiam — geralmente com atrasos de até onze meses e com descontos que chegavam à metade do seu valor nominal — e a repressão e punição daqueles que ousassem se contrapor a esse quadro de injustiças.

Em cartas enviadas à Alemanha entre as décadas de 1850 e 1860, por exemplo, o colono João Ziegler informou a seus parentes, entre outras coisas, que trabalhava cerca de dez horas por dia em uma pedreira da CUI. Embora se mostrasse otimista em relação à exploração de seu prazo na Colônia D. Pedro II, relatava que metade de seu ordenado era retida mensalmente pela empresa, a título de amortização de dívidas. Numa carta de abril de 1862 (apud Stehling, 1979:306-310), em particular, admitiu estar passando por grandes dificuldades: "pois estamos agora construindo uma nova casa e há oito meses a Companhia não faz pagamento porque ela está ruim. (...) Já há muito tempo porém estávamos esperando o pagamento e como ouvimos falar este poderá demorar ainda três meses".

Por volta desse ano, quando boa parte da malha viária da Companhia União e Indústria já estava em plena operação, a crescente demanda dos cafeicultores da região pelo braço escravo fez com que o percentual de homens livres, nacionais e estrangeiros no conjunto da força de trabalho empregada por essa empresa se ampliasse rápida e significativamente. Com efeito, ao percorrer pela primeira vez a ligação macadamizada entre Petrópolis e Juiz de Fora, acompanhando seu marido e outros membros da expedição científica liderada por ele, a escritora norte-americana Elizabeth Cary Agassiz notou que desde 1865, pelo menos, a direção da CUI procurava se adequar à política imperial de restringir o uso de mancípios em obras e serviços públicos:

> Para a conservação das estradas, (...) para as reparações, por exemplo, que exigem grande quantidade de trabalhadores constantemente em ação, explorando as pedreiras, quebrando pedras para o macadame, cobrindo o sulco deixado pelas rodas, retificando os taludes, etc., só se admitem trabalhadores livres [principalmente alemães e portugueses]. Esse cuidado em excluir os escravos dos trabalhos públicos (...) inspira-se na ideia de limitar pouco a pouco o trabalho servil às ocupações agrícolas, afastando os escravos das grandes cidades e suas vizinhanças (Agassiz e Agassiz, 2000:82).

Em sua descrição minuciosa do trajeto percorrido entre Petrópolis e Juiz de Fora, Elizabeth Agassiz assinalou ainda que as estações de mudas da União e Indústria, localizadas "a cada intervalo de dez ou doze milhas" da estrada, eram quase todas mantidas por colonos alemães, que viviam com suas famílias nas proximidades de tais pontos de apoio e de carregamento de gêneros e mercadorias. Após realçar que essa rodovia "oferece todas [as] possibilidades de transporte às ricas colheitas de café que, de todas as fazendas da região, descem incessantemente para o Rio", a autora menciona diversas cenas "divertidas e pitorescas" que presenciou durante o transcurso da viagem. Transcrevo duas delas, por indicarem que as mudanças processadas devido às melhorias das vias de comunicação não se restringiram apenas ao plano econômico:

> Agora é uma tropa de bestas de carga, tropeiro à frente, em grupos de oito tocados cada qual por um homem. (...) Essas tropas começam a rarear; perto do litoral, as vias férreas e as estradas se estendem e multiplicam, tornando assim os transportes mais fáceis; mas, até os últimos tempos, era o único meio de levar à cidade os produtos do interior. (...) Por fim, a todo instante, na beira da estrada, grupos de trabalhadores, suspendendo o trabalho, preparam o seu almoço; as marmitas são penduradas em cima do fogo, a cafeteira chia sobre as brasas, e os homens descansando em diferentes atitudes fazem pensar num acampamento de boêmios (Agassiz e Agassiz, 2000:91-92).

Flagrados num dos raros momentos de descanso de que podiam desfrutar no decorrer da extenuante jornada diária a que estavam submetidos, esses "grupos de trabalhadores", ao que parece, eram compostos, em sua maioria, por assalariados germânicos, portugueses e brasileiros. Cabia a eles, por conseguinte, garantir o tráfego regular da rodovia União e Indústria, cujo leito de macadame — isto é, formado a partir de camadas compactadas de brita e de saibro — exigia manutenção constante, assim como os seus barrancos, muros de pedra, pontes e estações de muda. A presença massiva e diligente desses homens se fazia indispensável, sobretudo, após períodos de chuvas intensas e entre os meses de maio e outubro, quando se processava o escoamento do grosso da produção cafeeira da Zona da Mata mineira para o seu principal porto exportador. De fato, a julgar pelo volume total de mercadorias transportadas por essa via durante os seus dez anos iniciais de operação, detalhado na tabela 6, até meados da década de 1870, a CUI necessitou manter numerosas turmas de operários ao longo da extensa malha viária sob sua concessão — malha esta que, se somadas as extensões da estrada-tronco e dos seus quatros ramais nas províncias de Minas Gerais e do Rio de Janeiro, totalizava cerca de 408 quilômetros em 1868.[81]

TABELA 6
Volume total de café e de mercadorias transportados pela
Companhia União e Indústria (1858-68)

Ano	Total de café transportado (a)*	Total de mercadorias transportadas (b)*	% a/b
1858	7.400	10.974	67%
1859	15.908	22.776	70%
1860	20.024	26.970	74%
1861	23.179	29.743	78%
1862	11.342	20.695	55%
1863	14.495	23.345	62%
1864	13.042	23.802	55%
1865	19.242	31.998	60%
1866	19.504	32.627	60%
1867	29.139	41.061	71%
1868	24.602	36.641	67%
Total	197.877	300.632	66%

* Em toneladas.
Fonte: Pires, 2004:56.

---

[81] Comparativamente ao precário e oneroso sistema de transportes que a antecedeu, a malha viária estruturada pela CUI representou uma diminuição da ordem de 50 a 75% nas despesas de escoamento da produção regional de café. Além de realçar que essa significativa redução de custos liberou vultosos capitais, que foram aplicados em outras atividades e finalidades, Anderson Pires (2004:53-56) apontou também para a existência de uma *causação circular* "entre o sistema de transportes e a produção cafeeira, onde a expansão e desenvolvimento do primeiro implicavam no crescimento da produção de café, o que, por sua vez, gerava os recursos que iriam financiar futuras expansões no sistema de transportes".

Deste modo, entre as décadas de 1850 e 1870, centenas de artífices e jornaleiros de múltiplas nacionalidades entrecruzavam-se, a todo instante, com os tropeiros, carreiros, carroceiros, cocheiros e viajantes que, movidos pelos mais distintos objetivos e interesses, subiam e desciam diariamente os muitos trechos da União e Indústria. Como sugere o conjunto de informações apresentado até aqui, após ter sido amplamente empregado nas obras de implantação da rede de estradas da CUI, o braço servil foi fortemente confinado na lavoura, cabendo quase que exclusivamente a assalariados germânicos, portugueses e brasileiros a realização dos serviços rotineiros de manutenção da referida malha viária.

Ao que tudo indica, esses trabalhadores livres foram majoritários também na operação das grandes oficinas, da olaria e da telheira que a Companhia União e Indústria mantinha nos arredores de Juiz de Fora. Era justamente nesse complexo manufator, seguramente o mais importante da região até o início da década de 1870, que a CUI produzia boa parte do material empregado na edificação e manutenção de suas estações, além das carroças e diligências que trafegavam pela malha rodoviária sob sua administração. A dimensão e relevância dessas instalações fabris, por outro lado, podem ser atestadas por meio da leitura de um trecho do relato publicado no *Jornal do Commercio*, em meados de 1861, da visita a elas realizada pelo imperador e sua comitiva, quando das festividades de inauguração da rodovia União e Indústria:

> Na parte da manhã deste dia [26 de junho de 1861], aproveitaram SS. Majestades e Altezas o tempo para uma visita às oficinas da "Estação do Rio Novo" em plena faina diária. Trabalhavam na mesma 150 operários livres e mais de 100 aprendizes nos serviços de serralheiros, ferreiros, marceneiros, fundidores e carpinteiro de machado. Cada oficina estava instalada em prédio separado, sendo as maiores as de carroceiros e ferreiros com cinco forjas. No imenso armazém do almoxarifado, o Imperador teve a oportunidade de ver ferro fabricado em Itabira de Mato Dentro, usado pela Companhia União e Indústria em todos os seus serviços. Em seguida foram suas majestades e altezas à casa dos moinhos, que são dois. (...) Passaram daí para a serraria, onde trabalham até treze serras. (...) O motor dos moinhos, serras, tornos, etc., das oficinas é o ribeirão da Cascata — devidamente encanado, cai em uma turbina de ferro e faz girar o eixo que dá movimento geral.[82]

---

[82] De acordo com o *Jornal do Commercio* do Rio de Janeiro, d. Pedro II fez questão de também conhecer de perto a olaria e a telheira, que dispunham de quatro fornos e onde um oleiro (possivelmente o colo-

Durante toda a década de 1860, o trabalho e a produção permaneceram intensos nessas oficinas, tendo em vista o crescimento contínuo verificado no volume de cargas e passageiros transportados pela CUI na sua principal estrada e em seus diversos ramais na região, que requeriam e recebiam manutenção constante, como deixei indicado nos parágrafos anteriores.[83] Tal complexo manufator só arrefeceu o ritmo de sua movimentação em meados do decênio seguinte, como consequência direta da gradativa diminuição do fluxo geral pela rodovia União e Indústria, que perdia a sua importância relativa à medida que novos trechos da ferrovia D. Pedro II eram franqueados ao tráfego — situação que contribuiu decisivamente para a própria falência daquela Companhia, ocorrida por volta de 1879. Com efeito, vinte e poucos anos após terem sido percorridas pelo imperador e por destacados membros das elites locais, aquelas antigas instalações manufatureiras foram alienadas para um consórcio integrado por industriais e negociantes radicados no Rio de Janeiro. Nessa mesma época, houve a extinção oficial da Colônia D. Pedro II.[84]

Nesta perspectiva, é importante realçar que a bancarrota da Companhia União e Indústria, a estruturação da Companhia de Fiação e Tecelagem Industrial Mineira nas antigas oficinas daquela empresa e a extinção oficial da Colônia D. Pedro II contribuíram para intensificar um processo iniciado ainda nos idos de 1860: o de conversão de grande parte dos imigrantes germânicos e seus descendentes em proletários urbanos. Endividados e incapazes de garantir sua sobrevivência unicamente com a pequena produção agrícola de seus prazos, muitos membros dessa comunidade de estrangeiros se inseriram gradativamente

---

no João Wried) e seus aprendizes aprontavam 2.500 tijolos em dez horas de trabalho, tendo o monarca assistido esse oficial de ofício produzir sete tijolos em um minuto — "o que elevaria sua tarefa a 4.200 em dez horas, se coubesse nas forças humanas prolongar por tanto tempo tão violento serviço" (apud Stehling, 1979:221-222).

[83] Dados reunidos por Albino Esteves (1956:244-264), com valores ainda maiores do que os compilados na tabela 6, indicam que o volume de cargas transportado pela União e Indústria passou de 746.407 para 3.591.527 arrobas entre 1858 e 1869 — período em que o movimento anual de passageiros pela via saltou de 5.499 para 23.975 pessoas.

[84] Em 1879, o contrato que a Companhia União e Indústria mantinha com o Império para os serviços de conservação e transporte pela rodovia União e Indústria expirou e não foi renovado pela empresa, que encerrou as suas atividades e teve seu patrimônio entregue a uma Comissão Liquidante. Esta, por sua vez, após vender em julho de 1883 os terrenos e as instalações das oficinas da CUI, coordenou o processo de extinção da Colônia D. Pedro II, concluído em meados de 1885. Ver Bastos (1991:42-45) e Stehling (1979:240-243, 311-313).

na área central de Juiz de Fora. Em certos casos, esses trabalhadores alemães foram assalariados pelos poucos compatriotas seus que, por caminhos e em momentos diversos, conseguiram acumular os capitais necessários para se alçarem à condição de patrão — quer seja como comerciantes e empreiteiros, quer seja como proprietários de oficinas e pequenas fábricas.[85] Concorreram, desse modo, para engrossar e tornar mais diversificados um mercado de mão de obra e uma população que se expandiam rapidamente, como consequência direta do recrudescimento das atividades mercantis e manufatureiras desenvolvidas no interior desse espaço socioeconômico.

> IMAGEM 1
> As oficinas da Companhia União e Indústria e a estação de diligências de Rio Novo no inicio da década de 1860

No decênio seguinte, nessa mesma área, a Estrada de Ferro D. Pedro II instalará o seu principal terminal de cargas e passageiros na Zona da Mata. Já em 1883, os antigos galpões e dependências da CUI serão adaptados para abrigar a Companhia de Fiação e Tecelagem Industrial Mineira, a primeira das grandes fábricas de tecidos de Juiz de Fora. Acervo pessoal de Sérgio Neumann.

Como procurarei demonstrar no início do próximo capítulo, o aumento das funções econômicas da sede do município, de 1870 para 1880, se deveu,

---

[85] De fato, como demonstram os dados presentes no anexo II, foi bastante restrito o número de alemães que, após anos como artífices da CUI, aparecem entre 1870 e 1880 como capitalistas, sobretudo dos ramos mecânico-metalúrgico, de bebidas (cervejarias), curtição e artefatos de couro e de materiais para a construção (olarias).

em grande medida, à Estrada de Ferro D. Pedro II. Mas, como indicam os resultados do censo de 1873, antes mesmo da chegada dos trilhos ferroviários à área central de Juiz de Fora, o mercado híbrido de mão de obra aí existente não apenas se encontrava estruturalmente consolidado, como também se mostrava bastante diversificado do ponto de vista étnico. Convém lembrar que, por essa época, a participação percentual dos indivíduos livres no conjunto da força de trabalho urbana era significativamente maior do que a dos escravizados. Isso se configurava como particularmente verdadeiro no caso das "profissões manuais ou mecânicas", em que os não escravos representavam cerca de 95,25% dos recenseados.[86]

Na tabela 7 encontram-se os dados censitários, referentes ao ano de 1873, dos brasileiros e dos estrangeiros juridicamente livres então residentes nas distintas localidades da paróquia de Santo Antônio do Juiz de Fora. Dos 3.349 homens e mulheres dessas condições que informaram exercer profissões "manuais ou mecânicas", consideradas neste estudo como tipicamente urbanas, cerca de 73,22% eram imigrantes, oriundos basicamente de países europeus, como Portugal, Itália, Alemanha, Inglaterra, Espanha, França e Suíça. Apenas entre as costureiras, quase todas "brasileiras livres", os artífices nacionais chegaram a constituir um contingente numericamente relevante, representando não mais de 20%, em média, dos operários listados nos demais segmentos desse grande grupo ocupacional.[87]

---

[86] Como indicam ainda as análises dos dados coligidos na tabela 5, dos 4.486 indivíduos de todas as condições recenseados como "criados e jornaleiros" e ocupados em "serviços domésticos" na freguesia de Santo Antônio do Juiz de Fora, no ano de 1873, os cativos somavam 1.520 homens e mulheres, 33,88% do total, portanto. Já entre as 6.386 "almas" sem profissão identificada, a diferença de participação de escravos (49,85%) e livres (50,15%) é menor que meio ponto percentual. Por fim, como já assinalei, somente entre os "lavradores", em que constituíam 61,89% dos 3.716, os mancípios se mostravam efetivamente majoritários.

[87] Cabe ressaltar que, segundo o levantamento censitário em foco, as "costureiras" representavam 92,42% dos 897 brasileiros que exerciam profissões "manuais e mecânicas". Os homens, por sua vez, distribuíam-se sozinhos pelas demais ocupações, sendo mais numerosos apenas nos ofícios ligados aos ramos de "metais" e "madeiras". Ainda assim, comparativamente aos estrangeiros empregados nesses mesmos ramos, constituíam menos de um terço da mão de obra.

TABELA 7
Profissões exercidas na paróquia de Santo Antônio do Juiz de Fora por brasileiros e estrangeiros livres (1873)

Profissões		Brasileiros [1]				Estrangeiros [2]				ΣC (ΣA+ΣB)
		H	M	ΣA	%/ΣC	H	M	ΣB	%/ΣC	
Manuais ou mecânicas	Costureiras	—	829	829	100	—	—	—	—	829
	Canteiros, calceteiros, mineiros, cavouqueiros	—	—	—	—	1.837	—	1.837	100	1.837
	Em metais	24	—	24	30,38	55	—	55	69,62	79
	Em madeiras	28	—	28	23,53	91	—	91	76,47	119
	De edificações	3	—	3	0,72	418	—	418	99,28	421
	Em couros e peles	1	—	1	10	9	—	9	90	10
	Em vestuários	7	—	7	29,93	19	—	19	73,07	26
	Em calçados	5	—	5	17,86	23	—	23	82,14	28
Criados e jornaleiros		616	—	616	100	—	—	—	—	616
Serviços domésticos		—	1.004	1.004	42,73	600	746	1.346	57,27	2.350
Sem profissão		1.435	1.767	3.202	100	—	—	—	—	3.202
Lavradores		894	406	1.300	91,8	116	—	116	8,2	1.416
Comerciantes, guarda-livros e caixeiros		43	—	43	7,9	513	1	514	92,1	557
Demais ocupações [3]		86	5	91	79,82	19	4	23	20,18	114
Σ Geral		3.142	4.011	7.153	61,64	3.700	751	4.451	38,36	11.604

[1] Quanto à procedência, os 7.153 brasileiros livres dessa freguesia subdividiam-se assim: mineiros (95,59%); nordestinos (2,01%); fluminenses (1,02%); paulistas (0,92%) e demais regiões (0,46%).
[2] Em relação à nacionalidade, os 4.451 estrangeiros livres encontrados na paróquia distribuíam-se desse modo: portugueses (74,14%); italianos (13,12%); alemães (7,73%); ingleses (2,02%); espanhóis (1,01%); franceses (1%) e outros países (0,8%).
[3] Conforme os critérios desse recenseamento, as demais ocupações existentes nessa paróquia subdividem-se em: "profissões liberais" (religiosos seculares, juízes, advogados, notários, escrivães, procuradores, oficiais de justiça, médicos, professores, "homens de letras", empregados públicos e artistas), "militares" e "capitalistas e proprietários".
Fonte: Adaptado de *Quadro geral da população da paróquia de Santo Antônio do Juiz de Fora*, p. 1029.

A presença massiva de imigrantes europeus no conjunto da força de trabalho que, entre os anos de 1860 e 1870, movimentou as oficinas, pequenas manufaturas e canteiros de obras localizados na cidade de Juiz de Fora e arrabaldes é, sem dúvida, um fato bastante significativo e que requer um exame cuidadoso. Esse importante dado revelado pelo recenseamento de 1873, reforça sobremaneira as afirmações feitas a respeito do emprego de grande número de trabalhadores alemães e portugueses, assim como também de muitos jornaleiros brasileiros nos serviços gerais de conservação da malha rodoviária construída e administrada pela Companhia União e Indústria. De fato, dos 2.452 estrangeiros, todos do sexo masculino, relacionados entre os indivíduos que exerciam profissões "manuais ou mecânicas", nada menos que 91,96%, ou 2.255 homens, compunham-se de operários "de edificações" e de "canteiros, calceteiros, mineiros e cavouqueiros".[88]

A existência no núcleo urbano de Juiz de Fora e seus arredores, nessa época, de um expressivo contingente de proletários estrangeiros, atuando, sobretudo, em profissões vinculadas ao ramo de construção civil, constituiu um indicativo bastante seguro de que boa parte da mão de obra utilizada na implantação da Estrada de Ferro D. Pedro II no vale do rio Paraibuna era imigrante. Pela sua dimensão e complexidade, a preparação do leito para o assentamento de dezenas de quilômetros de trilhos ferroviários nessa região, que transcorreu a todo vapor de 1870 a 1877, implicou o engajamento de um elevado número de operários, distribuídos em diversas frentes de trabalho — desmatamentos, deslocamentos de terras, escavações de morros, aterramentos, abertura de túneis e edificação de pontes, entre muitas outras tarefas igualmente árduas e perigosas.[89] Cumpre observar, nesse sentido, que a diretriz imperial que procurava vedar ao máximo o uso de escravos nos serviços das ferrovias, somada à crescente demanda da cafeicultura regional

---

[88] Embora menos numerosa do que nas ocupações típicas do ramo de construção civil, a presença de estrangeiros entre os operários "em metais", "em madeiras", "em couros e peles", "em vestuários" e "em calçados", comparativamente à dos brasileiros livres, é também bastante expressiva. Como indicam os dados compilados na tabela 7, nesses segmentos produtivos, a participação percentual dos imigrantes girava em torno de 78,26%, em média, no ano de 1873.

[89] A partir de notícias veiculadas n'*O Pharol*, Jair Lessa (1986:106) notou que em 1871, em função da construção do túnel de Marmelos da "Linha Centro" da Estrada de Ferro D. Pedro II, era raro o dia em que não chegavam a Juiz de Fora operários feridos gravemente por malsucedidas explosões de dinamites. Segundo o autor, a constância desses acidentes e o grande número de trabalhadores vitimados por eles teriam motivado o farmacêutico Günther Adolfo Fassheber a construir "alguns quartinhos nos fundos do quintal da botica, para hospitalizá-los", possivelmente em comum acordo com os empreiteiros encarregados da implantação do trecho local da Estrada de Ferro D. Pedro II.

por cativos, certamente contribuíram para forçar os empreiteiros contratados pela Estrada de Ferro D. Pedro II a empregarem majoritariamente, nas referidas obras, assalariados de múltiplas nacionalidades.[90]

Ao que parece, essa demanda específica por braços livres nos arredores do núcleo urbano de Juiz de Fora foi suprida, em grande medida, por centenas de trabalhadores portugueses recém-chegados ao Rio de Janeiro, no momento em que se iniciava um novo ciclo de crescimento no número de desembarque de integrantes desse grupo étnico no principal porto brasileiro. Mesmo não existindo informações mais detalhadas quanto à distribuição percentual dos imigrados de diferentes países na estrutura socioprofissional da paróquia de Santo Antônio do Juiz de Fora, acredito ser possível inferir que os lusitanos compusessem parcela considerável da força de trabalho empregada, então, nas obras de implantação da Estrada de Ferro D. Pedro II naquele município mineiro. De fato, sozinhos, os indivíduos dessa nacionalidade representavam 74,14% do contingente de estrangeiros livres recenseados localmente em 1873.[91] À semelhança dos italianos, que equivaliam a 13,12% do total de imigrantes contados nessa freguesia, esses cidadãos lusos eram predominantemente solteiros (55%) e do sexo masculino (79%), indicando a forte presença de elementos mais jovens, com menor nível de experiência e capacitação profissional e, portanto, mais propensos à realização de serviços pesados e mal remunerados, com o duplo fito de garantir sua subsistência e manter acesa, por mais algum tempo, a chama do sonho de enriquecimento que os atraiu para o Brasil.[92]

---

[90] Em função de uma diretriz imperial em vedar a utilização do braço escravo nas obras e operações ferroviárias, na construção dos mais de 9,5 mil km de linhas férreas implantadas em diferentes regiões do país entre 1852 e 1889, empregou-se quase que exclusivamente operários livres, nacionais e estrangeiros. Ver Hardman e Leonardi (1991:92) e Alencastro (1988:42-43).

[91] Dos 4.451 estrangeiros livres relacionados na paróquia de Santo Antônio do Juiz de Fora em 1873, 3.300 eram portugueses. Os italianos e os germânicos somavam 584 e 344 almas, respectivamente, e constituíam as outras duas grandes comunidades locais de imigrantes europeus. No entanto, de acordo com números do governo imperial, em 31 de dezembro desse mesmo ano, encontravam-se assentados na Colônia D Pedro II 1.202 estrangeiros, 626 homens e 576 mulheres. Ao que parece, portanto, naquele primeiro censo só foram computados os alemães que viviam fora da área da referida colônia agrícola, o que deve ser objeto de uma investigação mais específica. Ver *Quadro geral da população da paróquia de Santo Antônio do Juiz de Fora*, 1872, p. 1028 e *Colônias particulares* — D. Pedro II, p. 189-191.

[92] Considerando o sexo e o estado civil, os 3.300 portugueses contados na paróquia de Santo Antônio do Juiz de Fora, no ano de 1873, dividiam-se do seguinte modo: 2.612 homens (1.805 solteiros, 795 casados e 12 viúvos) e 688 mulheres (407 solteiras, 251 casadas e 30 viúvas). Por sua vez, os 584 italianos distribuíam-se assim: 577 homens (406 solteiros, 134 casados e 37 viúvos) e sete mulheres, todas soltei-

Em função dessas mesmas razões, é bem provável que os portugueses constituíssem também parcela considerável das centenas de homens e mulheres empregados como operários, serviçais e caixeiros nas construções, residências, escolas, hotéis, tavernas e casas de negócios situadas na área central de Juiz de Fora. Cabe ressaltar que os estrangeiros representavam 45,38% dos 2.966 indivíduos juridicamente livres recenseados, no ano de 1873, como "criados e jornaleiros" e prestadores de "serviços domésticos" na freguesia de Santo Antônio do Juiz de Fora. Já entre os "comerciantes, guarda-livros e caixeiros", a participação percentual dos nascidos fora do Brasil sobe para 92,1%, índice este que reforça a hipótese aqui levantada de que a maior parte dos imigrantes que se fixaram localmente, nas décadas de 1860 e 1870, foi gradualmente absorvida pelo mercado de trabalho que se conformava, então, no núcleo urbano do município.[93]

Mas, como sugerem as informações reunidas até aqui, nestas ocupações caracteristicamente urbanas, os lusitanos tinham que concorrer e conviver não apenas com trabalhadores de outras nacionalidades, sobretudo germânicos e italianos, como também com um grande número de brasileiros livres (brancos, mestiços e forros) e com diversas modalidades de cativos (próprios, alugados e "de ganho"). Certamente que vários indivíduos pertencentes às citadas comunidades de estrangeiros, desde o início de sua fixação ou após anos de trabalho árduo na região, em associação ou não com compatriotas seus, se estabeleceram como donos de casas comerciais, oficinas e manufaturas em Juiz de Fora. Mas, ao contrário do que sustentam determinados analistas da história local, acredito que as contribuições fundamentais dadas por esses imigrantes ao "progresso" e à "industrialização" do município, para utilizar expressões caras a tais autores, foram decorrentes muito mais de sua integração ao proletariado numeroso e etnicamente diversificado que movimentou e fez crescer os distintos empreendimentos aos poucos instalados na

---

ras. Quando somadas, estas duas comunidades de imigrantes representavam 87,26% dos estrangeiros recenseados então nessa freguesia. Ver *Quadro geral da população da paróquia de Santo Antônio do Juiz de Fora*, 1872, p. 1028.

[93] De fato, entre os 4.618 indivíduos livres contados como "lavradores" e "sem profissão", classificações que cabiam, sobretudo, aos que habitavam a zona rural, a presença de imigrantes era então bastante pequena, não ultrapassando 2,52% dos assim relacionados no censo de 1873. Ver *Recenseamento da população do Império do Brasil de 1872*, 1872, p. 1029.

cidade do que propriamente como capitalistas e proprietários de estabelecimentos mercantis e fabris.[94]

Por fim, os dados censitários em foco revelam que a participação de brasileiros não escravizados nos segmentos tipicamente urbanos só se mostrou mais expressiva entre os que trabalhavam em "serviços domésticos" e como "criados e jornaleiros", ocupações em que os nacionais chegavam a 54,52% da mão de obra livre empregada. Ainda segundo o recenseamento em análise, as 1.767 mulheres e os 1.435 homens que se encontravam na freguesia de Santo Antônio do Juiz de Fora, no ano de 1873, "sem profissão" definida eram todos nascidos no Brasil, sobretudo na província de Minas Gerais. Ao que parece, tratava-se majoritariamente de donas de casa e trabalhadores com pouca qualificação, que realizavam serviços ocasionais no campo e na cidade.

Muitos desses homens e mulheres "sem profissão", por outro lado, integravam ou acabavam integrando, cedo ou tarde, a imensa massa de miseráveis que circulava então pelas ruas de Juiz de Fora. Excluídos por inúmeras razões do mercado de trabalho, esses estratos populacionais marginalizados, em geral compostos por egressos do campo e não raro do cativeiro, na análise de Jefferson de Almeida Pinto (2004:56-71), se afiguravam como "novos e velhos atores" desse cenário urbano em mutação: indivíduos tidos como "valentões" e "criminosos perigosos", que não trabalhavam e portavam armas; gatunos, vadios e adeptos da jogatina; mendigos e pedintes de ambos os sexos; ébrios inveterados e mulheres de "vida airada", entre outros "desclassificados" sociais. Mas já nessa época, mesmo os segmentos da população envolvidos num ofício regular enfrentavam diariamente sérias dificuldades para garantir sua sobrevivência.

Afinal, como revela um relatório enviado pela Câmara local ao presidente da província, em março de 1856, um oficial de ofício tinha que despender cerca de 80% de sua renda, em média, com as despesas de alimentação, vestuário e ha-

---

[94] Em ensaio recente, por exemplo, Luiz Antônio Valle Arantes (2000:111-117) procurou dar um novo alento ao tradicional discurso que atribui o "processo de industrialização e modernização da cidade", em grande medida, à "enorme capacidade empreendedora dos imigrantes germânicos". Sem analisar concretamente a natureza, a dimensão e as diversas articulações dos empreendimentos industriais locais com a cafeicultura e o comércio atacadista, em especial, e desconsiderando que o mercado de trabalho urbano se constituiu localmente com elementos de múltiplas etnias e condições sociais, o autor concluiu simplesmente que coube aos alemães, sobretudo os de culto luterano, parte significativa da responsabilidade e dos investimentos necessários para a transformação de Juiz de Fora, entre 1858 e 1912, na "Manchester Mineira".

bitação em Juiz de Fora. Nas décadas seguintes, o custo de vida se elevou consideravelmente nessa cidade mineira, pressionado pelo encarecimento contínuo do preço dos alimentos, problema que só em parte pode ser atribuído ao caráter monocultor e exportador da agricultura regional. É interessante notar que o recrudescimento da carestia, nesses anos, não raras vezes extrapolou os limites de tolerância da população, que exigia da municipalidade a coibição enérgica da ação dos atravessadores e açambarcadores de gêneros alimentícios, inclusive com a pena de oito dias de prisão celular, prevista no art. 163 do *Código de posturas*.

Em 1866, por exemplo, signatários de um abaixo-assinado à Câmara denunciaram que atacadistas compravam quase todos os produtos da feira livre, protestando assim contra esse fato: "É incrível, senhores, o egoísmo e a falta de respeito com que meia dúzia de homens (...) pretendem enriquecer-se arrancando à classe menos favorecida da fortuna o seu último real, pretextando que os gêneros por eles comprados o foram por preços altos e por isso assim também o vendem". Onze anos depois, *O Pharol* constatou a persistência dessa prática, ecoando o clamor popular contra "o abuso que cometem diariamente certos indivíduos — *atravessadores* — que vão cercar nas estradas os tropeiros que para aqui se dirigem com gêneros alimentícios, privando assim os habitantes da cidade de comprarem na praça os gêneros de que precisam".[95]

Acredito que, no exame da constituição e expansão inicial do núcleo urbano de Juiz de Fora, consegui demonstrar que no terceiro quartel do século XIX, em particular, existia nessa cidade mineira, assim como nos seus arredores, uma demanda contínua e multifacetada por trabalhadores de distintas condições e procedências. Escravizados, brasileiros livres e imigrantes mesclavam-se, coexistiam e concorriam no interior de um mercado de mão de obra em franco crescimento, que se diversificava no mesmo ritmo em que ocorria o recrudescimento das atividades mercantis e manufatureiras na área central do município. A partir de meados dos anos 1860, sobretudo, quando a produção regional de café ampliou-se vertiginosamente, sob o impulso decisivo da ligação mais eficaz da Zona da Mata com o porto do Rio de Janeiro, uma "reviravolta racial e social" semelhante em alguns aspectos à desencadeada na Corte nesse mesmo momento, se processou na estrutura populacional e ocupacional da paróquia de Santo Antônio do Juiz de Fora.

---

[95] Ver Esteves (1915:58), Oliveira (1966:103) e Lessa (1986:137).

Em decorrência desse processo, entre 1860 e 1870, assiste-se em Juiz de Fora tanto a um crescente confinamento dos cativos na lavoura cafeeira, quanto a um aumento da participação percentual de imigrantes europeus e de brasileiros livres nos grupos profissionais caracteristicamente urbanos, como no caso dos ofícios "manuais e mecânicos", dos "criados e jornaleiros", dos "caixeiros" e dos "serviços domésticos". Foi no âmbito desse mercado de trabalho híbrido e multiétnico, por conseguinte, que os integrantes das primeiras gerações do proletariado juizforano tiveram que se movimentar à procura de uma ocupação regular, que lhes garantisse "viver sobre si" e escapar da miséria completa e do estigma de vadios, como demonstrarei no próximo capítulo.

2
Generalizando e estendendo o "cativeiro" para muito além da Abolição: o disciplinamento do mundo do trabalhador na transição para o capitalismo

> A escravidão não consente, em parte alguma, classes operárias propriamente ditas, nem é compatível com o regime do salário e a dignidade pessoal do artífice. Este mesmo, para não ficar debaixo do estigma social que ela imprime nos seus trabalhadores, procura assinalar o intervalo que o separa do escravo, e imbui-se assim de um sentimento de superioridade, que é apenas baixeza da alma, em quem saiu da condição servil, ou esteve nela por seus pais. Além disso, não há classes operárias fortes, respeitadas, e inteligentes, onde os que empregam trabalho estão habituados a mandar escravos.
>
> JOAQUIM NABUCO, *O abolicionismo*, 2000, p. 126.

Em seus respectivos estudos sobre as associações e reivindicações do operariado de Juiz de Fora nas décadas de 1900, 1910 e 1920, Silvia Vilela de Andrade e Eliana de Freitas Dutra (1988:44) alertaram para a necessidade de realização de pesquisas mais específicas a respeito da composição étnica e social desse proletariado. Advertiram ainda, com base nas informações e nos dados censitários de que dispunham então, para a impossibilidade de se pensar classe trabalhadora juizforana, notadamente na passagem do século XIX para o XX, como predominantemente constituída por imigrantes estrangeiros. No entanto, apesar das críticas que dirigiu a Domingos Giroletti quanto à ênfase dada por ele à participação de elementos germânicos e italianos no processo de formação do mercado de trabalho urbano local, Silvia Vilela de Andrade (1987:34-36), em particular, não enfrentou adequadamente o problema, preferindo antes contorná-lo com a seguinte afirmação:

> A resposta a estas perguntas [sobre as possíveis origens sociais e proporções étnicas do operariado juizforano] tem a sua importância, mas não é fundamental para entendermos a luta da classe operária local. A relação imigração-anarquismo já foi explicada e superada pela historiografia, como também a "teoria da planta exótica" [isto é, a argumentação elitista que atribui as greves e agitações populares à ação subversiva de líderes não brasileiros].

Mesmo concordando, no essencial, com a argumentação de que o comportamento e a movimentação dos assalariados juizforanos, no começo do século XX, não se explicariam unicamente pelas origens étnicas de parte considerável de seus membros e líderes, ressalto que a realização de uma investigação acerca da formação histórica desse proletariado é uma tarefa analítica inadiável. Primeiramente porque o estudo das classes trabalhadoras de Juiz de Fora no contexto socioeconômico em que elas surgiram, como indicam os dados reunidos no capítulo anterior, contribuirá sobremaneira para a expansão do conhecimento da conformação inicial do mercado de mão de obra dessa cidade. Em segundo lugar, por acreditar que a análise da composição étnico-social e das condições gerais de existência dos estratos despossuídos da população livre do núcleo urbano do município, quando este transitava do escravismo para o capitalismo, poderá revelar elementos importantes da cultura política desses trabalhadores não apenas no final do Império, como também nos primeiros tempos republicanos.

Em função das razões expostas de modo extraordinário por Joaquim Nabuco na passagem que compõe a epígrafe deste capítulo, não procuro e nem espero encontrar o "proletariado típico" descrito por Karl Marx e Friedrich Engels no célebre *Manifesto do Partido Comunista*. Sem possibilidades objetivas de estabelecer qualquer identidade duradoura com a multidão de cativos que compunha a força de trabalho fundamental do país, a não ser uma solidariedade circunstancial e mediada pelo movimento abolicionista, nos estertores do Império, o operariado brasileiro amargava um profundo desprestígio social, carecia de força e organização política própria e subsistia sob as mais terríveis condições. Essa realidade, ao que tudo indica, foi particularmente difícil para os trabalhadores livres que habitavam o perímetro urbano de Juiz de Fora, tendo em vista o vigor e a relativa estabilidade que o regime escravista desfrutou, no município e região, até as vésperas de sua extinção formal. Na verdade, o quadro de abandono, opressão e exclusão em que se encontravam circunscritos os proletários juizforanos não se alterou significativamente no pós-Abolição, o que deu razão a diversas manifestações classistas na cidade nesse fim de século XIX e ao longo de boa parte da Primeira República.

Nesta perspectiva, o que me interessa investigar e realçar são as características de um mundo do trabalho em mutação, que, na passagem do escravismo para o capitalismo, se expandiu e se diversificou na mesma velocidade em que cresceram e se tornaram mais complexas as funções do núcleo urbano de Juiz de Fora. Para tanto, no início deste capítulo, empreenderei um estudo mais aprofundado sobre os estabelecimentos mercantis e manufatureiros, bem como sobre os serviços e equipamentos públicos implantados nesse centro populacional no momento em que ele se metamorfoseava em uma cidade-fábrica. Já na parte seguinte, o foco da análise se concentrará nas distintas ações empreendidas pelas classes conservadoras juizforanas, no último quartel do século XIX, para manter tal espaço socioeconômico ordenado sob sua hegemonia.

Por outro lado, nos últimos dois itens do capítulo, aprofundarei os estudos acerca dos processos de formação do proletariado de Juiz de Fora e disciplinamento do mercado de mão de obra local, examinando separadamente e comparando dois períodos específicos: 1876-85 e 1890-1904. Para tanto, reuni e analisei uma série de informações — como a relação entre oferta e procura de braços e as formas de inserção no mundo do trabalho urbano, os valores dos ordenados e as modalidades de contrato, entre outros dados — que me possibilitaram entender e expor, pelo menos em seus aspectos essenciais, como se configurava o mundo do trabalhador juizforano no final do Império e nos quinze anos imediatos à instauração da República.

A transformação de um centro mercantil e manufatureiro em uma cidade-fábrica

> Vamos nos ocupar da cidade que tem ultimamente realizado mais progresso no estado de Minas. (...) Dista 276 km do Rio de Janeiro, pela antiga estrada de ferro D. Pedro II, 230 km, mais ou menos, de Ouro Preto (...) No seu seio, nota-se o movimento, a atividade de todo

um povo devorado pela sede de progresso. (...) A sua principal produção é o café, que se cultiva em larga escala. (...) A sua indústria, de mais a mais, progride. Já existem estabelecimentos fabris em que a força motora é o vapor, assim como oficinas de construção de primeira ordem. (...) São em grande número as lojas de fazendas, de modas, assim como os armazéns de gêneros alimentícios e de molhados. (...) Numerosos, igualmente, os relojoeiros, os joalheiros, os carpinteiros, os marceneiros, entre os quais há verdadeiros artistas, cujos trabalhos nada deixam a desejar. (...) Acreditamos firmemente que o futuro da bela cidade será brilhante. Durante os últimos anos, tal tem sido o seu desenvolvimento que nada mais poderá detê-lo.

M. CHARLES MOREL, *Province de Minas*.

No final dos anos de 1880, a exemplo do que fez nos mais importantes centros mineiros da época, o jornalista M. Charles Morel percorreu as principais ruas, avenidas, órgãos públicos, fábricas, oficinas e casas de negócios de Juiz de Fora conversando com seus dirigentes e coletando informações para compor o opúsculo *Province de Minas*.[96] Na síntese da opinião do visitante francês sobre a da cidade, em epígrafe, chama bastante a atenção que suas impressões positivas e otimistas em relação a esse núcleo urbano e a seus habitantes se assentam na aparente pujança e diversificação da economia local. Sob a ótica desse insuspeito membro da imprensa carioca, o progresso e o futuro juizforanos seriam garantidos, então, não apenas pela cafeicultura, reconhecidamente o esteio fundamental do desenvolvimento do município, como também pela variedade de profissionais e de atividades mercantis, artesanais e manufatureiras existentes em sua sede política e administrativa.

Por outro lado, é significativo que Morel tenha informado a localização aproximada da "primeira das cidades de Minas" a partir das distâncias ferroviárias que a separavam, respectivamente, da Corte e da antiga capital de Minas Gerais. Nesse momento em particular, como em nenhum outro, os "trens de ferro" representa-

---

[96] Trata-se de um dos vários guias sobre as províncias do país editados, em 1888, pelo *L'Etoile du Sud*, periódico em língua francesa que circulou no Rio de Janeiro até o início do século XX (*Almanak Laemmert*, 1889, p. 1959). Uma versão em português das páginas que Charles Morel dedicou a Juiz de Fora no seu *Province de Minas* pode ser encontrada em: *Annuario de Minas Gerais*, 1913, p. 495-497.

ram um elemento fundamental nos processos local e regional de desenvolvimento econômico, urbano e populacional. Embora os trilhos da Estrada de Ferro D. Pedro II só tenham alcançado Ouro Preto em 1888, desde meados da década de 1870 o município de Juiz de Fora e a macrorregião polarizada por ele, a Zona da Mata, se beneficiavam de um "surto ferroviário" que, entre outras coisas, foi um dos grandes responsáveis pelo forte crescimento verificado, nos últimos anos do regime escravista, na produção e exportação mineira de café.[97]

Com a chegada da Estrada de Ferro D. Pedro II ao solo mineiro, no limiar de 1870, as ferrovias tornaram-se uma obsessão das classes dominantes da Zona da Mata, sobretudo pelo fato de o governo da província, por essa época, já ter distribuído diversas concessões e prometido privilégios e recursos públicos para auxiliar as companhias e grupos privados interessados em construir e operar ramais ligando distintos pontos dessa região cafeeira às estações mais próximas de tal via férrea. As primeiras duas estações da Estrada de Ferro D. Pedro II em Minas, Santa Fé e Chiador, nos arredores de Mar de Espanha, foram inauguradas em 1869 e faziam parte do ramal Entre Rios-Porto Novo do Cunha, concluído em 1871.

Os trilhos da "Linha do Centro" dessa ferrovia, no entanto, demorariam ainda cerca de cinco anos até atingirem o perímetro urbano de Juiz de Fora. Mas desde agosto de 1870, pelo menos, as elites agrárias e políticas do município e região, seguindo uma orientação do então presidente da Estrada de Ferro D. Pedro II, Mariano Procópio, pressionavam o governo de Minas Gerais para que liberasse recursos da ordem de 3.300:000$000 para viabilizar a construção de diversos ramais convergentes àquela linha férrea central na Zona da Mata — como os de Leopoldina a Rio Novo e Juiz de Fora a Ubá.[98]

Deste modo, entre o início da década de 1870 e os anos finais do Império, com o concurso de capitais agrários e estatais, estrutura-se nessa porção do território

---

[97] Como assinalaram diversos autores, foi esse "surto ferroviário" dos anos 1870, principalmente, que criou as condições para a rápida e vigorosa expansão da cafeicultura da Zona da Mata mineira, crescimento este que possibilitou à província de Minas Gerais elevar a sua participação na exportação brasileira de café, entre 1860 e 1880, de 7% para expressivos 27%. Ver Singer (1974:210-211) e Pires (2004:46-49).

[98] Das 25 concessões de ferrovias sancionadas em Minas, na década de 1870, 11 referiam-se a ramais localizados nas áreas cafeeiras da Zona da Mata, região que em 1884 já contava com uma malha ferroviária de 602 km, contra 269 km do Sul e 135 km do Centro. Ver Blasenhein (1982:77-79) e Oliveira (1966:83-87).

mineiro uma extensa e intrincada malha ferroviária, que por ter Juiz de Fora como um de seus principais centros operacionais, acabou reforçando o papel de polo urbano e capital regional desempenhado por essa cidade desde a inauguração da rodovia União e Indústria.

As estações originais de cargas e passageiros da Estrada de Ferro D. Pedro II nos antigos limites do município — que, entre outros distritos, abrangiam os de Simão Pereira, Matias Barbosa e Santana do Deserto, emancipados em 1923 — foram inauguradas nos anos de 1874 (Serraria e Paraibuna), 1875 (Sobragi, Cotegipe, Matias Barbosa, Cedofeita, Retiro e Juiz de Fora), 1876 (Rio Novo) e 1877 (Chapéu D'Uvas). No entanto, desde fins do ano de 1870, pelo menos, as obras de tal eixo ferroviário avançavam continuamente, no sentido sul-norte, por entre povoados e cafezais de boa parte do vale do rio Paraibuna.[99] Nesse decênio e no seguinte, além de ter sido transpassado totalmente pela "Linha do Centro" da Estrada de Ferro D. Pedro II — que prosseguiu lentamente rumo ao coração de Minas Gerais, atingindo Barbacena em 1880 e Conselheiro Lafaiete quatro anos depois —, Juiz de Fora se configurou também como sede operacional e administrativa de outras duas companhias menores, a União Mineira e a Estrada de Ferro Juiz de Fora e Piau, capitalizadas por fazendeiros e comerciantes da região e concessionárias, respectivamente, dos ramais Serraria-Guarani e Juiz de Fora-Rio Novo — ambos encampados pela E. F. Leopoldina na década de 1880.[100]

Um painel bastante interessante das modificações socioeconômicas que se processaram no núcleo urbano de Juiz de Fora, a partir da concretização desses empreendimentos ferroviários, pode ser obtido por meio da análise dos diversos anúncios e propagandas veiculados no jornal *O Pharol*, notadamente entre 1876 e 1885. Considerados no seu conjunto, esses reclames possibilitam uma melhor percepção e compreensão tanto da efervescência que a chegada dos trilhos e a instalação de uma estação de embarque e desembarque de cargas e passagei-

---

[99] Esteves (1915:29). Ver também Lessa (1986:106) e *Mapa do município com o traçado de linhas férreas, telefones, povoações e arraiais* (1915).

[100] Os trechos operados pelas extintas Cia. União Mineira e Estrada de Ferro Juiz de Fora e Piau foram integrados, mais tarde, à "Linha Três Rios-Caratinga" e ao "Ramal de Juiz de Fora" da E. F. Leopoldina. Para uma análise das questões políticas e financeiras responsáveis para que esta companhia ferroviária se assenhoreasse, nas décadas de 1880 e 1890, de quase todas as pequenas ferrovias entre os territórios mineiro e fluminense, ver, em especial: Blasenhein (1996:81-110) e Melo (2002:173-195).

ros da Estrada de Ferro D. Pedro II, em especial, provocaram na área central do distrito-sede do município de Juiz de Fora, quanto do papel estratégico de polo regional de comércio e serviços, desde então, assumido mais claramente por essa cidade mineira.

Tomando-se por base a quarta página da edição de 21 de setembro de 1879 desse jornal (fac-similada na imagem 2), é possível perceber que, por essa época, ao lado das tradicionais notas fúnebres, religiosas e de ofertas de compra, venda e aluguel de cativos, animais, propriedades rurais e urbanas e outros bens, sobressaíam-se também os reclames de uma gama variada de artistas e oficiais de ofício (tais como fotógrafos, afinadores de piano, professores de música, barbeiros, ferreiros, modistas, vidraceiros, açougueiros, maquinistas, relojoeiros, sapateiros, alfaiates e pintores). Dentro dessa categoria de anúncios de dimensões reduzidas, destacavam-se ainda os dísticos emoldurados publicados regularmente por profissionais liberais e técnicos (médicos, dentistas, farmacêuticos, veterinários, advogados, solicitadores, engenheiros e agrimensores, em especial). Entre os pequenos e médios anunciantes, contudo, predominavam os fazendeiros que denunciavam a fuga de seus escravos, reafirmavam o direito de posse sobre os mesmos e ofereciam "generosas" recompensas para os que se empenhassem na captura e devolução dos fugitivos.

As propagandas encontradas na imagem 2, assim como as igualmente observáveis na imagem 3, que reproduz de modo integral a última página de *O Pharol* de 12 de julho de 1882, permitem ainda identificar quais eram, então, os maiores anunciantes desse jornal. Nesse quesito, destacava-se uma rede bastante diversificada de estabelecimentos comerciais e de serviços (hotéis, colégios e casas de espetáculos), sediados não apenas em Juiz de Fora, como também na Corte e em outros municípios mineiros e fluminenses — como Barbacena, São João Del Rei, Paraíba do Sul e Petrópolis. Foi informado por anúncios desse tipo, com certeza, que Jair Lessa reuniu elementos para afirmar que a partir de 1877, notadamente, o ramo hoteleiro e os demais segmentos mercantis juizforanos começaram a florescer, num claro indicativo de que a movimentação de passageiros de trens havia se deslocado de Mariano Procópio (onde se situava a antiga estação de diligência da CUI e a principal estação da Estrada de Ferro D. Pedro II na região) para o terminal ferroviário situado na atual praça João Penido, na área central de Juiz de Fora.

Imagem 2
Quarta página da edição de 21 de setembro de 1879 de *O Pharol*

Setor de Memória da Biblioteca Municipal Murilo Mendes.

Imagem 3
Quarta página da edição de 12 de julho de 1882 de *O Pharol*

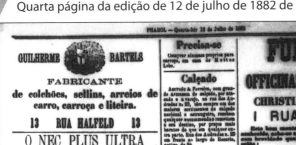

Setor de Memória da Biblioteca Municipal Murilo Mendes.

Anúncios como os das firmas Brandi & Cia. e A. A. Halfeld & Cia (imagens 4 e 5) fornecem indícios valiosos de como se estruturava, então, o setor mercantil de Juiz de Fora. A julgar pelo ponto privilegiado em que se localizavam e pelas dimensões e constância das propagandas que veiculavam em *O Pharol*, a Brandi & Cia. e a A. A. Halfeld & Cia figuravam com destaque entre as mais importantes casas de negócios juizforanas da época. Com efeito, estes dois estabelecimentos concorriam entre si, e com outros negociantes menores ou do mesmo tamanho, não apenas no comércio varejista de uma infinidade de artigos manufaturados e gêneros alimentícios, nacionais e estrangeiros. Desempenhavam também o papel de grandes atacadistas, importando e revendendo mercadorias europeias, sobretudo, para fazendeiros e comerciantes desse e de outros municípios da Zona da Mata e da província. Ao lado destes empórios de maior porte, como indicam os dados do anexo I e as seções de anúncios do referido jornal, existia ainda uma ampla rede de pequenos e médios lojistas, distribuídos em diversos ramos mercantis e voltados para as mais distintas necessidades e condições de consumo — armarinhos, farmácias, sapatarias, relojoarias, charutarias, depósitos de bebidas, papelarias, açougues, lojas de roupas prontas, alfaiatarias, entre outros.

Os proprietários das principais manufaturas locais, por sua vez, compunham outro importante grupo de anunciantes, cujos conteúdos das propagandas que publicavam em *O Pharol* fornecem também informações significativas sobre a natureza e a dimensão das atividades econômicas desenvolvidas no núcleo urbano de Juiz de Fora, particularmente entre 1878 e 1883. Num dos poucos estudos acadêmicos acerca das oficinas e unidades fabris existentes na cidade nesse período, Domingos Giroletti (1987:3-78) lançou maior foco sobre as firmas organizadas por antigos artífices da Companhia União e Indústria, especialmente pelos germânicos Henrique Griese, Pedro Schubert, Jacob Kneip, Francisco Salzer, Martin Kasher e "Luiz Scheiss" (na verdade, João Ulrico Schiess). Tais estabelecimentos manufatureiros (oficinas de máquinas e de carros e carroças, fundições de ferro e bronze, ferrarias, serrarias, marcenarias, selarias e olarias), de acordo com o autor, possuíam fundamentalmente as seguintes características: baixa produção e produtividade; pequeno índice de capital investido; limitada capacidade de absorção de mão de obra; emprego de tecnologia elementar e forte dependência da experiência e da habilidade técnica de seus donos e dos oficiais de ofício recrutados, de modo geral, entre os seus compatriotas da Colônia D. Pedro II.

> IMAGENS 4 E 5
> Propagandas das firmas Brandi & Cia. e A. A. Halfeld & Cia.

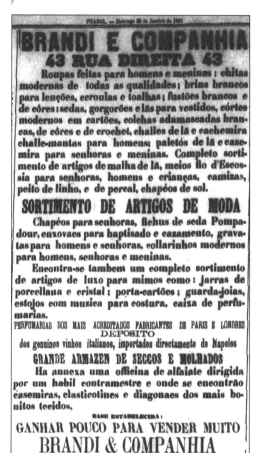

Respectivamente as edições dos dias 30 de janeiro e 10 de março de 1881 de *O Pharol*. Setor de Memória da Biblioteca Municipal Murilo Mendes

Nesta perspectiva, as informações compiladas no anexo II, que sintetiza os dados pesquisados nos aludidos anúncios de *O Pharol*, não invalidam completamente as observações feitas por Domingos Giroletti. No entanto, apontam primeiramente para um cenário manufatureiro e um mercado de mão de obra bem mais dinâmicos e complexos, confirmando o aprofundamento de uma tendência que se esboçava, de modo claro, já no início dos anos 1870. Nota-se, na passagem dessa década para a próxima, a presença em Juiz de Fora de capitalistas e artífices brasileiros, alemães e de outras nacionalidades (portugueses, franceses e italianos, sobretudo), de novos ramos produtivos e de firmas de outros municípios estabelecidas com filial na cidade — como é o caso da fábrica de cerveja do Morro da Gratidão, propriedade da petropolitana Augusto Kremer & Cia.

Por outro lado, os dados apresentados no anexo II tornam ainda mais evidente uma estratégia comum a muitos estabelecimentos locais da época: a associação da confecção direta de certas mercadorias com a revenda de produtos de distintos fabricantes, nacionais e estrangeiros, comprovando, portanto, a estreita relação então existente, nesse núcleo urbano, entre as atividades mercantis e fabris, entre o "capital comercial" e o "capital industrial". De fato, nas décadas de 1870 e 1880, as mais importantes oficinas e fábricas dos diversos ramos manufatureiros de Juiz de Fora — como as fundições de George F. Grande e de Christiano Schubert, a Destilação e Fábrica de Bebidas de Julio Jeandel, as fábricas de calçados Corrêa & Corrêa e Ao São Crispim e a Fábrica e Depósito de Móveis e Colchoaria Souza & Corrêa, por exemplo — associavam a produção própria com a importação e comercialização, no varejo e mesmo no atacado, de artigos brasileiros e de outros países. Mantinham para tanto, como informam em alguns de seus anúncios, contatos permanentes com grandes negociantes estabelecidos na Corte, na Europa e nos Estados Unidos.[101]

É fundamental assinalar que o incremento acentuado das atividades mercantis e manufatureiras em Juiz de Fora, entre os anos de 1870 e 1880, coincidiu com o período em que na Corte eram retomados os investimentos nos diversos ramos da produção fabril, após mais de um decênio de relativa estagnação.[102] Assim, essa fase de maior implantação e diversificação de fábricas e oficinas experimentada,

---

[101] Esta estreita relação entre "capital comercial" e "capital industrial" constituiu uma das características mais marcantes do parque manufatureiro estruturado em Juiz de Fora no último quartel do século XIX. Para Anderson Pires (2004:254-257), esta ligação se explicaria não apenas porque, nesse período, "o volume da capital para a abertura de uma firma industrial não era grande", como também em função de que, de modo geral, "a reunião de poucos sócios (...) bastava para iniciar o empreendimento; (...) normalmente o crédito comercial de curto prazo era a mais importante fonte de financiamento; e que (...) a reinversão de lucros da empresa será a tônica de seu processo de investimento, crescimento, amadurecimento e eventual diversificação". Ver também Giroletti (1987:80-81).

[102] Luiz Carlos Soares (2003:3-4) demonstra essa fase de sensível retomada da produção fabril no Rio de Janeiro, assinalando que se em 1873 o *Almanak Laemmert* relacionava apenas 965 manufaturas na cidade, em 1881 esse número saltou para 1.242 estabelecimentos.

nessa época, por aquele primeiro núcleo urbano processou-se não apenas sob o impulso decisivo dos capitais agrários e comerciais e da interligação rodoferroviária da cidade com o Rio de Janeiro, a Zona da Mata e outras regiões de Minas Gerais, mas também auxiliada por uma conjuntura aparentemente favorável à aplicação de recursos no setor secundário da economia.

No anexo II encontram-se listadas 34 firmas de pequeno e médio portes, que atuavam em pelo menos 25 distintos segmentos produtivos, distribuídos em 11 ramos manufatureiros, a saber: mecânico-metalúrgico; bebidas; alimentos; curtição, calçados, artefatos de couro e artigos para viagens; confecção de vestuário e enxoval; materiais e artefatos para a construção civil; mobiliário e artefatos de madeira para construção e decoração; ourivesaria; produtos químicos; produtos derivados do fumo e tipografia e artes gráficas. De acordo com os dados reunidos, de 1878 a 1883, os principais estabelecimentos fabris de Juiz de Fora pertenciam ao ramo mecânico-metalúrgico. Ao lado da fabricação e instalação de máquinas e implementos agrícolas, essas empresas produziam, importavam e revendiam também diferentes tipos de veículos tracionados por animais e uma série de equipamentos, ferramentas e utensílios leves para uso rural e urbano, doméstico e industrial. Quer seja pela substituição, quer seja pela comercialização direta de importados, tais empreendimentos desempenhavam, portanto, um papel estratégico no processo de modernização, lenta e limitada até então, de setores importantes da economia do município e da região — especialmente das maiores unidades cafeeiras e das manufaturas existentes ou em implantação.[103]

Já os demais segmentos manufatureiros locais produziam e comercializavam tanto artigos de consumo leve — alguns relativamente baratos e muito populares (roupas prontas, cervejas, águas minerais e gasosas, fumo de rolo, cigarros, café moído, açúcar, sabão, sapatos comuns e chinelos), outros nem tanto (ternos, vestidos e enxovais de "fazendas de lei", calçados especiais, joias de ouro e prata, relógios, vinhos e destilados refinados) — quanto bens duráveis e semiduráveis (móveis, colchões, malas, selins e peças de montaria), artefatos para a construção

---

[103] Fabricando e assentando, em especial, máquinas para o beneficiamento de café a custos mais baixos e em menor prazo, oficinas de Juiz de Fora acabaram se tornando as principais fornecedoras desses itens na Zona da Mata, como parece ser o caso da Fábrica de Máquinas George F. Grande, que em junho de 1883 anunciava também que se encarregava de "mandar vir e assentar máquinas a vapor e estabelecimentos industriais de qualquer natureza" (Fábrica de Máquinas e Fundição de Ferro e Bronze George F. Grande, *O Pharol*, 1 jun. 1883, p. 4).

civil e mesmo matérias-primas para as obras e fábricas da cidade (como telhas, tijolos, ornatos de mármore, madeira e couro). Cabe ressaltar ainda que, não obstante a sua limitada capacidade particular de absorção de trabalhadores, no seu conjunto, esses estabelecimentos desempenharam uma função bastante relevante no processo de consolidação, expansão e diversificação do mercado urbano de mão de obra de Juiz de Fora, como demonstrarei oportunamente.

Assim, a não ser pela ausência de unidades do setor de fiação e tecelagem, o mais importante e moderno segmento industrial brasileiro da época, as características do parque manufatureiro de Juiz de Fora, neste seu momento inicial de implantação e expansão moderada, assemelham-no bastante ao panorama da indústria nacional nos últimos decênios do Império.[104] Mais do que isso, a partir de todas estas informações e considerando que a primeira fábrica têxtil local começou a produzir entre 1883 e 1884, percebe-se que, já em meados dos anos 1880, a estrutura fabril que marcará o processo de desenvolvimento socioeconômico do município durante a Primeira República e a década de 1930, pelo menos, já estava com os seus pilares fundamentais assentados, ainda que não de modo inteiramente firme ou definitivo.

É importante considerar que todo esse processo de diversificação e crescimento econômico refletiu-se, ainda, na ampliação e melhor estruturação da área central de Juiz de Fora, que, a partir de fins de 1870, em especial, passou a contar com importantes equipamentos de uso coletivo e recebeu sucessivos melhoramentos, implementados tanto pela Câmara quanto por concessionários de serviços públicos e investidores particulares — como nos casos do bonde com tração animal, da telefonia e da iluminação elétrica. Tais medidas e ações destinavam-se não apenas à criação de condições infraestruturais para o desenvolvimento das atividades agrícolas, comerciais e manufatureiras no município. Objetivavam também aproximar o seu núcleo urbano dos padrões, valores e avanços tecnológicos das potências capitalistas europeias, sobretudo os que se relacionavam à

---

[104] Ao traçarem tal panorama, Hardman e Leonardi (1991:31-39) ressaltaram que, afora o setor de fiação e tecelagem, os demais ramos fabris — como o metalúrgico, o de artefatos de couro, o chapeleiro, o de mobílias, o de bebidas e alimentos e o gráfico — caracterizavam-se, basicamente, pela predominância de pequenas e médias empresas, pela forte dependência de maquinário, matérias-primas e insumos estrangeiros e pela extrema importância desempenhada pelo trabalho artesanal no processo produtivo geral. Além disso, estes segmentos da manufatura pátria sofriam com a forte concorrência que lhes era imposta no mercado interno por produtos ingleses, franceses, alemães, espanhóis e austríacos — especialmente nos setores de calçados e de móveis.

forma, funcionalidade, segurança e salubridade dos espaços ocupados e utilizados, prioritariamente, pelos estratos mais abastados e politicamente influentes da população local.[105]

Os cafeicultores da região, em especial, ao mesmo tempo em que se agarravam feroz e intransigentemente ao escravismo, aumentavam a inversão de seus capitais agrários em um espectro bastante variado de negócios, investimentos e propriedades na cidade às vésperas da Abolição, dando provas assim de sua extrema e não menos intrigante "racionalidade econômica". Como ressalta Luiz Fernando Saraiva (2005a:190-209), "quase todas as grandes empresas e instituições financeiras e comerciais da região têm no capital desses fazendeiros uma importante parcela de seus recursos".[106] No último decênio imperial, portanto, sob o impulso da intensificação da produção cafeeira e do incremento e diversificação das atividades mercantis e manufatureiras urbanas, Juiz de Fora se consolidará como o primeiro dos municípios da província de Minas Gerais em termos econômicos e fiscais, ainda que no plano político isto implicasse uma pragmática subordinação de suas elites ao poder incrustado em Ouro Preto.[107]

Sobretudo nos anos 1880, como assinalam diversos autores, ocorre uma melhoria geral da infraestrutura e uma ampliação significativa dos serviços e atividades existentes no núcleo urbano do município, com destaque para a organização da Companhia Ferrocarril Bondes Juiz de Fora (1880) e de uma subsidiária da Companhia Telefônica do Brasil (1883), além da intensificação dos investimentos da Câmara Municipal em obras como as de construção de um novo sistema de abastecimento de água e coleta de esgotos ou as de alinhamento e colocação de passeios nas ruas e aterragem de pântanos da área central. No triênio iniciado em 1887, por outro lado, organiza-se o setor financeiro local, com a fundação de dois

---

[105] Vale lembrar que nesse mesmo período, além de uma imprensa regular capitaneada por *O Pharol* e de uma rede privada de ensino, destinada a atender os filhos das elites da Zona da Mata, Juiz de Fora passou a dispor, igualmente para um consumo privilegiado, de teatros requintados como o Provisório, onde "as representações das operetas, comédias e dramas se sucediam e artistas da *Corte* constituíam cartaz que enchiam a casa". Ver Mascarenhas (1954:11-112).

[106] Levantamentos realizados por Rita de Cássia da Silva Almico (2001:139-144), a este respeito, confirmam tal tendência e apontam para uma "aceleração" dos investimentos urbanos (imóveis, empresas, títulos, apólices e ações) dos grandes fazendeiros no final dos anos 1880.

[107] Sem dispor de força política para projetos que não tratassem da proteção e incentivo à expansão da economia cafeeira, no final do Império, as elites de Juiz de Fora e da Mata se subordinaram aos representantes das outras regiões de Minas na Assembleia Provincial (Blasenhein, 1982:75-77).

bancos, o Territorial e Mercantil de Minas e o de Crédito Real de Minas Gerais, cujas ações pertenciam, em sua maioria, a grandes comerciantes, industriais e cafeicultores, que seriam ainda os principais acionistas da recém-criada Companhia Mineira de Eletricidade — empresa concessionária do serviço de iluminação pública e residencial baseada na energia hidroelétrica.[108]

Foi também na década de 1880 que ocorreu a instalação em Juiz de Fora das fábricas Industrial Mineira e Mascarenhas, os dois grandes primeiros empreendimentos locais do ramo de fiação e tecelagem.[109] A "Fábrica dos Ingleses", como ficou conhecida popularmente a Companhia de Fiação e Tecelagem Industrial Mineira, pertencia a um consórcio no qual figuravam como principais promotores e acionistas os britânicos Andrew, John e Peter Steele, Willian Moreth e Henry Whittaker — comerciantes e industriais estabelecidos na Corte e na vizinha Petrópolis.[110] Parte da repercussão social que a implantação de um estabelecimento deste tipo nos arrabaldes da cidade produziu entre seus habitantes pode ser percebida por meio da leitura da seguinte notícia, veiculada em *O Pharol*:

> Estabelecimento vasto e moldado para o mister a que se destina, a fábrica de tecidos possuirá grandes acomodações, em salões largos e arejados. As paredes da caixa do edifício já estão erguidas e altas, assim como muito de seus compartimentos. É digno da curiosidade pública que ali já tem feito (Fábrica de tecidos. *O Pharol*, 11 out. 1883, p. 1).

Na verdade, tratava-se de obras de ampliação e adaptação dos antigos edifícios das oficinas da Companhia União e Indústria, já extinta por essa época, bem ao lado, portanto, da Estação Mariano Procópio (antiga Estação Rio Novo) da Estrada de Ferro D. Pedro II, o que facilitaria sobremaneira a importação de equi-

---

[108] Fundada no início de 1888, a Companhia Mineira de Eletricidade (CME) inaugurou no ano seguinte a usina hidroelétrica de Marmelos, a primeira de grande porte construída no país, situada a cerca de 6 km da cidade. Ainda em 1889, começou a funcionar o sistema de iluminação pública e particular nas ruas centrais de Juiz de Fora, mas o fornecimento de força-motriz industrial só ocorreu a partir de 1898. Ver Miranda (1990:99-108), Giroletti (1987:82-90), Pires (2004:63-68), Oliveira (1966:113-135) e Lessa (1986:144-146, 197-202, 217-218).

[109] Por volta de 1882, existiam 45 fábricas de tecidos no Brasil: 12 na Bahia, 11 no Rio de Janeiro, nove em São Paulo, oito em Minas Gerais e as demais dispersas entre Rio Grande do Sul, Alagoas, Pernambuco e Maranhão (Hardman e Leonardi, 1991:31-35).

[110] Monteiro, 1985:98.

pamentos e matérias-primas e a exportação regular da crescente produção dessa tecelagem para o seu principal mercado consumidor, o Rio de Janeiro.[111] A Fábrica de Tecidos Industrial Mineira foi inaugurada festivamente ainda no Natal de 1883, muito embora só tenha passado a produzir com mais intensidade a partir do início do ano seguinte. A princípio, empregava cerca de 130 trabalhadores — entre homens, mulheres e crianças —, que operavam uma centena de teares mecânicos. Num claro indicativo de que a comercialização dos tecidos fabricados por estes operários se processava, então, numa escala alta e ascendente, entre 1884 e 1891, a sociedade anônima proprietária dessa unidade têxtil elevou em cerca de 67% o seu capital realizado, que passou de 600:000$000 para 1.000:000$000.[112]

Já a Tecelagem Mascarenhas começou a funcionar no emblemático primeiro "dia útil" seguinte à Abolição, 14 de maio de 1888, numa espaçosa edificação construída para este fim nas proximidades da Estação Juiz de Fora da Estrada de Ferro D. Pedro II, mais precisamente na extremidade sul da antiga rua do Imperador, que passou a se chamar "XV de Novembro" após a queda da monarquia. Comparativamente à Industrial Mineira, entretanto, a fábrica a vapor do capitalista Bernardo Mascarenhas possuía, então, uma estrutura bem menor: apenas 30 teares, operados não mais do que por 75 trabalhadores, que teciam zefires e brins de algodão e de linho, com fios importados da Inglaterra, para serem comercializados local e regionalmente. Como ressalta Alisson Mascarenhas Vaz (2000:317), esta unidade têxtil, "pequena mas altamente rentável", foi o único empreendimento que o referido empresário fundou com capitais próprios e administrou sozinho até a sua morte, ocorrida em 1899:

> Quanto aos outros de que [Bernardo Mascarenhas] participou, sendo ou não majoritário, foram feitos através da associação de capitais, em que ele participava com determinado percentual, sendo que parte significativa ficava nas mãos de membros da família

---

[111] Em 9 de julho de 1883, a Comissão Liquidante da Companhia União e Indústria vendeu, por 55 contos de réis, ao consórcio organizado para a fundação da Fábrica de Tecidos Industrial Mineira, um terreno com 1.106.000 m², incluindo os edifícios, as benfeitorias, a cachoeira e o curso d'água nele localizados. Ver Lessa (1986:155, 176, 202), Stehling (1979:311-313) e Companhia Fiação e Mariano Procópio. *O Pharol*, 2 jul. 1902, p. 3.

[112] Companhias anônimas que funcionam em Juiz de Fora. *Minas Livre*, 29 out. 1891, p. 2.

[Mascarenhas], como foi o caso da Companhia Mineira de Eletricidade e do Banco de Crédito Real de Minas Gerais.[113]

De fato, os nomes de diversos membros da família Mascarenhas, assim como os de uma série de cafeicultores, capitalistas, profissionais liberais e negociantes da Zona da Mata mineira, figuram com destaque nas listas conhecidas de acionistas de algumas das 17 "sociedades anônimas" que surgiram localmente entre 1887 e 1893.[114] Propiciada sobretudo pelo forte incremento da produção cafeeira e do comércio atacadista na região, essa onda de otimismo e investimentos reproduziu, em uma escala menor, a mesma "euforia nos negócios" verificada então no Rio de Janeiro, como consequência direta da política emissionista vigente no país entre o Império e a República.[115] De acordo com Anderson Pires (2004:291-307), o capital nominal das companhias criadas em Juiz de Fora, nessa época, totalizava cerca de 10.000:000$000, e 30% desse valor, aproximadamente, pertenciam a empresas organizadas para a exploração de serviços de consumo coletivo e para a construção e especulação imobiliária no centro urbano desse município, a saber: Companhia Mineira de Eletricidade, Companhia Industrial de Juiz de Fora, Companhia Chimico Industrial, Companhia Mecânica Mineira, Companhia de Tecidos de Juta e Companhia Construtora Mineira.[116]

---

[113] No inicio da década de 1880, a família Mascarenhas era uma das mais ricas de Minas. A partir de capitais acumulados na agropecuária de base escravista e em atividades comerciais, os Mascarenhas investiram na montagem das fábricas têxteis do Cedro e da Cachoeira, em Sete Lagoas e Curvelo. Bernardo Mascarenhas se fixou em Juiz de Fora em 1887, tendo investido cerca de 35:000$000 para estruturar sua tecelagem, que cinco anos depois já possuía um valor não inferior a 170:000$000. Ver Vaz (2005:308-320), Mascarenhas (1954:87-125) e Birchal (2004:10-20).

[114] No processo de reinversão de parcela de sua fortuna em Juiz de Fora, os Mascarenhas tornaram-se acionistas-fundadores, entre outros empreendimentos, do Banco de Crédito Real de Minas Gerais, da Companhia de Tecidos de Juta, da Companhia Construtora Mineira e da Companhia Mineira de Eletricidade, da qual detinham sozinhos 56,8% das ações. Ver Giroletti (1987:84-89).

[115] Arias Neto, 2003:209-212.

[116] Excetuando-se a CME, todas as demais empresas nomeadas surgiram no intervalo 1890-1893 e, de acordo com cada caso específico, mudaram sua forma de organização societária ou se extinguiriam de modo definitivo entre 1895 e 1902. A Companhia Mecânica Mineira, a Companhia de Tecidos de Juta e a Companhia Industrial de Juiz de Fora, por exemplo, passaram para o controle de "sociedades individuais" entre 1895 e 1897. Por outro lado, para reaver cerca de 220:000$000 que lhe deviam a Mecânica Mineira e a Companhia Chimico Industrial, de 1900 a 1903, o Banco da República incorporou e vendeu as instalações e equipamentos dessas duas firmas industriais, que tempos depois retomaram suas atividades sob a propriedade de capitalistas locais. Já a Companhia Construtora Mineira foi liquidada definitivamente em 1902, com a alienação de seus bens para saldar dívidas junto ao Banco de Crédito Real de Minas Gerais. Ver Croce (2006:255-283).

Entretanto, essa intensa mobilização de capitais na forma acionária constituiu apenas um dos elementos de um processo mais amplo de transformações socioeconômicas verificado localmente no transcurso da década de 1890, como decorrência da extinção da escravidão e da queda do Império. A esse respeito, Giroletti (1987:18-19) e Pires (1993:112-113) convergem ao assinalarem que a abolição do cativeiro e as medidas governamentais adotadas nessa época, a princípio, contribuíram para expandir e diversificar o mercado de consumo, a rede comercial e o parque fabril preexistentes, pois promoveram uma elevação significativa no grau de monetização geral da economia de Juiz de Fora, sobretudo em função da maior utilização de papel-moeda para o pagamento de ordenados e de inúmeras outras despesas correntes. Além disso, como consequência direta destes fatores, processa-se então no núcleo urbano desse município mineiro, de modo especial, o estabelecimento de relações sociais de produção em bases essencialmente capitalistas, com o aumento sensível da demanda e da oferta de mão de obra assalariada, qualificada ou não, e o aprofundamento contínuo da divisão social do trabalho.

No que se refere mais diretamente às dimensões e características assumidas pelo setor secundário da economia juizforana, nesse cenário de múltiplas transformações, cabe assinalar de antemão que os desdobramentos locais da vertente "industrializante" do Encilhamento seguramente não se restringiram à formação e entrada em operação de companhias e grandes unidades industriais.[117] É o que revela, em particular, o anexo III, compilado a partir de dados pesquisados em cinco das seis edições lançadas nos anos de 1890 do *Almanaque de Juiz de Fora*. Com base nessas fontes, acredito ser possível afirmar que a proliferação do número de oficiais de ofício (alfaiates, costureiras, serralheiros, funileiros, pintores, tipógrafos, entre outros), de oficinas e de estabelecimentos fabris de pequeno e médio portes, que praticamente triplicaram no decurso da década de 1890, foi igualmente importante para a expansão e diversificação da produção manufatureira de Juiz de Fora, nesse período.

Por sua vez, o gráfico a seguir, elaborado a partir das somas presentes no final do anexo III, permite tanto visualizar mais claramente o significativo incremento

---

[117] Não obstante ter dado lugar a uma especulação desenfreada, conhecida como "Encilhamento", a reforma financeira e bancária instituída pelo Governo Provisório assumiu também um caráter industrializante, na medida em que propiciou um aumento no investimento em indústrias, a importação de máquinas e equipamentos e a ampliação do parque fabril herdado do período imperial. Ver Arias Neto (2003:210-212).

experimentado então pelas atividades manufatureiras em Juiz de Fora, como distinguir também os dois momentos em que essa mudança quantitativa e qualitativa ocorreu. Assim, no período que se estende de 1890 a 1896, processa-se nessa cidade uma elevação da ordem de 287% no número de oficiais de ofício, de fábricas e oficinas, que nas listagens do *Almanaque de Juiz de Fora* para os anos de 1891 e 1897 passaram, respectivamente, de 98 para 281 ocorrências. No triênio 1896-98, observa-se, sobretudo, o acomodamento e a consolidação do crescimento verificado na fase anterior, não obstante a existência de uma sensível retração desse setor da economia local, possivelmente como consequência da crise de superprodução do café e das dificuldades financeiras, políticas e sociais enfrentadas pelo país no fim do governo de Prudente de Morais e no início da gestão Campos Sales — crise e dificuldades estas que se prolongarão até pelo menos o ano de 1904.

Evolução do número total de oficiais de ofício, oficinas e estabelecimentos fabris em Juiz de Fora (1890-98)

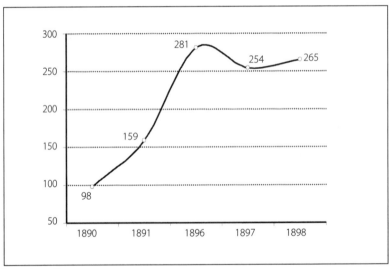

Fonte: Anexo III.

Como parte desse esforço em reconstituir os contornos gerais assumidos pelo mundo do trabalho na área central de Juiz de Fora, no momento em que esta se tornava uma cidade capitalista, realizei um levantamento adicional de informações sobre a evolução da organização administrativa e da estrutura produtiva das principais unidades industriais locais entre os anos de 1884 e 1902, dados estes que se encontram convenientemente dispostos no anexo IV. A análise conjunta dos respectivos conteúdos dos anexos III e IV, por conseguinte, revela a princípio que paralelamente à elevação do número de oficiais de ofício e de firmas de dimensões variadas, no último decênio do Oitocentos, ocorre também uma maior especialização no interior de quase todos os ramos manufatureiros do município. Trata-se, na verdade, do aprofundamento de um processo iniciado ainda nos marcos da escravidão e do Império, uma vez que desde a passagem de 1870 para 1880, pelo menos, o parque fabril juizforano diversificava-se e expandia-se moderadamente.[118]

Nos anos de 1890, entretanto, num curto espaço de tempo e sob uma dinâmica eminentemente capitalista, a estrutura manufatureira de Juiz de Fora se tornou muito mais complexa e assumiu, de maneira efetiva, os aspectos essenciais que a caracterizarão por toda a Primeira República. Com efeito, a partir do período 1896-98, as pequenas, médias e grandes fábricas e oficinas instaladas no núcleo urbano desse município já atuavam em cerca de 60 diferentes segmentos produtivos e se encontravam distribuídas em 15 ramos bem definidos. E quatro deles — fiação e tecelagem; energia hidroelétrica e telefonia; instrumentos musicais e construtoras e empreiteiros de obras públicas e privadas — se estabeleceram como tal nos últimos três lustros do século XIX.

Já os 11 ramos manufatureiros relacionados na análise do período 1878-83 se consolidaram e passaram a contar com firmas de tamanhos variados entre os anos de 1880 e 1900. Com o objetivo de propiciar uma melhor visualização do grau de heterogeneidade que o parque industrial dessa cidade atingiu, no momento crucial de sua consolidação, sintetizei boa parte das informações presentes nos anexos III e IV no quadro 3, em que os diversos ramos, segmentos e unidades de produção locais foram classificados em três setores distintos, a saber: moderno, intermediário e tradicional.

O setor moderno do parque fabril de Juiz de Fora, na passagem do século XIX para o XX, compunha-se de empresas de portes médio e grande, dinâmicas e fortemente mecanizadas, que empregavam um número elevado de operários qualificados

---

[118] Como indica o anexo II e as análises realizadas neste capítulo, ainda na primeira metade da década de 1880, o parque fabril de Juiz de Fora não apenas era composto por grande parte dos principais ramos presentes no cenário manufatureiro nacional, como já havia adquirido uma dimensão relevante e os contornos básicos que marcariam o seu desenvolvimento ulterior.

e semiqualificados — homens, mulheres e crianças — e que utilizavam tecnologias e equipamentos relativamente avançados para a época. O setor intermediário, por sua vez, era integrado por firmas pequenas e médias, com um nível considerável de mecanização e desenvolvimento tecnológico, mas que também dependiam bastante da habilidade e experiência dos oficiais de ofício que comandavam e imprimiam ritmo à sua produção. Já o setor tradicional, que concentrava parcela significativa das oficinas, fábricas e segmentos produtivos locais, operava então com máquinas simples e num sistema caracteristicamente artesanal ou semiartesanal, em que a qualificação e a destreza da força de trabalho configuravam-se como imprescindíveis para a confecção de uma série de artigos — de peças do vestuário a artefatos de couro; de joias e bebidas finas a material para a construção civil.

QUADRO 3

Classificação dos ramos, segmentos e unidades industriais de Juiz de Fora segundo suas características produtivas e organizacionais (1883-1902)

Características produtivas e organizacionais	Classificação dos ramos, segmentos e unidades de produção		
	Setor moderno	Setor intermediário	Setor tradicional
Ramos, segmentos e unidades de produção	Fiação e tecelagem; energia hidroelétrica e telefonia; **fundições de ferro e bronze;** fábricas de máquinas para lavoura; Fábrica de Pregos São Nicolau; Fábrica de Calçados Corrêa & Corrêa; Fábrica de Móveis e Serraria Corrêa & Corrêa; Companhia Construtora Mineira e Pantaleone Arcuri & José Spinelli.	Tipografia e artes gráficas; **fábricas e oficinas de carroças e veículos; fábricas de cerveja e águas gasosas; curtumes; empreiteiros de obras públicas e privadas;** Fábrica de Massas Alimentícias de Paulo Simoni; Companhia Chimico Industrial de Juiz de Fora e Empresa Industrial de Juiz de Fora.	Confecção de chapéus, vestuário e enxoval; instrumentos musicais; ourivesaria, produtos derivados do fumo; alimentos; **destilações;** armeiros, serralheiros, funileiros e ferradores; correeiros, seleiros e oficinas de calçados; fábricas de selins, de malas, de colchões, de vassouras e de tapetes; oficinas de pintura e pintores; marmoristas e olarias; tinturarias; fábricas de sabão e de fogos; tanoeiros, marcenarias, serrarias e carpintarias.
Organização societária	Sociedades anônimas e sociedades individuais	Sociedades anônimas e sociedades individuais	Sociedades individuais

Continua

Características produtivas e organizacionais	Classificação dos ramos, segmentos e unidades de produção		
	Setor moderno	Setor intermediário	Setor tradicional
Capital realizado	Variava de 100:000$000 a 1.000:000$000	Variava de 35:000$000 a 100:000$000	Inferior a 35:000$000
Número de operários	Porte médio: 25 a 60 Grande porte: 100 a 300	Pequeno porte: 7 a 10 Porte médio: 15 a 40	Pequeno porte: 1 a 6
Maquinário	Fortemente mecanizado. Usa máquinas simples e também equipamentos avançados e complexos.	Nível razoável de mecanização. Utiliza tanto máquinas simples quanto complexas.	Baixo nível de mecanização. Utiliza máquinas simples e ferramental tradicional.
Força-motriz	Vapor, hidráulica e eletricidade.	Vapor, hidráulica, tração animal e eletricidade.	Vapor, hidráulica, tração animal.
Volume e organização interna da produção	Produção em média e alta escalas, realizada em distintas seções e sob gerência capitalista.	Produção em pequena, média e alta escalas, em seções ou espaço único, sob gerência capitalista.	Produção em pequena escala, num só espaço e sob gerência familiar e capitalista.
Mercado consumidor	Juiz de Fora; Zona da Mata; MG, RJ, ES e SP.	Juiz de Fora; Zona da Mata; MG e RJ.	Juiz de Fora e Zona da Mata.

Fonte: Anexos III e IV.

Ao longo do primeiro decênio republicano, as firmas dos setores moderno e intermediário — especialmente as pertencentes aos ramos de fiação e tecelagem, mecânico-metalúrgico, bebidas e construção civil — aumentaram continuamente sua capacidade produtiva. Como uma das resultantes sociais do incremento e da diversificação desses segmentos da economia urbana, nesse momento, desencadeia-se um duplo processo em Juiz de Fora: o de proletarização crescente dos oficiais de ofício e o de homogeneização de parcela significativa dos assalariados locais, com a absorção dessa força de trabalho por um parque fabril que se expandirá bastante até meados da década de 1920.

Em síntese, as diferentes empresas do parque industrial juizforano, sobretudo de 1896 em diante, produziam bens de consumo leves, semiduráveis, duráveis e de capital para serem comercializados no município e no interior de uma extensa rede mercantil que, a partir de Juiz de Fora, cobria boa parte da Zona da Mata mineira. As firmas de médio e grande portes, em particular, além de acessarem mercados mais amplos — outras regiões de Minas e certas localidades do Rio de Janeiro, São Paulo e Espírito Santo —, também forneciam serviços e fabricavam artigos e matérias-primas indispensáveis ao desenvolvimento de inúmeras atividades produtivas na cidade e seus arrabaldes — tais como tecidos, fios e sacos de aniagem; veículos, máquinas, equipamentos e ferramentas; couros, solas e peles; tonéis e tinas; materiais para a construção civil (pregos, artefatos de madeira e cimento, tijolos, telhas) e até energia hidroelétrica, que de 1898 a 1902 movimentará os motores de um grupo bastante restrito de estabelecimentos.

Por outro lado, parcela considerável das pequenas e médias manufaturas locais — principalmente dos ramos mecânico e metalúrgico, de bebidas, de calçados e artefatos de couro, de mobiliário e de materiais para a construção civil — continuou combinando a confecção própria de artigos com a comercialização, no varejo e no atacado, de mercadorias de outros fabricantes, nacionais e estrangeiros. Convém esclarecer, nesse sentido, que o reforço da estreita e tradicional ligação entre o "capital comercial" e o "capital industrial" no núcleo urbano de Juiz de Fora, nessa conjuntura, ocorreu de modo simultâneo com o forte incremento também experimentado pelo setor terciário da economia do município. Como demonstra o anexo V, o número de estabelecimentos mercantis e de profissionais que atuavam em tal setor, segundo os indicadores do *Almanaque de Juiz de Fora*, passou de 264 para 660 ocorrências, o que representa um aumento da ordem de 250%. Esta quadra de crescimento e prosperidade, bem como a fase de sensível retração nos negócios que a sucedeu,[119] pode ser mais bem visualizada por meio do gráfico a seguir.

---

[119] De fato, os dados do anexo V indicam que após crescer bastante na primeira metade da década, entre 1896 e 1898, o setor terciário local sofreu uma acentuada retração, tendo o número de firmas e de profissionais baixado de 660 para 484 ocorrências nos indicadores do *Almanaque de Juiz de Fora*.

Evolução do número total de firmas comerciais e de profissões técnicas
e liberais em Juiz de Fora (1890-98)

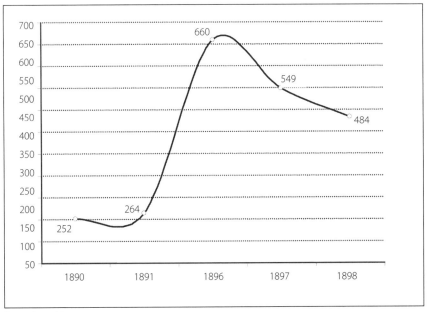

Fonte: Anexo V.

O conjunto de informações reunidas e analisadas, bem como os dados nos anexos II, III, IV e V, confirma plenamente as observações feitas por Giroletti e Pires, de que em Juiz de Fora, no decênio seguinte à extinção da escravatura e à queda do regime monárquico, processou-se uma significativa expansão e diversificação do mercado de consumo, da rede comercial e do parque fabril preexistentes. A Abolição e a República contribuíram sobremaneira para acelerar e ampliar a repercussão de uma série de mudanças que estavam em curso localmente desde que a produção cafeeira da região superou o patamar de quatro milhões de arrobas por ano.

Portanto, mais do que ao desencadeamento de um "surto industrial" ou de uma "industrialização", na passagem do século XIX para o XX, o que se assiste em Juiz de Fora é à intensificação de um processo de modernização conservadora deflagrado muito antes, entre os anos de 1850 e 1860, quando da construção e entrada em operação da rodovia União e Indústria. Na primeira década republicana, o núcleo urbano desse município assumiu, de modo claro, as características fundamentais de uma típica cidade-fábrica capitalista, ou seja, de um adensamento populacional de porte médio (pelo menos para os padrões brasileiros da época), habitado majoritariamente por trabalhadores despossuídos e que se encontravam envolvidos num leque bastante variado de atividades produtivas. Além de concentrar múltiplas funções econômicas em suas ruas centrais, a cidade já dispunha de uma infraestrutura razoável e relativamente moderna, cuja ampliação e aprimoramento será crescente desde então, em conformidade com o sentido geral da acumulação do capital e para atender prioritariamente os interesses de suas elites. Mais do que um polo industrial, tratava-se de um centro político-administrativo, de comércio atacadista e varejista, de transportes e de uma infinidade de outros serviços, cujo dinamismo dependia, em grande medida, da extensa zona rural que o envolvia e à qual estava profundamente ligado.[120]

> IMAGEM 6
> A ampla e arborizada rua Direita em 1890 e alguns dos símbolos do progresso de Juiz de Fora

Postes das redes de iluminação elétrica, telefonia e telégrafo; trilhos dos bondes a tração animal e imponentes palacetes públicos e privados, inspirados na arquitetura europeia da época.
Almanak de Juiz de Fora, 1891, p. 3. Setor de Memória da Biblioteca Municipal Murilo Mendes.

---

[120] As características enunciadas para classificar Juiz de Fora como uma "cidade-fábrica capitalista", entre 1890 e 1900, foram formuladas a partir das reflexões de Eric Hobsbawm (1988:222-223) em relação às médias e grandes cidades europeias desse período, não obstante serem estas bem mais complexas e densamente povoadas. De acordo com o historiador britânico, na Europa Ocidental da segunda metade

IMAGEM 7
Área central de Juiz de Fora no início da década de 1900

Destacam-se as instalações industriais da Tecelagem Mascarenhas (à esquerda) e o prédio da Estação Central da EFCB (ao centro). As demais edificações, além de se destinarem a variados tipos de moradia (como cortiços ou casas de cômodos), abrigavam também boa parte das atividades mercantis e manufatureiras desenvolvidas nesse núcleo urbano.
Acervo pessoal de Sérgio Neumann.

O recrudescimento do processo de modernização conservadora da área central de Juiz de Fora, no momento em que tal município cafeicultor transitava do escravismo para o capitalismo, resultou ainda no incremento contínuo do mercado de mão de obra remunerada e no aprofundamento da divisão social do trabalho, particularmente no interior daquele primeiro espaço socioeconômico, mais restrito e dinâmico. Estes são, por sua vez, fenômenos sociais que requerem uma análise específica e cuidadosa, sobretudo porque se vinculam diretamente tanto à expansão numérica e maior diversificação étnica e profissional da população,

do século XIX: "A nova região industrial típica tomava em geral a forma de pequenas vilas, que se transformavam em pequenas cidades, que depois se desenvolviam transformando-se em grandes cidades. Poucos de seus habitantes estavam a uma distância do campo superior a uma caminhada. (...) A grande cidade [com população superior a 200 mil habitantes] (...) não era exatamente um centro industrial (embora pudesse contar com um bom número de fábricas), mas mais precisamente um centro de comércio, transporte, administração e uma multiplicidade de serviços que uma grande concentração de pessoas atraía. A maioria de seus habitantes era de fato composta de trabalhadores, de um tipo ou de outro, incluindo um grande número de empregados domésticos".

quanto ao disciplinamento e controle da vida urbana e da força de trabalho nesse período de intensas mudanças. Assim, nos próximos itens deste capítulo, além de procurar colocar em um novo patamar a discussão sobre a formação histórica do proletariado juizforano, pretendo identificar também os principais elementos discursivos e os mecanismos político-institucionais com os quais as elites agrárias e mercantis-manufatureiras locais tentaram estabelecer sua hegemonia e, ao mesmo tempo, organizar os mundos do trabalho e do trabalhador no final do Império e nos anos iniciais da República.

As classes conservadoras e o ordenamento dos mundos do trabalho e do trabalhador na passagem ao capitalismo

> As salas e oficinas da Tecelagem Mascarenhas estavam elegantemente ornamentadas com arcos, flores, bandeiras, galhardetes (...) Às duas horas da tarde deu entrada no edifício o Sr. Bernardo Mascarenhas, diretor e proprietário da fábrica de tecidos, acompanhado pela banda de música (...) e grande número de convidados. Em seguida, o rvd. vigário Hippolito de Campos procedeu a benção das oficinas. Após essa cerimônia foi inaugurado o motor (...) os teares funcionaram todos.
>
> Tecelagem Mascarenhas. *Correio de Minas*, 28 ago. 1898, p. 1.

> Logo que os teares se moveram em relances rapidíssimos das lançadeiras, as tecelonas [sic] e demais operários da fábrica em número de 150 que se achavam a postos, encetaram surpreendente trabalho, executado na presença dos inúmeros assistentes, tendo as jovens artífices radiantes sinais de satisfação nas simpáticas fisionomias de honestas e operosas obreiras. As vastas oficinas mal continham a grande massa de curiosos, que se acotovelavam no meio de um ruído ensurdecedor, num belo movimento de admiração e curiosidade. As operárias garridamente vestidas para essa solenidade, com os seus vestidinhos leves e de cores vistosas, olhavam curiosas, sem negligência ao trabalho, para os elegantes *toilettes* das distintas senhoras e senhoritas que, em grande número, abrilhantavam a festa. (...) Enquanto os convidados

e oradores rodeavam a mesa onde o champanhe jorrava nas taças em profusão, os operários eram servidos nas oficinas, reinando sempre entre eles imensa alegria e sendo erguidas entusiásticas aclamações ao chefe do estabelecimento e pessoal dirigente.
Grandes festas industriais. *Jornal do Commercio*, 28 ago. 1898, p. 1.

No dia 27 de agosto de 1898, cerca de uma década após a sua inauguração, a Tecelagem Mascarenhas abriu novamente as portas de suas amplas dependências para a visita de proeminentes membros da sociedade juizforana e de representantes da imprensa local e do Rio de Janeiro, que ainda naquele mesmo dia desfilariam, igualmente curiosos e admirados, pelas bem montadas oficinas da firma Pantaleone Arcuri, Timponi & Comp. De fato, era aquela uma tarde de muitas festas, no caso, para solenizar a entrada em operação dos primeiros dois motores elétricos instalados em Juiz de Fora e, seguramente, em Minas Gerais. Para eternizar a data, na citada fábrica de tecidos foi afixada também uma pedra de mármore com os dizeres: "A 27 de agosto de 1898 instalou-se aqui o primeiro motor elétrico. Homenagem dos *operários* a Bernardo Mascarenhas". Na avaliação final que fez de tão concorridas festividades, um articulista do *Jornal do Commercio* procurou valorizar e prolongar o clima de euforia que aparentemente envolvia a cidade, afirmando que "a *laboriosa* população de Juiz de Fora [encontra-se] extremamente desvanecida com a *animação industrial* que se opera ininterrupta e felizmente entre nós, como prova cabal do valor arrojado que anima o espírito progressista da iniciativa mineira".[121]

No início da República, "festas industriais" como essas, ainda que não tão grandiosas ou cercadas de tanta pompa e atenção da imprensa, tornaram-se bastante frequentes em Juiz de Fora, o que levou um colunista do *Correio de Minas* a constatar, com indisfarçável orgulho e satisfação, que "rara é a semana que a nossa cidade não adquire novos meios de progresso e de vitalidade, o que prova

---

[121] Essas festividades iniciaram-se às 14h, quando, ao som do hino nacional, acionaram-se os dispositivos eletromecânicos de interligação do edifício da CME com os motores elétricos de 30 e 5 HP da Tecelagem Mascarenhas e da Pantaleone Arcuri, Timponi & Comp. A tal evento compareceram "famílias, industriais, comerciantes, autoridades judiciárias, municipais, eclesiásticas e policiais, representantes da lavoura (...) e de todas as classes sociais", além de articulistas do *Jornal do Commercio, O Paiz* e *Gazeta de Notícias*, todos da capital federal (Tecelagem Mascarenhas. *Correio de Minas*, 27 ago. 1898, p. 1 e Grandes festas industriais. *Jornal do Commercio*, 28 ago. 1898, p. 1).

exuberantemente o grau de adiantamento nosso e a nossa vontade insaciável de progredir".[122] Foi com um entusiasmo semelhante, a julgar pelo que noticiou o jornal *Minas Livre*, que não apenas destacados elementos das elites locais, quanto também um contingente altivo de operários da Fábrica de Móveis à Vapor Corrêa & Corrêa tomaram parte das festividades de inauguração das novas dependências desse importante estabelecimento manufatureiro, em 2 de agosto de 1891 (p. 2):

> Àquela festa do trabalho assistiu o *high life* da nossa sociedade. Eram 5 horas quando foi servida uma esplêndida mesa de doces finos e excelentes vinhos. Trocaram-se então muitos brindes. O sr. Mattos Gonçalves distribuiu 100$ a cada um dos respectivos operários [possivelmente para saldar salários e conceder uma bonificação extraordinária]. À noite saíram os operários precedidos de uma banda de música percorrendo as ruas da cidade. Parados em frente ao nosso escritório ergueram saudações à imprensa (...) E assim terminou aquela inauguração, que marca uma nova fase de prosperidade para Juiz de Fora, a cidade industrial, por excelência, do estado de Minas.[123]

Outros dois eventos podem ser aqui arrolados para ampliar este panorama de festividades industriais. Em 24 de janeiro de 1894, os diretores da Companhia de Fiação e Tecelagem Industrial Mineira convidaram "diversos cavalheiros" e representantes da imprensa para saborearem "um delicado *lunch*" em suas oficinas, durante a "festa inaugural" de duas turbinas inglesas de 200 HP que, segundo *O Pharol*, possuíam "os últimos aperfeiçoamentos para a rápida geração do vapor e economia de combustível" — instaladas possivelmente para aperfeiçoar o antigo mecanismo hidráulico que movimentava aquela tecelagem desde 1883. Já em agosto de 1895, realizou-se "em presença de várias pessoas gradas desta cidade" a inauguração do sistema próprio de iluminação elétrica da Mecânica Mineira

---

[122] Esta incontida declaração foi feita em fins de 1895, em meio aos anúncios, em Juiz de Fora, das fábricas "de pregos-ponta de Paris dos srs. Cathoud, Schimidt & Comp." e de "graxa para sapatos e outros misteres dos industriais Vosseller e Schimidt" (Nova Fábrica. *Correio de Minas*, 11 dez. 1895, p. 1 e 27 dez. 1895, p. 1).

[123] Em 14 de dezembro de 1895, vários desses operários homenagearam seus patrões por terem estes "adquirido o prédio onde funcionava a mesma fábrica [de móveis a vapor] e por esse motivo não ser necessário se interromper os trabalhos" dessa unidade fabril (*Correio de Minas*, 17 dez. 1895, p. 1).

— cujo gerador aproveitava parte da "força do motor geral [a vapor] dos diversos maquinismos da oficina".[124]

Pelo visto, estas "festas industriais" ou do "trabalho" representavam, então, mais do que meras demonstrações coletivas de regozijo pela entrada em operação de unidades manufatureiras e seções industriais recém-instaladas, ou mesmo de motores, máquinas e outros equipamentos tecnologicamente avançados para a época e, em geral, importados da Europa e dos Estados Unidos. Nesta perspectiva, entendo que tais eventos simbolizam perfeitamente como as elites de Juiz de Fora buscavam associar os novos tempos capitalistas, que se impunham de modo veloz, a um cenário idílico de progresso constante e prosperidade para todos os habitantes do lugar, independentemente de suas reais condições de vida e posição relativa na estrutura de classes. Por conseguinte, devem ser pensados, a princípio, no âmbito do amplo leque de iniciativas desencadeadas desde o final da década de 1880, pelo menos, para difundir localmente os valores da ordem burguesa.[125]

As festividades industriais realizadas em Juiz de Fora nos primeiros anos republicanos, além de ampliarem o capital político e social de seus promotores, destinavam-se sobretudo a despertar com força nos corações e mentes da porção realmente laboriosa da população dessa cidade a "vontade insaciável de progredir" e o "desejo de civilizar-se" — vontade e desejo estes aos quais, nesse momento, se referiam insistentemente os articulistas da grande imprensa local. Naquelas animadas e curiosas incursões empreendidas por destacados cavalheiros e damas da alta sociedade ao mundo do trabalho, as classes dominantes procuravam estabelecer, com o concurso dos jornais, a falsa ideia de que existiria em tal centro urbano, nessa quadra de acentuada diversificação econômica, uma total comunhão

---

[124] *O Pharol*, Juiz de Fora, 27 jan. 1894, p.1 e 8 ago. 1895, p.1.

[125] Entre os séculos XIX e XX, cabe ressaltar, além dos jornais, outras agências de poder e instituições de classe, educacionais, religiosas, científicas, culturais e filantrópicas desempenhavam as tarefas de integrar e disciplinar a sociedade local sob normas e valores essencialmente capitalistas, sobretudo no que concerne à assimilação de uma nova ética do trabalho e adoção dos hábitos e medidas preconizados pelo receituário médico-higienista. Os colégios particulares — como o Instituto Granbery e a Academia de Comércio —, os grupos escolares estaduais, a Sociedade de Medicina e Cirurgia de Juiz de Fora, criada em 1889, ocuparam um papel central na disseminação do culto à iniciativa privada e à inovação científica e tecnológica, da crença na "regeneração pelo trabalho" e dos ideais de salubridade e higiene pública. Visando reforçar continuamente o seu controle sobre a população e o espaço urbano, as elites juizforanas se valeram também da Câmara Municipal e da polícia, regulamentando e reprimindo as atividades, comportamentos e práticas sociais considerados imorais e perigosos às ordens econômica, social e sanitária. Ver Christo (1987:211-215) e Miranda (1990:266-271).

de interesses entre o capital e o trabalho. Ou ainda, como sugerem os relatos das solenidades ocorridas em agosto de 1898 na Tecelagem Mascarenhas e na Pantaleone Arcuri, Timponi & Comp., que no universo fabril juizforano imperaria, então, a mais completa ordem, paz, harmonia e colaboração mútua entre industriais, gerentes, mestres e operários.

Por outro lado, os indícios de adesão e participação ativa de muitos trabalhadores, bem como o zelo de seus patrões em envolvê-los nessas festividades, apontam também para o caráter fortemente mobilizador dessas estratégias burguesas, cujos sentidos políticos e funções sociais se vinculam intimamente à ordenação e ao disciplinamento contínuos dos mundos do trabalho e do trabalhador juizforanos. O entendimento adequado deste processo crucial, por sua vez, requer a apreciação de fenômenos que se desenrolaram num intervalo de tempo bem mais amplo, abarcando pelo menos o último quartel do século XIX.[126]

Nesse período, Juiz de Fora experimentou significativas transformações em suas estruturas econômica, demográfica e político-social, tendo iniciado e completado a sua decisiva passagem para a ordem capitalista fundamentalmente em tal interregno. No decurso desses anos, sobretudo no momento em que o fim da escravidão se avizinhava e com a instauração da República, as elites agrárias e mercantis-manufatureiras desse município mineiro foram compelidas a repensar em novas bases os seus tradicionais esquemas e mecanismos de dominação e exploração da força de trabalho, tanto no campo quanto na cidade. Esta transição histórica, por conseguinte, terá como um de seus vetores principais a consolidação de um mercado de mão de obra remunerada diversificado e multiétnico, que será objeto de seguidas e conflituosas ações de ordenação por parte das classes conservadoras, isto é, de setores socialmente privilegiados e cujos interesses particulares dependiam, em grande medida, do controle cotidiano e da mobilização produtiva das demais camadas da população local.

Entre os séculos XIX e XX, convém esclarecer, a expressão "classes conservadoras" era empregada pelos redatores dos jornais juizforanos numa acepção bas-

---

[126] Na cidade do Rio de Janeiro, em particular, as diversas transformações socioeconômicas associadas à transição "de relações sociais do tipo senhorial-escravista para relações sociais do tipo burguês-capitalista" processaram-se entre os anos de 1870 e 1920. No centro desse processo estava a consolidação e ordenação contínua do mercado de mão de obra remunerada, sobretudo a transformação de homens livres — nacionais, ex-escravos e imigrantes — em trabalhadores assalariados. Ver Góes (1988:12-23) e Chalhoub (2001:45-46).

tante diferente, embora designassem os mesmos grupos elitistas a que me refiro acima: proprietários rurais e urbanos, comerciantes, industriais, profissionais liberais, literatos, autoridades públicas e eclesiais.[127] Nas concepções dominantes da época, difundidas com o auxílio do *Jornal do Commercio* e *O Pharol*, em especial, os integrantes dessa elite burguesa, que se conformava como tal justamente nesse momento, surgiam invariavelmente como os agentes propulsores fundamentais do progresso material, moral e cultural não apenas do município e de sua área central, como também da própria província de Minas Gerais, a julgar pelos discursos mais ufanistas.[128] Acredito que esse empenho dos potentados locais em consolidar sua supremacia social e econômica, a princípio, pode ser mais bem compreendido a partir, essencialmente, de dois processos simultâneos: o de redefinição da noção de trabalho, que analisarei de modo circunstanciado nas próximas páginas, e o de tentativa de afirmação política de Juiz de Fora e da Zona da Mata sobre as outras zonas mineiras.[129]

De fato, desde o final da década de 1870, principalmente, a cidade de Juiz de Fora passou a figurar nos discursos de suas classes dominantes como "moderna", "próspera", "florescente" e "civilizada", enfim, como o "pórtico majestoso" de Minas Gerais, tal como a ela se refere o edital oficial da Exposição Agrícola e Industrial de 1886, evento sobre o qual se fez grande propaganda em toda a província e na Corte.[130] Com a República e a intensificação do processo de modernização conservadora daquele núcleo urbano, por outro lado, a ideologia do progresso adquiriu os foros de verdadeira "religião leiga" entre os membros mais destacados

---

[127] De modo geral, ainda que fossem afetados de maneiras distintas pela política econômica vigente na época, os membros dessa elite compartilhavam a mesma visão de mundo, aplaudiam o progresso material e apoiavam a expansão dos serviços públicos (Levine, 1983:303-305).

[128] Em maio de 1901, por exemplo, um jornal local reproduziu um artigo publicado na capital federal, em que o escritor mineiro Sertório de Castro, ao estilo de outros elogios incontidos dedicados então a Juiz de Fora, asseverou que essa cidade havia se tornado "um centro cosmopolita, ponto de convergência de todas as atividades" e que "os costumes, os usos, a vida de Juiz de Fora" tinham "a cor do modernismo" e não guardavam "a tradicional impressão que Minas tem de povo antigo e conservador" (Juiz de Fora. *Jornal do Commercio*, 28 maio 1901, p. 1).

[129] A este respeito ver, em especial, Blasenhein, 1982:74-76, 81-85.

[130] Promovida pela Câmara Municipal, entre 12 e 20 de setembro de 1886, essa Exposição Agrícola e Industrial trouxe a Juiz de Fora, entre outras personalidades, o ministro da agricultura e o presidente da província. Ao lado dos cafeicultores, os maiores expositores foram a Fábrica de Tecidos Industrial Mineira, as cervejarias, as fundições e fábricas de máquinas locais. Ver Lessa (1986:188-190) e Goodwin Jr. (1997:130).

e confiantes da burguesia local.[131] E nesse novo contexto, como indicam as duas citações abaixo, a pregação elitista em relação ao presente e ao futuro dessa urbe e de seus habitantes ganhou outras nuanças:

> Uma cidade moderna, industrial, habitada por uma população laboriosa, morigerada, que acolhe com simpatia todos quantos vêm compartilhar sua existência, tendo diante de si um imenso futuro — tal é Juiz de Fora (*Almanak de Juiz de Fora*, 1892, p. XXIV).

♦

> Juiz de Fora é uma cidade de grande futuro, nela há vida e animação, e por toda a parte se nota o poder da iniciativa particular. Para qualquer ponto que se dirija, o visitante encontra uma prova de esforço e de trabalho inteligente de seus habitantes; há nela fábricas de tecidos, de chapéus, de calçados, de marcenaria e outras, belos edifícios públicos e particulares, e muitos outros motivos para atrair a atenção e convencer do empenho que está a população de engrandecer a bela cidade, iluminada pela eletricidade, de largas e direitas ruas, que só têm o inconveniente de não serem calçadas, mas que estão em grande parte arborizadas (*O Pharol*, 29 jan. 1893, p. 1).

Assim, embora a economia do município se apoiasse firmemente em bases tradicionais, garantidas por uma ascendente produção cafeeira e um vigoroso comércio atacadista, apenas há alguns poucos anos do fim da escravidão e da monarquia, Juiz de Fora já figurava no discurso de suas classes conservadoras, fundamentalmente, como uma "cidade industrial" ou mesmo como "a cidade industrial de Minas Gerais", que ostentava "progressos e adiantamentos que nenhuma outra cidade mineira" possuía, nem mesmo a recém-inaugurada Belo Horizonte. Como parte integrante deste empenho sistemático para amalgamar e difundir uma identidade positiva e moderna para aquele núcleo urbano, percebe-se também a existência de uma preocupação em apresentá-lo como um "centro do trabalho" e uma

---

[131] Na verdade, tratava-se de uma tendência muito mais forte e abrangente, particularmente nos grandes centros do país, onde as elites procuravam imitar os modos de viver, os valores, as instituições, os códigos e as modas daquelas que então eram vistas como as nações progressistas e civilizadas — a Inglaterra e a França. De acordo com Margarida de Souza Neves (2003:13-24), a ideologia do progresso difundia a crença de que "as conquistas da técnica e do engenho humano transformariam a barbárie das guerras no reinado da emulação entre os países mais aptos, destinados a anunciar, por todo o *orbe*, a boa-nova da redenção do atraso" — expectativa esta que se dissipou completamente com a eclosão da I Guerra Mundial em agosto de 1914.

"cidade industriosa" ou ainda, como a definiu um editorial do jornal *O Pharol* no primeiro dia do século XX (p. 2-3), uma "cidade *yankee* — aludindo-se ao espírito progressista e operoso dos filhos dos Estados Unidos da América do Norte".[132]

Não obstante as circunstanciais dissensões políticas no seio de suas classes dominantes, tudo indica que o percurso realizado pela argumentação elitista para conceber e apresentar Juiz de Fora, no limiar da República, como a "cidade mineira produtora por excelência" foi relativamente curto, linear e sem qualquer percalço.[133] Contudo, a transformação e elevação dos habitantes locais à condição de povo "inteligente", "laborioso" e "morigerado", plenamente empenhado "em engrandecer a bela cidade" e dotado de um "espírito progressista e operoso" envolveu um esforço muito maior e que se estendeu para muito além do ocultamento das reais condições de existência dos trabalhadores dessa cidade. Na verdade, tal operação exigiu uma redefinição da própria noção de trabalho, o que ocorreu em meio ao encaminhamento inicial de um processo complexo e bastante conflituoso, qual seja: o de ordenamento geral de um espaço urbano, de uma população e de um mercado de mão de obra que se expandiram bastante, justamente nos momentos decisivos da gradual passagem do país do regime escravocrata à ordem social e econômica capitalista.

No primeiro capítulo, embasado em estudos recentes sobre o tema, assinalei que ao longo das quase quatro décadas que separam as leis Euzébio de Queiroz e a Lei Áurea, as elites imperiais e agrárias se empenharam ao máximo para conter o ritmo e, ao mesmo tempo, conferir um caráter gradual e derrogatório ao processo de desescravização em curso na sociedade brasileira. Nos estreitos limites dessa estratégia de protelação, a extinção definitiva do regime escravista ficou fortemen-

---

[132] Ver também Nossas indústrias. *O Pharol*, 29 jan. 1893; Uma cidade industrial. *Jornal do Commercio*, 3 nov. 1897, p. 1; e As indústrias em Juiz de Fora. *Jornal do Commercio*, 1 jan. 1901, p. 3.

[133] No começo da República, as elites juizforanas dividiram-se em duas correntes no que se refere à política local e estadual. De um lado, situava-se o grupo liderado por Francisco Bernardino Rodrigues e Silva, antigo deputado geral conservador, que chegou à chefia do município com o apoio de Cesário Alvim, primeiro presidente de Minas sob o novo regime. No campo contrário, encontravam-se os correligionários de João Penido Filho, que fez oposição sistemática à gestão de Bernardino na Câmara Municipal (1892-1895) e o sucedeu no cargo de agente executivo entre 1895 e 1898. No centro da polêmica travada entre essas facções oligárquicas, estavam a execução do primeiro plano geral de saneamento da cidade (distribuição de água potável, coleta de esgotos e retificação do curso do rio Paraibuna), a expansão e mercantilização dos serviços de consumo coletivo, a generalização da tributação e o pagamento dos credores da dívida pública municipal. Ver Pereira e Faria (1998:65-78), Miranda (1990:184-195) e Mascarenhas (1954:187-202).

te condicionada à consolidação do mercado de trabalho livre.[134] Entretanto, como ressalta Ademir Gebara (1986:203), esta foi uma transição intricada e multifacetada, tendo em vista que

> tal como a legislação foi concebida e aplicada (...) a organização do mercado de trabalho livre foi encaminhada para além dos limites postos pela abolição da escravidão [já que o mercado de mão de obra abarcava também um enorme contingente de imigrantes e de nacionais livres]. (...) Isso significa que a questão da disciplina e da organização do mercado de trabalho livre determinou o contexto no qual se verificou a abolição. (...) A abolição não foi mais do que um evento, dentro de um processo estrutural de mudanças sociais e de consolidação da hegemonia política da classe dominante.[135]

O ponto crucial da estratégia protelatória das elites — estratégia esta que se mostrou bem-sucedida ao atingir seus objetivos políticos centrais — era a organização e disciplinamento do mercado de trabalho como um todo, sem desestabilizar as atividades agrícolas, especialmente a crescente produção cafeeira no Sudeste do país. Nas províncias desta região, entre 1870 e 1880, as autoridades e fazendeiros procuraram encaminhar essa questão fundamental e, concomitantemente, garantir o abastecimento regular de braços para a expansão da lavoura, assim como para a economia urbana, por meio da adoção de medidas destinadas a facilitar a

---

[134] É este, pelo menos, o sentido mais amplo do arcabouço legal que ordenou e controlou, sobretudo após 1871, a implementação do projeto das classes dominantes para a resolução da questão servil no Brasil. Com efeito, tanto as leis do Ventre Livre (Lei nº 2.040, de 28 de setembro de 1871) e dos Sexagenários (Lei nº 3.270, de 28 de setembro de 1885), quanto a Lei de Locação de Serviços (Lei nº 2.827, de 15 de março de 1879) e os dispositivos introduzidos nos códigos de posturas de diversos municípios, se articularam para dar à proposta elitista de transição lenta e gradual para o mercado de trabalho livre a universalidade e equidade requeridas pelo sistema jurídico-político, bem como uma aplicação adequada às variadas condições e realidades locais. Relevantes análises sobre os conteúdos dessas leis, bem como acerca das determinações nelas previstas para promover e facilitar a imposição de uma disciplina para o trabalho e a adoção de medidas de repressão à "ociosidade", podem ser encontradas em Gebara (1986:57-62, 84-120), Barbosa (2003:131-136) e Kirdeikas (2003:46-71).

[135] Convém ressaltar que Ademir Gebara não desconsidera em absoluto o papel ativo desempenhado pelos cativos no processo abolicionista, sobretudo por meio de variadas e crescentes ações de resistência e protesto contra o regime servil e para influenciar e acelerar a implementação do projeto desescravizador. No entanto, esses são temas que receberam um tratamento mais adequado por parte de uma produção historiográfica renovada, especialmente de pesquisas que se dedicaram a resgatar os conflitos sociais e jurídicos que permeavam as "ações de liberdade" impetradas nos tribunais brasileiros em função das leis nº 2.040 e nº 3.270. Ver Azevedo (2003) e Grinberg (1994).

conformação de um mercado híbrido de mão de obra, integrado em proporções variadas por trabalhadores escravizados (próprios ou alugados) e livres, nacionais e estrangeiros.[136] Processa-se, nesse momento, a conversão de grandes contigentes populacionais, previamente expropriados ou impedidos de se tornarem pequenos proprietários, devido à consagração do latifúndio pela Lei de Terras (Lei nº 601, de 18 de setembro de 1850), em força de trabalho precariamente remunerada. Demonstrando que este constitui, de fato, um processo bastante complexo e que não pode ser reduzido aos seus aspectos econômicos, Sidney Chalhoub (2001:46-47) observa por sua vez que:

> Para realizar efetivamente a subsunção do liberto ou do imigrante [e também do nacional livre] pobre ao assalariamento, não basta apenas expropriá-los, pois a expropriação, por si só, poderia apenas conduzir estes agentes sociais a alternativas de sobrevivência outras que não aquelas desejadas pelos donos do capital. (...) A imersão do trabalhador previamente expropriado nas leis do mercado de trabalho assalariado passa por dois movimentos essenciais, simultâneos e não excludentes: a construção de uma nova ideologia do trabalho e a vigilância e repressão contínuas exercidas pelas autoridades policiais e judiciárias.

Chalhoub (2001:47-50) afirma ainda que o desmoronamento gradual da escravidão fez com que as classes dominantes se esforçassem, então, para atribuir à ideia de trabalho um valor positivo e para vincular tal noção indissociavelmente a conceitos vizinhos como os de ordem, progresso e civilização, em voga nas potências capitalistas europeias e por elas exportados para o restante do mundo. Paralelamente a este movimento "de controle de mentes e espíritos", destinado a fazer com que os homens livres pobres "internalizassem a noção de que o trabalho era um bem, o valor supremo do pacto social", desencadeia-se outro complementar e menos sutil, que transformou a rua "em verdadeiro espaço de guerra". Esse segun-

---

[136] Esse processo de transição do trabalho escravo para o livre variou bastante entre as distintas regiões do Brasil e mesmo de área para área no interior do Sudeste cafeicultor. Somente no Oeste Novo de São Paulo houve uma incorporação massiva de europeus, embora fosse também significativo o número de mancípios e de brasileiros livres empregados na expansão da fronteira agrícola. No Vale do Paraíba fluminense e paulista e na Zona da Mata mineira, onde os plantéis escravistas permaneceram elevados até 1888, o que ocorre é a utilização em larga escala de braços nacionais, sobretudo dos egressos do cativeiro, ao lado do emprego de um contingente bem menor de estrangeiros. Ver Barbosa (2003:141-156) e Kirdeikas (2003:86-88).

do movimento, de acordo com o autor, tinha como objeto de ação direta "o corpo" dos desocupados e excluídos do mercado regular de mão de obra, que ao serem taxados como vadios, malandros e desordeiros ficavam sujeitos a serem punidos e até encarcerados pelas autoridades policiais e judiciárias. Assim, como argumenta também Angela de Castro Gomes (1988:24-25), mesmo antes da extinção completa da ordem escravocrata,

> o tema do trabalho e de trabalhadores livres educados no "culto ao trabalho" se impôs ao país. Entendia-se claramente que era preciso criar novos valores e medidas que obrigassem os indivíduos ao trabalho, quer fossem ex-escravos, quer fossem imigrantes. A preocupação com ócio e com a desordem era muito grande, "educar" um indivíduo pobre era principalmente criar nele o "hábito" do trabalho. Ou seja, era obrigá-lo ao trabalho via repressão e também via valorização do próprio trabalho como atividade moralizadora e saneadora socialmente. O "pobre" ocioso era indubitavelmente um perigo para a ordem política social segundo esta perspectiva.

Considero relevante precisar melhor em que circunstâncias e a partir de que justificativas ideológicas a pobreza tornou-se sinônimo, nos esquemas mentais e discursivos das elites brasileiras, de classes *perigosas* e *viciosas*. Convém ressaltar que a implementação de dispositivos legais, novos ou preexistentes, e de ações destinadas tanto a permitir a repressão ao ócio quanto a coagir a população livre ao trabalho, figuraram entre as principais teses debatidas no Congresso Agrícola realizado no Rio de Janeiro, entre os dias 8 e 12 de julho de 1878, sob o patrocínio das autoridades imperiais. Em tal conclave, segundo André Luciano Simão (2004:20-24), os representantes de Minas Gerais, incluindo aí os da Zona da Mata e de Juiz de Fora, foram os mais ferrenhos defensores da adoção de instrumentos capazes de reforçar o poder de coação extraeconômica dos grandes proprietários sobre os não escravos. Na visão dos setores dominantes, portanto, tratava-se de impor urgentemente aos "desclassificados", do campo e da cidade, o "trabalho" e a "ordem" como valores fundamentais, ou, dito de outra forma, de compelir os "desocupados de todo tipo" a se converterem em braços úteis à lavoura e às atividades mercantis e manufatureiras — atividades estas que se encontravam em franco desenvolvimento nos centros urbanos mais populosos do país.

Cerca de uma década após o Congresso Agrícola de 1878, ainda sob o forte impacto da extinção legal da escravidão e em meio ao clamor dos grandes proprietários por indenizações pela perda de seus plantéis, processam-se na Câmara dos Deputados intensos debates em torno de uma proposta lei de repressão à ociosidade elaborada por Ferreira Vianna, então ministro da Justiça, projeto este que acabou aprovado quase que unanimemente. Independentemente da aplicabilidade ou não de tal legislação, interessa notar que, no curso dessas discussões, os representantes das classes dominantes, procurando ajustar o foco de sua visão do mundo, se empenharam para tornar mais preciso o conceito de trabalho no novo contexto inaugurado pela Lei nº 3.353, de 13 de maio de 1888, como forma de impô-lo de um modo mais eficaz aos libertos e demais cidadãos despossuídos. Em síntese, as relações sociais, o trabalho e o seu contraponto mais temido — o ócio — foram assim pensados e definidos, nesse momento, pelos parlamentares de d. Pedro II: (i) o trabalho é o valor supremo de uma sociedade e o elemento característico e ordenador da vida civilizada; (ii) trabalhar e amar o trabalho é um dever do cidadão para com a sociedade, que lhe garante direitos individuais, liberdade e honra; (iii) quanto mais abnegado for o indivíduo em seu trabalho, maiores serão os seus atributos morais; (iv) a autoridade do patrão é incontestável e fundamental para que o trabalhador desempenhe suas funções com dedicação e eficiência; (v) a vadiagem deve ser combatida com rigor, porque ao negar-se a trabalhar honestamente, o ocioso deixa de pagar sua dívida com a sociedade, marginaliza-se e torna-se um pervertido, uma ameaça à moral, aos bons costumes, à ordem social e à propriedade; (vi) as classes pobres apresentam maior tendência à ociosidade e ao crime, por serem menos moralizadas e cheias de vícios, decorrendo daí a necessidade de reprimi-las e de tratá-las permanentemente como "classes perigosas".[137]

Amalgamadas nos estertores do Império, essas concepções em relação aos estratos despossuídos da população, de acordo com Chalhoub (2001:78-80), marcarão o universo ideológico das classes dominantes durante a Primeira República, sobretudo no que se refere à divisão maniqueísta da sociedade em dois mundos antagônicos: o da ordem e do trabalho; e o da ociosidade e do crime. Para o autor, entretanto, a estrutura social concebida pelas elites apontava, na verdade, para a existência de "apenas um mundo, coerente e integrado na sua dimensão ideológica", correspondendo a um sistema segundo o qual "o indivíduo mais bem situado

---

[137] Esta síntese foi composta a partir da análise feita por Sidney Chalhoub (2001:64-77) sobre as discussões parlamentares em questão.

na hierarquia social é sempre mais dedicado ao trabalho, mais moral e ordeiro do que o indivíduo que o precede" e em que, ao contrário, "quanto maior a pobreza do individuo, maior sua repulsa ao trabalho e menor a sua moralidade e seu apego à ordem".

No caso de Juiz de Fora, ainda que não tão claramente delimitadas e sistematizadas, estas eram concepções já há algum tempo influentes no pensamento e nas práticas sociais de segmentos expressivos das classes dominantes mineiras. Não por acaso, o ordenamento mais geral do mercado de mão de obra local, a partir, sobretudo, do último decênio monárquico, se fará essencialmente por meio do desencadeamento de uma série de medidas repressivas contra a população pobre que vivia em diferentes áreas, no campo e na cidade. Fundamental também, nesse momento, será a gradual formulação e difusão de uma nova ética do trabalho, mesmo que a princípio não completamente descolada do referencial autoritário e repressor fornecido pelo regime escravocrata. Mas antes de avançar nessas questões, creio ser indispensável lembrar que na extensa zona rural desse município, assim como em toda a Zona da Mata, o processo de abolição da escravidão não resultou em qualquer desorganização da atividade agroexportadora, não obstante a crescente tensão social observada nesta que era, entre os anos de 1870 e 1880, a principal região escravista e cafeicultora da província de Minas Gerais.[138]

Para os pesquisadores que se dedicaram mais firmemente a esse tema, o problema da manutenção e ampliação da oferta de mão de obra para a lavoura cafeeira de Juiz de Fora foi resolvido fundamentalmente por meio do emprego de trabalhadores nacionais, inclusive de grande parte dos ex-cativos, que acabaram submetidos a uma variedade de relações de trabalho. Recrutados em larga escala após 1888, segundo os interesses e vontades de cada proprietário, esses indivíduos despossuídos, assim como um contingente considerável de imigrantes europeus, se estabeleceram nas propriedades agrícolas tanto como colonos, parceiros ou meeiros, quanto como assalariados rurais, fixos ou temporários.[139] Como assinalou

---

[138] Nesse período, contrariando o cenário de paz e tranquilidade pintado pelas elites, aumentaram em Juiz de Fora tanto as fugas, as ameaças de sublevações e os casos de suicídio e de criminalidade urbana envolvendo cativos, quanto as denúncias de maus-tratos praticadas contra o elemento servil e as tentativas de morte, os ferimentos graves e os assassinatos cometidos por escravos contra senhores e feitores. Ver Guimarães (2006:93-108).

[139] Um artigo de *O Pharol*, de março de 1888, confirma o emprego crescente de jornaleiros livres por cafeicultores locais ao ressaltar que todos os anos, de abril a setembro, milhares de trabalhadores migra-

Saraiva (2005b:42), a posse de uma pequena parcela de terra, para a produção de alimentos, juntamente com "o acesso ao crédito (no formato de 'vendas' e dinheiro) vão ser as condições essenciais para a manutenção dos ex-escravos e dos demais trabalhadores livres no interior das fazendas de café da região".[140]

Acredito que a investigação de como se processou a conformação do mercado urbano de mão de obra em Juiz de Fora, no último quartel do século XIX, pode contribuir também para revelar outros aspectos da ampla estratégia urdida pelos grandes fazendeiros desse município para prosseguirem contando, até maio de 1888 e por longos anos após a Abolição, com a força de trabalho da maioria de seus antigos escravos. É preciso considerar, inicialmente, que como meio auxiliar de dificultar a mobilidade física dos cativos e libertos e de forçá-los a permanecerem no campo, grupos oligárquicos de distintas regiões das províncias cafeeiras, nesse período de transição, buscaram restringir ao máximo as possibilidades prospectivas de esses indivíduos despossuídos arranjarem ocupação regular e viverem com certa autonomia nas cidades e sedes de distritos.[141]

Como já foi assinalado, desde os idos de 1850, a movimentação cotidiana de cativos no núcleo urbano de Juiz de Fora era cercada de inúmeras precauções e restrições, que aparentemente tornaram-se mais severas à medida que a po-

---

vam "dos sertões de Minas para a Mata", onde se empregavam "na abertura de valos, caminhos, derrubadas, serragens, apanhas de café". Esses deslocamentos sazonais de mão de obra para as áreas cafeeiras, por sua vez, se intensificaram bastante entre 1880 e 1890, sob o impulso da ação de aliciadores contratados pelos principais beneficiários desse processo, os grandes cafeicultores. Ver Lanna (1988:74-97) e Guimarães (2006:103-104).

[140] O aumento sensível das concessões de cartas de alforria "onerosas ou gratuitas condicionais", notadamente entre 1881 e 1888, evidencia a existência de outra estratégia senhorial para tentar preservar o controle sobre os seus escravos nesses anos. Por outro lado, preocupados tanto em manter a produção quanto em preparar o caminho para a implantação e adaptação ao "trabalho livre", muitos cafeicultores de Juiz de Fora e região "libertaram" em massa seus escravos nos meses e dias imediatamente precedentes à Lei Áurea, "liberdade" esta que, de modo geral, também estava condicionada à "prestação de serviços" por longos anos e ao "bom comportamento" do liberto — isto é, não abandonar a fazenda e se submeter totalmente às ordens dos administradores, feitores e capatazes. Ver Lacerda (2002:62-77, 117-118) e Saraiva (2001:140-144 e 2005b:27-42).

[141] Em uma série de municípios paulistas, como notou Ademir Gerbara (1986:107-120), diversas modificações são feitas nas posturas visando, entre 1870 e 1880, aprimorar os mecanismos de controle sobre os mancípios e "bloquear o acesso dos escravos aos empregos urbanos, forçando-os, dessa maneira, a permanecerem nas fazendas". Aos poucos, tais medidas vão sendo estendidas para o conjunto dos homens livres, com o objetivo de discipliná-los e coagi-los ao trabalho, em sintonia com a legislação nacional e a estratégia das elites imperiais para o enfrentamento da questão servil e a ordenação do mercado de mão de obra.

pulação dessa cidade se expandia e o regime escravocrata esgarçava-se nacionalmente. Assim, ainda que as atividades mercantis e manufatureiras empregassem um contingente bastante restrito de indivíduos escravizados, as discussões e tensões sociais suscitadas pela intensificação do processo abolicionista, nos últimos anos imperiais, também se refletiram fortemente na área central desse município — destino preferencial de muitos daqueles que, cedo ou tarde, se viram livres das senzalas e do trabalho forçado nas lavouras de café da região. Entre 1881 e 1888, os jornais locais deram grande destaque ao debate que se travava em todo o país acerca da resolução da questão servil, da importação subvencionada de estrangeiros, da diversificação das ações abolicionistas, do abandono em massa de fazendas por escravos e do aumento dos atos de insurgência e violência por eles praticados.[142] Nesse conturbado contexto socioeconômico, ao que tudo indica, uma das principais preocupações das oligarquias juizforanas girava em torno de uma questão complexa e crucial, compartilhada por grupos dominantes de outros centros cafeeiros de igual importância: controlar o alargamento e ordenar o mercado local de mão de obra, afastando ao máximo o risco de um êxodo massivo de braços do campo para o meio urbano.

Além das estratégias diretamente vinculadas ao universo rural, as classes conservadoras juizforanas procurarão encaminhar esta questão por meio também de ações de coerção policial e de estigmatização dos hábitos culturais e dos modos de vida dos despossuídos que habitavam o núcleo urbano do município entre 1870 e 1880. Estabelece-se, a partir de então, um padrão de comportamento repressor e excludente ante os pobres em geral e os afrodescendentes em particular, que, amparado por medidas caritativas de curto alcance e com algumas adaptações discursivas e legais, persistirá até pelo menos o início da década de 1930.

Com base na análise de inúmeras edições de *O Pharol*, publicadas entre fins dos anos de 1870 e o limiar da República, diversos autores chamaram a atenção para o recrudescimento das ações repressivas contra as atitudes delituosas e as

---

[142] Atestando a ojeriza nutrida pelos círculos elitistas de Juiz de Fora a qualquer manifestação antiescravista, em maio de 1884, a Câmara Municipal enviou uma representação ao Senado e à Câmara dos Deputados solicitando providências que fizessem "cessar o estado anormal de coisas criado pelo movimento abolicionista, o qual, pela atitude assumida, constituiu-se elemento de desordem, e fonte de atentados contra a propriedade servil, reconhecida e garantida pela legislação do país; pondo em perigo constante a segurança pessoal dos proprietários de escravos, (...) promovendo intempestivamente a desorganização do trabalho" (*O Pharol*, 8 maio 1884, p. 1).

condutas supostamente desregradas de cativos, libertos e demais homens e mulheres pobres, nacionais e estrangeiros, que viviam ou circulavam no núcleo urbano de Juiz de Fora. A julgar pelo que informa Jair Lessa, em particular, as atenções da imprensa, da municipalidade e das autoridades policiais e judiciárias voltavam-se, então, tanto para a punição de práticas reconhecidamente criminosas (furtos, roubos, depredações, agressões e assassinatos), quanto para a condenação e coibição dos costumes e divertimentos das camadas despossuídas da população local. No início de 1886, por exemplo, a queixa elitista direcionava-se contra os incontáveis "vagabundos que havia, encostados pelas esquinas e bares" e que "não aceitavam fazer serviço algum, nem mesmo pago, assim como os mais simples como carregar uma mala".[143]

Nos quinquênios que antecederam e sucederam a extinção formal da escravidão, ambientes de socialização como bares, tavernas, casas de tavolagem, sociedades dançantes, batuques, canjerês e até festejos de santos foram classificados como centros de propagação de uma infinidade de vícios e imoralidades. Deste modo, nos discursos elitistas amalgamados e disseminados pelos jornais juizforanos, nesse momento, muitos dos espaços e ocasiões de culto, diversão e lazer populares apareciam associados indissociavelmente a termos depreciativos como "vadiagem", "desordem", "indisciplina", "algazarra", "malandragem", "distúrbio", "jogatina", "bebedeira", "prostituição", "feitiçaria", entre outros.[144] Após a Abolição, tal campanha contra os desvios de comportamento, reais ou atribuídos, dos pobres e dos libertos, sobretudo, se intensificou e assumiu um caráter ainda mais sombrio. É o que sugere um artigo publicado n'O *Pharol* em julho de 1888, em que um articulista de plantão exagerava ao afirmar que a cidade se encontrava, então, praticamente entregue a uma malta de ladrões, ébrios e indivíduos inescrupulosos:

---

[143] Segundo Lessa (1986:112-113, 156-158, 164-165, 184), os jornais locais estampavam regularmente apelos, denúncias e notícias que cobriam uma infinidade de problemas, em geral relacionados às deficiências da infraestrutura urbana (aterros mal executados, falta de redes de água e esgoto, iluminação precária, excesso de buracos, poeira e lama nas ruas), ao aumento da criminalidade e ao desrespeito a dispositivos do *Código de posturas*. Com efeito, eram corriqueiras também as reclamações contra: os músicos "boêmios" e "alcoolizados"; os condutores de carros "irresponsáveis", "incapazes" e até "bêbados"; as casas de jogos e as roletas que tiravam os parcos níqueis de crianças e escravos "incautos"; os ajuntamentos de "vagabundos" (mancípios, libertos e livres, de ambos os sexos) em batuques que se estendiam pela madrugada e importunavam a vizinhança.
[144] Ver Guimarães (2006:72-76, 101-102), Pinto (2004:61-69) e Almeida (2003:28-36).

Perigam hoje seriamente a moralidade, a segurança individual e, mais do que tudo, a propriedade particular. Está a cidade infestada de bêbados e de gatunos. Encontram-se, a cada passo, tombados às portas das tabernas, caídos pelas esquinas, homens e mulheres em miserável estado de embriaguez, descompostos e quase nus, atirando ao ouvido dos transeuntes um palavreado imprudente e asqueroso. Por outro lado, ocupam-se diariamente os jornais da terra em registrar o aparecimento de portas arrombadas, fechaduras forçadas, roubos e mais roubos, um sem número de feitos ousados e a gatunagem que saqueia a cidade.[145]

Por meio das ações de vigilância e repressão, levadas a cabo por policiais e fiscais das posturas municipais, e da estigmatização dos modos de vida das camadas despossuídas da população, as classes conservadoras procuraram, na passagem do século XIX para o XX, estender o seu controle, nem sempre com a eficácia pretendida, para os diversos pontos da malha urbana de Juiz de Fora. O indivíduo que porventura fosse preso em razão de pequenos desvios de conduta ou sob a acusação de vadiação, como ocorreu com inúmeros libertos que migraram para a cidade e sedes de distritos, para se livrar das garras da polícia, tinha que comprovar a sua condição de "homem do trabalho". Além disso, invariavelmente era forçado a assinar o célebre termo de bem-viver, obrigando-se a alterar o seu comportamento no curto prazo, sobretudo a manter-se regularmente num emprego "honesto", sob o risco de voltar a coabitar a cela da cadeia pública com delinquentes de toda espécie, como sugere a seguinte notícia veiculada na *Gazeta da Tarde* de 20 de setembro de 1889 (p. 2): "A polícia, ciente da grande verdade que encerra o prolóquio popular — a ociosidade é a mãe de todos os vícios — fez conduzir-se ontem à sua presença Antônio Cortês, e, depois de admoestá-lo, marcou-lhe o prazo de oito dias para arranjar emprego".

O comportamento alarmista e policialesco das elites de Juiz de Fora diante do adensamento da pobreza urbana acarretou também, por outro lado, uma intensificação dos debates em torno do emprego produtivo dos "vadios" e de iniciativas

---

[145] Elione Silva Guimarães (2006:145-148), que também fez menção a tal artigo, ressalta que após a Abolição multiplicaram-se de fato as acusações e insinuações de que "parcelas dos ex-cativos mantinham-se na ociosidade, entregando-se aos furtos e roubos, bebedeiras e outros ilícitos", na cidade e no campo. Com base em uma série de autos criminais, a autora realçou ainda o recrudescimento dos casos de violências sofridas por ex-escravos que se recusavam a realizar certas tarefas ordenadas por proprietários e feitores de fazendas da região. Ver também Almeida (2003:36-37).

destinadas a quebrar a resistência de parcela dos habitantes dessa cidade em se inserir espontaneamente num mercado de mão de obra em franca expansão.[146] Assim, nos últimos anos escravistas, forja-se e difunde-se localmente uma ética do trabalho autoritária e repressiva, cujos traços essenciais podem ser claramente identificados nos aforismos que encontrei dispersos, entre notícias e propagandas, nas primeiras duas páginas da edição de 7 de fevereiro de 1885 de *O Pharol*:

> O homem ocupado, não cuida em coisas más, nem as faz. (...) O homem ocioso, não tendo outros vícios nem sendo parasita, vegeta como um surdo, cego e idiota; os tendo, é uma peste que infecciona muita gente. (...) Enquanto os homens ativos, cuidando no que diz respeito, nem se lembram do alheio, os ociosos, para se entreter no alheio, transcuram o próprio.

Fiel a uma linha argumentativa igualmente incisiva, em 20 de fevereiro de 1885 (p. 1), um editorialista de *O Pharol* foi buscar exemplos supostamente pertencentes à história das civilizações egípcia, grega e romana para ilustrar e reforçar, em síntese, as seguintes teses: (i) a ociosidade é o inimigo maior e mais perigoso; (ii) a primeira necessidade dos governos é encontrar em que ocupar os homens e (iii) só quem trabalha todos os dias tem direito a se alimentar condignamente.[147] O autor desse artigo de fundo encerra-o defendendo a adoção de leis destinadas a combater a ociosidade, a coagir os indivíduos a possuírem uma profissão e a permitir o emprego dos desocupados nos serviços forçados em obras públicas, lembrando que

> os chins [chineses] não consentem um só ocioso e buscam ocupação até para aqueles homens a quem as enfermidades podiam isentar legitimamente do trabalho; porque os que não têm mão trabalham com os pés, e os que não têm pés trabalham com as

---

[146] Pinto, 2004:43-51, 58-60.

[147] As ideias defendidas com indisfarçável arrogância nesse artigo de fundo refletem, sem dúvida, o crescimento da tensão e expectativa, entre os círculos elitistas locais, no momento em que o movimento abolicionista se intensificava e em que se discutia a decretação de uma lei para libertar os cativos com mais de 60 anos. De acordo com fontes oficiais, um total de 1.744 mancípios, ou 8,34% dos 20.905 escravos matriculados no município em 1886, teriam sido declarados livres ou em condições de serem emancipados em Juiz de Fora por possuírem a idade a que se refere a Lei nº 3.270, de 28 de setembro de 1885 (Saraiva, 2001:58-59).

mãos; até os cegos trabalham, e desde sete anos de idade buscam em que exercitar os meninos. Se a lei de Felipe II [soberano espanhol, entre 1556 e 1598, citado por ter condenado os ociosos às galés] pudesse ser aplicada entre nós, supomos que a população desta cidade estaria muito menor, mas o movimento progressivo seria muito maior.

A percepção de que a extinção do regime escravocrata configurava-se como eminente, somada às inúmeras transformações decorrentes do rápido incremento da população e das atividades econômicas no núcleo urbano de Juiz de Fora, portanto, forçaram as suas elites, escudadas nas instituições do poder público, a redobrarem a vigilância e o controle sobre os despossuídos e recalcitrantes, livres ou cativos. Ao mesmo tempo, com o concurso decisivo da imprensa, esses grupos dominantes conceberam e difundiram, entre 1870 e 1880, uma argumentação agressiva que impunha o ato de trabalhar como a única alternativa plausível, no âmbito dessa cidade mineira, para os indivíduos pobres juridicamente livres escaparem de serem classificados como ociosos, vadios, vagabundos, malandros, gatunos e outras pechas igualmente odiosas. Creio que foi fundamentalmente assim que se procurou impor localmente o trabalho como um dever primordial, como uma das mais importantes obrigações morais e sociais dos homens e mulheres pertencentes às classes populares, incluindo aí muitos egressos do cativeiro.

Não obstante o tom sombrio e ofensivo dos seus discursos de combate à ociosidade e de condenação dos modos de vida dos pobres, trabalhadores ou não, percebe-se nitidamente que, nos derradeiros anos da escravidão e do Império, as classes conservadoras juizforanas não se mostravam nem um pouco atônitas ou intimidadas, e muito menos inertes, diante das mudanças em curso. Isto primeiramente porque, ao contrário do que sustentava então a argumentação elitista, o "progresso" e o "futuro" de Juiz de Fora jamais estiveram ameaçados ou comprometidos, quer seja por uma suposta proliferação da vadiagem, quer seja por uma muito propalada escassez de braços — carência esta que inexistia mesmo para as ocupações mais especializadas, como comprovarei oportunamente. Nesta perspectiva, as demonstrações de fraqueza e insegurança dadas, não raras vezes, pelos grupos dominantes locais, visavam reforço de sua hegemonia de classe e da sua supremacia social e econômica sobre os demais habitantes dessa cidade. Mais especificamente, destinavam-se a obter o consenso, a aprovação de amplas camadas da opinião pública para as medidas repressivas e as ações de enquadramento dos despossuídos, livres e escravizados, deflagradas de modo efetivo nesse conturbado período de transição.[148]

Corrobora esta hipótese a lembrança de que até os dois últimos anos de 1880, as elites agrárias e mercantis-manufatureiras locais não tinham ainda adotado e difundido, pelo menos de modo claro e articulado, um discurso que conferisse ao labor um caráter positivo e edificante. Uma argumentação mobilizadora, que revestisse o ato de trabalhar "de uma roupagem dignificadora e civilizadora",[149] algo que aparentemente só se tornou possível e conveniente quando o espectro da escravidão que pairava sobre a cidade e seus arrabaldes se dissipou completamente, embora deixando fortes marcas sobre as relações sociais que vigeriam no novo contexto inaugurado com a Abolição e a República.

Com efeito, apenas no começo da década de 1890, uma campanha sistemática de persuasão moral e de mobilização para o trabalho foi deflagrada em Juiz de Fora, como sugerem as festividades industriais realizadas então nesse núcleo urbano, diversas notícias e artigos veiculados na grande imprensa local e, por exemplo, este pequeno trecho do editorial do *Jornal do Commercio*:

> A salvação da pátria, o desenvolvimento do progresso, o estímulo ao estudo, a isenção das privações humanas, a amplitude do comércio, o alargamento da indústria, o avivamento da agricultura, o lustro das artes, o brilho das ciências, a proeminência das letras, a multiplicidade dos fios elétricos, o prolongamento das vias férreas, a perfectibilidade da navegação, a grandeza, sumamente, de todas as nações, toda essa pluralidade gigantesca se assenta em uma só base. O trabalho! (Ano bom, 1 jan. 1900, p. 1).

Ainda no primeiro dia do século XX, um articulista do *Jornal do Commercio* (As indústrias em Juiz de Fora, p. 3), conclamou os habitantes da cidade, em tom de homilia, a venerarem e amarem Juiz de Fora e a se entregarem ao trabalho

---

[148] Período este marcado pelo aumento das tensões sociais e da resistência dos negros ao cativeiro, pelo recrudescimento das ações abolicionistas, pela ampliação do apoio popular a tal causa e pela decretação de leis nacionais — como a dos Sexagenários (1885) e a que proibiu o açoite (16 out. 1886) — e de medidas emancipacionistas em diversas províncias (CE, AM, RS e SP). Como notou Robert Conrad (1978:222-337), aliados ao repúdio internacional à escravidão e de sua abolição em Cuba (7 out. 1886), estes fatores resultaram no desmoronamento das bases institucionais em que se assentava o regime escravista brasileiro, extinto finalmente em 13 de maio de 1888 pela Lei nº 3.353.

[149] Chalhoub, 2001:48-49.

resoluto e desmedido em prol do seu constante engrandecimento: "Que as bênçãos do céu tornem cada vez mais ditoso este encantado recanto da terra mineira! Juiz de Fora! (...) Altos destinos te estão reservados! As gerações, que surgirem do teu seio fecundo — ó afortunada cidade, hão de beijar, orgulhosas, o teu solo sagrado pelo *trabalho*!". Em vez dessa exaltação do labor como a verdadeira fonte do progresso material e do desenvolvimento sociocultural e técnico-científico de uma sociedade, no entanto, a ética do trabalho disseminada cerca de 20 anos antes, no período em que as ordens escravocrata e imperial se esfacelavam, possuía um caráter muito mais coercitivo do que persuasivo, uma vez que se assentava na veemente condenação do ócio e na estigmatização dos comportamentos e modos de vida populares.

Neste sentido, uma análise acurada de como transcorreu localmente a conformação e disciplinamento do mercado urbano de mão de obra contribuirá para tornar mais claras as funções políticas e econômicas do alarmismo e da aparente perda das rédeas do controle social encenada inúmeras vezes, entre os séculos XIX e XX, pelas classes conservadoras juizforanas. Em especial, possibilitará uma melhor visualização das estratégias e mecanismos utilizados por proprietários, empreiteiros, negociantes e donos de fábricas e oficinas para arregimentar e submeter a condições de trabalho e existência aviltantes uma multidão de homens, mulheres e crianças pobres. Um proletariado multiétnico que se expandia com rapidez e que em face da precariedade de seu mundo, ainda nesse contexto permeado pelas práticas escravistas, dará início à árdua e demorada construção de sua identidade de classe.

Generalizando o "cativeiro": o disciplinamento às vésperas do treze de maio de um mercado urbano de mão de obra em expansão

> Procurando enfatizar a industrialização (que se transformava em sinônimo de urbanização e modernidade), a sociedade escravista foi desenhada como atrasada, posto que seu sistema social teria "raízes nitidamente patriarcais", sendo "superada pelas relações contratuais, de empregado e patrão, que já predominam nas comunidades urbanas". Escravidão, trabalho escravo e mundo rural apareceriam em oposição à industrialização, operariado e urbanização. (...) Experiências, pro-

cesso histórico, costumes e tradição nos conflitos sociais e na formação da classe [trabalhadora brasileira] foram esmagados pelo determinismo econômico nas análises que enfatizaram a transição [da escravidão para o trabalho livre como um processo naturalizado e evolutivo].

GOMES E NEGRO, 2006:226-227.

Analisando a produção historiográfica referente à escravidão e ao trabalho livre no Brasil, entre meados do Oitocentos e os primeiros decênios do século XX, Flávio Gomes e Antonio Luigi Negro realçaram o esforço de parte dos estudos mais recentes sobre esse tema, em particular, em incorporar a complexidade de relações sociais e raciais vivenciadas nos mundos da escravidão às reflexões a respeito do processo de formação do proletariado brasileiro. Várias dessas novas pesquisas, segundo os autores, vêm contribuindo sobremaneira para tornar evidente "a necessidade de uma escrita da história do trabalho não apenas pautada numa classe trabalhadora exclusivamente branca, fabril, de ascendência europeia, masculina e urbana", originada tão somente "das lutas ditas 'anarquistas', nas grandes capitais". Mesmo ressalvando que ainda há muita pesquisa e discussão a fazer, Gomes e Negro (2006:228-229)[150] enfatizam que as barreiras foram efetivamente rompidas:

> As experiências fabris dos escravos e a dimensão de classe na organização do trabalho escravo urbano já ganham foco. (...) [Algumas pesquisas revelam que] houve um intenso afã do poder público em controlar práticas, costumes e tradições do trabalho urbano de escravos e libertos ao longo do século XIX (...) [enquanto outras procuram] identificar o movimento de continuidade/descontinuidade das formas de organização do trabalho, entre aquelas institucionais ou inseridas em eixos comunitários. (...) Investigações instigantes sobre as "experiências organizativas" de trabalhadores livres e escravos no (...) século XIX [têm sido realizadas]. Mais recentemente, as relações entre classe, escravidão, etnicidade e trabalho, com desdobramento para pensar cidadania e pós-emancipação, têm também aparecido.

Acredito que as análises feitas até aqui, especialmente sobre a composição étnica e a situação social do proletariado urbano de Juiz de Fora no multifacetado

---

[150] Entre outros estudos, Gomes e Negro destacam os seguintes: Reis (2000), Cruz (2000), Guimarães (2006) e Fraga Junior (2004).

contexto histórico de seu surgimento, estão em sintonia com o esforço mais amplo, realizado presentemente por inúmeros pesquisadores, para superar as teses ainda muito influentes que concebem a transição da escravidão para o trabalho livre como um processo naturalizado e evolutivo.[151] Procurando avançar um pouco mais nesta perspectiva, reunirei diversos elementos para demonstrar que o esforço das classes conservadoras para ampliar continuamente a sua supremacia política e econômica sobre os habitantes dessa cidade mineira, no último quartel do século XIX, envolveu também crescentes ações de disciplinamento de um mercado de mão de obra em expansão. Na sua essência, tais ações resultaram na imposição de variados padrões de contratação da força de trabalho às parcelas despossuídas da população juizforana. Padrões estes alicerçados, invariavelmente, em regimes de serviço rígidos, extenuantes, mal remunerados e que reproduziam uma série de práticas típicas do mundo senhorial, mesmo após a extinção formal do cativeiro.

Entre os anos de 1850 e 1880, ao passo que a produção cafeeira crescia em Juiz de Fora e as atividades comerciais e manufatureiras em seu distrito-sede se tornavam mais intensas e complexas, gerando constantes demandas por serviços e equipamentos públicos, um mercado híbrido de mão de obra foi pouco a pouco se configurando no núcleo urbano desse município. A exemplo do que já havia ocorrido quando das obras de construção e da entrada em operação da rodovia União e Indústria, o estabelecimento de uma malha ferroviária na região se constituirá num vigoroso fator de incremento e mesmo de consolidação desse mercado de trabalho. Isto porque, em primeiro lugar, para implantarem e expandirem suas linhas e ramais nessa porção da Zona da Mata, a Estrada de Ferro D. Pedro II, a Cia. União Mineira e a E. F. Juiz de Fora e Piau precisaram contratar um contingente expressivo de operários com diversos níveis de qualificação, tanto imigrantes europeus, sobretudo portugueses e italianos, quanto brasileiros — estes últimos recrutados possivelmente em outras regiões de Minas e entre os estratos livres das populações das áreas rurais, dos povoados e sedes dos distritos cortados pelos referidos "caminhos de ferro".

Uma noção do impacto direto que esses empreendimentos ferroviários produziram, em particular, nos processos de ampliação e diversificação dos postos de trabalho e de elevação dos níveis de assalariamento no âmbito dos mercados

---

[151] Para um exemplo de como as análises tradicionais sobre a "transição do trabalho escravo para o trabalho livre" são ainda bastante influentes, ver Simões (2006).

local e regional de mão de obra, por sua vez, pode ser obtida através da leitura dos seguintes anúncios de empregos, veiculados de 1876 a 1884:

> E. F. D. Pedro II — Precisa-se de serradores e falqueadores de madeira, trata-se com os Srs. Luiz Ferreira Barreiros na rua Nova e Manoel José Pereira da Silva no Ribeirão (Estrada de Ferro D. Pedro II. *O Pharol*, 13 fev. 1876, p. 4).

> E. F. União Mineira — Precisa-se de trabalhadores para o avançamento desta estrada; os trabalhadores têm passagem grátis no mesmo ramal. Trata-se, em Juiz de Fora, com Luiz Ferreira Barreiros ou com o proprietário do Hotel dos Estrangeiros, e na Serraria, no escritório da construção. Os empreiteiros Almeida Júnior & Irmão (*O Pharol*, 28 set. 1882, p. 4).[152]

♦

> Estrada de Ferro Juiz de Fora e Piau — Precisa-se de trabalhadores, para o serviço de assentamento de trilhos desta estrada: trata-se no escritório da empresa à rua do Espírito Santo, nesta cidade. (...) O engenheiro, U. Cavalcanti (E. F. Juiz de Fora e Piau. *O Pharol*, 25 nov. 1883, p. 2).[153]

Da mesma forma, para operarem os trechos gradativamente abertos à circulação de seus trens, tais companhias ferroviárias precisaram treinar e manter um quadro numeroso e permanente de funcionários, dividindo-os basicamente entre dois "mundos" operacionais: o "da estação" (agentes e chefes de estação, telegrafistas, escriturários, bilheteiros e despachantes) e o "do tráfego" (maquinistas, foguistas, guarda-pontes, guarda-chaves e guarda-freios, entre outros). Há de se considerar, também, a variedade de oficiais de ofício (mestres de linha, feitores, mecânicos, funileiros, ajustadores, torneiros, malhadores, caldeireiros, ferreiros, soldadores e seus auxiliares), que nas oficinas e ao longo dos trilhos se encarrega-

---

[152] Serraria, no então distrito juizforano de Santana do Deserto, foi a primeira estação da "Linha do Centro" da Estrada de Ferro D. Pedro II a ser inaugurada em Minas, no ano de 1874. As obras de construção do ramal da Cia. União Mineira ligando tal estação ao município de Guarani, no centro da Zona da Mata, se estenderam de 1879 a 1883. E. F. União Mineira.

[153] Os serviços de locação da Estrada de Ferro Juiz de Fora a Piau foram inaugurados por d. Pedro II em 31 de agosto de 1881, meses após grandes cafeicultores e comerciantes da região terem incorporado essa empresa. Partindo de um entroncamento com a Estrada de Ferro D. Pedro II, na área central de Juiz de Fora, esse ramal ferroviário atingiu o seu ponto final, Rio Novo, em 1888.

vam da manutenção rotineira do "material rodante" e da conservação e aperfeiçoamento da infraestrutura.[154]

Mas os efeitos que a implantação da referida malha ferroviária tiveram sobre a organização socioeconômica do distrito-sede do município de Juiz de Fora não se restringiram apenas à cristalização, já nos últimos anos do Império, de uma das mais importantes e influentes categorias profissionais brasileiras durante a Primeira República — os ferroviários. Ao permitirem a conexão regular dessa cidade com a Corte, com o Vale do Paraíba fluminense e com as principais áreas da Zona da Mata mineira, as linhas e ramais da Estrada de Ferro D. Pedro II, da Cia. União Mineira e da Estrada de Ferro Juiz de Fora e Piau contribuíram enormemente para acelerar o ritmo de crescimento e tornar mais complexas as atividades mercantis e manufatureiras desenvolvidas no núcleo urbano em foco. Ao mesmo tempo, concorreram também para que se processasse um incremento contínuo na população juizforana, uma sensível ampliação dos postos de trabalho e uma maior diferenciação profissional no interior do mercado de mão de obra local. É o que pretendo demonstrar, a seguir, por meio da análise do conjunto expressivo de anúncios de empregos (oferta e procura de vagas) que pesquisei nas edições do período 1876-85 do jornal *O Pharol*.[155]

Ressalto que não considero o anúncio em jornal, pelo menos para o intervalo de tempo em questão, como o principal instrumento de intermediação utilizado, de um lado, por patrões e proprietários em geral necessitados de preencher postos de trabalho vagos ou recém-criados e, de outro, por homens e mulheres despossuídos em busca de uma colocação honesta e mais ou menos regular. O que pode ser atribuído tanto aos custos implicados na veiculação de tais reclames, quanto à pequena circulação de *O Pharol* junto à população pobre do núcleo urbano de Juiz de Fora, que nesse período compunha-se majoritariamente de indivíduos iletrados e desprovidos de recursos excedentes para a aquisição rotineira desse e de

---

[154] Em Porto Novo do Cunha (atual Além Paraíba), importante entroncamento entre a Estrada de Ferro D. Pedro II e a E. F Leopoldina, por exemplo, esta empresa mantinha a sua sede administrativa e suas oficinas, contando em 1886 com cerca de 230 funcionários, divididos em três seções — "escritório", "condução dos trens" e "oficinas e depósitos". Ver, em especial, Silveira (2005:53-56), Lima (2003:130-132, 142-143) e Lanna (1999).

[155] Foram selecionados e analisados, ao todo, 99 anúncios divididos em dois grupos: 53 de contratadores de mão de obra em geral (empreiteiros, manufaturas, lojas, hotéis, escolas e famílias) ofertando vagas e 46 de trabalhadores procurando emprego ou oferecendo seus préstimos. No primeiro grupo, os reclames foram subdivididos em função das modalidades de empregadores e de contratos, enquanto no segundo distingui os que "desejavam se empregar", entre "locais" e "forasteiros", dos que "ofereciam seus serviços" como artífices autônomos.

qualquer outro periódico.[156] Trata-se, portanto, de uma fonte capaz apenas de indicar certas tendências e características de um mercado de mão de obra remunerada em franca expansão, embora ainda limitado e não completamente dissociado das relações sociais de produção escravistas.

> IMAGENS 8, 9 E 10
> Anúncios de empregos veiculados no jornal *O Pharol*

CRIADA
Precisa-se de uma que saiba bem cosinhar e engommar. (Paga-se bem); em casa de Carlos de Montreuil, na rua Direita n. 25.
(64—1

Criada
Uma familia pequena precisa de uma criada de côr, livre ou escrava, que cozinhe perfeitamente o trivial e que saiba com presteza e aceio fazer os arranjos de casa.
Para informações nesta typographia, ou na rua Direita n. 18.
(62 — 1

Emprego
Uma senhora de capacidade, natural de Lisboa, de 56 annos, chegada ha poucos dias da Corte, deseja empregar-se na cidade ou em uma Fazenda para companhia de alguma Sra. que precise de uma pessoa de confiança para despenseira, mencionando pessoas de toda a probidade que dão informações do seu comportamento. Quem precisar do seu prestimo pôde procurar em Juiz de Fóra, no Hotel das Familias, por D. Maria do Carmo.
(469—1

Precisa-se
alugar uma boa lavadeira e engommadeira. Para informações com o Sr. Santos, na typographia do *Pharol*.
464—1

Trabalhadores
Para o expediente de trabalhos de desaterro, nesta cidade, admittem-se 7 a 8 bons trabalhadores e bem assim 4 carroças. Garante-se bom salario.
Trata-se com André Alfeld, largo do Riachuelo.
(462—3

O primeiro anúncio (acima à esquerda) é de 2 de fevereiro de 1884 e os subsequentes (abaixo à esquerda e à direita), de 24 de abril do mesmo ano. Setor de Memória da Biblioteca Municipal Murilo Mendes.

---

[156] Contudo, apesar de o analfabetismo atingir então cerca de 70,71% dos homens e 59,32% das mulheres, é bastante improvável que os conteúdos das notícias mais importantes e dos diversos anúncios

Feito este esclarecimento inicial, passo para a primeira constatação que essa fonte me permite: o número significativo de anúncios ofertando empregos ou procurando determinados tipos de profissionais que proprietários de casas de negócios e manufaturas, empreiteiros, colégios, hotéis e famílias abastadas publicavam n'*O Pharol* evidencia que a demanda por trabalhadores juridicamente livres, de diferentes categorias e graus de qualificação, cresceu no mesmo ritmo em que se expandiram e se diversificaram as atividades econômicas desenvolvidas na área central de Juiz de Fora na passagem de 1870 para 1880. Entre os construtores, oficinas e fábricas, as firmas vinculadas aos ramos de curtição, calçados e artefatos de couro, de confecção de vestuário e enxoval e de materiais e artefatos para construção civil eram as que mais utilizavam estes espaços pagos no jornal para tentar recrutar os oficiais de ofício (sapateiros, alfaiates, costureiras, oleiros, entre outros) e os operários menos especializados (carpinteiros, serradores, auxiliares e aprendizes em geral) que precisavam para a manutenção e incremento de sua produção, bem como para a realização de obras públicas e particulares. É o que sugerem os variados reclames que reproduzo abaixo, alguns contendo, inclusive, informações sobre as características pessoais e habilitações exigidas e quanto às condições de contratação e remuneração oferecidas:

> Oleiros — Precisa-se com urgência. Para tratar nesta tipografia (*O Pharol*, 24 jul. 1883, p. 3).[157]

> Precisa-se de serradores para um serviço grande. Paga-se bons jornais (Serradores. *O Pharol*, 12 out. 1876, p. 3).

> No Paris na América precisa-se de um bom oficial [de alfaiate] para coletes. Paga-se a 2$500 de feitio (*O Pharol*, 24 ago. 1882, p. 3).[158]

---

veiculados em *O Pharol* ficassem restritos ao pequeno número de assinantes e leitores desse jornal. Certamente que tais informações, ainda que com algum atraso, circulavam também entre os habitantes iletrados e pobres, principalmente por meio de comentários em grupos e de leituras em voz alta realizadas em espaços públicos variados.

[157] A expansão da malha urbana fez com que as manufaturas de tijolos e telhas locais — como a mantida pela firma Vieira & Comp. na Fazenda do Juiz de Fora — recorressem frequentemente aos anúncios, então, em busca de oleiros, carpinteiros e aprendizes (*O Pharol*, 16 abr. 1885, p. 4).

[158] Como indica esse outro anúncio, dos alfaiates exigia-se sempre perícia no desempenho do ofício: "Precisa-se de bons oficiais de alfaiate, para obra miúda e de cinta" (*O Pharol*, 25 jun. 1876, p. 4).

Precisa-se de um *bom oficial* [de sapateiro] para trabalhar na estação do Paraibuna [próximo a Juiz de Fora]: paga-se bom ordenado e por peça. Informa-se nesta tipografia (Sapateiro. *O Pharol*, 7 jun. 1883, p. 4).

♦

Precisa-se de duas boas costureiras, em casa de Mme. Béroud, costureira modista (Costureiras. *O Pharol*, 22 jun. 1879, p. 3).[159]

♦

Admitem-se dois bons oficiais sapateiros para obra fina, pagando-se-lhes bom ordenado. Debalde apresentar-se-á o que não for *perfeito*. Na oficina de calçado, rua Halfeld, 36 (Oficiais sapateiros. *O Pharol*, 13 out. 1882, p. 4).[160]

♦

Para o expediente de trabalhos de desterro, nesta cidade, admite-se 7 ou 8 bons trabalhadores e bem assim 4 carroças [carroceiros]. Garante-se bons salários (Trabalhadores. *O Pharol*, 24 abr. 1884, p. 3).

Diversos estabelecimentos comerciais e do setor de serviços (lojas, barbearias, ateliês fotográficos, hotéis, colégios, em especial), assim como muitas das famílias em condições de pagarem criados e criadas, também recorriam frequentemente à seção de pequenos reclames de *O Pharol* na tentativa de encontrar, mais rapidamente, os trabalhadores de que necessitavam — caixeiros, oficiais de cabeleireiro, entregadores, vendedores de rua, cozinheiros, copeiros, arrumadeiras, lavadeiras, amas de leite, entre outros.[161] Não raras vezes, como demonstram alguns dos

---

[159] Outros conhecidos ateliês de modistas da época, como o Palais Royal e o de Mme. Angelita, recorriam também aos anúncios de jornal em busca das "costureiras" e "aprendizes" exigidas pelo aumento das encomendas, principalmente às vésperas das festas de fim de ano (Costureiras. *O Pharol*, 8 dez. 1883, p.3; Aprendizes. *O Pharol*, 16 dez. 1884, p. 4).

[160] Este anúncio foi veiculado pela Fábrica de Calçados Ao São Crispim, que passava por um processo de ampliação de sua produção, a exemplo de outras oficinas desse ramo manufatureiro, como a Bota Mineira, que em 1884 ofertava também vagas para "bons oficiais de sapateiro" (*O Pharol*, 6 dez.1884, p. 4).

[161] O trabalho doméstico constituía um importante campo de atuação para os "escravos de aluguel" no núcleo urbano de Juiz de Fora. Mas, já no início dos anos de 1870, percebe-se que entre as criadas predominavam as mulheres livres. De modo geral, nas residências ricas dessa cidade, a exemplo do que ocorria então na Corte, as domésticas não escravas eram submetidas a um regime de trabalho idêntico ao das cativas, cabendo àquelas a realização de serviços semelhantes aos tradicionalmente confiados a estas, ou seja, amamentar e tomar conta de crianças, cozinhar, limpar e arrumar os cômodos, lavar e engomar roupas e ir à rua, para compras e buscar água, por exemplo. Ver Graham, 1992, especialmente a parte II, "O mundo das criadas", p. 45-104.

anúncios reproduzidos na sequência deste parágrafo, empregadores vinculados a esses segmentos da economia urbana ofertavam vagas para serem ocupadas tanto por indivíduos juridicamente livres quanto por escravos de aluguel, de ambos os sexos, aparentemente sob os mesmos regimes de trabalho e remuneração:

> Precisa-se, no Hotel Europa, de um especial cozinheiro; não se faz questão de ordenado nem nacionalidade, contanto que seja bom (*O Pharol*, 7 fev. 1878, p. 4).[162]

> Na Escola Agrícola precisa-se de um criado que saiba ler e escrever. Paga-se 35$000 (Criado. *O Pharol*, 13 jun. 1878, p. 3).[163]

> Precisa-se no Ateneu Mineiro de um bom cozinheiro, que faça o serviço com limpeza. Precisa-se também de uma preta que saiba lavar e engomar (*O Pharol*, 7 fev. 1882, p. 2).[164]

> Precisa-se de um oficial barbeiro e cabeleireiro, que seja perfeito em sua arte; na rua Halfeld nº 31 (*O Pharol*, 12 set. 1882, p. 3).

> Precisa-se de um cozinheiro, de conduta afiançada; branco ou de cor; livre ou escravo; para a casa do Dr. Eloy Ottoni, na rua da Imperatriz nº 8 (Cozinheiro. *O Pharol*, 4 out. 1883, p. 3).

> Uma família pequena precisa de uma criada de cor, livre ou escrava, que cozinhe perfeitamente o trivial e que saiba com presteza e asseio fazer os arranjos de casa. Para informações (...) na rua Direita nº 18 (Criada. *O Pharol*, 2 fev. 1884, p. 3).[165]

---

[162] Na mesma época, os hotéis União e Juiz de Fora também anunciavam regularmente vagas para cozinheiras e criadas "para lavar e engomar", com promessas de bons ordenados para as que fossem "perfeitas", "peritas em fazendas" e de "boa conduta" (*O Pharol*, 5 set. 1878, p. 3 e 1 out. 1878, p. 3).

[163] Em outra oferta de vagas veiculada na mesma época, a direção da Escola Agrícola, situada nos arrabaldes da cidade, além de mais um criado, informava que necessitava também de um cozinheiro, para os quais prometia bons ordenados (Cozinheiro e criado. *O Pharol*, 2 set. 1878, p. 3).

[164] Em seus anúncios, internatos e externatos como o Ateneu Mineiro e o Colégio de N. Sra. da Conceição procuravam, sobretudo, cozinheiros, lavadeiras e criados, tanto livres quanto escravos, como sugere o termo "preta" que figura na parte final do reclame citado — neste caso, ao que parece, para indicar que o que se desejava alugar, para lavar e engomar roupas, era uma cativa habilitada nesses afazeres (*O Pharol*, 28 ago. 1883, p. 4).

[165] Em anúncio semelhante, de meados de 1885, outra família procurava "uma criada livre ou escrava" que soubesse "cozinhar bem" (Cozinheira. *O Pharol*, 27 jun. 1885, p. 3).

♦

Precisa-se de uma criada alemã para um casal sem filhos, (...) que saiba lavar, engomar e cozinhar, e paga-se 35$000 mensais (Precisa-se. *O Pharol*, 23 jun. 1885, p. 3).[166]

Antes de empreender uma análise consistente das modalidades de contratação e dos valores de remuneração vigentes localmente, entre 1870 e 1880, considero fundamental conhecer melhor a relação existente entre a oferta e a procura de vagas nesse mercado híbrido de mão de obra, que se alargava então de modo rápido e contínuo. Isso será possível por meio da apresentação de uma série de anúncios em que homens e mulheres pobres, no pleno exercício de um dos poucos direitos que a liberdade lhes conferia no âmbito de uma sociedade escravista, proclamavam pelas páginas de *O Pharol* o seu "desejo" e a sua "necessidade" de conseguir um emprego mais ou menos regular. Uma ocupação honesta, ainda que extenuante e mal paga, que lhes propiciasse "viver sobre si", sem serem importunados por seus "vizinhos" mais bem situados na escala social ou acossados pelas autoridades policiais e por fiscais das posturas municipais.[167]

Cumpre esclarecer ainda que parte desses trabalhadores livres compunha-se de indivíduos autóctones ou que residiam já há algum tempo no núcleo urbano de Juiz de Fora. Como demonstram os reclames citados abaixo, esses pequenos anunciantes geralmente possuíam alguma qualificação profissional (jardineiro, cozinheiro, maquinista, entre outras), mas se mostravam dispostos a aceitar, no dizer de um deles, "qualquer outro serviço". Em muitos casos, procuravam alegar ainda a favor de seu pedido de trabalho características pessoais positivas — como ser alfabetizado, competente, experiente e honesto, por exemplo — e mesmo si-

---

[166] Encontrei diversos anúncios de famílias que desejavam "alugar" criadas livres ou escravas, brancas ou "de cor". Em determinados casos, prometiam-se bons pagamentos e, em outros, além de pessoa que afiançasse a conduta, exigia-se uma série de qualidades pessoais. É o que fez, por exemplo, o advogado e prócere republicano Fonseca Hermes, que ao buscar uma "ama de leite" para trabalhar em sua casa solicitou que só se apresentassem as que fossem indubitavelmente "carinhosas", "sadias" e "asseadas" (Ama de leite. *O Pharol*, 6 set. 1884, p. 3).

[167] De acordo com Hebe Mattos (1995:45), na segunda metade do Oitocentos, a expressão "viver sobre si" remetia diretamente à capacidade que dispunha o indivíduo livre despossuído, no interior da ordem escravocrata, de mover-se constantemente para prover a sua subsistência. A autora ressalta ainda que tal capacidade relacionava-se a um sentido muito particular de liberdade: "Significava, fundamentalmente, liberdade para escolher e estabelecer novos laços de amizade, família ou patronagem, que conferissem ao homem livre um status específico numa dada comunidade" — possibilidade que só raramente se descortinava para os cativos, em geral, após a obtenção de êxito numa fuga empreendida ou da conquista de uma carta de alforria.

tuações difíceis que enfrentavam no momento, como a viuvez ou o sustento sem auxílios de uma família numerosa:

> Precisa-se empregar um moço cozinheiro e um pequeno para ajudante, ou qualquer outro serviço. Informa-se no Botanágua, na segunda casa passada a ponte da Halfeld (*O Pharol*, 2 maio 1878, p. 3).[168]

> Aluga-se um camarada com prática para qualquer serviço de hotel e bem assim para administrador de qualquer fazenda; é casado e sua mulher dispõe-se a qualquer serviço doméstico, assim como lavar roupa, engomar e cozinhar. Para tratar na rua Nova nº 54 (Atenção. *O Pharol*, 19 maio 1878, p. 4).[169]

> Uma senhora viúva e honesta, deseja encontrar um lugar em casa de família e cujo serviço não seja muito pesado; para informações na rua do Comércio, em casa de D. Bárbara, viúva (*O Pharol*, 30 mar. 1882, p. 4).

♦

> Oferece seus serviços como caixeiro em casa de molhados ou outro qualquer negócio nesta cidade um moço competentemente habilitado. Dá fiador à sua conduta. Para informações no escritório de *O Pharol* (Caixeiro. *O Pharol*, 15 maio 1877, p. 3).[170]

Nota-se em todos estes anúncios a existência de uma justificada urgência por parte desses indivíduos livres e despossuídos em obterem uma colocação mais ou menos estável. Mesmo que não fosse o inicialmente pretendido, buscavam um trabalho que lhes garantisse um rendimento capaz de fazer frente às suas despesas primordiais (aluguel, alimentação e vestuário) e que, consequentemente, os mantivesse afastados da miséria completa e do não menos temido risco de serem ta-

---

[168] Encontrei outros diversos anúncios de trabalhadores, "locais" ou "de fora", se dizendo com prática ou habilitados para se empregarem como cozinheiros, copeiros ou ajudantes de cozinha, tanto em hotéis quanto em casa de família (*O Pharol*, 23 dez. 1877, p. 2; 15 abr. 1882, p. 2; 11 out. 1883, p. 4 e 14 ago. 1884, p. 3).

[169] Em outro anúncio, um "moço casado", se dizendo "competentemente habilitado como jardineiro", se oferecia também para "feitor de terreiro em alguma fazenda" (Jardineiro. *O Pharol*, 10 maio 1877, p. 4).

[170] O número de trabalhadores da cidade e a ela recém-chegados que se ofereciam para trabalhar de "caixeiro", nessa época, era também muito significativo. A julgar pelos anúncios citados até aqui, ter alguma experiência e ser alfabetizado constituíam requisitos indispensáveis para alcançar uma vaga nas maiores casas comerciais locais (*O Pharol*, 6 dez. 1877, p. 4 e 17 maio 1883, p. 3).

chados como ociosos e adeptos da vadiação. Já a outra parcela de proletários que, pelas páginas de *O Pharol*, ofertavam-se para trabalhar, era formada por "forasteiros", isto é, por pessoas recém-chegadas ou de passagem por Juiz de Fora — em geral, mulheres e homens adultos, nacionais e estrangeiros, provenientes da Corte e de localidades mineiras e fluminenses próximas. Estes, a julgar pelos termos de seus reclames, se mostravam bem mais resolutos em seus pedidos de emprego, fruto talvez da maior experiência profissional e de uma predisposição em migrar, quando necessário, em busca de novas oportunidades. Mas, como exemplificam os casos reproduzidos abaixo, se alguns deixavam margens mínimas para propostas de serviços estranhos aos que se diziam habilitados a executar, outros, entretanto, indicavam que estavam dispostos a aceitar relações contratuais curtas ou menos regulares, atuando mesmo como autônomos (ou seja, sem se subordinarem regularmente a um empregador) nesse mercado de mão de obra em expansão:

> Um perito cozinheiro estrangeiro, precisa empregar-se, não faz dúvida o lugar, e garante o seu trabalho na arte culinária. Quem pretender dirija-se ao Hotel Pasquale Lombardi (Cozinheiro. *O Pharol*, 10 fev. 1881, p. 3). [171]

> Quem precisar de um oficial cigarreiro, (para cigarro de papel) pode dirigir-se ao Hotel Portugal (*O Pharol*, 15 abr. 1882, p. 2).

> Estucador — oferece-se um, com larga prática e que se acha no caso de executar qualquer trabalho que lhe seja confiado por difícil que seja. Encarrega-se também de medições e de levantar plantas quer para edifícios, quer para ajardinamentos, que também se encarrega de executar. Informações no Hotel dos Petiscos de Pascoal Lombardi [sito à rua Halfeld] (Educador. *O Pharol*, 5 out. 1882, p. 4). [172]

---

[171] Cozinheiros franceses "conhecendo perfeitamente sua arte" eram muito requisitados pelos melhores hotéis juizforanos, em cujos salões as elites locais se reuniam constantemente para "jantares, *soirées*, casamentos e batizados". Em 1879, por exemplo, o Hotel Rio de Janeiro anunciou a contratação do "sr. Pierre Vausignac, ex-chefe de cozinha" de conhecidos hotéis da Corte (*O Pharol*, 5 jun. 1879, p. 4).

[172] Como mais um indício de que o vigor da economia escravista de Juiz de Fora atraía para o seu núcleo urbano inúmeros oficiais de ofício e artistas, em 1882, um ex-aluno da Imperial Academia das Belas Artes do Rio de Janeiro, Antônio Bernardo Soares, anunciou que acabara de inaugurar uma oficina naquela cidade, onde confeccionava imagens, ornatos para igrejas, arabescos, florões "em barro, gesso, cera e madeira, em baixo e alto relevo, em gostos antigos e modernos" (*O Pharol*, 15 jun. 1882, p. 4).

Um moço recém-chegado a esta cidade, completamente habilitado para todo o trabalho relativo ao emprego de guarda-livros oferece seus préstimos aos srs. Negociantes desta praça. Organiza escrita por partilha simples ou dobradas (Ao comércio. *O Pharol*, 25 jul. 1882, p. 4).[173]

♦

Uma senhora recentemente chegada da Corte sabendo lavar e engomar com perfeição roupa de homem e senhora oferece seu préstimo às pessoas que dele se queiram utilizar; garantindo seu trabalho, e dando fiador se preciso for. Quem precisar dirija-se ao sobrado da rua do Comércio, esquina de Santa Rita (Atenção. *O Pharol*, 29 nov. 1883, p. 3).[174]

Uma vez fixados no núcleo urbano de Juiz de Fora, é possível que parte desses trabalhadores contribuísse também, com o passar do tempo, para incrementar o contingente numeroso e heterogêneo de oficiais de ofício, das mais distintas especialidades, que, nos últimos anos imperiais, anunciavam seus serviços e atuavam livre e intensamente no mercado de mão de obra dessa cidade mineira — tais como canteiros, pedreiros, estucadores, escultores de ornatos, pintores (de carros, casas, igrejas, tabuletas e encarnação de imagens), vidraceiros, marceneiros, serralheiros, ferreiros, técnicos em máquinas (a vapor e de costura), funileiros, caldeireiros, armadores (de festivo e fúnebre), fogueteiros, relojoeiros, ourives, alfaiates, costureiras, sapateiros, seleiros, correeiros, cozinheiros, lavadeiras, parteiras, afinadores e reformadores de piano e guarda-livros.[175] Cabe ressaltar que esses profissionais, em maior ou menor grau, oscilavam entre a meta de se firmarem como autônomos e até ascenderem à condição de patrão e proprietários de pequenas oficinas e lojas, algo alcançado apenas por uma minoria, e o risco constante da proletarização e subsunção ao assalariamento capitalista. Risco este

---

[173] Os diversos anúncios pelos quais "guarda-livros habilitados" se ofereciam para o trabalho, tanto como empregados quanto como autônomos, também constituem indícios importantes de que a intensificação das atividades mercantis começava a exigir das casas de negócios e manufaturas locais, então, uma melhor organização e controle de suas operações (Guarda-livros. *O Pharol*, 10 mar.1883, p. 3).

[174] Encontrei outros anúncios de mulheres ofertando serviços autônomos nesse centro urbano, especialmente de lavadeira, parteira e costureira (*O Pharol*, 3 jun. 1877, p. 3 e 10 maio 1883, p. 4).

[175] Esta relação foi obtida, basicamente, a partir de anúncios publicados nas seguintes edições de *O Pharol*: 17 fev. 1876, p. 3; 3 jun. 1877, p. 3; 20 jan. 1878, p. 3; 14 abr. 1878, p. 4; 16 maio 1878, p. 4; 1 out. 1878, p. 3; 2 nov. 1878, p. 3-4; 7 fev. 1882, p. 3; 25 maio 1882, p. 4; 15 jun. 1882, p. 4; 25 jul. 1882, p. 4; 5 out. 1882, p. 4; 23 dez. 1882, p. 4; 6 jan. 1883, p. 3; 27 mar. 1883, p. 3; 10 maio 1883, p. 4; 17 jul. 1883, p. 2; 20 set. 1883, p. 4; 4 out. 1883, p. 3 e 29 nov. 1883, p. 3.

que, na verdade, se tornou uma tendência inexorável para a ampla maioria desses trabalhadores manuais, que cedo ou tarde se viram compelidos a procurar uma ocupação mais estável, ainda que menos rentável, como artífices e empregados qualificados nos diversos estabelecimentos mercantis e manufatureiros locais.[176]

De todo modo, se houve de fato um incremento significativo na demanda por trabalhadores livres em Juiz de Fora entre os anos de 1870 e 1880, tudo leva a crer que tal procura foi suprida, em grande medida, pelo número igualmente expressivo de homens e mulheres, dessa urbe ou a ela recém-chegados, que se ofertavam regularmente no mercado de trabalho tanto como candidatos a um emprego, quanto como prestadores autônomos dos mais variados serviços. Mas as informações presentes nos diversos anúncios citados nessa seção, somadas a dados de outras fontes, permitem empreender um exame ainda mais abrangente das peculiaridades desse mercado urbano de mão de obra, que se conformou no interior de uma sociedade escravocrata.

Sem desconsiderar, portanto, que se tratava de um mercado de trabalho híbrido, em que o assalariamento capitalista ainda não havia se generalizado, examinarei fundamentalmente as modalidades de contratação e os parâmetros salariais impostos localmente a boa parte dos indivíduos juridicamente livres, que, subdivididos em distintas categorias de artífices e trabalhadores manuais, não raras vezes desenvolviam suas atividades ladeados por cativos. Mais especificamente, a proletários de múltiplas nacionalidades, cores e idades, que por meio de seus ofícios e da venda barata de seu principal bem, a sua capacidade ou força de trabalho, procuravam "viver sobre si" e, deste modo, ampliar ou preservar minimamente os "intervalos" que os separavam, na hierarquia dessa sociedade de classes, tanto dos escravizados quanto dos demais segmentos marginalizados da população juizforana.

Iniciarei essa análise apresentando uma última série de anúncios com ofertas de emprego —mais homogênea — que me permitirá expor a prática, ao que parece bastante disseminada, de parcela dos contratantes locais em destinar postos de serviço para trabalhadores "de pouca idade", prática esta que persistirá, quase que sem nenhuma alteração, ao longo de toda a Primeira República. Neste sentido,

---

[176] Voltarei oportunamente a essa importante questão, que diz respeito à cristalização de um proletariado heterogêneo em Juiz de Fora, no contexto histórico em que esse núcleo urbano se transformava em uma cidade-fábrica capitalista.

seguindo de perto estratégias de iniciação dos infantes no mundo do trabalho ditadas pela "racionalidade econômica" do mundo senhorial,[177] negociantes e proprietários de manufaturas e oficinas, por meio de reclames semelhantes aos que transcrevo a seguir, ofertavam regularmente vagas para "moleques", "pequenos" ou "meninos" de sete a 15 anos, livres ou escravizados:

> Precisa-se de um menino alemão que saiba ler e escrever, para caixeiro de uma casa de negócios (*O Pharol*, 29 nov. 1877, p. 3).[178]

> Precisa-se de dois pequenos de 13 a 15 anos de idade, livres ou escravos, para aprendizes de cozinha; a tratar no (...) Hotel [União] (Hotel União. *O Pharol*, 16 jun. 1878, p. 2).

> Precisa-se de alugar um menino de sete para oito anos. Trata-se nesta tipografia (*O Pharol*, 27 fev. 1883, p. 4).

> Precisa-se de um menino 12 a 14 anos, que queira aprender a arte de chapeleiro; na rua Halfeld, nº 51 (Precisa-se. *O Pharol*, 30 dez. 1882, p. 3).[179]

> Precisa-se de um pequeno, branco ou de cor, livre ou escravo, para fazer compras e recados; informa-se nesta tipografia.[180]

---

[177] De acordo com a lógica do sistema escravista, explica Maria Cristina Luz Pinheiro (2005a:159-183), a criança escrava não podia se tornar uma "carga inútil" para os senhores, que tratavam de iniciá-la em alguma tarefa produtiva muito cedo, entre os quatro e sete anos de idade, principalmente em afazeres domésticos e na lavoura. O aluguel de meninos cativos como "aprendizes" de inúmeros ofícios mecânicos — tais como marceneiro, pedreiro, ferreiro, charuteiro, sapateiro, alfaiate e tecelão — era uma estratégia ainda mais vantajosa para os proprietários, uma vez que "quanto mais qualificados os escravos, mais altos seriam [futuramente] os aluguéis cobrados".

[178] Uma semana após a publicação desse anúncio, um "menino", brasileiro ao que parece, ofertou-se para um emprego no comércio da seguinte forma: "Um menino, sabendo ler e escrever, tendo já alguma prática, deseja empregar-se como *caixeiro*". Diversos outros anúncios confirmam a preferência dos negociantes por trabalhadores "de pouca idade", "de bom comportamento" e alfabetizados, para os quais destinavam, sobretudo, vagas de caixeiros e entregadores (*O Pharol*, 6 dez. 1877, p. 4).

[179] Encontrei outros anúncios semelhantes, em que oficiais de ofício autônomos e donos de oficinas aceitavam meninos "de boa conduta" e "morigerados" para aprendizes (*O Pharol*, 24 ago. 1882, p. 3).

[180] Em outro anúncio desse mesmo gênero, um contratante de mão de obra informava que precisava "de um menino livre ou escravo para vender doces finos", prometendo "bom ordenado e tratamento" (*O Pharol*, 1 dez. 1878, p. 4; 27 fev. 1883, p. 3 e 7 fev. 1885, p. 4).

Portanto, além de se incumbirem de inúmeros afazeres no interior das residências abastadas, de atuarem no comércio ambulante e de servirem como auxiliares, entregadores e balconistas em estabelecimentos mercantis, muitos "meninos" eram empregados ainda como aprendizes e ajudantes de oficiais em barbearias, hotéis, pequenas oficinas e manufaturas de Juiz de Fora.[181] Nestas situações, exigiam-se previamente dos "menores" certas qualidades pessoais, como boa conduta, muita disposição para trabalhar e aprender uma profissão — o que valeria tanto para elevar as rendas futuras de seus "donos", no caso das crianças escravizadas e "ingênuas" (nos termos da Lei nº 2.040, de 28 de setembro de 1871), quanto para que as porventura livres contassem com meios regulares de prover a sua subsistência e, não raras vezes, de seus familiares.

No contexto de desagregação do sistema escravista, assim como no curso do processo de generalização do assalariamento capitalista entre os séculos XIX e XX, esses pequenos trabalhadores se configurarão, de fato, numa alternativa viável e rendosa para diferentes contratadores de mão de obra, especialmente por apresentarem "maior facilidade de subjugação (jornadas de trabalho estafantes, remuneração ínfima ou inexistente, castigos etc.), além de perspectiva de vida longa". Para Heloísa Maria Teixeira (2006:1-4), a inserção precoce no mundo do trabalho de crianças não escravas, em especial, decorria de fatores vinculados à orfandade e às dificuldades de sobrevivência que, frequentemente, "resultavam na necessidade de os filhos de famílias pobres enfrentarem a lida diária ou até mesmo partirem para outros domicílios em busca de trabalho, a fim de contribuir ou mesmo manter a subsistência da família". Para os patrões em geral, tratava-se de um excelente negócio, que lhes fornecia, no curto e médio prazos, jovens artífices formados em serviço, que realizavam tarefas e produziam de modo similar a um adulto ocupado nas mesmas funções, porém a um custo consideravelmente mais baixo. É o que sugere este anúncio veiculado em *O Pharol* de 21 de janeiro de 1881 (p. 3): "Precisa-se na rua Direita nº 11 de um rapazinho de 12 a 14 anos, de bons costumes, e cujo aluguel não exceda a 12$000".

Este valor representava pouco mais do que a terça parte dos 35$000 mensais ofertados em Juiz de Fora, entre os anos de 1878 e 1885, para criados adultos

---

[181] Nessa época, o termo "aprendiz" designava tanto trabalhadores "de pouca idade", quanto adultos jovens em processo de aquisição de conhecimentos e habilidades concernentes a uma determinada profissão manual. Ao buscar um "aprendiz de relojoeiro", por exemplo, um dono de oficina avisou que a preferência seria dada àqueles já com alguma prática como ajudante "de um outro oficial perito na arte" (Relojoeiro. *O Pharol*, 17 set. 1885, p. 4).

de ambos os sexos, como atestam alguns dos anúncios de *O Pharol* reproduzidos nas páginas anteriores. Mas, se os "jornais" pagos localmente a "meninos" de sete a 15 anos eram de fato extremamente baixos, as quantias recebidas por homens e mulheres livres, com maior idade e experiência, pouco se diferenciavam da renda que o aluguel de um escravo, nessa cidade e período, proporcionava a um proprietário desta modalidade de trabalhador servil. Tal situação se configurou quase como uma regra, nos trabalhos domésticos e nos serviços contratados tanto por estabelecimentos hoteleiros e de ensino, quanto pela municipalidade.[182] Vale lembrar que uma família juizforana abastada que quisesse dispor de uma "ama de leite" escravizada, em meados de 1883, teria que destinar ao seu senhor 30$000 por mês.[183]

No caso da mão de obra engajada diretamente pelo poder público local, tudo indica que a gradual substituição de cativos alugados por trabalhadores assalariados, entre 1870 e 1880, mais do que uma decisão humanitária, se traduziu fundamentalmente numa medida de redução de gastos — o que aponta para outro aspecto da "racionalidade econômica" que caracterizava o comportamento das elites juizforanas. De fato, se até por volta de 1877 a locação de cada um dos cativos empregados na limpeza urbana e no abastecimento e asseio da Cadeia obrigava a Câmara Municipal a desembolsar mais de 40$000 por mês, a partir dos anos seguintes, carcereiros livres serão contratados pela municipalidade a um custo cerca de 18,0% menor. É o que evidencia, de modo especial, essa notícia veiculada na edição de 5 de junho de 1879 de *O Pharol* (p. 1): "Os indivíduos contratados pelas autoridades policiais para na falta de praças da polícia guardarem a cadeia recusaram-se a continuar pelo preço de 1$100 por dia [ou 33$000 mensais]. Exigem hoje 2$000".

Ademais, os indícios aqui reunidos quanto à existência em Juiz de Fora, nos últimos anos escravistas, de uma relativa paridade entre os valores correntes de aluguel de cativos e de compra da força de trabalho de homens e mulheres li-

---

[182] Também na extensa zona rural que envolvia a cidade de Juiz de Fora, como indiquei nas páginas 57 a 59, os ordenados pagos a distintas categorias de trabalhadores livres (tais como carpinteiros, pedreiros, serradores e matadores de formiga), nos anos de 1870 e 1880, situavam-se dentro da faixa de variação dos preços mínimo e máximo cobrados pelo aluguel de cativos destinados à execução de árduas tarefas nas diversas unidades cafeeiras da região.

[183] Consultar o anúncio publicado n'*O Pharol* de 31 de julho de 1883 e reproduzido na p. 63 .

vres,[184] notadamente no setor de serviços urbanos, são reforçados sobremaneira por alguns dos anúncios reproduzidos neste capítulo. Refiro-me aos reclames em que certos hotéis, colégios e famílias ricas da cidade faziam questão de ressaltar que, para as respectivas vagas que ofertavam, buscavam igualmente trabalhadores "branco[s] ou de cor, livre[s] ou escravo[s]".[185] Essa comprovada equiparação, no âmbito de um mercado de mão de obra em expansão, de indivíduos que estavam em situações jurídicas diametralmente opostas guarda uma correspondência direta com o quadro de aviltamento econômico e de profundo desprestígio social no qual se encontravam circunscritas as primeiras gerações do proletariado de Juiz de Fora — quadro este que pouco se alterará com a Abolição e a República.

Outros pesquisadores fizeram menção a situações concretas de desvalorização do trabalho assalariado e do trabalhador livre apresentando quadros semelhantes ao que descrevi, para o setor de serviços urbanos de Juiz de Fora nos últimos anos escravistas. Hardman e Leonardi (1991:93-94), por exemplo, assinalam que a partir das décadas de 1860 e 1870, na cidade do Rio de Janeiro, "dado seu alto custo, os escravos eram alugados por uma soma que, muitas vezes, era superior ao salário pago a um operário" livre — cuja aquisição da força de trabalho, ademais, não exigia uma imobilização prévia de uma grande quantia de capital. A fábrica de velas da Companhia de Luz Steriaca, de acordo com levantamentos coordenados por Eulália Lobo (1971:252-256), despendia com cada um dos escravos que alugava — somando-se jornais, gratificações e alimentação — cerca de 36$300 em 1874. Já com os colonos portugueses que importava, cobrando-lhes a passagem, a despesa aparentemente era bem menor, uma vez que, de acordo com a autora, "era tão vantajoso importar o colono que a fábrica de velas, que empregava 20 escravos em 1856, só alugava 7 em 1874 e já não os alugava em 1888".

O levantamento de dados empreendido por Douglas Cole Libby, em especial, confirma o brutal aviltamento da condição social do proletariado mineiro no mo-

---

[184] Relativa paridade porque se, por um lado, os ordenados de 35$000 mensais pagos em Juiz de Fora a criados livres, entre 1878 e 1885, eram cerca de 16,7% superiores ao custo do aluguel de uma ama de leite escravizada, por outro lado, representavam então apenas 87,5% do valor locatício de cada um dos mancípios a serviço da municipalidade. Como indiquei há pouco, a quantia despendida com a locação de um destes escravos, por sua vez, superava em quase 20% o vencimento mensal de um carcereiro assalariado pela Câmara Municipal em fins dos anos 1870.

[185] Cf. *O Pharol*, 16 jun.1878, p. 2; 1 dez.1878, p. 4; 7 fev. 1882, p. 2; 27 fev. 1883, p. 3; 28 ago. 1883, p. 4; 4 out. 1883, p. 3; 2 fev. 1884, p. 3; 7 fev. 1885, p. 4 e 27 jun. 1885, p. 3.

mento de sua constituição e expansão iniciais, bem como aponta para um cenário já bastante complexo, nessa época, com significativas variações setoriais e regionais no mercado de mão de obra que se conformava lentamente na província. Ao comparar as despesas realizadas pela Mina de Morro Velho e a Fábrica de Tecidos do Cedro para remunerar as diversas modalidades de operários livres e escravizados que empregavam entre os anos 1878 e 1881, por exemplo, o autor concluiu que:

> Calculados os possíveis ganhos de 80% dos horistas da Fábrica do Cedro, uma classe que incluía a totalidade dos órfãos e tutelados, bem como boa parte das mulheres não tecedeiras, chegamos a um salário anual de, aproximadamente, 191$000 [15$917 ao mês]. Ora, em aluguel, sustento e prêmios, o escravo de primeira categoria custava à Saint John [D'El Rey Mining Company] uma média de 376$560 por ano [31$380 mensais] em 1879, enquanto o broqueiro livre, de comparecimento regular, podia perceber 682$000 anuais [56$834 por mês]. Em outras palavras, o trabalhador médio da Fábrica do Cedro custava cerca de 50% menos do que o escravo alugado em Morro Velho e acima de 70% menos do que o adulto livre empregado na mina.[186]

Por sua vez, os valores expressos na tabela 8, compilada a partir de informações presentes na "Lista dos cidadãos qualificados na freguesia de Santo Antonio de Juiz de Fora" em 1878,[187] demonstram que no começo do último decênio escravista, a estrutura de preços existente no mercado de mão de obra urbana de Juiz de Fora se mostrava também bastante complexa e diversificada. Com efeito, observa-se a existência de significativas diferenças de rendimentos no interior das 14 categorias profissionais que selecionei para esta análise, escolhidas por representarem bem as modalidades de trabalhadores manuais que movimentavam as principais fábricas e oficinas locais da época, sobretudo as dos ramos mecânico-metalúrgico, de calçados e artefatos de couro, de vestuário, do mobiliário e artefatos de madeira e da construção civil.

---

[186] Libby (1988:360-361, 384-388) fornece, ainda, estimativas de ganhos de quatro categorias profissionais empregadas em obras públicas, em 1877, nas diversas regiões de Minas. Na Zona da Mata, que apresenta as médias salariais mais elevadas, estas rendas são as seguintes: serventes, 435$000; pedreiros, 912$000; mestres pedreiros, 1:356$900 e condutores de obra, 1:718$100.

[187] Trata-se de uma longa relação de "eleitores de paróquia", publicada n'*O Pharol* entre os meses de março e abril de 1878, correspondendo a 19 quarteirões do "Distrito da Matriz", isto é, da área central e dos arrabaldes da cidade de Juiz de Fora. Em função de falhas na coleção desse periódico, não obtive dados completos do 11º e do 12º quarteirões nem qualquer informação sobre os qualificados no 9º quarteirão, que correspondia à Colônia D. Pedro II.

Tabela 8
Estimativas das rendas anuais e dos ordenados mensais de algumas categorias profissionais na cidade de Juiz de Fora (1878)

Profissões declaradas	Renda anual conhecida ou comprovada (em mil réis) [1]							Estimativas das rendas anuais e dos ordenados mensais médios por categorias			
								Renda anual		Ordenado mensal	
	200$	300$	400$	500$	600$	800$	1:000$	Menor valor (A) [2]	Maior valor (B) [3]	Menor valor (A / 12)	Maior valor (B / 12)
Alfaiate	5	1	3	1	1	—	—	277$777	550$000	23$148	45$833
Carpinteiro	51	5	17	3	—	—	1	253$424	625$000	21$118	52$083
Carroceiro	3	—	2	2	—	—	—	280$000	500$000	23$333	41$666
Ferreiro	16	—	—	—	—	1	1	200$000	900$000	16$666	75$000
Jornaleiro	29	6	—	—	—	—	—	200$000	300$000	16$666	25$000
Maquinista	—	—	—	—	—	—	1	1:000$000	1:000$000	83$333	83$333
Marceneiro	2	3	2	—	—	—	—	260$000	400$000	21$666	33$333
Ourives	1	—	—	—	1	—	—	200$000	600$000	16$666	50$000
Pedreiro	9	1	1	—	1	—	1	227$272	800$000	18$939	66$666
Pintor	—	1	—	—	2	—	—	300$000	600$000	25$000	50$000
Relojoeiro	—	—	1	—	—	—	—	400$000	400$000	33$333	33$333
Sapateiro	2	1	1	—	—	—	—	233$333	400$000	19$444	33$333
Seleiro	1	2	1	—	—	—	—	266$666	400$000	22$222	33$333
Tipógrafo	—	—	1	—	—	—	—	400$000	400$000	33$333	33$333
Σ / Médias gerais	119	20	29	6	5	1	4	246$428	675$000	20$535	56$250
								460$714		38$392	

[1] Foram reunidas informações sobre 184 trabalhadores manuais, o que corresponde a 18,02% dos 1.021 indivíduos inscritos então nesse distrito eleitoral. Para votar, entre outras exigências, o cidadão deveria possuir uma renda anual superior a 200$000, a ser comprovada ou presumida pela junta de qualificação de eleitores. A falta de rigor nesse processo, evidenciada pelo fato de que 65% dos 184 votantes paroquiais aqui listados terem se credenciado pela renda mínima, me fez optar pelo estabelecimento de faixas de variação dos rendimentos anuais e mensais dessas 14 categorias profissionais.

[2] O menor valor anual recebido por boa parte dessas categorias profissionais foi estimado a partir da média aritmética das declarações de renda situadas entre 200 e 400$000. Quando não foi possível estabelecer uma média, foi considerada válida a quantia mais baixa informada ou a única quantia declarada, conforme o caso.

[3] A estimativa do maior valor, por sua vez, foi obtida a partir da média aritmética das declarações de renda situadas entre 500 e 1:000$000. Foi considerada válida a quantia mais alta informada ou a única quantia declarada, de acordo com a situação, quando não havia elementos suficientes, no interior dessa faixa, para extração de uma média.

Fonte: Lista dos cidadãos qualificados na freguesia de Santo Antonio de Juiz de Fora – Distrito da Matriz. *O Pharol*, 24 e 28 fev. 1878, p. 2-3; 3, 10 e 14 mar. 1878, p. 2; 21 mar. 1878, p. 2-3; 24 mar. 1878, p. 1; 28 mar. 1878, p. 2-3; 4 abr. 1878, p. 1-2; 7 abr. 1878, p. 3; 11 abr. 1878, p. 2-3; 14 abr. 1878, p. 3-4 e 18 abr. 1878, p. 2-3.

Mesmo sendo necessário considerar a existência de muitas subdeclarações de rendimentos nesse processo de qualificação de eleitores paroquiais, cuja dinâmica e lisura estavam submetidas aos interesses particularistas dos grupos oligárquicos locais, é bastante relevante o fato de que 91,3% dos 184 artífices e oficiais de ofício relacionados na tabela 8 integrem o conjunto de votantes com renda anual entre 200 e 400$000. Na verdade, apenas um maquinista, um ourives, dois alfaiates, dois carroceiros, dois ferreiros, dois pintores, dois pedreiros e quatro carpinteiros informaram que auferiam de 500 a 1:000$000 por ano.[188] Entretanto, ainda que com significativas variações, tanto no âmbito de certas categorias quanto de alguns ofícios em relação aos demais, foi possível estimar a renda anual média desses trabalhadores em 460$714. Este valor hipotético, cumpre ressaltar, equivaleria a jornais de 1$476 para os indivíduos que trabalhassem o ano inteiro, excetuando-se apenas os domingos, algo na realidade bastante difícil para os proletários menos especializados, sobretudo os jornaleiros, que se viam frequentemente obrigados a alternar períodos de intensa atividade laboral mal remunerada com intervalos, por vezes longos, de completa inatividade.[189] Esta realidade revela que mais do que um vício e uma imoralidade praticada por certos elementos, ou uma resultante da tendência inata dos pobres de se entregarem à vagabundagem, a ociosidade decorria em grande medida do desemprego e se configurava com uma imposição de natureza estrutural para muitos homens e mulheres despossuídos e com pouca capacitação profissional.

Por outro lado, as consideráveis variações de renda reveladas pelos dados reunidos na tabela 8 reforçam a percepção mais geral de que, muito antes da Abolição, uma série de fatores — como o grau de qualificação, a idade, o número de dias trabalhados, a produtividade e o ramo de atuação — influíam de modo decisivo na

---

[188] Além do relojoeiro, do tipógrafo, um ourives, um pintor e todos os jornaleiros, marceneiros, sapateiros e seleiros, bem como a ampla maioria dos alfaiates, carpinteiros, carroceiros, ferreiros e pedreiros declararam rendas anuais entre 200 e 400$000. Rendimentos estes com os quais "só um indigente viveria no Brasil", como afirmou Rui Barbosa em sua defesa do "censo pecuniário", mas que para Sérgio Buarque de Hollanda (1997:221-224) estavam bem acima do que a maior parte dos não escravos recebiam, mesmo em uma província economicamente importante como Minas Gerais, onde a média do salário ganho por uma boa parte da população, em 1883, "era de 12$000 por mês, isto é, 144$000 por ano, bem menos do que (...) o total representado pelo capital e amortização do braço escravo".

[189] Não por acaso, como comprova a linha correspondente na tabela 8, foram justamente os jornaleiros que apresentaram as médias mais baixas de renda anual e de ordenado mensal, estimadas respectivamente em 250$000 e 20$833 — valores estes que representam apenas cerca de 55% das médias gerais dos rendimentos auferidos pelas outras 13 categorias profissionais analisadas.

definição dos valores dos "jornais" ou dos "ordenados" percebidos pelos trabalhadores não escravos. Nos ramos de calçados e artefatos de couro e de confecção de vestuário, em particular, predominava o pagamento de uma quantia prefixada "por peça" ou "feitio", sobretudo para os artífices mais qualificados, como sapateiros, alfaiates e costureiras.[190] Nos demais segmentos manufatureiros, assim como nas tarefas domésticas e nos setores de comércio e serviços, os vencimentos variavam principalmente em função da especialidade, do sexo e da idade dos contratados e de acordo também com a quantidade de dias por eles trabalhados.[191]

Mas, a exemplo do que ocorria então no setor de serviços urbanos, parece existir também uma forte correlação entre tal processo de formação do preço de compra e venda da força de trabalho de homens livres com as quantias pagas localmente pelo aluguel de cativos. Neste sentido, não parece tratar-se de uma simples coincidência o fato de o rendimento mensal médio das 14 categorias profissionais em análise — rendimento este estimado em 38$392 — se situar rigorosamente na faixa em que oscilavam os preços médios cobrados, nos anos de 1870 e 1880, em transações envolvendo locação de cativos no núcleo urbano e na zona rural de Juiz de Fora — ou seja, entre 35 e 45$000 por mês aproximadamente.[192] Mais à frente, ao analisar a folha de pagamentos de fevereiro de 1884 da fábrica de tecidos Industrial Mineira, percebe-se a existência de uma situação similar a esta na então nascente indústria têxtil juizforana.

---

[190] Como indica o anúncio a seguir, a remuneração variável e dependente da produtividade assumia pelo menos outra forma contratual específica nessa época: "Precisa-se contratar um *oleiro* para tomar conta de uma olaria, dando-se um partido" — ou seja, o valor do ordenado desse oleiro viria da comercialização dos tijolos e telhas produzidos por ele (Olaria. *O Pharol*, 26 ago. 1877, p. 3).

[191] É interessante notar que as expressões "jornais" e "ordenados" surgiam nos reclames com acepções bastante distintas: a primeira significando paga por um dia efetivo de trabalho, em situações em que a contratação se caracterizava como mais instável e de curto prazo; a segunda, ao contrário, denotava uma maior estabilidade e indicava tanto o acerto de valores devidos por jornadas realizadas numa semana, quinzena ou mês, quanto a remuneração por artigos produzidos ou tarefas completadas ao longo de uma daquelas temporalidades. "Jornal" e "ordenado" podiam se referir também a pagamentos efetuados por terceiros a um proprietário de escravos pela locação de um de seus cativos, assim como o termo "aluguel", em muitos casos, designava o preço cobrado por livres para vender sua força de trabalho por um período preestabelecido de tempo, como indica esse anúncio: "Aluga-se uma perfeita costureira alemã para casa de tratamento" (Costureira. *O Pharol*, 3 jun. 1877, p. 3).

[192] Neste período, o valor de locação de cativos na cidade de Juiz de Fora variava entre 30$000 e 40$000 mensais. Já na extensa zona rural do município, o mercado de aluguel de escravos operava com preços mais elevados, em torno de 45$000 por mês, tendo em vista que era nesse espaço socioeconômico que se concentravam os mancípios mais jovens e em melhores condições físicas, que compunham a força de trabalho mais valorizada e requisitada pelas grandes unidades produtoras de café da região.

Antes, é importante assinalar que não obstante submeterem todos os dias homens, mulheres e crianças juridicamente livres às precárias condições socioeconômicas, em suas ofertas de empregos, as famílias ricas, os empreiteiros e os proprietários de casas de negócios, hotéis, colégios, fábricas e oficinas se mostravam sempre muito exigentes em relação às características pessoais e às habilitações profissionais daqueles que, porventura, se apresentassem para o preenchimento das vagas anunciadas. Com efeito, para fazerem jus aos "bons ordenados", "jornais" ou "salários" prometidos, mas que já foram aqui desmistificados, os candidatos a um emprego, de ambos os sexos e de qualquer idade, deveriam ser: bons, peritos ou perfeitos em seu ofício — sobretudo sapateiros, alfaiates, costureiras, cozinheiros e barbeiros; morigerados e dispostos ao trabalho pesado e prolongado; ordeiros, bem comportados, de conduta afiançada; asseados, capazes de executar o serviço com limpeza, capricho e presteza, conforme o caso.

Em certas situações, exigia-se também que o pretendente a uma vaga soubesse ler e escrever, como no caso dos postos ofertados para caixeiros, ou até mesmo que fosse de uma determinada nacionalidade — sobretudo germânica, designação nacional esta utilizada nos reclames dos anos 1870 e 1880 analisados, assim como em artigos de jornal do início do século XX, como um sinônimo de pessoa morigerada e laboriosa.[193] Desta maneira, nos padrões revelados pelos anúncios de empregos veiculados n'*O Pharol*, ser qualificado ia muito além de possuir a destreza e os conhecimentos técnicos pertinentes a uma profissão ou ofício específico, se estendendo para uma série de características pessoais e morais. Nota-se, portanto, que os agentes socioeconômicos diretamente envolvidos na expansão do mercado de mão de obra de Juiz de Fora, ao selecionarem e classificarem os trabalhadores, não agiam apenas como patrões isolados, preocupados em regular somente o estrito domínio de sua casa, propriedade, negócio ou firma. Nesse processo, atuavam também de modo classista no firme sentido de disciplinar o nascente proletariado juizforano sob uma nova ética do trabalho.

Uma ética autoritária e repressiva que transformava o ato de trabalhar em uma das mais importantes obrigações morais e sociais dos indivíduos despossuí-

---

[193] Nessa época, os membros da comunidade alemã local figuram nos discursos elitistas, de modo geral, como elementos "honrados, inteligentes, ordeiros e operosos", que muito contribuíram "para o rápido progresso de Juiz de Fora" e que davam cotidianamente aos operários nacionais, e também aos estrangeiros recém-chegados, sobretudo aos italianos, "exemplos de amor ao trabalho" (*O Pharol*, 1 jan. 1901, p. 2-3).

dos, independentemente de suas reais condições de existência e do fato de muitos desses homens e mulheres viverem, na verdade, num "cativeiro" extrajurídico ao qual a Abolição não conseguirá pôr termo. A imposição dessas "novas" modalidades de relações sociais e, em particular, a manutenção da estrutura de preços de jornais e ordenados nos estreitos domínios da "racionalidade econômica escravista", como procurarei demonstrar, dependiam e eram garantidas pela existência no âmbito do mercado local de mão de obra de excepcionais condições de oferta de trabalhadores livres, de múltiplas nacionalidades e com variados graus de especialização.

De fato, não apenas entre 1870 e 1880 como também no decurso das primeiras décadas republicanas, o contingente de homens e mulheres necessitados, de todas as idades, dispostos a se submeterem a regimes de serviços extenuantes e mal pagos foi sempre bastante elevado no núcleo urbano de Juiz de Fora. Esse cenário de crescente procura por braços e ampla disponibilidade de indivíduos despossuídos e aptos para o trabalho, especializado ou não, pode ser perfeitamente visualizado por meio do exame das diversas estratégias de recrutamento adotadas, no último quartel do século XIX, por fábricas e oficinas pertencentes aos dois ramos mais dinâmicos do parque manufatureiro local: o mecânico-metalúrgico e o de fiação e tecelagem.

Embora utilizassem muitos oficiais de ofício e operários, raramente os estabelecimentos destes dois segmentos manufatureiros recorriam a anúncios pagos de jornal para dispor rapidamente dos braços que necessitavam para a manutenção e aumento de sua produção. No ramo mecânico-metalúrgico, o mais provável é que as firmas de maior porte recrutassem seus artífices junto aos familiares e conhecidos de seus funcionários, sobretudo os vinculados à colônia germânica local, bem como selecionando parte daqueles que frequentemente batiam às portas de suas respectivas instalações à procura de uma ocupação regular.[194] Encontrei indícios consistentes não apenas dessa relativa facilidade em contratar mão de obra, como da prática patronal de treinar em serviço parcela da força de trabalho de que

---

[194] Foi localizado apenas um único anúncio, entre 1876 e 1885, ofertando vaga para artífices do ramo mecânico-metalúrgico, no caso, para um segeiro a ser empregado na construção e reforma de carros e carroças. De fato, mesmo para as funções mais qualificadas — como maquinista, serralheiro e fundidor —, as firmas desse setor não enfrentavam maiores dificuldades para encontrar mão de obra, como sugere este reclame: "Oferece-se um [maquinista] habilitado para tomar conta de qualquer máquina a vapor" (*O Pharol*, 5 maio 1885, p. 4).

necessitava, em peças publicitárias veiculadas n'*O Pharol* pela Fábrica de Máquinas e Fundição de Ferro e Bronze George F. Grande e pelas Oficinas de Máquinas e Fundição de Christiano Schubert — estabelecimento este que ao fazer propaganda de seus produtos, no início de 1881, aproveitou para anunciar também que necessitava contratar "dois aprendizes".[195]

Já a Fábrica de Fiação e Tecelagem Industrial Mineira parece ter encontrado facilidades ainda maiores para recrutar o contingente numeroso de trabalhadores necessário à movimentação de suas diversas seções e maquinismos, mesmo situando-se numa área relativamente distante do centro de Juiz de Fora. De fato, durante o transcurso das obras de instalação e os dois anos iniciais de operação desse empreendimento manufatureiro de grande porte, seus diretores não publicaram qualquer anúncio nos jornais locais ofertando vagas para operários, com ou sem qualificação.[196] Tal fato constitui um indício bastante relevante de que os cerca de 130 postos de trabalho discriminados numa das primeiras folhas de pagamento dessa unidade fabril, correspondente ao mês de fevereiro de 1884 (imagens 11 e 12), foram preenchidos rápida e facilmente, situação esta que contrastava em tudo com as enormes dificuldades enfrentadas, na mesma época, por indústrias têxteis de diferentes pontos do país para compor e manter um quadro regular de funcionários.[197]

---

[195] Alguns anos antes, João Ulrico Schiess (fundador da fábrica que pertenceria depois a George F. Grande) informava que havia "aumentado o seu estabelecimento tanto nas oficinas quanto no número de operários, podendo com isso aprontar qualquer encomenda com brevidade". Após a morte de Schiess, a viúva procurou tranquilizar a freguesia esclarecendo que a firma "continua como até hoje com os mesmos empregados e oficiais, dirigidos por um habilíssimo e perito maquinista" (*O Pharol*, 26 ago. 1877, p. 4; 10 jan. 1878, p. 4 e 31 mar. 1881, p. 3).

[196] Em 1883, além de notícias sobre as obras de instalação e a inauguração da tecelagem, encontrei apenas dois reclames veiculados por sua direção: um ofertando 150$000 a quem denunciasse os responsáveis pelo roubo de parte do ferramental das antigas oficinas da CUI; outro anunciando a compra de "qualquer porção de algodão" que fosse levada à fábrica (Na ordem: Grande Roubo. *O Pharol*, 22 fev. 1883, p. 3 e Algodão. *O Pharol*, 22 fev. 1883, p. 3 e 10 jul. 1883, p. 3).

[197] A escassez de mão de obra alegada então por boa parte do setor têxtil, explica Stanley Stein (1979:67-73), decorria em geral "da mobilidade dos trabalhadores, que ingressavam nas fábricas e as abandonavam de acordo com o valor dos salários e as condições de vida por elas oferecidas". Esse é o caso, por exemplo, da tecelagem mineira União Itabirana, cujos diretores criticavam, em 1883, a forte resistência dos indivíduos livres pobres em se submeterem à disciplina fabril: "entregues às suas vidas indolentes, trabalhando 3 ou 4 dias por semana, eles não querem ganhar mais do que um salário miserável, porque só pensam em comer, mastigar palitos, beber cachaça e se corromperem". Como "solução" para tal problema propunham que o Império "subvencionasse as fábricas de algodão para que pudessem acolher órfãos 'pobres e sem instrução' e ensinar-lhes o ofício de carpinteiro, ferreiro e outras ocupações industriais".

A análise cuidadosa da referida folha de pagamento, cujos dados encontram-se no anexo VI, permite conhecer outras informações importantes a respeito da Fábrica dos Ingleses no momento em que suas operações se iniciavam, sobretudo no que se refere à organização de sua produção e à composição e remuneração da sua força de trabalho.[198] Quanto ao primeiro aspecto, percebe-se a existência de uma acentuada divisão de tarefas e de uma rígida hierarquização do processo produtivo, com a distribuição dos 128 funcionários dessa tecelagem em sete setores complementares e subsidiários ("gerência e controle da produção", "fiação", "tecelagem", "serviços adicionais à produção", "oficinas, turbina hidráulica, caldeiraria e depósito", "serviços auxiliares à produção" e "obras de instalação da fábrica") e 28 cargos diferentes, exercidos por homens, mulheres e crianças de múltiplas nacionalidades. Entre essas diversas funções, destacam-se as de "maçaroqueiro", "fiandeiro", "tecelão" e "trabalhador", que representavam 60,15% da mão de obra empregada, então, por esta grande unidade fabril.

No que diz respeito à composição da força de trabalho, chama a atenção o fato de que, em fevereiro de 1884, 69,5% dos empregados desse estabelecimento industrial compunham-se de indivíduos do sexo masculino. Tal fato deve-se tanto à existência de muitos operários da construção civil (pedreiros, carpinteiros, trabalhadores e um pintor) relacionados na folha de pagamentos em análise, quanto à utilização de um grande número de meninos no setor de "fiação", sobretudo como "fiandeiros" — função exercida por 14 dos 20 menores encontrados então nessa fábrica. Na verdade, à exceção desse setor, os homens adultos se configuravam como majoritários em todas as demais seções produtivas, sendo numerosos inclusive na "tecelagem", onde representavam mais de 60% do pessoal em atividade. A mão de obra feminina, por sua vez, estava quase que exclusivamente concentrada nesses dois setores fabris, a "fiação" e a "tecelagem", especialmente nas funções de "maçaroqueira", "fiandeira" e "tecelã". Quanto à nacionalidade desses funcionários, deduzida a partir de seus nomes e sobrenomes, foi possível constatar a presença de muitos alemães e descentes (53,9%), brasileiros e lusos (35,2%) e um contingente bem menor de italianos (3,1%) e de ingleses (7,8%) — estes últimos, predominantes no controle da produção, nos cargos de gerência e mestria.

---

[198] Foi necessário compreender o processo produtivo de uma fábrica desse tipo e porte no final do século XIX, bem como estabelecer uma equivalência entre setores e funções com base nas folhas originais e nas informações presentes em Weid e Bastos (1986:197-215), para realizar a análise dessa folha de 1884 e de outra relativa ao mês de maio de 1897, ambas em inglês e encontradas no fundo documental da Companhia de Fiação e Tecelagem Industrial Mineira (Arquivo Histórico da UFJF).

A proximidade da Fábrica dos Ingleses com a antiga Colônia D. Pedro II, especialmente da Villagem, explica perfeitamente a forte participação de germânicos, e seus descentes nascidos no Brasil, no quadro funcional dessa empresa em fevereiro de 1884, quando ela apenas iniciava a sua produção. Mas, no que se refere à disponibilidade de mão de obra, a situação excepcional e confortável desfrutada então por essa unidade fabril, a meu ver, pode ser atribuída ainda à intrigante capacidade revelada por um empreendimento dessa natureza e porte em atrair para os seus portões e dependências, antes mesmo do fim da escravidão, uma massa de pessoas de todo tipo. Uma legião de adultos e menores de ambos os sexos, incluindo muitos alemães, lusos, brasileiros e italianos desvalidos, dispostos ou impelidos a se submeterem ao assalariamento e à disciplina capitalistas, a se transformarem em "operários modernos". De fato, como revela o anúncio a seguir, um ano após a sua inauguração, as instalações da Industrial Mineira continuavam a despertar a curiosidade pública: "O gerente da fábrica de tecidos, em vista da grande afluência de visitas que tem tido este estabelecimento, visitas que quando inesperadas perturbam o trabalho dos operários, resolveu marcar um dia [da semana] em que pudessem ser visitadas as oficinas"[199] — a segunda-feira.

Além dos alegados motivos de natureza organizacional e disciplinar, fica claro que ao fixar a segunda-feira como o dia ideal para tais visitas, forçando os "curiosos" e os eventuais candidatos a um emprego a comparecerem em massa à porta do estabelecimento sempre no "primeiro dia útil da semana", a direção da tecelagem procurava também ordenar melhor o processo de recrutamento de novos operários. Evidencia-se mais uma vez a facilidade de que essa fábrica dispunha para engajar rapidamente um grande número de trabalhadores, quer seja para a reposição da força de trabalho regular, quer seja para permitir o incremento contínuo de sua produção de fios e tecidos de algodão. A julgar pela estrutura de preços de ordenados presente em sua folha de pagamentos de fevereiro de 1884, apenas em certas funções mais especializadas — como as de "gerente", "mestre" e chefe dos serviços de mecânica, que abrangiam apenas 3,9% do pessoal — a Fábrica de Fiação e Tecelagem Industrial Mineira enfrentava alguma dificuldade de contratação, problema este que era contornado com o emprego de ingleses e a oferta de remunerações mensais elevadas, variando entre 141$257 a 240$000.

---

[199] Fábrica de tecidos em Mariano Procópio. *O Pharol*, 30 jan. 1885, p. 2.

Imagens 11 e 12
Folha de pagamentos da Fábrica de Fiação e Tecelagem Industrial Mineira (1884)

Folha de pagamento de fevereiro de 1884.
Fundo da Cia. de Fiação e Tecelagem Industrial Mineira (AH-UFJF), respectivamente 1ª e 4ª páginas.

Numa faixa bem abaixo, com valores médios oscilando entre 72$210 e 114$355 por mês, situavam-se os ordenados intermediários, pagos aos outros cargos do setor de "gerência e controle da produção" (contramestre e apontador), aos artífices mais especializados (carpinteiros, pedreiros, pintores, ferreiros, operador da turbina e caldeireiro), aos mecânicos não ingleses e a um vigia, que representavam 17,9% do quadro funcional dessa fábrica têxtil no começo de 1884. Mas os salários auferidos na Fábrica dos Ingleses, nesse ano, por artífices de quatro dessas categorias de oficiais de ofício — carpinteiro, ferreiro, pedreiro e pintores, em especial — configuravam-se como muito mais elevados do que os ganhos da ampla maioria dos demais operários. Do mesmo modo, eram ainda cerca de 16,56% superiores, em média, à renda mensal de autônomos e empregados em tais profissões na cidade de Juiz de Fora em 1878 (ver tabela 9).

TABELA 9
Valores médios de ordenados mensais pagos na cidade de Juiz de Fora em 1878 e na Fábrica dos Ingleses em 1884

Profissões/funções	1878 [1]	1884 [2]	Variação %
Carpinteiro	52$083	78$463	+ 50,65%
Ferreiro	75$000	72$210	- 3,72%
Pedreiro	66$666	77$331	+ 16%
Pintor	50$000	56$100	+ 12,2%
Valores médios	60$937	71$026	+ 16,56%

[1] O maior valor estimado foi considerado tendo em vista o grande número de indivíduos que declararam, em 1878, a renda anual mínima (200$000) na qualificação de eleitores paroquiais na cidade de Juiz de Fora.
[2] Foi considerado o valor médio ou o maior valor de ordenado mensal, conforme o caso, pago a esses operários especializados, em fevereiro de 1884, na Fábrica de Fiação e Tecelagem Industrial Mineira.
Fonte: Tabela 8 e anexo VI.

Sem embargo a outras conclusões e análises, é fundamental assinalar que a limitação da oferta e o grau de qualificação constituíam, em meados da década de 1880, fatores preponderantes na definição do valor de compra e venda da força de trabalho de apenas um quinto do pessoal empregado pela Fábrica de Fiação e Tecelagem Industrial Mineira. A abundância de mão de obra masculina e o emprego de muitas mulheres e menores possibilitaram que os dirigentes desse empreendimento capitalista, desde o início de suas atividades produtivas, impusessem uma estrutura de preços de salários bastante desigual e plenamente adequada aos seus principais interesses: aumentar continuamente a produção de fios e tecidos e maximizar os lucros, fundamentalmente, por meio da exploração extensiva e intensiva de assalariados de múltiplas nacionalidades e idades.

De fato, como comprovam os dados reunidos no anexo VI, mais de 78% dos 128 funcionários da Fábrica dos Ingleses, em especial os vinculados aos setores de "fiação" e de "tecelagem", recebiam salários extremamente baixos, com valores medianos oscilando entre 7$082 a 30$420 — faixa de preços em que se encontravam, por exemplo, os ordenados das duas dezenas de menores e das 39 mulheres empregadas, então, nesse estabelecimento industrial. Por outro lado, considero importante assinalar que o valor médio da remuneração dos operários dessa unidade fabril em fevereiro de 1884, estimado em 41$989, superava apenas em 9,37% os ganhos mensais médios de 38$392 auferidos por diferentes categorias de trabalhadores manuais, em 1878, no distrito-sede de Juiz de Fora. Ao operariado original da primeira grande fábrica têxtil desse município mineiro, por conseguinte, eram pagas quantias bastante próximas, em muitos casos até menores, daquelas cobradas por mês, por senhores de escravos da região, pelo aluguel de um cativo para o desempenho de tarefas variadas no eito, nos serviços públicos, nas casas de negócios e nas residências abastadas. Isto cerca de quatro anos antes da abolição formal da escravidão.

A Tecelagem Mascarenhas, inaugurada em 1888, também se beneficiou enormemente da abundância de trabalhadores necessitados e dispostos a se submeterem, na área central de Juiz de Fora, ao assalariamento e à disciplina fabril capitalistas. Seu proprietário, Bernardo Mascarenhas, chegou a fazer uma clara menção a tal facilidade de engajamento de mão de obra, em especial, ao tentar convencer, sem sucesso, os incorporadores da Companhia Progresso Industrial do Brasil a instalarem uma fábrica de tecidos nos arrabaldes da cidade. Como indica a citação a seguir, na carta que dirigiu em novembro desse ano aos empreendedores cariocas, Mascarenhas enfatizou que além das potencialidades hidroelétricas e da proximidade com os trilhos da Estrada de Ferro D. Pedro II, os terrenos que propunha (e ao que parece tentava vender) para implantação dessa nova unidade fabril eram valorizados ainda por sua contiguidade em relação a um mercado urbano de consumo e de mão de obra em franca expansão:

> Lugar aprazível para uma posição industrial, a 700 metros acima do mar, portanto muito fresco. Perto de Juiz de Fora, 5 quilômetros de estrada de ferro, onde há hospe-

daria de imigrantes que muito facilitará o engajamento de pessoal de primeira ordem e a preço mais módico do que na Corte. Luz elétrica a preço mínimo, estando pertinho da fábrica da Companhia Mineira de Eletricidade, que vai fazer a iluminação de Juiz de Fora. Me parece que o lugar pelas vantagens é digno da atenção de V. Ex.ᵃˢ tendo em vista as vantagens econômicas e garantia futura da Companhia [Progresso Industrial], [e de] vida cômoda para operários.[200]

Embora o barateamento e dinamização da produção industrial pelo emprego de eletricidade como força motriz só tenha se tornado algo concreto uma década depois, na passagem de 1880 e 1890, as atividades mercantis e manufatureiras se intensificaram e se diversificaram sobremaneira no núcleo urbano de Juiz de Fora, sob o impulso de uma conjuntura econômica favorável e do forte crescimento experimentado então pela cafeicultura da região. A estes fatores, soma-se a instalação da Hospedaria Horta Barbosa nos arrabaldes da cidade, em fins de 1888, como decorrência da deflagração tardia, por parte do governo mineiro, de uma política de imigração subvencionada.[201] Estas iniciativas estatais para alargar o mercado de trabalho local e regional contribuíram para reforçar as estratégias há tempos desencadeadas por industriais, negociantes e cafeicultores juizforanos para poderem contar, de modo permanente, com mão de obra abundante e barata — ou, para utilizar os termos de Bernardo Mascarenhas, para facilitar "o engajamento de pessoal de primeira ordem e a preço mais módico do que na Corte".

Entre setembro e dezembro de 1888, 7.246 estrangeiros, quase todos de nacionalidade italiana, passaram pela Hospedaria Horta Barbosa, tendo alguns se

---

[200] Vale lembrar que Mascarenhas era presidente da Companhia Mineira de Eletricidade, organizada então para viabilizar a construção da Usina de Marmelos 0, cuja limitada capacidade de geração, a princípio, se destinou exclusivamente à iluminação pública e residencial na área central de Juiz de Fora. Como indiquei anteriormente, somente após a inauguração da Usina de Marmelos I, em 1898, a CME terá condições técnicas reais de fornecer eletricidade para o uso industrial nessa cidade mineira. Ver Mascarenhas (1954:125-128).

[201] Uma reserva substancial de cativos e o desinteresse das elites agrárias, basicamente, fizeram com que a política imigrantista em Minas, até as vésperas da Abolição, se restringisse a apenas três pequenos núcleos coloniais. Entre 1887 e 1888, entretanto, o governo provincial institui a Inspetoria-Geral de Imigração e constrói uma hospedaria, ambas em Juiz de Fora, além de assinar contratos com firmas privadas para a importação e fixação de 55 mil europeus no território mineiro, disponibilizando para tanto 1.000:000$000. Atraídos por estes recursos e vislumbrando a possibilidade de expandir a oferta e baratear ainda mais o valor da mão de obra no mercado local, negociantes, industriais e cafeicultores desse município formaram a Associação Promotora da Imigração, que contratou com a província a introdução de 30 mil colonos, 8 mil em 1888 e 22 mil nos dois anos subsequentes. Ver Monteiro (1994:16-25).

fixado no núcleo urbano de Juiz de Fora e a maioria seguido em grupos para fazendas da região e do Sul de Minas e mesmo para outras províncias, especialmente para São Paulo. Contudo, como demonstram os dados no anexo VII, os melhores resultados quantitativos dessa investida do Estado para ampliar a oferta regional de braços aparecerão somente na segunda metade da década de 1890, após o governo mineiro reformular completamente o seu projeto imigrantista.[202]

De todo modo, os casos analisados nos ramos mecânico-metalúrgico e de fiação e tecelagem, que ao lado da construção civil configuraram-se então como os maiores contratadores locais de mão de obra, atestam plenamente a hipótese de que, desde fins dos anos 1870 e no decurso das duas décadas seguintes, as principais unidades fabris de Juiz de Fora não encontravam grandes dificuldades para dispor dos oficiais de ofício e operários necessários à movimentação e expansão de suas atividades. Além de propiciar a imposição de regimes de serviço árduos e a manutenção das quantias pagas a boa parte dos trabalhadores juizforanos em níveis terrivelmente baixos, a demonstrada disponibilidade de braços livres permitiu que as famílias ricas, os empreiteiros e os proprietários de casas de negócios, hotéis, colégios, fábricas e oficinas exercessem um enorme poder pessoal sobre os homens, mulheres e crianças que engajavam numa infinidade de tarefas. Foi basicamente no âmbito dessas "novas" relações sociais de produção e trabalho, urdidas nos derradeiros anos da escravidão e do Império, que se conformaram o "cativeiro" e o "salário de escravo" denunciados incessantemente no decurso da Primeira República, em diferentes cidades e capitais brasileiras, por organizações e lideranças proletárias pertencentes às mais variadas correntes políticas e ideológicas.

Acredito ter reunido até agora elementos suficientes para afirmar que o alarmismo elitista em face do aumento da pobreza e as ações coercitivas desencadeadas contra os segmentos despossuídos da população local, nas últimas três décadas do século XIX, destinavam-se a atender um duplo objetivo das classes conservadoras de Juiz de Fora: ordenar o espaço urbano sob sua hegemonia política e, concomitantemente, promover o disciplinamento socioeconômico do mercado de mão de

---

[202] De fato, os resultados da política imigrantista mineira no final do Império foram pífios, com o estabelecimento de menos de 10 mil colonos na província, o que resultou na extinção da Inspetoria-Geral de Imigração e no esvaziamento quase total da Hospedaria Horta Barbosa até meados de 1894. Ver Monteiro (1994:23-34).

obra dessa cidade. Nessa perspectiva, o aviltamento do valor da força de trabalho e a imposição de regimes de serviço rígidos e extenuantes surgem como corolários maiores desse processo, em que os interesses particularistas, imediatos e futuros, das elites agrárias e mercantis-manufatureiras passaram a depender também, cada vez mais, da definição e difusão de uma nova ética do trabalho.

Visando reforçar essas percepções e ampliar a reflexão acerca do processo de constituição das classes trabalhadoras de Juiz de Fora, passarei a analisar a dinâmica de funcionamento e os preços vigentes no mercado de mão de obra local entre os anos de 1890 e 1904. Com tal estudo, que também terá nos anúncios de emprego veiculados regularmente em jornais uma de suas fontes principais, procurarei identificar as alterações e os traços de continuidade relevantes com relação ao período de 1876 a 1885, e o impacto que o recrudescimento das iniciativas do governo de Minas no campo da imigração subvencionada teve sobre a oferta e a procura de braços em tal mercado de trabalho.

Estendendo o "cativeiro" para muito além da Abolição: mercado de trabalho e assalariamento capitalista em Juiz de Fora entre 1890 e 1904

> A mentalidade escravista não morreu com o fim da escravidão. Mesmo a indústria, marco de uma economia baseada no trabalho contratualmente livre, (...) nasceu marcada por formas servis de dominação, o trabalhador sem direitos. (...) Nas fábricas, a jornada de trabalho era de 12 horas não só para adultos mas também para crianças. Mulheres e crianças cumpriam jornadas noturnas. (...) Nessas condições o trabalhador literalmente se tornava matéria-prima do processo produtivo. Escravo, quando morria, era prejuízo. Trabalhador livre, quando morria, não causava o menor prejuízo ao processo produtivo nem ao capital. (...) A classe operária (...) teve por muito tempo os estigmas invisíveis da disfarçada servidão na personalidade.
>
> JOSÉ DE SOUZA MARTINS, *O estigma herdado da escravidão, 2007*.

O levantamento já realizado sobre as características e as dimensões das atividades mercantis e manufatureiras desenvolvidas em Juiz de Fora no final do Império e no começo da República, entre outras coisas, apontou para a existência de um cenário de acentuada expansão econômica, com o incremento e a diversificação crescentes dos ramos e segmentos produtivos e a ampliação significativa dos mercados de consumo local e regional. Neste sentido, lembro que entre 1890 e 1896, o número de oficiais de ofício, de fábricas e oficinas existentes no município praticamente triplicou, enquanto o total de estabelecimentos e profissionais do setor de comércio e serviços sofreu um aumento da ordem de 250%. Contudo, no período seguinte, compreendido entre 1897 e 1904 aproximadamente, assiste-se a uma fase de sensível retração nos negócios — fase esta, ao que tudo indica, mais duramente sentida pelos pequenos proprietários urbanos (donos de lojas, armazéns, quitandas, botequins e oficinas de reparos), por algumas categorias de trabalhadores especializados autônomos (costureiras, serralheiros, funileiros, sapateiros e pintores, por exemplo) e pelos empregados no setor terciário, caixeiros e criadas de modo especial.[203]

Os dados censitários reunidos na tabela 10 e no anexo VIII, por sua vez, reforçam as afirmações feitas anteriormente sobre a existência de extraordinárias condições de oferta de braços em Juiz de Fora no último quartel do Oitocentos, tanto na cidade quanto no campo. Por conseguinte, além de indicarem que o fluxo de mão de obra das zonas rurais para a área central do distrito-sede foi bastante limitado nesse período, tais informações demográficas sugerem ainda que a população urbana desse município se incrementou muito mais pela chegada contínua de indivíduos oriundos de outras regiões da Zona da Mata e de Minas, de outros estados brasileiros e de países europeus, sobretudo da Itália e de Portugal.

TABELA 10
População do município de Juiz de Fora (1890-1907)

Distrito	1890 Homens	1890 Mulheres	1890 Total	1907 Homens	1907 Mulheres	1907 Total	Incremento demográfico 1890-1907
Juiz de Fora (sede)	9.213	8.409	17.622	13.774	14.779	28.553	62,03%
Matias Barbosa	887	696	1.583	3.366	2.824	6.190	291,02%
Água Limpa	1.792	1.559	3.351	3.220	2.756	5.976	78,33%

Continua

---

[203] Consultar os anexos I e IV.

Distrito	1890			1907			Incremento demográfico 1890-1907
	Homens	Mulheres	Total	Homens	Mulheres	Total	
S. Francisco de Paula	2.305	2.049	4.354	3.046	2.880	5.926	36,1%
Paula Lima	1.299	1.074	2.373	2.833	2.611	5.444	129,41%
Vargem Grande	2.257	2.142	4.399	2.767	2.625	5.392	22,57%
S. Pedro de Alcântara	2.745	2.567	5.312	2.576	2.689	5.265	-0,88%
Sarandy	1.087	861	1.948	2.684	2.487	5.171	165,45%
Sant'Anna do Deserto	2.256	2.167	4.423	2.451	2.358	4.809	8,72%
S. Sebastião da Chácara	1.698	1.551	3.249	2.355	2.129	4.484	38,01%
S. José do Rio Preto	1.565	1.309	2.874	1.824	1.627	3.451	20,07%
N. S. do Rosário	1.243	1.191	2.434	1.628	1.502	3.130	28,59%
Porto das Flores	648	624	1.272	839	820	1.659	30,42%
Total	28.995	26.199	55.194	43.363	42.087	85.450	54,82%

Fontes: Habitantes do Município. *Almanach de Juiz de Fora para 1897*, 1896-1897, p. 61; Recenseamento. *Jornal do Commercio*, 31 dez. 1907, p. 1; *Annuario historico-chorographico de Minas Geraes — 1909 (Anno III)*, p. 569-572 e *Annuario historico-chorographico de Minas Geraes — 1913 (Anno V)*, p. 488-498.

Na edição de 4 de agosto de 1892 de *O Pharol* (Carestia de gêneros, p. 1), um articulista procurou rebater a tese de que a acentuada elevação dos preços dos gêneros de primeira necessidade, nessa conjuntura, devia-se à queda de produção na agricultura de abastecimento. Mais especificamente, o autor do referido artigo de contestação, Ignácio Gama, questionava a validade da afirmação de que o encarecimento dos víveres em Juiz de Fora decorreria de uma suposta "falta de braços", provocada por um igualmente hipotético êxodo para a cidade de trabalhadores rurais, em face da atração exercida pelos empregos industriais. "Para se acusar a indústria fabril de tirar à lavoura os braços", argumenta:

> Era mister que fossem eles encontrados aí no labor das fábricas. A gente, porém, que nestas se encontra, provendo a mão de obra, é composta de oficiais de ofício, mulheres, crianças, e estrangeiros que jamais foram arrancados à cultura porque jamais a

trabalharam. E quem quiser convencer-se desta verdade basta percorrer as oficinas e fábricas de Juiz de Fora, onde a indústria fabril já manifesta certo progresso.

Mas voltarei oportunamente ao problema da carestia. No momento, considero importante analisar quais eram as formas de inserção no mundo do trabalho de numerosos contingentes de homens, mulheres e crianças de múltiplas nacionalidades e qualificações, bem como o exame das modalidades e valores de contratação e os regimes gerais de serviço impostos a essa "gente" laboriosa, responsável pela movimentação do mais importante centro mercantil e fabril mineiro da época. Nesta perspectiva, é fundamental retomar, de modo sintético, as principais informações que reuni até aqui sobre a configuração do mercado urbano de mão de obra dessa cidade no último quartel do Oitocentos.

No que se refere à dinâmica mais geral desse mercado de mão de obra entre as décadas de 1870 e 1900, quer seja no momento de expansão (1876-96) quer seja na fase de relativa retração das atividades produtivas e mercantis locais (1897-1904), as fontes reunidas e analisadas anteriormente apontam, a princípio, para o aprofundamento contínuo da divisão social do trabalho e para a gradual generalização do assalariamento capitalista. Por outro lado, notadamente na passagem de 1880 para 1890, assiste-se também a um processo de proletarização crescente dos artistas ou oficiais de ofício autônomos vinculados a ramos como o mecânico e metalúrgico, o de confecção de vestuário, o de calçados e artefatos de couro, o de mobiliário e artefatos de madeira e aos distintos segmentos produtivos da construção civil — a saber, ferreiros, serralheiros, funileiros, costureiras, alfaiates, sapateiros, marceneiros, carpinteiros, pedreiros, pintores, entre outros.

Cumpre ressaltar que o processo de proletarização e de subsunção ao assalariamento capitalista de milhares de trabalhadores manuais, de múltiplas etnias e especializações profissionais, não pode ser reduzido aos seus aspectos econômicos mais aparentes. Como notou Thompson (2002:288-304), ao analisar as transformações em relação à percepção e controle do tempo na Inglaterra dos séculos XVIII e XIX, "a transição para a sociedade industrial desenvolvida requer uma análise tanto sociológica quanto econômica", pois, enfatiza o historiador inglês, "não existe desenvolvimento econômico que não seja ao mesmo tempo desenvolvimento ou mudança de uma cultura". No caso de Juiz de Fora, o alargamento contínuo do mercado de mão de obra e a cristalização de um proletariado numeroso e heterogêneo, entre os anos de 1870 e 1900, foram resultado tanto do incremento e diversificação da população e das atividades mercantis e manufatureiras, quanto das variadas ações desencadeadas pelas classes conservadoras locais para ordenar o mundo do trabalho e o espaço urbano sob sua hegemonia.

A generalização e extensão do cativeiro para muito além dos marcos legais da ordem escravista, a meu ver, surgem como duas das principais resultantes dos constantes esforços perpetrados por grupos elitistas de Juiz de Fora para, nesse momento crucial de transição, tentar reforçar a sua dominação sobre os antigos e novos habitantes locais. Com efeito, o termo "cativeiro" é aqui utilizado, fundamentalmente, como expressão figurativa da exploração econômica desmedida e da forte opressão política e social impostas, no último quartel do Oitocentos e nos primeiros decênios do século XX, a homens, mulheres e crianças pobres, de múltiplas nacionalidades e qualificações profissionais. Embora esses indivíduos desvalidos, e sua força de trabalho, não fossem evidentemente bens patrimoniais dos capitalistas e firmas para os quais laboravam, como ocorria com o escravo em relação a seu senhor, os regimes de serviço árduos e aviltantes aos quais cotidianamente tinham que se sujeitar acabavam por reduzi-los, de modo inexorável, também à condição servil — ou bem próxima dela. Por outro lado, as relações jurídicas e institucionais estabelecidas no âmbito mais amplo da sociedade civil, a princípio, relegavam os trabalhadores à posição de classes perigosas e viciosas, cuja liberdade deveria ser restringida ao máximo e submetida a uma vigilância sistemática, fazendo lembrar as precauções e o controle rígido exercido sobre os cativos que viviam e circulavam pela cidade nos tempos imperiais.

De fato, entre 1870 e 1930, por exemplo, subsiste na produção legislativa da Câmara Municipal de Juiz de Fora uma acentuada preocupação tanto com o ordenamento e moralização do espaço urbano, quanto com a regulamentação, taxação e coibição de práticas tradicionais e/ou alternativas de sobrevivência, como o autoabastecimento de gêneros e água e o trabalho de ambulantes e autônomos. Ainda que muitas das regras então criadas tenham permanecido sem aplicação real, como notou Sonia Regina Miranda (1990:257-270), no seu conjunto elas revelam "a construção de uma ideologia do trabalho e da ordem, compatível com a superação do escravismo e a generalização das práticas de trabalho assalariado". Revelam a intenção das elites em segregar espacialmente e impedir que os assalariados, assim como os demais setores populares, adquirissem e/ou exercessem plenamente sua cidadania, desfrutando também do direito à cidade e seu significativo progresso material.

Garantir um excedente contínuo de mão de obra, impor regimes de serviço extenuantes e mal pagos, disciplinar o espaço e as atividades urbanas sob uma lógica capitalista são metas sacrossantas para a burguesia juizforana entre os séculos XIX e XX. Metas estas que, em maior ou menor grau, serão alcançadas pela combinação de um conjunto variado de instrumentos político-institucionais e elementos discursivos, via de regra, mobilizados para coagir e persuadir moralmente os despossuídos a ingressarem e se preservarem no mundo ordenado do trabalho.

Visando identificar tanto permanências quanto mudanças significativas nos padrões de seleção, contratação, remuneração e utilização de mão de obra conformados localmente no período entre 1876 e 1885, realizei um amplo levantamento de anúncios de emprego veiculados na imprensa juizforana nos primeiros 15 anos da República. Trata-se de um esforço para perceber até que ponto e, principalmente, em que segmentos da economia e da força de trabalho urbanas de Juiz de Fora as estratégias burguesas de extensão do cativeiro e generalização do assalariamento capitalista se revelaram compatíveis e bem-sucedidas. Neste sentido, como demonstram os dados compilados no anexo IX, reuni e analisei ao todo 208 reclames publicados nos periódicos *O Pharol*, *Correio de Minas* e *Jornal do Commercio* entre 1890 e 1904, sendo 163 de contratantes ofertando cerca de 377 vagas, dentro e fora do município, e os demais 45, de indivíduos em busca de colocações profissionais específicas, tais como administrador de fazenda, guarda-livros, caixeiro, cozinheiro, jardineiro, maquinista e padeiro, entre outras.[204]

Começando a análise por este último grupo mais restrito de anunciantes, chama a atenção o fato de que a maior parte dos trabalhadores que anunciavam o seu desejo de encontrar um emprego compunha-se de indivíduos chegados recentemente ou de passagem por Juiz de Fora, vindos sobretudo da capital federal e de países como Itália, Portugal e Espanha — neste caso, em função da instalação da Hospedaria Horta Barbosa nos arrabaldes daquela cidade. À exceção dessa presença mais significativa de "forasteiros" e de imigrantes europeus entre os que se ofertavam para o trabalho, contudo, verifica-se a manutenção dos padrões revelados no estudo do período entre 1876 e 1885. Como indicam

---

[204] Na impossibilidade de reunir todos os anúncios veiculados então, procurei compor uma amostragem abrangente e capaz de fornecer um panorama relevante da dinâmica de funcionamento do mercado de trabalho local de 1890 a 1904. À semelhança do período 1876-1885, continuo considerando o recrutamento direto, sem a intermediação de propagandas, como a forma principal de contratação no início da República. Ver anexo IX.

Os anúncios reproduzidos a seguir, nos 15 anos republicanos iniciais, entre os nacionais e estrangeiros que proclamavam diariamente o seu interesse ou a sua necessidade de ingressar no mercado de mão de obra local, predominavam os adultos jovens do sexo masculino, que indicavam possuir certa experiência na função almejada, bem como determinadas qualificações profissionais e pessoais para exercê-la plenamente:

> Uma pessoa chegada a esta cidade deseja empregar-se em qualquer casa (...) como caixeiro. (...) Sabe ler, escrever e contar perfeitamente e falar o italiano (Empregado. *O Pharol*, 9 fev. 1892, p. 3).

> Comunica-se a todos os proprietários de padarias que, no caso de necessitarem de um padeiro ou forneiro, devem dirigir-se ao Hotel Barbosa, em Juiz de Fora, por estes três ou cinco dias, onde encontrarão um substituto (Atenção. *Jornal do Commercio*, 20 mar. 1897, p. 2).

> Oferece-se um perfeito jardineiro espanhol, que compreende a estufa, para construir, arranjar e cuidar de jardins (Jardineiro. *O Pharol*, 9 fev. 1892, p. 3).[205]

> Um moço com prática de escrituração mercantil, falando diversas línguas e conhecedor do comércio da Capital Federal, dando de sua conduta as melhores referências, procura um emprego como guarda-livros ou ajudante, na cidade ou para o interior (Emprego. *Jornal do Commercio*, 24 mar. 1897, p. 2).[206]

> Um rapaz habilitado, chegado há dias da Capital Federal, tendo grande prática de comércio e dispondo de excelente letra, deseja encontrar uma colocação na praça de Juiz de Fora; não faz questão de ordenado (Empregado. *Jornal do Commercio*, 5 jan. 1899, p. 2).

---

[205] Em outro anúncio semelhante, um "jardineiro" ressaltava possuir "40 anos de prática" (Hortelão e jardineiro. *Jornal do Commercio*, 2 fev. 1897, p. 3).

[206] Assim como entre 1876-85, era significativo o número de "moços" que, dando "atestado de sua conduta" e com prática em escrituração, desejavam empregar-se como "guarda-livros" e auxiliares destes, ou ainda como viajantes comerciais e representantes na cidade de firmas de outros centros (Ao comércio e aos fazendeiros. *Jornal do Commercio*, 16 jan. 1897, p. 3 e Comércio. *Jornal do Commercio*, 21 ago. 1897, p. 3).

Cozinheiro estrangeiro habilitado deseja empregar-se. Não faz questão de ordenado, nem de ir para fora. [Pode ser encontrado no] Hotel Magrini (Cozinheiro. *Jornal do Commercio*, 22 jan. 1899, p. 2).

Desse modo, possuir "longos anos de prática", dar "atestado de sua conduta", ser "idôneo", "de confiança", "competentemente habilitado", "perfeito" ou "perito" em seu ofício, ou ainda, saber "ler, escrever e contar perfeitamente", dispor de "excelente letra" e até falar outros idiomas, conforme a situação, constituíam predicados importantes e sempre enfatizados por aqueles que, entre 1876 e 1904, anunciam sua necessidade de conseguir um emprego ou a sua disponibilidade para a prestação de serviços autônomos em Juiz de Fora e seus arredores.[207] Mas, além de reforçar a percepção de que o mercado de mão de obra dessa cidade conformou-se, nesses quase três decênios, a partir de padrões de contratação bastante exigentes, a linguagem utilizada então pelos candidatos a uma ocupação regular revela que cedo os trabalhadores aprenderam — ou foram forçados a aprender — a reconhecer e operar com as categorias rígidas e com o vocabulário presente no arcabouço moral articulado e brandido pelas classes dominantes no processo de reordenação do mundo do trabalho local em bases capitalistas. Na busca de meios econômicos para viabilizar sua sobrevivência e permanência em tal núcleo urbano, quer seja pelos jornais, quer seja diretamente nas portas dos estabelecimentos mercantis e manufatureiros, caixeiros, cozinheiros, padeiros, maquinistas, entre outros indivíduos de múltiplas origens étnicas e habilitações, contribuíram também para valorizar e dar dignidade às suas respectivas profissões e, de modo geral, ao ato de trabalhar — algo fundamental numa sociedade em que as elites, mesmo após 1888, raramente pensavam e tratavam os que viviam exclusivamente do seu labor como cidadãos, isto é, como pessoas portadoras de direitos civis, políticos e sociais.[208]

---

[207] Numa proporção visivelmente menor do que a verificada no período 1876-85, devido à intensificação entre 1880 e 1890 do processo de proletarização dos oficiais de ofício, encontrei também alguns anúncios em que trabalhadores manuais ofereciam seus serviços autonomamente em Juiz de Fora. É o caso do artífice Frederico Kemper, que "tendo se retirado da (...) Mecânica Mineira, na qual era chefe das oficinas de ferreiro, serralheiro e torneiro", em agosto de 1892, anunciou que fazia "todos os trabalhos desse gênero", "monta[va] e concerta[va] maquinismo de lavoura" e "trata[va] qualquer maquinismo, garantindo o seu trabalho" (Cf. *O Pharol*, 5 ago.1892, p. 2; 20 set. 1893, p. 3; 30 out. 1894, p. 4; e *Jornal do Commercio*, 22 jun. 1898, p. 2; 5 jan. 1899, p. 2 e 23 ago. 1902, p. 2).

[208] Ver Gomes, 2002:10-16.

Notadamente entre 1890 e 1897, a homogeneização e difusão do vocabulário encontrado nos anúncios de jornal ficarão a cargo ainda de firmas como a Agência Intermediária, que atuava tanto na "colocação de criados, operários, trabalhadores para lavoura e empregados do comércio", quanto no setor imobiliário.[209] Também digno de nota é o crescimento, nessa mesma época, do contingente de mulheres nacionais e estrangeiras, sobretudo espanholas, que vinham a público se oferecer para uma ocupação regular, principalmente como costureiras, cozinheiras, amas de leite, criadas e lavadeiras — serviços estes exercidos anteriormente, em grande medida, por escravas alugadas e brasileiras livres. Como demonstram os reclames transcritos abaixo, não raras vezes marido e mulher se ofertavam juntos para o trabalho e a necessidade premente de prover o sustento da família sozinha levava uma esposa, mãe ou viúva a procurar uma residência abastada para se empregar:

> Oferece-se um casal, sendo a mulher uma perfeita cozinheira e o homem para todo serviço, para esta cidade ou fora. Rua Fonseca Hermes [antiga rua do Sapo], nº 3 (Oferece-se. *Jornal do Commercio*, 15 jul. 1897, p. 2).

> *Ofrecese un casal, la mujer perfecta cocinera y el marido para qualquier servicio para dientro o fuera de la ciudad.* Rua da Liberdade, nº 12 (Ofrecese. *Jornal do Commercio*, 27 set. 1897, p. 2).

> Uma senhora espanhola, honesta e pobre, tendo ficado viúva há poucos dias, com um filho de dois meses, oferece-se para ama de leite em casa de família de tratamento (Ama de leite. *Jornal do Commercio*, 22 jul. 1897, p. 2).

> Uma senhora espanhola oferece-se para coser em casa de família, levando máquina e figurinos (*Jornal do Commercio*, 12 jun. 1898, p. 3).

A já demonstrada vitalidade econômica desfrutada por Juiz de Fora no limiar da República, por sua vez, parece ter propiciado aos inúmeros homens e mulheres pobres que buscavam uma colocação regular certa facilidade para conseguir esse

---

[209] Em seus reclames, a Agência Intermediária anunciava também que se encarregava "da colocação de imigrantes para serviço de lavoura ou outro qualquer", possivelmente intermediando contratos entre fazendeiros e trabalhadores europeus abrigados na Hospedaria Horta Barbosa (*O Pharol*, 23 out. 1890, p. 3 e 20 nov. 1890, p. 3).

objetivo imediato, especialmente se os que possuíssem alguma qualificação não fizessem "questão de ordenado" (isto é, não se importassem em receber salários iniciais abaixo de suas habilitações) e se mostrassem mais dispostos a aceitar as condições e exigências gerais e específicas dos contratantes de mão de obra. A este respeito, os dados no anexo IX confirmam que, particularmente entre 1890 e 1897, a demanda por trabalhadores nessa cidade foi crescente e multifacetada, seguindo uma tendência perceptível já no princípio da década de 1870. Numa primeira comparação com o período 1876-85, tais dados apontam para a permanência dos estabelecimentos dos ramos de confecção de vestuário e enxoval, de curtição, calçados e artefatos de couro e de construção civil como os que mais recorriam aos jornais para tentarem suprir-se de artífices especializados e aprendizes, tais como alfaiates, costureiras, sapateiros, pedreiros, oleiros e jornaleiros. A esses setores, na passagem do século XIX para o XX, se juntaram também as firmas dos ramos mecânico e metalúrgico, de mobiliário e artefatos de madeira, de tipografia e artes gráficas, de bebidas e de alimentos que, para manter e/ou viabilizar o aumento de sua produção, necessitavam constantemente de serralheiros, ferreiros, torneiros, carpinteiros, marceneiros, colchoeiros, tipógrafos, cervejeiros e padeiros, entre outros profissionais.

Juntas, as firmas de todos estes segmentos manufatureiros serão responsáveis por cerca de 52% dos anúncios e 68% das vagas pertencentes ao campo "Oferta" da amostragem compilada no anexo IX, que abrange o intervalo 1890-1904. No que se refere às exigências que os empreiteiros de obras e proprietários de fábricas e oficinas locais explicitavam em tais anúncios, foi possível perceber a cristalização dos padrões de seletividade encontrados na análise do período 1876-85. Neste sentido, na maior parte das vezes, os referidos contratantes de mão de obra mostravam-se bastante cuidadosos e rigorosos, requisitando dos homens e mulheres que se candidatassem a um emprego regular, além de boa conduta moral, a comprovação de certa experiência profissional e de determinadas qualificações ou habilidades técnicas — exigências estas das quais, como atestam os reclames reproduzidos a seguir, nem mesmo os aprendizes e menores estavam totalmente livres:

> Marceneiros, torneiros, empalhadores e um limador de serras, bons oficiais, precisa-se na fábrica Corrêa e Comp. (*O Pharol*, 13 dez. 1890, p. 3).[210]

---

[210] Em seus anúncios, essa fábrica de móveis tentava atrair "bons oficiais de marceneiro", em especial, com a frase "facilita-se-lhes o trabalho por meio de máquinas" (*O Pharol*, 24 jun.1892, p. 2).

Na alfaiataria de Alves & Comp. precisa-se de perfeitos oficiais alfaiates. Paga-se bem a mão de obra ou trata-se por mês, fazendo-se bons ordenados (Na alfaiataria. *O Pharol*, 7 dez. 1893, p. 2).

Precisa-se de dois peritos oficiais [de serralheiro] e dois ou três aprendizes, na grande oficina de serralheiro de Degwert e Fassheber, rua Quinze de Novembro nº 6 (Serralheiros. *O Pharol*, 15 set. 1894, p. 3).[211]

Precisa-se de um oficial de [sapateiro] para fora desta cidade. Trata-se por mês ou por peça (Sapateiro. *O Pharol*, 9 nov. 1895, p. 3).[212]

Precisa-se de um menino de 10 a 12 anos para aprendiz, na alfaiataria Estrela do Brasil (Aprendiz. *O Pharol*, 15 nov. 1895, p. 2).[213]

Precisa-se de dois hábeis compositores de linha [tipógrafos]. Escusa apresentar-se quem não for habilitado. *Jornal do Commercio* (Tipógrafo. *Jornal do Commercio*, 28 jul. 1897, p. 3).[214]

Precisa-se de dois pedreiros, um carpinteiro e um servente conhecedores do ofício. Não sendo, é obséquio não se apresentarem. Trata-se com o sr. J. Barroso, na Empresa Industrial (Pedreiros e carpinteiros. *Jornal do Commercio*, 19 maio 1898, p. 3).[215]

---

[211] Nessa época, a Mecânica Mineira também buscava mão de obra especializada e prometia em seus anúncios "bons salários" aos "ferreiros" e "carpinteiros" dispostos a trabalhar na produção de "ferragens, carroças e miudezas". Ferreiros, carpinteiros e serralheiros (Carpinteiros e ferreiros. *O Pharol*, 21 jul. 1894, p. 2).

[212] Firmas de cidades vizinhas e de Belo Horizonte também buscavam no mercado de trabalho juizforano "bons oficiais de sapateiro", para "obras de primeira" e "de segunda" e para consertos (Sapateiros. *O Pharol*, 5 out. 1895, p. 3; e Precisa-se. *Jornal do Commercio*, 27 jun. 1897, p. 3).

[213] Para os "meninos de 10 ou 12 anos" e de "bons costumes", em alguns casos, havia ainda exigência de que fossem "apresentados pelos pais ou tutores" (Aprendizes. *Jornal do Commercio*, 15 nov. 1895, p. 2).

[214] Não raras vezes, era requerido dos "compositores tipográficos" que entendessem "italiano e inglês". Mas, além desses oficiais de ofício, as tipografias e periódicos locais anunciavam também vagas para "menores" e "aprendizes" de serviços como encadernação, riscação, pautação e composição e para dobrar, entregar e vender jornais (*O Pharol*, 6 jun. 1890, p. 2; 13 dez. 1890, p. 3; 16 jan. 1892, p. 2; 26 mar. 1892, p. 2; 2 out. 1894, p. 3; Compositores. *Jornal do Commercio*, 17 maio 1897, p. 2).

[215] Nos anos de 1890, ainda mais do que de 1876 a 1885, em Juiz de Fora e seus arrabaldes, era grande também a procura por "peritos enformadores de tijolos" e/ou "homens que saibam bem fazer telhas e tijolos", aos quais se ofereciam "serviço para muito tempo" e "bons ordenados", desde que apresentassem "boas referências" (Telheiros. *O Pharol*, 9 fev. 1892, p. 3).

♦

Costureiras peritas e caprichosas, para roupas brancas e com perfeito conhecimento de camisas para homens, precisam-se com urgência na Fábrica Santa Carlota (Costureiras. *O Pharol*, 20 jan. 1904, p. 2).

A seguir uma sequência significativa de reclames, composta por pequenas notas de emprego veiculadas por "famílias de tratamento", casas de negócios, restaurantes e hotéis, que representam cerca de 43% dos anúncios e não mais do que 21% das vagas que reuni no campo "Oferta" do anexo IX. Assim como no período 1876-85, estes segmentos do patronato juizforano mostravam-se ainda mais exigentes do que os proprietários de fábricas e oficinas em relação às características pessoais e os predicados morais dos caixeiros, cozinheiros e criadas, entre outros profissionais, que com frequência necessitavam contratar. É o que sugere a leitura dos seguintes reclames:

Precisa-se de um [cozinheiro] para casa de comércio, que dê fiador de sua conduta e seja perito na sua arte. Informa-se nesta redação, por favor (Cozinheiro. *O Pharol*, 27 ago. 1890, p. 3).[216]

Precisa-se de uma rapariguinha branca para ajudar na cozinha e serviços domésticos (Precisa-se. *O Pharol*, 27 maio 1892, p. 2).[217]

Precisa-se de um [caixeiro] para casa de calçados, que dê fiança de sua conduta (Caixeiro. *O Pharol*, 10 mar. 1892, p. 2).[218]

Precisa-se de uma senhora que saiba ler, escrever e engomar, desembaraçada e enérgica para gerente da Lavanderia Nacional. Condições vantajosas (Senhora. *O Pharol*, 19 ago. 1895, p. 4).[219]

---

[216] Para conseguir "cozinheiros peritos em sua arte", certos anunciantes prometiam "bons ordenados" e ressaltavam que as "condições" não podiam "ser melhores". Por outro lado, para "ajudantes de cozinha", a maior preferência era dada a "meninos de 14 a 16 anos" (Cozinheiros. *O Pharol*, 30 jul. 1890, p. 3 e 1 jul. 1893, p. 3).

[217] Também com expressões que remetem ao período entre 1876 e 1885, encontrei outro anúncio em que a cor da "criada" pretendida era discriminada: "Precisa-se de uma [criada], (...) de cor parda ou branca, à rua Direita nº 64" (Criada. *Jornal do Commercio*, 3 abr. 1898, p. 2).

[218] Ainda que alguns negociantes procurassem empregados "com ou sem prática" no seu ramo de comércio, sempre exigiam que os candidatos a uma vaga fossem "honestos" e que dessem "referências de sua conduta" (Caixeiro. *O Pharol*, 11 nov. 1895, p. 2 e Caixeiro. *Jornal do Commercio*, 30 maio 1897, p. 3).

[219] Em outro anúncio, prometia-se "pagar bem" a uma "perfeita lavadeira" (Lavadeira. *O Pharol*, 19 ago. 1895, p. 4).

Precisa-se de um mocinho que tenha facilidade de escrever e contar, para auxiliar de caixa em casa de Christovam de Andrade (Precisa-se. *Jornal do Commercio*, 28 jan. 1897, p. 2).[220]

Precisa-se de uma moça branca, asseada, de nacionalidade brasileira ou alemã, para lidar com uma criança. Para tratar à rua Direita, 126 (Criada. *Jornal do Commercio*, 7 abr. 1897, p. 2).[221]

Precisa-se de uma cozinheira que não tenha filhos pequenos e que durma fora, na rua do Espírito Santo n. 23. Paga-se bom ordenado (Precisa-se. *Jornal do Commercio*, 13 mar. 1897, p. 3).

Precisa-se de uma criada que durma no aluguel e que não tenha compromissos (Precisa-se. *Jornal do Commercio*, 6 ago. 1900, p. 3).

♦

Precisa-se de um [empregado], que dê garantias de sua conduta, para o serviço de armazém, e em horas vagas rachar lenha e tratar do jardim. Informações na casa de ferragens de Montreuil & Filho (Empregado. *Jornal do Commercio*, 27 set. 1900, p. 2).

A princípio, chama a atenção a permanência na maior parte destes anúncios de um vocabulário e de exigências pessoais e profissionais que remetem ao mercado híbrido de mão de obra conformado em Juiz de Fora no contexto social que antecede a Abolição, quando pelas páginas de *O Pharol*, "rapariguinhas de cor", escravas ou não, bem como adultos livres de ambos os sexos, de múltiplas qualificações e nacionalidades, eram procurados, ofertados e se ofertavam para o aluguel, para o labor remunerado — via de regra, mal-remunerado — nos mais diversos campos da economia urbana. Quando já havia também uma demanda crescente por aprendizes "de pouca idade", "meninos de 10 a 12 anos" e até mais novos, para

---

[220] Coincidentemente, o anúncio de Christovam de Andrade foi veiculado abaixo deste: "Um moço que tem boa letra e alguma prática de comércio deseja se empregar" (Caixeiro. *Jornal do Commercio*, 28 jan. 1897, p. 2).

[221] Entre 1890 e 1904, foi consideravelmente maior o número de anúncios em que "famílias de tratamento" necessitadas de criadas (para cozinhar, lavar, engomar, cuidar de crianças e servir de damas de companhia) especificavam a sua preferência por candidatas "brancas" e, não raro, por "estrangeiras" — sobretudo alemãs e italianas — capazes de dar "informações de sua conduta" (Criada. *Jornal do Commercio*, 28 mar. 1897, p. 3).

serem empregados numa variedade de afazeres extenuantes, pagos a preços ainda mais baixos. Além disto, reforçando as evidências reunidas anteriormente de que foi nos distintos segmentos do comércio e nos serviços domésticos, sobretudo, que as estratégias elitistas de generalização e extensão do cativeiro se mostraram mais bem-sucedidas, em vários daqueles reclames, do período entre 1890 e 1904, sobressai-se a intenção mal disfarçada dos contratantes em utilizar em tempo quase integral a força de trabalho dos caixeiros e criadas que buscavam atrair com promessas de "condições vantajosas" e "bons ordenados". Isto porque, em função das inúmeras tarefas que esses trabalhadores deveriam cumprir nas casas de negócios e nas residências de seus patrões, pouquíssimas "horas vagas" lhes restariam para cuidar de seus próprios interesses e "compromissos", se entreter em pequenos divertimentos e/ou repousar e recobrar as energias, para suportar melhor as extenuantes jornadas de trabalho a que todos os dias estavam submetidos.

Voltarei oportunamente a estas questões, cujo entendimento adequado, além da consideração de informações presentes em outras fontes, exige um prévio exame das modalidades e valores de contratação ofertados ao heterogêneo proletariado juizforano entre os séculos XIX e XX. Penso que tal estudo sobre contratos e ordenados, por sua vez, pode muito bem ser iniciado pela análise dos demais 12% de vagas e 5% de anúncios reunidos no campo "Oferta" do anexo IX. Trata-se, neste caso, de reclames veiculados não por contratantes urbanos, mas por fazendeiros de Juiz de Fora e região, que, com frequência, recorriam aos periódicos em busca, fundamentalmente, de administradores, matadores de formiga, colonos e lavradores "para capinar e apanhar café". De modo geral, destes últimos trabalhadores, os proprietários rurais exigiam "bom procedimento" e que fossem "desembaraçados", "bons", "morigerados" e "diligentes". Por outro lado, prometiam dar "passagem gratuita na estrada de ferro", "comida", "mantimentos", "cômodo, terra para plantar e bom salário" para "qualquer porção de gente" que viesse às porteiras de suas fazendas e que nelas permanecessem laborando, pelo menos, "seis meses efetivos" — evidenciando que as "vantagens" e "adiantamentos" propostos se converteriam indubitavelmente numa "dívida" ou "obrigação" capaz de imobilizar esses "operários agrícolas" e suas famílias no latifúndio por muito tempo. Como chamariz adicional, alguns cafeicultores afirmavam ainda que facilitariam "todos os meios do trabalhador vir ganhar dinheiro, e sair rico de suas fazendas".[222] Con-

---

[222] Nessa época, o recrutamento de mão de obra em larga escala ficou a cargo ainda de "aliciadores" como Joaquim Ferreira de Queiroz, que anunciava ter "à sua disposição cerca de 40 trabalhadores (...)

tudo, os "1$400 por dia" que divulgavam como se fossem "bons jornais", a julgar pelo anúncio abaixo, para serem alcançados exigiriam longas e extenuantes jornadas no eito, que, a exemplo da faina vigente nos tempos da escravidão, poderiam atingir até 14 horas diárias:

> Na fazenda de São João, em Simão Pereira, admitem-se trabalhadores de foice e enxada, pagando-se a 100, 150 e até 200 rs. por cada hora de bom serviço. Também faz contrato de parceria com famílias nacionais e estrangeiras, que sejam muito morigeradas e aptas para o cultivo do café, cana e vinha. Para tratar, na mesma fazenda.[223]

Tendo por base estes dados e lembrando que de 1872 a 1887, na zona rural de Juiz de Fora, os aluguéis dos escravizados e os jornais dos homens livres giravam em torno de 1$530 a 1$800 diários, respectivamente, é possível asseverar que as estratégias urdidas pelos fazendeiros da região para manter seus antigos "plantéis" e ampliar a oferta de mão de obra não apenas foram bem-sucedidas, como produziram também, nos anos de 1890 e 1900, uma estabilização "por baixo" nos ordenados pagos aos "trabalhadores de foice e enxada" — ainda que não tão "por baixo" como realmente desejavam os cafeicultores.[224] Por outro lado, ganhando em média não mais do que 1$500 "por dia útil de trabalho", pelo menos de 1890 a 1906,[225] é provável que muitos ex-escravos e colonos nacionais e estrangeiros

---

para tomar de empreitada qualquer serviço de lavoura mediante contrato ajustado na ocasião". Mais tarde, em 1924, surgirão denúncias comprovadas de que "empreiteiros" como este, na verdade, eram escravizadores de homens, mulheres e crianças livres, mas mantidos dominados por meio de ameaças e violências físicas (Empreiteiros. *O Pharol*, 12 set. 1890, p. 2; Trabalhadores. *O Pharol*, 30 jan. 1892, p. 3 e 15 mar. 1893, p. 2; e Nova escravidão. *Gazeta Commercial*, 4 abr. 1924, p. 2).

[223] Percorrendo fazendas do município, em fins de 1905, o inspetor de terras e colonização de Minas, Carlos Prates, confirmou a preferência dos cafeicultores locais pelo "sistema misto", baseado em contratos com colonos (que ficavam com os cereais cultivados no meio do cafezal e entregavam o café colhido a "1$500 por cada 65 litros") e no pagamento de jornais médios de "1$500 a seco" a trabalhadores avulsos (Trabalhadores. *O Pharol*, 11 nov. 1892, p. 2 e Município de Juiz de Fora. *Jornal do Commercio*, 3 jan. 1906, p. 1-2).

[224] Às vésperas da Abolição, grandes cafeicultores locais se reuniram para analisar as possibilidades de aproveitamento de seus antigos escravos, as vantagens da introdução de colonos estrangeiros e as características dos sistemas de parceria, empreitada e salário. Nesse encontro, revelando uma ação articulada para aviltar ao máximo o valor da mão de obra livre, estabeleceram a "taxa média" dos jornais em irrisórios 600 réis por dia, mesmo reconhecendo que tal taxa ficaria "sujeita às variantes da oferta e da procura" (Reunião de lavradores. *O Pharol*, 12 abr. 1888, p. 1).

[225] Outros autores também apontaram para valores de jornais semelhantes — de 1$000 a 1$700 diários — nos anos de 1880, 1890 e 1900. Ver, em especial: Lanna (1988:119) e Guimarães (2006:149).

tenham optado por migrar, possivelmente atraídos por propostas como as reproduzidas abaixo, veiculadas por contratantes de outros municípios e províncias:

> Precisa-se de trabalhadores na Usina Wigg, na Estação de Miguel Burnier.[226] Diária 3$000 (Trabalhadores. *O Pharol*, 17 set. 1894, p. 3).

> Precisa-se de 60 trabalhadores para fora da cidade, paga-se de 4$000 a 4$500 o dia. Trata-se com Luiz Lourenço Rodrigues (Precisa-se. *O Pharol*, 13 ago. 1895, p. 2).

> Precisa-se para trabalhar em estrada de ferro: pedreiros, serventes, carpinteiros, feitores e alguns empregados para trabalhar num lugar muito saudável. Paga-se aos trabalhadores 7$000 a 9$000 e aos oficiais de 10$000 a 14$000 por dia. A empreitada começa no mês de abril. Cartas ou tratar com a Empresa Inglesa. Rua S. José nº 24 — 1º andar, no Rio de Janeiro (Trabalhadores. *Jornal do Commercio*, 20 mar. 1897, p. 3).

Nota-se que os valores presentes em tais anúncios, de modo geral, são também consideravelmente maiores — em média de 53% a 220% superiores, conforme o caso — às quantias ofertadas no núcleo urbano de Juiz de Fora a jornaleiros não especializados, como os procurados neste reclame, veiculado n'*O Pharol* (24 jun. 1892): "Contratam-se trabalhadores para o serviço de aterro do pântano [em Mariano Procópio] pagando-se *2$500 diários*". A sequência de anúncios de emprego a seguir, por sua vez, aponta para a existência de uma situação bastante semelhante, no que se refere aos salários pagos ou prometidos, nos setores de comércio e serviços:

> Precisa-se de um perito oficial [de barbeiro] no Salão Moderno. Paga-se 160$000 mensais. Quem não estiver nas condições é escusado apresentar-se. Rua do Comércio nº 17 (Barbeiro. *O Pharol*, 28 jul. 1894, p. 3).

> Precisa-se de um ou dois copeiros para irem para [Conselheiro] Lafaiete. Ordenado de 80$000 a 100$000 conforme as suas habilitações (Copeiro. *O Pharol*, 21 dez. 1894, p. 3).

---

[226] Miguel Burnier era um dos distritos de Ouro Preto.

Precisa-se de um oficial de barbeiro na Casa Balena, em Ouro Preto, com ordenado de 200$000. Não sendo perito no ofício é escusado apresentar-se (Barbeiro. *O Pharol*, 7 ago. 1895, p. 2).

Precisa-se de uma ama de leite, carinhosa. Ordenado 40$000 — carta a esta redação (Precisa-se. *Jornal do Commercio*, 25 dez. 1896, p. 3).[227]

♦

Precisa-se de uma [cozinheira], paga-se 50$000; não sendo perita na arte e muitíssimo asseada é escusada apresentar-se. Em casa de Montreuil & Filho. Rua Direita, nº 154 (Cozinheira. *Jornal do Commercio*, 20 ago. 1897, p. 2).[228]

Assim, nos anos de 1890, enquanto a Casa Balena de Ouro Preto anunciava ordenados 25% superiores aos "160$000 mensais" prometidos pelo Salão Moderno de Juiz de Fora a um "perito oficial de barbeiro", "famílias de tratamento" desta mesma cidade pagavam por mês às cozinheiras e amas de leite que as serviam "aluguéis" entre 80% e 125% menores do que as quantias médias de 90$000 ofertadas a copeiros que se dispusessem seguir para Conselheiro Lafaiete, na região central de Minas Gerais. Tendo em vista as já assinaladas extraordinárias condições de oferta de trabalhadores em Juiz de Fora no último quartel do Oitocentos, ainda que pagando jornais comprovadamente inferiores aos vigentes em outros centros urbanos, os contratantes em geral não enfrentavam então, nessa cidade, maiores dificuldades para conseguir a mão de obra que necessitavam — mesmo em situações em que os empreendimentos que comandavam requeriam regularmente algumas dezenas de assalariados.

Numa evidência bastante significativa a este respeito, em setembro de 1894, 50 operários — entre brasileiros, portugueses, alemães e italianos, a julgar pelos seus sobrenomes — subscreveram a seguinte nota paga, possivelmente a pedido de um de seus patrões: "Os operários das obras em construção em Mariano Procópio vêm neste dia felicitar a um dos seus ilustres chefes [enge-

---

[227] Em outros anúncios, das "amas de leite" e "amas-secas", além de "carinhosas", exigia-se também que fossem "sadias" e "asseadas" (Ama de leite. *Jornal do Commercio*, 25 dez. 1896, p. 3 e 25 maio 1898, p. 3).

[228] Encontrei também anúncios em que "famílias de tratamento" de Juiz de Fora e do Rio de Janeiro prometiam "bons aluguéis" para cozinheiras "em condições" e para uma "mocinha de 15 anos para serviços leves" (Cozinheira e Precisa-se. *Jornal do Commercio*, 8 out. 1899, p. 2 e 12 abr. 1901, p. 2).

nheiro Henrique de Sastré] (...) pelo seu aniversário natalício, desejando que Deus prolongue por muitos anos a sua preciosa existência".[229] Por sua vez, o anúncio reproduzido a seguir confirma que as condições de ofertas de braços no mercado de trabalho de Juiz de Fora, no primeiro decênio republicano, eram realmente excelentes, a ponto mesmo de atraírem para essa cidade aliciadores de mão de obra a serviço de empreiteiros e empregadores de municípios e áreas relativamente distantes:

> Contrata-se [trabalhadores, cavouqueiros, pedreiros, canteiros e carroceiros] para o prolongamento da Estrada de Ferro Central do Brasil (Sete Lagoas). Dá-se passagem grátis até a ponta dos trilhos além da Estação de Vespasiano, e salário correspondente, desde o dia do embarque até o lugar dos trabalhos. (...) Para maiores informações, rua da Imperatriz 58, Hotel Hespanhol [em Juiz de Fora], com Joaquim Ferreira Neto (Trabalhadores. *O Pharol*, 20 dez. 1894, p. 3).[230]

As diversas informações fornecidas pelos reclames aqui analisados, a meu ver, evidenciam que na passagem do século XIX para o XX, tanto ou mais do que a "cidade mineira produtora por excelência", Juiz de Fora já havia se consolidado também como uma espécie de "celeiro repleto de mão de obra barata". Esta expressão remete fundamentalmente ao êxito alcançado pelas iniciativas e estratégias com que, desde pelo menos fins de 1870, as classes conservadoras locais procuraram expandir continuamente a oferta de braços, em certos casos para além de suas necessidades imediatas, e promover um brutal aviltamento nos valores de compra e venda da força de trabalho de milhares de mulheres e homens despossuídos — especialmente dos indivíduos recém-chegados à região, dos mais jovens e dos menos experientes e qualificados profissionalmente. Entre essas iniciativas e estratégias, sobressai-se a já mencionada instalação, nos arrabaldes desse centro urbano, da Hospedaria de Imigrantes Horta Barbosa, que, após alguns anos de esvaziamento, foi reestruturada em meados da década de 1890 e voltou a ocupar um

---

[229] Precedendo essas 50 assinaturas de operários, aparece a de Jaime Salsé, "sócio" do homenageado e possivelmente o articulador dessa efusiva manifestação coletiva de apreço (Parabéns, *O Pharol*, 29 set. 1894, p. 2).

[230] Em outro anúncio, um empreiteiro ressaltava que necessitava contar em Juiz de Fora, "mediante uma comissão", com "uma pessoa para tratar com operários bons" para serem engajados em obras ferroviárias no Rio de Janeiro e em São Paulo (Trabalhadores. *Jornal do Commercio*, 20 mar. 1897, p. 3).

lugar central no projeto imigrantista do governo de Minas Gerais, num período em que mais de 600 mil estrangeiros desembarcaram no Brasil.[231]

Como resultado da mudança da política de imigração subvencionada desenvolvida pelo governo mineiro, no quinquênio 1894-98, 51.902 europeus desvalidos passaram por essa hospedaria central. De acordo com os dados compilados no anexo VII, 89,45% desse contingente de imigrantes procediam da Itália (notadamente do norte desse país, da região da Sardenha e de localidades como Verona, Arezzo, Pádua, Camerino, Turim, Mirandola, Bérgamo e Lucca), enquanto os 10,55% restantes vieram da Espanha, Portugal, Áustria, Grécia, Alemanha e Armênia. Como havia ocorrido com as levas de estrangeiros desembarcadas em Juiz de Fora em 1888 e 1889, a maior parte desses trabalhadores seguiu com suas famílias para distintas localidades cafeeiras da Zona da Mata e do Sul de Minas, bem como para a região central desse estado e para outras unidades da federação, sobretudo para São Paulo, muitos deles recrutados pelos aliciadores e agenciadores de contratos que atuavam então na cidade. Mas inúmeros imigrantes acabaram engrossando, aos poucos, o heterogêneo proletariado juizforano e, em especial, a força de trabalho do ramo de construção civil e das grandes tecelagens locais.

A este respeito, as informações presentes no anexo X atestam que em maio de 1897 quase um terço da força de trabalho da mais importante fábrica de tecidos de Juiz de Fora, a Companhia de Fiação e Tecelagem Industrial Mineira, já era composta por indivíduos de procedência ou descendência italiana, que em fevereiro de 1884, convém lembrar, representavam apenas 3,1% do pessoal empregado por esse empreendimento industrial.[232] Assim, na passagem do século XIX para o XX, essa grande unidade fabril pôde expandir bastante a sua produção não apenas com a instalação de novas máquinas e equipamentos, como ainda por meio da facilidade que sua gerência encontrou para engajar "a preços módicos" parte dos muitos imigrantes europeus recém-chegados à Hospedaria Horta Barbosa. Para

---

[231] Sob a República, o governo mineiro reformulou e revitalizou o projeto de imigração e colonização anterior, investindo até o ano de 1900 recursos da ordem de 21.500:000$000, empregados principalmente para: atrair trabalhadores europeus, subsidiando-lhes o transporte e aquisição de terras; reestruturar a hospedaria de Juiz de Fora e fundar sete núcleos coloniais, dois no Sul de Minas e cinco no entorno da nova capital do estado. Ver Monteiro (1994:158-160, 173-189) e Klein (1994:31-36).

[232] Em 1897, os italianos eram exatos 32% dos 241 operários da Fábrica dos Ingleses, enquanto os alemães e seus descentes somavam 38,6%, os brasileiros e lusos 28,6% e os ingleses apenas 0,8%. Ver anexo X.

ampliar ainda mais seus lucros, a exemplo do que fazia a administração da Fábrica dos Ingleses, o "benemérito fundador e proprietário" da Tecelagem Mascarenhas, Bernardo Mascarenhas, também empregará, nessa época, majoritariamente mulheres e crianças estrangeiras, que cedo serão submetidas ao ritmo frenético da maquinaria, à disciplina capitalista e às longas e extenuantes jornadas de trabalho. É o que sugere, em especial, essa nota publicada no *Jornal do Commercio* de 3 de novembro de 1897:

> Nas suas longas oficinas não cessa um minuto, durante o dia, o movimento e o trabalho. O motor faz mover 64 teares e ao redor destes, movem-se 150 pessoas, a maior parte moças e meninas, umas brasileiras, outras espanholas e italianas. Ao penetrar-se nas oficinas sente-se uma forte impressão vendo-se a ordem e o método com que todas trabalham, cada uma no seu mister diferente, produzindo em conjunto o admirável tecido de algodão ou de linho (Uma cidade industrial, p. 3).

O exame detalhado da folha de pagamentos da Companhia de Fiação e Tecelagem Industrial Mineira relativa ao mês de maio de 1897, além de confirmar a forte presença de estrangeiros, mulheres e menores em seu quadro funcional, revela ainda a cristalização nessa importante unidade fabril de uma estrutura salarial extremamente desigual, assentada sobre um processo produtivo bastante compartimentado e rigidamente hierarquizado. Comparativamente a fevereiro de 1884, a Fábrica dos Ingleses funcionava em fins da década de 1890 praticamente com os mesmo setores industriais, dividindo seu operariado em funções e tarefas muito semelhantes às encontradas nos seus primeiros meses de atividade. Contudo, além de ter se incrementado em cerca de 88,3%, nesse intervalo de 13 anos, a força de trabalho dessa fábrica sofreu mudanças substanciais em sua composição, uma vez que a participação da mão de obra feminina e infanto-juvenil saltou de 30,5% e 15,6%, respectivamente, para 46,9% e 32,8%, enquanto os braços masculinos reduziram-se significativamente, passando de 69,5% para 53,1%.

As tarefas exercidas por maçaroqueiros, fiandeiros e tecelões continuaram a concentrar o grosso do operariado da Industrial Mineira, mais especificamente 66,3% de sua força de trabalho total, que chegava a 241 indivíduos em maio de 1897. Cumpre assinalar que os 160 trabalhadores empregados nessas funções (57,5% do sexo feminino e 43,8% menores) recebiam ordenados mensais médios que oscilavam entre 16$373 e 44$440, faixa bem inferior ao valor médio das remunerações mensais do conjunto dos operários da Fábrica dos Ingleses, estimado em 63$120. Não por acaso, era justamente nas referidas funções que estavam empregadas quase todas as mulheres e menores nessa unidade fabril. Na verdade, cerca de 77,6% do quadro funcional desse grande estabelecimento industrial — incluindo além dos engajados naquelas três colocações, um escriturário, onze penteadores, um arriador, seis urdidores, três revistadores e cinco aprendizes — percebiam por mês quantias tão ou ainda mais desvalorizadas, que variavam em média de míseros 9$000 a modestos 50$000, que corresponderiam a jornais diários de aproximadamente 1$300.[233]

Estes valores aviltantes atestam de modo seguro que não foi apenas no campo, nos árduos afazeres agrícolas, e nos variados segmentos do comércio e dos serviços domésticos desenvolvidos na área central de Juiz de Fora que, nos anos de 1890, as estratégias burguesas de generalização e extensão do cativeiro se mostraram, ao mesmo tempo, bem-sucedidas e plenamente compatíveis com o assalariamento capitalista. Também no mais moderno e mecanizado setor da economia urbana dessa cidade, a indústria de fiação e tecelagem, homens, mulheres e menores desvalidos e de múltiplas nacionalidades serão submetidos a um regime de trabalho fatigante e mal remunerado, em que a exploração da força de trabalho intensificava-se constantemente sob o impacto dos aperfeiçoamentos tecnológicos implementados nas fábricas.

Por outro lado, os dados reunidos sugerem que certas categorias de oficiais de ofício (mecânicos, alfaiates, sapateiros, pedreiros, carpinteiros, ferreiros, funileiros, barbeiros, tipógrafos, entre outros), mesmo que cada vez mais submetidas a um inexorável processo de proletarização, conseguiram preservar condições de trabalho um pouco melhores e níveis salariais significativamente mais elevados do que aqueles ofertados ou impostos, na última década do Oitocentos, aos trabalhadores com pouca ou nenhuma qualificação. Na verdade, as estratégias dominantes de extensão do cativeiro e generalização do assalariamento capitalista, que estão

---

[233] Na estrutura de preços de mão de obra revelada pela análise da folha de pagamentos de maio de 1897 da Fábrica dos Ingleses, semelhantemente à folha de fevereiro de 1884, foi possível perceber a existência de outras duas faixas de ordenados mensais médios, a saber: a faixa mais elevada, com salários medianos variando entre 131$311 e 300$000 e que abrangia apenas 5,4% do pessoal da fábrica (mestres, contramestres, apontador, vendedor e mecânico); e a faixa intermediária, com vencimentos médios oscilando de 64$901 a 129$600, auferidos por cerca de 17% dos operários, em geral mais qualificados, adultos e do sexo masculino (batedores, cardadores, tintureiros, estoquistas, medidores, operadores de turbina, ferreiros, funileiros, pedreiros, carpinteiros e vigias, entre outros). Ver anexo X.

na base da dinâmica de funcionamento do mercado de mão de obra de Juiz de Fora em tal período, não conseguiram eliminar as diferenças de renda entre os distintos grupos profissionais que encontrei nessa cidade em 1878 (ver tabela 8); antes acabaram cristalizando-as e, em determinadas situações, tornando-as ainda mais acentuadas.

Ao que tudo indica, no que se refere aos ordenados mensais e às modalidades de contratação, apenas nos casos de engajamento de artífices com maior grau de especialização, as forças do mercado — isto é, as condições conjunturais de oferta e procura de determinados tipos de trabalhadores — tiveram um peso significativo na definição de regimes de serviço e valores de remuneração um pouco mais favoráveis para os que vendiam livremente a sua capacidade de trabalho. Mas, se por um lado a análise da estrutura de preços de salários e, em especial, os anúncios aqui examinados fornecem exemplos eloquentes do enorme poder que o patronato juizforano exercia, ou procurava exercer, sobre os seus empregados na passagem do século XIX para o XX; por outro, tais reclames e informações só permitem uma visualização parcial, bastante incompleta mesmo, das relações sociais conflituosas e das condições de trabalho aviltantes engendradas por formas tão rígidas de controle e exploração de milhares de homens, mulheres e crianças desvalidas.

Precisamente por esta razão, no próximo capítulo, empreenderei um levantamento mais específico sobre as condições de vida e trabalho do proletariado de Juiz de Fora nos últimos dois decênios do século XIX e nos anos iniciais da centúria seguinte. De modo geral, creio ter sido a partir de múltiplas experiências sociais e de precárias condições de existência, compartilhadas no interior de uma sociedade que transitava do escravismo para a ordem socioeconômica capitalista, que as primeiras gerações das classes trabalhadoras juizforanas — especialmente os empregados no comércio e os operários da construção civil, do setor de transportes, das oficinas e das grandes fábricas de tecidos locais — iniciaram a difícil e demorada construção de sua identidade de classe. Amparado em uma série de informações levantadas nos periódicos *O Pharol*, *Correio de Minas* e *Jornal do Commercio* e em fontes literárias e memorialísticas, procurarei realçar que aspectos importantes da cultura política desses assalariados urbanos foram forjados em contraposição a uma concepção elitista que insistia em estigmatizá-los e tratá-los como classes viciosas e perigosas.

Parte II
Cultura associativa e luta de classes na "cidade da ordem e do trabalho" (1877-1920)

> Nosso dia vai chegar,
> Teremos nossa vez.
> Não é pedir demais:
> Quero justiça,
> Quero trabalhar em paz.
> Não é muito o que lhe peço.
> Eu quero um trabalho honesto
> Em vez de escravidão.
>
> Deve haver algum lugar
> Onde o mais forte
> Não consegue escravizar
> Quem não tem chance.
>
> De onde vem a indiferença
> Temperada a ferro e fogo?
> Quem guarda os portões da fábrica?
>
> Renato Russo, *Fábrica*.

3
Exploração social, resistência de classe e condições de vida em Juiz de Fora na virada do século

Salário de escravo, exploração brutal do braço humilde que se encontrava com abundância no país, gente de pé descalço e alimentação parca (um punhado de farinha de mandioca, feijão, arroz, carne seca) (...) pão era artigo de luxo, bem como o leite, a carne, os condimentos, os legumes (estes últimos desconhecidos na casa do trabalhador). E quanto à moradia, estava confinada a barracões em fundo de quintal, em porões insalubres, em casebres geminados (cortiços), próximos às fábricas e pelos quais se pagava de aluguel mensal 15, 20, 30 mil réis. (...) Todos, ou quase todos, analfabetos, supersticiosos, tímidos, humilhados por palavrões e insultos depreciativos. Ignorância total. Ser dispensado do serviço representava mais fome, mais miséria em casa. Encarava-se o desemprego com arrepios de temor. Desta forma, a oligarquia capitalista julgava estar prestando um grande favor, praticando um ato de benemerência em dar trabalho para proteger essa pobre gente esfomeada. Os gerentes e diretores assumiam, por isso, ares altaneiros e superiores de grão-senhores, aos quais só se podia falar de chapéu sobre o peito, fazendo vênia de beija-mão, numa humildade de escravo. (...) Foi o exacerbamento pelas injustiças praticadas e a exploração salarial o maior aliciente para forçar o trabalhador a se agrupar e unir, dando início às reivindicações, criando nele, ao mesmo tempo, uma consciência de seus direitos, situando-o não como coisa ou animal rude e submisso de trabalho, mas como ser pensante, como indivíduo capacitado, com o fator de progresso social.

Dias, 1977:45-48.

Na produção historiográfica sobre as condições gerais de existência da classe trabalhadora nos principais centros urbanos do país, entre os séculos XIX e XX, firmou-se uma descrição, no geral bastante adequada, que aproxima a experiência social do proletariado nacional daquela vivenciada pelo operariado de algumas nações do Velho Mundo durante as fases iniciais do capitalismo industrial. Pelo menos até o final da Primeira República, a situação dos operários brasileiros em nada destoava, por exemplo, das agruras enfrentadas por seus companheiros britânicos em meados do Oitocentos: longas e extenuantes jornadas diárias e semanais de trabalho; salários aviltantes; disciplina rígida e regulamentos desmoralizantes; exploração extensiva e intensa dos braços de crianças e mulheres, especialmente na indústria têxtil; descaso completo com a segurança, a moradia, a alimentação e a saúde dos trabalhadores, com grande número de acidentes e a proliferação de doenças, dentro e fora das fábricas; desestruturação da família proletária, com elevadas taxas de natalidade e de mortalidade infantil.[234] No Brasil, particularmente no limiar da República e em cidades como o Rio de Janeiro e São Paulo, como bem demonstrou Boris Fausto (1976:105-116), o que se observa é o império do "reino da liberdade" patronal:[235]

> A legislação fabril (...) é muito restrita e ineficaz. Sobre o trabalhador recai não só a forma absoluta de extração do excedente como ainda a contínua insegurança. Em regra, nada impede a despedida imediata após longos anos de serviço, os frequentes acidentes não são indenizados, inexiste a previdência social; no horizonte, não se desenha a expectativa da aposentadoria, por magra que seja (...). Os empresários consideram que a menor folha de salário em pagamento ao maior número de horas se traduz no mais baixo custo do trabalho por unidade de tempo; (...) que o problema da produtividade se resolve pela mecanização combinada com a disciplina; e que os incentivos são úteis quando muito como simples auxílio a esta combinação.

Os estudos já realizados sobre as condições de vida e trabalho do proletariado juizforano durante a Primeira República, especialmente as pesquisas empreendidas por Silvia Vilela de Andrade (1987:39-59) e Eliana de Freitas Dutra (1988:50-

---

[234] Ver Engels (1986), Mantoux (1998:418-425) e Thompson (1987b:203-224).
[235] Consultar também: Carone (1979), Pinheiro e Hall (1979 e 1981) e Batalha (2000).

52), confirmam plenamente a existência de situações de exploração econômica e marginalização social bastante parecidas com as descritas acima. No início deste capítulo, além de contribuir para a ampliação dessas informações, analisando de modo mais específico o período que se estende de 1890 a 1908, aprofundarei as considerações feitas anteriormente a respeito do processo de generalização e extensão do "cativeiro" para além dos marcos legais e temporais tradicionalmente aceitos. Para tanto, entre outros aspectos, analisarei os regimes gerais de serviço impostos a homens, mulheres e crianças nas residências abastadas, oficinas e fábricas locais, a presença marcante desses indivíduos despossuídos nas ruas e as formas de moradia adotadas por eles para poderem se fixar nos quarteirões e bairros centrais de Juiz de Fora em tal temporalidade.

Desse modo, existe também uma clara intenção em contrapor a realidade do "mundo do trabalhador" que a análise histórica proposta for capaz de revelar às representações que as classes conservadoras difundiam então sobre esse núcleo urbano — notadamente às imagens burguesas de cidade industrial civilizada e progressista e centro do trabalho e da ordem. Por outro lado, a partir desses levantamentos, será possível demonstrar que a constituição da consciência de classe e da cultura política do proletariado de Juiz de Fora, entre os séculos XIX e XX, se processou lentamente tanto na luta diária pela sobrevivência e contra a dominação capitalista, quanto em oposição à sacrossanta busca das elites locais da urbe "moderna", "civilizada" e "higiênica" idealizada nas posturas municipais e nos discursos então difundidos pela grande imprensa.

Mas, em função da considerável diversidade étnica e profissional existente no interior da classe trabalhadora local e do contexto de injustiças e exploração a que seus integrantes estavam submetidos cotidianamente, os primeiros anos do movimento reivindicatório dos assalariados de Juiz de Fora se configuraram como bastante difíceis e fragmentados, a exemplo do que ocorreu também em centros urbanos brasileiros de igual ou maior relevância. Como sugere o relato que compõe a epígrafe deste capítulo, retirado das memórias do antigo militante anarquista e depois comunista Everardo Dias, as barreiras socioeconômicas, políticas e culturais a serem superadas eram inúmeras e gigantescas. Analisando esta questão, Angela de Castro Gomes (2002:15-16) argumenta:

> Uma das principais características do início de uma luta por direitos do trabalho no Brasil foi a necessidade de enfrentar a dura herança de um passado escravista que

marcou profundamente toda a sociedade, nas suas formas de tratar e de pensar seus trabalhadores. (...) Existiam trabalhadores, mas não uma identidade positiva para aqueles que trabalhavam e para o ato de trabalhar, quando da Abolição e República. Tal identidade se constrói a partir de uma imensa e conflituosa luta, que envolveu vários atores, em especial os próprios trabalhadores.

Dificultadas por um passado escravista ainda não superado e pelo alto grau de heterogeneidade do proletariado, as tarefas de produzir uma identidade positiva para os assalariados urbanos e promover a valorização do ato de trabalhar, de acordo com a autora, eram extremamente importantes e exigiram um grande esforço das lideranças proletárias na virada do século XIX para o XX, "porque se tratava de afirmar a dignidade do trabalhador, de onde decorreria a demanda por direitos". Nesse processo, ressalta Angela de Castro Gomes (2002:15-16), "foi preciso descobrir valores, inventar palavras, símbolos e formas de organização capazes de criar, no país, uma nova tradição de respeito ao trabalhador, agora um cidadão e não mais um escravo".

A partir fundamentalmente dessas reflexões, nos últimos dois itens do capítulo resgatarei e analisarei a experiência associativa e reivindicatória efetiva, num período que se estende de 1877 a 1905, de um importante segmento das classes trabalhadoras de Juiz de Fora: os empregados no comércio. No decurso desses cerca de 30 anos, os caixeiros das casas de negócios de tal cidade se empenharam, quase que incessantemente, pela conquista do descanso dominical, valendo-se de argumentos humanitários e de justificativas retiradas diretamente da doutrina cristã, que consagra o sétimo dia da semana a Deus, bem como explorando habilmente a dissensão existente entre os comerciantes e autoridades em torno desta questão, que divide opiniões políticas ainda hoje.

Pobreza, marginalização espacial e resistência cotidiana: a experiência social do proletariado nas décadas de 1890 e 1900

> Do exame dos mapas verificareis que a população [da cidade] de Juiz de Fora, na sua maioria, é composta, à exceção de advogados, médicos, farmacêuticos, capitalistas, negociantes etc., da laboriosa classe de

operários e só conta em seu seio com pequeno número de indivíduos que não têm na sociedade posição definida.

> Trecho do relatório dos agentes recenseadores entregue, em 30 de outubro de 1890, ao presidente da Câmara Municipal de Juiz de Fora (apud Oliveira, 1966:149-150).

Se por um lado Juiz de Fora pode se tornar, tal como a Manchester inglesa, a cidade [mineira] pioneira em termos de um sistema viário moderno e de uma estrutura industrial, as similaridades (...) não cessam aí. A urbanização trouxe consigo a sua contrapartida em termos sociais, que foram o caos urbano, a insalubridade, a marginalização e a manutenção de setores empobrecidos em situações mínimas de sobrevivência sine qua non para a garantia da expansão do mercado formal assalariado [e para a reprodução ampliada do capital].

MIRANDA, 1990:145.

No último quartel do Oitocentos, assim como nos primeiros decênios do século XX, a experiência social do proletariado de Juiz de Fora foi marcada, em grande medida, por um esforço crescente de resistência à opressão e à marginalização espacial e socioeconômica. É o que indicam tanto a virulência e a constância das reclamações elitistas pelos jornais, quanto a aparente ineficácia das normas decretadas pela municipalidade e das ações fiscais e policiais dirigidas contra os hábitos culturais, a moralidade cambiante e as formas alternativas de vida e moradia adotadas pelos estratos despossuídos da população local. A princípio, essa resistência cotidiana dos despossuídos às inúmeras tentativas de ordenamento do espaço urbano e do mercado de mão de obra parece ter assumido uma feição mais difusa ou pouco articulada, mediada pela luta diária pela sobrevivência e pelo desejo de se fixar na cidade. Exemplificam bem esta situação a persistência com que os indivíduos pobres, trabalhadores ou não, procuravam preservar práticas de trabalho, religião, lazer e diversão cada vez mais condenadas pelas classes conservadoras e, ainda, o modo pelo qual desconsideravam uma série de itens antigos e novos do *Código de posturas*.[236]

---

[236] A relativa ineficácia da legislação em questão pode ser atribuída também tanto à burocracia e à corrupção oficiais, quanto ao despreparo e ao contingente escasso de fiscais e policiais em Juiz de Fora no

Deste modo, não obstante a pregação moralista de suas elites e a despeito da adoção ou não e do grau de eficácia de uma série de medidas discricionárias defendidas pelos jornais e debatidas pelas associações das classes conservadoras e a Câmara Municipal, entre os séculos XIX e XX, Juiz de Fora se abriu inevitavelmente "em várias direções, ao trabalho, ao vício, ao crime" — a exemplo do que ocorreu com o Rio de Janeiro,[237] cidade-capital a qual se ligava por uma eficiente linha férrea. Isto em função tanto do forte incremento em suas atividades mercantis e manufatureiras, quanto do rápido aumento populacional experimentado então por tal município mineiro e seu dinâmico núcleo urbano.[238]

Nos anos de 1890 e 1900, nas páginas dos periódicos juizforanos, continuaram constantes as reclamações e pedidos de providências enérgicas contra o "grande número de vagabundos" e "bêbados" e a "horda de ratoneiros", "desordeiros" e "indivíduos sem ocupação honesta" que, se aproveitando de uma suposta "tolerância da polícia", "infestavam" a cidade e a transformavam em uma espécie de paraíso ou refúgio para "criminosos fugidos de outros centros".[239] Nessas duas décadas iniciais da República, contudo, no momento em que a ética do trabalho difundida pela burguesia assumia cada vez mais um caráter persuasivo e mobilizador da mão de obra potencialmente útil, a pregação elitista mais agressiva e intransigente se voltará também contra alvos bem mais frágeis e específicos: mendigos, crianças, adolescentes e imigrantes desvalidos recém-chegados a Juiz de Fora. Isto em função de que, na visão dos redatores dos jornais locais, a "horda de pedintes", "menores vadios" e "estrangeiros maltrapilhos" em questão, na verdade, compunha-se majoritariamente de "indivíduos no vigor da idade, sadios e talhados para o trabalho", isto é, de "vagabundos da pior espécie":

---

início da República. Por outro lado, mesmo nos anos de 1920, o abastecimento e a integração do mercado de consumo urbano dependiam em muito do trabalho informal de centenas de indivíduos pobres e segregados espacialmente — tais como mercadores ambulantes, biscateiros, verdureiros, quitandeiros, cocheiros e carroceiros. Cf. Miranda (1990:262-266).

[237] Góes, 1988:20.

[238] A primeira configuração político-administrativa do município sob a República, cumpre esclarecer, foi estabelecida pela Lei estadual nº 2, de 14 de setembro de 1891, que o organizou em 13 distritos, a saber: Juiz de Fora (distrito-sede), Vargem Grande, Água Limpa, Paula Lima, N. S. do Rosário, Sant'Anna do Deserto, S. Pedro de Alcântara, Porto das Flores, S. José do Rio Preto, Sarandy, S. Francisco de Paula, S. Sebastião da Chácara e Matias Barbosa. Ver *Annuario historico-chorographico de Minas Geraes — 1909*, p. 569-570.

[239] Vagabundos. *O Pharol*, 27 set. 1894, p. 1; Repressão urgente. *Jornal do Commercio*, 28 mar. 1900; e Malta de gatunos. *Jornal do Commercio*, 14 dez. 1900, p. 1.

Em maior número, perfeitamente válidos, muitos em condições de proverem à sua subsistência com o próprio trabalho [e de, assim, concorrerem também para o "progresso do país"]. Destes últimos muitos são imigrantes italianos, que, além de se terem utilizado dos dinheiros do estado para se entregarem às delícias da santa ociosidade na nossa terra, ainda se disfarçam enfermos (...) para adquirirem, por meio da mendicidade cotidiana, modo suave e descansado de levar vida folgada e desocupada. Esse escandaloso abuso revolta mesmo as almas mais caridosas e carece de séria e eficaz coibição por parte das autoridades policiais (Mendicidade. *Jornal do Commercio*, 10 jul. 1898, p. 2).

Nesse sentido, além da repressão sistemática aos "vadios", para livrar as praças e ruas centrais dessa "praga de pedintes", o *Jornal do Commercio* (10 jul. 1898, p. 2) sugere às autoridades que regulamentem a mendicidade "por meio de chapas numeradas concedidas pela delegacia de polícia aos indivíduos que provarem patentemente a sua completa invalidez por moléstia incurável ou decrepitude sem reparo". Separado assim o "joio do trigo", de acordo com o jornal, aos infratores recalcitrantes, "ébrios habituais" e "desordeiros conhecidos" só restaria um destino: a clausura numa colônia correcional. Era desse modo autoritário, fundamentalmente, que as classes conservadoras juizforanas procuravam enfrentar o agravamento da pobreza urbana, problema este que decorria diretamente tanto do modelo socioeconômico excludente vigente no país e no principal centro mercantil-manufatureiro de Minas nessa época, quanto do crescimento acelerado da população local. De fato, como revelam a princípio os dados contidos na tabela 10, o número de pessoas residentes no município e na cidade de Juiz de Fora se ampliou consideravelmente entre 1890 e 1907, elevando-se respectivamente em 54,82% e 62,03%, com taxas médias de crescimento anual variando entre 3,25% e 3,65%.[240]

A forte pressão demográfica sobre a "zona urbana" e a "zona suburbana" do distrito-sede de tal município é evidenciada pela informação complementar de que a população dessas áreas específicas ampliou-se em cerca de 119% no período

---

[240] Se analisados conjuntamente com as informações compiladas no anexo VIII, entretanto, esses dados demográficos demonstram que, por volta de 1907, nas zonas urbana e suburbana do distrito-sede de Juiz de Fora se concentravam não mais do que 26,14% do total de habitantes do município, estando os seus demais 73,86% moradores dispersos pelos arraiais, sedes de distrito e na sua extensa zona rural — áreas agrícolas estas que, com exceção de S. Pedro de Alcântara e Sant'Anna do Deserto, experimentaram também um significativo incremento populacional entre 1890 e 1907.

1893-1907, passando de 10.200 para 22.334 habitantes — com taxas de crescimento médio de 8,5% ao ano.[241] Esta situação, indubitavelmente, colocava a municipalidade diante de enormes problemas sociais e desafios político-administrativos, como no caso da aplicação das resoluções municipais relativas à salubridade e localização das habitações populares decretadas entre 1893 e 1896.

Tais normas sobre habitação serão flagrantemente desrespeitadas pelas famílias proletárias, assim como por boa parte dos donos de imóveis para aluguel, e contribuirão muito pouco para o alcance de uma meta perseguida com insistência, ao longo da Primeira República, por importantes segmentos da elite local: a expulsão dos quarteirões centrais de Juiz de Fora das residências preferidas pelas "classes obreiras", sobretudo dos cortiços, casebres e barracões — que na visão preconceituosa disseminada pelos jornais, constituíam "aleijões" que "afeavam" o "núcleo de população mais desenvolvido e progressista da terra mineira".[242]

Em centros mais dinâmicos e populosos, como o Rio de Janeiro e São Paulo, as casas e os alojamentos improvisados em que se amontoava a população pobre, trabalhadora ou não, já aparecem com destaque entre os problemas atinentes à salubridade pública e particular desde os anos de 1870, pelo menos.[243] Mas, será com a República, sobretudo, que as "momentosas questões" envolvendo as casas de cômodos, estalagens, cortiços e favelas passarão a receber um tratamento prioritário por parte do Estado. Desde então, contando com o apoio da imprensa e se escudando nos discursos higienistas das sociedades médicas, como assinala Nabil Bonduki (1998:17-18), os governantes procurarão justificar seu crescente "autoritarismo sanitário" brandindo:

> O receio do caos e da desordem, a ameaça que os surtos epidêmicos [de doenças infecciosas como a varíola, a cólera-morbo e a febre amarela] representavam para a organização econômica, o pânico que um mal desconhecido trazia à população, o prejuízo

---

[241] Para 1893 ver Oliveira (1966:149-150), e para 1907, anexo VIII.

[242] Morro de Santo Antônio, *Jornal do Commercio*, 5 abr. 1906, p. 1.

[243] No Rio de Janeiro, alertas sobre "a necessidade de se favorecer a construção de domicílios salubres a baixo preço para as classes pobres" constam em relatórios oficiais desde 1876, pelo menos. Por meio do Decreto nº 3.151, de 9 de dezembro de 1882, o Governo Imperial marchou nesse sentido, isentando em até 20 anos de impostos, concedendo áreas públicas e facilitando as desapropriações de terrenos para firmas e capitalistas interessados na construção de casas proletárias. Inaugurou-se, assim, um modelo legal de incentivo à produção privada que seria seguido também na Primeira República, quando raramente o Estado apresentou-se como construtor direto de habitações populares. Ver Carvalho (1980:57-65).

que a morte de imigrantes recém-chegados trazia às finanças públicas (...) e, enfim, o medo da classe dirigente de vir a ser atingida pelas doenças.[244]

As características e dimensões assumidas então pela questão habitacional em Juiz de Fora podem ser conhecidas, a princípio, por meio da análise de um ofício encaminhado pela Sociedade de Medicina e Cirurgia local, em maio de 1890, ao recém-instalado Conselho de Intendência.[245] Procurando estabelecer uma relação direta entre a "proliferação" dos mais diversos tipos de moradias precárias com a ocorrência ou a ameaça de emergência de surtos epidêmicos, entre outros "males sociais", na área central da cidade, a referida associação científica e profissional dizia-se

> convencida da urgente necessidade de fazer desaparecer do centro da cidade estas infectas habitações, assim como da conveniência de chamar para fora dela os habitantes dos cortiços, (...) [e insistia] em bem da salubridade pública (...) que a Intendência abra concorrência para habitações [para operários] (...) estabelecendo em editais as condições higiênicas convenientes e o preço máximo do aluguel, concedendo aos proponentes vantagens que lhes garantam os indispensáveis lucros, e formulando um regulamento disciplinar garantidor dos direitos dos proprietários e da ordem pública (Habitações higiênicas. *O Pharol*, 14 maio 1890, p. 1).

Em dezembro de 1889, menos de três meses após a sua constituição, a Sociedade de Medicina e Cirurgia de Juiz de Fora (SMCJF) já havia se dirigido à Câmara Municipal para recomendar "a adoção de um plano de habitações higiênicas, adequadas aos minguados recursos dos operários e indigentes, situadas fora do centro da cidade", além de "outras medidas relativas aos cortiços tão abundantes nesta cidade". Demonstrando ter aprofundado o debate a respeito do problema entre seus membros, na correspondência de maio de 1890, por outro lado, a SMCJF

---

[244] Ver também Lobo e Carvalho (1989:13-23).

[245] Por determinação do delegado do Governo Provisório em Minas, Cesário Alvim, a Câmara Municipal de Juiz de Fora foi dissolvida em 21 de janeiro de 1890 e substituída por um Conselho de Intendência, composto por cinco membros com atribuições idênticas às dos antigos vereadores. Após sucessivas trocas de intendentes, tal conselho foi presidido por um conhecido político monarquista local, Francisco Bernardino Rodrigues Silva, que depois se tornaria agente executivo durante a primeira legislatura da Câmara sob a República (1892-94). Ver Oliveira (1966:137-141).

argumenta que a "guerra aos cortiços" e a correção dos "inconvenientes ligados ao local de suas construções" não deveriam ser feitas "por meio de medidas rigorosas e repressivas", mas sim procurando proporcionar ao operariado, no médio prazo, "habitações higiênicas e de aluguel barato", uma vez que os indivíduos dessa classe procuravam aquela modalidade de moradia coletiva "como o único recurso adequado às suas parcas economias".[246] Nos termos e argumentos mobilizados por essa associação médica nos dois ofícios em questão, é possível identificar uma tripla preocupação, no geral, comungada também pelos demais setores da elite juizforana: obter vantagens prospectivas para os que desejassem investir na construção e aluguel de "casas higiênicas e baratas" para trabalhadores; expurgar num futuro próximo os cortiços e demais habitações precárias da área central de Juiz de Fora e, não menos importante, preservar os interesses presentes dos proprietários, negociantes e capitalistas estabelecidos em tal núcleo urbano.

Estas últimas duas preocupações elitistas, em especial, reconhecem e vinculam-se diretamente a uma característica marcante do processo histórico de conformação de tal núcleo urbano: o fato de os quarteirões centrais de Juiz de Fora, na passagem do século XIX para o XX, concentrarem não apenas a maioria de suas casas de negócios, hotéis e residências mais abastadas, como ainda boa parte das oficinas e fábricas, de todos os portes, que integravam o seu parque fabril. Somam-se a esse fator crucial, outros também de natureza socioeconômica, como já assinalado, decorrentes do acentuado incremento das atividades mercantis e manufatureiras e da significativa pressão demográfica.

Estas constituem as razões principais para que o problema da moradia se agravasse sobremaneira em Juiz de Fora, bem como para que ano após ano se multiplicassem, na área mais central dessa cidade, os cortiços, barracões e casas de cômodos densamente habitados por parcelas expressivas do proletariado que movimentava e garantia a contínua expansão de tal centro mercantil e manufatureiro. Isto porque as longas jornadas de serviço vigentes nesses tempos, somadas à ineficiência, à pequena abrangência e ao custo elevado dos transportes públicos, praticamente inviabilizavam a fixação dos trabalhadores e suas famílias em áreas

---

[246] Nesse ofício, os dirigentes da SMCJF propõem inclusive à Intendência Municipal que, à semelhança de Santos e do Rio de Janeiro, conceda incentivos e/ou isenções fiscais para edificação de casas para famílias proletárias, algo que somente ocorrerá em Juiz de Fora depois de 1908 (Habitações higiênicas. O Pharol, 14 maio 1890, p. 1).

suburbanas que não contassem com estabelecimentos fabris.[247]

Consequentemente, no momento de definir onde morar, além de um aluguel adequado aos seus "minguados recursos", os assalariados juizforanos buscavam prioritariamente um imóvel ou um cômodo situado bem perto dos locais em que trabalhavam todos os dias.[248] Este é o caso, por exemplo, dos operários que habitavam a Tapera, que se tornou um subúrbio proletário, entre os anos de 1890 e 1900, em virtude tanto de sua pequena distância da Fábrica dos Ingleses e da linha de bondes para a cidade, quanto pelo fato de abrigar a Hospedaria de Imigrantes e uma grande fábrica de telhas, tijolos e produtos cerâmicos.[249] Mas, nessa época, os bairros operários com maior densidade populacional se situavam muito mais próximos do centro de Juiz de Fora, como o "pitoresco e tenebroso" Morro de Santo Antônio, assim descrito pelo *Jornal do Commercio* de 5 de abril de 1906 (p. 1):

> Bairro de uma população elevadíssima, (...) [a] dez minutos da rua Halfeld, o Morro de Santo Antônio [hoje parte alta da rua Espírito Santo e arredores da praça do Cruzeiro] pelo descuido e falta de alinhamento das ruas, aspecto lúgubre e miserável de dezenas de construções em que há carência absoluta de condições de habitalidade [sic], parece estar a 100 léguas de um centro civilizado. (...) Se não fora a benignidade do clima juizforano, o Morro de Santo Antônio, onde a maioria das casas não tem água potável e onde não há latrinas com escoamento para os coletores da cidade baixa, seria com

---

[247] Um dos poucos arrabaldes de Juiz de Fora servidos então por carris puxados a burro era o "populoso subúrbio industrial" de Mariano Procópio, onde ficava a Fábrica dos Ingleses, uma estação da EFCB e a Vilagem, cujos moradores reivindicavam, em 1897, que os bondes passassem a circular até as 21h30min, já que muitos dos que trabalhavam na cidade estavam sendo "obrigados a regressar a pé ou a tomarem um carro", com enorme "sacrifício físico e pecuniário". Para aquela região afluíam todos os dias, ainda, proletários que habitavam o Morro da Gratidão, a Colônia de Cima, a Colônia de Baixo e a Tapera, hoje Santa Terezinha e adjacências (*Jornal do Commercio*, 10 dez. 1897, p. 1).

[248] Entre 1897 e 1904, os valores dos aluguéis de casas pequenas (sala, dois quartos, cozinha, quintal), com "abundância de água", variavam entre 25$000 (rua de São Mateus) e 50$000 (rua da Gratidão), enquanto um trabalhador pagava por um cômodo apertado (cerca de 10 m²), no Morro de Santo Antonio ou na Serra, a quantia mensal de 10$000 (Aluga-se. *Jornal do Commercio*, 4 mar. 1897, p. 2; 13 abr. 1901, p. 4; e 24 jan. 1904).

[249] Já os trabalhadores que viviam em bairros bem mais distantes, como o Creosotagem (onde a EFCB mantinha uma usina de tratamento e um grande depósito de dormentes) e o Grama ("arraialete a 6 km [ferroviários] da cidade"), estavam sujeitos às restritas oportunidades de empregos existentes nesses locais (comércio, olarias, destilarias) ou tinham que se deslocar com frequência para a cidade, onde exerciam trabalhos menos estáveis (jornaleiros, ambulantes, verdureiros). Ver *Annuario historico-chorographico de Minas Geraes — 1909*, p. 578-579.

certeza um foco de epidemias. (...) [Solicita, assim, às autoridades que] Ergam as vistas até o Morro de Santo Antônio, colmeia de laboriosas abelhas, donde, pela manhã, à luz dúbia do crepúsculo matinal, descem em bandos, aos trambolhões, por vielas níveas e esburacadas, centenas de operários de ambos os sexos que vêm à cidade baixa trazer o concurso de sua atividade e de seu trabalho às industrias, que aqui prosperam.[250]

De fato, para estarem a postos logo ao amanhecer em seus empregos, para neles labutarem até alta noite em troca de um salário aviltante, operários fabris e da construção civil, caixeiros, criadas e jornaleiros em geral não tinham muitas alternativas na antiga Manchester Mineira: precisavam se sujeitar a viver, com seus familiares, em casas e barracões situados em bairros carentes de infraestrutura básica e serviços públicos essenciais (redes de água e esgoto, calçamento, iluminação, coleta de lixo, em especial), mas apenas a uma pequena caminhada do centro da cidade — como o Morro de Santo Antônio, a Serra, o Botanágua e o Poço Rico —, ou habitar, em condições tão degradantes e até piores, os inúmeros cortiços e casas de cômodos existentes em logradouros como o Largo do Riachuelo e as ruas de Santa Rita, XV de Novembro, São Sebastião e do Comércio, entre outras que formavam os principais quarteirões do núcleo urbano de Juiz de Fora. Os patrões sabiam disto e muitos procuravam lucrar ainda mais com tal situação, não raro, improvisando casebres e quartos nos fundos de seus estabelecimentos e alugando-os ou cedendo-os provisoriamente para seus funcionários.

Duas "notas policiais" podem ser aqui resumidas, inclusive, para demonstrar que não era incomum que trabalhadores de Juiz de Fora habitassem cubículos no interior ou nos fundos das oficinas e lojas em que trabalhavam, invariavelmente, das primeiras horas do dia a bem tarde da noite. Numa manhã de julho de 1894, Possidonio José de Souza, dono da ferraria situada no nº 64 da rua do Comércio, notando que, "contra o costume", a porta do quarto onde dormia Cypriano José Maria, um de seus empregados, "se conservava fechada (...) até mais tarde",

---

[250] Além de uma inspeção sanitária, o jornal solicita as seguintes melhorias para o Morro de Santo Antônio: desobstrução e limpeza de escoadouros de águas pluviais; abertura de ruas; arborização de largos; construção de bueiros e calçamento de becos e vielas. Por outro lado, ressalta que "o bairro é calmo e os distúrbios e rixas quase são desconhecidos tal é o espírito de ordem e de respeito à lei da população, em geral, composta de famílias de operários" — comentários positivos estes raros na imprensa e adicionados para reforçar a solicitação de obras de urbanização para essa área, que sofrerá uma forte valorização imobiliária nos anos seguintes.

decidiu abri-la à força. De acordo com o relato de *O Pharol* (10 jul. 1894, p.1), "arrombada a porta, encontrou-se sobre a cama o cadáver de Cypriano, que se havia enforcado com um pedaço de um cabresto" — supostamente impelido por um "desarranjo mental". Cerca de 14 anos depois, em maio de 1908, Evaristo Pedro do Nascimento e Balbino Rodrigues Dias, de 13 e 11 anos de idade respectivamente, foram capturados por um agente da polícia local e presos sob a acusação de terem roubado o seu patrão, Manoel Palmerão, proprietário de um armazém de secos e molhados, à rua Halfeld nº 31. Mais do que trabalhar, já há algum tempo os dois menores moravam também no referido estabelecimento, como revela este trecho da notícia dada sobre o episódio pelo *Jornal do Commercio* (15 maio 1908, p. 1): "como de costume, após o fechar das portas, foram deitar-se os dois, e à 1 hora da manhã, evadiram-se, carregando o dinheiro que se encontrava na gaveta do balcão, frutas, doces e várias fitas cinematográficas". Coincidentemente, o comerciante furtado possuía dois cortiços, e certamente dezenas de outros inquilinos, o que fez com que seu nome figurasse numa listagem publicada no *Álbum do município de Juiz de Fora*, em 1915, que relacionava 28 negociantes, profissionais liberais, fazendeiros e capitalistas que lucravam bastante, ao que tudo indica, com o aluguel de cômodos para famílias pobres que viviamem pelo menos 72 unidades desse tipo de habitação coletiva na área central da cidade.[251]

A prática ou estratégia de certos patrões, revelada pelas duas notícias transcritas, de alojar "gratuitamente" ou manter como inquilinos trabalhadores em cômodos ou barracões existentes em seus estabelecimentos rendia-lhes não apenas lucros como também ampliava bastante o poder pessoal que exerciam sobre seus empregados, notadamente no que se refere à manutenção de longas jornadas diárias e ao pagamento de salários extremamente baixos. De modo similar, o investimento em cortiços, casebres e casas precárias e de aluguel barato constituía um negócio deveras rentável,[252] tanto mais se o senhorio pudesse assalariar a força de trabalho dos eventuais moradores de seu imóvel. Não por acaso, nas duas décadas

---

[251] Ver Esteves, 1915:291-296.

[252] É o que sugere, por exemplo, este trecho do segundo volume das memórias de Pedro Nava (1974:19-20): "Dotada de faro incomum para os negócios, econômica até a avareza, (...) [sua avó, Inhá Luiza] construiu os *barracões* e *casinhas* da Serra, (...) perto da *Academia de Comércio*. Com os aluguéis desses próprios ressarciu, indenizou, compensou e (...) [em 1911] ela estava senhora do 177 e do 179 da rua Direita, de seis casas na *Serra* (fora os barracões), de outra na rua Dr. Paleta, de outra na rua S. Antônio, de outra em Belo Horizonte".

iniciais da República, a campanha contra tais habitações "toscas" e "infectas", que tanto inquietavam e horrorizavam os higienistas e a imprensa, não contou com o apoio decidido da maior parte dos proprietários, negociantes e capitalistas locais e nem da Associação Comercial de Juiz de Fora, associação representativa dos interesses da burguesia mercantil e industrial fundada em julho de 1896. Nesse momento, como notou Sonia Regina Miranda (1990:129-130), "em situações em que a lucratividade se sobrepunha à salubridade e à higiene pública, os interesses empresariais acabavam falando mais alto".[253]

Será precisamente submetendo as questões pertinentes à "higiene pública" aos interesses presentes e futuros e à lucratividade dos proprietários e capitalistas que as autoridades locais procurarão encaminhar, no decurso da Primeira República, os assuntos ligados à expansão e ordenamento geral do espaço urbano e ao problema mais específico representado pela multiplicação das moradias proletárias. Particularmente na década de 1890, ainda que não tenha concedido incentivos fiscais para os construtores de "habitações higiênicas e de aluguel barato", a municipalidade buscou atender as demais preocupações que a Sociedade de Medicina e Cirurgia manifestava, como porta-voz qualificada das classes dominantes, diante do enorme desafio que a proliferação dos cortiços representava para o seu ideal de salubridade urbana. Dispondo de maior autonomia administrativa e fiscal, já em sua primeira legislatura republicana, a Câmara Municipal estabeleceu um conjunto de determinações voltadas para a higiene das habitações coletivas e particulares da cidade, uma espécie de "código sanitário", consubstanciado nas resoluções nº 127 e 128, ambas de 22 de março de 1893.[254] A aplicação de tais

---

[253] Ilustra bem essa situação o pedido de licença feito pelo capitalista Pantaleone Arcuri à Câmara, em abril de 1895, para a construção de uma avenida de casas para operários. Os fiscais municipais indeferiram tal pedido, pois concluíram que se trataria, na verdade, de um cortiço composto "de um estreito corredor sem saída (...) ladeado por dois corredores de pequenos quartos de 3 m de largura", que não ofereceriam condições adequadas de higiene e ventilação. Contrariando esse parecer, a obra foi realizada como planejada pelo construtor (Miranda, 1990:209-210).

[254] Em linhas gerais, a Resolução nº 127 concedia poderes aos "inspetores de higiene" para realizarem "visitas sanitárias" em hotéis, casas de pensão e cortiços, com o objetivo de verificar as condições de higiene de suas acomodações e, "a bem da saúde pública", cadastrar seus moradores e proprietários, bem como delimitar "o número de leitos admissíveis nos aposentos de cada uma delas". Por outro lado, tal resolução previa penalidades como: multas de 10$ a 200$000, conforme a irregularidade, inclusive para os inquilinos; a interdição provisória para reforma do imóvel; a desocupação, fechamento e demolição dos prédios classificados como "insanáveis". Já a Resolução nº 128, que regulamentava tais "visitas sanitárias", facultava à "autoridade sanitária recorrer à polícia, pedindo a sua intervenção" quando "houver qualquer oposição a que a visita se realize" (Câmara Municipal. *O Pharol*, 5 abr. 1893, p. 1-2).

resoluções, no entanto, foi bastante complexa e controversa como evidencia, por exemplo, este trecho de um ofício que o inspetor da Higiene enviou ao agente executivo do município:

> Se fosse cumprir o regulamento sanitário relativamente às habitações da rua Santa Rita a providência a dar seria simples — mandar fechar e demolir quase todos os prédios, salvo, no máximo, uns 10 ou 15. O que vai essa rua (...) é indescritível, só "de visu se pode julgar": casas escuras, com paredes de pau a pique, barreadas ameaçando ruínas, divisões de tábuas, quando não são feitas com sacos velhos; alguns cômodos com 2 metros de altura, uma acumulação repugnante de habitantes, cisternas para despejo de materiais fecais e todas as imundices; nos pátios quase não se pode andar; ao lado das cisternas de despejo, outras para fornecer água. Nessa rua, (...) é impossível proceder-se paulatinamente, obrigando os proprietários a repararem suas casas começando pelas piores; aí torna-se necessária uma medida geral. Na minha opinião, a municipalidade deveria decretar o alargamento da rua o quanto antes [o que envolveria desapropriações, demolições e pagamentos de onerosas indenizações] (Habitações insalubres. *O Pharol*, 26 abr. 1893, p. 1).[255]

Com a decretação da Resolução nº 374, de 20 de maio de 1896, por outro lado, a Câmara Municipal procurou ampliar o seu limitado controle sobre a forma e a organização do espaço urbano, fixando uma série de normas para a abertura de novas ruas e a realização de obras de construção e reforma no perímetro da cidade.[256] No tocante às classes "desfavorecidas da sorte", esse dispositivo legal representou uma adesão mais decidida da municipalidade à intenção de importantes segmentos das classes conservadoras de banir, gradativamente, as moradias "baratas" e "insalubres" dos quarteirões centrais de Juiz de Fora. Os artigos 22 e 43 de tal resolução, em especial, expressam isso com clareza, ao estabelecerem

---

[255] Em diversas casas da rua Halfeld, também vistoriada nessa ocasião, foram encontrados problemas semelhantes, sobretudo no que se refere à inadequação dos sistemas de abastecimento de água e escoamento dos esgotos e a presença de grande quantidade de sujeira nos pátios.

[256] Entre os principais itens da Resolução nº 374, destaca-se a exigência de obtenção de licença para a realização de obras de construção e reformas de casas e edifícios — o que implicaria o atendimento de uma série de determinações técnicas (confecção de planta, dimensões do imóvel, nivelamento com rua) e administrativas (registro dos construtores, pagamento de taxas e multas) e, de antemão, colocava as habitações edificadas pelos próprios moradores (autoconstrução) à margem da legislação municipal. Ver Construções. *Almanach de Juiz de Fora para 1897*, 1896-97, p. 75-83.

respectivamente que "é expressamente proibido construir na cidade ou povoações casas de capim, meias-águas e habitações congêneres" e que "os barracões que tiverem sido construídos" para qualquer outro fim "que não seja habitação de pessoa, não poderão ser transformados em compartimentos habitados", sob o risco de demolição. Por sua vez, o artigo 48 e seus parágrafos, em sintonia com as resoluções 127 e 128, detalharam as condições sanitárias mínimas (número de banheiros, latrinas e mictórios por grupo de moradores, dimensões de pátios e logradouros internos, quantidade de água, iluminação e ventilação) que deveriam existir nas "casas coletivas, isto é, hotéis, hospedarias, casas de pensão, albergues, vilas, avenidas ou estalagens".[257]

É importante ressaltar que a Resolução nº 374 não estabeleceu nenhuma isenção de impostos para os proprietários e investidores imobiliários interessados em edificar casas ou vilas para operários, medida que a municipalidade só adotará a partir de 1908. A expressão "cortiço", pelo menos de modo literal, não aparece em nenhum dos artigos das três resoluções aqui analisadas, ainda que seu uso seja corrente na imprensa e entre os fiscais de posturas e os inspetores da Higiene Municipal. Nos autos de infração e relatórios produzidos por estes agentes, a modalidade de habitação a que se refere o termo em questão será definida com base tanto em suas características construtivas (barracões, casebres ou casas pequenas, com pés direitos baixos ou sobrados divididos em vários cômodos, que careciam de luz, ventilação e sistemas adequados de abastecimento de água e escoamento de esgotos) e critérios higiênicos (presença de sujeira, águas estagnadas, cisternas próximas a poços, privadas e tanques de uso coletivo), quanto em preconceitos morais e sociais (moradias coletivas, habitadas por famílias pobres e numerosas, "em que pela reunião em comum em pátios e pela intemperança da linguagem e loquacidade desregrada, própria da gente de classes inferiores, forma-se algazarra").[258]

Assim, embora presentes na cidade de Juiz de Fora desde a abertura de suas primeiras ruas, somente a partir dos anos de 1890, sobretudo, é que moradias

---

[257] A Resolução nº 374 vedava ainda a transformação de "porões ou lojas de casas assobradadas" em residência, bem como previa uma altura interna entre 4,2 e 5 m, o que na prática inviabilizava a construção legal de "casas baratas". Ver Construções. *Almanach de Juiz de Fora para 1897*, 1896-97, p. 75-83.

[258] Miranda (1990:209-210). Em função da indefinição legal em relação ao termo e de falhas na fiscalização, sobretudo, a classificação desses imóveis como "cortiços" e as taxações, aplicações ou revogações de multas decorrentes de tal ato administrativo serão objeto de grande polêmica e, via de regra, obedecerão a razões de ordem política e econômica vinculadas fundamentalmente à figura e grau de influência do proprietário. Ver também Silva (2006).

precárias como as descritas pelo inspetor da Higiene Municipal em 1893 se transformarão em uma fonte de crescente preocupação para a municipalidade, as classes conservadoras e a imprensa, que fez forte campanha em prol do cumprimento das resoluções nº 127, 128 e 374.[259] No curso dessa campanha, cumpre assinalar, os "desafortunados moradores" dessas habitações "imperfeitamente edificadas", independentemente de serem quase todos trabalhadores honestos e morigerados, passarão a ser alvos não apenas da "vigilância sanitária" estatal, como também de denúncias e acusações injuriosas, algumas claramente caluniosas. Este é o caso da seguinte nota publicada em agosto de 1903 n'*O Pharol*:

> Na rua do Espírito Santo, entre as ruas do Progresso e Barão de Santa Helena, há um portão largo que comunica com um cortiço habitado por crioulas e outras mulheres de vida desregrada. Essas deslambidas faltam a todo o momento ao respeito devido às famílias residentes próximo àquele local, praticando atos e cenas indecorosas (Ao cav. Ricci. *O Pharol*, 25 ago. 1903, p. 1).[260]

Esta denúncia foi publicada numa coluna com diversas solicitações ao então delegado da cidade, cav. Ricci, sendo outras duas igualmente dignas de nota. A primeira informa a essa autoridade que na rua Dr. Paleta, área central de Juiz de Fora, "residem duas mulheres que estão a pedir as atenções da polícia, tais as palavras cabeludas que elas proferem e tal o seu modo de proceder". A segunda chama a "atenção do enérgico sr. delegado de polícia" para "Maria de tal, residente à rua de Santa Rita nº 92, a qual vive insultando os vizinhos".[261] Considerado calmo e habitado por uma população ordeira e respeitadora da lei em 1906, por sua vez, o Morro de Santo Antonio também não ficará de fora da campanha de estigma-

---

[259] Entre 1893 e 1896, os jornais solicitaram a intensificação das visitas sanitárias, noticiaram os problemas encontrados então pela Inspetoria de Higiene e denunciaram a proliferação dos cortiços nas ruas centrais e em bairros como o de São Mateus e Botánagua, bem como "o péssimo estado de limpeza nos aludidos cortiços" — aos quais atribuíam também parte da culpa pelo surgimento de casos de febre amarela em Juiz de Fora nesses anos (Medidas de higiene. *Juiz de Fora*, 4 ago. 1893, p. 1 e Polícia sanitária. *O Pharol*, 4 dez. 1894, p. 1).

[260] Ao cav. Ricci. *O Pharol*, 29 ago. 1896, p. 2.

[261] Respectivamente: Moralidade pública. *O Pharol*, 29 ago. 1896, p. 2; e Ao cav. Ricci. *O Pharol*, 25 ago. 1903, p. 1. Cerca de sete anos antes, "diversos moradores" de um trecho da rua da Imperatriz solicitaram providências policiais contra três hotéis, supostamente frequentados "só por mulheres prostitutas" e que estariam andando pela região "em trajos menores".

tização levada a cabo pelos jornais, especialmente a partir do momento em que essa área passou a ser de grande interesse para os investidores imobiliários. Com efeito, em junho de 1908, o *Jornal do Commercio* denunciou que nos botequins espalhados por esse bairro "além de menores, (...) se reúnem [ainda] crioulos e crioulas, fazendo sempre medonha orgia".[262] Veiculada cerca de um ano antes, a reclamação que transcrevo abaixo também faz referências negativas ao referido morro, especialmente aos menores tidos por "vagabundos" que nele viviam:

> Por aí rodam eles, em todos os cantos desta cidade, desde as primeiras horas às últimas do dia, atirando pedras aos transeuntes e pondo-as na linha dos bondes, e, nos bairros mais afastados, cometendo abusos e certos atos que ofendem à moral pública. Os que andam lá para o alto do Morro de Santo Antônio são desta marca. À polícia compete visitar de quando em vez aquele bairro (Menores vagabundos. *O Pharol*, 10 abr. 1907, p. 1).

De fato, na passagem do século XIX para o XX, parcela significativa da numerosa prole dos moradores e moradoras dos cortiços e bairros operários vivia perambulando pelos diversos pontos da malha urbana, dando lugar a outra campanha dos jornais locais. Trata-se da "cruzada" desencadeada pela grande imprensa de Juiz de Fora contra, nos termos dos articulistas da época, a "horda" de "rapazolas vagabundos" ou a "garotagem" que "infestava" a cidade, "praticando os maiores vandalismos" e "toda a sorte de tropelias", a saber: furtos de pequenos objetos, frutas e víveres em lojas, quitandas e armazéns; banhos no rio Paraibuna ("em trajes de Adão antes do pecado"); perseguições a passarinhos (e outros bichos) com estilingues, cujas pedras alvejavam também janelas, árvores (frutíferas ou não), casas comerciais e "transeuntes indefesos"; perigosas brincadeiras de subir e apear de trens e bondes em movimento, entre outros "delitos".[263]

A argumentação difundida por *O Pharol* e o *Jornal do Commercio*, que lideravam tal "cruzada", tornou-se cada vez mais agressiva e intransigente. Com efeito, particularmente em 1890 e 1903, os pedidos para que a polícia advertisse esses "ci-

---

[262] *Jornal do Commercio*, 30 jun. 1908, p. 2.
[263] Menores gatunos. *O Pharol*, 20 jun. 1890, p. 1; Maus costumes. *O Pharol*, 10 mar. 1891, p. 2; Menores vagabundos, *O Pharol*, 15 fev. 1892, p. 1; Menores vagabundos, *O Pharol*, 17 maio 1893, p. 1; Grupo do arrebenta. *O Pharol*, 20 maio 1903, p. 1; e Vagabundos. *O Pharol*, 11 set. 1900, p. 1.

dadãozinhos" foram, gradativamente, dando lugar a apelos por repressão enérgica à "molecada vagabunda e insolente", pedidos estes entremeados por exclamações raivosas: "deviam ser castigados à vara de marmelo os endiabrados pequenos que diariamente atiram pedras (...) [pelas] ruas da cidade"; "caso a polícia não possa pôr freio nesses patifes, aconselhamos ao público a agir por suas próprias mãos" e "se providências não forem tomadas (...) serão os nossos conterrâneos forçados a andar armados para repelir (...) à bala, ao insólito ataque dos tais garotos".[264]

As expressões ofensivas e preconceituosas utilizadas para compor as diversas denúncias mencionadas, portanto, evidenciam que as ações de estigmatização e marginalização social dos habitantes dos cortiços e bairros proletários, capitaneadas a princípio pelos jornais de maior circulação, pela Câmara e por agentes do Estado (fiscais de posturas, inspetores de higiene e policiais), processaram-se em estreita sintonia com a tradicional campanha de combate à ociosidade promovida pelas classes conservadoras locais, não raro se confundido com ela. Com efeito, nos anos de 1890 e 1900, ruas centrais com grande número de moradias "baratas", e por isso mesmo populares, como a de Santa Rita e do Sapo (Fonseca Hermes), passaram a ser cada vez mais identificadas como redutos de prostitutas, "crioulas e outras mulheres de vida desregrada", bêbados, desordeiros, malandros e menores vagabundos — ainda que essas habitações individuais e coletivas fossem ocupadas, quase que integralmente, por trabalhadores de múltiplas profissões e nacionalidades, com suas respectivas famílias. As solicitações para que a polícia e as autoridades sanitárias visitassem certos imóveis nesses logradouros tornaram-se corriqueiras nesses anos, como demonstra esta nota anônima, publicada n'*O Pharol* em vários dias do mês de outubro de 1894: "Chama-se a atenção da polícia, a fim de evitar os abusos que diariamente dão-se em um cortiço da rua Santa Rita nº 5. Esta habitação imunda, que não pode comportar mais de uma família, tem cerca de 15 moradores, que constantemente andam a fazer desordens" (Atenção!!! *O Pharol*, 21 out. 1894, p. 2).

Essa nota acusatória não ficou sem resposta, tendo os moradores do nº 5 da rua Santa Rita tanto repelido veementemente a qualificação de "imundo" para o

---

[264] *Jornal do Commercio*, 13 fev. 1897, p. 1; Grupo do arrebenta. *O Pharol*, 26 maio 1903, p. 1; e Grupo do arrebenta. *O Pharol*, 8 jul. 1903, p. 1. Via de regra, os articulistas locais diziam estar "fazendo eco" aos apelos vindos das famílias, cidadãos e negociantes importunados e/ou prejudicados pelos grupos de "menores vagabundos", que supostamente praticavam "toda sorte de selvageria".

local onde viviam com seus familiares, quanto sugerido também, no mesmo tom empregado pelo denunciador, que quando este "escreveu sua diatribe, tinha os olhos voltados para o interior de sua própria habitação". Procurando se defender junto às autoridades e os leitores do jornal, os tais moradores injuriados concluíram o anúncio (Atenção!!!, *O Pharol* 31 out. 1894, p. 2) de modo ainda mais enfático:

> Os moradores do aludido prédio (...) não temem, antes desejam, que o ilustre sr. delegado de polícia por si se certifique da falsidade da acusação de que são vítimas: hão de mostrar que, gente moralizada e laboriosa, sabem conservar em boas condições de asseio e salubridade o prédio em que moram, em nada comparável à imunda pocilga, antro de abusos e desordens, em que habitualmente se chafurda o invejoso caluniador.[265]

Trocas de acusações e provocações à parte, os argumentos habilmente mobilizados pelos tais "moradores do nº 5" fornecem indícios relevantes de como os trabalhadores pobres e as pessoas residentes nas diversas modalidades de habitações coletivas procuravam se posicionar e resistir ao processo de marginalização social e espacial em curso na cidade de Juiz de Fora no início da República. Neste sentido, os termos presentes na nota parcialmente transcrita anteriormente evidenciam que, independentemente das deficiências construtivas dos imóveis e das precárias condições higiênicas e sociais em que eram obrigados a viver, os proletários habitantes dos cortiços defendiam com vigor o direito que julgavam possuir, devido a sua condição de "gente moralizada e laboriosa", de também morarem nos quarteirões centrais desse núcleo urbano. Ao se contraporem à necessidade de inspeções policiais e sanitárias somente em suas casas, por outro lado, mostraram-se unidos, firmes e recusaram os preconceitos elitistas em relação aos seus modos de vida, ressaltando que além de serem "moralizados" e "laboriosos", sabiam "conservar em boas condições de asseio e salubridade o prédio" em que residiam. A este respeito, é bastante esclarecedora a seguinte reflexão de Michelle Perrot (1988:104) acerca do comportamento operário em face da questão habitacional:

---

[265] Alegando que os tais "moradores do nº 5" tentavam enganar "a boa fé da polícia", que já teria feito prisões "nesta imunda habitação" por ser ali um "local de desordens", o "acusador" reiterou seus pedidos de "justiça à inspetoria de higiene e enérgicas providências ao sr. delegado" (*O Pharol*, 3 nov. 1894, p. 2).

Os operários reivindicam menos o direito a moradia do que o direito à cidade, "espaço para viver". Eles aceitam as condições habitacionais, principalmente a densidade populacional, que assombram os observadores externos, filantropos e higienistas. A campanha contra os cortiços, vigorosa principalmente no último terço do século XIX, não é de origem operária. (...) Por um longo período, a reivindicação operária se refere ao aluguel, não à moradia. Desta fala-se em termos de custo, de peso no orçamento, não de conforto ou espaço.[266]

Trabalhar, morar com certa decência, se divertir com alguma liberdade, enfim, viver na área central de Juiz de Fora de modo digno e sem ser importunado a todo o momento por agentes truculentos do Estado ou por terceiros, em geral mais bem posicionados na escala social, portanto, constituíam direitos que, por uma série de razões analisadas até aqui, não eram garantidos à ampla maioria da classe operária dessa cidade. Antes, tais direitos configuravam-se metas difíceis de serem conquistadas e envolviam uma luta cotidiana, individual e coletiva, também para a sua manutenção e ampliação. Um exemplo bastante eloquente disto foi dado, em julho de 1890, pelos 50 cidadãos residentes no Botanágua — sendo 14 proprietários e negociantes e 36 trabalhadores de múltiplas nacionalidades (brasileiros, portugueses, italianos e alemães) e profissões (jornaleiros, caixeiros, pedreiros, marmoristas, pintores, padeiros, barbeiros, carpinteiros, relojoeiros, ourives, charuteiros, cocheiros, entre outras) — que endossaram com suas assinaturas este veemente protesto:

> Joaquim Pereira dos Santos, português, morador estabelecido no Botanágua, desta cidade, tendo sido preso e forçado a assinar termo de bem viver, e deparando[-se] no *Pharol* de 16 do corrente, [com] um anúncio, no qual muito se ofende a sua dignidade, vem protestar contra o referido termo de bem viver, e bem assim contra o referido anúncio, oferecendo o nós abaixo assinado às pessoas sensatas, a fim de ficarem inteligenciadas da verdade (Protesto. *O Pharol*, 22 jul. 1890, p. 2-3).

Além de se solidarizarem com o artífice Joaquim Pereira dos Santos, que consideravam um "homem honesto e trabalhador", sempre cumpridor dos "seus de-

---

[266] De acordo com a historiadora, até pelo menos as primeiras duas décadas do século XX, a questão da habitação era tratada nos congressos e publicações do movimento operário francês, fundamentalmente no bojo dos problemas concernentes à carestia de vida, como a alta dos preços dos gêneros, do vestuário e dos aluguéis.

veres de homem de boa fé", os numerosos signatários do abaixo-assinado em defesa da honra desse "súdito português", por meio de tão significativa manifestação coletiva de indignação, procuravam reduzir as probabilidades de serem vítimas também, a qualquer hora, de alguma arbitrariedade policial ou constrangimento público. A exemplo do que fariam alguns anos depois os moradores do nº 5 da rua Santa Rita, buscavam impor limites à ação das autoridades e, ao mesmo tempo, reafirmar o direito que tinham à cidade, dada a condição honrosa que sustentavam de "homens do trabalho", de "gente moralizada e laboriosa". Um e outro caso constituem evidências importantes de que, nos anos iniciais da República, a conquista, manutenção e ampliação de direitos de cidadania se configurariam em Juiz de Fora em um "campo de batalhas". A cidade se revelaria, então, não somente como o espaço do trabalho, do vício e do crime, como ainda um espaço de disputas, protestos e reivindicações múltiplas, em que os contendores mais fracos e mal situados na hierarquia dessa sociedade de classes, em diversos momentos e circunstâncias, tentarão se fortalecer, preservar suas posições e avançar estabelecendo laços de solidariedade mais ou menos duradouros — inclusive buscando aliados e obtendo apoios eventuais no seio das classes conservadoras. A ordem burguesa indiscutivelmente se estabelecerá, permitindo a acumulação e reprodução ampliada do capital, mas será contestada por todos os lados.

É neste difuso processo de resistência cotidiana que devem ser encaradas tanto a prática popular de desconsiderar uma série de dispositivos das *Posturas municipais*, atinentes ao ordenamento e controle do espaço urbano, quanto o desprezo reiteradas vezes manifestado pelos estratos despossuídos da população de Juiz de Fora diante dos rígidos padrões de conduta moral ditados pelas elites — em especial por aqueles destinados a manter a mão de obra potencialmente útil afastada de supostos centros de disseminação de vícios e de reprodução da vadiagem (bares, tavernas, casas de jogos, entre outros ambientes). Não por acaso, o menosprezo do povo pobre por certas normas legais e princípios morais incomodava tanto a burguesia juizforana, a ponto mesmo de levar um articulista do *Jornal do Commercio*, em 26 de fevereiro de 1897 (Greve dos cocheiros, p. 1), a se queixar e a denunciar o "espírito de indisciplina" que, segundo ele, conduzia inexoravelmente as classes baixas "à violação das leis, mesmo as mais simples e razoáveis".

Em função de sua indiscutível natureza contra-hegemônica, tais atitudes e comportamentos dessa "gente das classes inferiores" possuem uma dimensão política importante e que necessita ser considerada como parte integrante do processo de constituição da identidade de classe do proletariado de Juiz de Fora. Como notou Thompson (1987a:61-62), "o fatalismo, a ironia em face das homilias, do *Establishment*, a tenacidade da autopreservação" possibilitarão aos indivíduos pobres e socialmente marginalizados conservarem "certos valores — espontaneidade, capacidade para diversão e lealdade mútua — apesar das pressões inibidoras" das classes conservadoras.

Mas, além da resistência às diversas formas de dominação engendradas pelo capitalismo e tentativas de controle urdidas pelas elites, a experiência social dos operários, caixeiros e criados de Juiz de Fora, nos anos de 1890 e 1900, será marcada ainda por esforços organizatórios e reivindicativos realizados estritamente dentro da lei e da ordem, ainda que quase sempre na contramão dos interesses do patronato. Esforços distintos estes que, por meio da valorização do ato de trabalhar e da figura do trabalhador, visavam garantir e ampliar o direito desses indivíduos à cidade que, com seu labor diuturno e mal remunerado, contribuíam para "engrandecer". Antes de examinar tais esforços, com base num conjunto variado de fontes, procurarei resgatar e analisar quais eram, nessa época, as condições concretas enfrentadas por inúmeros homens, mulheres e crianças no interior das fábricas, oficinas e "casas de tratamento" locais. Paralelamente, avaliarei também o comportamento da opinião pública em face do gradual aumento da exploração e exclusão socioeconômica dos assalariados juizforanos nessas décadas iniciais da República.

Opressão capitalista e condições de trabalho nas "casas de tratamento", oficinas e grandes unidades fabris da mais proletária das cidades de Minas

> Minha avó, implacável, (...) tinha sempre a seu alcance, ao pé da cadeira, a vara de marmelo para as negrinhas e para os cachorros.
>
> PEDRO NAVA, *Balão cativo*.

> Ontem, às 4 e ½ da tarde, quando trabalhava na Tecelagem Mascarenhas, a operária Tatiana Rocha foi vítima de um acidente que pôs em agitação todo o grande estabelecimento. Presa de violento ataque, a pobre moça caiu com a fronte sobre o tear em que trabalhava, rece-

bendo profundo ferimento na cabeça. Sem sentidos, foi Tatiana para a Farmácia Santa Maria, em que foi medicada, recolhendo-se depois à sua residência, à rua Santa Rita nº 67.

Desastre. *Jornal do Commercio*, 18 maio 1909.

Em suas respectivas memórias, Pedro Nava, Murilo Mendes e Rachel Jardim — escritores que nasceram e passaram sua infância em residências amplas e tradicionais das ruas centrais de Juiz de Fora — descrevem com muitos detalhes as rotinas de serviço e o tratamento dispensado às cozinheiras, lavadeiras, arrumadeiras, amas de leite e amas-secas que serviam a seus pais e parentes mais próximos. Talvez porque narre histórias vividas e que lhe foram transmitidas por sua mãe, Rachel Jardim, dos três literatos em questão, é quem apresenta a lembrança mais amena e claramente idealizada das relações que sua avó materna, Dona Luizinha de Carvalho, mantinha com a "criadagem" que empregava em sua casa, situada na "parte mais respeitável" da antiga rua da Imperatriz — General e depois Marechal Deodoro com a República. Bastante enfática e esclarecedora quanto à disciplina, a hierarquia social e a rotina intensa de trabalho reinante nessa residência nos anos de 1920, mas visivelmente preocupada em resguardar a memória de sua família, a autora assinala que nos diversos cômodos e ambientes de tal casa, como numa "espécie de fazenda", tudo funcionava na "mais perfeita ordem":

> A criadagem agia numa organização quase militar, mas as empregadas amavam cegamente suas patroas e eram por elas amadas. O fato de todos trabalharem juntos criava uma relação amorosa entre as criadas e patroas. Todos conheciam o seu lugar e ninguém queria o lugar do outro. As negras gostavam de ser negras, adulavam suas patroas, orgulhavam-se delas e dos elogios que, sem parcimônia, lhes eram dirigidos. Na casa de minha avó o trabalho a todos irmanava e a proximidade da casa grande com a senzala era total.[267]

Em *A idade do serrote*, Murilo Mendes também faz menção ao universo impregnado de afazeres das "pretas" sem sobrenomes que seus familiares empre-

---

[267] A autora situa a sua avó entre as "viúvas empobrecidas que sustentavam sozinhas os lares", mantendo em sua casa uma produção de doces para festas e ateliês de pintura, bordado e costura, tudo a cargo da "criadagem" e de suas filhas. Ver Jardim e Bueno (2004:62-76).

gavam, como Flausina, Venância e Conceição — "máquinas de trabalhar e sorrir, quase vermelhas, corpulentas, transpirando mesmo no tempo de frio" —, a sua ama de leite Etelvina e a polivalente Sebastiana, que depois de trabalhar por muitos anos para os Mendes, "envelhece adoece passa a destrabalhar fica deitada no seu quarto nas traseiras da casa com as paredes cobertas de santos" e, por fim, "morre cercada pela nossa família". Em suas memórias, Mendes (1968:22, 120) chama a atenção ainda para a centralidade do labor no cotidiano desta criada, em especial, exclamando num misto de espanto e admiração: "quantas coisas meu Deus faz Sebastiana" — já que além de ama de leite de seus irmãos mais novos, ela também limpava e arrumava a casa, cuidava das crianças e das plantas, dava corda no relógio, fazia doces e cozinhava, inclusive aos domingos.

Por sua vez, Pedro Nava é quem mais traz revelações sobre as relações conflituosas e até violentas engendradas pelos rígidos esquemas de dominação e exploração que certas "famílias tradicionalíssimas" de Juiz de Fora impunham às criadas que lhes serviam, não raro, por toda a vida. Na seguinte passagem de *Baú de ossos*, Nava (2002:247) esclarece como a sua avó materna, Maria Luísa da Cunha Pinto Coelho Jaguaribe, a exemplo de outras "excelentes senhoras" da sociedade juizforana da época, arregimentava e tratava as "crias" que mantinha em seu grande sobrado:

> Não se podendo comprar o negro [depois de abolida a escravidão], as senhoras de Minas tomavam para criar as negrinhas e mulatinhas sem pai e sem mãe ou dadas pelos pais e pelas mães. Começava para as desgraçadas o dormir vestidas em esteiras postas em qualquer canto da casa, as noites de frio, a roupa velha, o nenhum direito, o pixaim rapado, o pé descalço, o tapa na boca, o bolo, a férula, o correão, a vara, a solidão. (...) Em casa de minha avó materna funcionava o sistema. Ela era mesmo tida como grande disciplinadora de negrinhas.[268]

Cabe lembrar que o cativeiro extrajurídico claramente configurado por tal "sistema" pode ser observado desde a vigência da Lei do Ventre Livre (1871), pelo me-

---

[268] Ainda segundo Nava (2002:244), "era na despensa que a Inhá Luísa guardava sua palmatória de cabiúna e lá é que passava as rodadas de bolo" no seu "rebanho humano" integrado, entre outras, pelas "crias" Porcina, Rosa, Deolinda, Maria, Jacinta, Emilieta, Clarinda, Pacífica e Catita — nomes dados possivelmente por Inhá Luiza, que "revogava o sacramento [batismo] quando a graça das negrinhas parecia de moça branca".

nos, que garantiu aos proprietários a posse e o direito de exploração dos serviços dos ingênuos, ou seja, dos filhos de suas escravas nascidos após 28 de setembro de 1871. Por outro lado, a tutela de menores constituía também um caminho aberto para que muitas "famílias de tratamento" de Juiz de Fora obtivessem legalmente a guarda de menores e de órfãos, principalmente, que lhes serviriam por muito tempo, a um custo baixíssimo. Ao analisar uma série de processos de tutela, no período entre 1850 e 1900, Elione Silva Guimarães (2006:109-116) não apenas constatou a existência de tal prática de "recrutamento de mão de obra", como destacou, na passagem transcrita a seguir, a difícil situação socioeconômica enfrentada então pelas mulheres, em geral mães-solteiras e viúvas, que perdiam ou se viam forçadas a ceder para terceiros o seu direito de cuidar e viver junto às suas crianças:

> Antes e depois de 13 de maio de 1888 não eram muitas oportunidades que se ofereciam às mulheres pobres e às saídas do escravismo: roceiras, cozinheiras, lavadeiras, passadeiras, e engomadeiras, raramente costureiras, muitas vezes completando a renda com a prática da prostituição. Não é difícil imaginar que estas mulheres muito pouco recebiam por estas funções e as dificuldades com que se deparavam para manter seus filhos.

No caso das mulheres que se empregavam nos serviços domésticos, além dos ordenados realmente baixos, havia também o risco de sofrerem uma série de abusos e violências arbitradas e praticadas dentro dos amplos limites da "inviolável vontade senhorial" de seus patrões. Nas páginas iniciais do segundo volume de suas memórias — *Balão cativo* —, Pedro Nava faz uma clara menção a tal situação degradante, especialmente ao ressaltar que "a sinhá da rua Direita, 179 [Inhá Luiza], não tomara conhecimento do 13 de maio e chegava a ratambá não só nas suas crias como também nas empregadas assalariadas". Portanto, nessa residência da antiga rua Direita, assim como em diversas outras habitadas pela "gente rica" dessa cidade, criadas pagas como Lúcia e Justina, que trabalhavam há tempos para a avó de Nava, também estavam sujeitas ao "tapa na boca", à "vara de marmelo" e à "palmatória de cabiúna".[269]

Possivelmente a aplicação de tais punições ocorria em horários e de modo que não atrapalhasse ou mesmo contribuísse para garantir o cumprimento das

---

[269] Nava (1974:3-5, 20). A famigerada palmatória de Inhá Luiza, recorda seu neto, "vivia de nossa casa para a casa de tia Regina que (...) também aplicava *bolo* nas suas crioulinhas".

duras rotinas de serviço a que estavam submetidas tanto as "empregadas assalariadas" quanto as "negrinhas pegas para criar", que viviam para cuidar de crianças pequenas, espanar a mobília, varrer cômodos e quintais, abastecer a casa de víveres e de água, cozinhar, servir a mesa, lavar e passar roupas, acender lampiões, entre outras intermináveis tarefas. Como evidencia a notícia a seguir, não raras vezes, mulheres e meninas empregadas nos serviços domésticos eram vítimas de terríveis acidentes no interior das residências de seus patrões:

> Dionísia, de cor parda, contando cerca de 12 anos de idade, empregada do sr. Carlos Goyano, indo lubrificar e deitar petróleo a um lampião belga, fê-lo com tanta infelicidade, que teve as vestes incendiadas (...) A infeliz (...) apresentava completamente queimados o peito, costas, pernas e braços, sendo considerado grave o seu estado (Desastre. *Jornal do Commercio*, 27 jan. 1905, p. 2).

Nos variados segmentos do setor manufatureiro de Juiz de Fora, por sua vez, as condições impostas a milhares de homens, mulheres e crianças de múltiplas nacionalidades, no decurso das décadas de 1890 e 1900, eram também bastante rigorosas, especialmente no que se refere às normas disciplinares internas, à duração das jornadas diárias, à salubridade do ambiente de serviço e à segurança individual do operário. Nessa época, o parque industrial juizforano já se encontrava bastante diversificado e em processo avançado de consolidação, contando com empresas de portes e níveis tecnológicos variados, que empregavam tanto mão de obra especializada e semiespecializada, quanto indivíduos sem qualquer qualificação profissional. Em tal mundo do trabalho, a julgar pelos dados reunidos no anexo IV, o proletariado fabril propriamente dito, assalariado e submetido à severa disciplina da maquinaria e às complexas divisões do trabalho, só predominava no moderno ramo de fiação e tecelagem e em algumas poucas firmas dos ramos mecânico-metalúrgico e de materiais para a construção civil, como a Mecânica Mineira e as oficinas da Pantaleone Arcuri & José Spinelli.

Parte significativa da classe operária juizforana, por conseguinte, encontrava-se engajada em oficinas e unidades fabris de pequeno e médio portes, que assentavam seus respectivos processos produtivos na combinação entre ferramentas e máquinas, tanto simples quanto complexas, e a experiência e destreza da força de trabalho que empregavam, como, aliás, ocorria nos principais centros manufatureiros do país até o final dos anos de 1920. A este respeito, cumpre assinalar que a imagem comumente evocada das grandes tecelagens com milhares de operários, na verdade, representa apenas uma parte do complexo e heterogêneo mundo do trabalho urbano brasileiro da Primeira República, marcado muito mais pela diversidade de situações, que variavam conforme a cidade ou região, o ramo industrial, a qualificação e o tipo de contratação da mão de obra, entre outros fatores.[270]

As dificuldades em conhecer melhor as reais condições de serviço vigentes no interior desses estabelecimentos, devidas, sobretudo, à inexistência de inquéritos e relatórios oficiais a respeito, podem ser em parte contornadas com o resgate e a análise do noticiário sobre acidentes ocorridos nesses locais de trabalho. Tal fonte fornece indícios relevantes sobre os graus de periculosidade e de exploração a que estava submetido todos os dias o operariado, não apenas em ambientes fabris dessas dimensões, como também nos canteiros de obras, no setor de transportes e nas grandes tecelagens existentes em Juiz de Fora entre os séculos XIX e XX.

Embora as notícias relativas a acidentes de trabalho ocupassem um espaço bastante restrito nos periódicos locais, pelo menos entre os anos de 1890 e 1910, tudo indica que o número de trabalhadores vítimas de "desastres" era de fato muito expressivo e bem maior do que o divulgado com frequência, como sugerem as inúmeras propagandas de companhias de seguros de vida estampadas n'*O Pharol* e, por exemplo, a seguinte nota publicada no *Correio de Minas* em 10 de dezembro de 1895: "Aos operários é uma necessidade indeclinável o seguro contra acidentes". Nos anúncios de seguradoras sediadas na capital federal e com agências e corretores em Juiz de Fora, em especial, alertas como esse vinham sempre acompanhados do esclarecimento de que tais "seguros" indenizariam o operário "por qualquer desastre que sofrer, desde uma simples contusão que o prive de trabalhar até a morte por desastre".[271] Por sua vez, os relatos curtos sobre acontecimentos desse tipo que apresento a seguir atestam o quão extensas, insalubres e perigosas se afiguravam, então, as rotinas diárias e semanais de serviço dos adultos e menores, em geral do sexo masculino, empregados em pequenas e médias manufaturas de Juiz de Fora, fornecendo também uma ideia inicial das lesões e problemas sociais resultantes de tais acidentes:

---

[270] Ver Hardman e Leonardi (1991:32-39); Fausto (1976:105) e Batalha (2000:9).
[271] Em 1907, por exemplo, a filial local da Cia. de Seguros de Vida Mercúrio ofertava "seguros de vida populares" ao preço médio de 2$000 por mês, correspondendo a apólices de 500$000 em caso de morte, valor que reconhecia ser suficiente apenas para "o pão indispensável à vida dos filhos órfãos, da viúva desolada e às vezes dos velhos pais, que ficam privados de quem os sustentava" (*O Pharol*, 17 maio 1907, p. 1-2).

O dia de São Bartolomeu não passou ontem sem um desastre, para confirmar a superticiosa crença daqueles que afirmam andar o diabo solto nesse dia. Foi vítima o operário da Companhia Construtora Mineira, de nome José, o qual, estando a descarregar uma carroça com um toro de madeira, fraturou uma perna (Desastre. *O Pharol*, 25 ago. 1894, p. 1).[272]

♦

Giuseppe Villa, operário de nacionalidade italiana, empregado na olaria do sr. capitão José Manoel Pacheco, foi ontem vítima de um desastre, ficando com dois dedos da mão direita esmagados pela engrenagem de uma máquina (Acidente. *Jornal do Commercio*, 9 nov. 1897, p. 1).[273]

♦

O menor Breno, empregado do sr. Luiz de Castro Brito, ocupava-se ontem em limpar uma máquina de impressão, quando, distraindo-se, teve dois dedos da mão direita esmagados. Breno foi medicado na Farmácia Confiança (Acidente. *O Pharol*, 6 dez. 1905, p. 1).

♦

Sábado, às 3 horas da tarde, José de Almeida, de 17 anos de idade, quando trabalhava na máquina de aplainar nas oficinas Surerus & Irmão, foi apanhado pela engrenagem que lhe esmagou completamente a mão direita. (...) Foi necessária a amputação. Na Fábrica Santa Maria, o empregado Manoel, quando se ocupava em serrar lenha, ficou com os três dedos da mão direita decepados (Desastres. *Jornal do Commercio*, 18 jan. 1909, p. 2).

Chama bastante a atenção nestas notícias sumárias, que os acidentes ocorridos durante a execução dos mais diferentes tipos de tarefas (como a operação e

---

[272] Os serviços de carga e descarga de matérias-primas e produtos acabados constituíam atividades árduas e perigosas, com alta incidência de acidentes. Em janeiro de 1906, por exemplo, "dois crioulos" que desempilhavam sacos na firma Manoel Faria e Comp. ficaram bastante feridos, um com a perna quebrada, "em virtude de haver caído uma pilha de sacos" sobre eles. Dois meses depois, quando "fazia seu penoso trabalho", à noite, na "descarga do carvão em Mariano Procópio", Guilherme Dielly foi atingido "por um bloco do minério no tórax", que lhe deixou "sem fala" (Acidente. *Jornal do Commercio*, 16 jan. 1906, p. 1-2; e Desastre. *Jornal do Commercio*, 30 mar. 1906, p. 1).

[273] Também em 1897, o operário José Marretto, quando trabalhava em uma serra a vapor da Cia. Construtora Mineira, "foi vítima de um desastre que lhe ocasionou a perda de três dedos da mão esquerda". Já em 1908, o trabalhador Eugenio Possato se acidentou na fábrica de Móveis Corrêa & Corrêa, fraturando "um dos dedos da mão esquerda" (Desastre. *O Pharol*, 19 jun. 1897, p. 1; e Acidente. *Jornal do Commercio*, 11 jul. 1908, p. 1).

limpeza de máquinas e o carregamento e descarregamento de produtos e matérias-primas) eram tratados ora como meras fatalidades, ora como consequência exclusiva do descuido ou distração do trabalhador vitimado ou até mesmo como "obra" de certas entidades fantásticas, como o diabo, que andavam à solta em datas tidas como agourentas pela cultura da época, como o 24 de agosto, dia de São Bartolomeu.[274] Não existia, desse modo, qualquer tipo de questionamento sobre as longas jornadas de serviço, as condições de segurança ou a importância da adoção de medidas individuais e coletivas de proteção, nem muito menos ainda qualquer menção às obrigações e responsabilidades que deveriam recair sobre os patrões, as empresas e o Estado nessas situações, temas que somente serão objeto de regulamentação a partir de 1919.[275] Nesse sentido, tanto a primeira informação que encontrei sobre a morte de um operário quando realizava o seu trabalho,[276] quanto as diversas notas jornalísticas referentes a "desastres" ocorridos em canteiros de obras, construções, pedreiras, no transporte de mercadorias e ao longo dos leitos, pátios de manobras e estações ferroviárias de Juiz de Fora, reforçam essas constatações mais gerais. Além disto, os relatos a seguir ampliam consideravelmente o conhecimento acerca das graves consequências de eventos dessa natureza, sobretudo num contexto em que inexistia qualquer modalidade de seguridade social pública:

> O guarda-freio de nome Pedro Gonçalves foi apanhado ontem por um trem de carga, na estação do Retiro. (...) Não havendo recursos para o seu tratamento naquela estação, o respectivo agente remeteu o ofendido para esta cidade, mandando-o apresentar-

---

[274] Nas tradições portuguesas, São Bartolomeu seria infenso ao demônio e o manteria preso aos pés, soltando-o apenas no dia 24 de agosto. Embora essa superstição seja anterior ao morticínio de milhares de protestantes na França em 1572, esse episódio funesto, conhecido como Massacre de São Bartolomeu, acabou oferecendo um exemplo sangrento para reforçar a crença popular de que "no dia de São Bartolomeu anda o diabo às soltas". Ver Gomes (1927).

[275] De fato, excetuando-se o Decreto nº 1.313, de 17 de janeiro de 1891, que estabelecia "providências para regularizar o trabalho dos menores nas fábricas da Capital Federal", nenhuma norma legal sobre as condições do trabalho industrial foi decretada pela Câmara e o Governo Federal antes da "lei de acidentes de trabalho" de 1919, o Decreto nº 3.724 de 15 de janeiro desse ano. Ver Moraes Filho (1978:158-160).

[276] O fato ocorreu na área central da cidade e envolveu o carroceiro Pedro "de tal", 22 anos, que na tarde de 5 de fevereiro de 1890 foi soterrado por um "imenso bloco de terra", que se soltou de um barranco em escavação por vários operários. A atuação policial neste caso, a exemplo de outros acidentes dessa gravidade, restringiu-se à realização do exame cadavérico e entrega do corpo à família para o seu sepultamento (Desastre e morte. *O Pharol*, 6 fev. 1890, p.1).

se ao sr. delegado de polícia, que o fez recolher à (...) Santa Casa [onde lhe amputaram a perna] (Desastre. *Jornal do Commercio*, 23 jun. 1897, p. 1).[277]

Anteontem, pelas 7 h da manhã, Antonio Pereira, Pio da Conceição e Manoel Hespanhol, que trabalhavam em uma pedreira, pertencente ao sr. Acácio Teixeira, tendo carregado uma mina com pólvora, ao colocarem a primeira bucha, houve uma explosão, ficando Antonio Pereira bastante ferido nas mãos, braços e um dos olhos [e Pio da Conceição com "os olhos ligeiramente queimados"]. Os ofendidos foram recolhidos à Santa Casa de Misericórdia (Desastre. *O Pharol*, 22 jul. 1897, p.1).

O crioulo João Pereira, anteontem, quando guiava o animal de uma carroça carregada de tijolos, foi vítima de lamentável desastre, pois que o veículo dando um solavanco, fez com que Pereira caísse sobre as rodas, sendo esmagado de tal modo que veio a falecer (Esmagado. *O Pharol*, 11 out. 1907, p. 1).

♦

O operário Marcelino Couto trabalhava, há dias, em umas obras que se fazem atualmente na Casa Surerus. Desastradamente caiu de um andaime, recebendo, na queda, graves ferimentos, em consequência dos quais veio ontem a falecer (Caiu de um andaime. *Jornal do Commercio*, 13 jul. 1910, p. 1).[278]

A julgar pelo que informa *O Pharol*, o *Correio de Minas* e o *Jornal do Commercio*, embora as amputações de membros e os óbitos fossem frequentes, entre 1890 e 1910, as fraturas e lesões de gravidades leve e média (escoriações, cortes, queimaduras, luxações) em dedos, mãos, braços, pernas, tórax, olhos e demais partes do corpo constituíam as consequências mais imediatas dos "desastres" de

---

[277] Dias depois, outro operário da EFCB ficou "gravemente ferido" após ser atropelado na mesma estação. Coube também à polícia encaminhá-lo para a Santa Casa. Além dos ferroviários, muitos populares eram vítimas dos trens que cortavam a cidade, como ocorreu com o operário Leandro "de tal", que "às 9 horas da manhã do dia 27 de agosto de 1892, quando se dirigia para sua casa almoçar (...) foi colhido por um trem, resultando em sua morte" (Desastre e morte. *O Pharol*, 28 ago. 1892, p.1).

[278] A construção civil (demolições e construções de prédios, escavações de terrenos etc.), ao que parece, era o ramo da economia urbana local em que ocorriam mais acidentes de 1890 a 1910, período em que encontrei notícias sobre operários soterrados por barracos, atingidos por vigas, portões e paredes ou vítimas de quedas de andaimes — desastres que produziam contusões sérias, fraturas em membros e até óbitos (*Jornal do Commercio*, 14 nov. 1899, p.1; 11 jul. 1908, p.1; 6 ago.1908, p.1; e *O Pharol*, 12 ago. 1904, p.1 e 18 out. 1905, p.1).

trabalho nas fábricas e oficinas, na construção civil e no setor de transportes de Juiz de Fora — o que, aliás, corresponde exatamente às modalidades de indenizações pagas pelas companhias de seguros nessa época. Na tabela divulgada pela Cia. de Seguros de Vida A Previdente, em 1893, constam 12 faixas de benefícios, cujas quantias variavam conforme a gravidade do acidente e o prêmio anual pago pelo segurado (de 50 a 80$000): (i) "morte por desastre", de 5 a 10 contos de réis; (ii) "perda de 1 mão e pé", 3 a 8 contos; (iii) "perda das mãos", 3 a 8 contos; (iv) "perda dos pés", 3 a 8 contos; (v) "perda dos olhos", 3 a 8 contos; (vi) "perda da mão direita", 1,5 a 3 contos; (vii) "perda de uma perna", 1,5 a 3 contos; (viii) "perda de um pé", 1 a 3,5 contos; (ix) "perda da mão esquerda", 1 a 3,5 contos; (x) "perda de uma vista", 600$000 a 1,5 contos; (xi) "invalidez completa", 2,5 a 7 contos; (xii) "impedimento temporário ocasionado por acidente", 28 a 50$000 por semana (A previdente. *O Pharol*, 17 out. 1893, p. 2).

O atendimento aos acidentados, por sua vez, era realizado geralmente em farmácias (curativos, medicação, aplicação de ventosas) e, nos casos mais graves, no único hospital da cidade, a Santa Casa de Misericórdia, cabendo exclusivamente às famílias os cuidados posteriores aos seus entes vitimados por "desastres", bem como o sepultamento dos trabalhadores que porventura viessem a falecer. Por outro lado, a volta do operário para casa nessas circunstâncias difíceis ou ainda a sua morte, como indica a notícia reproduzida abaixo, representava para seus parentes mais próximos (esposa, filhos, irmãos e pais) o início de uma fase de muita dor, sofrimento e de enormes privações materiais:

> Ontem, à uma hora da tarde, o trabalhador de nome Manoel da Silva (...) ocupava-se em fazer escavações, na rua do Sampaio, quando uma enorme mole de terra caiu sobre o infeliz. Silva foi retirado já cadáver (...) deixa viúva e quatro filhos menores, em extrema pobreza. Nesta redação recebe qualquer quantia que seja enviada para auxílio da família desamparada, e que, por intermédio, apela para a caridade pública (Desastre. *O Pharol*, 26 out. 1910, p. 1).

Tendo em vista, sobretudo, a inexistência de um sistema de previdência pública, os baixos salários, o número limitado de proletários associados às sociedades beneficentes e de auxílio mútuo locais, o alto custo dos seguros (que equivaliam, em média, a um ordenado mensal de um empregado industrial) e o fato de que as apólices tinham que ser contratadas individualmente por cada trabalhador, e não pelos patrões e firmas, só restava uma saída para a ampla maioria dos vitimados por acidentes de trabalho e seus familiares: recorrer e contar, pelo menos por algum tempo, com o auxílio da caridade pública. O mesmo acontecia, ainda, em situações em que o operário fosse acometido de alguma enfermidade grave, que o impedisse de trabalhar por longos meses, algo que ocorreu com o carpinteiro Lourenço Antonio Janiques: "entrevado há sete meses", recebeu em meados de 1897 cerca de 350$000 provenientes de uma subscrição aberta pelo *Jornal do Commercio* (A caridade pública, 15 jul., p. 3) em prol "de sua numerosa família, composta de mulher e nove filhos". Em outubro de 1903, por sua vez, *O Pharol* anunciou ter arrecadado 55$000 em benefício de "uma virtuosa e distinta senhora carregada de numerosa família", que "tendo o marido enfermo e seis filhos menores", havia solicitado o auxílio dos leitores desse jornal para "adquirir uma máquina de costura com a qual [pudesse] (...) obter alguns meios de subsistência para os seus".[279]

> IMAGENS 13 E 14
> Notas sobre acidente de trabalho e falecimento de antigo operário

Respectivamente, *Jornal do Commercio* de 29 de março de 1897 e 4 de fevereiro de 1906. Setor de Memória da Biblioteca Municipal Murilo Mendes.

---

[279] Em geral, a abertura de subscrições em prol de viúvas, operários acidentados e enfermos e de famílias necessitadas, ocorria, nessa época, a partir da veiculação de notas como estas: "Mariano Joaquim de Alvarenga (...) acha-se gravemente enfermo e (...) chamamos para o caso a atenção de quem competir, a fim de que o infeliz não venha a morrer inteiramente à mingua" e "D. Maria José Pinto, reduzida à penúria, solicita, por nosso intermédio, o auxílio das pessoas caridosas" (À caridade pública. *Jornal do Commercio*, 22 maio 1900, p. 1; À míngua. *O Pharol*, 14 jan. 1891, p. 1).

Circunscritas também às noções de caridade e filantropia, as raras ações do patronato de Juiz de Fora em favor do bem-estar de trabalhadores acidentados, enfermos ou inválidos, após anos a fio de labor árduo e mal remunerado, não deixaram de receber a atenção dos jornais. Na mencionada subscrição em prol do "infeliz oficial de carpinteiro Lourenço Janiques", por exemplo, figuram com destaque, entre outros, os nomes do dono do Curtume Krambeck e da Cervejaria Stiebler, cujos operários também contribuíram — com 2$000 em média — numa lista encabeçada por seus respectivos patrões para o mesmo fim.[280] Por sua vez, a Companhia de Fiação e Tecelagem Industrial Mineira afirmava em uma propaganda (*O Pharol*, 2 jul. 1902, p. 3), que mantinha "uma caixa de socorros para a qual cada operário contribui com a quantia de um mil réis mensais, a fim de ser pago o médico da companhia, que assiste aos operários enfermos". É bem provável que, nessa época, as demais fábricas do ramo de fiação e tecelagem de Juiz de Fora também realizassem descontos salariais para a formação de "caixas de socorros" semelhantes e, ainda, que os recursos provenientes dessa arrecadação compulsória fossem destinados, sobretudo, para remediar as consequências dos acidentes que muitos dos seus empregados sofriam no momento em que desenvolviam as suas árduas e repetitivas tarefas.

É importante ressaltar que a Companhia de Fiação e Tecelagem Industrial Mineira e a Tecelagem Mascarenhas incrementaram significativamente seus lucros e suas respectivas capacidades produtivas durante esse período, o que somente em parte pode ser atribuído ao alargamento contínuo do mercado de consumo local, regional e nacional. O aumento da rentabilidade e da produtividade constitui uma característica marcante da fase inicial da "idade do ouro" da indústria têxtil no Brasil, como se refere Stanley Stein (1979:109-110) ao período compreendido entre os anos de 1885 e 1929. Tanto no que diz respeito ao crescimento desse setor industrial quanto no que tange à lucratividade de seus investimentos, explica o autor, tal intervalo de tempo foi de fato bastante promissor:

> A produção brasileira de tecidos de algodão, estimada em aproximadamente 20.595.375 metros em 1885, elevou-se para 256.982.203 metros em 1908. (...) Em 1917, alcançou 548.120.000 metros, mantendo-se acima de 500 milhões de metros até 1929. (...) Em 1921 o Brasil possuía 242 fábricas de tecidos de algodão e em 1905, apenas 110. (...) Os

---

[280] Um infeliz. *Jornal do Commercio*, 29 maio 1897, p. 1 e 29 jun. 1897, p. 1.

teares, por sua vez, aumentaram de 24.420 para 57.208. Em 1921, as fábricas de tecidos de algodão empregavam 108.960 pessoas, quase três vezes mais do que em 1905.

No caso específico da Manchester Mineira, os dados na tabela 11 confirmam que o incremento produtivo e a rentabilidade das indústrias têxteis foram realmente bastante significativos entre 1883 e 1907. Além disto, tais dados demonstram ainda que nesses anos a Fábrica dos Ingleses e a Tecelagem Mascarenhas ampliaram os seus respectivos capitais e volumes de produção por meio da exploração extensiva e intensiva de uma grande quantidade de homens, mulheres e crianças. Já a Companhia de Fiação e Tecelagem Industrial Mineira dobrou a sua fabricação anual de tecidos e elevou o seu capital nominal em cerca de 122,2% no período 1897-1907, mesmo tendo ampliado apenas em 16,3% o total de seus teares e em 66% o seu pessoal.

IMAGEM 15
Folha de pagamentos da Fábrica de Fiação e Tecelagem Industrial Mineira (1897)

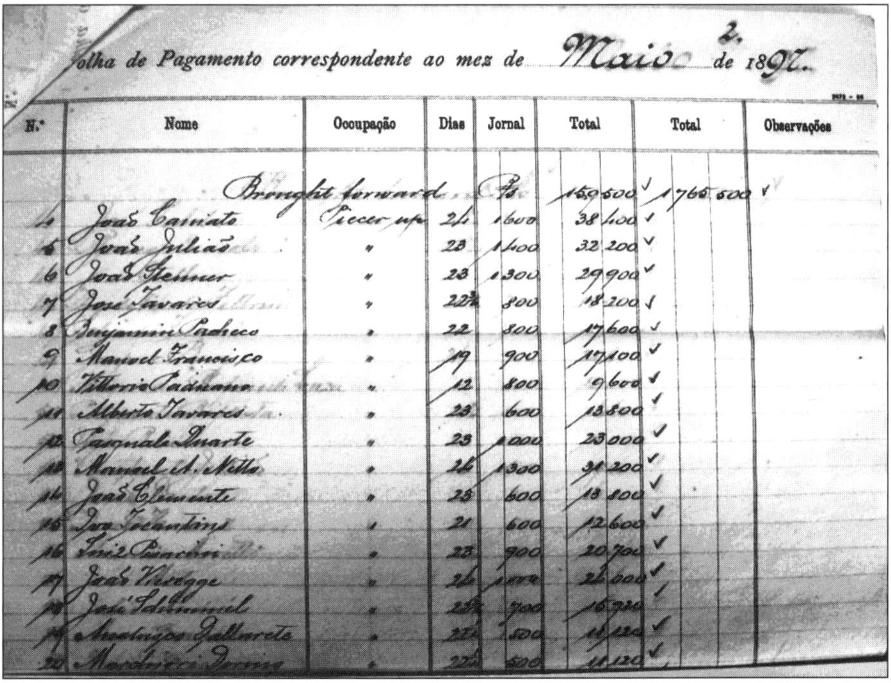

Fundo da Cia. de Fiação e Tecelagem Industrial Mineira (AH-UFJF), maio 1897, reprodução parcial.

Algo semelhante ocorreu no estabelecimento industrial da família Mascarenhas nas décadas de 1890 e 1900, quando além de aumentar em cerca de 33% os seus teares e passar a fabricar os fios neles processados, incrementou em 253% o seu capital e em quase 46% a sua produção anual de tecidos de algodão. No que se refere à força de trabalho, embora numa proporção menor do que a Fábrica dos Ingleses, no período 1897-1907, a Tecelagem Mascarenhas também ampliou de modo significativo — em um terço, mais precisamente — o seu contingente de operários. Por serem fortemente mecanizadas e desfrutando de uma situação ainda mais favorável do que a existente nos anos de 1880 no que se refere à oferta de mão de obra, os dirigentes dessas duas grandes fábricas de Juiz de Fora puderam, entre os séculos XIX e XX, expandir continuamente a produção de fios e tecidos e maximizar os seus lucros. Em contrapartida, tornaram-se então cada vez mais extenuantes e perigosas as jornadas de serviço do operariado das manufaturas têxteis locais.

TABELA 11
Evolução da estrutura produtiva das duas principais fábricas de fiação e tecelagem de Juiz de Fora (1883–1907)

Fatores de produção	Companhia de Fiação e Tecelagem Industrial Mineira				Tecelagem Mascarenhas			
	1883 1884	1897 1898	1901 1902	1905 1907	1888 1892	1897 1898	1901 1902	1905 1907
Nº de operários	128	241	300	400	75	150	200	200
Nº de teares	73	110	120	128	30	60	65	80
Capital, em contos de réis	600	1.000		2.222	170	—	—	600
Produção anual de tecidos, em metros	—	—	2 milhões	4 milhões	165 mil	480 mil	700 mil	

Fontes: **1883-1902** — anexos IV e X; **1905-07** — Município de Juiz de Fora. *Jornal do Commercio*, 3 jan. 1906, p. 1-2 e Jacob (1911:315-316).

De fato, este processo de aumento constante da rentabilidade e da produtividade do setor de fiação e tecelagem de Juiz de Fora, entre as décadas de 1890 e 1900, acarretou o aumento da servidão operária e a precarização contínua das condições de trabalho no interior das indústrias têxteis locais. É o que sugere, por exemplo, a seguinte nota publicada n'*O Pharol* de 27 de agosto de 1903 (p. 1): "A Fábrica de Tecidos de Juta [imagem 16], a fim de poder satisfazer às encomendas, tem trabalhado até às 10 horas da noite. A Tecelagem de Mariano Procópio já há muito tempo faz igual serão, e nesse trabalho da noite tomam parte 200 operários".[281] Mas, a imposição de jornadas que chegavam a até 16 horas por dia ao operariado dessas fábricas, integradas em sua maioria por mulheres e crianças, não repercutia negativamente na opinião pública, pelo menos nesse momento. Antes, como pode ser percebido na leitura dessa notícia, tais serões aviltantes e desumanos eram encarados pelos órgãos da grande imprensa com indisfarçáveis orgulho e satisfação, pois, sob o ponto de vista das classes conservadoras, demonstravam de modo inequívoco o vigor, a pujança da economia urbana da Manchester Mineira.

▶ IMAGEM 16
Prédio da Fábrica de Tecidos de Juta (1899)

Fábrica de sacos e aniagem — Pfeiffer e Sydow. *Jornal do Commercio*, 26 jan. 1899, p. 1.
Setor de Memória da Biblioteca Municipal Murilo Mendes.

---

[281] Na Fábrica de Tecidos de Juta, entre 1902 e 1903, o ritmo era de fato bastante intenso, com seus 53 operários e 20 teares produzindo por dia, em média, 2.600 metros de tecidos para sacos de café e cereais (Fábrica de Tecidos de Juta. *O Pharol*, 2 jul. 1902, p. 10).

Do mesmo modo, eram noticiadas com frequência a ordem, a harmonia, a salubridade e a perfeita organização da produção que supostamente imperavam nas grandes fábricas juizforanas nessa época. Em 22 de janeiro de 1905, por exemplo, no momento em que começava a operar a seção de fiação da Tecelagem Mascarenhas, as suas instalações foram percorridas por um representante de *O Pharol* (p. 1), que afirmou ter ficado "verdadeiramente maravilhado" com o que viu no interior de tal "edifício de aspecto elegante", de dois andares e 80 metros de frente. Após ressaltar que esse prédio industrial possuía "mais de setenta janelas", que deixavam "passar bastante luz e ar para os salões povoados de operárias", o articulista descreveu a estrutura produtiva e forneceu informações importantes sobre a mão de obra empregada então nesse estabelecimento:

> No andar térreo (...) à esquerda vê-se vastíssimo salão com 80 teares, movidos por um motor elétrico de 50 cavalos; à direita, está um outro salão, de iguais dimensões, onde acaba de ser instalada a seção de fiação, a qual consta de abridores, batedeiras, cardas, pavieiras, fusos e meiadeiras [máquinas estas movidas também por motores elétricos]. (...) Esta importante fábrica, onde trabalham cerca de 200 operárias, quase todas moças e de origem italiana, produz na média 1.500 metros de fazendas por dia (...) O asseio e a ordem que se notam nesse estabelecimento fabril atestam a competência [de sua gerência].

Pautadas pelo mesmo espírito de exaltação do "progresso industrial de Juiz de Fora", descrições semelhantes a esta podem ser encontradas, nos jornais da época, para outros grandes estabelecimentos capitalistas da cidade, como a Mecânica Mineira, as oficinas da Pantaleone Arcuri & José Spinelli, a Fábrica de Meias Antonio Meurer e a Fábrica dos Ingleses. Nos anos de 1890 e 1900, somente em raras ocasiões este discurso hegemônico de perfeita ordem, harmonia, salubridade e organização do mundo do trabalho fabril foi relativizado por notícias e comentários que deixavam transparecer a difícil realidade enfrentada cotidianamente pelo operariado juizforano. Este é o caso, em especial, das notas sobre acidentes ou "desastres" ocorridos nas tecelagens locais, com relatos de situações graves e dolorosas como as descritas a seguir:

> Em dias desta semana foi vítima de um acidente, que o ia privando de um dos braços, o enfardador da fábrica de tecidos de Mariano [Companhia de Fiação e Tecelagem

Industrial Mineira]. Chama-se João Stenner e é amparo de mãe e irmã, ambas viúvas (Desastre. *Jornal do Commercio*, 1º abr. 1906, p. 1).[282]

◆

Ontem quando trabalhava numa das máquinas da Fábrica de Tecidos de Juta, foi uma operária vítima de um acidente, pois tendo se abaixado, um cilindro apanhou-lhe os cabelos enrolando-os tão brutalmente que lhe arrancou metade do couro cabeludo. A operária, cujo nome não conseguimos obter, reside à rua Baptista de Oliveira, e acha-se em estado grave (Horrível. *O Pharol*, 29 ago. 1907, p. 1).

◆

Albina Bartolosso, moça de nacionalidade italiana, operária da Tecelagem Mascarenhas, ontem às 10 horas da manhã, foi vítima de um desastre. Quando trabalhava, partiu-se uma das molas do tear, saltando-lhe ao olho direito, que vazou. A pobre moça (...) recebeu os primeiros curativos [na casa de um médico] (...), recolhendo-se em seguida à sua residência, à rua Carlos Otto [no Botanágua] (Desastre na Tecelagem Mascarenhas. *Jornal do Commercio*, 22 dez. 1907, p. 1).

Além de reforçarem as análises já realizadas até aqui em relação aos tipos de lesões provocadas, à precariedade do atendimento aos vitimados e aos problemas sociais decorrentes de eventos dessa gravidade, estes três relatos, assim como o que envolveu a operária Tatiana Rocha em 1909, citado na abertura deste item do capítulo, atestam que o incremento produtivo experimentado então pelas fábricas têxteis de Juiz de Fora resultou de fato na precarização contínua das condições de serviço de seus inúmeros empregados. Neste sentido, não há como dissociar a rígida disciplina fabril e as longas e extenuantes jornadas diárias e semanais das causas centrais de tais "acidentes de trabalho", algo que de certo modo foi reconhecido por um articulista da época, ao comentar que "a maior parte dos acidentes nas fábricas ocorrem durante as duas últimas horas de trabalho, quando os operários já estão cansados e se descuidam" (*Jornal do Commercio*, 11 jan. 1905, p. 1). Estas "duas últimas horas de trabalho", vale lembrar, não raro correspondiam ao período compreendido entre as 20 e 22 horas de um dia útil iniciado invariavelmente às seis da manhã.

---

[282] Esta nota encerra-se com a afirmação de que o então gerente da Companhia de Fiação e Tecelagem Industrial Mineira, Cecil Hogg, presta "todo o auxílio aos seus operários, quando vítimas de acidente de trabalho" — certamente com os recursos da "caixa de socorros" formada pelos 1$000, ou mais, descontados mensalmente de cada empregado dessa fábrica nessa época.

Outra evidência bastante importante do agravamento da servidão e das condições sociais de existência do operariado juizforano, é o uso cada vez mais amplo e intenso do trabalho de crianças e adolescentes na grande manufatura têxtil. As memórias de Domenico Marchioro (1888-1965), destacado militante e dirigente do Partido Comunista Italiano entre as décadas de 1920 e 1960 e que, de 1896 a 1901, viveu com sua família no Brasil, primeiro em Juiz de Fora e depois em Petrópolis, oferecem rico material para análise.[283] Domenico e seu irmão mais velho, que na época possuíam pouco mais de sete e nove anos respectivamente, constam entre os nomes relacionados na folha de pagamentos do mês de maio de 1897 da Fábrica dos Ingleses.[284] Domenico relata como veio a se tornar, segundo suas palavras, um "dos pequenos escravos do cotonifício inglês de Mariano Procópio":

> Meu pai encontrou trabalho numa pequena fábrica de cerveja. Tratava-se de fazer girar com a força dos braços um grande e pesado volante que fazia funcionar não sei que aparelho. Ele resistiu por quinze dias, depois se adoeceu. Pusemo-nos a caminho, meu irmão maior e eu. Ele tinha pouco mais de nove anos e eu dois a menos. Num subúrbio da cidade, chamado "Mariano Procópio", a dois quilômetros de caminho da nossa Tapera [onde se localizava o "triste e lúgubre edifício" da Hospedaria de Imigrantes Horta Barbosa], encontramos trabalho junto a um cotonifício que contratava exclusivamente mão de obra feminina e infantil. As condições de trabalho eram aquelas existentes na Inglaterra na primeira metade do século XIX, descritas assim cruamente nos nefastos relatórios dos Inspetores de Fábrica do governo inglês daquele período: horário de doze horas diárias, salário mensal miserável (...) e o chicote que tombava frequentemente sobre o tenro corpo dos meninos, tão logo se distraíam sonolentos.

Sob o aspecto da exploração, ressalta Domenico Marchioro, "não se pode dizer que, naquele período, as condições nas fábricas têxteis na Itália fossem muito

---

[283] Alguns anos após retornar à Itália, Domenico Marchioro ingressou na juventude do antigo Partido Socialista Italiano e, em 1924, aderiu ao recém-fundado PCI, tendo sido mantido na prisão pelo regime fascista por cerca de 17 anos, entre 1926 e 1943. Em 1946, integrou a representação comunista na Assembleia Nacional Constituinte de seu país e, mais tarde, exerceu a vereança na cidade de Schio, província de Vicenza.

[284] Na segunda página da referida folha de pagamentos (ver imagem 15) aparecem relacionados dois "fiandeiros" de sobrenome "Marchiori", com prenomes ilegíveis ou grafados de modo ainda mais errôneo. Mas, seguramente são Domenico Marchioro e seu irmão, pois os jornais que recebiam eram apenas de 500 e 800 réis, ou seja, jornais comumente pagos a crianças e "menores" na Fábrica dos Ingleses em 1897.

melhores" — particularmente na cidade de Schio e no Lanifício Rossi, onde seu pai foi operário e "meninos de oito e de dez anos, quando, justamente seus corpos ainda fracos necessitavam de formar a ossatura, eram empregados no trabalho por doze horas". Mas, segundo ele, "o que diferenciava a vida de fábrica no Brasil de então era o regime quase escravista existente nas relações de trabalho". Para as crianças e adolescentes, em particular, esse regime de servidão operária — com extensas jornadas diárias e semanais de trabalho, salários aviltantes, insultos e ameaças constantes e aplicações frequentes de castigos corporais — constituía uma experiência devastadora, que lhes impunha "os estigmas da inferioridade física, moral e intelectual", já que "era praticamente tolhida a primeira instrução elementar" a uma parte considerável desses menores.[285]

Por outro lado, como comprovam os relatos transcritos a seguir, os "acidentes" que vitimavam esses "pequenos escravos" industriais produziam ferimentos tão graves quanto os sofridos por adultos, deixavam sequelas que os acompanhariam também ao longo de sua vida e, na maior parte dos casos, os incapacitavam permanentemente para o exercício de tarefas mais qualificadas:

> Ontem à tarde, um menor, operário da fábrica de meias do sr. coronel José Manuel Pacheco, foi apanhado por uma das máquinas, ficando com a mão esquerda esmagada (Desastre. *O Pharol*, 18 out. 1903, p. 1).[286]

> O menor Pedro Tirapani trabalhando ontem, à uma hora da tarde, na Tecelagem Mascarenhas, foi vítima de um acidente, de que resultou ficar com três dedos da mão direita esmagados. Trabalhava em um dos teares, quando uma das mangas do paletó foi presa pela engrenagem, dando lugar ao acidente. Pedro Tirapani foi medicado pelo dr. Henrique Beuclair, recolhendo-se depois à sua residência (Dedos esmagados. *Jornal do Commercio*, 30 maio 1909, p. 1).

Mas, nas décadas de 1890 e 1900, nem mesmo essas infames consequências da inserção precoce de crianças e adolescentes no mundo do trabalho fabril cau-

---

[285] Todas as citações acima foram retiradas de *Autobiografia juvenil de um velho militante das lutas operárias: Domenico Marchioro*. Agradeço a Heliane Casarin, do Setor de Memória da Biblioteca Municipal Murilo Mendes, em Juiz de Fora, pela indicação deste texto.

[286] Segundo *O Pharol*, o menor recebeu os primeiros curativos numa farmácia e depois foi encaminhado para a Santa Casa de Misericórdia, onde foi operado.

savam espanto ou indignação na opinião pública de Juiz de Fora, que de modo geral se mantinha alheia às duras e aviltantes condições de trabalho impostas. Na verdade, a maior preocupação existente nessa época em relação aos "menores" era justamente afastá-los dos "perigos da rua" e encaminhá-los, o quanto antes, para a labuta nas fábricas, oficinas, canteiros de obras e estabelecimentos comerciais da cidade. Não por acaso, em uma peça publicitária de sua fábrica de meias (*O Pharol*, 2 jul. 1902, p. 6), o capitalista Antonio Meurer anunciava, como uma benemerência, o fato de que "dava emprego" em sua malharia "a cinquenta operários, dos quais a maior parte (...) crianças de 8 a 14 anos de idade". Afinal, de acordo com a argumentação conservadora presente em editoriais como o transcrito a seguir, pior seria se em vez de ajudarem no parco orçamento familiar com o concurso de seu labor, esses "pequenos cidadãos" estivessem soltos pelas ruas, largos e praças "galgando o primeiro degrau do crime":

> As ruas estão cheias de menores maltrapilhos, que o diabo pintam, saltando, atirando pedras, pronunciando palavras capazes de fazer corar um frade de pedra. Na estação (...) raro é o passageiro que não é assaltado por uma horda de moleques em busca de um carreto. Além desse, muitos outros pontos existem, onde os vadios de hoje e os criminosos de amanhã se reúnem, promovendo distúrbios e praticando imoralidades. (...) [Onde] se encontram homens, mulheres, crianças (...) que, abstendo-se de trabalhar, se entregam a todos os vícios, galgando assim o primeiro degrau do crime. (...) E à polícia cumpre não consentir que a vadiagem continue a imperar como até aqui, obrigando, principalmente aos menores vagabundos, a se empregarem, tornando-os úteis a si e à coletividade. Do contrário, são favas contadas, mais cedo ou mais tarde, irão encher as prisões. Diz o adágio popular: de pequenino é que se torce o pepino. Que a polícia o torça, enquanto é tempo (A vadiagem em Juiz de Fora. *Jornal do Commercio*, 25 abr. 1908, p. 1).

Cumpre assinalar que desde o início da década de 1890 as autoridades policiais de Juiz de Fora já vinham realizando frequentes prisões de "meninos" considerados "vagabundos" e "ociosos", libertando de imediato apenas os que comprovassem "ter ocupação honesta" e aqueles "reclamados por seus pais", bem como encaminhando compulsoriamente outros tantos para o trabalho nas fábricas e oficinas locais. Algo que ocorreu, por exemplo, com os "menores" Joaquim Silvestre, Eleutério Albernaz, Satyro Lauriano e Antonio Miguel Pinto em setembro de

1892, quando foram presos e levados à presença do delegado de polícia, que "depois de interrogá-los, fez com que os mesmos se empregassem".[287] Desse modo, a noção de regeneração das "classes pobres e viciosas" por meio do trabalho, que justificava então o combate sem tréguas à vadiação praticada por muitos homens e mulheres desvalidos, constituía também o fundamento ideológico principal da campanha elitista contra os "pequenos endiabrados" e a "molecada vagabunda e insolente", com idades variando entre os oito e 16 anos, que supostamente "infestavam" as ruas da cidade.

O problema do abandono e da criminalidade infanto-juvenil em Juiz de Fora nas décadas de 1890 e 1900, a exemplo do que se verificava então no Rio de Janeiro e em São Paulo, vinculava-se diretamente não apenas ao acentuado crescimento populacional, como também à inexistência de uma preocupação pública com a educação formal dos mais pobres e à incapacidade de o mercado urbano de mão de obra absorver tantos braços.[288] Fundamentalmente por essas razões, a repressão policial à "garotagem" se mostrará praticamente inócua, e a campanha a respeito sustentada pelos jornais locais servirá muito mais para cristalizar na opinião pública uma posição favorável ou indiferente à utilização de menores de ambos os sexos em atividades fabris e mercantis de todo o tipo. Essa situação aviltante foi, ao menos em uma oportunidade, denunciada em um relatório oficial, cujo trecho mais significativo estabelece uma forte ligação entre a pobreza em que viviam as famílias operárias, a exploração capitalista do trabalho de crianças e a exclusão destas da precária rede pública de ensino em implantação na cidade:

> Sabe-se que várias fábricas estabelecidas nesta cidade desviam um grande número de crianças das escolas porque os pais, muito necessitados e na sua grande maioria poucos zelosos pela cultura dos filhos, preferem iniciá-los muito cedo numa profissão mecânica e locupletar-se com o salário diminuto que eles auferem, a mandá-los numa escola para cuja frequência é sempre indispensável o asseio com a roupa limpa e os sapatos. Lembraremos, portanto, mais uma vez à Câmara Municipal a conveniência de votar uma lei estabelecendo que nenhum patrão de oficina ou fábrica possa, sob pena de multa, ocupar um menor antes de 12 anos completos, sem que ele tenha os

---

[287] Menores vagabundos. *O Pharol*, 12 set. 1890, p. 1; Meninos vagabundos. *O Pharol*, 6 mar. 1892, p. 2; e Menores vagabundos. *O Pharol*, 10 set. 1892, p. 1.

[288] Ver Moura (1999:85-102).

elementos indispensáveis de instrução, sem que saiba ler, escrever e contar (Conselho Distrital da cidade de Juiz de Fora. *Jornal do Commercio*, 31 jan. 1898, p. 2).

Presentes nos relatórios referentes aos anos de 1896 e 1897 do Conselho Distrital da cidade de Juiz de Fora, órgão existente nas sedes das comarcas e extinto pela Lei estadual nº 224 de 16 de setembro de 1897, essa recomendação não será objeto de nenhuma deliberação efetiva por parte da Câmara Municipal nem receberá qualquer comentário dos órgãos da grande imprensa. Tal fato reforça a percepção de que, particularmente nas décadas de 1890 e 1900, a opinião pública juizforana manteve-se indiferente em relação às precárias condições de trabalho a que tinha que se submeter todos os dias o operariado da cidade. Precisamente por essa razão, parte considerável das iniciativas organizatórias e reivindicativas de distintos segmentos do proletariado local se voltarão para a total transformação dessa situação de desprestígio social a que os trabalhadores de modo geral, e os operários fabris em particular, se encontravam relegados. Para demonstrar tal fato foi de fundamental importância o resgate e análise da campanha empreendida pelos caixeiros ou empregados no comércio de Juiz de Fora, entre os anos de 1877 e 1905, para conquistar o direito de descansarem aos domingos, dias santificados e feriados nacionais.

Por "um pouco de liberdade" nos domingos e dias santificados: a formação de uma tradição reivindicatória e associativa entre os caixeiros juizforanos

> Não mais escravos... Não mais senhores... Salve, 13 de maio de 1888! (...) Data gloriosa, em que começou a nossa real nacionalidade! Graças sejam rendidas a estes vultos, que sendo os primeiros em pisar aos pés os estultos preconceitos do escravagismo criaram uma instituição, em que todos os homens colocados no mesmo nível, não reconhecem outra distinção, que a do trabalho, talento e virtudes. (...) Agora, o trabalho... Agora, a união social... Confraternizemos (...) Ergamos, pois, bem alto as nossas vozes... Somos livres! Somos irmãos!... Não mais escravos!... Não mais senhores!...
>
> Ave, libertas! *Treze de maio*, 1888.

Foi por meio da publicação de um tabloide de quatro páginas intitulado *Treze de Maio*, fundamentalmente, que representantes dos empregados no comércio de Juiz de Fora saudaram a extinção formal da escravidão no Brasil. Revelando uma forte sintonia com o "abolicionismo sensato, evolutivo, e respeitador das leis" que aparentemente predominou na cidade entre 1870 e 1888, homenagearam com grande entusiasmo aqueles que chamaram de "estrênuos paladinos da abolição" — a princesa Izabel, Joaquim Nabuco, José do Patrocínio e Luiz Gama, entre outros. Manifestando, desde então, o moderantismo que caracterizaria sua experiência associativa e reivindicatória ao longo de toda a Primeira República, os caixeiros juizforanos classificaram o escravismo como "um legado infame e vexatório que nos deixou o passado" e mostraram-se esperançosos de que, a partir daquele faustoso momento, se iniciaria uma época de maior liberdade para o povo:

> Exulta-se o povo! Só agora, com a áurea lei de 13 de maio, damos início a nossa independência. Desanuviaram-se os horizontes da pátria, e uma nova era de luz proclama o advento de todas as liberdades. (...) A nação confraterniza-se, e desse sublimado concerto surgirão em breve as bases de uma nova pátria glorificada pelo trabalho livre, fortalecida pela riqueza econômica e unida pelo congraçamento do povo e das ideias (*Treze de maio*, 20 maio 1888, p. 1-4).

Entretanto, por serem então obrigados a trabalhar durante todos os sete dias da semana, do alvorecer às altas horas da noite, os caixeiros não puderam participar em massa, como desejavam, das solenidades e festividades realizadas em Juiz de Fora em júbilo pela assinatura da Lei Áurea, especialmente as ocorridas em 20 de maio de 1888, o domingo seguinte à abolição, quando, segundo Jair Lessa (1986:219),

> se enfeitaram os prédios e os bondes. Uma banda musical percorreu as ruas, seguida dos tradicionais fogueteiros profissionais de charuto aceso. À tarde, realizou-se um *te-déum* na igreja matriz. (...) À noite, uma *marche-aux-flambeaux*, tendo à frente um carro alegórico, carregando desfraldada uma grande "Bandeira à Liberdade". A procissão cívica deteve-se no Largo Municipal, tendo Augusto Maia discursado em nome da colônia portuguesa.[289]

---

[289] Possivelmente, o orador é o mesmo "A. Maia" que assina o seguinte poema publicado no *Treze de maio* (20 maio 1888, p. 4): "Saúdo-te, Brasil!/ Quebrando os ferros vis à vil iniquidade/ da escravidão mais vil,/ ao negro deste, ao fim, a vida... a Liberdade!".

Para o seu desgosto, os empregados no comércio possivelmente tiveram de assistir a tais manifestações populares inquietos atrás dos balcões e, quando muito, resignados, das soleiras dos estabelecimentos em que laboravam. Nesse dia em especial, devem ter trabalhado ainda mais, já que muitos dos populares que tomaram parte nessas celebrações, sobretudo da "procissão cívica" que marcou seu ponto culminante, acabaram por engrossar a tradicional freguesia de domingo das casas de negócios de Juiz de Fora — em grande medida, composta por operários, lavradores e moradores dos arrabaldes do núcleo urbano e dos distritos do município.

> Imagem 17
> Cabeçalho do jornal *Treze de Maio*, com suas divisas e a data de sua publicação

Acervo pessoal de Dormevilly Nóbrega. Reprodução de Sérgio Neumann.

As bases legais do duro regime de trabalho a que estavam submetidos cotidianamente os caixeiros juizforanos no momento da Abolição, convém esclarecer, mantinham-se praticamente inalteradas desde 1858, quando a Assembleia Legislativa Provincial, por meio da Resolução nº 936, de 7 de junho desse ano, aprovou as *Posturas municipais* da futura cidade de Juiz de Fora. De acordo com o artigo 214 de tais posturas, "as casas de negócio, à exceção das boticas, deverão fechar-se às 10 horas da noite, para o que se tocará o sino da Matriz ou Cadeia, ou de ambas, um quarto de hora antes daquela hora". Por outro lado, na revisão que esse código sofreu em 1872, o artigo 166 é que determinaria que, à exceção das farmácias, todos os hotéis, botequins, quiosques e casas de negócios fechassem "às dez horas da noite e abrissem somente depois do amanhecer, cabendo aos infratores a cominação da pena de desobediência com multa imposta pelo mesmo artigo".[290] Não havia, portanto, qualquer restrição ao funcionamento do comércio nos domingos e feriados civis e religiosos, ficando os comerciantes completamente livres para manterem seus estabelecimentos abertos do amanhecer até bem tarde da noite, trezentos e sessenta e cinco dias por ano.

O acirramento crescente da concorrência na praça de Juiz de Fora, particularmente após a chegada dos trilhos da Estrada de Ferro D. Pedro II, em fins de 1875, contribuirá sobremaneira para a consagração da ampla liberdade de funcionamento desfrutada pelas casas de negócios locais durante o Império. Como observou Jair Lessa (1986:195), no início da década de 1880, "não havia hora nem dia de fechar o comércio" e, na prática, "enquanto um vizinho maioral não fizesse, ninguém pensava em fazê-lo". Fato que, indiscutivelmente, causava algum incômodo à parcela dos negociantes, mas, sobretudo, desagradava e aviltava as condições sociais de existência dos caixeiros da cidade, que, já em 1877, como revela a nota a seguir, tornaram público o seu descontentamento, certamente há muito tempo represado:

> É hoje dia de Santo Antônio, dia em que todos gostam de se divertir e de esquecer um pouco os trabalhos da vida. Pela primeira vez, há muito tempo, celebra-se aqui a festa do glorioso padroeiro e todos estão com vontade de assistir a ela. Não será pois justo que sejam os caixeiros os únicos que não possam gozar de um pouco de liberdade e por isso pedem aos seus patrões para que fechem as casas de negócios das três da tarde em diante (Fechamento das portas. *O Pharol*, 13 jun. 1877, p. 4).

A manifestação pública dessa insatisfação quando das festividades pelo dia de Santo Antônio, o mais popular dos santos lusitanos e tido por "casamenteiro",[291] não é fortuita. A este respeito, os dados do censo de 1873 sugerem que boa parte dos empregados das casas de negócios de Juiz de Fora compunha-se de homens

---

[290] *Posturas da Câmara Municipal da cidade do Paraibuna da província de Minas Gerais*, 1860, p. 39 e *O Pharol*, 31 maio 1882, p. 1.

[291] De passagem por Juiz de Fora em junho de 1867, Richard Burton (2001:77-80) encontrou a cidade toda enfeitada "para a festa de seu padroeiro, Santo Antonio", que na devoção dos habitantes locais tinha "por dever arranjar noivos para as moças casadoiras".

solteiros e jovens, em geral desvalidos e oriundos de Portugal. Indivíduos que movidos pelo sonho de "fazer fortuna" ou de "se tornar patrão um dia", aspiração comumente atribuída aos caixeiros oitocentistas,[292] se entregavam de corpo e alma ao trabalho na esperança de garantir "um futuro compensador". Mas que também, após alguns anos de labor insano e mal recompensado, como evidencia o trecho de *O Pharol* citado anteriormente, davam claros sinais de que desejavam dispor, cada vez mais, de momentos para si, os quais pudessem desfrutar de modo livre, em lazeres e diversões que amenizassem "um pouco os trabalhos da vida".

Nesta perpectiva, o pedido de "um pouco de liberdade" feito publicamente pelos caixeiros de Juiz de Fora cerca de 11 anos antes da Abolição, demonstra de maneira inequívoca que muitos indivíduos livres e integrados ao mundo do trabalho não estavam alheios ou inertes diante do processo de generalização do "cativeiro" em curso nesse centro urbano. Antes, nos estreitos limites de suas possibilidades, procuravam resistir e até denunciar tal processo, sobretudo o seu aspecto mais evidente, que, desde pelo menos 1877, classificavam como injusto: o labor ininterrupto, quase sem descanso, nos domingos e dias santificados. A solicitação que os empregados no comércio dirigiram aos negociantes locais para que os liberassem "das três da tarde em diante" no dia de Santo Antônio, por outro lado, evidencia que pelos trilhos da Estrada de Ferro D. Pedro II, tanto nessa época quanto nas décadas seguintes, chegavam não apenas mercadorias e pessoas de múltiplas nacionalidades e condições, como também notícias sobre reivindicações políticas e sociais lançadas na capital do país.

De fato, já no ano de 1866, os empregados no comércio da Corte imperial teriam realizado uma "greve" para exigir o "fechamento dos estabelecimentos à noite e aos domingos", como indica Hermínio Linhares (1977:31-34). Demonstrando que esta foi sem dúvida uma reivindicação fundamental para a constituição da identidade de classe desse importante segmento do proletariado urbano, Fabiane Popinigis (2001:211-212) assinala, por sua vez, que em 1880 e 1881 e mais tarde, em 1889 e 1890,

---

[292] Oscar Canstatt (2002:312-314) define os portugueses que atuavam como caixeiros na Corte, entre 1860 e 1870, como jovens, modestos, persistentes, hábeis, fiéis, sóbrios e diligentes, que procuravam "colocar suas economias de um modo rendoso" e "aproveitam as horas vagas (...) de modo útil, aprendendo a ler, escrever e contar". Do mesmo modo, Ernesto Sena (1965) atribuiu a esses empregados um "espírito conservador e modesto" e um objetivo comum: "tornar-se patrão, tornar-se independente e poder agir livremente, dedicando-se apenas às pequenas diversões em que passavam algumas horas sem enfraquecerem os seus haveres, ou procurando na constituição da família, carinhos e confortos que lhe amenizassem a existência laboriosa".

a correspondência da Câmara Municipal do Rio de Janeiro avolumou-se em função das inúmeras cartas, enviadas por caixeiros, que expressavam o desejo de que fosse definitivamente aprovada a lei que regulamentaria o trabalho no comércio. Argumentavam, elogiavam, pediam, exigiam. Utilizavam-se de discurso então vigente e aceitável. (...) A principal reivindicação era a diminuição do horário de trabalho dos dias de semana, dos domingos e feriados.

Subsiste na argumentação construída pelos caixeiros cariocas entre 1880 e 1911, segundo Popinigis (2007:115-135), tanto uma forte ênfase no caráter árduo e cansativo do trabalho no comércio, que exigia também dedicação e fidelidade ao patrão, quanto uma denúncia crescente do processo de proletarização da categoria, que, afastada da possibilidade de ascensão social, pressionava cada vez mais a municipalidade para que regulasse e restringisse o horário de funcionamento das casas de negócios, não só nos domingos e feriados, como nos demais dias da semana. No rastro desse movimento reivindicatório, os caixeiros de Juiz de Fora também apelarão insistentemente, não raras vezes com apoio de parcela dos comerciantes, para que a Câmara Municipal modificasse os dispositivos das *Posturas* relativos aos horários e condições de abertura e fechamento das portas comerciais. Já na passagem de 1879 para 1880, a aprovação pela Câmara Municipal do Rio de Janeiro de uma resolução determinando "o fechamento das portas aos domingos e dias santificados" depois das 14 horas[293] possibilitou que a questão fosse também objeto de debates e deliberações, bastante contraditórias, por parte dos vereadores juizforanos. A este respeito, Paulino de Oliveira (1966:134) afirma que, em 1880, como consequência de um movimento desencadeado pela classe caixeiral "o horário [do comércio] foi modificado, não com o fechamento às 2 horas da tarde, como se verificava no Rio, mas — assim mesmo com o protesto dos patrões — a partir das 4 horas". Estas informações, entretanto, são imprecisas e revelam uma leitura pouco cuidadosa dos documentos públicos, como esclarecerei a seguir.

Atendendo aos apelos formulados por representantes dos caixeiros e contando com o aval de alguns negociantes, a Câmara Municipal de Juiz de Fora de fato

---

[293] Pela resolução adotada então na Corte, com o apoio do Ministério do Império, os hotéis, casas de pasto, botequins, confeitarias e farmácias não estavam obrigados a fechar às 14h nos domingos e dias santos. A medida era voltada apenas para as casas de negócios e quiosques. Contudo, essa restrição foi derrubada na mesma época, sob a pressão dos negociantes insatisfeitos. Ver Popinigis (2001:115-119) e *O Pharol*, 25 dez. 1879, p. 1.

chegou a aprovar provisoriamente, em 14 de fevereiro de 1880, "um artigo aditivo às posturas da mesma Câmara, mandando fechar as casas de comércio nos domingos e dias santos de guarda das duas horas da tarde em diante".[294] Mas, antes que a Assembleia Provincial sancionasse a medida, diversos comerciantes da cidade dirigiram àquela casa legislativa dois abaixo-assinados. No primeiro, com 54 assinaturas, dizendo se importarem com "a liberdade dos seus empregados nos domingos e dias santificados", solicitaram que, em tais dias, "o fechamento [das portas] seja às 4 horas da tarde e não às 2, conforme foi deliberado na Postura Municipal". No segundo, datado de 14 de abril de 1880 e endossado por um número bem maior de signatários, 95, os patrões mudaram o tom do discurso e, alegando "graves prejuízos de seus interesses e liberdade", pediram simplesmente "a esta Ilustre Câmara a revogação da Postura que determinou o fechamento".[295]

Diante das articulações e pressões crescentes dos negociantes, reunidos em sessão em 23 de abril de 1880, os vereadores optaram pela revogação do ato de 14 de fevereiro de 1880, o que liberou novamente o comércio a funcionar até as 22 ou 23 horas, durante todos os dias do ano,[296] mas de maneira alguma pôs fim à polêmica que a questão suscitava. Com efeito, cerca de sete anos depois a municipalidade se encontrará envolvida, outra vez, pelo problema do fechamento das portas, que se acirrava e dividia ainda mais as opiniões nos meios patronais.[297] É o que demonstra, de modo inequívoco, o texto introdutório do abaixo-assinado que comerciantes e caixeiros dirigiram à Câmara em 1º de setembro de 1887:

> Os abaixo-assinados, negociantes aqui estabelecidos e empregados no comércio, vêm respeitosamente à digna e ilustre edilidade solicitar a adoção de uma medida que de há

---

[294] É o que atesta, por exemplo, um ofício dirigido aos vereadores juizforanos, em 12 de maio de 1880, pelo vice-presidente da província de Minas Gerais (AHCJF — Fundo "Câmara Municipal no Império", Série 25).

[295] O primeiro abaixo-assinado não contém data de envio, mas foi analisado na sessão de 23 de abril de 1880 da Câmara Municipal, junto com o segundo (AHCJF — Fundo "Câmara Municipal no Império", Série 133)

[296] AHJF — Fundo "Câmara Municipal no Império", Série 25; e Fala que à Assembleia Legislativa Provincial de Minas Gerais dirigiu em 25 de setembro de 1880...

[297] Segundo Jair Lessa (1986:195), em 16 de maio de 1886, a Câmara Municipal teria aprovado um ato com o seguinte teor: "Fica expressamente proibido abrir-se qualquer casa a retalho nos domingos e dias santificados, do meio-dia em diante". Contudo, ao que tudo indica, a medida foi revogada no mesmo ano, pelos vereadores ou pela Assembleia Provincial, uma vez que em 1887 a limitação do horário do comércio nesses dias voltou a ser reivindicada na cidade.

muito autorizam o movimento, o progresso e o grau subido de civilização a que atingiu esta cidade. A classe comercial, sem dúvida a mais onerada por diuturnos labores, visto como inicia seus trabalhos ao amanhecer e só os termina às onze horas da noite, julga-se com direito, por equidade, a algumas horas de repouso durante a semana. Vêm, por isso, pedir-vos seja apresentado e aprovado como lei municipal o projeto de fechamento das portas às duas horas da tarde, aos domingos e dias de guarda.[298]

Os argumentos mobilizados habilmente pelos peticionários — a medida já vigorava sem prejuízos em outros centros comerciais; nos domingos e dias santos, após certa hora, as transações mercantis se reduzem bastante; os higienistas "aconselham o repouso proporcional ao desenvolvimento da atividade"; o trabalho sem interrupção traz "graves e funestas consequências" para caixeiros e patrões, entre outros — e, sobretudo, a anuência de grandes comerciantes à referida reivindicação foram fundamentais para que a Câmara Municipal reavaliasse o assunto e deferisse o pedido feito em nome da classe comercial. De fato, reunidos em sessão plenária no dia 10 de outubro de 1887, os vereadores de Juiz de Fora aprovaram um novo ato, neste caso, "dispondo que as casas de negócio (...) seriam fechadas aos domingos e dias santificados, às 3 horas da tarde". Contudo, possivelmente atendendo ao apelo dos negociantes tradicionalmente contrários à restrição da "liberdade de comércio", o presidente da província de Minas Gerais, o juizforano Luiz Eugênio Horta Barbosa, tornou nula tal resolução, como ele mesmo esclarece em ofício datado de 17 de novembro desse ano:

> Declaro a V.m.^{ces} em solução ao ofício que me dirigiram na data de 10 de outubro último, que não pode esta presidência aprovar provisoriamente, conforme V.m.^{ces} solicitaram, as posturas cujo projeto acompanhou ao citado ofício, determinando o fechamento das casas de negócios dessa cidade, nos domingos e dias santificados, às 3 horas da tarde, por ser o objeto de tal postura privativo do poder eclesiástico e do governo geral.[299]

---

[298] Entre as 26 assinaturas que este abaixo-assinado recebeu, destacam-se as de Francisco Batista de Oliveira e Christovam de Andrade, na época, dois dos maiores comerciantes de Juiz de Fora. No documento, encontra-se ainda a seguinte anotação: "Representação dos negociantes desta cidade pedindo o fechamento das portas aos domingos e dias santificados. Deferido" (AHCJF — Fundo "Câmara Municipal no Império", Série 133).

[299] Horta Barbosa teria recebido e desconsiderado, ainda, "uma petição assinada por comerciantes e empregados" de Juiz de Fora "solicitando a decretação dessa lei" (*Gazeta da Tarde*, 30 jul. 1889, p. 1; AHCJF

Assim, em 20 de maio de 1888, quando os caixeiros distribuíram o jornal *Treze de Maio* nas celebrações pela recente assinatura da Lei Áurea, a questão do fechamento das portas não apenas estava consolidada no rol das polêmicas travadas com constância na opinião pública e no legislativo municipal, como também apresentava os contornos gerais que marcarão o seu desenvolvimento nos 17 anos seguintes. Por duas vezes, pelo menos, a Câmara Municipal de Juiz de Fora tanto já havia restringido o horário do comércio nos domingos e dias santos, até as 14 horas em 1880 e até as 15 horas em 1887, quanto fora levada a revogar tais atos poucos meses após sua aprovação, quer seja sob a pressão de grande número de comerciantes locais, quer seja por força da interferência revisora do governo provincial. Os empregados das casas de negócios, desse modo, contavam então com ao menos uma década de experiência classista em sua luta por "um pouco de liberdade", tendo certamente noção das enormes dificuldades que ainda deveriam enfrentar para vencer a mentalidade escravocrata da maior parte de seus patrões e a insensibilidade das autoridades mineiras.

Nesta perspectiva, é lícito afirmar que a extinção formal da escravidão foi percebida pelos caixeiros locais como um evento capaz de abrir novos horizontes para a difícil campanha que sustentavam, desde pelo menos 1877, em prol da restrição do horário de funcionamento das casas de negócios nos domingos e dias santificados. Como indicam os trechos do jornal *Treze de Maio* citados, para os empregados no comércio de Juiz de Fora, o advento da Abolição constituía um acontecimento alvissareiro não apenas para os que, até aquela data, se encontravam escravizados, como também para os demais segmentos da população trabalhadora, uma vez que parecia anunciar uma nova fase da vida nacional, em que "todos os homens colocados no mesmo nível, não reconhecem outra distinção, que a do trabalho, talento e virtudes". Certamente por esse motivo, não hesitaram em registrar o seu profundo descontentamento com o fato de terem sido impedidos de tomar parte da "procissão cívica" que, no domingo seguinte à assinatura da Lei Áurea, percorreu as ruas centrais da cidade ao som de uma banda musical e sob o estrugir de foguetes. Mesmo que de forma velada, não deixaram de denunciar o "cativeiro" a que ainda continuavam submetidos diariamente:

— Fundo "Câmara Municipal no Império", Série 25; e Fala que à Assembleia Provincial de Minas Gerais dirigiu o exmo. sr. dr. Luiz Eugênio Horta Barbosa...).

Fora doloroso aos empregados do comércio, quando todas as classes sociais, sem distinção de partidos e nacionalidades, congregam-se em esforço comum na alegria e no entusiasmo despertados ante os novos horizontes do império, que não depositassem eles o seu humilde concurso no sagrado altar da pátria, onde se entoam os salmos da liberdade (À pátria livre. *Treze de Maio*, 20 maio 1988, p. 2-3).

A desmedida "liberdade de funcionamento" desfrutada pelo comércio juizforano no final do Império, desse modo, além de uma brutal exploração da força de trabalho dos caixeiros, como eles mesmos denunciavam, representava um sério obstáculo para que esses indivíduos pudessem exercer as prerrogativas e direitos que a condição de cidadãos livres legalmente lhes garantia. Uma barreira quase intransponível, de fato, mas que não os impediu de dar prosseguimento à sua campanha em prol do aumento das parcas horas semanais de repouso de que dispunham. Prova disto é que em 15 de julho de 1889, como indicam notícias publicadas então no jornal *Gazeta da Tarde* (p. 2), "diversos empregados das casas comerciais", liderados pelos cidadãos Cornélio Gama, José da Silva Gomes e outros, realizaram pelo menos duas reuniões para tratarem do problema do fechamento das portas e organizarem sua primeira associação profissional, o Club Caixeiral Hugoniano.

Aqui torna-se necessário um breve mas incontornável parêntese, para refletir melhor sobre o possível sentido do termo "hugoniano", que confere especificidade e força ao nome dado pelos caixeiros juizforanos à sua associação classista, cujo objetivo precípuo era "defender interesses da classe e fundar uma biblioteca".[300] Não foi encontrada nas diversas notícias veiculadas sobre esse Club Caixeiral, de julho a outubro de 1889, qualquer explicação acerca do último termo de sua denominação. Contudo, mais do que uma clara e singela homenagem ao escritor e político francês Victor Hugo, morto em 1885, tratava-se de uma vinculação consciente, ainda que um tanto quanto velada, entre os objetivos gerais da entidade recém-fundada, a alguns dos valores humanitários e republicanos defendidos, na segunda metade do século XIX, por um dos mais renomados pensadores da França.

---

[300] Na primeira reunião, realizada em 14 de julho de 1889 no Teatro Provisório, após instalarem o Club, os caixeiros elegeram uma diretoria interina, composta por brasileiros e lusos: Antônio B. Fraga, presidente; José da S. Gomes, 1º secretário; Ezequiel da Cunha, 2º secretário; e Manoel Caetano M. Sampaio, tesoureiro (*Gazeta da Tarde*, 15 jul. 1889, p. 2).

Não é exagero supor, inclusive, que ao homenagearem o escritor francês, os fundadores do Club Caixeiral Hugoniano desejassem, ainda, mostrar à parcela mais esclarecida da opinião pública que as enormes dificuldades enfrentadas pelos caixeiros juizforanos em obter "um pouco de liberdade" se comparavam, por exemplo, às agruras vivenciadas por Jean Valjean, personagem principal de uma das mais importantes obras ficcionais de Victor Hugo — *Os miseráveis* (1862) —, e que permaneceu quase duas décadas na prisão, após ver sua pena inicial de cinco anos pelo roubo de um pão ser sucessivamente aumentada, em função de frustradas tentativas de fuga. Afinal, nos derradeiros anos imperiais, os empregados no comércio de Juiz de Fora tinham motivos de sobra para se sentirem perseguidos, marginalizados e injustiçados pelas autoridades e pelo patronato local, que por diversas vezes se recusaram a conceder-lhes momentos de descanso nos domingos e dias santificados, prolongando indefinidamente o cativeiro que eram obrigados a suportar todos os dias do ano. É precisamente da significativa experiência política que acumulou em sua campanha, até então inglória, em prol do fechamento das portas, que a classe caixeiral retirou os elementos para, nos meses que antecederam a queda da monarquia, apresentar a sua causa como "hugoniana", expressando assim a busca coletiva de seus membros por justiça, liberdade e equidade social.

Voltando à análise das atividades iniciais do Club Caixeiral, já na segunda assembleia que realizaram, decidiram passar, comedidamente, das palavras às ações. Nessa oportunidade, após ser "lida e aprovada ata da sessão anterior", os 17 sócios-fundadores presentes escolheram sua "diretoria definitiva", posicionaram-se a favor de que "o Club solicitasse auxílio da *Gazeta da Tarde*" e deliberaram pela necessidade "de dirigir-se o Club à Câmara Municipal, no sentido de obter-se fechamento das portas das casas comerciais aos domingos" — ao que parece, o dia inteiro e não apenas das 12, 14 ou 15 horas em diante como cogitavam, até então, os vereadores e os negociantes mais esclarecidos.[301] Tomando por base essa solicitação de descanso integral durante o sétimo dia da semana, bem como o fato

---

[301] Essa segunda reunião ocorreu em 28 de julho de 1889, quando se discutiram critérios para a admissão de sócios e a elaboração dos estatutos, tarefa confiada, entre outros, a Cornélio Gama — que obteve dos presentes "um voto de louvor" e "plenos poderes para representar em qualquer lugar o Club, como seu advogado". Ao final, procedeu-se à eleição da diretoria definitiva do Club, assim constituída: Emiliano Pinto, presidente; José A. Pinto, vice-presidente; José da Silva Gomes, 1º secretário; Gustavo Trindade, 2º secretário; Manoel Caetano M. Sampaio, tesoureiro; Onofre Rangel, procurador; Joaquim Ferreira, S. Nogueira e José Christo, comissão de sindicância (*Gazeta da Tarde*, 29 jul. 1889, p. 1).

de que as reuniões do Club ocorriam aos domingos, iniciando-se sempre entre 16h30min e 18 horas, é possível inferir que, em meados de 1889, uma parcela diminuta dos caixeiros locais já folgava mais cedo em tal dia, possivelmente às quatro da tarde e em comum acordo com patrões há tempos favoráveis à medida.[302] Mais do que isto, ao desfrutar de um pouco mais de liberdade, esse grupo restrito de empregados no comércio procurou reforçar os laços de solidariedade que os unia ao restante de seus companheiros, organizando uma entidade de defesa profissional e exigindo das autoridades de Juiz de Fora, em nome da "classe caixeiral", a ampliação e consagração em lei das horas adicionais de descanso concedidas a somente uma minoria.

Com os rituais, formalidades e fragilidades institucionais que caracterizavam o movimento associativo de trabalhadores no Brasil oitocentista, portanto, os caixeiros juizforanos deram um passo fundamental para o fortalecimento de sua identidade de classe, procurando reafirmar e fazer avançar, sob novas bases políticas e organizacionais, uma antiga solicitação — a redução da jornada semanal de trabalho. Bases estas pouco sólidas e duradouras, como indicam as restritas atividades realizadas pelo Club nos seus menos de quatro meses de existência,[303] mas que contribuirão ao menos para uma maior difusão de tal reivindicação social junto à opinião pública, selando o apoio explícito que esta causa receberá, nos anos seguintes, de membros influentes da imprensa local. É o que sugere, de modo especial, um artigo publicado na edição de 30 de julho de 1889 da *Gazeta da Tarde*. Após saudar o aparecimento de uma "associação composta de moços empregados no comércio desta cidade", o articulista Mário Júnior esclarece que os fundadores do Club Caixeiral Hugoniano solicitaram a sua "intervenção e apoio a uma pretensão" da entidade sobre o fechamento das portas aos domingos e dias

---

[302] Num claro indicativo de que, nessa época, alguns negociantes locais optaram por fechar seus estabelecimentos mais cedo aos domingos, por meio de um "acordo prévio" divulgado no início de outubro de 1889, um grupo de barbeiros e cabeleireiros da cidade decidiu "trazer suas portas fechadas aos domingos e dias santificados, das quatro horas da tarde em diante". (Barbeiros e cabeleireiros. *Gazeta da Tarde*, 1º out. 1889, p. 2; e *Gazeta da Tarde*, 4 out. 1889, p. 2).

[303] Após tentar sem sucesso em agosto, somente em 1º de setembro de 1889, o Club Caixeiral conseguiu reunir novamente seus filiados, neste caso, "para a apresentação, discussão e aprovação dos estatutos, de propostas de novos sócios" e para dar posse à diretoria. Ainda em setembro, mesmo admitindo serem "excessivamente mesquinhos os meios" de que dispunham, seus diretores informaram que estavam para "fundar uma biblioteca nos salões" da sede social do Club, situada no nº 55 da rua do Imperador e possivelmente alugada com a renda de apresentações teatrais realizadas em favor da associação (*Gazeta da Tarde*, 15 e 25 ago. 1889, p. 3; 29 ago. 1889, p. 2; 16 set. 1889, p. 2 e 19 set. 1889, p. 1).

santos. Procurando deixar patenteado o seu comprometimento, ao menos parcial, com tal reivindicação, o literato lembra que

> não era necessário que essa ilustre associação a nós se dirigisse para que advogasse causa tão justa, firmada em argumentos tão procedentes. Há tempos escrevemos [sobre] (...) as vantagens dessa medida e, talvez, por intervenção nossa, a Câmara Municipal aprovou (...) um artigo [no novo projeto de código municipal] tornando obrigatório o fechamento das portas das casas comerciais aos domingos e dias de guarda, às duas horas da tarde. Esse projeto de reforma subiu à Assembleia Provincial, por intermédio da presidência, e até hoje não foi ainda discutido.[304]

Essa última informação atesta que a fundação do Club Caixeiral Hugoniano ocorreu no momento em que os poderes públicos discutiam, mais uma vez, a obrigatoriedade de as casas de negócios, em Juiz de Fora, fecharem suas portas às 14 horas nos domingos e dias santos. Ao que tudo indica, os empregados no comércio procuraram se congregar numa associação profissional na expectativa de obter um apoio mais expressivo da sociedade local à sua reivindicação histórica e, consequentemente, ampliar o seu limitado poder de pressão sobre os vereadores e os deputados mineiros. Contudo, o temor de Mário Júnior de que a Assembleia Provincial, em suas derradeiras sessões do ano de 1889, não apreciaria e aprovaria o citado projeto de reformulação do código municipal acabou se concretizando, o que parece ter contribuído também para a própria extinção do Club Caixeiral cerca de um mês antes da Proclamação da República.[305] Por outro lado, a dissolução dos órgãos legislativos, nos âmbitos municipal e estadual, pelo regime instalado em 15

---

[304] Mário Júnior esclarece que tal projeto de reforma foi enviado para a apreciação dos deputados mineiros no início de julho de 1889, e, além da questão relativa ao fechamento das portas, continha medidas no sentido de regularizar a "parte econômica e penal" das Posturas em vigor (*Gazeta da Tarde*, 30 jul. 1889, p. 1; e 8 ago. 1889, p. 1).

[305] Em nota de 11 de outubro de 1889, a diretoria do Club Caixeiral convidou "todos os senhores sócios a reunirem-se domingo [13 de outubro], às 5 horas da tarde, no salão do club, (...) para ouvirem a leitura e discussão do projeto que tem de ser submetido à consideração da assembleia do Club Democrático". Dias depois, o secretário desta última associação veio a público esclarecer que "do dia 13 do corrente em diante, deixou de funcionar o Club Caixeiral Hugoniano, por ter a [sua] assembleia geral (...) aceitado o projeto apresentado pela diretoria daquele club. (...) Outrossim, peço ao srs. sócios do ex-club, que ainda não estão inscritos no quadro dos sócios democráticos, darem seus nomes" (Club Caixeiral Hugoniano. *Gazeta da Tarde*, 4 out. 1889, p. 2 e 11 out. 1889, p. 2; e Club Democrático 1º de Janeiro. *Gazeta da Tarde*, 17 out. 1889, p. 2).

de novembro desse ano fez com que a questão do fechamento da portas voltasse à estaca zero, pelo menos para a ampla maioria dos caixeiros da cidade.

Mas, em maio de 1890, mesmo sem contar então como uma associação profissional e poucos meses após a Câmara Municipal ter sido substituída por um Conselho de Intendência, os empregados do comércio retomaram a sua reivindicação, certamente por acreditarem que ela avançaria sob o impulso dos fortes ventos republicanos que sopravam no país. Nessa oportunidade, entregaram um requerimento aos novos mandatários locais, solicitando a decretação de uma norma social pela qual se mobilizavam há mais de uma década: uma lei determinando "que os estabelecimentos comerciais desta cidade se fechem aos domingos e dias santificados às 2 horas da tarde". Ao informar sobre essa nova investida dos caixeiros em prol da redução do horário de trabalho aos domingos, a edição de *O Pharol* de 8 maio de 1890 (p. 1) realçou sua posição favorável à medida, ressaltando que "com ela já concordaram numerosos comerciantes", bastando portanto que "a Intendência a determine".

Cerca de seis meses depois (24 de outubro), entretanto, esse jornal informou aos seus leitores que "a Intendência julgou que não é de sua competência ordenar o fechamento das casas comerciais". Contrariando as expectativas da classe caixeiral e de parte influente da opinião pública, os intendentes juizforanos resolveram simplesmente remeter a questão para a análise do poder eclesiástico e do governo geral,[306] repetindo assim os mesmíssimos argumentos mobilizados por Horta Barbosa nos estertores da monarquia, quando este ocupava a presidência da província mineira e a autonomia da municipalidade era muito mais restrita.

Lamentando a aprovação deste parecer, os redatores de *O Pharol* ressaltaram que a medida demandada pelos caixeiros juizforanos deveria ser adotada o quanto antes, não apenas para contemplar o justo e necessário descanso físico e mental desses trabalhadores, como também para atender preceitos religiosos importantes e inadiáveis. Nesse sentido, contribuíram para ampliar o repertório discursivo daqueles que há anos reivindicavam e defendiam localmente a restrição do comércio aos domingos, argumentando que o descanso hebdomadário constituía uma

---

[306] Na edição do dia anterior, 23 de outubro (Fechamento das portas, p. 1), *O Pharol* havia noticiado uma recente decisão da Intendência Municipal do Rio de Janeiro determinando o fechamento das casas de negócios aos domingos, excetuando-se apenas alguns ramos comerciais, como tavernas, hotéis, farmácias, confeitarias e botequins (Fechamento das casas comerciais aos domingos. *O Pharol*, 24 out. 1890, p. 2).

norma já consagrada em algumas nações europeias e que requeria um apoio enfático da Igreja Católica, uma vez que visava, sobretudo, "o culto que nesse dia se deve tributar ao Criador, lembrando o repouso que o senhor tomou no sétimo dia da criação do mundo". Além disto, chamaram a atenção ainda para o fato de que

> sendo o trabalho uma necessidade da vida e meio de santificação do homem, não deve se tornar uma condenação ou causa de ruína de sua saúde. (...) Todos os operários têm um dia de repouso para descansar o corpo fatigado e recobrar novas forças para recomeçar no dia seguinte o trabalho que lhes mantém a subsistência. Entretanto, a classe empregada no comercio não se cansa, só ela não tem necessidade de repouso ao menos um dia na semana; só ela é vigorosa para resistir desde as 6 horas da manhã até 9 ½ da noite, subindo e descendo escadas com as fazendas aos ombros para mostrar ao freguês incontentável! (Fechamento das casas comerciais aos domingos. *O Pharol*, 24 out. 1890, p. 2).

Para os articulistas de *O Pharol*, não obstante a omissão dos intendentes municipais, a questão do fechamento das portas poderia ser perfeitamente resolvida por meio da celebração de um acordo entre os diversos comerciantes da cidade, o que favorecia em muito "a classe caixeiral que se viu obrigada a recorrer à Intendência e passar pela decepção de não ser atendida a sua justa reclamação". Dispostos também a não deixar o debate em torno do problema se esvaziar mais uma vez, no dia 11 de novembro de 1890, os caixeiros juizforanos publicaram o manifesto a seguir, no qual endossam a proposta de solução formulada pelo principal órgão da imprensa local, concitam seus patrões a fazerem o mesmo e, o mais importante, estabelecem um vínculo bastante claro entre a sua condição de trabalhadores honestos e dedicados e a justa reivindicação que sustentavam como cidadãos ainda não assistidos pelos poderes republicanos:

> A classe caixeiral, que tantos trabalhos tem durante a semana, roga aos senhores patrões o favor de darem uma solução à questão do fechamento das portas. O que pede é justo, e nenhum inconveniente pode produzir. Não lhes custa convocar uma reunião a fim de tomar em consideração o seu pedido. Não está longe o dia 15 de novembro, como brasileiros que somos, queremos também solenizar a data gloriosa da proclamação da república. O silêncio profundo dos patrões nessa questão importante é injustificável. Pedimos, portanto, mais uma vez, que convoquem a reunião que decidirá da sorte dos empregados do comercio (Aos comerciantes — O fechamento das portas. *O Pharol*, 11 nov. 1890, p. 1).

Contudo, novamente prevaleceu "o silêncio profundo dos patrões" e das autoridades municipais, e não apenas no 15 de novembro de 1890, como ainda em todos os domingos e demais feriados cívicos e religiosos existentes entre essa data e o dia 12 de agosto de 1894; em sua esmagadora maioria, os caixeiros tiveram que trabalhar incessantemente de "6 horas da manhã até 9 ½ da noite", pelo menos. Durante esses anos e até meados de 1896, como indicam os dados do anexo V, as atividades mercantis se intensificaram e se diversificaram bastante na área central de Juiz de Fora, ampliando continuamente as contratações no setor terciário da economia local. Numa escala semelhante, a julgar pela nota seguinte, cresceu também a insatisfação dos empregados em relação ao autoritarismo patronal, aos ordenados irrisórios e aos extenuantes regimes de serviço a que estavam submetidos:

> Ao retirar-me do estabelecimento comercial dos srs. Serafim & Belmiro, onde fui empregado, tive de sujeitar-me ao vexame de ser examinado o baú em que se achava a minha roupa, visto que aqueles senhores o exigiram, por lhes parecer que um empregado que se retira não pode fazê-lo sem levar consigo alguma coisa pertencente aos seus patrões. Felizmente, o meu caráter está acima dessas suspeitas e eu tive o gosto de ver os srs. Serafim & Belmiro castigados pela convicção de que tinham cometido uma feia ação. Sirva este fato para recomendar aos meus colegas aquele estabelecimento. (...) [o caixeiro] João Leite de Oliveira Clarindo. (Aos empregados do comércio. *O Pharol*, 20 out. 1891, p. 3).[307]

De fato, esse período de "prosperidade nos negócios" não arrefeceu a disposição da classe caixeiral em conquistar horas adicionais de descanso. Pelo contrário, essa fase de ampliação da clientela e dos lucros dos comerciantes parece ter potencializado o descontentamento da maior parte dos empregados no comércio, que, submetidos a um ritmo de serviço cada vez mais intenso e mal recompensado, passaram a manifestar abertamente a sua descrença na possibilidade de ascensão social por meio do labor desmedido. Sentimentos importantes no universo profissional desses indivíduos, como a esperança e o sonho de ser tornar um dia também

---

[307] Possivelmente também insatisfeito com os baixos salários e as duras condições de trabalho vigentes, em meados de 1894, um caixeiro que se encontrava desempregado anunciou que, "tendo alguma prática de comércio" e quem dê "boas referências" de sua conduta, desejava "empregar-se *fora* desta cidade" (Ao comércio. *O Pharol*, 14 ago. 1894, p. 2).

negociante ou de assumir no futuro o estabelecimento de seu patrão, mesmo que não tenham desaparecido completamente, acabaram sendo suplantados pouco a pouco por uma consciência de tipo classista, que opunha de modo irremediável a dignidade e os interesses imediatos dos caixeiros ao "mundo" de seus patrões.

Não por acaso, foi sobretudo a partir de meados da década de 1890, que a campanha dos empregados nas casas de negócios locais pela limitação da jornada semanal ganhou um conteúdo mais nítido de denúncia da brutal exploração de sua força de trabalho e do desrespeito aos seus direitos fundamentais de cidadãos, expressando uma luta de natureza tanto econômica quanto política. Uma luta que, em meio a avanços e reveses, desempenhou um papel crucial no processo de construção da identidade e da cultura política desse expressivo segmento do proletariado juizforano.

"Seis dias para trabalhar e um dia para Deus!" Os desdobramentos políticos da questão do fechamento das portas e a criação da Associação dos Empregados no Comércio

> E agora, senhores negociantes, em nome da lei de Deus, em nome dos vossos próprios interesses, um favor: — Permiti que descansem, aos domingos, esses bravos que lutam convosco pela vossa fortuna, pela vossa vida, pelo bem de vossas famílias — os vossos pobres empregados.
>
> Mandar que trabalhe um empregado todo o ano, de 1º de janeiro a 31 de dezembro, continuamente, é incorrer em um crime, é cair em um absurdo (...) Tal exigência é incompatível com todas as leis divinas e humanas. O homem não é uma simples máquina de trabalho. Tem deveres religiosos a cumprir, tem uma alma, que não deve ser obrigada a eternamente participar das misérias que nos impõe a luta sem tréguas pela existência do corpo.

Foi desta maneira aberta e incisiva que o literato Fábio Laurival, em artigos publicados nas edições de *O Pharol* dos dias 14 e 17 de abril de 1904 (O domingo e Os empregados do comércio, p. 1, respectivamente), deixou patenteado o seu apoio ao "incontestável direito" dos empregados nas casas de negócios "à liberdade completa no sétimo dia da semana". O articulista esclarece, no primeiro desses artigos, que decidiu escrever então "algumas linhas sobre o repouso dominical" e dirigi-las "à municipalidade e aos negociantes de Juiz de Fora" em atenção a um pedido de "diversos rapazes, caixeiros e operários", que novamente se mobilizavam em prol do fechamento das portas aos domingos. Na verdade, tratava-se da retomada do debate público em torno dessa importante reivindicação, que se encontrava latente desde janeiro de 1897, quando a Câmara Municipal de Juiz de Fora havia legislado pela última vez sobre a questão, pondo termo a uma intensa polêmica que nos cinco anos anteriores agitou e polarizou politicamente as classes diretamente vinculadas ao vigoroso e diversificado comércio juizforano.

Entre os anos de 1892 e 1896, num contexto de intensificação crescente das atividades mercantis locais, a questão do fechamento das portas tinha de fato ocupado um lugar central no rol das disputas classistas travadas então em Juiz de Fora. Já em setembro daquele primeiro ano, foi apresentado à Câmara Municipal um projeto "sobre o fechamento das portas das casas de comércio, nos domingos e dias de festa nacional, às duas horas da tarde", possivelmente a pedido da classe caixeiral e com o apoio de alguns comerciantes da cidade. Para que se possa ter uma melhor ideia da importância do referido projeto, os "dias de festa nacional" não eram poucos nessa época, como comprova essa relação de datas republicanas: 1º de janeiro, fraternidade universal; 24 de fevereiro, promulgação da Constituição da República; 21 de abril, Tiradentes (simbolizando os "precursores da independência brasileira"); 3 de maio, descoberta do Brasil; 13 de maio, fraternidade dos brasileiros; 14 de julho, liberdade e independência dos povos americanos; 7 de setembro, independência do Brasil; 12 de outubro, descoberta da América; 2 de novembro, comemoração geral dos mortos; 15 de novembro, comemoração da pátria brasileira — datas estas desfrutadas como folgas integrais, até então, apenas por empregados graduados do serviço público.[308]

Por outro lado, entre 1893 e 1894, os caixeiros se empenharam na formação de uma nova entidade profissional, a Sociedade União dos Empregados do Comér-

---

[308] Além dessas datas cívicas nacionais e dos feriados religiosos (móveis, como o carnaval, a Paixão de Cristo e o Corpus Christi; e fixos, como o Natal e o 13 de junho, dia de Santo Antônio, padroeiro local), existia ainda o 15 de junho, "consagrado à comemoração da data em que foi promulgada a constituição do estado de Minas Gerais" (Fechamento das portas. *O Pharol*, 20 set. 1892, p. 1; e *Almanach de Juiz de Fora para 1897*, p. 21-22, 101-107).

cio, sobre a qual somente foram localizadas informações referentes aos meses de fevereiro e março deste último ano, quando os seus sócios reuniram-se, em assembleias gerais, "a fim de elegerem nova diretoria" e "delibera[re]m sobre diversos assuntos a respeito da mesma sociedade".[309] Certamente que entre os principais assuntos discutidos então pelos membros dessa associação figurava com destaque o aludido projeto sobre o horário de funcionamento das casas de negócios, que permanecia parado, há mais de 18 meses e sem qualquer justificativa concreta, na "comissão de polícia" da Câmara Municipal.

Esta proposta de fechamento do comércio às 14 horas nos domingos e dias de festa nacional, na verdade, seguiu para o debate efetivo no plenário da Câmara somente em meados de 1894, tendo sido substituída, no curso dessa discussão, por um projeto de lei com um teor diferente, prevendo a obrigação de que as casas de negócios, com algumas exceções, cerrassem suas portas durante todo o domingo — ficando livres, contudo, para funcionarem normalmente em todos os demais dias do ano. Comentando o assunto em editorial publicado no dia 22 de julho daquele ano, *O Pharol* lembrou a seus leitores que "todas as classes laboriosas guardam os domingos para repousar das fadigas da semana" e que somente "a classe caixeiral faz exceção a essa regra, porque, em vez de descansar, redobra de trabalho aos domingos, pelo hábito que têm os fregueses de fora" de fazerem as suas compras na cidade durante os dias santificados. Nesse sentido, evidenciando o abandono da convicção explicitada em outubro de 1890 de que a melhor forma de resolver a questão seria a celebração de um acordo particular entre os comerciantes, o jornal enfatiza que considera indispensável a adoção de uma "medida legislativa com caráter obrigatório, que se estenda a todas as casas comerciais presentes e futuras, com exclusão apenas daqueles estabelecimentos que, por sua natureza, não devam fechar-se aos domingos.

Acreditando que um acordo não seria respeitado por todos os comerciantes, o jornal solicita finalmente à Câmara que decrete o fechamento das portas aos domingos, ressaltando que a medida "é hoje uma aspiração geral do nosso comércio,

---

[309] O "salão social" da Sociedade União dos Empregados do Comércio situava-se no nº 8 da rua Halfeld, onde ocorriam as assembleias gerais de seus sócios, sempre entre 5 e 6 "horas da tarde" dos domingos. No início de 1894, Arthur Caron e Francisco de Carvalho Moura eram, respectivamente, o 1º secretário e o tesoureiro da entidade. Mas essa associação caixeiral se extinguiu antes de julho desse ano, quando a Câmara voltou a discutir o projeto sobre o fechamento das portas (Sociedade União dos Empregados do Comércio. *O Pharol*, 11 fev. 1894, p. 3; e *O Pharol*, 3 mar. 1894, p. 1).

único a quem a mesma lei poderia prejudicar".[310] Numa clara tentativa de restringir a iminente regulamentação municipal do funcionamento do comércio exclusivamente ao domingo, por sua vez, cerca de 60 negociantes locais — incluindo donos de grandes firmas como a Batista & C., Corrêa & Corrêa e Antonio Meurer & C. — assinaram, no dia 15 de julho de 1894, uma declaração conjunta em que resolveram, nos seus termos, "conceder aos nossos empregados o sétimo dia da semana em completo, (...) ficando portanto cedido ao pessoal de nossas casas todo direito sobre si naqueles dias".[311]

No domingo em que essa medida começou a vigorar — 12 de agosto de 1894 — a classe caixeiral realizou uma grande manifestação na área central de Juiz de Fora, percorrendo em massa "várias ruas com uma banda de música e ao estrugir de foguetes".[312] Organizada após a Câmara já ter aprovado também em primeira discussão o projeto obrigando boa parte do comércio a fechar aos domingos, tal demonstração pública de regozijo pela obtenção da folga semanal há tantos anos reivindicada continha um sentido político bastante claro: visava reforçar a necessidade de os vereadores converterem definitivamente em lei o acordo particular firmado então por parcela representativa dos negociantes da cidade. Sabedores de que a acirrada concorrência existente em todos os ramos de negócios impediria a vigência prática de qualquer solução pactuada, ainda que muitos patrões a desejassem por diversas razões, os caixeiros pressionaram pela sanção de um texto legal regulando o descanso dominical concedido e para que esse benefício fosse estendido aos trabalhadores ainda não contemplados — especialmente os empregados dos armazéns de secos e molhados. Dessa maneira, como sugere o manifesto a seguir, demonstraram que estavam conscientes da importância de transformar essa concessão patronal, o quanto antes, em um direito reconhecido e conquistado, é bom lembrar, após cerca de 17 anos de luta incessante:

---

[310] Fechamento das portas. *O Pharol*, 22 jul. 1894, p. 1.

[311] Não aderiram a esse acordo, entretanto, os comerciantes dos ramos de gêneros alimentícios, farmácias, confeitarias e botequins. As casas de fumos, por sua vez, comprometeram-se a fechar suas portas aos domingos às 16 horas, a partir de 5 de agosto de 1894 (Fechamento das portas e Atenção. *O Pharol*, 2 ago. 1894, p. 2).

[312] Naquele domingo de festa, precedidos pela banda do 3º Corpo Militar de Polícia, os caixeiros desfilaram pelo centro da cidade, dando vivas à Câmara, aos jornais e aos comerciantes que encabeçaram o acordo. Ao final, dirigiram-se "à confeitaria Rio de Janeiro, onde serviu-se um copo de cerveja, seguindo-se animada *soirée* dançante", reinando sempre "a mais perfeita ordem a par de grande entusiasmo" (Fechamento das portas. *O Pharol*, 14 ago. 1894, p. 1).

Nós, os humildes caixeiros das casas de negócios de gêneros da terra, secos e molhados, e fazendas, agradecemos cheios de júbilo ao integérrimo presidente da ilustre e digna Câmara Municipal da cidade de Juiz de Fora, dr. Francisco Bernardino Rodrigues Silva, e mais os nobres vereadores por terem sancionado o descanso, nos domingos, a quem trabalha sem cessar dia e noite nos dias úteis, pelo que, desde já, ficará registrada em nossa memória esta filantropia abençoada e digna de menção honrosa perante um país civilizado. A classe caixeiral (À edilidade. *O Pharol*, 14 ago. 1894, p. 2).

Mesmo com a eloquente deferência com que trataram os vereadores pela "dádiva" recebida, os empregados no comércio não deixaram de realçar que eram merecedores dessa graça, pois trabalhavam "sem cessar dia e noite nos dias úteis", evidenciando que entendiam que a instituição do descanso dominical era um direito e não somente uma filantropia abençoada. Seguiu-se à efusiva demonstração de gratidão da classe caixeiral à edilidade de Juiz de Fora a aprovação em última discussão, no dia 16 de agosto de 1894, da Resolução nº 290, que previa multa de 100$000 e até prisão celular de três dias para os negociantes que desrespeitassem a seguinte determinação de seu art. 1º:

Nenhuma casa comercial desta cidade poderá abrir-se aos domingos, à exceção das farmácias, hotéis, confeitarias, botequins, padarias, açougues, agências de jornais, casas de bilhares e fábricas de cervejas, cujas portas poderão conservar-se abertas durante aqueles dias, e as casas de gêneros alimentícios e barbeiros, que deverão fechar-se ao meio dia (Livro de resoluções da Câmara Municipal de Juiz de Fora, 1892-1906, p. 111).

Ainda que permitisse o funcionamento, parcial ou integral, de diversos ramos de negócios, desde o início de sua vigência, essa resolução municipal tornou-se alvo de violentos protestos por parte de quase uma centena de comerciantes, inclusive de muitos que firmaram o acordo particular que a precedeu.[313] Incomodava-lhes, sobretudo, o caráter compulsório da medida, a fiscalização de seu cumprimento, a aplicação de multa aos que a desrespeitassem e a possibilidade de prisão

---

[313] Em 6 de setembro de 1894, 98 negociantes publicaram um memorial acusando a comissão que articulou o "convênio particular" sobre o fechamento das portas de "má-fé" e "uso indevido das assinaturas" para solicitar a sanção da Resolução nº 290, cuja revogação se tornou, inclusive, plataforma política de candidatos à Câmara (Fechamento das portas — Protesto. *O Pharol*, 6 set. 1894, p. 1; Reabrimento das portas — Confirmação de protesto. *O Pharol*, 8 set. 1894, p. 2).

dos reincidentes, encarada por esses patrões como um inaceitável "vexame", uma "violência" à liberdade de comércio e aos seus interesses e garantias individuais. Para os que exigiam a revogação da lei, o referido acordo particular "não ofenderia os interesses do pequeno comércio; não cercearia a liberdade dos divergentes; a ninguém acarretaria prejuízos, violências, nem vexames". Por sua vez, os negociantes favoráveis à Resolução nº 290 — além de classificarem tal protesto como ultrapassado, inoportuno, injusto, extravagante e fruto de "um arrependimento tardio" — ressaltaram que foram os caixeiros que pediram à Câmara a sanção de um texto legal sobre a questão. Lembraram ainda que, quando andavam "em comissão de porta em porta e sempre bem acolhidos", teriam inclusive ouvido a seguinte frase de apoio de um "pequeno comerciante turco": "é muito justo o que desejam os senhores; seis dias para trabalhar e um dia para Deus!".[314]

No Rio de Janeiro, a sanção de uma série de resoluções determinando o fechamento das portas comerciais aos domingos, entre os anos de 1890 e 1893, também provocou a reação indignada e crescente dos negociantes e suas entidades de classe, especialmente da Sociedade União dos Comerciantes Varejistas de Secos e Molhados. De acordo com Popinigis (2007:120-123), ancorada no princípio da liberdade de comércio, a campanha do patronato carioca teria surtido resultado concreto apenas em 1896, quando uma postura municipal permitiu que os estabelecimentos mercantis voltassem a funcionar, nos domingos e feriados, até o meio-dia. Contudo, no ano seguinte, o Decreto nº 478, de 29 de novembro de 1897, "mandou fechar as casas comerciais aos domingos (excetuando vários ramos que menciona)". Em todos estes momentos e embates, os caixeiros da capital federal e suas entidades representativas mantiveram-se mobilizados e determinados a garantir o descanso integral no sétimo dia da semana.

A exemplo de seus companheiros de profissão que viviam e trabalhavam na mais importante cidade do país, os caixeiros de Juiz de Fora, menos de um mês após conquistarem o descanso aos domingos, também se viram diante de uma luta de novo tipo: impedir que um direito já consagrado em lei fosse revogado por força da ação classista dos negociantes que se julgavam prejudicados pelo ato legislativo em questão. Expressando certamente um sentimento comum aos membros de sua classe, no dia 7 de setembro de 1894, um empregado no comércio conclamou seus

---

[314] Protesto. *O Pharol*, 6 set. 1894, p. 1; e Fechamento das portas. *O Pharol*, 7 set. 1894, p. 2.

colegas a resistirem às iniciativas patronais, fazendo publicar n'*O Pharol* (À classe caixeiral, p. 2) a seguinte declaração pública: "Não devemos olvidar a Lei que, em nosso benefício, promulgou o fechamento das portas aos domingos, quanto mais que no protesto pelo *Pharol* de hoje, veem-se assinaturas de alguns que anuíram para aquele fim. Haja união e vamos pugnar pelos nossos direitos. Um caixeiro".

Dois dias depois, atendendo a convocação feita em um "boletim distribuído pela cidade" e sob a liderança do caixeiro Ignácio Rivera Cardoso, dezenas de "moços empregados do comércio" reuniram-se em assembleia no parque da cervejaria José Weiss, tradicional espaço de comemorações e lazer da cidade. Aproveitando o descanso dominical que conquistaram para cuidar de seus interesses coletivos e explorando a forte dissensão existente então no interior da classe patronal, ao final desse *meeting*, como informa *O Pharol* (*Meeting*, 11 set. 1894, p. 1) deliberaram pela entrega de uma representação à Câmara Municipal, conclamando os vereadores para que sustentassem "o seu ato que obriga o encerramento das portas das casas comerciais aos domingos, visto como foi esta a vontade do comércio desta cidade, expressa numa anterior representação que deu fundamento à mesma lei". Foi o que ocorreu de fato, permanecendo tal dispositivo legal em vigor, sem qualquer alteração, até meados do mês de janeiro de 1897, quando uma nova conjuntura política e econômica se revelará extremamente desfavorável à classe caixeiral.

A sensível retração das atividades mercantis em Juiz de Fora entre os anos de 1896 e 1897, especialmente dos ramos de armazéns de secos e molhados e armarinhos, fazendas e modas,[315] bem como a unificação dos interesses patronais em torno de uma associação de classe, possibilitará o fortalecimento da posição dos comerciantes contrários à Resolução nº 290, que, em tal cenário de crise e insegurança quanto aos rumos futuros dos negócios, articularão e obterão a derrubada dessa lei por parte da legislatura seguinte a que a sancionou. Desse modo, já no mês de abril de 1896, será apresentado na Câmara, pelo médico e vereador João D'Ávila, um projeto de resolução permitindo a abertura das casas de negócio aos domingos até as 14 horas. Atentos e indignados com essa tentativa de redução de seu descanso semanal, alguns caixeiros, abrigados sob o insondável pseudônimo

---

[315] Segundo o anexo V, em 1896 existiam 150 "armazéns de víveres" e 57 casas de "armarinhos, fazendas e modas" em Juiz de Fora, enquanto em 1897 esses números reduziram-se, respectivamente, para 71 e 37 estabelecimentos, como decorrência direta da crise enfrentada então pelo setor cafeeiro.

"Os Brilhantes do Negro", fizeram publicar então n'*O Pharol* (Fechamento das portas!!!, 2 maio 1896, p. 2) esta declaração hermética e intrigante:

> Será possível que a fome cruciante que assola os debilitados estômagos gangrenados pelos vinhos empalhados e queijo cascudo, tenha já obrigado o cínico Alonso Cabucci (vulgo Leão XIV) a aliar-se vergonhosamente ao pestífero galinheiro dos protestos escrofulosos?! Que imundície! Que miséria!! Que nauseante dueto!!! Que miserável canga piolhenta e safardana! Valha-nos advogado da causa do fechamento!!...

Ao que parece, os trechos "pestífero galinheiro dos protestos escrofulosos" e "o cínico Alonso Cabucci (vulgo Leão XIV)" referem-se, de modo irônico e depreciativo, à grita de certos comerciantes contra a Resolução nº 290 e a determinados membros da Câmara, especialmente ao padre e então vereador João Emílio, que não se opôs à reabertura das portas aos domingos, tendo antes colaborado para a sua aprovação. A concordância desse reverendo e político com a essência do projeto do dr. João D'Ávila representava um flagrante desrespeito aos princípios da Carta Encíclica *Rerum Novarum*, em que o papa Leão XIII, cujo pontificado se estendeu até 1903, expôs o posicionamento da Igreja Católica em relação à condição social do proletariado. No que se refere especificamente ao descanso semanal, esse documento pontifício, publicado em 1891, ressaltava que:

> Unido à religião o repouso tira ao homem dos trabalhos e das ocupações da vida ordinária para rechamar ao pensamento dos bens celestes e ao culto devido à majestade divina. Eis aqui a principal natureza e fim do repouso festivo que Deus (...) ensinou com o seu exemplo, quando no sétimo dia, depois de criado o homem, repousou. (...) O direito ao descanso de cada dia assim como a cessação do trabalho no dia do senhor [o domingo] deve ser a condição expressa ou tácita de todo o contrato feito entre patrões e operários. Onde esta condição não entrar, o contrato não será probo, pois ninguém pode exigir ou prometer a violação dos deveres do homem para com Deus e para consigo mesmo (*Encyclica Rerum Novarum*, 1937, p. 51-53).

Mas, indiferente aos preceitos da encíclica papal e aos argumentos humanitários apresentados por aqueles que defendiam a manutenção da Resolução nº 290, em sua sessão de 9 de julho de 1896, a Câmara Municipal de Juiz de Fora aprovou, em primeira discussão, um projeto de lei permitindo a abertura das casas de negócio aos domingos até as 12 horas.[316] Dando como certa a sanção final dessa medida, um grupo de negociantes fez questão de comemorar pelos jornais, afirmando que finalmente "a lei arbitrária, inconstitucional, que obriga o comércio ao fechamento das portas (...) vai ser revogada, porque a Câmara Municipal é, além de republicana e ilustrada, defensora dos interesses do povo!".[317] Mostrando-se profundamente indignados e radicalizando no discurso para tentar manter divididos os seus patrões, os empregados do comércio protestaram veementemente, como mostra a nota publicada n'*O Pharol*:

> O comércio honesto, digno, brioso, libérrimo, civilizado, não quer abrir as portas de suas casas aos domingos. Todos aqueles que não são egoístas e carrancas, que amam o bem e a liberdade, aplaudem a medida civilizadora votada pela Câmara, há tanto tempo, mandando fechar as portas das casas comerciais aos domingos. A lei em vigor tem sido aceita com aplausos gerais, e contra ela ainda não protestou um negociante digno desse nome. Batista, Brandi, Christovam, Alves, Cardoso, enfim, os principais negociantes de Juiz de Fora querem e sustentam a lei altruísta. Terá, pois, sanção, numa Câmara republicana, a negrejada proposta que ora se discute, a fim de se revogar ou reduzir uma disposição tão nobre, digna e culta? Será crível? (Fechamento das portas — alerta à Câmara Municipal. *O Pharol*, 10 jul. 1893, p. 2).[318]

Na continuidade de seu contundente manifesto, os caixeiros procuraram se aproximar da Câmara — classificada por eles como nobre, digna e patriótica — e angariar o apoio da maioria dos vereadores para, de acordo com suas palavras, repelir o "nefando conluio de meia dúzia de pretensos negociantes, indivíduos gananciosos e sem moral, que desdenham da nossa nacionalidade e que (...) pro-

---

[316] Uma emenda feita pelo padre João Emílio ao projeto de João D'Ávila reduziu o horário proposto para o comércio fechar-se aos domingos de 14 para 12h (Fechamento das portas. *O Pharol*, 10 jul. 1896, p. 1).

[317] Um defensor do fechamento das portas, em resposta, classificou essa comemoração antecipada como um engrossamento, uma bajulação carregada de "intenções rasteiras" e "pretensões abomináveis" e mostrou-se confiante que tais negociantes ainda iriam ter de respeitar "a lei que vier subjugar" as suas "ganâncias de *lobos sequiosos*" (Fechamento das portas. *O Pharol*, 10 jul. 1896, p. 1; e Engrossamento — fechamento das portas. *O Pharol*, 11 jul. 1896, p. 2).

[318] A exaltação de nomes de negociantes favoráveis à paralisação dos negócios aos domingos, nesse manifesto, fez com que comerciantes que desejavam o fim da medida respondessem, em outras notas, que a Resolução nº 290 servia apenas a "alguns especuladores e pseudochefes do comércio" (Câmara Municipal — fechamento das portas. *O Pharol*, 11 jul. 1896, p. 2).

curam a todo transe ditar-nos leis retrógradas, incompatíveis com o espírito de nossa época e de nosso povo". Mobilizando com argúcia um vocabulário típico da retórica jacobinista e nacionalista, possivelmente em função da forte presença de estrangeiros (sobretudo de portugueses) entre os comerciantes que tramavam o fim do descanso dominical integral, os empregados no comércio encerraram sua nota de protesto alertando "respeitosamente" os membros do legislativo municipal que "toda e qualquer proposta, tendente a modificar o que está, é uma chicana, é o corisco da rabulice perversa a iluminar horrivelmente a vereda inglória do erro e do atraso". Foi com extrema habilidade e sem se curvarem, portanto, que esses trabalhadores tentaram demonstrar à edilidade e à população de Juiz de Fora que a manutenção da Resolução nº 290, mais do que beneficiar apenas a classe caixeiral, consistia na própria defesa de valores e noções fundamentais ao ideário republicano, como a liberdade, a justiça, a pátria, a civilização e o progresso.[319]

Os termos e argumentos mobilizados tanto por empregados quanto por negociantes diante da possibilidade de reabertura do comércio aos domingos apontam para o acirramento dos ânimos e da tensão social na praça comercial de Juiz de Fora já nas primeiras manifestações de uma crise nos negócios que perdurará por muito mais tempo. É fundamental assinalar que esse foi um momento crucial no processo de construção da identidade de classe e da cultura política não apenas dos caixeiros juizforanos, como também de seus patrões. Não por acaso, foi justamente em meados de 1896 que os comerciantes da cidade, a partir de uma reunião realizada no dia 12 de julho desse ano, decidiram-se pela organização em novas bases da Associação Comercial de Juiz de Fora.[320]

Como revela a ata desse encontro, do qual participaram 53 negociantes e proprietários de fábricas, a finalidade precípua da organização "de um Centro ou Associação Comercial", nesse contexto conturbado, era a "união do Comércio", "a coesão de todos os seus membros que, reunidos, adquirirão força e melhor poderão tratar dos interesses de sua tão importante classe". Por ser justamente então, na definição de *O Pharol*, um assunto que "já se vai tornando motivo de

---

[319] Nesta nota, assinada com a expressão *A classe*, "os caixeiros da cidade de Juiz de Fora" enfatizaram serem "amantes da liberdade e da República" e que entregavam "a sua causa ao coração e à justiça" dos vereadores e da Câmara (Fechamento das portas — alerta à Câmara Municipal. *O Pharol*, 10 jul. 1896, p. 2).

[320] Fundada em 1886, essa associação de classe funcionou até 1889, extinguindo-se então devido à "indiferença e o egoísmo dos comerciantes" (Associação Comercial. *Gazeta da Tarde*, 16 set. 1889, p. 1).

desavenças, que só servem para desagregar elementos de um corpo forte como é o comércio",[321] a questão do fechamento das portas acabou não sendo objeto de discussão e deliberação nessa assembleia patronal.[322] Mas, não tendo chegado a uma posição coletiva sobre esse problema específico, indubitavelmente, o patronato sinalizava para a Câmara Municipal que a Associação Comercial acataria, como de fato acatou, a lei que fosse sancionada em relação ao funcionamento das casas de negócios aos domingos. O apaziguamento dos ânimos resultante da unificação da burguesia mercantil em torno de seus outros vários interesses, portanto, mostrou-se extremamente útil aos que advogavam há tempos a revogação da Resolução nº 290 — que só não se concretizou nas últimas sessões legislativas de 1896, a julgar pelas informações reunidas a seguir, em função da forte resistência dos caixeiros e do apoio que a causa sustentada por eles desfrutava junto à opinião pública.

Dois dias depois da publicação de seu manifesto, 300 empregados no comércio, "em perfeita e franca solidariedade de sentimentos" e "sem nenhuma atitude tumultuária ou agressiva ao comércio ou aos poderes constituídos", como fizeram questão de constar na ata que tornaram pública, reuniram-se em um "comício-protesto" contra o "projeto absurdo que se discute no seio da Câmara Municipal para a modificação da lei atual" sobre o fechamento das portas. A partir de uma proposta do "orador oficial" dessa reunião, Ignácio Rivera Cardoso, os caixeiros presentes decidiram enviar uma representação "à patriótica Câmara Municipal desta cidade, solicitando a efetividade da lei primitiva — síntese perfeita dos sentimentos democráticos dessa corporação".[323] Em seguida, também em grande número, "percorreram as principais ruas, saudando a Câmara Municipal e a impren-

---

[321] Fechamento das portas. *O Pharol*, 14 jul. 1896, p. 1.

[322] Além do envio de uma representação ao Ministério da Indústria protestando contra a elevação das tarifas da EFCB e das providências iniciais para criar a Associação Comercial (posse de diretoria interina e da comissão de estatutos), o único assunto detalhado na ata dessa reunião refere-se à proposta de que a entidade, após estar plenamente constituída, solicite à Câmara a adoção de medidas contra a atuação, no município, dos "mascates conhecidos por turcos". Ver Reunião comercial. *O Pharol*, 14 jul. 1896, p. 1; e Bastos (1996:19-24).

[323] A redação desta representação ficou a cargo do literato Lindolfo Gomes e de Ignácio Rivera Cardoso, que "manifestou de modo brilhante, enérgico e digno os fins" desse "comício-protesto". Presidiu esta assembleia, a convite, o comerciante Belmiro Corrêa e Silva, que não obstante ser um dos iniciadores da Associação Comercial, "proferiu um entusiasmado discurso, inteiramente solidário com os que inspiraram a reunião" caixeiral — não deixando também de aconselhar à "classe dos empregados no comércio a prosseguir na atitude pacífica e altiva que até hoje tem sustentado" (Ata da reunião da classe caixeiral de Juiz de Fora, efetuada no Salão Apollo. *O Pharol*, 14 jul. 1896, p. 2).

sa, solicitando o seu apoio em favor do fechamento das portas, aos domingos". Ao noticiar estes eventos, *O Pharol* posicionou-se claramente favorável ao empenho da classe caixeiral pela manutenção da Resolução nº 290, ressaltando ser "incontestável o direito dos caixeiros ao descanso num dia da semana". Além disto, o jornal defendeu uma saída conciliatória para o problema, com o estabelecimento de um "acordo" entre os comerciantes, mediado por sua associação, em que se considerasse "como coisa de grande valor":

> Que a classe caixeiral em quase sua totalidade é composta de moços ainda não chegados ao completo desenvolvimento físico e espiritual, desenvolvimento que fica prejudicado pelo trabalho sem tréguas. (...) Temos, pois, todo o prazer de ver as coisas harmonizadas, cedendo cada parte um bocadinho. Viva a união do comércio! E deixe-se a rapaziada descansar aos domingos, divertindo-se comedidamente e nos limites da boa educação, como moços que prezam e aspiram uma boa posição social, qual a do comerciante honesto e laborioso (Fechamento das portas. *O Pharol*, 14 jul. 1896, p. 1).

Contudo, contra todas as expectativas dos caixeiros e de parcela influente da opinião pública, a Associação Comercial manteve-se "em silêncio" e a Câmara Municipal legislou em benefício dos interesses dos negociantes que desejavam o retorno do comércio aos domingos. Deste modo, em janeiro de 1897 os vereadores aprovaram, em terceira discussão, o "projeto de lei que marca o meio-dia para fechamento das portas dos estabelecimentos comerciais", consubstanciado na Resolução nº 390 de 14 de janeiro de 1897, cuja redação final do seu art. 1º é a seguinte:

> Todas as casas comerciais desta cidade, não contempladas na primeira parte do art. 1º da Resolução nº 290, de 16 de agosto de 1894, ficam equiparadas, quanto à faculdade de abrir as portas aos domingos até o meio-dia, às casas de gêneros alimentícios, charutarias e lojas de barbeiros, na forma da segunda parte do referido art. 1º da resolução nº 290, assim modificado.[324]

---

[324] O art. 2º dessa Resolução, cuja redação final ficou a cargo de um "velho conhecido" dos caixeiros, o dr. Horta Barbosa, simplesmente "revogava as disposições em contrário", não especificando, assim, como seria realizada a fiscalização da medida (AHCJF. Livro de resoluções da Câmara Municipal de Juiz de Fora, 1892-1906, p. 161; Câmara Municipal. *O Pharol*, 12 jan. 1897, p. 1; e Fechamento de portas. *O Pharol*, 14 jan. 1897, p. 1).

Abriu-se desde então, como assinalei anteriormente, um período de cerca de sete anos de silêncio quase completo na imprensa sobre a questão do fechamento das portas. Mas, será precisamente nesse interregno de descenso reivindicatório que ocorrerá a consolidação de uma tradição associativa no interior desse importante segmento do proletariado de Juiz de Fora. Nesse sentido, ainda em 1897 os caixeiros procurarão congregar-se numa nova entidade profissional, a Associação dos Empregados no Comércio (AEC), sobre a qual só foi possível reunir poucas informações publicadas pelo *Jornal do Commercio*. O movimento para a formação da AEC, ao que parece, iniciou-se em abril desse ano, sob a liderança de uma comissão integrada por Thiago A. Guimarães, Hermógenes Santos e Américo Fernandes de Oliveira, que marcarão o dia 16 de maio, um domingo, para a realização de uma reunião dos sócios já inscritos "a fim de proceder-se à instalação definitiva desta associação e eleição de sua primeira diretoria".[325]

Marcada para as cinco da tarde no Gabinete Literário da associação, a assembleia foi presidida por Thiago A. Guimarães, a quem coube expor "os fins da sociedade". A seguir, os presentes elegeram a diretoria, empossada no domingo seguinte e composta por: Thiago A. Guimarães, presidente; Ignácio Rivera Cardoso, vice-presidente; Renato Dias, 1º secretário; José da Costa Lima, 2º secretário; Joaquim Augusto de Campos, tesoureiro; José Moreira de Macedo, procurador; Antonio J. C. Cardoso, Daniel Pinto Corrêa e Francisco Antonio de Macedo, membros do conselho fiscal.[326] Entre os objetivos principais da AEC, figuravam com destaque a manutenção de uma sede com uma biblioteca e a promoção de atividades recreativas e de lazer, como sugere a última notícia encontrada sobre essa associação, datada de 4 de julho de 1897 (p. 3). Trata-se do seguinte convite, dirigido aos seus associados e aos "amadores" em geral: "acham-se abertas (...) as inscrições para as grandes corridas a pé, patins e *bicyclettes* e torneio de tiro ao alvo, a realizar-se domingo, 18 de julho, no jardim da Tapera".

Em meados de 1898, quando a AEC já se encontrava desarticulada, "muitos rapazes do comércio" uniram-se para, de acordo com uma convocação que veicu-

---

[325] Na divulgação desse encontro, a referida comissão convidava também os caixeiros que ainda não tinham aderido à associação, "visto tratar-se (...) de assuntos de elevada importância para a classe em geral" (Associação dos Empregados do Comércio e Aos empregados no comércio. *Jornal do Commercio*, 16 maio 1897, p. 3).

[326] Ao final dessa assembleia, um "copo de cerveja" foi ofertado aos presentes, em meio a agradecimentos dirigidos aos literatos da cidade, ao *Jornal do Commercio* e ao comerciante Belmiro Corrêa e Silva (Associação dos Empregados do Comércio. *Jornal do Commercio*, 17 maio 1897, p. 1 e 23 maio 1897, p. 2).

laram no *Correio de Minas*, "fundarem o Club União Comercial, que se destina a fins beneficentes e humanitários". Reunidos com esse objetivo, à 1 hora da tarde do dia 21 de agosto, um domingo, decidiram que o clube teria também um caráter recreativo e atribuíram a redação dos seus estatutos à diretoria que elegeram nessa oportunidade.[327] No entanto, não foi possível encontrar qualquer outra notícia sobre as atividades posteriores do Club União Comercial, que possivelmente se extinguiu poucos meses após a sua fundação.

No decurso de quase uma década, portanto, como atestam os dados reunidos até aqui e no anexo XIII, os caixeiros de Juiz de Fora e suas lideranças organizaram quatro agremiações diferentes — o Club Caixeiral Hugoniano (1889), a Sociedade União dos Empregados do Comércio (1893/94), a Associação dos Empregados no Comércio (1897/98) e o Club União Comercial (1898). Não obstante o número reduzido de sócios que arregimentaram e as restritas atividades que desenvolveram, a existência de tais entidades, somada à experiência adquirida na longa campanha pelo descanso hebdomadário, propiciou a cristalização no interior dessa categoria profissional de uma significativa tradição associativa, cujos traços mais marcantes referem-se à: realização de reuniões dominicais para escolha de diretorias, aprovação de estatutos e discussão de outros assuntos de "interesse da classe caixeiral"; obtenção de associados por meio de listas que corriam o comércio; promoção de atividades beneficentes, culturais, recreativas e de lazer e manutenção de "sedes sociais", com bibliotecas, espaços para reuniões e *soirées* dançantes.

Essa tradição associativa era parte integrante de uma cultura política mais ampla, que abarcava uma série de outros aspectos igualmente relevantes, como o contato estreito com influentes literatos locais, as petições e abaixo-assinados dirigidos à municipalidade (não raro em conjunto com membros do patronato), os concorridos *meetings* dos "moços do comércio" e seus apelos corteses aos vereadores e aos patrões. Dessa cultura política faziam parte ainda os préstitos de comemoração e protesto pelas ruas centrais de Juiz de Fora e a veiculação de mani-

---

[327] A diretoria do Club União Comercial ficou assim constituída: Manoel da Silva Lemos, presidente; Antonio Fernandes de Oliveira, vice-presidente; Joaquim de Azevedo Vieira, 1º secretário; Aristeu Duarte, 2º secretário; José Woyame, tesoureiro; Henrique Santos, procurador; Comissão de sindicância: Avelino Lisboa, Carlos de Sá e Ludgero Teixeira. Outra deliberação dessa reunião, convocada por uma "comissão" liderada por A. Coimbra, foi a criação de "um título de sócio distinto, única e exclusivamente para o sr. diretor da Academia de Comércio, como homenagem ao comércio em geral" (Club União Comercial. *Correio de Minas*, 21 ago. 1898, p. 2 e 22 ago. 1898, p. 1).

festos e notas contundentes em nome da "classe caixeiral" nos diversos momentos em que a questão do fechamento das portas emergiu com força, dividiu os negociantes e polarizou politicamente a opinião pública da cidade. A fundação de outra Associação dos Empregados no Comércio de Juiz de Fora, no princípio de 1903, e as atividades e ações empreendidas por seus dirigentes nos dois anos seguintes, por sua vez, possibilitarão o resgate e atualização, nos primeiros anos do século XX, das distintas formas organizacionais e práticas reivindicatórias forjadas pelos caixeiros juizforanos no decurso do último quartel do Oitocentos.

O processo de constituição da Associação dos Empregados no Comércio de Juiz de Fora começou em janeiro de 1903, mês em que uma "comissão iniciadora" da nova entidade divulgou seus objetivos, arregimentou seus primeiros sócios recorrendo a listas de adesão e, por meio do edital (imagem 18), convidou-os para "a sessão preparatória da fundação dessa associação", marcada para o dia 1º de fevereiro (*O Pharol*, 30 jan. 1903, p. 2). De acordo com relatos publicados pelo *Jornal do Commercio* e *O Pharol* (3 fev. 1903, p. 2 e 1, respectivamente), a esta reunião compareceram de 60 a 100 pessoas — entre "caixeiros de casas comerciais, guarda-livros, empregados de escritórios, viajantes, gerentes e empregados de companhias e empresas" e representantes da imprensa local —, que aclamaram uma diretoria provisória para a AEC e indicaram uma comissão para elaborar os seus estatutos. Cabe informar que em 1º de fevereiro, a associação já contava com cerca de 80 pessoas inscritas em seu quadro social. Dessa assembleia à outra, ocorrida no início de abril, fez-se intensa propaganda sobre a AEC e adotaram-se as medidas necessárias para sua instalação definitiva (elaboração de estatutos, campanha de filiação e arrecadação de donativos).[328]

Com efeito, em 5 de abril de 1903, um domingo, dezenas de pessoas compareceram ao salão social do Club Beneficente Sete de Setembro para participarem de uma nova assembleia geral da AEC. Nesta oportunidade, além da aprovação final dos estatutos da entidade, procedeu-se a eleição de sua "diretoria definitiva". Duas semanas depois, ocorreu a sessão solene de posse desses dirigentes. Para orador oficial foi convidado o professor e literato juizforano José Rangel, que discursou para os sócios da AEC, convidados e representantes da imprensa e de tradicionais associações beneficentes, religiosas e recreativas locais — como as sociedades be-

---

[328] Associação dos Empregados no Comércio. *O Pharol*, 14 mar. 1903, p. 2; 27 mar. 1903, p. 2 e 5 abr. 1903, p. 2.

neficentes de Juiz de Fora e Brasileira-Alemã, a Real Sociedade Auxiliadora Portuguesa e o Centro Espírita.[329]

IMAGEM 18
Convite para a assembleia preparatória da fundação da Associação dos Empregados no Comércio de Juiz de Fora (1903)

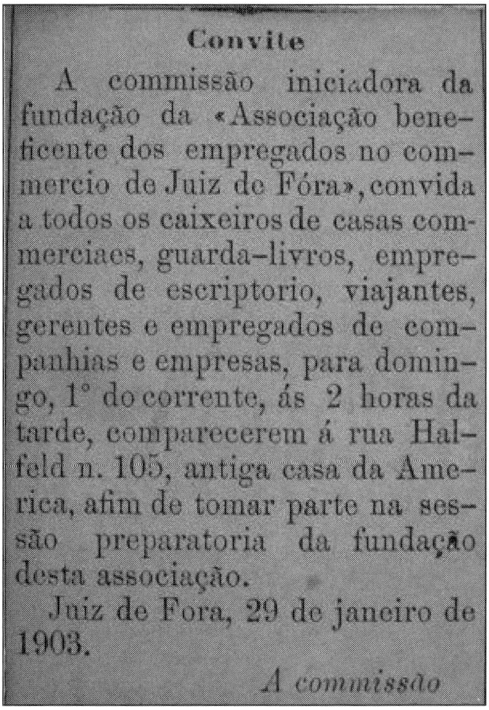

> Convite
> A commissão iniciadora da fundação da «Associação beneficente dos empregados no commercio de Juiz de Fóra», convida a todos os caixeiros de casas commerciaes, guarda-livros, empregados de escriptorio, viajantes, gerentes e empregados de companhias e empresas, para domingo, 1º do corrente, ás 2 horas da tarde, comparecerem á rua Halfeld n. 105, antiga casa da America, afim de tomar parte na sessão preparatoria da fundação desta associação.
> Juiz de Fora, 29 de janeiro de 1903.
> *A commissão*

O Pharol, 30 jan. 1903. Setor de Memória da Biblioteca Municipal Murilo Mendes.

Mas, em seu primeiro ano de existência, a AEC enfrentou sérias dificuldades, limitando-se a promover algumas atividades de caráter beneficente e recreativo, antes de se desarticular em fins de 1903. A questão do descanso integral aos domingos, por sua vez, permaneceu praticamente esquecida até julho desse ano, quando voltou novamente à tona, porém inserida em um contexto discursivo bastante hostil aos interesses da classe caixeiral. Comentando o apoio do então prefeito do Rio de Janeiro, o engenheiro Francisco Pereira Passos, à regulamentação do fechamento das casas comerciais aos domingos em tal cidade, um articulista de *O Pharol* afirmou secamente que a ideia era "linda", mas "impraticável", devido à crise econômica, aos altos impostos sobre as atividades mercantis e ao hábito popular de fazer compras aos domingos, entre outros fatores. Revelando uma indisfarçável visão preconceituosa acerca dos modos de vida da população pobre e trabalhadora, o colunista finalizou seus comentários enfatizando que o descanso dominical de

---

[329] A primeira diretoria da AEC era integrada por Leolpoldino de Araújo, presidente; Virgolino Gabriel, vice-presidente; Roberto Cansação, 1º secretário; Antonio Faulhaber, 2º secretário; Félix Schmidt, tesoureiro; Amadeu Gonçalves, 1º procurador; Miguel Colucci, 2º procurador; Lindolfo Guimarães, bibliotecário, e mais nove conselheiros (Informações. *O Pharol*, 7 abr. 1903, p. 1; e Associação dos Empregados no Comércio. *O Pharol*, 7 e 21 abr. 1903, p. 1).

nada valia para o caixeiro, "se o coitado, cavando a semana inteira", não arranjava dinheiro "senão para os magros feijões". Segundo essa lógica excludente e elitista, mesmo a limitação do funcionamento do comércio até as 12 horas no sétimo dia da semana representava uma concessão "preocupante", uma vez que as várias opções de diversão e lazer existentes na cidade envolviam despesas "supérfluas":

> Os orçamentos dos chamados "caixeiros" desandaram em tremendos déficits. (...) A rapaziada entrou a gastar demais, porque nada mais estúpido do que se estar, rua abaixo, rua acima, a trocar pernas, quando há divertimentos à ufa, quando há os passeios de bonde, quando há os jardins com botequins etc. (...) Aqui mesmo em Juiz de Fora, a rapaziada, zarra por se divertir, vai jogar a bola no [parque da Cervejaria] Stiebler ou andar nas gangorras da chácara [da Cervejaria José] Weiss (Páginas. *O Pharol*, 7 jul. 1903, p. 1).

Mas, contradizendo esse discurso conservador, em abril de 1904, os empregados no comércio deflagrarão uma nova campanha para garantir e ampliar as horas semanais de folga conquistadas entre 1894 e 1897. Mais especificamente, reivindicarão o fechamento integral do comércio aos domingos, exigindo da Câmara Municipal a discussão e aprovação de uma resolução neste sentido. Para tanto, de início se reunirão no dia 17 daquele mês, no parque da Cervejaria Stiebler, atendendo a um convite veiculado nos jornais pelo líder caixeiral Alcides de Freitas.[330] Além de resgatar e atualizar a tradicional argumentação dos que defendiam o descanso dominical como uma medida que visava satisfazer importantes necessidades físicas, religiosas e sociais de seres humanos laboriosos e merecedores de direitos, o articulista Fábio Laurival ressaltou que, em sua opinião, tal reunião deveria cuidar também de assuntos relacionados à organização e instrução coletiva dessa importante parcela do proletariado:

> Reunidos hoje [17 abr. 1904], não devem os empregados do comercio tratar somente de procurar meios com o fim de alcançarem, dos patrões e da municipalidade, o descanso aos domingos: devem também lançar as bases para a fundação de uma socie-

---

[330] Convite este formulado nestes termos: "Convido a se reunirem às 3 ½ horas do dia 17, no parque Stiebler, a fim de tratar de um assunto referente à classe. A. F." (Aos empregados no comércio. *O Pharol*, 14 abr. 1904, p. 2).

dade que os possa defender na hora do sofrimento, no dia do infortúnio. *L'union fait la force*. Sozinho, um operário ou um caixeiro, que poderia fazer? (...) Fundem uma sociedade, depois uma pequenina biblioteca, onde lhes seja dado reunirem-se para ler, para conversar. Procurem educar-se, lutem para crescer moral, intelectualmente, e menos amarga se lhes tornará a existência (Aos empregados no comércio. *O Pharol*, 14 abr. 1904, p. 1).

De fato, na referida reunião caixeiral, tanto a questão do fechamento das portas quanto a necessidade de reorganização da AEC foram objetos de discussões e deliberações, evidenciando uma compreensão coletiva da importância da organização para o encaminhamento e conquista das reivindicações dessa categoria profissional. Em relação ao descanso integral aos domingos, os trabalhadores presentes ao encontro resolveram enviar à Câmara Municipal de Juiz de Fora este expressivo abaixo-assinado, endossado de imediato por 121 empregados no comércio:

> Nós, os abaixo-assinados, empregados no comércio desta cidade, grandemente prejudicados em nossa saúde, em nossos sentimentos religiosos, e nos direitos e regalias de cidadãos brasileiros, pela não observância do domingo como um dia de descanso para a classe comercial, e, solidários com os srs. comerciantes, que — seja dito de passagem merecem a gratidão das pessoas de coração bem formado — apoiam o nosso justo pedido, viemos por este meio perante a ilustre Câmara Municipal pedir a decretação de uma lei obrigatória sobre o fechamento geral do comércio neste dia, isto é, uma lei que faça rigorosamente cessar o comércio aos domingos no perímetro da cidade. Juiz de Fora, 17 de abril de 1904 (AHCJF, Série 203).

A presença massiva de caixeiros em tal assembleia, as bases em que esta petição foi redigida e as circunstâncias em que ela acabou sendo entregue aos vereadores,[331] evidenciam o quanto esses trabalhadores urbanos souberam preservar os valores fundamentais de sua cultura política, retomando-os e adequando-os

---

[331] De acordo com a assembleia de 17 de abril de 1904, o abaixo-assinado pedindo o fechamento das portas seria elaborado "de acordo com os srs. comerciantes que à classe caixeiral prestassem apoio" e enviado à Câmara "juntamente com o dos srs. comerciantes" (Reunião dos empregados no comércio. *Jornal do Commercio*, 19 abr. 1904, p. 1).

a suas necessidades e experiências no momento em que dariam início a um novo *round* de uma antiga luta. No decorrer da assembleia de 17 de abril de 1904, não se esqueceram, inclusive, da urgente tarefa de reorganizar a Associação dos Empregados no Comércio, que, segundo o seu primeiro presidente, Leolpoldino de Araújo, "por impedimento de vários de seus colegas, deixou de funcionar". Para tanto, os presentes não apenas aclamaram uma comissão para cuidar da reativação da entidade e concordaram que todos que subscrevessem a petição à Câmara se tornariam sócios-contribuintes, como atribuíram ainda a esse órgão de classe uma importante função: "fiscalizar a lei de fechamento das portas".[332]

No pleno exercício dessa função classista, em carta publicada n'*O Pharol* de 6 de maio de 1904 (Opressão?, p. 1), o vice-presidente da Associação dos Empregados no Comércio, Alcides de Freitas, sintetizou com extrema lucidez o que desejavam, desde pelo menos 1880, os seus companheiros de profissão:

> Os empregados do comércio de Juiz de Fora pedem que o domingo seja todo deles. Não pedem a diminuição das horas de trabalho na semana, pois em muitas casas trabalha-se até dez e mais horas da noite; nem tampouco aumento de salário, pois, apesar de não serem gordos os seus vencimentos, contudo, contentam-se com o que recebem. Estes moços que das 6 horas da manhã até 10 da noite trabalham incessantemente para enriquecerem seus patrões, suplicam, tão somente, que das 112 horas de trabalho na semana, lhes sejam concedidas mais 6 horas, além das 6 que já gozam, para o descanso do corpo, distração do espírito e convívio com a família. A natureza humana reclama este descanso: é uma necessidade imperiosa, que, embora não notemos com bastante precisão, quando é contrariada, contudo as suas más consequências seguem lentamente.

Alcides de Freitas, como se vê, assenta toda sua eloquente argumentação na centralidade que o trabalho diligente e prolongado dos caixeiros juizforanos desempenhava para o desenvolvimento do comércio local. A princípio, procura demonstrar que o pleito histórico da classe caixeiral — o descanso integral no sétimo

---

[332] Entre abril e maio de 1904, foram realizadas diversas reuniões para reformular os estatutos da AEC e eleger e dar posse à sua nova diretoria, composta por: Renato Dias, presidente; Alcides Freitas, vice-presidente; Hermínio Santos, 1º secretário; Antonio Gomes, 2º secretário; Leolpoldino de Araújo, tesoureiro; Alfredo Guedes, e mais dois membros da comissão de sindicância e dois procuradores (*Jornal do Commercio*, 19 e 27 abr. 1904, p. 1; 6 e 17 maio 1904, p. 2).

dia da semana — não acarretaria nenhum prejuízo ou transtorno à população e aos negociantes da cidade, antes representaria um importante reconhecimento público do valor social do labor mal remunerado desses "moços", que "das 6 horas da manhã até 10 da noite" trabalhavam "incessantemente para enriquecerem seus patrões". Visando ampliar o apoio a tal reivindicação nos meios patronais e entre os vereadores, esse dirigente proletário também enfatiza que o funcionamento quase ininterrupto da praça comercial prejudicava a saúde dos comerciantes e a convivência destes com seus familiares, e investe contra a tese burguesa de que a determinação legal de fechamento das portas aos domingos seria inconstitucional, asseverando que:

> A lei visa proteger os direitos do fraco, e quem é o fraco nesta questão senão o empregado, que obrigado pela mão férrea da necessidade, tem que aceitar o primeiro emprego que se lhe depara? A constituição silencia sobre este ponto, para deixá-lo à exclusiva competência das câmaras municipais. (...) Será constitucional que as leis municipais, que protegem os mercados, proíbam aos mercadores ambulantes de, antes do meio-dia, venderem suas mercadorias pelas ruas? Será constitucional a lei que exige o fechamento do comércio depois das 10 horas da noite? Decretado o estado de sítio, o lar do cidadão brasileiro a que a constituição garante inviolabilidade, é invadido. (...) Logo, vemos que esta liberdade tem limites. (...) Depreende-se claramente que a lei é para proteção da sociedade, para salvaguardar os direitos do fraco e estabelecer a harmonia nas coletividades. O empregado do comércio é mais do que um animal irracional: se a este se protege [proibindo-se maus tratos a equinos em via pública], por que não proteger aqueles que são criaturas humanas, que têm necessidades físicas, religiosas e sociais a satisfazerem? Por que não os proteger contra meia dúzia de patrões, que nem ao menos querem deixar pulsar em seus corações os mais comezinhos sentimentos de humanidade e justiça? (Opressão? *O Pharol*, 6 maio 1904, p. 1).

O que se vê aqui é um cidadão esclarecido, porta-voz legítimo de centenas de assalariados urbanos, exprimindo noções de justiça e direitos bastante distintas daquelas que convinham a grande parte dos patrões, que há tempos rejeitavam a regulamentação pela Câmara Municipal do horário de fechamento de seus estabelecimentos, brandido a liberdade ilimitada de comércio supostamente consagrada na Constituição de 1891. Deste modo, na sequência final de sua missiva, Alcides de Freitas demonstra conhecer o quão conflituosos e sujeitos a múltiplas interferências classistas, inclusive oriundas dos setores socialmente dominados, se configuravam os "domínios da lei" nessa época. A este respeito, Edward P. Thompson assinala que não passa de uma enorme "ficção legal" a ideia de que "a lei se desenvolve, de caso em caso, pela sua lógica imparcial, coerente apenas com sua integridade própria, inabalável frente a considerações de conveniência"; isto porque a lei necessita ser vista "instrumentalmente como mediação e reforço das relações de classe existentes e, ideologicamente, como sua legitimadora". Mas, isto não significa reduzir os "domínios da lei" à equação "lei = poder de classes", uma vez que na dinâmica dos conflitos sociais tal relação afigura-se como muito mais complexa e contraditória. Ainda segundo Thompson (1987c:338-357), a retórica e as regras de uma determinada sociedade "são muito mais que meras imposturas":

> Simultaneamente podem modificar em profundidade o comportamento dos poderosos e mistificar os destituídos do poder. Podem disfarçar as verdadeiras realidades do poder, mas ao mesmo tempo podem refrear esse poder e conter seus excessos. E muitas vezes é a partir dessa mesma retórica que se desenvolve uma crítica radical da prática da sociedade. (...) Existe uma diferença entre poder arbitrário e o domínio da lei. Devemos expor as imposturas e injustiças que podem se ocultar sob essa lei. Mas o domínio da lei em si, a imposição de restrições efetivas ao poder e a defesa do cidadão frente às pretensões de total intromissão do poder parecem-me um bem humano incondicional.

Combatendo tenazmente o enorme poder socioeconômico dos negociantes locais nos estreitos limites da lei e da ordem, como fizeram as lideranças caixeirais que o precederam, Alcides de Freitas procurou "refrear" tal "poder" e "conter seus excessos" e "más consequências", não apenas por meio de palavras, como também concitando seus companheiros de profissão à união de classe — o que contribui sobremaneira para a rearticulação da AEC. Cumpre salientar que foi precisamente com a gradativa consolidação política e administrativa desse órgão classista, no segundo semestre de 1904,[333] que a batalha por um texto legal que viesse "sal-

---

[333] Em outubro desse ano a AEC realizou a inauguração festiva de sua bandeira e de sua sede social, localizada na rua Halfeld, que contava como uma "seção de leitura", onde podiam ser lidos "bons jornais, livros e revistas". Na mesma época, seus sócios se reuniram diversas vezes para "tratarem de diversos assuntos de interesse da associação" e elegerem a diretoria que cuidaria da entidade ao longo de 1905, que ficou assim composta: Renato C. Dias, presidente; Hermógenes Santos, vice-presidente; Alcides de

vaguardar os direitos dos fracos" na momentosa questão do descanso dominical ganhou contornos institucionais mais nítidos e eficazes. É o que revela claramente o texto da petição que a referida entidade dirigiu, em 13 de dezembro de 1904, aos membros do poder legislativo de Juiz de Fora:

> Exmos. Snrs. Presidente e demais membros da Câmara Municipal de Juiz de Fora. Tomamos a liberdade de virmos perante V^{as} Ex^{as} respeitosamente manifestar a nossa inteira solidariedade com os srs. comerciantes desta cidade, no requerimento pelos mesmos dirigidos a esta Ilustre Câmara, pedindo a decretação de uma lei sobre o descanso dominical, isto é, a cessação do comércio aos domingos dentro do perímetro da cidade. (...) Sendo uma medida de alcance geral, minuciosa e enérgica, a fim de evitar que espíritos mesquinhos sofismem transgredindo-a, o comércio desta cidade, como bem compreendem os signatários do aludido requerimento, não receia prejuízos de espécie alguma. E sobre a inconstitucionalidade de semelhante lei, pedimos perdão se pensamos que a Ilustre Câmara não se deverá embaraçar com esta face do assunto. Nos Estados Unidos, cuja constituição serviu de modelo à de nosso país, e onde os direitos do cidadão são respeitados e as garantias constitucionais sagradas, lá, as Câmaras Municipais legislam desassombradamente sobre o descanso dominical como um assunto de interesse social. A Associação dos Empregados no Comércio de Juiz de Fora, pois, compenetrada do patriotismo e do alto interesse de V^{as} Ex^{as} pelo bem das classes laboriosas e morigeradas desta cidade, ousa esperar de V^{as} Ex^{as} a decretação de uma lei sobre a cessação do comércio aos domingos (AHCJF, Série 203).

Contudo, esta reivindicação só foi considerada mais seriamente pelas autoridades locais no início de 1905, quando os vereadores discutiriam um novo projeto "proibindo a abertura das portas das casas comerciais aos domingos e dias feriados da República".[334] Evidenciando uma intensa movimentação nos meios caixeirais, nos dias 10 e 12 de fevereiro, a AEC reuniu seus filiados em duas concorridas assembleias, "tendo sido resolvido hastear-se a bandeira da Associação durante

---

Freitas, 1º secretário; Antonio Faulhaber, 2º secretário; Leolpoldino de Araújo, 1º tesoureiro; Besnier de Oliveira, 2º tesoureiro; mais um bibliotecário, dois procuradores e oito conselheiros (Associação dos Empregados no Comércio. *O Pharol*, 4 out. 1904, p. 1; 11 out. 1904, p. 1; 25 out. 1904, p. 2; 30 out. 1904, p. 1 e 7 dez 1904, p. 1).

[334] Câmara Municipal. *O Pharol*, 7 fev. 1905, p. 1.

três dias, em regozijo por ter passado em 3ª discussão, na Câmara Municipal, o projeto sobre o fechamento das portas comerciais aos domingos".[335] Seus sócios deliberam ainda que, "em ocasião oportuna", fariam uma manifestação de apreço ao agente executivo, Duarte de Abreu, bem como aprovaram o envio da seguinte mensagem de agradecimento, em que não pouparam críticas aos negociantes e aos edis contrários à medida:

> Presidente e demais Ilustres membros da Câmara Municipal. A Associação dos Empregados no Comércio desta cidade vem respeitosamente manifestar a sua sincera gratidão aos Ilustres Vereadores do município de Juiz de Fora pela sua bem orientada e justa decisão em favor do fechamento das casas comerciais aos domingos (...) Dignai, pois, mui dignos senhores Representantes do povo juizforano a aceitarem estes humildes protestos de reconhecimento, que partem do coração de uma obscura classe, composta na sua quase totalidade de jovens que, devido à incúria dos que legislam para a harmonia social, têm sido desprezados e negligenciados, chegando mesmo pela ganância e egoísmo de uns poucos a serem considerados como brutos ou irracionais (AHCJF, Série 203).

No dia 18 de fevereiro de 1905, finalmente, a Câmara Municipal de Juiz de Fora sancionou a Resolução nº 511, que garantiu o descanso dominical para boa parte dos caixeiros juizforanos — excluindo de tal benefício, porém, os empregados em farmácias, drogarias, confeitarias, padarias, açougues, hotéis, bilhares ou outras casas destinadas a diversões, já que a estes estabelecimentos foi dada permissão para conservarem-se abertos até as 22 horas. Ao mesmo tempo, esse decreto legislativo, por mera omissão, permitiu o funcionamento do comércio sem qualquer restrição de horário nos feriados da República e nos demais dias santificados do ano.

Ainda assim, muitos comerciantes protestaram contra a resolução, alegando que ela restringia os negócios no principal polo econômico da Zona da Mata mineira e feria a "liberdade de exercício profissional" consagrado na Constituição de 1891. Mas, ao contrário do que ocorreu em 1897, a Câmara Municipal manteve a determinação de fechamento das casas comerciais aos domingos, mesmo promo-

---

[335] Associação dos Empregados no Comércio. *O Pharol*, 11 fev. 1905, p. 1; e Associação dos Empregados no Comércio. *Jornal do Commercio*, 12 fev. 1905, p. 2.

vendo algumas alterações na referida resolução.[336] Os caixeiros, por sua vez, comemoraram festivamente a conquista do descanso dominical e, nos anos seguintes, reforçarão os seus laços de solidariedade articulando-se em torno da AEC, que de 1906 a 1911, ampliará seu leque de atividades e muito se empenhará para fazer valer o repouso hebdomadário e conseguir a diminuição do horário de funcionamento dos estabelecimentos mercantis de segunda a sábado.

A exemplo dos caixeiros das casas de negócios, no decurso do primeiro decênio republicano, assim como nos 20 anos seguintes, os operários do setor de transportes e das inúmeras oficinas, fábricas e canteiros de obras de Juiz de Fora procurarão congregar seus interesses classistas por meio da formação de uma série de associações de ofícios e sociedades profissionalmente diferenciadas. Estas agremiações, mesmo enfrentando enormes dificuldades de funcionamento, desempenharão um papel importante no processo de construção da identidade de classe do operariado juizforano, tanto no que se refere à construção de um discurso de valorização do trabalhador e de sua atividade produtiva, quanto no que diz respeito à emergência e consolidação de um conjunto bastante significativo de reivindicações políticas e sociais junto aos assalariados urbanos locais.

---

[336] A Resolução nº 511, em seu art. 3º, fixou em 100$000 a multa para os lojistas que desrespeitassem a determinação de fechamento das portas aos domingos. Em abril de 1905, contudo, outra resolução limitou tal medida ao perímetro urbano e ampliou os tipos de negócios liberados para abrirem aos domingos até as 22 horas (Restrições ao comércio. *O Pharol*, 5 abr. 1905, p. 1; Resolução nº 511, de 18 de fevereiro de 1905, que proíbe a abertura de portas das casas comerciais aos domingos; Resolução nº 530, de 12 de abril de 1905, que altera a Resolução nº 511; e AHCJF — Livro de resoluções da Câmara Municipal de Juiz de Fora, 1892-1906).

4
O despertar dos explorados: cultura associativa e lutas por direitos na antiga Manchester Mineira

> O despertar industrial de Juiz de Fora
> com sirenas cantando na manhã sonora!
> Passam moças morenas!
> Passam louras e mulatas!
> Vão apressadas
> pisando! pisando!
> Vão para as fábricas!
> A energia que fecunda o dia útil
> transborda no meu ser bem musculado!
> E a necessidade dinâmica que intumesce
> o meu tórax na ginástica matinal
> é a mesma necessidade que acelera
> o arfar metálico das fábricas
> quando elas crescem na manhã sonora
> para aspirar os operários-átomos!
> Eu caminho na manhã sonora.
> Agora, ramerronam pesados caminhões!
> E carroças grandes atritando! (...)
> O dia brasileiro é este! Escuta!
>
> AMARO, 2004:41-42.

Como nenhuma outra cidade de Minas Gerais, durante toda a Primeira República, Juiz de Fora encarnou cotidianamente o papel de urbe "moderna", "progressista", "industrializada" e "de grande futuro", situação esta que lhe rendeu, entre outros, os epítetos burgueses de Manchester Mineira e Barcelona Mineira e que, no ano de 1925, inspirou o belo-horizontino Austen Amaro a compor o longo poema modernista *Juiz de Fora*, de onde provêm os versos reproduzidos acima.[337] Mas, essa era uma condição socioeconômica que guardava uma correspondência direta tanto com a ainda ascendente produção cafeeira da região e com o papel de grande centro comercial da Zona da Mata tradicionalmente desempenhado por tal cidade mineira, quanto com o alto grau de exclusão e exploração de um proletariado numeroso e multiétnico. Uma classe trabalhadora heterogênea, que se inseria precariamente, quase que sem nenhuma proteção legal, num mercado de mão de obra diversificado e em franca expansão.

Vale lembrar que como parte significativa da população desse núcleo urbano, esse proletariado constituía um dos alvos centrais de um discurso hegemônico constantemente atualizado e difundido pelos periódicos locais. Uma argumentação elitista mobilizadora, cujos contornos e sentidos mais gerais, nos primeiros 30 anos republicanos, podem ser facilmente identificados nesta incontida declaração do literato Albino Esteves, de 2 de maio de 1911:

> Juiz de Fora (...) é, incontestavelmente, a cidade mais importante do estado de Minas Gerais. (...) Essencialmente comercial e industrial, dispondo de sólidos elementos de existência e desenvolvimento brilhante, Juiz de Fora é uma cidade que encanta o forasteiro (...) O seu aspecto geral, garrido e festivo, a desusada movimentação de carros e bondes elétricos, o burburinho constante, a fumarada dos seus grandes e bem montados estabelecimentos comerciais e industriais, fazem da cidade da Zona da Mata uma graciosa miniatura da Capital Federal, sendo, por este motivo, apelidada de "Rio de Janeiro em ponto pequeno". (...) E por isso Juiz de Fora progride a passos largos, agigantados, triunfando em suas pretensões. Contando desde sua fundação pouco mais de sessenta e um anos de existência, Juiz de Fora representa o esforço da iniciativa particular, o carinho inexcedível de seus filhos, buscando de ano para ano torná-la mais digna de figurar, com brilho, ao lado de todas as suas irmãs do vasto e rico estado de Minas Gerais (A cidade de Juiz de Fora – um golpe de vista. *O Pharol*, p. 1-2).

---

[337] Sobre o poema lírico *Juiz de Fora*, assim se expressou Pedro Nava (1978:221-222): "Ele [Austen Amaro] foi literalmente tomado pela vida industrializada e cheia de força (...) da minha cidade e escreveu sobre esta um poema que teria o fado de ser o primeiro livro modernista publicado em Minas Gerais".

Neste contexto histórico e perspectiva, a intensificação do desenvolvimento socioeconômico de Juiz de Fora tornou-se um objetivo sagrado, que cada um de seus "filhos", independentemente de sua condição de classe, origem étnica e nacional ou crença religiosa, deveria buscar cotidiana e incessantemente. Os juizforanos, de acordo com a pregação das classes conservadoras, além de se entregarem ao trabalho resoluto e desmedido, deveriam colaborar para a manutenção e aperfeiçoamento da ordem social que lhes legaram os "beneméritos pioneiros do engrandecimento material e moral do município desde sua fundação" (*Juiz de Fora no século XIX*, 1901).

Contudo, as décadas iniciais da República foram decisivas não apenas para os objetivos da burguesia de consolidar e expandir a sua supremacia socioeconômica sobre os demais estratos da população local, como também para a construção da identidade de classe, o desabrochar do aprendizado político coletivo e a formulação da "palavra" daqueles que eram, ao mesmo tempo, os principais artífices e os maiores excluídos da enorme prosperidade material alcançada então por Juiz de Fora. Deste modo, para além do "arfar metálico das fábricas" e do "burburinho constante dos bem montados estabelecimentos comerciais" da antiga Manchester Mineira, no presente capítulo me concentrarei fundamentalmente nas variadas experiências políticas, associativas e reivindicatórias de seus "operários-átomos" — e, sobretudo, na sua crescente movimentação em prol do reconhecimento social do valor de seu trabalho e contra a miséria, a exploração e a exclusão capitalistas a que estavam submetidos diariamente.

Espírito de associação e mobilizações proletárias em Juiz de Fora no limiar da República

> A nosso ver, o movimento associativo nas nações ou nas cidades pode servir de medida ao progresso; mas de medida por assim dizer negativa. De fato, o aparecimento de uma associação é o produto de um desequilíbrio, de uma fraqueza social; representa e indica claramente uma necessidade não satisfeita, uma aspiração de progresso não realizado, um pedido de bem-estar, que ainda não se conquistou. Significa, pois, em definitivo, um atraso a vencer, uma imperfeição a destruir... É assim, por exemplo, (...) que o proletariado, sentindo-se esmagar pelas

classes elevadas, pela injusta organização social do século XIX, reúne todas as suas forças e aspira violenta e desordenadamente a um bem, que nem mesmo sabe ou consegue formular...

João Massena, *O movimento associativo em Juiz de Fora*, 1901.

No primeiro dia do século XX, quando o instigante texto em epígrafe foi publicado numa edição do *Jornal do Commercio* comemorativa à data, existiam em Juiz de Fora, de acordo com um inquérito realizado por João Massena, ao menos 15 associações, entre sociedades "caridosas", "humanitárias", "beneficentes mutuais", "secretas", "puramente religiosas" e "para o progresso do saber e de defesa da classe". Embebido em "certa dose de orgulho bairrista", como ele mesmo reconheceu e como era comum na impressa local dessa época, o articulista concluiu que o movimento associativo verificado então "nesta notabilíssima terra", se não apontava para "um progresso realizado", indicava "pelo menos um esforço, uma tendência para o progresso". Esforço este, a seu ver, não compartilhado ainda pelo numeroso proletariado juizforano, que nesse momento, em particular, subsistia de fato sem qualquer entidade ou organização de classe que, entre outras coisas, pugnasse por seus interesses e formulasse os seus pedidos por um bem-estar "que ainda não se conquistou", ou denunciasse "a injusta organização social" vigente também no principal centro mercantil e industrial de Minas Gerais desses tempos.

Entretanto, ao contrário do que sustenta Massena, não apenas nos Estados Unidos e nos principais países da Europa, como em grandes cidades brasileiras, notadamente o Rio de Janeiro e São Paulo, diversos segmentos do proletariado já haviam conseguido formular e dar publicidade às suas aspirações políticas, econômicas e sociais fundamentais, recorrendo à "força" ou à "violência", como então eram via de regra encarados os movimentos paredistas, como um último recurso frente à arrogância do patronato e a indiferença das autoridades governamentais. Com efeito, mais do que um preconceito de classe ou de uma tentativa de desqualificar as manifestações legítimas dos operários em prol da melhoria de suas condições de existência, a afirmação do articulista juizforano de que "o proletariado (...) aspira violenta e desordenadamente a um *bem*, que nem mesmo sabe ou consegue formular" parece apontar para um modelo aceitável de associativismo. Um modelo de organização e encaminhamento das demandas coletivas e individuais "dos de baixo" contido dentro dos estritos limites da divisa positivista "ordem e progresso" e pautado pelo mesmo "espírito de associação" verificado, nessa época, entre os membros das "classes elevadas".

Cumpre ressaltar que a orientação ou o encaminhamento do proletariado local para um determinado modelo associativo — em que beneficência e mutualismo se confundiam sob um direcionamento de natureza paternalista — pode ser percebido mesmo antes da proclamação da República, como evidenciam os recorrentes apelos humanitários para que esses trabalhadores, em vez de desperdiçarem seus parcos recursos em jogos de azar e loterias, se agrupassem em entidades de auxílio mútuo e formassem caixas econômicas.[338] Em 1877, o redator de *O Pharol*, Charles Dupin, defendeu em mais de uma oportunidade a criação de uma "associação de beneficência" em Juiz de Fora, que pusesse os numerosos membros da "classe operária desse município (...) ao abrigo da miséria quando ocasionada pelas moléstias e garantisse o futuro de seus filhos desvalidos". Além de construir um hospital, tal associação teria como fins precípuos garantir ao associado doente a possibilidade de se tratar em casa, recebendo a visita de um médico, e destinar-lhe uma quantia que lhe permitisse "fazer frente às despesas acarretadas pela moléstia":

> Se a moléstia o impossibilita de trabalhar, a associação toma-o a seu cargo e fornece-lhe meios de subsistência. (...) Qual o oficial ou trabalhador que não pode distrair do seu salário por diminuto que seja, uma quantia destinada a prestar-lhe no futuro tamanhos serviços? Nenhum, cremos nós; pois raro é aquele que não se viu alguma vez no leito da dor, lutando não só com a moléstia, como também com os cuidados materiais que são sua imediata consequência.[339]

Até então, apenas os integrantes da colônia germânica na cidade contavam como uma associação desse gênero, tendo em vista a fundação, em 26 de maio de 1872, da Sociedade Alemã de Socorros Mútuos (Deutscher Kranken Unterstüt-

---

[338] Defendendo a criação de uma caixa econômica em Juiz de Fora, em 1883, um articulista ressaltou que a medida despertaria no povo "sentimentos de ordem muito salutares, e deixarão entrever em um futuro mais ou menos longínquo, porém certo, o bem-estar a que tem direito todo aquele que trabalha" (Caixas econômicas. *O Pharol*, 8 nov. 1883, p. 1; e 17 nov. 1883, p. 1).

[339] De acordo com Dupin, além da contribuição regular de seus sócios, essa "associação de beneficência" dependeria em muito do "sentimento de caridade" da população, que poderia doar pequenas quantias em dinheiro, colchões, toalhas, lençóis e roupas. Por fim, propõe que "um grupo de nome e posição" inicie essa entidade, já que compartilhava da crença comum entre as classes conservadoras locais de que "o povo é e foi sempre uma grande criança que temendo fazer as coisas por si só acompanha com a melhor vontade aqueles que lhe indicam o caminho que deve seguir" (*O Pharol*, 29 abr. 1877, p. 1; e 6 maio 1877, p. 1).

zungs Verein).[340] No final de 1877, os portugueses também criaram uma entidade com fins recreativos e mutualistas, a Sociedade de Música e Beneficência D. Luiz I, cuja diretoria convidava então "a todas as pessoas residentes neste município que ainda não são sócios a entrar para esta tão útil associação, bem como suas esposas".[341] No ano seguinte, foi a vez dos italianos formarem a Società Operaia Italiana de Mutuo Soccorso e de Mutua Istruzione in Juiz de Fora, que funcionou regularmente até o início de 1883 e tinha como finalidade *"sussidiare ed istruire l'operaio bisognoso"* — subvencionar e instruir o trabalhador manual necessitado.[342] Uma "associação de beneficência" multiétnica e nos moldes propostos por Charles Dupin, no entanto, somente começará a se materializar a partir de 1885, como demonstra o art. 1º dos estatutos sociais da Sociedade Beneficente de Juiz de Fora:

> A Sociedade Beneficente de Juiz de Fora, instalada aos 15 de março de 1885, compõe-se de ilimitado número de sócios de todas as nacionalidades, de 15 a 55 anos de idade, de condição livre, de bom comportamento, no estado de perfeita saúde e possuindo meios decentes de subsistência, uma vez que residam em Juiz de Fora; (...) tem por fim: §1º Socorrer seus associados quando enfermos ou impossibilitados de trabalhar. § 2º Contribuir para ajuda de seu transporte para a Capital do Império, quando porventura a natureza da moléstia assim o exija. § 3º Concorrer para o funeral do sócio quando reconhecidamente pobre. § 4º Socorrer suas famílias depois do falecimento do sócio (Estatutos da Sociedade Beneficente de Juiz de Fora. *O Pharol*, 5 maio 1885, p. 2-3). [343]

---

[340] Composta por donos de fábricas e oficinas, comerciantes, oficiais de ofício, operários e colonos, por volta de 1877 a Sociedade Alemã de Beneficência contava com cerca de 150 sócios. Ver Stehling (1979:330-333).

[341] Em outubro de 1877, os diretores dessa sociedade agradeceram as doações recebidas e anunciaram que "por ocasião da morte de seu sócio José Ferreira Povoas fizeram-lhe o enterro a expensas da sociedade e amanhã mandão celebrar uma missa por alma do mesmo finado". Mas, ao que parece, a entidade se extinguiu no começo de 1878 (*O Pharol*, 18 out. 1877, p. 2 e 28 out. 1877, p. 2-3).

[342] A Società Operaia Italiana de Mutuo Soccorso e de Mutua Istruzione foi fundada em 1º de dezembro de 1878 e também contava na sua diretoria com negociantes, donos de oficinas e oficiais de ofício. Società Operaia Italiana de Mutuo Soccorso e de Mutua Istruzione in Juiz de Fora (*O Pharol*, 5 dez. 1878, p. 3 e 22 fev. 1883, p. 2).

[343] Em 1896, os valores dos auxílios mensais pagos por essa sociedade a seus sócios variavam entre 15$000 e 35$000, enquanto a ajuda para o pagamento de funerais era de 50$000 (Sociedade Beneficente de Juiz de Fora. *O Pharol*, 14 out. 1896, p. 1).

Entre 1887 e 1894, outras três associações mutualistas de caráter nacional serão formadas em Juiz de Fora — a Sociedade Beneficente Umberto Primo (1887), a Sociedade Auxiliadora Portuguesa (1891) e a Sociedade Brasileira Alemã (1894) —, que nesses anos e nos decênios seguintes, a exemplo da Sociedade Alemã de Socorros Mútuos e da Sociedade Beneficente de Juiz de Fora, ampliarão em muito os seus respectivos quadros sociais, desenvolverão campanhas permanentes para arrecadar donativos e comporão fundos suficientes para a manutenção de suas atividades regulares e a construção de suas sedes.[344] No decurso das primeiras décadas republicanas tais sociedades proporcionarão às suas centenas de sócios um conjunto variado de serviços e benefícios: assistência médica, farmacêutica e funerária; auxílios pecuniários para os associados enfermos ou inválidos; pequenas pensões para viúvas e órfãos menores; bibliotecas, ensino de primeiras letras e de línguas para crianças e adultos; celebrações de datas nacionais e promoção de atividades culturais e recreativas, como espetáculos teatrais, bailes, quermesses, festivais com jogos, tômbolas, músicas, danças e comidas típicas.[345]

Na direção de todas essas "associações beneficentes mutuais" predominavam, invariavelmente, os seus membros mais bem situados na escala social, em geral, negociantes, donos de fábricas e oficinas, profissionais liberais, literatos, funcionários públicos, políticos e proprietários urbanos e rurais.[346] Estes "sócios beneméritos" participavam e exerciam o poder nessas entidades na perspectiva de reforçar sua influência sociopolítica junto aos demais segmentos da sociedade local. Por outro lado, a obrigatoriedade de "entradas" de cerca de 10$000 a 15$000, referentes à "joia", ao diploma e a três meses de mensalidades adiantadas, bem como o pagamento pontual destas, ao que tudo indica, concorria para afastar grande parte dos despossuídos e assalariados juizforanos da cobertura previdenciária,

---

[344] Em 1921, de acordo com o *Anuário estatístico de Minas Gerais*, a Sociedade Alemã de Socorros Mútuos possuía 193 sócios, enquanto a Sociedade Beneficente de Juiz de Fora, a Sociedade Beneficente Umberto Primo e a Sociedade Auxiliadora Portuguesa contavam com 300 associados cada uma. Ver Dutra (1988:83-84).

[345] Entre 1900 e 1905, por exemplo, a Sociedade Beneficente Brasileira Alemã realizou diversas "kermesses" e "tômbolas", sempre aos domingos e na cervejaria José Weiss, em favor de seus "cofres sociais". No início desse último ano, tal associação contava com um "fundo social" de 24:779$590, tendo despendido em 1904 a quantia de 3:755$500 para auxiliar 72 de seus 425 sócios, que pagavam mensalidades de cerca de 1$000 (Sociedade Beneficente Brasileira Alemã. *Jornal do Commercio*, 11 jun. 1901, p. 1; e Sociedade Beneficente Brasileira Alemã. *O Pharol*, 25 ago. 1903, p. 2 e 12 jan. 1905, p. 1).

[346] Ver Jesus e Viscardi, 2007.

dos auxílios e pensões proporcionados pelos "cofres sociais" de sociedades desse gênero — benefícios estes, a rigor, concedidos apenas aos sócios-contribuintes em dia com suas obrigações estatutárias.[347]

Apesar disto e do fato de algumas lideranças proletárias terem buscado programas de organização e atuação alternativos, não há razão para acreditar que as associações formadas por trabalhadores manuais de Juiz de Fora nos anos de 1890 e 1900 deveriam ter se constituído a partir de parâmetros totalmente distintos daqueles presentes no modelo que estruturava as diversas sociedades beneficentes e recreativas criadas na cidade no último quartel do século XIX. Um modelo associativo palpável e essencialmente pluriclassista, previdencial, cooperativo e até certo ponto apolítico, que encontrou uma definição bastante elucidativa no trecho de um artigo de Mário Júnior, publicado às vésperas da República:

> O auxílio mútuo, o socorro nos momentos de tributação, o recurso nos casos de enfermidade, a proteção nas dificuldades da vida, o amparo à viúva e aos órfãos que ficam, tudo isso é resultado brilhante que já se manifesta nas associações (...) de todo gênero que se hão estabelecido nos diversos centros. E não somente isso: tendendo sempre a crescer o número de associados, aumenta o capital e, com ele, a introdução de novos melhoramentos. Assim: a criação de bibliotecas, hospitais, escolas, divertimentos, finalmente um verdadeiro mundo de interesses que surge do pequenino esforço individual, agigantado pela coletividade que nasce do louvável espírito de associação (*Gazeta da Tarde*, 16 set. 1889, p. 1).[348]

De certa maneira, esse "espírito de associação" a que fez alusão o literato juizforano corresponde ao primeiro dos dois significados fundamentais atribuídos presentemente pela historiografia à noção de "cultura associativa", que para Cláudio Batalha remete (2004:96) "ao hábito de associar-se, à tendência de conferir uma certa institucionalidade a formas de sociabilidade diversas". Em outro sentido, "cultura associativa" refere-se à própria cultura das associações, suas celebrações, costumes e normas, ou, como esclarece Batalha (2004:99), ao "conjunto de pro-

---

[347] Estatutos da Sociedade Beneficente de Juiz de Fora. *O Pharol*, 5 maio 1885, p. 2-3; e Resumo dos estatutos da Sociedade Beneficente Brasileira Alemã. *O Pharol*, 15 dez. 1898, p. 2.
[348] Mário Júnior se refere, em especial, às associações fundadas então por comerciantes e caixeiros do Rio de Janeiro, procurando demonstrar à "classe comercial" de Juiz de Fora, isto é, aos "negociantes e seus auxiliares", as vantagens de se congregarem também em "associações cooperativas" similares.

postas e práticas culturais das organizações operárias, a visão de mundo expressa nos discursos, bem como os rituais que regem a vida das associações que muitas vezes são herdados de formas de organização mais antigas". No caso específico de Juiz de Fora, as primeiras sociedades proletárias "herdaram" e compartilharam, nos anos de 1890 e 1900, muitas das práticas típicas das associações beneficentes dirigidas de modo paternalista por membros das "classes elevadas".

A manutenção de fundos financeiros para a beneficência, o auxílio ou socorro mútuo nos momentos de enfermidade, invalidez e morte, o apoio à instrução, a promoção de entretenimentos, de atividades culturais e de lazer e o encaminhamento de solicitações aos poderes públicos dentro da lei e da ordem, portanto, seriam as funções essenciais do modelo de associação prescrito pelas classes conservadoras, nesse período, para a heterogênea classe trabalhadora de Juiz de Fora. Mas a assimilação desse modelo, em maior ou menor grau, por distintas lideranças proletárias não pode ser ingênua e erroneamente interpretada como uma prova de submissão e falta de consciência de classe. Pelo contrário, ainda que localmente não tenha dado origem a organizações operárias repletas de sócios, duradouras e capazes de encaminhar atividades mutualistas e reivindicatórias de modo regular, esse espírito de associação desempenhará um papel importante no debate sobre a "questão social" no seio do proletariado e na opinião pública locais — o que se traduzirá numa relevante contraposição ao discurso hegemônico difundido pelas elites juizforanas na virada do século XIX para o XX.

Desfrutando de um espaço muito mais restrito e não contando com a mesma simpatia despertada pela campanha caixeiral em prol do descanso hebdomadário, as demandas sociais do operariado raramente serão tratadas de modo adequado pelos órgãos da grande imprensa. Mais uma vez foi a pena de Mário Júnior que descreveu a difícil realidade enfrentada, no caso, pelos empregados da antiga Estrada de Ferro D. Pedro II. Em artigos publicados na *Gazeta da Tarde* em outubro de 1889, e possivelmente informado pelos próprios ferroviários, o articulista teceu diversos comentários sobre a situação destes homens, destacando que apesar de desempenharem um "trabalho penosíssimo" e crucial,

> não têm os empregados da Pedro II essa consideração de que se deve cercar todo aquele que cumpre os seus deveres e pelo trabalho honesto adquire meios de modesta subsistência. Se adoecem, sofrem o desconto proporcional; se servem 20 e mais anos, nenhuma garantia adquirem por isso, podendo, a livre-arbítrio da diretoria ou em satisfação a um capricho, ver lavrada a sua demissão e consequente condenação à miséria

e à fome. Se morrem, nada legam à família, nem mesmo uma pensão do governo que não cuida do futuro dos filhos dos que também servem à pátria. Aos que sobrevivem impõem-se subscrições, porque nem sequer têm os que morrem muitas vezes uma vela com que se alumie o cadáver (Odioso. *Gazeta da Tarde*, 12 out. 1889, p. 1). [349]

Com muita propriedade, o literato classificou este quadro como "odioso" e "revoltante". Tal quadro de desprestígio social, exploração sem limites e insegurança permanente, guarda uma estreita relação com a difícil situação vivenciada pelos demais segmentos do proletariado de Juiz de Fora, particularmente pelos empregados nos serviços domésticos e pelos operários de obras, oficinas e fábricas de todos os portes. Contudo, não encontrei, no decurso de toda a década de 1890, um único artigo em que fossem defendidas melhorias nas condições de vida e trabalho e garantias outras para estes jornaleiros e assalariados urbanos, como o fez, nos momentos finais do Império, Mário Júnior e outros articulistas que, reiteradas vezes, defenderam a necessidade de concessão do descanso dominical aos caixeiros das casas de negócios. Pelo contrário, numa das poucas vezes em que a "questão operária" ou o "problema operário" recebeu um tratamento específico nos jornais consultados, procurou-se negar a sua existência no Brasil e, por analogia, no mais importante centro mercantil e manufatureiro de Minas Gerais da época.[350]

Claramente orientados por essa perspectiva ideológica e contagiados pela "animação industrial" que se processava em Juiz de Fora, os redatores dos jornais reservarão também pouquíssimos espaços para noticiar as atividades das sociedades de trabalhadores manuais constituídas na cidade nos anos 1890. Ainda assim, por meio da análise de pequenas notas, editais e convites para assembleias, foi possível resgatar a trajetória e as principais atividades de tais associações de classe, a começar pelo Centro Operário Mineiro, fundado em uma reunião realizada no dia 8 de junho de 1890.[351]

---

[349] Para pôr fim a tal situação, Mário Júnior defende melhores salários e a criação de um montepio para os ferroviários, que concorreriam com uma quantia mensal para que, em caso de morte ou doença, seus familiares contassem com uma pensão (Estrada D. Pedro II. *Gazeta da Tarde*, 24 out. 1889, p 1).

[350] No universo ideológico das elites locais, tal "questão" referia-se a um problema preocupante apenas nos países mais industrializados, dada a ação de "agitadores de toda espécie" que exploravam politicamente as "aspirações sufocadas" do proletariado (Os operários no Brasil. *O Pharol*, 29 maio 1897, p. 1).

[351] Foram eleitos para presidente e secretário desse Centro Eustáchio Antonio Ferreira, pedreiro e pequeno empreiteiro de obras, e Antonio Gomes Mundim, de profissão não identificada (*Almanak de Juiz de Fora*, 1891, p. 17 e 56; e Centro Operário Mineiro. *O Pharol*, 10 jun. 1890, p. 2).

Em tal oportunidade, além de elegerem a diretoria provisória dessa sociedade proletária profissionalmente indiferenciada, "os cidadãos operários" presentes nesse encontro decidiram enviar o seguinte telegrama aos dirigentes da Federação Operária, sediada no Rio de Janeiro: "Centro Operário Mineiro, hoje constituído, tem a honra de saudar, por vosso intermédio, o governo e a Federação Operária".[352] Ao que tudo indica, as lideranças proletárias de Juiz de Fora tentavam estabelecer laços de solidariedade e buscavam informações e orientações programáticas junto a dirigentes operários estabelecidos na mais importante e dinâmica cidade do país nessa época — onde, no momento pós-republicano e pré-constituinte, era significativa a agitação e a propaganda políticas no seio das classes trabalhadoras.

Entretanto, nesse interregno, a movimentação proletária na capital federal tinha como centros irradiadores não a Federação Operária presidida por Bittencourt da Silva, sobre os quais não existe nenhuma referência na bibliografia especializada, mas os jornais de inspiração socialista e republicana *A Voz do Povo* e o *Echo Popular*, o Partido Operário e o Centro do Partido Operário (CPO) liderados pelo tenente José Augusto Vinhaes, bem como outro Partido Operário sob a orientação do tipógrafo Luís da França e Silva — agremiações partidárias estas influenciadas pelas vitórias eleitorais alcançadas então pela social-democracia alemã. Para Angela de Castro Gomes (1988), essas experiências de organização e participação políticas, ainda que efêmeras e fragmentadas, desempenharam um papel crucial nos processos de construção da identidade social das classes trabalhadoras do Rio de Janeiro e na formulação de propostas que garantissem a esses segmentos urbanos despossuídos a aquisição integral de direitos civis, políticos e sociais. Essa garantia de cidadania plena aos "cidadãos-trabalhadores", por sua vez, era entendida por esses grupos concorrentes como a maneira fundamental de dar à nascente República um caráter social e democrático, caráter este que o regime acabou não assumindo de fato. Neste sentido, havia uma clara convergência programática entre os partidos de Vinhaes e França e Silva, que privilegiavam a atuação parlamentar e as ações pacíficas e ordeiras para a conquista de uma legislação que protegesse os interesses dos trabalhadores.[353]

---

[352] Em resposta, o presidente da federação carioca dirigiu essa mensagem ao Centro Operário Mineiro: "A Federação, reconhecida, envia felicitações pela inauguração. O nosso manifesto irá pelo correio. Muito entusiasmo." (Centro Operário Mineiro. *O Pharol*, 10 jun. 1890, p. 2).

[353] As propostas desses dois partidos operários eram muito semelhantes e giravam em torno da defesa dos direitos sociais dos trabalhadores, como a elevação dos salários, a redução da jornada, a proteção ao trabalho feminino e do menor, o amparo à velhice e à invalidez por meio de montepios, bem como

Em função da veiculação dos programas desses partidos operários em jornais de circulação nacional, especialmente n'*O Paiz*, e devido aos contatos que líderes proletários de Juiz de Fora mantinham com dirigentes cariocas, é bem provável que não apenas os fundadores do Centro Operário Mineiro, dissolvido em 1891, como também os organizadores da Sociedade União Operária, fundada em maio desse ano,[354] conhecessem o significativo conjunto de reivindicações sociais e as demais propostas de tais agremiações partidárias. Por outro lado, entre fins de 1890 e o início do ano seguinte, a "questão social" suscitada com energia pelo proletariado do Rio de Janeiro chegou indubitavelmente ao conhecimento da opinião pública e de muitos assalariados da cidade mineira. Como atestam os dados do anexo XI, *O Pharol* publicou diversas notícias referentes aos movimentos grevistas e protestos ocorridos na capital federal: a mobilização de várias categorias e entidades, sob a liderança do Centro do Partido Operário,[355] contra a manutenção dos artigos 204, 205 e 206 do novo Código Penal, que impunham severas multas e prisão celular para os líderes e participantes de greves, e, em fevereiro de 1891, os movimentos paredistas empreendidos por empregados do gasômetro, ferroviários, carroceiros, carregadores de café, trabalhadores da estiva e demais operários das docas para obterem "aumento de salário em atenção à grande carestia dos gêneros alimentícios" e a readmissão de companheiros dispensados arbitrariamente.[356]

---

a garantia de melhores condições de habitação, educação e alimentação para a família operária. Ver Gomes (1988:38-52).

[354] Em 1890 e 1891, o Centro Operário Mineiro realizou reuniões em alguns domingos, no salão do Club Democrático e em sua sede, à rua Halfeld, convidando nessas oportunidades "os cidadãos operários" para a "discussão de assuntos de interesse da classe". Nesse último ano, por alguns meses, essa associação coexistiu com outra similar, a Sociedade União Operária, cuja trajetória e atividades serão analisadas mais adiante (Centro Operário Mineiro. *O Pharol*, 5 set. 1890, p. 3 e *Almanak de Juiz de Fora*, 1892, p. 57).

[355] O Centro do Partido Operário foi o mais ativo órgão proletário da capital federal de 1890 a 1893, tendo se destacado, por exemplo, na eleição de Vinhaes para deputado constituinte e na promoção de atividades educativas, recreativas e assistenciais. Ver Gomes (1988:54-57) e Cerqueira Filho (1978:31-40).

[356] Por meio do Decreto nº 1.162 de 12 de dezembro de 1890, o governo deu nova redação aos artigos 205 e 206 do Código Penal, mas manteve as penas de multa (entre 200$ a 500$) e prisão celular (de um a seis meses) para aqueles que desviassem "operários e trabalhadores dos estabelecimentos, em que forem empregados, por meio de ameaças, constrangimento ou manobras fraudulentas" e causassem ou provocassem "cessação ou suspensão de trabalho, por meio de ameaças ou violências, para impor aos operários ou patrões aumento ou diminuição dos salários ou serviço". Nas greves de fevereiro de 1891, por outro lado, houve tanto a concessão dos aumentos salariais quanto uma dura repressão policial aos grevistas (Greve eminente. *O Pharol*, 13 dez. 1890, p. 2; Os operários e o código. *O Pharol*, 14 dez. 1890, p. 2 e 16 dez. 1890, p. 2; Falsos operários. *O Pharol*, 21 dez. 1890, p. 1; e Greves. *O Pharol*, 19 fev. 1891, p. 1 e 20 fev. 1891, p. 1.)

A greve por reajustes salariais realizada pelos ferroviários da Estrada de Ferro Central do Brasil, entre os dias 22 e 25 de fevereiro de 1891, teve forte repercussão em Juiz de Fora, tendo em vista os rumores e as expectativas decorrentes dos atrasos dos trens e mesmo da paralisação completa do transporte de passageiros e mercadorias entre esta cidade mineira e a capital federal. Como evidencia o seguinte relato publicado por *O Pharol*, o movimento era uma clara reação classista ao quadro "odioso e revoltante" no qual, desde os tempos imperiais, se encontravam inseridos cotidianamente esses trabalhadores:

> A greve começou pelos guardas-freio, que reclamaram aumento de salários, no que não foram atendidos, ao passo que lhes constou pretender-se diminuir-lhes os ordenados já insuficientes para a sua subsistência. Aos guardas-freio juntaram-se os trabalhadores de linha, os chefes de manobras, seus ajudantes, feitores e guarda-chaves, perfazendo o número superior a 2.500 indivíduos. Os chefes de trens, (...) [dado o risco de acidentes] pela falta de prática dos homens que se lhes quis dar como guarda-freios, recusaram-se a trabalhar (*Grève. O Pharol*, 26 fev. 1891, p. 1).

Durante os quatro dias em que permaneceram paralisados esses ferroviários, em sua maioria empregados entre as estações do Rio de Janeiro e Barra do Piraí, foi grande "a curiosidade e a inquietação que se apossaram de todos os espíritos" em Juiz de Fora, de acordo com *O Pharol*, em face da "proporção assustadora" assumida pela *grève* e do temor de que ela se alastrasse "pelo interior do país, nos pontos atravessados pela estrada de ferro Central". Algo que na verdade não chegou a ocorrer, pois no dia 25 de fevereiro de 1891, "tendo sido atendidas pelo governo as reclamações dos empregados da estrada de ferro Central, cessou (...) a *grève*, restabelecendo-se o movimento dos trens". Das negociações para pôr fim ao movimento, tomaram parte o deputado Vinhaes e o líder popular Lopes Trovão, que "acompanhados de grande número de operários da estrada", dirigiram-se à Estação Central da EFCB para comunicar à direção da empresa que "os paredistas, diante da resolução do governo, estavam prontos para o serviço". Tratava-se, mais especificamente, da concessão de um aumento nos "ordenados de todo o pessoal jornaleiro daquela estrada", ficando desse modo, como ressalta o jornal juizforano, "reconhecida e confessada a justiça da causa que levou aqueles pobres operários aos extremos de uma *grève*, que podia ter sido evitada, se a satisfação do pedido tivesse vindo a tempo".[357]

Foi por meio do noticiário desses movimentos paredistas realizados na capital do país entre os anos de 1890 e 1891, principalmente, que tanto o sentido concreto da expressão francesa *grève*[358] quanto os contornos gerais da "questão operária" tornaram-se conhecidos em Juiz de Fora. Não por acaso, no decurso desse último ano, algumas categorias profissionais locais, premidas pela alta do custo de vida e seguindo o exemplo até certo ponto bem-sucedido do operariado do Rio de Janeiro, também empreenderão suas primeiras reivindicações coletivas por aumentos salariais, a começar pelos alfaiates, que fizeram publicar o seguinte comunicado n'*O Pharol* de 29 de abril de 1891 (Oficiais de alfaiate, p.2):

> Os oficiais de alfaiate abaixo-assinados declaram que resolveram sustentar doravante os preços de obras combinados em reunião de 27 do corrente e já presentes, por ofício, à consideração dos senhores proprietários de alfaiatarias, que em sua maioria os aceitaram. (...) Manoel Ferreira da Cruz, João Pedro Werner, Pedro Carlos Machado, Antonio Rodrigues Modesto, Luiz Alevato, Lindolpho Pinto da Gama, Joaquim da Costa Neves, João Cândido Fortes, Euzébio Coutinho da Silva, Pedro Dias Tostes, Germano Gomes Leão, Francisco Antonio Miel, José André Marques, José Domingos Alves, Joaquim de Queiroz Campos, Boaventura Custodio da Silva, Viriato Francisco da Costa, José Antonio Domingues, Francisco de Assis Ferreira Bretas, Paulino Eugenio do Nascimento e Alfredo Paes da Silva Tavares.

Não existem maiores informações sobre os valores fixados na tabela de "preços de obras" estabelecida por estes 21 oficiais de alfaiates, mas certamente a forte

---

[357] A forte repressão policial desencadeada durante a greve resultou na morte do operário Martinho José de Moraes, assassinado à bala na estação de Cascadura. Em homenagem a esse trabalhador, seus companheiros de ferrovia tomaram luto por 15 dias e mandaram celebrar uma missa de sétimo dia por sua alma (*Greve. O Pharol*, 24 fev. 1891, p. 1; 25 fev. 1891, p. 1; 26 fev. 1891, p. 1; e E. F. Central. *O Pharol*, 27 fev. 1891, p. 1 e 8 mar. 1891, p. 1).

[358] *Grève* significa originalmente "terreno plano composto de cascalho ou areia à margem do mar ou do rio", como o que se situava a antiga Place de Grève em Paris, às margens do rio Sena, desde o início do Oitocentos, ponto de reunião de operários desempregados ou descontentes com suas condições de vida e trabalho. Por essa razão, com o tempo, as expressões *"faire grève"* e *"grève"* — "greve" em português — tornaram-se sinônimas de "parede" e "movimento paredista", isto é, a abstenção deliberada e coletiva do serviço em face do não atendimento a determinadas reivindicações.

dependência patronal em relação a esse tipo de mão de obra especializada e o aumento crescente das encomendas concorreram para que, de imediato, os proprietários das alfaiatarias locais concedessem os aumentos solicitados. No início de setembro desse mesmo ano, foi a vez das cozinheiras reivindicarem reajustes nos seus parcos ordenados mensais. Após reunirem-se na recém-formada Sociedade dos Cozinheiros para avaliarem suas condições de serviço e remuneração, decidiram publicar esta nota n'*O Pharol* (5 set. 1891, p. 1): "Diversas cozinheiras participam às Exmas. famílias que de hoje em diante não cozinham por menos de 30$000 mensais, e mesmo as que já se acham alugadas protestam não trabalhar por menos. As cozinheiras".[359]

Classificando esse pedido de "salário mínimo" como "vexatório" e "inexequível", um articulista desse jornal afirmou, com certa ironia, que contra esse movimento deveria-se empregar "todos os recursos, desde a reclamação perante o delegado de polícia até as preces públicas". Por outro lado, reconhecendo que "como todas as *grèves* ultimamente levadas a efeito, a das cozinheiras" era determinada pela carestia dos gêneros, procurou desqualificar a reivindicação cercando-se de sofismas e calúnias, especialmente ao insinuar que além de tais criadas não comprarem alimentos por preço algum — "pela simples razão de que comem onde cozinham, isto é, à custa de seus patrões" —, ainda subtraíam víveres com frequência das dispensas das casas em que trabalhavam. Por fim, açulou os patrões para que tomassem "suas providências":

> Não sei ainda se a Exma. senhora que dirige a minha modesta cozinha pertence ou não ao número das *grèvistas*. Vou interrogá-la a este respeito e, se ela for das tais que reclamam aumento de salário, despeço-a incontinenti, dizendo-lhe com toda a energia que puder dispor na ocasião: Vai, miserável ingrata. Oxalá que algum dia tenhas de comprar os gêneros alimentícios, que sempre encontraste à farta em minha casa. Estás despedida; mas, quando estiveres disposta a trabalhar por menos de 30$000, volta sem receio (Fatos e notas. *O Pharol*, 6 set. 1891, p. 1).

---

[359] A Sociedade dos Cozinheiros tinha um caráter beneficente e recreativo e era presidida pelo ex-escravo Simão Butta, organizador em 1889 da Sociedade Grêmio Anjo do Triunfo, que propiciava a seus sócios bailes e "ensaios de dança e de música" (Sociedade Grêmio Anjo do Triunfo. *Gazeta da Tarde*, 11 out. 1889, p. 2; e Sociedade dos Cozinheiros. *O Pharol*, 23 out. 1891, p. 2).

Essa atitude intransigente e autoritária, possivelmente adotada por grande parte das "famílias de tratamento" de Juiz de Fora, era motivada não pelos modestos 30$000 reivindicados como "salário mínimo" por tais trabalhadoras domésticas — que não raramente, subsistiam num cativeiro extrajurídico que avançou pelos anos iniciais do século XX. Vale lembrar que nas décadas de 1870 e 1880, os "aluguéis" médios pagos na cidade às criadas, livres ou escravas, giravam em torno de 35$000 mensais, enquanto somente em fins dos anos de 1890 esse valor se elevará para cerca de 45$000. Na verdade, o que provocou a "fúria patronal", revelada no texto do articulista, foi o fato de as cozinheiras, com apoio da Associação dos Cozinheiros, mobilizarem-se e comportarem-se pela primeira vez de modo classista, manifestando publicamente o seu descontentamento em relação aos ordenados extremamente baixos que recebiam. O que o patronato temia, e por meio de porta-vozes privilegiados taxava como "vexatória", era a quebra do "princípio de autoridade", ou da "inviolável vontade senhorial", que desde os tempos escravistas garantia ao senhor/amo/contratante um poder quase ilimitado sobre seus escravos/serviçais/empregados.

Ao longo do período compreendido entre os anos de 1891 e 1895, como indicam os anexos XI e XII, a preservação de tal "princípio de autoridade" levará os ocupantes de cargos governamentais a recrudescerem a repressão aos movimentos paredistas que eclodirão na capital do país e em cidades de Minas Gerais. Em setembro de 1891, sob um forte aparato policial, 200 trabalhadores das obras e operação da alfândega do Rio de Janeiro foram sumariamente demitidos por terem se mantido numa "atitude de grevistas". No início de junho do ano seguinte, uma greve dos operários das oficinas do *Minas Gerais*, em Ouro Preto, acabou sufocada com a dispensa dos "cabeças do movimento" e o não atendimento dos aumentos de ordenados reivindicados. Cerca de três meses depois, tropas federais se deslocarão até o município mineiro de Porto Novo do Cunha (atual Além Paraíba), por determinação do Ministério da Guerra, para debelar uma parede de ferroviários que havia paralisado as oficinas e o tráfego de importantes ramais da Estrada de Ferro Leopoldina. Algo semelhante ocorrerá com empregados de estações da EFCB localizadas nos subúrbios cariocas, que coagidos por soldados e agentes da polícia, em novembro de 1895, encerrarão a paralisação de serviço que realizavam antes que qualquer negociação com a direção da empresa se estabelecesse.

Nesse contexto socioeconômico marcado pela carestia, pelas greves por reajustes salariais e pagamento de vencimentos em atraso e pelo aumento da intransigência patronal e da violência estatal frente às mobilizações proletárias, além dos alfaiates, caixeiros e cozinheiras, outros segmentos da classe trabalhadora de Juiz de Fora também procurarão se organizar. Como parte mais visível dessas iniciativas classistas, houve inclusive a constituição de duas novas associações profissionalmente indiferenciadas, a já mencionada Sociedade União Operária e o Club dos Operários, e a deflagração de uma campanha para forçar a Câmara Municipal a discutir e colocar em prática medidas destinadas a promover um barateamento do custo de vida nessa cidade.

A reunião de fundação da Sociedade União Operária ocorreu simbolicamente no dia 1º de maio de 1891, data fixada, pouco tempo antes, para que protestos simultâneos em prol da jornada de oito horas se realizassem internacionalmente.[360] Mas, ainda durante o mês de abril, sob a liderança dos "cidadãos" Antônio Mundim, João F. da Cruz, Francisco Costa, Alfredo M. de Oliveira e Costa Neves, foram realizados ao menos dois encontros dominicais "da classe operária" para preparar a assembleia de instalação dessa entidade, convocada por meio da seguinte nota:

> Convida-se aos sócios inscritos e todos os operários e classes correlativas que queiram fazer parte desta sociedade a comparecer sexta-feira, 1º de maio, às 6 horas da tarde, na sala da casa do Sr. Francisco de Paula Gomes [armador de festivo e fúnebre] para a fundação da mesma. A comissão (À classe operária. *O Pharol*, 12 abr. 1891, p. 3; 26 e 30 abr. 1891, p. 2)

Como no caso do Centro Operário Mineiro, as informações sobre as atividades posteriores da Sociedade União Operária são bastante escassas, resumindo-se a pequenas convocatórias para assembleias e a notícias curtas sobre suas deliberações — leitura e aprovação dos estatutos, eleição e posse da diretoria, definição da periodicidade das reuniões de sócios e de diretores (quinzenais e nas noites de terça-feira, respectivamente) e outras discussões de "urgente interesse social". O

---

[360] No Brasil, a primeira vez que a data foi celebrada como um dia de protesto em prol da jornada de 8 horas foi justamente em 1891, com a realização de uma reunião proletária no Rio de Janeiro. É interessante notar que só tardiamente *O Pharol* noticiou as manifestações de 1º de maio ocorridas na Europa, dando à data, contudo, um sentido bastante negativo ao omitir a sua reivindicação central e, sobretudo, ao reproduzir um manifesto "ultrarrevolucionário" supostamente distribuído em Paris, em que o operariado era incitado a empregar métodos extremamente violentos contra a burguesia e suas instituições (1º de maio. *O Pharol*, 30 maio 1891, p. 2).

último convite que sua direção publicou nos jornais referia-se a um encontro de associados marcado para o dia 24 de janeiro de 1892, um domingo, quando os trabalhadores presentes, ao que tudo indica, deliberaram pela dissolução dessa entidade de classe.[361]

No decurso desse ano, por outro lado, ainda que não contassem como uma associação que unificasse e representasse os seus diversos interesses, muitos integrantes da classe operária local acompanharam e se envolveram num esforço coletivo para pressionar a Câmara Municipal a agir diante da alta exagerada do custo de vida em Juiz de Fora. Em carta publicada n'*O Pharol* de 29 de março de 1892, o cidadão-trabalhador João Batista da Silva, após afirmar ter "implorado em nome do povo e da pobreza" aos vereadores para que adotassem "medidas no sentido de melhorar-se o estado da carestia dos gêneros alimentícios, que dia a dia vão aumentando de preço, devido a especulações e ao monopólio", fez duras críticas ao agente executivo do município, Francisco Bernardino Rodrigues Silva, que, até então, nenhuma atitude havia tomado em relação ao problema. Alertando para o agravamento da situação em que vivia a classe trabalhadora, o indignado missivista ressalta que manifestações populares de desagrado já começavam a aparecer:

> A *grève* não tardará, e as consequências são lamentáveis. A indignação popular não tem limites, é como a onda enfurecida: cresce, avoluma-se e não há diques que a contenham em sua carreira impetuosa. O aumento de dia para dia dos preços dos gêneros, do leite, da carne, não passa de especulação, do monopólio que se procura fazer de tudo. Urge, portanto, que se tomem medidas acertadas e que sejam postas em prática com toda a energia (A carestia de gêneros. *O Pharol*, 29 mar. 1892, p. 1).

O recurso a essa argumentação incisiva e ameaçadora indica que os trabalhadores mais esclarecidos politicamente conheciam e procuravam explorar habilmente o pavor que a possibilidade de irrupção de distúrbios populares provocava nas classes conservadoras. Nessa perspectiva discursiva, a manutenção da ordem dependia então da adoção de "mediadas acertadas" e enérgicas, por parte do po-

---

[361] Durante 1891, a Sociedade União Operária funcionou em salão alugado na rua General (e depois Marechal) Deodoro, tendo como secretário e 1º secretário, respectivamente, os "cidadãos" Francisco de Paula Gomes e Costa Neves (Sociedade União Operária. *O Pharol*, 12 abr. 1891, p. 3; 26 abr. 1891, p. 2; 30 abr. 1891, p. 2; 5 maio 1891, p. 2; 19 jun. 1891, p. 1 e 22 jan. 1892, p. 3.).

der público municipal, para conter o aumento do custo de vida. Por outro lado, os termos finais dessa carta comprovam que na percepção das lideranças proletárias a "especulação desenfreada" e o "odioso monopólio" existentes em Juiz de Fora nessa época, assim como em muitas outras cidades brasileiras, eram as principais causas da carestia. Não por acaso, reunidos em uma assembleia realizada no início de agosto de 1892, cerca de 160 operários decidiram "ir incorporados saudar o seu digno protetor, o cidadão Joaquim Nogueira Jaguaribe". A homenagem devia-se fundamentalmente ao fato de ter o referido cidadão, num relatório entregue aos vereadores, demonstrado que os negociantes locais vendiam gêneros de primeira necessidade com valores entre 50 a 60% superiores aos preços de custo.[362]

Com a sanção da Resolução nº 80, de 19 de agosto de 1892, por sua vez, a Câmara Municipal finalmente autorizou o seu presidente a "providenciar sobre a carestia de gêneros", indicando-lhe uma série de medidas, que na sua quase totalidade permaneceram sem aplicação prática ou se revelaram pouco eficazes para conter a ganância dos capitalistas locais e forçar uma baixa nos valores dos víveres de maior consumo popular.[363] Em fins de 1893, por exemplo, o redator do jornal *Juiz de Fora* denunciou o fato de "alguns negociantes de mantimentos terem elevado excessivamente o preço de certos gêneros alimentícios", como feijão, arroz e batata, classificando essa atitude como "especulação" e "exploração" praticada por comerciantes que "se aproveitam dos momentos de crise política para esfolar o pobre consumidor".[364]

Na verdade, o movimento de preços de 13 produtos (arroz, feijão, fubá, farinha de mandioca, farinha de trigo, toucinho, banha, açúcar mascavo, café em pó, batatas, cebolas e alho) oscilou bastante na década de 1890 (tabela 12). Como resultado da especulação promovida pelos negociantes juizforanos e da espiral inflacionária que sucedeu a crise do encilhamento, entre 1892 e 1897, o que se observa é um encarecimento da ordem de 16,72% no custo da cesta integrada por

---

[362] Cf. Manifestação de apreço e Carestia de gêneros. *O Pharol*, 4 ago. 1892, p. 1.

[363] A Resolução nº 80 recomendava ao agente executivo municipal, em síntese: (i) propor aos industriais a criação de uma cooperativa de consumo; (ii) cassar as licenças dos negociantes que especulassem com gêneros básicos e/ou fraudassem os pesos e medidas; (iii) reprimir a "ociosidade" e a "vagabundagem" no município; (iv) exigir das ferrovias a regularização dos transportes de mercadorias; (v) isentar de impostos os açougues que fornecessem carne verde, com osso, a 700 réis (Resolução nº 80 de 19 de agosto de 1892. *O Pharol*, 4 set. 1892, p. 2).

[364] Especulação! *Juiz de Fora*, 18 set. 1893, p. 1.

esses gêneros alimentícios; nesse mesmo período, por exemplo, o "litro" do feijão aumentou 87,5%. De 1897 a 1900, por outro lado, ocorre uma redução expressiva de 17,42% no valor total dessa cesta, que passa de 9$905 para 8$180, dentro de uma conjuntura nacional marcada pela recessão econômica e por uma política deflacionária levada a cabo durante o governo Campos Sales (1898-1902) — crise e política estas que vieram acompanhadas de problemas sociais como o crescimento do desemprego, a redução do valor nominal dos salários e a diminuição da capacidade de consumo dos trabalhadores.[365]

TABELA 12
Preços correntes em Juiz de Fora de alguns gêneros alimentícios de primeira necessidade (1892-1900)

Gêneros alimentícios	Quantidade	1892	1895	1897	1900
Arroz	1 litro	$310	$230	$340	$350
Feijão	1 litro	$240	$230	$450	$220
Fubá	1 litro	$160	$120	$150	$140
Farinha de mandioca	1 litro	$170	$200	$165	$250
Farinha de trigo	1 quilo	$500	$400	$640	$580
Toucinho	1 quilo	1$000	1$600	1$200	$900
Banha	1 quilo	1$150	1$410	1$500	1$160
Açúcar branco	1 quilo	$665	$500	$610	$760
Açúcar mascavo	1 quilo	$450	$300	$400	$460
Café em pó	1 quilo	1$150	1$440	$850	$700
Batatas	1 quilo	$450	$440	$500	$360
Cebolas	1 réstia	1$000	1$400	1$550	1$200
Alho	1 réstia	1$200	1$200	1$550	1$100
Valor de uma cesta com esses 13 produtos		8$445	9$470	9$905	8$180
Variação percentual em relação ao período anterior			+12,13%	+4,59%	-17,42%

Fontes: **1892** — Christovam de Andrade. Armazém de molhados e mantimentos. *O Pharol*, 5 jun. 1892, p. 3; Commercio. Preços correntes. *A Actualidade*, 18 set. 1892, p. 3. **1895** — Gêneros alimentícios. *O Pharol*, 26 jul. 1895, p. 3. **1897** — Christovam de Andrade & Comp. Preços correntes em vendas a retalho. *O Pharol*, 23 abr. 1897, p. 3; Gêneros alimentícios. *Jornal do Commercio*, 20 dez. 1897, p. 4. **1900** — Christovam de Andrade & Comp. Preços correntes em vendas a retalho. *O Pharol*, 27 fev. 1900, p. 4.

---

[365] Ver Arias Neto, 2003:210-215.

No entanto, antes de se iniciar esse período mais intenso de crise econômica e política, processou-se em Juiz de Fora outra tentativa de articulação dos interesses proletários em torno de uma associação profissionalmente indiferenciada, o Club dos Operários, cujos objetivos principais, ao que tudo indica, eram o socorro mútuo e a defesa dos interesses materiais do operariado. As reuniões para a formação desse clube, de acordo com diversos convites veiculados n'*O Pharol*, ocorreram entre os meses de junho e setembro de 1895, quando os trabalhadores que a ele se associaram, sob a liderança do oficial de relojoeiro Mateus Kascher, discutiram e aprovaram os seus estatutos sociais e elegeram a sua primeira diretoria, presidida por esse artífice e secretariada pelo tipógrafo Pedro de Gouvêa Horta.[366]

Nos primeiros meses de 1896, o Club dos Operários já contava com um bom contingente de associados e com recursos suficientes para manter uma sede social na rua XV de Novembro, onde realizava assembleias dominicais para tratar de "assuntos de interesse geral", bem como ensaios de danças e "partidas" ou "saraus" familiares em noites de sábado, evidenciando que possuía também um caráter recreativo e cultural.[367] Por outro lado, foi a partir da iniciativa dessa associação que pela primeira vez se organizaram celebrações populares para marcar a passagem do 1º de maio em Juiz de Fora, tendo sido inclusive dirigida pela "comissão dos festejos da classe operária" uma solicitação "aos proprietários de fábricas e oficinas e bem assim às companhias" para que liberassem "os operários, ao meio-dia, a fim de tomarem parte dos referidos festejos".[368]

A julgar pelas notícias publicadas sobre esses "festejos", alguns patrões de fato atenderam a tal pedido cortês do Club dos Operários. De acordo com o principal periódico local, "a laboriosa classe operária" de Juiz de Fora não deixou que a data "consagrada à festa do trabalho, passasse despercebida, proporcionando-nos um dia festivo". A exemplo do que ocorria então nas outras datas do calendário cívico republicano, como o 13 de maio e o 15 de novembro, na aurora do dia 1º de maio de 1896, a população foi acordada por salvas de fogos e banda de música, que percorreu as ruas centrais da cidade. Ao meio-dia, como se esperava, "era enor-

---

[366] Club dos Operários. *O Pharol*, 6 jun. 1895, p. 1; 22 ago. 1895, p. 2 e 4 set. 1895, p. 2.

[367] No *Almanach de Juiz de Fora*, o Club dos Operários aparece relacionado entre as "sociedades recreativas", ao lado de outra agremiação cultural proletária, a Corporação Musical União dos Artistas (*Almanach de Juiz de Fora para 1897*, 1896/1897, p. 203-204 e Club dos Operários. *O Pharol*, 5 mar. 1896, p. 2; 10 abr. 1896, p. 1 e 18 abr. 1896, p. 2).

[368] Festejos da classe operária. *O Pharol*, 30 abr. 1896, p. 2 e 1 maio 1896, p. 2.

me a reunião de operários, que, em *bonds*, fizeram uma enorme passeata, dando vivas e saudando as redações dos jornais da terra". Nova concentração proletária se realizou à noite, em frente a um coreto armado próximo à casa do presidente do Club dos Operários, tendo os trabalhadores aplaudido "calorosamente" todos os oradores que então se pronunciaram — como o "eloquente, inteligente e instruído" operário mecânico-metalúrgico Fernando Zuchi. Logo após esse *meeting*, os cidadãos que dele tomaram parte "seguiram, na melhor ordem, percorrendo as ruas em bonita *marche aux flambeaux* [tradicional préstito noturno à luz de tochas]" (1º de maio. *O Pharol*, 2 maio 1896, p. 2).

A exemplo dos empregados no comércio que, por volta dessa mesma época, engrossaram os comícios e préstitos de comemoração e protesto em prol do descanso dominical, os trabalhadores manuais que percorreram em massa as ruas centrais de Juiz de Fora no 1º de maio de 1896 emergiram de modo altaneiro e alegre do esquecimento e da posição sociopolítica submissa em que há tempos se encontravam relegados. Por algumas horas, no decurso desses animados festejos, ocuparam literalmente o centro do espaço urbano e das atenções da opinião pública, provavelmente com o objetivo de valorizar e enaltecer o papel que desempenhavam cotidianamente, de homens honrados e laboriosos, e com fundamental importância para a consolidação do posto de "ponto industrial mais importante do estado" para Juiz de Fora. Nesse sentido, suponho que entre os vários oradores que se pronunciaram no *meeting*, ao menos um tenha ressaltado ou sugerido que a função primordial exercida pelos operários para o progresso local deveria vir acompanhada de melhorias concretas nas condições de vida e trabalho desses indivíduos e suas famílias. Do mesmo modo, acredito que a reivindicação internacionalmente vinculada a essa data — a instituição da jornada de oito horas — não ficou também completamente esquecida nos discursos que esquentaram esse comício proletário.[369]

Contudo, não há como ter certeza se reflexões e reivindicações como estas chegaram a ser realmente apresentadas ao operariado juizforano, uma vez que *O Pharol* não apenas omitiu o conteúdo dos discursos feitos, como também optou por dar a essas comemorações um sentido bastante específico. Como sugere

---

[369] No Rio de Janeiro, as celebrações de 1º de maio permaneceram inconstantes ao longo da década de 1890. Somente a partir de 1901 a data consagrada à luta pela jornada de oito horas se consolidará no calendário comemorativo das associações operárias da capital federal e de outras cidades do país. Ver Arêas (1997/1998:9-28).

a leitura do trecho a seguir, o jornal procurou atribuir a esses "festejos da classe operária" o mesmo aspecto de harmonia e colaboração entre capital e trabalho, em favor do "engrandecimento" e "progresso" de Juiz de Fora, que presidia as diversas "festas industriais" realizadas na cidade nessa década:

> A data de 1º de maio deve ser (...) não exclusivamente da classe operária, dos homens que impunham a picareta, mas de toda a Juiz de Fora, porque esta é a cidade do trabalho, é a cidade mineira que alimenta o seu progresso à custa do suor honrado do labutar de seus filhos. Todos que trabalham são dignos do nobre título de operário, único brasão que atesta a honradez do homem (1º de maio. *O Pharol*, 2 maio 1896, p. 2).

Esse reconhecimento explícito, e inédito de certo modo, de que a "cidade do trabalho alimenta[va] o seu progresso à custa do suor honrado do labutar de seus filhos", por sua vez, demonstra que a repercussão na sociedade local de tal comemoração foi bastante significativa. Por outro lado, indica que a formação e as atividades das associações profissionalmente indiferenciadas, como o Club dos Operários, concorreram também para que gradativamente, nessa virada de século, se estabelecesse em Juiz de Fora uma opinião um pouco mais favorável com relação aos trabalhadores e ao ato de trabalhar — algo fundamental para a emergência e legitimação de uma luta por direitos. Como ressalta Angela de Castro Gomes (1988:60-61), em sua análise sobre os sentidos políticos da movimentação do operariado do Rio de Janeiro na primeira década republicana: "É preciso não esquecer que um dos objetivos principais das propostas de organização das classes trabalhadoras nessa época era justamente torná-la visível para a sociedade e, paralelamente, legitimar suas demandas de participação política e reivindicações sociais".

Ao organizar a primeira comemoração festiva de 1º de maio realizada em Juiz de Fora, portanto, o Club dos Operários contribuiu em muito para fazer avançar o complexo e demorado processo de construção da identidade política e social do operariado local, ainda que nos meses seguintes não tenha sido possível aos dirigentes dessa associação darem prosseguimento às suas atividades regulares. Com efeito, após a eleição de sua segunda diretoria e a realização de alguns bailes e reuniões em sua sede social, entre junho e agosto de 1896,[370] tal clube se dissolveu,

---

[370] A segunda diretoria desse Club era composta por: Mateus Kascher, presidente; Arhur Penna, vice-presidente; Archimedes Franco, 1º secretário; Elisiario da Fonseca, 2º secretário; Francisco de Assis Castro,

justamente no momento em que os caixeiros lutavam para preservar o descanso dominical conquistado em 1894 e, ainda, poucos meses antes daquela cidade ser palco de outras três mobilizações classistas dignas de nota. A primeira delas refere-se a uma greve por reajustes salariais empreendida por um grupo numeroso de guarda-freios da EFCB, noticiada assim pelo jornal *O Pharol*, em sua edição de 16 de outubro de 1896:

> Anteontem às 5 horas da tarde, os guarda-freios, em número de quarenta, que trabalham da estação de Entre-Rios [atual Três Rios – RJ] a Barbacena, alegando que os seus vencimentos não estavam equiparados aos dos seus companheiros das outras seções, fizeram greve na estação de Mariano Procópio, recusando-se a fazer o serviço, dali para cima.

Deste modo, tal movimento paredista interrompeu a circulação de composições ferroviárias entre a capital federal e a região central de Minas Gerais, tendo os guarda-freios optado por se concentrarem estrategicamente na estação Mariano Procópio, ponto equidistante entre Barbacena e Entre-Rios. De acordo com *O Pharol*, tão logo tomou conhecimento da existência da greve, a direção da Estrada de Ferro Central do Brasil acionou os mecanismos políticos e institucionais que dispunha para reprimi-la, telegrafando ao então delegado de polícia de Juiz de Fora, Luiz Amâncio Alves, "a fim de que providências fossem tomadas no sentido de restabelecer a ordem no serviço" dessa ferrovia. Com este objetivo e sob o pretexto de que "os grevistas estavam em atitude agressiva", fato não confirmado na notícia, o referido delegado arregimentou "toda força existente no quartel" do 3º Batalhão de Polícia Militar e dirigiu-se, acompanhado também de seus agentes, para o subúrbio da cidade, onde, segundo informa o jornal, procurou

> persuadir os guarda-freios a que voltassem ao serviço, aconselhando-os a se dirigirem ao seu chefe, a fim de que fosse julgado o seu direito por outros caminhos que não a da anarquia, sempre geradora de graves desordens. Os grevistas, vendo certo aparato de força, julgaram mais prudente desistir da *grève* e aceitar o conselho do sr. Delegado, ficando por esse motivo restabelecida a ordem (*O Pharol*, 16 out. 1896).

---

tesoureiro; Vicente Queres, procurador e três membros da "comissão de sindicância" (Club dos operários. *O Pharol*, 17 jun. 1896, p. 2 e 23 jul. 1896, p.1; e Sessão pública. *O Pharol*, 16 ago. 1896, p. 1).

"Persuadindo" com tamanho "aparato de força" os guarda-freios da Central a encerrarem sua greve, sem que ao menos a solicitação de equiparação salarial que sustentavam fosse levada em consideração pela direção da ferrovia, as autoridades policiais de Juiz de Fora deram provas de que desejavam manter, a qualquer custo, o operariado local distante das reivindicações sociais que, desde o limiar da República, eram levantadas em outros centros urbanos por diferentes categorias profissionais. Pouco tempo depois, como evidencia a denúncia a seguir, os operários das oficinas de *O Pharol* também serão vítimas do poderio e do desapreço de seus patrões, justamente no momento em que aquela cidade experimentava os sintomas iniciais de uma crise econômica que se estenderia até por volta de 1904:

> Até essa data [24-2-1897] os pobres e infelizes empregados do *Pharol* não receberam o fruto do trabalho insano e cruel de operários que são. Quantas privações em seus lares, quantas asperezas de seus credores, quantas mágoas têm sofrido, ninguém ignora. Entretanto, na abastança em que vivem, os diretores do *Pharol* deixam-se ficar na irresolução dos negócios da empresa! A necessidade. (Aos srs. diretores do *Pharol*. *Jornal do Commercio*, 24 fev. 1897, p. 1).

De fato, esse tradicional periódico juizforano deixou de circular em fins de outubro de 1896, permanecendo suas oficinas quase que completamente paralisadas até abril de 1897 e, depois, de outubro desse ano até julho de 1899.[371] Neste sentido, a nota transcrita acima, possivelmente veiculada pelos operários prejudicados, é elucidativa tanto no que se refere às privações e dissabores enfrentados então por muitos outros trabalhadores que ficaram sem emprego ou sem receber seus ordenados por longo tempo, quanto no que diz respeito ao descaso dos capitalistas com a difícil situação de seus empregados nos momentos de crise ou de falência de suas empresas.

Mas, muitos operários contratados então pelo Estado, como os engajados nas obras de construção das instalações da Alfândega de Juiz de Fora, a cargo do governo federal, também sofriam privações e constrangimentos semelhantes,

---

[371] Em 1899, as oficinas d'*O Pharol*, que desde 1891 pertencia a uma companhia incorporada por Alfredo Ferreira Lage, foram adquiridas pela Empresa Tipográfica de Juiz de Fora, cujo acionista majoritário era o político Francisco Bernardino Rodrigues (A imprensa em Juiz de Fora. *Jornal do Commercio*, 1 jan. 1901, p. 1-2).

decorrentes de atrasos no pagamento e/ou do não recebimento integral, em dinheiro, de seus parcos ordenados. No início do mês de março de 1897, esses trabalhadores manuais, como informa o *Jornal do Commercio*, "declararam-se (...) em *grève*, por falta de pagamento de salários" e, ao que parece, para protestarem ainda contra a prática da administração dessas obras de complementar uma parte de seus respectivos vencimentos com "vales", que deveriam ser trocados por gêneros alimentícios e outros artigos de primeira necessidade junto a determinados comerciantes locais.[372]

A paralisação do trabalho realizada pelos cocheiros de Juiz de Fora entre os dias 24 e 26 de fevereiro de 1897, por sua vez, tinha como objetivo central pressionar a municipalidade para que revogasse a Resolução nº 353, de 27 de setembro de 1896, que regulamentava e limitava os pontos em que os carros de aluguel poderiam estacionar no centro da cidade. Tal movimento parece ter se caracterizado muito mais como um *lockout*, tendo em vista o integral apoio que recebeu dos "proprietários de carros, alguns dos quais cocheiros". Estes, de acordo com articulistas do *Jornal do Commercio*, ou por comodidade ou por ganância, desejavam estacionar os seus respectivos carros "em qualquer ponto", o que favorecia o embarque e desembarque de seus clientes (especialmente em dias de chuva), mas atrapalhava o fluxo de pedestres. Tudo indica que a referida legislação manteve-se em vigor e, como tantas outras leis municipais, continuou a ser flagrantemente desrespeitada.

Na polêmica travada em torno desse problema específico entre a imprensa, os fiscais municipais e os donos de carros de aluguel ou de praça, chama a atenção o modo como os redatores do *Jornal do Commercio* procuraram desqualificar essa *grève*, comparando-a aos movimentos paredistas realizados por operários, de outros centros urbanos, em prol de "aumentos salariais" ou da "diminuição nas horas de serviço": "a *grève* dos cocheiros, ou antes, dos proprietários de carros", mais do que "um sintoma de indisciplina", configurou-se como "um atestado de imbecilidade", que somente trouxe prejuízos financeiros a estes últimos, já que os patrões que não aderiram aumentaram em muito a sua clientela nesses dias, as-

---

[372] Evidenciando que, de fato, problemas existiam na quitação regular e integral de ordenados nessas obras, em junho de 1897, a sua nova administração fez publicar a seguinte nota: "As pessoas que tiverem vales ou ordens de operários destas obras deverão apresentá-los até 30 do corrente; findo este prazo, ficarão os mesmos de nenhum feito" (Greve. *Jornal do Commercio*, 4, 5 e 6 mar. 1897, p. 1; Obras da Alfândega de Juiz de Fora. *Jornal do Commercio*, 6 mar. 1897, p. 1 e 21 jun. 1897, p. 2).

sim como cresceram sensivelmente os lucros da empresa de bondes. E, como fica evidente na leitura do trecho a seguir, em última instância, o que sobressai nessa argumentação é uma condenação geral a todas as formas de greve, bem como uma clara legitimação da repressão policial a movimentos reivindicatórios dessa natureza:

> Os operários que fazem *grève* costumam revoltar-se contra os patrões; os cocheiros, porém, ou eram os próprios proprietários dos carros, ou estavam em *grève* por conta destes. Revoltaram-se contra a lei, prejudicando a si próprios. (...) Quando há *grève* em oficinas ou fábricas, a polícia toma logo todas as providências, a fim de evitar algum desacato aos patrões. No caso dos cocheiros, a polícia nem se moveu e fez muito bem, porque a polícia não tinha propriedade ou vida alguma a garantir (*Grève* dos cocheiros. *Jornal do Commercio*, 27 fev. 1897, p. 1).

Sob o ponto de vista elitista, os movimentos paredistas constituíam um ato grosseiro e perigoso de indisciplina, de "anarquia, sempre geradora de graves desordens". Uma indesejável ação de revolta dos operários contra os seus patrões, que requeria prontas e enérgicas providências policiais para resguardar a propriedade e a integridade física dos capitalistas ou os bens do Estado e o poder de mando de seus agentes, no caso das paralisações feitas por empregados de empresas, obras, oficinas e repartições governamentais. O relato de como a greve dos guarda-freios da EFCB foi dissolvida em Juiz de Fora em outubro de 1896, bem como as informações sucintas sobre o "tratamento padrão" dispensado pelos governantes às paredes realizadas por cocheiros, ferroviários e mineiros do Rio de Janeiro e de Minas Gerais entre os anos de 1897 e 1900 (ver anexos XI e XII), atesta do mesmo modo que a preservação do "princípio da autoridade", antes restrito fundamentalmente ao domínio privado do senhor/amo/contratante, havia se transformado então num problema atinente também à segurança pública.

Será fundamental realizar ainda uma reflexão mais geral sobre as experiências políticas, organizativas e reivindicatórias do proletariado juizforano no começo da República. As classes conservadoras, em seu esforço para enredar e controlar o operariado, não se limitarão às tentativas de imposição de um determinado modelo associativo — mutualista e apolítico, essencialmente — e à promoção de uma campanha de intimidação ideológica e policial que, já nessa época, tinha como um dos seus principais elementos o antianarquismo.[373] Por meio de inúmeros artifícios e de alguns de seus agentes (diretores de fábricas, políticos e literatos, em especial), setores do patronato e das elites procurarão também intervir, direta e indiretamente, no funcionamento e nos assuntos de algumas das sociedades de trabalhadores — o que muito contribuirá para o surgimento de divergências internas e mesmo o esvaziamento e dissolução de boa parte de tais agremiações proletárias poucos meses após se constituírem. É o que revela, por exemplo, a trajetória do Centro Operário Nacional.

Como esclarece a ata lavrada durante a reunião de sua instalação, realizada em 7 de agosto de 1898, o Centro Operário Nacional foi definido por seus fundadores como "uma associação sem caráter político", que tinha como objetivo principal "proteger o operário nacional em qualquer eventualidade". Para esse fim, a comissão organizadora propôs que "cada operário concorra pecuniariamente, à medida de suas forças; porém só tendo início os benefícios seis meses depois da instalação do Centro" — como ocorria nas demais sociedades beneficentes existentes então em Juiz de Fora. Tratava-se, portanto, de uma sociedade de socorros mútuos, que congregaria trabalhadores manuais de distintas profissões, mas que deveriam necessariamente possuir a nacionalidade brasileira.[374]

A estratégia empregada pelos organizadores do Centro Operário Nacional para dotá-lo de recursos financeiros no curto prazo aproximou-o ainda mais das

---

[373] De fato, desde fins de 1892, os jornais juizforanos publicavam notas a respeito tanto das atividades "criminosas" e "subversivas" atribuídas a seguidores do anarquismo na Europa e no Brasil, quanto das providências adotadas pelas autoridades (investigações, prisões, interrogatórios, deportações, condenações e até execuções). Entre 1895 e 1897, o temor que ocorresse uma "infiltração anarquista" em Minas, por exemplo, levou a polícia mineira a prender 37 dos milhares de italianos que passaram pela Hospedaria de Horta Barbosa. Já em novembro de 1899 surgiram denúncias de que um "centro anarquista" estava sendo criado em Juiz de Fora, motivando mais uma investigação policial (Ver Monteiro, 1994:175 e Anarchistas. O Pharol, 2 dez. 1892, p. 1; 11 mar. 1893, p. 1; 11 jul. 1894, p. 1; e Anarchistas. Jornal do Commercio, 17 nov. 1899, p. 1).

[374] Entre agosto e setembro de 1898, os sócios do Centro Operário Nacional reuniram-se diversas vezes, sempre aos domingos, para aprovar os estatutos e eleger a diretoria da entidade, que ficou assim constituída: Felicíssimo M. Ribeiro, presidente; José Teixeira, vice-presidente; Francisco E. de Paula Ribeiro, 1º secretário; Ricardo Dutra, 2º secretário; Guilhermino A. de Lima, tesoureiro e Quirino R. da Luz. Numa dessas assembleias, cumpre registrar, o presidente do centro esclareceu ao "grande número de operários" que "o fim capital desta agremiação (...) será a garantia e proteção do operário nacional, que presentemente se vê de todo sem proteção" (Ver Centro Operário Nacional de Juiz de Fora. Correio de Minas, 11 e 17 ago. 1898, p. 3; 26 ago. 1898, p. 2; e Centro Operário Nacional. Jornal do Commercio, 9 ago. 1898, p. 2; 29 ago. 1898, p. 1; 11 set. 1898, p. 2).

concepções e práticas pluriclassistas das tradicionais associações beneficentes locais. Entre agosto e setembro de 1898, por meio de "listas de angariar donativos" confeccionadas em folhas marcadas com "as armas da *República*", sua diretoria arrecadou um total de 558$700. Como atestam os dados na tabela 13, entre as cerca de 100 "pessoas que tiveram a gentileza de oferecer donativos para o engrandecimento desta associação e sua manutenção", figuram com destaque, ao lado de possíveis operários e oficiais de ofício, duas dezenas de conhecidos membros das classes conservadoras locais (políticos, fazendeiros, industriais, comerciantes, profissionais liberais e literatos), que serão responsáveis por quase 80% do montante ofertado então àquela entidade.

TABELA 13
Contribuições feitas ao Centro Operário Nacional (1898)

Faixa de doação	Nomes de alguns doadores	Origem social desses doadores	Nº de doadores	Total doado
30$000 a 50$000	Constantino Paleta, Ambrósio Braga, Fernando Lobo, João d'Ávilla, João Penido Filho, João Ferreira de Assis Fonseca, Francisco Bernardino Rodrigues, Antonio Carlos Ribeiro de Andrada, Cristóvão de Andrade, Henrique Vaz e Duarte de Abreu	Políticos (vereadores, deputados), industriais, fazendeiros, comerciantes, profissionais liberais (advogados, médicos, farmacêuticos)	8	280$000
10$000 a 20$000	Fernando Lobo, Ignácio Gama, Bernardo Mascarenhas, Antero Lage, Francisco Valadares e barão do Retiro		12	160$000
2$000 a 5$000	Querino Ribeiro da Luz, Francisco Eduardo de Paula, Ricardo Dutra, Oscar da Gama	Dirigentes da entidade, literatos, profissionais liberais, operários e trabalhadores	24	68$000
$200 a 1$500			59	50$700
Total de doadores e recursos arrecadados entre 10 ago. 1898 e 16 out. 1898			103	558$700

Fontes: Centro Operário Nacional de Juiz de Fora. *Correio de Minas*, 10 e 11 ago. 1898, p. 3 e 18 ago. 1898, p. 2; Centro Operário Nacional de Juiz de Fora. *Jornal do Commercio*, 3 e 17 set. 1898, p. 2 e 16 out. 1898, p. 2.

Embora os estatutos do Centro Operário Nacional garantissem a faculdade de "votar e ser votado" a todos que concorressem "com donativos para a [sua] manutenção", muito provavelmente a retribuição desejada por esses abastados "colaboradores" não se restringia ao direito de participar das reuniões e interferir na administração de tal associação. O que importava principalmente a esses potentados era contar com a gratidão dos muitos associados dessa entidade, bem como ver os seus conhecidos nomes vinculados a agradecimentos públicos como este: "A diretoria agradece a todas as pessoas que tiveram a gentileza de oferecer donativos para essa associação em benefício da classe operária nacional e engrandecimento da mesma".[375] Portanto, interessava-lhes acima de tudo o possível reconhecimento de sua condição de "beneméritos" ou "filantropos" por parte dos membros das "classes trabalhadoras" da mais industrial das cidades de Minas.

Foi fundamentalmente por meio dessa arrecadação pluriclassista que a diretoria do Centro Operário Nacional pôde inaugurar sua sede social, instalada no nº 4 da rua Fonseca Hermes, e dar início à prestação do socorro mútuo a seus sócios. Mas a entidade acabou se dissolvendo antes do fim de 1898, possivelmente tanto em função dessa forte dependência em relação aos recursos doados por integrantes da burguesia local, quanto devido ao surgimento de divergências políticas entre seus principais dirigentes, que se colocaram em campos antagônicos nas eleições parlamentares realizadas então na cidade.[376]

Entre os anos de 1890 e 1900, portanto, diferentes segmentos da classe trabalhadora de Juiz de Fora — especialmente os alfaiates, cozinheiros, caixeiros, ferroviários, cocheiros, tipógrafos, operários de oficinas, canteiros de obras e fábricas — vivenciaram importantes experiências reivindicatórias, organizativas e políticas.[377] Sem desconhecer ou procurar minimizar a fragilidade que caracte-

---

[375] Centro Operário Nacional. *Correio de Minas*, 11 e 14 ago. 1898, p. 3.

[376] É o que indica a seguinte nota: "De ordem do sr. presidente, protesto contra o manifesto publicado (...) por um aventureiro sustentando a candidatura do sr. Felicíssimo Mendes Ribeiro [ex-presidente do Centro Operário Nacional], na próxima eleição de 15 de novembro de 1898, para deputado estadual. O público deve estar ciente de que o *Centro* há mais de um mês não se reúne, portanto não podia partir dessa associação semelhante manifesto". Dias depois, uma nova diretoria assumiu a gestão dessa entidade, mas a ausência de notícias de suas atividades posteriores aponta para a dissolução do referido centro operário por essa época (Protesto. *Jornal do Commercio*, 11 nov. 1898, p. 2; e Centro Operário Nacional de Juiz de Fora. *Jornal do Commercio*, 12 nov. 1898, p. 2).

[377] Nos meses de outubro e novembro de 1898, cumpre registrar, integrantes do "corpo tipográfico" local se reuniram para organizar a Sociedade Tipográfica Beneficente Mineira, com caráter beneficente e recreativo. Cerca de dois anos depois, os marceneiros, carpinteiros e demais operários da Fábrica de Móveis Corrêa & Corrêa realizaram uma greve, paralisação esta motivada por "questões internas da administração" — possivelmente para solicitar reajustes salariais e/ou exigir o pagamento de ordenados

rizou o associativismo proletário nessa cidade no limiar da República, considero fundamental ressaltar o empenho de inúmeras lideranças em cultivar e disseminar a ideia de "união da classe" em torno de suas necessidades imediatas e também de seus objetivos futuros. Desse esforço sobressai-se tanto a criação de entidades para cuidar dos interesses específicos de determinada categoria profissional (socorro mútuo, recreação, instrução, redução da jornada, obtenção de reajustes salariais, luta para conquistar ou revogar resoluções municipais, entre outros), quanto a fundação de associações de ofícios vários. A constituição e funcionamento do Centro Operário Mineiro, da Sociedade União Operária, do Club dos Operários e do Centro Operário Nacional, em especial, sugere que ao lado da promoção de atividades típicas do "espírito de associação" predominante nessa época havia ainda uma preocupação mais geral em transformar o operariado em um ator político relevante no cenário social juizforano.

No que se refere mais especificamente à cultura das associações ou à tradição associativa resultante dessas experiências organizatórias iniciais dos assalariados urbanos de Juiz de Fora, acredito ter conseguido expor de modo satisfatório as relações de aproximação e distanciamento que as lideranças e entidades desses trabalhadores estabeleceram com o modelo agremiativo prescrito pelas classes conservadoras para os "homens do trabalho". A influência desse modelo sobre as sociedades e dirigentes proletários dessa cidade foi realmente muito significativa, podendo ser percebida não apenas na prevalência das atividades mutualistas e recreativas e de um discurso respeitador das leis, da ordem, das autoridades e da hierarquia da sociedade local, como ainda em uma série de aspectos institucionais, como as normas e rituais que presidiam as assembleias e reuniões (convocação por edital, escolha de mesa diretora dos trabalhos, confecção e aprovação de atas, nomeação de oradores); a elaboração de estatutos; os cargos que compunham a diretoria; o empenho em abrir e manter uma sede social e os métodos de arrecadação de recursos (joias, mensalidades, coletas públicas e pluriclassistas), entre outros. Por outro lado, é também na compreensão das implicações mais gerais do contexto socioeconômico dessa época sobre as condições de vida do proletariado juizforano, e não exclusivamente nas formas assumidas e atividades desenvolvidas por seus órgãos representativos, que se devem buscar os sentidos políticos

---

em atraso (Reunião tipográfica. *Jornal do Commercio*, 30 out. 1898, p. 1; Centro Tipográfico. *Jornal do Commercio*, 15 nov. 1898, p. 1; e Greve. *O Pharol*, 12 jun. 1900, p. 1).

fundamentais de sua considerável movimentação classista nos últimos anos do século XIX.

De fato, não obstante as tentativas de algumas categorias profissionais em obter reajustes salariais, os protestos populares contra a especulação e a elevação do valor dos gêneros de primeira necessidade e as tímidas iniciativas da municipalidade para baratear o custo de vida, os anos de 1890 se caracterizaram em Juiz de Fora, de modo geral, tanto pela intensificação das atividades mercantis e manufatureiras, quanto pelo agravamento das condições de existência da classe trabalhadora. A esse respeito, vale lembrar ainda que, além de enfrentar o constante encarecimento dos aluguéis e dos víveres que mais consumiam, os assalariados sofriam cotidianamente com o recrudescimento dos regimes de serviço aos quais estavam submetidos e com as péssimas condições de higiene das habitações em que viviam com suas famílias. Tais problemas eram permeados, entre outros fatores, por ordenados aviltantes, pela imposição de longas e extenuantes jornadas diárias e semanais, pelo autoritarismo patronal, pelos acidentes ocorridos no local de trabalho, pela estigmatização dos hábitos culturais dos despossuídos e pela precariedade e/ou inexistência de serviços públicos essenciais, como os de saúde, transporte, água e esgoto.

As experiências socioeconômicas, associativas e reivindicatórias vivenciadas pelo proletariado juizforano apontam para um significativo processo de aprendizagem política, especialmente para a gradual compreensão do fato de que a opressão e exploração capitalistas estendiam-se para muito além do mundo do trabalho, estando presentes também, por exemplo, no valor escorchante pago pelo aluguel de habitações precárias e na "especulação desenfreada" que se fazia, local e nacionalmente, com os preços dos víveres e artigos de primeira necessidade. Desse modo, os significados políticos das seguintes palavras do líder operário e socialista carioca Mariano Garcia, reproduzidas n'*O Pharol* de 1º de maio de 1896 (À classe operária, p. 2), não eram inteiramente desconhecidos de uma parcela relevante dos trabalhadores de Juiz de Fora, onde comprovadamente os ordenados oscilavam numa faixa ainda mais baixa:

> Como sabem todos que trabalham para viver, com um modesto salário de 4$000 ou 5$000 diários é quase impossível a vida hoje, nesta Capital [Rio de Janeiro], onde a mais ousada especulação comercial campeia impune, sem que os nossos legisladores se preocupem seriamente com isso. Desde o aluguel da mais modesta habitação, até o

gênero mais indispensável à vida, têm subido a preços excessivamente tão altos, que torna-se hoje para os que ganham parcos salários, impossível a subsistência.[378]

Não por acaso, o debate acerca da "questão social" ou do "problema operário" emergirá com força e se desenvolverá bastante, conquistando um espaço bem maior na imprensa e na opinião pública, sob o impulso de novas lideranças e associações proletárias. No contexto socioeconômico marcado pela retomada da expansão das atividades mercantis e manufatureiras locais, as tradições associativas e a cultura política forjadas anteriormente pelos assalariados de Juiz de Fora se atualizarão, selecionando e incorporando contribuições programáticas e propostas de atuação e organização classistas trazidas ou transmitidas por dirigentes operários de outros centros urbanos.

A questão social sob os pontos de vista das classes conservadoras e do operariado

> Está organizado o Centro Operário de Juiz de Fora. (...) Forte e belíssimo vínculo de fraternidade vai unir quantos se acolherem a essa sociedade, onde não pode[m] ter entrada as frases vermelhas de rebelados, porque aí dentro apenas trata[m]-se de coisas santas, do amparo aos necessitados, da pensão aos enfermos, da luz para os espíritos. Nesta terra, em que o capital não explora o serviço de homens livres, em que o patrão não é o nobre a comer em pratos de ouro ao passo que o fâmulo curte fome nas mansardas, ideias de Louise Michel [destacada líder revolucionária e anarquista francesa, falecida em 1905] devem merecer dos próprios operários a mais viva e a mais decidida oposição. (...) Aqui, será insensato e perverso quem, no trovejar da retórica de oradores cabotinos, concitar o operariado a outro intuito que não este que o Centro pretende realizar: a assistência aos seus. É a união dos pequeninos, dos humildes, dos obscuros, porque, avisadamente, de-

---

[378] Neste artigo, em particular, Mariano Garcia manifesta seu apoio à formação de cooperativas para a venda de gêneros alimentícios a preços mais baratos aos trabalhadores.

> vem eles olhar para o dia de amanhã, e onde escasseia o trabalhador e
> há abundância de trabalho, o proletariado é um tropo, é uma mentira
> Amanajós de Araújo, *O Pharol*, 5 maio 1903, p. 1.

Nos primeiros anos do século XX, o longo e quase completo silêncio da grande imprensa juizforana em relação à questão social, suscitada com energia em centros de maior porte notadamente a partir da República, foi definitivamente quebrado. Entre maio de 1902 e outubro de 1903, vários articulistas procurarão enfrentar esse tema, até então apenas tangenciado pelo *Jornal do Commercio* e *O Pharol*. Contudo, em vez de analisarem as reais condições de vida e trabalho enfrentadas pelo proletariado brasileiro, com raríssimas exceções, utilizarão o seu talento literário para mobilizar uma série de argumentos já recorrentes nos principais periódicos cariocas e paulistanos desde a década passada, negando a existência de uma "questão operária" em nosso país e desqualificando os líderes e teses socialistas e anarquistas. Era como se quisessem criar, por meio de sofismas e da criminalização das mobilizações proletárias desencadeadas em cidades como o Rio de Janeiro, Santos e São Paulo, uma espécie de "cordão sanitário" em torno de Juiz de Fora e seus trabalhadores, afastando-os não só das ideologias ditas "subversivas", como também das greves e da pauta de reivindicações econômicas, políticas e sociais que as motivavam.

O advogado Amanajós de Araújo, que assinava suas colaborações nos jornais com a abreviatura "A.", se destacou entre os articulistas radicados em Juiz de Fora que criticavam energicamente os movimentos paredistas e o envolvimento dos operários com a política e os líderes socialistas, incentivando os trabalhadores locais a somente se congregarem em "grêmios beneficentes" e "associações de assistência mútua".[379] Em 8 de junho de 1902, na coluna que mantinha n'*O Pharol* (Páginas, p. 1), declara:

> Guerra à burguesia! mata o capital! — e grita-se isto em um país de igualdade, em um
> país onde não há castas nem linhagens, em um país onde, no regime industrial tudo

---

[379] No 1º de maio de 1902, por exemplo, um desses articulistas saudou os operários locais pela passagem do dia "consagrado à festa do trabalho" e procurou atribuir a culpa das dificuldades que estes enfrentavam (desemprego, salários modestíssimos, carestia) à política econômica e aos "socialistas" que "querem somente fazer dos operários máquinas de votar": "Os Vinhaes proliferam, mas nenhum deles aconselha o operário a se congregar em associações de assistência mútua. (...) Agindo por conta própria, (...) essas associações farão muito mais do que os politiqueiros que lhes exploram o número", dado o seu peso eleitoral (Coisas da época. *O Pharol*, 1 maio 1902, p. 1).

está por fazer! Vivamos nós aqui muito quietos sem novidades da extranja [sic], trazidas por uns sujeitos que, no linguorio e de pena na mão, reformam tudo nesta vida, mas que fariam um grande favor não vindo para cá. (...) Hoje Socialismo, amanhã anarquismo — e os nossos governos relapsos, cuidando apenas de eleições, (...) não reprimem essas demasias que, dia a dia, vão tornando insuportável a vida, sob a ameaça de petroleiros de botequins, nédios vagaceiros, açulando contra nós a sua gente.

Amanajós de Araújo criticava e se referia, de modo especial, às teses aprovadas no 2º Congresso Socialista Brasileiro, realizado em São Paulo, e publicadas nessa mesma edição d'*O Pharol*. Para Amanajós, não havia razão para se defender ideias socialistas no Brasil, país onde, segundo ele, faltavam trabalhadores e o capital, "em vez de ser o algoz do operário" era, ao contrário, "o seu amigo e o seu amparo". A leitura das reivindicações sociais sistematizadas nesse congresso proletário, entretanto, aponta para a existência de uma realidade bastante distinta da desenhada pelo articulista em sua homilia conservadora. Isso porque, entre as principais resoluções de tal conclave, figuravam com destaque aquelas que compunham o cerne dos debates em torno da "questão social", a saber: instituição da jornada de oito horas para adultos e de seis horas para menores entre 14 e 18 anos, com a proibição do trabalho de crianças com idade inferior a 14 anos; garantia de um descanso contínuo de 36 horas semanais; responsabilização penal e civil dos patrões nos acidentes de trabalho; regulamentação higiênica do trabalho e limitação do trabalho noturno; proibição do trabalho às mulheres quando haja perigo à maternidade e ataque à moralidade; criação de tribunais arbitrais para resolver divergências entre capital e trabalho, com a neutralidade absoluta do Estado; igualdade de retribuição à igualdade da produção para ambos os sexos; liberdade efetiva para reuniões, associações e greves e pagamento de pensão aos inválidos e operários maiores de 60 anos.[380]

De modo geral, estas propostas tanto já figuravam nos programas dos partidos operários criados no Rio de Janeiro no começo da República, quanto continua-

---

[380] O 2º Congresso Socialista aprovou diversas resoluções relativas a outros aspectos da vida nacional, com destaque para as seguintes propostas: substituição do imposto de consumo por taxações proporcionais sobre a renda e a herança; obrigatoriedade do ensino aos menores de 14 anos; concessão de cidadania aos residentes há mais de um ano no país; separação efetiva entre Estado e Igreja; igualdade política e jurídica para homens e mulheres; voto aos 18 anos e proibição de jogos e loterias (Congresso Socialista e Páginas. *O Pharol*, 8 jun. 1902, p. 1).

rão a ser incessantemente demandadas por parcela das lideranças proletárias no decurso das três primeiras décadas do século XX. A vigência no país de um sistema econômico e político-eleitoral altamente excludente durante esse período, em grande medida, impedirá o alcance de todas ou quase todas essas reivindicações. Contudo, a sua sistematização e maior divulgação a partir de 1902 não deixa de constituir um passo importante no processo de construção da identidade das classes trabalhadoras brasileiras, uma vez que nesse manifesto do Partido Socialista, como notou Claudio Batalha (2003:180-184),

> aparece uma concepção de cidadania que não apenas garante melhores condições de trabalho, protegendo o trabalhador através de mecanismos legais, propondo a promoção de uma maior justiça social, sobretudo através de medidas fiscais, como vincula de modo indissociável direitos sociais e direitos políticos, sustentando que a obtenção de uns depende dos outros.

Para os objetivos do estudo aqui desenvolvido, interessa ressaltar que a publicação por *O Pharol*, em meados de 1902, desse conjunto tão significativo de propostas destinadas a incluir politicamente e melhorar as condições de vida e trabalho do operariado brasileiro era, de fato, algo inédito na grande imprensa de Juiz de Fora, que desde o princípio dos anos de 1890 se limitava a dar pequenas notas sobre greves e protestos populares realizados em Minas, no Brasil e em outros países. Embora eclipsado pela argumentação ultraconservadora de Amanajós de Araújo, que classificou tal programa socialista de "modernice importada da Europa" e destinada a "encher umas tantas cabeças vadias", a veiculação das reivindicações sociais mencionadas nos parágrafos anteriores deve certamente ter espantado e causado grande indignação nos meios patronais da cidade, uma vez que refletiam também as enormes dificuldades enfrentadas diariamente pelos trabalhadores juizforanos. Por outro lado, a reprodução integral dessa proposta de instituição de um verdadeiro "código do trabalho", a meu ver, constitui um indício relevante de que, gradativamente, a "questão social" começava a ganhar a atenção da opinião pública local, mesmo que raramente o debate se estabelecesse num plano favorável às demandas dos assalariados e desvalidos. O acirramento da crise política e socioeconômica na transição dos governos Campos Sales e Rodrigues Alves, sem dúvida, contribuía bastante para isso.

No Rio de Janeiro, o quinquênio 1900-04 caracterizou-se pela intensificação das atividades associativas e reivindicatórias de segmentos importantes das classes trabalhadoras, como os cocheiros, ferroviários, estivadores, tecelões, sapateiros, alfaiates, chapeleiros, padeiros, caixeiros e operários da construção civil e das oficinas do Estado. Nesses cinco anos, de acordo com um levantamento coordenado por Eulália Maria Lahmeyer Lobo (1992:33-34), ocorreram cerca de 54 movimentos paredistas na capital federal, de modo geral, deflagrados por questões salariais (solicitação de aumento no valor das horas normais e extraordinárias e protestos contra atrasos ou redução no valor do ordenado), para exigir melhorias nas condições de serviço (diminuição da jornada para oito horas, limitação das horas extras e contra o trabalho aos domingos, a rígida disciplina fabril e o sistema de multas), o cumprimento de acordos e a readmissão e/ou libertação de grevistas. Somente no ano de 1903 foram 31 greves, muitas delas resultando em vitórias parciais ou totais. Digno de nota também é o recrudescimento da repressão policial e do autoritarismo patronal, com recorrentes casos de prisão, espancamento e dispensa do emprego de grevistas e líderes proletários.[381]

Além dessas diversas greves operárias, protestos populares violentos ocorreram na capital federal em 1901 (depredação de bondes devido à elevação das passagens) e em 1902 (confrontos de rua entre a polícia e o povo, que reclamava do alto custo da carne verde, ataques aos trens da EFCB, em função da mudança de horários, e a registros de água provocados pelo desabastecimento). Já em novembro de 1904, inúmeros trabalhadores cariocas tomaram parte dos *meetings*, quebra-quebras, saques e enfrentamentos sangrentos com a força pública que caracterizaram a Revolta da Vacina, episódio sociopolítico em que pelo menos 23 pessoas pereceram e outras 945 acabaram encarceradas.[382] Deste modo, o recrudescimento das manifestações e da indignação da população pobre, assalariada ou não, com relação às suas condições de existência, nesse período, veio acompanhado do aumento e do autoritarismo dos agentes do Estado e do patronato, resultando em crescente criminalização da questão social. Analisando esse processo de transformação do problema operário num assunto atinente, quase que exclu-

---

[381] Já na cidade de São Paulo, entre 1901 e 1904, ocorreram ao menos 10 greves por empresa, no geral, motivadas por questões semelhantes (protesto contra maus-tratos, contra o rebaixamento de salários, pela diminuição da jornada e a readmissão de trabalhadores, sobretudo) e envolvendo operários têxteis, vidreiros, chapeleiros e ferroviários. Na maior parte dos casos houve acordo, mas a repressão policial foi constante, assim como a prisão e demissão de líderes. Ver Beiguelman (1981:20-31).

[382] Ver Carvalho (1987:95-135), Sevcenko (1984) e Carone (1978:187-188).

sivamente, à ordem e segurança públicas, Angela de Castro Gomes (1988:63-66) notou que no contexto sociopolítico da capital federal, entre os séculos XIX e XX,

> é sensível o crescimento organizacional da polícia, da mesma forma que é evidente sua maior presença e violência na repressão aos movimentos sociais na cidade [do Rio de Janeiro], grevistas ou não. Cada vez mais claramente a polícia — na pessoa dos delegados — emerge como um interlocutor a ser considerado e esclarecido por um lado, enquanto por outro, vai surgindo como o inimigo a ser evitado e combatido pelas camadas populares. A partir de 1905 são muitas as denúncias de ação conjunta da polícia e do patronato contra os trabalhadores.

Desta maneira, a preservação do princípio da autoridade, cada vez mais afrontado pelas paredes operárias e insurreições urbanas, levou as classes conservadoras a reforçarem o poder e a capacidade de intervenção dos delegados de polícia e seus homens, chamados depreciativamente pelos jornais proletários de esbirros, beleguins e janízaros. Cabia a tais agentes do Estado, não raro com o auxílio de tropas do Exército e da Marinha, assegurar outro importante princípio da ortodoxia liberal vigente nesses anos: o da liberdade de trabalho — que figurava no discurso dominante da época, sobretudo, como a garantia de entrada nas fábricas que deveria ser dada, a qualquer custo, aos trabalhadores que não quisessem aderir ou continuar participando de uma greve. No caso específico de Juiz de Fora, onde, ao contrário do Rio de Janeiro, São Paulo e Belo Horizonte, não ocorrerão movimentos paredistas e protestos de grande envergadura e/ou confrontos violentos entre a força pública e grupos numerosos de operários e populares antes de 1912, as ações do patronato e das elites políticas serão pautadas pelos mesmos referenciais ideológicos. Ainda que mais sutis e incruentas, tais ações intimidatórias se voltarão igualmente para a manutenção da ordem social, da autoridade burguesa e das atividades produtivas.

Nos anos de 1890, ao lado da difusão de uma ética do trabalho que mesclava elementos coercitivos e persuasivos, os setores dominantes de Juiz de Fora tanto procuraram encaminhar o proletariado para um modelo agremiativo apolítico e centrado nas atividades beneficentes, quanto acenaram com o braço forte da repressão policial nos momentos em que a movimentação classista dos trabalhadores desaguava em greves e paralisações de serviço. No primeiro decênio do século XX, a essas iniciativas político-ideológicas somar-se-ão uma pregação sistemática visando desqualificar e mesmo negar a existência de uma questão social no Brasil e, ainda, tentativas mais consistentes de tutela e/ou interferência direta sobre algumas das organizações operárias formadas localmente nesse período. Foi o que ocorreu no caso do Centro Operário de Juiz de Fora, dissolvido entre início de abril e fins de maio de 1903.

Cumpre ressaltar que já no mês de março de 1903 muitos dos operários fabris que, pouco tempo depois, participariam das reuniões para a formação desse centro percorreram as ruas de Juiz de Fora, precedidos de uma banda de música, para prestar uma inusitada homenagem a Francisco Bernardino Rodrigues Silva, eleito então deputado federal pelo 4º distrito eleitoral de Minas Gerais. Na avaliação d'*O Pharol*, tratava-se de "homens do trabalho, sem outras aspirações que não a de disputarem ao mourejo de cada dia, na labuta de sol a sol, a sua e a parca subsistência dos seus". "Massas anônimas" estas que, segundo o jornal, com essa manifestação coletiva e a entrega de uma saudação endossada por "muitas assinaturas", esperavam sensibilizar tal político para a importância de serem aprovadas, no Congresso Nacional, leis capazes de promover "a modesta prosperidade" dos assalariados urbanos em "sua passagem ignorada pela vida".[383]

Acredito que o completo distanciamento, até então, de Francisco Bernardino em relação aos temas e reivindicações pertinentes à questão social, em especial, não era desconhecido por muitos dos participantes dessas homenagens. Não obstante este fato, é muito relevante que em sua manifestação de apreço o operariado tenha procurado comprometer o deputado recém-eleito com a melhoria de suas condições de existência, bem como se colocado, perante a opinião pública, como uma classe que "representa o trabalho, a economia, a ordem e a garantia" de progresso para a cidade e de bem-estar para as outras camadas da sociedade juizforana. Entretanto, se tal ato público e o conteúdo desse discurso revelam a busca dos trabalhadores locais de apoio e reconhecimento mais amplos para suas demandas sociais, evidenciam ainda a opção de suas lideranças, nesse momento em particular, por uma linha política bastante moderada e que privilegiava a aproximação com setores das classes conservadoras de Juiz de Fora.

---

[383] Na referida saudação, lida e entregue ao deputado "entre vivas e palmas festivas", os seus signatários se identificam como "membros componentes da classe operária de Juiz de Fora, *classe essencialmente conservadora*, pois que representa o trabalho, a economia, a ordem e a garantia de uma nacionalidade grande e generosa" e apresentam a Francisco Bernardino "o testemunho solene do seu extraordinário júbilo pela brilhante vitória" então obtida por ele (Dr. Francisco Bernardino. *O Pharol*, 27 mar. 1903, p. 1; e Outra manifestação. *O Pharol*, 29 mar. 1903, p. 1).

Nessa época, lideranças proletárias dispostas ao diálogo com membros do governo e do parlamento existiam até mesmo na capital federal, onde o movimento operário já empreendia ações reivindicatórias com relativo grau de radicalização e sofria intensa repressão policial. Poucos dias após a realização do "festival de 1º de maio" de 1903, 50 operários e alguns dirigentes do Centro das Classes Operárias do Rio de Janeiro (CCO) — incluindo o seu secretário, Alfredo Tavares, e um dos principais organizadores do referido festival, Antonio Augusto Pinto Machado — foram recebidos no Palácio do Catete pelo presidente da República.[384] Nessa oportunidade, os representantes do operariado carioca realizaram uma "manifestação de agradecimento ao sr. dr. Rodrigues Alves", tendo o diretor-presidente do CCO, o professor e militante socialista Vicente de Souza, pronunciado "eloquente discurso traduzindo a gratidão do operariado", bem como entregue "ao sr. presidente da república a mensagem assinada por mais de 4.000 operários, pedindo a fixação do dia normal de trabalho nas oficinas do Estado, de 8 horas para os adultos e 6 para menores".[385]

Esse encontro cordial entre os representantes dos trabalhadores e Rodrigues Alves, bem como as boas expectativas despertadas então pelos debates em curso no Congresso Nacional sobre a instituição de cargas horárias menores e sistema de aposentadorias e pensões para os operários do Estado, aponta por sua vez para outro importante aspecto da movimentação classista em tal conjuntura. Com efeito, indicam que para a diretoria do CCO, assim como para os líderes de diversas agremiações vinculadas a esse centro, a negociação e o diálogo com os políticos conservadores não eram caminhos de modo algum descartados — notadamente em situações em que, nas instâncias mais altas de poder, se abriam possibilidades reais de aprovação de lei sociais.

Como sugere a pequena nota jornalística a seguir, essa linha política mais moderada, que considerava legítima a aproximação circunstancial das associações

---

[384] Entre 1902 e 1905, o Centro das Classes Operárias, de viés socialista, foi uma das mais importantes organizações trabalhistas do Rio de Janeiro, destacando-se nessa época por seu envolvimento na deflagração de várias paredes e protestos populares pela jornada de oito horas e contra a vacinação obrigatória. Ver Gomes (1988:68-78).

[385] Diante dessa comissão de operários e de Lauro Müller, ministro da Indústria e Comércio, Rodrigues Alves teria se comprometido em "estudar a petição" e declarado ainda que atuaria "sempre em favor dos operários nas suas petições justas" — algo que de fato não se concretizou (Oito horas de trabalho. *O Pharol*, 9 maio 1903, p. 1).

proletárias com elementos das classes dominantes, orientará em parte a formação do Centro Operário de Juiz de Fora: "Funda-se oficialmente, no 21 [de abril de 1903], (...) o Centro Operário, [quando seus sócios] (...) farão entrega ao sr. dr. Francisco Bernardino de uma riquíssima caneta de ouro, por motivo de sua recente eleição a deputado federal".[386] O texto de Amanajós de Araújo escolhido para a epígrafe deste capítulo não apenas confirma o caráter beneficente e mutualista prescrito para essa agremiação, como torna evidente que o veto elitista ao envolvimento dos operários locais com a "política" visava, fundamentalmente, mantê-los distantes ao máximo das "frases vermelhas de rebelados" — isto é, do ideário e das reivindicações que instigavam as mobilizações populares nos centros urbanos e industriais de maior dimensão. A este respeito, o articulista foi categórico: "O Centro [Operário] não apareceu senão para (...) obedecer aos suaves mandos da caridade. (...) Em vez da flâmula audaciosa do anarquismo, do socialismo rusguento, a bandeira branca da paz e da caridade!" (Páginas. *O Pharol*, 5 maio 1903, p. 1). Não se condenavam, portanto, as eventuais manifestações de apreço do operariado juizforano e de seu centro aos políticos do Partido Republicano Mineiro ou às autoridades constituídas, por exemplo, mas sim qualquer relação desses assalariados com lideranças e teses socialistas e anarquistas, bem como ainda com as formas de ação adotadas, os protestos e os movimentos paredistas deflagrados, cada vez com maior frequência, em cidades como o Rio de Janeiro e São Paulo.

Contudo, a acentuada influência de elementos das elites locais no processo de formação e definição dos objetivos do Centro Operário de Juiz de Fora não se fará sem a resistência e as críticas de parcela dos trabalhadores que tomarão parte das assembleias dominicais que se realizarão com esse fim nos meses de abril e maio de 1903, sempre nos salões da Sociedade Beneficente Juiz de Fora. Numa dessas primeiras reuniões, da qual participaram "mais de cem operários", conforme trechos de sua ata transcritos pelo *Jornal do Commercio* (5 maio 1903, p. 1), "pedindo a palavra, o sr. Salvador Rochefort estranhou que a sessão fosse presidi-

---

[386] Além do deputado e seus aliados, foi procurado então "por diversos operários, a fim de combinarem as bases da organização" desse Centro Operário, o capitalista Bruno Von Sydow, diretor da Fábrica de Tecidos de Juta. Apoiando a presença de tais "cavalheiros" como "guias" da criação de tal agremiação, *O Pharol* ressaltou que ela deveria adotar por divisa a expressão *pro labore* — "pelo trabalho" — e defendeu que a entidade deveria manter-se longe da política, tratando apenas dos interesses da "nobre classe" que a promove, "instituindo o socorro mútuo, a escola noturna (...) [e o] ensino profissional" (Centro Operário. *O Pharol*, 14 e 28 abr. 1903, p. 1).

> IMAGEM 19
> Convites para reuniões de industriais e do Centro Operário de Juiz de Fora (1903)

> Aos srs. industriaes da cidade de Juiz de Fóra
>
> Convido aos meus collegas a comparecerem demingo, ás 6 horas da tarde, no salão da Associação Commercial, á rua Direita n. 153, a fim de tratar dos interesses da industria em geral.
> Pela commissão, *Bruno von Sydow*

> Centro Operario de Juiz de Fóra
>
> De ordem do sr. presidente interino convido a todos os operarios para uma reunião, domingo, 24 do corrente, ao meio-dia, no salão da Sociedade Beneficente, á rua Barão de Santa Helena, para proceder á eleição da directoria e mais membros das diversas commissões.
>
> MANOEL CARVALHO, secretario interino.

Jornal do Commercio, 22 maio 1903, p. 2. Setor de Memória da Biblioteca Municipal Murilo Mendes.

da pelo diretor de uma fábrica [no caso, da Fábrica de Tecidos de Juta], em cuja dependência estão alguns operários".[387]

Nas duas assembleias seguintes, realizadas nos dias 10 e 24 de maio, embora seja perceptível a existência de uma oposição ao modo pelo qual estava sendo fundada a agremiação, houve a aprovação de uma diretoria e de um estatuto completamente vinculados ao projeto do capitalista Bruno Von Sydow — aclamado presidente interino do Centro Operário — e de outros elementos que o auxiliavam nessa empreitada, como os articulistas Amanajós de Araújo e Manoel de Carvalho. Tal projeto de criar um centro beneficente operário em Juiz de Fora sob hegemonia patronal começou a se materializar justamente no momento em que representantes da burguesia comercial e industrial da cidade rearticulavam a Associação Comercial de Juiz de Fora e discutiam a sua participação no Congresso Agrícola, Industrial e Comercial, ocorrido então em Belo Horizonte.[388] A julgar pelo comentário de *O Pharol* transcrito a seguir,

---

[387] Rochefort se referia especificamente a Bruno Von Sydow, que conduzia os trabalhos, supostamente "a convite de grande número de operários" — situação esta que acabou sendo referendada pelos presentes (Centro Operário. *O Pharol*, 2 e 3 maio 1903, p. 1-2; e 5 maio 1903, p. 1).

[388] Em tal conclave, foram discutidas e aprovadas 119 resoluções destinadas a orientar a política econômica e fiscal da gestão do presidente mineiro Francisco Salles. Além do presidente e do secretário da Associação Comercial local, Belisário Penna e Bruno Von Sydow, representaram os capitalistas de Juiz de Fora nesse congresso, entre outros, os dirigentes das tecelagens Industrial Mineira e Mascarenhas e do

o temário desse conclave, a isenção ou redução de impostos e o preço das tarifas ferroviárias não constituíam as únicas razões para que o empresariado local buscasse, nesse momento, unificar seus diferentes interesses de classe:

> A época é propicia à congregação de esforços. (....) A união faz a força, e isso é tanto mais necessário quanto parece que o governo do Estado, abrindo uma exceção na regra geral, deseja aproximar-se das classes trabalhadoras, e resolver problemas que se relacionam com seus direitos. (...) As classes oneradas [em tal discurso, o comércio, a lavoura e a indústria manufatureira] devem protestar (Associação Comercial. *O Pharol*, 7 abr. 1903, p. 1).[389]

Embora não existam maiores informações sobre iniciativas concretas do governo de Minas para, nessa época, oferecer soluções aos "problemas" dos trabalhadores e conceder-lhes "direitos", é possível perceber que diante de tais possibilidades a burguesia de Juiz de Fora tanto se empenhou ainda mais para reorganizar sua antiga associação de classe, quanto procurou reforçar o domínio político que exercia sobre o proletariado, neste caso, tutelando a formação do Centro Operário. Como evidência a nota a seguir, veiculada na seção "Vida operária" do *Correio da Manhã* do Rio de Janeiro, os promotores do referido projeto não faziam questão alguma de dissimular suas intenções:

> Sob a presidência do inteligente industrial sr. Bruno Von Sydow [secretário da Associação Comercial] e com o concurso de pessoas gradas e de representantes da imprensa local, efetuou-se, na próspera e adiantada cidade de Juiz de Fora, uma reunião com o fim de fundar-se ali um Centro Operário que tome a seu cargo defender e zelar pelos interesses da classe. O sr. Sydow fez a leitura do projeto de estatutos que serão votados na próxima reunião, quando será constituída a diretoria.[390]

Curtume Krambeck (Congresso Industrial. *Jornal do Commercio*, 1, 3 e 29 maio 1903, p.1).

[389] Associação Comercial. *Jornal do Commercio*, 7 abr. 1903, p. 1; Associação Comercial. *O Pharol*, 9 maio 1903, p. 2 e 26 maio 1903, p. 1; e Reunião de industriais. *Jornal do Commercio*, 26 maio 1903, p. 1.

[390] Após esta reunião de 10 de maio de 1903, realizou-se inclusive uma homenagem a Sydow, que recebeu dos "operários um bonito anel com safiras, rodeado de rubis e brilhantes", tendo discursado em nome destes o literato Amanajós de Araújo (Centro Operário de Juiz de Fora. *O Pharol*, 8 maio 1903, p. 1; 21 maio 1903, p. 2; Centro Operário. *Jornal do Commercio*, 12 maio 1903, p. 1; e Manifestação. *Jornal do Commercio*, 21 maio 1903, p. 2).

Mas, esta tentativa de fundar uma agremiação proletária de caráter beneficente e subordinada a membros do patronato e da Associação Comercial naufragou ainda em junho de 1903, ao que parece, em decorrência do fechamento provisório da Fábrica de Tecidos de Juta e, sobretudo, da transferência do capitalista Bruno Von Sydow para Santos.[391] Com efeito, a frustração de tal projeto político de controle direto sobre a vida associativa do operariado juizforano, somada ao recrudescimento da crise social nas grandes cidades, propiciará a deflagração, no segundo semestre desse ano, de uma campanha mais sistemática de intimidação moral dos trabalhadores. Estes serão constantemente alertados para os riscos individuais e coletivos representados pelos movimentos paredistas, bem como "lembrados" de que no Brasil, ao contrário dos países europeus dos quais muitos de "nossos *ouvriers*" provinham, "o patrão não é o explorador do operário, antes é um seu camarada, um seu amigo". Em meados de julho, por exemplo, criticando as greves realizadas então por tecelões, cocheiros, carroceiros e carregadores da capital federal e de São Paulo, Amanajós de Araújo clamou pela adoção urgente de medidas repressivas capazes de pôr fim ao "espírito da desordem" e conter essa "gente de além-mar afeiçoada à rebelião":

> A breve trecho, o patrão irá dispensando do serviço os cabeças do movimento, com o direito de quem defende o que é seu, com o direito de quem procura livrar-se de um mal empregado. (...) Que [os operários] se insurjam contra as violências, contra os maus tratos — compreende-se, porque, homens livres, como tais devem ser considerados; mas insurgirem-se contra ordens de interesse público, contra a baixa do salário, quando a indústria arrasta-se à míngua — é o que não está certo, é o que é profundamente lamentável.[392]

Em 26 de agosto de 1903, esse mesmo articulista utilizou mais uma vez a sua coluna n'*O Pharol* para culpar os "arengueiros da questão social" pela inten-

---

[391] Em sua "carta de despedida", Sydow confirma sua condição de secretário da Associação Comercial de Juiz de Fora e culpa os altos impostos e a crise econômica pelo fechamento da Fábrica de Tecidos de Juta, reaberta apenas um ano depois (Despedida. *O Pharol*, 3 jul. 1903, p. 2; e Fábrica. *O Pharol*, 16 jun. 1904, p. 1).

[392] Para dar maior poder de persuasão à afirmação de que a situação do trabalhador estrangeiro no Brasil era relativamente cômoda, os articulistas locais ressaltavam com frequência que os jornais de países como a Itália, Alemanha, Inglaterra, Portugal, França publicavam, então, "as mais desoladoras notícias dos sofrimentos dos operários" — greves, fome, denúncias de salários miseráveis e de excesso de horas de trabalho, tentativas de restrições de direito de voto e participação política (Páginas. *O Pharol*, 16 jul. 1903, p. 1).

sificação das paredes operárias e pela "greve geral" em curso na capital federal, bem como para responsabilizar esses "agitadores" e "elementos maus" pelas demissões promovidas por algumas fábricas e pelos espingardeamentos perpetrados pela polícia carioca contra os grevistas.[393] Da mesma forma, denunciou os jornais "revolucionários" que andavam a açular "os ódios do operariado contra o patrão", a pregar a indisciplina e a iludir os trabalhadores "com tolices e ideias inviáveis". Por fim, Amanajós de Araújo desqualificou as reivindicações centrais dessas greves, procurando fazer crer, por meio de um hercúleo exercício de retórica, que os grandes prejudicados nesse contexto eram, na verdade, os patrões e as indústrias, que supostamente "vegetavam" assediados pela crise econômica, pela concorrência dos produtos estrangeiros e, agora, pelas exigências proletárias:

> Oito horas de trabalho! Aumento de salários! — eis o clamor dos operários cariocas (...). Desatinada, perdida, por completo, a calma, o operário não pode perceber que está sendo explorado, não pelo capital, [mas] sim por meia dúzia de espertalhões, que se arrogam no direito de mandar na casa alheia. (...) Diminua-se o trabalho e aumenta-se o salário! Mas de que modo, se o industrial vegeta (...) Não! O inimigo do operário não é o capital nem é o patrão (...) Amanhã, a usina assediada pela concorrência d'além-mar, tem de fechar, o operário vai para a rua, fica na miséria. Qual o culpado? O patrão? O Capital? (...) E clama-se pelas oito horas de trabalho, e clama-se aumento de salários, quando tudo faz crer (...) que ao operário, em pouco tempo, dar-lhe-ão apenas a palavra de "despedida" porque as oficinas irão fechar para sempre, como aconteceu a tantas no Rio (Páginas. *O Pharol*, 26 ago. 1903, p. 1).

Em tal contexto discursivo extremamente hostil aos interesses e reivindicações das classes trabalhadoras, encontrei ao menos um artigo destoante, em que seu autor, encoberto sob o codinome "Polymynos", não apenas reconheceu a existência de uma questão social no Brasil, como defendeu o direito de os operários lutarem pela diminuição da jornada de trabalho. Embora sustente também que neste país "o operariado não sofre a miséria que embrutece milhões de seres hu-

---

[393] Conhecido como a "grande greve da Capital Federal", tal movimento desenvolveu-se entre agosto e setembro de 1903 e, segundo Angela de Castro Gomes (1988:76-78), consistiu numa campanha "pelas oito horas de trabalho, por melhores salários e (...) condições de trabalho", tendo mobilizado "de início os operários têxteis" e se estendido "aos pedreiros, alfaiates, estivadores, sapateiros, chapeleiros, pintores e outros".

manos na velha e culta Europa", o referido articulista ressaltou que o "problema das horas de trabalho é o mesmo em toda parte", requerendo urgente regulamentação por parte do Estado:

> Em nosso país (...) o trabalho é fatigante. Começando às 5 horas da manhã termina às 5 horas da tarde, quer isto dizer: são 12 horas quase a fio. (...) Assim posto, de 24 horas de um dia, tem o operário as 12 horas da noite, das quais deve retirar pelo menos 8 (sendo adulto, nunca menos de 10 sendo menor) para o sono. Restam-lhe 4 horas a consumir nos seus misteres domésticos, nas suas diversões, leituras e instrução! Daí concluímos que o operário é tal qual a uma máquina — trabalha e repousa. O descanso — o que se designa por esta palavra na sua verdadeira acepção — não lhe é dado (No beco. *O Pharol*, 27 ago. 1903, p. 1).

Para Polymynos, "a greve que se afirma pela conquista desse direito [a ampliação das horas de descanso] é respeitável" e, desde que os trabalhadores se mantenham dentro da lei e da ordem, "terá as simpatias de todos os que se interessam pelas condições de seus semelhantes". Mas, definitivamente, esta não constituía uma opinião razoável e simpática aos olhos e ouvidos dos membros das elites de Juiz de Fora. Com efeito, entre agosto e setembro de 1903, diante dos rumores de que "alguns operários" locais pretendiam "concitar os seus colegas para uma greve geral", possivelmente para obter aumentos salariais e a jornada de oito horas, os porta-vozes das classes conservadoras se apressaram em condenar com veemência tal movimentação proletária, taxando-a de antemão como "desarrazoada" e "subversiva". Além disso, emitiram um recado bastante ameaçador e direto aos que porventura pensavam em aderir a essa projetada parede:

> É necessário que os srs. operários se convençam de que da rebeldia (...) não lhes há de caber o melhor quinhão. Ao contrário, perdem e perdem pela certa. Na recente *operinsurreição* [insurreição de operários] carioca, foram despedidos 160 operários, que não encontrarão nunca mais trabalho em parte alguma. Se, como é de crer, esses homens têm família, facilmente se imagina a que torturas estarão elas daqui por diante expostas em uma quadra de dificuldades. (...) Reflitam bem os acaso exaltados ou imbuídos de ideias subversivas. Não corram atrás de ilusões, e não comprometam o bem-estar próprio e dos seus. (...) A *operinsurreição* desarrazoada como é, se prejudica ao patrão, prejudica talvez mais e para sempre o operário. Repetimos: reflitam bem em antes de lançar mão de meio tão violento, que não encontra justificativa alguma. (...)

Reflitam bem os promotores desse movimento, os quais estão cavando a própria ruína (*Grève. O Pharol*, 4 set. 1903, p. 1).[394]

O clima político tenso instaurado na cidade nesse momento, com ameaças de demissões e perseguições, bem como a inexistência de um nível satisfatório de organização e unidade entre os operários locais, ao que tudo indica, contribuíram para que essa greve geral não eclodisse de fato. Isto não impediu, no entanto, que os rumores de uma paralisação de serviço nas fábricas, oficinas e obras de Juiz de Fora continuassem fortes por mais algum tempo, levando determinados articulistas a lançarem mão de outros argumentos para ampliar e tornar mais contundente o seu repertório de intimidações. Em artigo publicado no inicio de outubro de 1903, Amanajós de Araújo procurou realçar que além do risco de desemprego permanente e de se verem lançados na miséria junto com os seus familiares, os trabalhadores que se aventurassem numa greve certamente ficariam sujeitos a terríveis violências policiais. "Quando o operário, atormentado por exigências de toda a sorte, desesperado porque o salário não lhe basta para a manutenção, protesta fazendo parede", afirma o colunista d'*O Pharol* (Páginas, 8 out. 1903, p. 1),

> a polícia de armas embaladas comparece logo, prendendo, atirando. (...) O operário, como não tem, por advogados, senão uns espertalhões, volta à fábrica sem arranjar senão um tostão a mais no salário, mas sem conseguir o sonho dourado das oito horas de trabalho. Descontam-lhe os dias da parede, trazem-no de olho como um perigoso cabeça de motim, posto na rua na primeira ocasião, e que talvez não encontre emprego em mais parte alguma por estar assinalado como um rebelde, (...) sendo que, não raro, (...) [sente] no corpo o peso da lei que espaldeira ou que atira balas. (...) Paredista toma chumbo. (...) Com o operário pode o governo bravatear, porque, à sua ordem, os batalhões desfilam, e as carabinas disparam certeiras balas. (...) Cinco ou dez mil operários não os intimidam. (...) Não faça o operário nunca mais uma parede: será vencido, será esmagado.

Ao longo dos anos de 1902 e 1903, portanto, o debate dos assuntos vinculados à questão social se impôs nacionalmente e repercutiu na imprensa e na opinião

---

[394] Nesse artigo, cumpre assinalar, aconselha-se ainda aos trabalhadores "insatisfeitos" a pedirem suas contas e regressarem às suas terras, se estrangeiros, ou procurarem em Juiz de Fora onde se paga o que lhes pareça um "justo salário", no caso dos nacionais.

pública de Juiz de Fora, obrigando as classes conservadoras a modificarem sensivelmente o seu comportamento político em relação ao heterogêneo proletariado local. Neste sentido, além da tradicional prescrição de um modelo associativo essencialmente mutualista e apolítico, membros do patronato e da diretoria da Associação Comercial se envolveram diretamente na tentativa de criação de um "centro operário" sob sua orientação e tutela. Por outro lado, por meio de porta-vozes competentes, intensificaram a disseminação de uma argumentação destinada tanto a desqualificar as reivindicações e formas de mobilização adotadas pelo operariado em centros urbanos mais populosos e dinâmicos, especialmente o Rio de Janeiro, quanto a intimidar moralmente os trabalhadores juizforanos. Estes, desde então, serão frequentemente lembrados das más consequências e dos perigos a que ficavam sujeitos aqueles que tomavam parte de greves — desconto dos dias parados, demissão sumária, perseguições constantes, miséria, fome, prisão, ferimentos e até morte.

Além de atualizar constantemente esse repertório de intimidações, o noticiário relativo ao "tratamento exemplar" dispensado então aos movimentos paredistas em outras cidades e países, servirá também para instruir os capitalistas e as autoridades da antiga Manchester Mineira a como proceder para evitar, coibir e debelar atos de insubordinação coletiva projetados ou praticados por operários. De modo semelhante, a criminalização das greves e protestos populares e a deslegitimação da atuação de líderes socialistas e anarquistas junto aos assalariados em geral serão componentes importantes do esforço elitista para cristalizar no seio da sociedade local a falsa ideia de que, diferentemente da Europa, no Brasil não existiria de fato uma questão social. Assim, de acordo com a pregação conservadora dessa época, a perturbação da harmonia e da paz "que sempre reinaram entre os operários nacionais" decorria diretamente não da brutal exploração socioeconômica a que estes indivíduos despossuídos estavam submetidos, mas sim da ação insidiosa de "chefetes", "espertalhões" e "arengueiros" que sabiam "apenas insuflar a revolta" e direcionar o operariado para um estado de "rebeldia contumaz". É precisamente nos estreitos limites desse discurso que esta inverossímil afirmação dos redatores de *O Pharol* (*Grève*, 4 set. 1903, p. 1) se insere:

> A *grève* só se justifica quando o operário se encontra explorado pelo patrão. Não consta que isso se dê nesta cidade [de Juiz de Fora]. Ao contrário, ao operariado correm felizes os dias, porque todos eles acham onde exercer a sua atividade, e as fábricas,

que, para dar vazão às encomendas, têm sido forçadas a serões, não prejudicam, de nenhum modo, aos seus trabalhadores, que ganham ainda mais.

Mas, mesmo encobertos por uma retórica cuidadosa e pretensamente destinada a preservar a paz e a tranquilidade na "cidade da ordem e do trabalho", nesses primeiros anos do século XX, os aspectos centrais do "problema operário" ganharam, indubitavelmente, maior visibilidade na imprensa e na sociedade de Juiz de Fora. Nesse sentido, além de noticiarem as principais reivindicações e mobilizações proletárias da época, os redatores do *Jornal do Commercio* e d'*O Pharol*, em especial, também deixaram transparecer para a opinião pública a situação de completo desprestígio político, econômico e social em que subsistiam então os trabalhadores brasileiros. Na verdade, a difícil realidade enfrentada cotidianamente pelo proletariado é que acabou penetrando pelas diversas fissuras existentes no discurso das classes conservadoras. Na citação anterior, fica bastante claro que para "dar vazão às encomendas" as fábricas da cidade, sobretudo as do ramo de fiação e tecelagem, estenderam ainda mais a jornada de seus empregados, impondo-lhes extenuantes serões, certamente mal pagos como as horas normais. Já no trecho a seguir, um dos mais importantes construtores da argumentação elitista em análise, Amanajós de Araújo, ao procurar persuadir os assalariados juizforanos quanto à inutilidade e o desarrazoamento das greves, acabou definindo assim a condição operária:

> O operário é o artífice que, em horas penosas na fábrica, nem sempre higiênicas, respirando o ar empoeirado, ensurdecendo aos poucos pela barulhada das máquinas, arriscado a um desastre, trabalha para o progresso material do país. Come mal, veste-se mal, mora num cortiço, acaba quase sempre tísico e num leito de hospital, se um dia a máquina não o apanha e o reduz a uma papa sanguejante. (...) O operário, besta de carga, sofre porque é a ralé, o Zé Povinho, a arraia miúda, o pobretão (Páginas. *O Pharol*, 8 out. 1903, p. 1).

As manifestações de apreço ao deputado Francisco Bernardino, as concorridas assembleias para a criação do Centro Operário de Juiz de Fora e a tentativa de realização de uma greve geral constituem indícios relevantes de que, no decurso de 1903, os trabalhadores juizforanos procuraram se congregar para romper com esta situação de intensa exploração econômica e total desprestígio político e social. Unificada em torno desse objetivo mais geral, a partir de março do ano seguinte, uma "comissão de operários" locais irá se empenhar para fundar uma nova associação de ofícios vários na cidade. Para tanto, uma das primeiras providências adotadas (ver imagem 20) foi convidar o presidente da União Operária do Engenho de Dentro (Uoed) e futuro organizador do Partido Operário Independente, Antonio Augusto Pinto Machado, para "fazer uma conferência pública" para "operários e proletários" de Juiz de Fora.

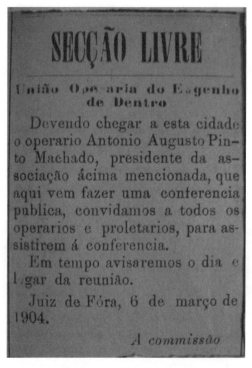

IMAGEM 20
Anúncio da vinda do líder operário carioca Antonio Augusto Pinto Machado a Juiz de Fora (1904)

O Pharol, 6 mar. 1904, p. 2. Setor de Memória da Biblioteca Municipal Murilo Mendes.

A "conferência socialista do sr. Pinto Machado" em prol "dos interesses da classe operária", como se referiu a tal evento a imprensa local, realizou-se em 8 de maio de 1904, no salão do Club Dramático Beneficente Sete de Setembro. Nessa oportunidade, o dirigente carioca discursou para um "grande número de operários" e, por meio de uma "linguagem simples" e "desativada", fez ver a todos "a necessidade dos homens do trabalho se constituírem em agremiações que tratem dos interesses comuns da classe". Embora não tenha fornecido maiores informações sobre as ideias expostas então pelo conferencista, um articulista de *O Pharol* considerou-as "respeitáveis", desde que "bem compreendidas, quer por parte do proletariado, quer por parte das demais classes sociais".[395] Nessa mesma época, cumpre assinalar, Antonio Augusto Pinto Macha-

---

[395] Após tal conferência, Pinto Machado foi homenageado pelos operários presentes, que, ao som da banda Euterpe Mineira, conduziram-no até o hotel em que pernoitaria. Na manhã seguinte, antes de

do já havia se consolidado como uma das principais lideranças proletárias da capital federal, desenvolvendo intensa atividade política e sindical junto ao Centro das Classes Operárias e à Uoed — entidade que presidia desde julho de 1903 e que contava com cerca de 6 mil sócios, em sua maioria, ferroviários e operários têxteis. Em tal categoria de trabalhadores fabris, o líder proletário em questão, de acordo com Angela de Castro Gomes, promoveu ampla divulgação do conteúdo e teses do jornal socialista *Gazeta Operária*, editado por Mariano Garcia, que tinha entre seus objetivos reunir os têxteis:

> Em uma só associação ou federação, de forma a lutar por melhores condições de trabalho, por habitações operárias, e escolas, por aumento de salários e redução das horas de trabalho, pelo auxílio aos desempregados, e pelo combate ao uso de bebidas alcoólicas e ao jogo. Esta campanha, intercalada com denúncias sobre a miséria e os abusos a que estavam sujeitos os operários têxteis, resultou na criação da Federação dos Operários em Fábricas de Tecidos, cujos estatutos seguiram os moldes da Liga de Resistência dos Tecelões de São Paulo.[396]

Embora adotem de modo integral as críticas de natureza ideológica que os anarquistas e sindicalistas revolucionários faziam à época ao presidente da União Operária do Engenho de Dentro, Sheldon Leslie Maram e Boris Fausto também apresentam informações relevantes sobre a atuação e as ideias desse dirigente proletário carioca no decurso da década de 1900 e nos primeiros anos do decênio seguinte. A princípio, estes autores confirmam que Antonio Augusto Pinto Machado teria se destacado, entre 1902 e 1903, como organizador dos trabalhadores têxteis e ferroviários da capital federal, tendo contribuído para retirar a Uoed da "depressão moral em que se encontrava" e elevar o seu "quadro de associados de 82 para cerca de 6.000 no espaço de um ano". Por outro lado, procuraram ressaltar o caráter "reformista" de suas concepções e práticas sindicais, os contatos que ele mantinha

---

embarcar para a capital federal, diversos "representantes da classe operária" prestaram-lhe novas homenagens (Conferência. *O Pharol*, 8 e 10 maio 1904, p. 1).

[396] De fato, a organização dos têxteis, o setor mais importante da greve geral realizada no Rio de Janeiro entre agosto e setembro de 1903, havia ocorrido meses antes "sob o patrocínio de Pinto Machado e Mariano Garcia", vinculados então ao Centro das Classes Operárias e a elementos expressivos do socialismo carioca, como Evaristo de Moraes, Vicente de Souza, Nicanor Nascimento e Maurício de Lacerda. Ver Gomes (1988:76-78, 120-128).

com políticos socialistas e conservadores e a sua suposta condição de defensor da "colaboração da classe operária com outros setores sociais", classificando-o pejorativamente de "amarelo", "burocrata sindical" e "sindicalista pragmático".[397]

A este respeito Maram chegou inclusive a afirmar que "Pinto Machado opunha-se teórica e praticamente à luta de classes, embora na ocasião se intitulasse um socialista". No entanto, além de restringir erroneamente a noção de luta de classes às suas manifestações mais radicais e extraordinárias, sobretudo à "greve geral revolucionária" preconizada pelos "anarcossindicalistas", tal afirmativa não é plenamente confirmada na sequência da própria análise que o autor faz do ideário e da significativa atividade militante de Pinto Machado, que de acordo com esse estudioso, "Previa que o proletariado iria alcançar seus objetivos agindo dentro do próprio sistema, através de uma união política que elegesse os candidatos reformistas e exercesse pressão política em favor da reforma social".[398]

Conforme explica ainda Sheldon Leslie Maram, a atuação de Pinto Machado era impulsionada, na primeira metade da década de 1900, pelo "desejo de criar uma organização operária de âmbito nacional dirigida para a política, cuja base principal seriam os operários brasileiros", notadamente os "operários do Estado". Não por acaso, o presidente da Uoed aparece com um dos articuladores centrais do Partido Operário Independente (POI), agremiação fundada na capital federal em maio de 1905, cujo programa inspirava-se claramente na atuação política e parlamentar do Independent Labor Party da Inglaterra e de seu líder máximo, o deputado Keir Hardie. Além do alistamento eleitoral dos trabalhadores, que incluía um apelo para que os estrangeiros se nacionalizassem para poderem votar, o POI defendia a propagação da instrução básica nos meios proletários — "habilitando seus membros para o exercício dos direitos civis" — e o sufrágio de candidatos que se comprometessem "a patrocinar a causa dos operários". No manifesto de lançamento de tal partido, reproduzido n'*O Pharol* de 11 de maio de 1905 (Partido

---

[397] Entre 1906 e 1912, além de participar da organização dos dois principais congressos operários realizados então na capital federal, Pinto Machado manteve-se à frente da Uoed, colaborou com diversos jornais e partidos operários e se envolveu em várias campanhas eleitorais. Ver Maram (1979:106-107) e Fausto (1976:53-55).

[398] Para o líder da Uoed, as greves somente deveriam ser deflagradas em último caso, pois "conduziam à violência e desperdiçavam as energias dos sindicatos". Do mesmo modo, considerava "impraticável" a proposta de "greve geral revolucionária", sobretudo no Brasil, "onde as maneiras de pensar divergem das europeias, e onde os trabalhadores são divididos étnica e culturalmente". Ver Maram (1979:106-107).

Operário, p. 1), seus dirigentes ressaltam também que "as suas demais aspirações são as mesmas de todos os centros operários":

> Pugnar pela limitação do trabalho às 8 horas; estabelecer um regulamento das horas de trabalho nas fábricas; promover a educação dos filhos do operário; estabelecer a idade em que podem ser admitidos no trabalho; criar uma lei reparadora dos acidentes; dar conforto ao operário idoso, à infância órfã, ao cego, ao indigente; melhorar as condições dos trabalhadores das docas e estivas; responsabilizar os industriais pelos acidentes que possam vitimar os operários, nas fábricas, pela pouca fiscalização das máquinas; bater-se pelos direitos do trabalho, quer em serviços públicos, quer em particulares; rodear de garantias legais o contrato de trabalho.

A presença de Antonio Augusto Pinto Machado em Juiz de Fora, cerca de um ano antes do lançamento do Partido Operário Independente, certamente estava vinculada à formulação e defesa desse significativo programa de reivindicações políticas e sociais, que, aliás, guardava grande semelhança com as resoluções aprovadas no Congresso Socialista Brasileiro de 1902. Do mesmo modo, suas novas "conferências operárias" no principal centro mercantil e manufatureiro de Minas Gerais, no segundo semestre de 1904, relacionavam-se fortemente à sua opção por concentrar "esforços nas regiões onde houvesse predominância de trabalhadores brasileiros" e um nível incipiente de organização classista. Com efeito, no dia 20 de julho desse ano, o presidente da União Operária do Engenho de Dentro retornou à cidade para expor suas ideias e orientar o processo de fundação da União Operária de Juiz de Fora, processo este iniciado cerca de quatro meses antes.

A esse encontro, ocorrido na Sociedade Umberto I, compareceu um "grande número de sócios, representantes de diversos clubes, imprensa e convidados", que ouviram explicações "claras" e "minuciosas" sobre os estatutos da União Operária de Juiz de Fora — entidade definida, a princípio, como uma "filial" da Uoed e cuja finalidade principal seria "socorrer os sócios ou famílias dos mesmos, em caso de completa necessidade".[399] Indicando que a divulgação de suas ideias em

---

[399] Ao final dessa reunião, ocorreu a posse da primeira diretoria da União Operária de Juiz de Fora, eleita em um encontro antes e que ficou assim composta: Domingos Vassalo Júnior, presidente; Adelino Abrard, vice-presidente; Orestes Bellotti, 1º secretário; João Domingos Filho, 2º secretário; Paschoal Baldi, tesoureiro; Bernardino J. Batista, 2º tesoureiro; Antonio M. Ribeiro, orador; Theobaldo R. Lima, procurador e mais sete "conselheiros" (Sociedade União Operária. *Jornal do Commercio*, 22 jul. 1904, p. 1; e União Operária. *O Pharol*, 22 jul. 1904, p. 1).

Juiz de Fora, bem como as fortes ligações que havia estabelecido com líderes dos trabalhadores locais já despertavam desconfiança e apreensão entre os membros das classes conservadoras, no "brilhante discurso" que proferiu nessa sua segunda passagem pela cidade, para dissipar "alguns boatos", Pinto Machado fez questão de ressaltar que "a União Operária é unicamente beneficente" e que "estavam à disposição dos srs. sócios particulares, industriais e chefes de serviços, os estatutos" da associação recém-formada, "para melhor se cientificarem das [suas] leis". A significativa experiência política adquirida por esse militante socialista na organização de importantes setores do proletariado carioca, no entanto, deixa poucas dúvidas de que suas "conferências" na antiga Manchester Mineira contribuíram para que muitos de seus operários ficassem ainda mais conscientes acerca das reivindicações e temas vinculados à questão social.

Em um indicativo bastante relevante disto, poucos dias após esta conferência de Pinto Machado em Juiz de Fora, surgiram fortes "boatos de greve" e "agitação" entre os trabalhadores da cidade e da Estação Mariano Procópio da EFCB. De acordo com informações veiculadas n'*O Pharol* de 24 e 25 de julho de 1904, tal movimento seria liderado pela União Operária do Engenho de Dentro e motivado tanto por uma "projetada supressão dos trens noturnos", quanto pela "exoneração de um empregado do depósito daquela estação". De fato, como indica a nota sobre o episódio publicada pela folha carioca *Gazeta de Notícias*, essa ameaça de paralisação do serviço teria nesses dois problemas, e também na intransigência da administração da ferrovia, as suas causas centrais:

> A séria agitação em Mariano Procópio, no pessoal da estrada, (...) [deve-se à] exoneração de um empregado do depósito daquela estação. Logo após essa exoneração, foi presente ao dr. Osório de Almeida uma representação da União Operária do Engenho de Dentro, solicitando reconsideração do ato que demitiu o consócio do depósito de Mariano Procópio, sendo essa representação indeferida. (...) Os operários daquele depósito, solidários com o demitido, resolveram por outros meios conseguir os seus fins; por isso, ligados aos perturbadores da ordem que em todos os tempos e ocasiões aparecem, levantaram a questão da supressão dos trens noturnos mineiros para agirem como julgavam mais acertado.[400]

---

[400] De acordo ainda com a *Gazeta de Notícias*, a direção da EFCB, "sabedora do que se tramava" entre seus empregados de Juiz de Fora, já havia "providenciado energicamente, de modo a evitar qualquer desagradável e prejudicial incidente" (Boatos de greve. *O Pharol*, 24 jul. 1904, p. 1).

Já em sua edição de 25 de julho, com o pretenso objetivo de tranquilizar o "espírito público", *O Pharol* procurou reduzir o problema a uma mera questão administrativa da seção local da ferrovia, referente a transferências normais de funcionários, e atribuiu a culpa por esse clima de "indisciplina" e "perturbação da ordem" à "influência e poderio de uma sociedade operária". O jornal acusou o presidente da União Operária do Engenho de Dentro, Antonio Augusto Pinto Machado, de ter enviado ao engenheiro-chefe da EFCB em Juiz de Fora, e a auxiliares diretos deste, ofícios em "linguagem ameaçadora" e com promessas de "vir brevemente a esta cidade". A "greve" dos ferroviários da Estação Mariano Procópio, as "desordens" e "depredações" de trens e linhas temidas e a supressão dos trens noturnos, afinal, acabaram não ocorrendo.[401] Quanto ao operário demitido, tudo indica que, para fazer valer o "princípio da autoridade" e confrontar a "influência e poderio" da Uoed na cidade, tal atitude arbitrária foi mantida, possibilitando aos redatores de *O Pharol* concluírem que "o que houve foi uma ameaça de operários do Engenho de Dentro a um funcionário [engenheiro-chefe] que, felizmente, sabe cumprir o seu dever".

A despeito dessa clara tentativa elitista de criminalizar e condenar sua atuação sindical, Antonio Augusto Pinto Machado continuou desfrutando da admiração e confiança das lideranças proletárias de Juiz de Fora. Ainda no segundo semestre de 1904 fez pelo menos mais outras três concorridas conferências "sobre os interesses do operariado local", sempre no salão social da União Operária, situado no nº 51 da rua Marechal Deodoro.[402] Em todas essas oportunidades, o presidente da Uoed foi "muito aplaudido ao terminar o seu discurso", numa demonstração inequívoca da grande aceitação alcançada por suas propostas de reforma social junto aos "homens do trabalho" do mais importante centro industrial e operário de Minas Gerais da época.

---

[401] O temor das autoridades policiais e da chefia local da EFCB de que distúrbios ocorressem se a decisão de suprimir os trens noturnos fosse mantida deve-se ao fato de que, ao tomarem conhecimento dessa possibilidade, muitos habitantes de Juiz de Fora "resolveram protestar, fazendo sentir a diversos empregados da Central que se tal sucedesse os trens seriam atacados e danificada a linha, a fim de obrigar a diretoria da estrada a fazer novamente trafegar diariamente os tens noturnos mineiros" (Boatos de greve. *O Pharol*, 25 jul. 1904, p. 1).

[402] Em 12 de novembro de 1904, no momento em que rebentava a Revolta da Vacina na capital federal, Pinto Machado estava em Juiz de Fora, expondo suas ideias de reforma social numa assembleia proletária "grandemente concorrida" (Reuniões. *O Pharol*, 20 set. 1904, p. 2; e União Operária de Juiz de Fora. *O Pharol*, 13 nov. 1904, p. 1).

Mesmo circunscritas ao "sistema capitalista", as medidas tomadas para resguardar mulheres e crianças dos desmandos patronais, assistir os operários acidentados, enfermos e inválidos, suavizar a carga horária de trabalho e, enfim, "rodear de garantias legais o contrato de trabalho" eram repudiadas com veemência pela burguesia juizforana, assim como pelo patronato dos centros urbanos de maior porte. Os capitalistas de Juiz de Fora nutriam ojeriza semelhante, ou até mais exacerbada, pela possibilidade de seus empregados unificarem livremente seus interesses classistas, passarem a reivindicar direitos, denunciarem a brutal exploração a que estavam submetidos e, mesmo, realizarem uma greve geral. A fundação da AEC e os desdobramentos da campanha caixeiral pela regulamentação do descanso hebdomadário entre 1903 e 1905, por sua vez, atestam que a opção de segmentos importantes do proletariado local por tentar conquistar melhorias em suas condições de existência "dentro da lei e da ordem" constituía uma das mais significativas manifestações da luta de classes cotidiana travada nesses tempos na antiga Manchester Mineira.

Do mesmo modo, as atividades desenvolvidas pela União Operária de Juiz de Fora entre julho de 1904 e maio de 1905 contribuíram sobremaneira para ampliar e diversificar as experiências políticas e organizatórias do proletariado. A esse respeito, nesse período, além das "conferências socialistas" proferidas por Pinto Machado, os dirigentes dessa associação se empenharam para garantir sua consolidação institucional — manutenção de sede, aprovação de estatutos e renovação da diretoria — e, como sugere a seguinte nota, para prestar o socorro a seus consócios nos momentos de enfermidade e/ou invalidez:

> O operário de nome Quintino dos Santos foi, ontem, vítima de um desastre quando trabalhava no prédio nº 156 à rua Direita (...) Parte do telhado do referido prédio desabou, contundindo Quintino em várias partes do corpo, pelo que foi recolhido à Santa Casa, onde se acha em tratamento às expensas da União Operária (Desastre. *O Pharol*, 29 dez. 1904, p. 1).

À prestação do socorro mútuo, em fevereiro de 1905, serão agregadas ao leque de serviços oferecidos pela União Operária de Juiz de Fora "uma aula mista noturna, para filhos de operários, regida por inteligente professora normalista" e a folha semanal *O Operário*, órgão informativo dessa entidade, impresso em oficinas próprias e "destinado a defender os interesses da classe proletária desta cidade".[403] Nos meses seguintes, a entidade continuou reunindo periodicamente seus filiados, promoveu espetáculos teatrais em favor de seus "cofres sociais" e, em 1º de maio, celebrou o dia internacional dos trabalhadores com uma grande assembleia em sua sede, "tendo usado da palavra diversos sócios, que falaram sobre a data que se solenizava".[404] Contudo, após esse evento, nenhuma notícia sobre essa agremiação foi veiculada na grande imprensa local, indicando que a União Operária se desarticulou e acabou sendo dissolvida por seus consócios, possivelmente no segundo semestre daquele ano.

De todo modo, no período compreendido entre os anos de 1902 e 1905, quer seja por meio de notícias e artigos veiculados na grande imprensa, quer seja em função das atividades da Associação dos Empregados no Comércio e da União Operária, os temas centrais da questão social vieram à tona e se consolidaram no conjunto de problemas momentosos que agitavam a opinião pública juizforana. Além disto, esta se revelou uma ocasião crucial para a formulação e difusão da "palavra proletária" na cidade, isto é, da argumentação contra-hegemônica elaborada pelos trabalhadores locais e seus representantes, não raro sob a influência de literatos e de líderes proletários de outros centros urbanos, em favor de melhorias imediatas nas suas condições gerais de existência. Foram aqueles, portanto, tempos de aprendizagem política e fortalecimento da identidade de classe de centenas, talvez de milhares, de indivíduos despossuídos, que, cada vez mais, se percebiam como sujeitos merecedores de direitos sociais, merecimento este que decorria do papel primordial que desempenhavam no significativo processo de engrandecimento material experimentado por Juiz de Fora.

No entanto, apesar da maior visibilidade alcançada pelo "problema operário" e de os caixeiros terem reconquistado o direito integral de descansar aos domingos, as condições de vida e trabalho dos assalariados em geral, e do operariado fabril em particular, se agravaram bastante nos primeiros anos do século XX. Na realidade, as associações formadas localmente pouco puderam fazer, nessa época e mesmo de-

---

[403] Também em fevereiro de 1905, ocorreu a posse da segunda diretoria da União Operária, integrada por: Domingos Vassalo Júnior, presidente; Adelino Abrard, vice-presidente; D. Caruso, 1º secretário; Antonio Guerra, 2º secretário; Bernardino Messias da Cruz, tesoureiro; Onofre de Giacomo, 1º orador; Agenor Machado, 2º orador; Júlio do Rego, procurador e mais 17 "conselheiros". A direção d'*O Operário*, por seu turno, foi entregue a Onofre de Giacomo e ao literato e poeta Azevedo Júnior, "que se encarregou de redigir os artigos de propaganda em favor da classe" (União Operária e O operário. *Jornal do Commercio*, 15 jan. 1905, p. 1; 20 jan. 1905, p. 2; 10, 15, 18 e 21 fev. 1905, p. 1; 4 e 6 mar. 1905, p. 1).

[404] União Operária. *O Pharol*, 7 e 16 abr. 1905, p. 1; e 2 maio 1905, p. 1.

pois, para tornar menos intensas e danosas as consequências da carestia, dos baixos salários, dos serões prolongados, dos acidentes e do autoritarismo patronal sobre os trabalhadores e suas famílias. Ainda assim, e não apenas em função da necessidade premente de enfrentar estes problemas, na segunda metade da década de 1900, haverá uma gradual intensificação nas atividades políticas, associativas e reivindicatórias do proletariado de Juiz de Fora — o que muito contribuirá para que outros setores sociais tomem conhecimento das agruras do mundo do trabalho.

Construindo organizações e renovando tradições: partidos, associações e reivindicações proletárias em Juiz de Fora de 1906 a 1911

> A formação da classe operária é (...) um processo mais ou menos demorado, cujos resultados podem ser verificados na medida em que concepções, ações e instituições coletivas de classe, tornam-se uma realidade. (...) Podemos falar da formação da classe operária, não como o resultado mecânico da existência da indústria ou da abolição da escravidão, mas como um processo conflituoso, marcado por avanços e recuos, pelo fazer-se e pelo desfazer-se da classe, que surge na organização, na ação coletiva, em toda a manifestação que afirma seu caráter de classe.
>
> BATN , 2003:163-173.

Especialmente a partir dos primeiros anos do século XX, Juiz de Fora passou a figurar nos discursos oficiais e nas páginas de seus principais jornais, como uma urbe florescente, civilizada e de grande futuro, que em aproximadamente meio século de existência se transformou em um moderno e movimentado centro comercial, industrial e cultural. Mas, no início de 1906, essas imagens ficarão turvadas e esquecidas por algum tempo, em função do "estado de calamidade pública" vivenciado na cidade após intensos temporais de verão e o transbordamento das águas do sinuoso rio Paraibuna.[405]

---

[405] As grandes inundações ocorridas em Juiz de Fora em dezembro de 1901, janeiro de 1906 e dezembro de 1940, em especial, tiveram como causas primordiais não apenas as fortes chuvas ocorridas nesses momentos, como também "a falta de capacidade de vazão do Paraibuna para escoar as descargas máximas das cheias" e a não realização de obras de retificação, aprofundamento e desimpedimento do curso do rio (Inundação. *O Pharol*, 10 e 13 dez. 1901, p. 1; A enchente! *Jornal do Commercio*, 14 jan.1906, p. 1; e Goes, 1943:3-8).

Entre os dias 8 e 15 de janeiro desse ano, toda a parte baixa da área central de Juiz de Fora e os bairros próximos ao rio e aos trilhos da EFCB — especialmente o Botanágua, Poço Rico, Mariano Procópio e Tapera — ficaram completamente inundados, o que obrigou os moradores dessas regiões, "operários e gente pobre" em sua ampla maioria, a "abandonarem suas residências, retirando mobílias e objetos de uso doméstico, a fim de evitar maior prejuízo e mesmo a perda da vida". As águas do Paraibuna invadiram ruas, praças, casas, quintais, estabelecimentos comerciais, oficinas e fábricas, deixando 500 famílias e mais de 2 mil pessoas desabrigadas. Os bondes não circularam e as atividades mercantis e fabris foram paralisadas quase que integralmente, já que os trilhos dos carris urbanos, muitas mercadorias e os maquinismos das tecelagens, por exemplo, encontravam-se cobertos pelas águas. Durante mais de uma semana a "cidade do trabalho e da ordem" transformou-se na "cidade lacustre".[406]

> IMAGEM 21
> Praça da Estação (ao fundo) e Alfândega de Juiz de Fora (à direita) tomadas pelas águas do rio Paraibuna durante a enchente de 1906

Acervo da Fundação Museu Mariano Procópio.

---

[406] No decurso desses dias, como esclarece o *Jornal do Commercio*, "muitas das famílias, vítimas da inundação, não tendo para onde ir, foram para o Mercado e Alfândega, e outras para casas particulares", bem como para alojamentos improvisados nos salões de alguns hotéis e das associações beneficentes, recreativas e religiosas (Enchente. *Jornal do Commercio*, 9 jan. 1906, p. 1; e A enchente! *Jornal do Commercio*, 14 e 15 jan., p. 1-2).

Antes mesmo que as águas baixassem, surgiram inúmeras queixas e reclamações por parte dos atingidos pela enchente, que solicitavam providências urgentes e efetivas da Câmara Municipal em favor das famílias desabrigadas, segundo o *Jornal do Commercio*, "reduzidas à miséria umas, outras grandemente prejudicadas em suas propriedades, nos seus haveres, na sua saúde, obrigadas à mudança súbita e dispendiosa". Mas, sem contar com órgãos e políticas permanentes de proteção social, a ação da municipalidade nesse momento calamitoso restringiu-se fundamentalmente à organização de uma Comissão de Socorros com o objetivo de arrecadar dinheiro por meio de subscrições e distribuir roupas, alimentos e outros donativos — o que parece ter sido capaz de auxiliar minimamente apenas um pequeno número de vítimas. Por outro lado, o compromisso do agente executivo municipal, Duarte de Abreu, de organizar "um armazém para fornecimento de gêneros à população pelos preços correntes" não se concretizou de fato, aumentando o descontentamento popular.[407] A ineficácia e mesmo ausência de iniciativas do poder público em benefício dos que perderam tudo ou quase tudo pode ser percebida, ainda, na leitura desta nota, publicada em fins de janeiro de 1906: "O proletário Manoel Alves Fernandes que foi uma das vítimas da enchente, perdendo sua casinha e pequenos haveres, nenhum socorro até hoje recebeu, apesar de ter reclamado".

O descaso das autoridades e políticos com a situação de penúria a que ficaram reduzidas muitas famílias após essa enchente provocou ao menos uma reação organizada nos meios proletários. Um grupo de trabalhadores que iniciava a constituição de uma nova associação de ofícios vários na cidade, o Centro das Classes Operárias, distribuiu um manifesto conclamando os membros de sua classe a não participarem das eleições de 30 de janeiro de 1906, pleito este destinado à renovação da Câmara Federal e de um terço do Senado. O conteúdo desse panfleto não foi reproduzido pelos jornais, mas, a julgar pelo seu título, *Doutrina social*, possivelmente era mais amplo, abarcando o próprio programa da agremiação que se procurava então fundar. Os redatores do *Jornal do Commercio*, por

---

[407] As águas do Paraibuna só baixaram de nível em 15 de janeiro de 1906, possibilitando aos populares e comerciantes que realizassem "a remoção dos móveis, mercadorias e mais objetos existentes nas casas atingidas pela inundação". Nos dias seguintes, foram noticiadas a ocorrência de saques e furtos em lojas e casas inundadas e a prisão de possíveis envolvidos em tais atos, bem como denunciada a elevação exagerada dos preços dos gêneros alimentícios (A enchente! *Jornal do Commercio*, 15 e 16 jan. 1906, p. 1-2; e 28 jan. 1906, p. 1).

sua vez, se apressaram em condenar e classificar como "anarquista", "demagógico", "impatriótico" e "injusto", entre outros adjetivos depreciativos, esse inédito chamamento para que os assalariados juizforanos se abstivessem de votar. Numa linha argumentativa semelhante, os chefes da seção local do Partido Republicano Mineiro sentenciaram: "A abstenção (...) é um atentado contra a pátria: revela um indiferentismo criminoso pelos negócios públicos que caracteriza as raças decadentes, sem energia, sem fé, sem ideal".[408]

A reação das classes conservadoras ao chamamento feito ao operariado por algumas de suas lideranças para que adotasse uma postura de "abstenção e revolta", entretanto, não se restringiu a essas incisivas reprimendas públicas. Alguns signatários do manifesto proletário em questão — como o pintor Luiz José do Rego e o operário Jovelino de Almeida Talha, entre outros — foram constrangidos, ao que parece, a endossar cartas abertas em que repudiavam a presença de seus nomes no panfleto *Doutrina social*, afirmavam não terem participado de reuniões do recém-criado Centro das Classes Operárias e esclareciam que "mesmo que alimentasse[m] ideias socialistas, por índole e educação", seriam incapazes de desrespeitar e "insultar a quem quer que seja".[409] Por outro lado, membros das elites locais procuraram interferir diretamente no processo de formação dessa entidade classista, a princípio, com o claro propósito de alijar de sua direção os "aspirantes a anarquistas" e demais elementos politicamente "indesejáveis".

Com efeito, no dia 11 de fevereiro de 1906, em uma "sessão solenessíma" ocorrida na sede da Associação dos Empregados no Comércio, foi empossada uma nova diretoria para conduzir os destinos do Centro das Classes Operárias, cuja "orientação", de acordo com o *Jornal do Commercio* do dia 13 de fevereiro (p. 1), passaria agora a ser a mais adequada para nortear "esse importante núcleo de heroicos e laboriosos construtores da grandeza nacional". Reforçando os indícios de que elementos das elites se empenharam firmemente para colocar os consócios dessa novel associação "em harmonia com as ideias correntes sobre a organização operária", no encerramento desse evento, Amanajós discorreu "com fogosa

---

[408] Para os dirigentes do *Jornal do Commercio* e do PRM, a "abstenção" constituía uma ideia formulada por "demagogos tolos" e "aspirantes a anarquistas", que conduziria o povo "a um movimento de ingratidão" e que em nada contribuiria para que as autoridades pudessem "ampará-lo e defendê-lo nos momentos críticos" (Boletim eleitoral ao povo. *Jornal do Commercio*, 26 jan. 1906, p. 1; e Anarquia ou tolice? *Jornal do Commercio*, 28 jan. 1906, p. 1).

[409] Protesto. *Jornal do Commercio*, 26 jan. 1906, p. 2; e Declaração. *Jornal do Commercio*, 27 jan. 1906, p. 2.

eloquência sobre assuntos que se prendem ao operariado brasileiro, ao qual deu ideias em perfeito acordo com as doutrinas dos pensadores que se preocupam com o futuro do operariado". Após sua explanação, o literato e então vereador "foi abraçado pela diretoria do Centro Operário", constituída pelos seguintes membros: Bernardino Marcello de Moraes, presidente; Antonio Ventura, vice-presidente; Messias do Nascimento, 1º secretário; José Lobatti, 2º secretário; Bernardino J. Batista, tesoureiro; Guilherme da Silva, procurador e mais outros 22 conselheiros e integrantes das comissões de "sindicância" e "ordem e polícia".

Esta assembleia foi interrompida durante uma hora para que "os operários que não haviam comparecido por terem ido à Igreja, pudessem, de volta da procissão de São Sebastião, tomar parte" de suas deliberações. Segundo o relato do *Jornal do Commercio*, após este breve intervalo, a "vasta sala" da sede social da AEC "regurgitava com a enorme assistência de representantes do operariado", que, tudo leva a crer, ouviram com atenção o secretário do Centro das Classes Operárias, Messias do Nascimento, pronunciar as seguintes palavras:

> Queridos companheiros: não pense o nosso povo que nós somos anarquistas, pois nunca poderíamos pertencer a uma vara impura de assassinos como essa, que só pensa no crime e nas armas; nós desejamos unicamente a unificação do operariado para com ele constituir a força, em prol dos nossos lícitos direitos.[410]

Deste modo, e a exemplo do que ocorreu durante a tentativa de criação do Centro Operário em 1903, os sócios e dirigentes do Centro das Classes Operárias, após a repercussão negativa do seu manifesto de lançamento, acabaram aceitando a orientação de membros das elites no processo de definição de suas bases de funcionamento. Mas, longe de representar uma prova inquestionável da "inconsciência de classe" daqueles indivíduos, tal opção foi a mais viável, e talvez a única possível, num contexto sociopolítico bastante adverso à movimentação classista do proletariado local — que, não é demais lembrar, sofria ainda as duras consequências da enchente de janeiro de 1906. A esse respeito, a presença de grande nú-

---

[410] Esta declaração foi publicada em 7 de março de 1906 no jornal *A Terra Livre*, de São Paulo, que reprovou o dirigente juizforano por denunciar e rejeitar, sem supostamente conhecer a fundo, "o valor moral das doutrinas anárquicas" — crítica esta transcrita e de certa maneira endossada por Andrade (1987:69-70).

mero de operários nessa assembleia, a religiosidade da maior parte deles e o muito aplaudido discurso de Messias do Nascimento — definido por um jornal local como um "homem do povo, sem preparo literário" — demonstram que, a despeito de posicionamentos políticos e ideológicos mais gerais, o objetivo principal desses assalariados era contar, a curto prazo, com uma associação capaz de prestar-lhes o socorro mútuo, unificar os seus diversos interesses e, dentro dos estritos limites "da lei e da ordem", pugnar por seus "lícitos direitos". Na verdade, como atestam as experiências associativas e reivindicatórias anteriores dos trabalhadores juizforanos, estas constituíam tarefas bastante difíceis de serem levadas à frente nesses tempos de liberalismo ortodoxo e forte domínio oligárquico.

Comprovando também que a defesa dos interesses proletários constituía o seu objetivo central, poucos dias após ser empossada, a diretoria do Centro das Classes Operárias elaborou e enviou, com amplo respaldo de suas bases, uma "representação" ao deputado federal Francisco Bernardino Rodrigues Silva, reeleito no pleito de janeiro de 1906. Nesse documento, os dirigentes do Centro ressaltaram que foi com o concurso dos votos de muitos operários locais que o referido político teve a sua recondução ao Congresso Nacional garantida. Precisamente por essa razão, mostraram-se esperançosos de que o parlamentar, "nessa qualidade de representante, assim sufragado", trabalharia honestamente e legislaria sempre em "benefício do povo". Por fim, expuseram de modo bastante direto, firme e mesmo categórico qual deveria ser o sentido da participação política do proletariado na vida nacional e, sobretudo, o que necessitavam e desejavam:

> Solidários, erguendo o lábaro da independência, tratamos agora da maioridade das classes operárias: temos sido dirigidos e pretendemos também dirigir. (...) Queremos o direito operário reconhecido e consagrado. É mister criar um sistema de legislação — regulando os conflitos entre operários e patrões, os casos de invalidez, resultantes ou consequentes dos infortúnios ou do trabalho — estabelecendo caixas de pensões e sindicatos operários, excluídos em absoluto os elementos espúrios, ou estranhos à classe operária, limitando o tempo de trabalho a oito horas, e resolvendo outros tantos problemas, tudo de acordo com as deliberações dos grandes congressos operários realizados ultimamente na Europa. (...) Precisamos ainda de avenidas operárias nos centros mais populosos do país — de colônias agrícolas, de cooperativas de trabalho e de consumo, procurando assim os meios mais eficazes para favorecer todos os operários em geral do Brasil, sempre abandonados e desprezados, tanto dos poderes públicos,

como dos institutos particulares. (...) Apelando para a Câmara dos ilustres representantes do povo, esperamos (...) que sejam tratados com mais cuidado os interesses das classes operárias e trabalhadoras do país, porque são aquelas que mais produzem, e ao mesmo tempo são aquelas que mais sofrem (Mensagem dos operários ao dr. Francisco Bernardino. *Jornal do Commercio*, 28 fev. 1906, p. 1).

Assim, na primeira oportunidade em que pôde se posicionar publicamente acerca da questão social, o Centro das Classes Operárias não apenas o fez com altivez e relativa independência frente às classes dominantes de Juiz de Fora, como também apresentou um conjunto de reivindicações políticas e sociais bastante sintonizadas com os programas dos partidos operários e socialistas criados no país desde o início da República. Para cuidar, na prática, dos assuntos concernentes à "maioridade das classes operárias" — especialmente a redução da jornada de trabalho, o estabelecimento da seguridade social e o direito de influir nas decisões governamentais —, os dirigentes dessa agremiação tiveram que conquistar a confiança e ampliar sua representatividade junto aos trabalhadores juizforanos. Não por acaso, entre março e maio de 1906, paralelamente às ações imprescindíveis à consolidação institucional — aprovação de estatutos, arregimentação de novos sócios, arrecadação de recursos e aluguel de sede —, o Centro das Classes Operárias se empenhará na crítica pública à ameaça de os operários serem obrigados ao pagamento de mais impostos, na realização de assembleias para discussão das teses do 1º Congresso Operário Brasileiro e na preparação das comemorações de 1º de maio.

No dia 11 de março, a entidade promoveu um comício para, nos seus termos, protestar "contra o imposto de indústria e profissões, ultimamente lançado pelo governo do estado, visto o mesmo ser inconstitucional", e por não ter o presidente mineiro acatado uma "representação do Centro das Classes Operárias desta cidade" a esse respeito. Esse *meeting* ocorreu no Parque Halfeld e reuniu mais de 700 trabalhadores, e outros tantos "curiosos", que, ao "espocar de foguetes" e ao som da banda musical "Filhos de Euterpe", desfilaram pelas ruas centrais erguendo vivas à imprensa, aos comerciantes e políticos contrários ao novo tributo e "aos operários de Juiz de Fora" — que reclamavam contra o referido imposto estadual, "dentro da lei" e "sem ódios ou prevenções", por considerá-lo "inoportuno e injusto".[411]

---

[411] Para o *Jornal do Commercio*, entretanto, os trabalhadores locais "não tinham motivos para se alarmarem contra o *imposto de indústrias e profissões*, pela razão importante" de que eles estavam legalmente isentos de seu pagamento, algo que somente se confirmou algum tempo depois (Comício popular no

Após alçar os trabalhadores ao centro da vida política da cidade com estas manifestações e a divulgação integral de seu programa social, o Centro das Classes Operárias estabeleceu sua sede no nº 78 da rua Batista de Oliveira e procurou expandir seu quadro de associados. Para tanto, em abril de 1906, seus dirigentes promoveram assembleias dominicais para expor os fins da entidade e escolher os delegados dos operários de Juiz de Fora ao 1º Congresso Operário Brasileiro, realizado na capital federal entre os dias 15 e 20 desse mês. Como resultado dessas discussões, mesmo sem conseguir se fazer presente a esse conclave, a associação juizforana conseguiu remeter à sua "comissão promotora", bem como fazer veicular na imprensa local, a seguinte proposta de temário:

> A sociedade operária deve levantar ou sustentar a luta do trabalho contra o despotismo do capital, quais os melhores meios de combatê-lo? Se deverá procurar a organização operária por meio de associação, ou sindicatos, ou Câmaras do trabalho, de que forma? Como se estabelecer a propaganda antimilitar e a garantia do trabalho contra as especulações ou potências dos exploradores do suor humano? De que forma se poderá adotar a instrução primária, profissional ou técnica, instruindo assim os operários de conformidade como o século XX e a par das doutrinas da evolução moderna? (...) Deve-se ou não criar uma federação, com a direção geral de todas as agremiações operárias existentes no Brasil, na Capital da República, ou qual o melhor meio a adotar-se? Procurando-se criar na sociedade operária uma forma adotiva [sic] de conciliação entre os operários, para o desaparecimento de qualquer divergência, dificultando assim a união do progresso do operariado, em geral. Como evitá-las? Quais as melhores doutrinas modernas, a se porem em prática, para andamento e marcha a bem dos interesses do progresso operário, como admiti-las? Como se deve regulamentar os salários de conformidade com a sua classe de diversos ofícios ou trabalhos agrários ou braçais; qual o meio de consegui-lo? (Os operários. *Jornal do Commercio*, 18 abr. 1906, p. 1).[412]

Tais questionamentos revelam que, independentemente do empenho elitista em tentar direcionar o funcionamento do Centro das Classes Operárias, existia

---

Parque Halfeld. *Jornal do Commercio*, 12 mar. 1906, p. 1-2; e O imposto de indústrias e profissões e os operários. *Jornal do Commercio*, 16 mar. 1906, p. 1).

[412] De fato, embora apareça relacionado entre as 44 organizações aderentes ao 1º Congresso Operário Brasileiro, o Centro das Classes Operárias de Juiz de Fora não se fez representar durante as várias sessões desse importante encontro classista, ocorrido no Centro Galego da capital federal (Centro das Classes Operárias. *Jornal do Commercio*, 28 mar. 1906, p. 2; 1 abr. 1906, p. 2; 3 abr. 1906, p. 2).

um grande interesse de seus dirigentes, e dos operários presentes nos encontros dominicais por eles promovidos, em debater e encontrar formas de organização e propostas políticas capazes de unificar o proletariado e fazer avançar suas principais reivindicações sociais. Ademais, as questões suscitadas pelos trabalhadores juizforanos estavam bastante sintonizadas com os temas discutidos no 1º Congresso Operário, encontro classista este que, como concordam Batalha (2000:40-41), e Pinheiro e Hall (1979:41-58), consagrou uma proposta de atuação típica do "sindicalismo revolucionário" francês — centrada na "ação direta", nos "sindicatos de resistência" compostos por "minorias militantes" e na crítica severa aos partidos e à participação eleitoral. Contudo, embora expressem a forte influência dessa orientação ideológica, como ressalta Angela de Castro Gomes (1988:118-119),

> as resoluções do Congresso de 1906, rejeitando a formação de um partido político e condenando formas de organização tais como cooperativas, caixas beneficentes e bolsas de trabalho, iriam esbarrar na insistência dos socialistas e na tradição associativa dos próprios trabalhadores. A permanência de um modelo de associação mutualista e a desconfiança em relação ao sindicato de resistência marcam o período que vai até 1920, o que obviamente não pode apenas ser atribuído nem à força dos socialistas, nem à ineficiência doutrinária dos anarquistas.

Neste sentido, a autora esclarece que a multiplicidade de formas associativas verificada em São Paulo e no Rio de Janeiro, assim como em centros urbanos de menor porte, relacionava-se fortemente à grande diversidade de segmentos que compunham então a classe trabalhadora brasileira (oficiais de ofício, trabalhadores a domicílio e domésticos, operários fabris, de obras e do Estado, empregados em serviços, privados e públicos, caixeiros e pequenos funcionários) e à enorme dificuldade enfrentada para sua mobilização política. Para Angela de Castro Gomes (1988:119), "criar uma visão de mundo entre elementos com estilos de vida, experiências de trabalho, valores e interesses tão diferenciados", não raro imbuídos de rivalidades nacionais ancestrais, era um desafio hercúleo para os líderes socialistas, anarquistas e adeptos do sindicalismo revolucionário — líderes estes que haviam concatenado esforços para viabilizar o 1º Congresso Operário, mas que a partir desse conclave se envolverão numa disputa crescente pela hegemonia do movimento proletário.

Especificamente em Juiz de Fora, onde os mundos do trabalho e do trabalhador caracterizavam-se também como extremamente diversificados, as elites acompanhavam de muito perto qualquer movimentação classista dos "de baixo" e as lideranças proletárias já se inclinavam no sentido da constituição de um "partido operário", a resposta dada pelos dirigentes do Centro das Classes Operárias às resoluções organizativas centrais do 1º Congresso Operário Brasileiro caminhou na contramão da orientação sindicalista revolucionária. Com efeito, já nas celebrações de 1º de maio de 1906, mostrando-se fiel às tradições associativas de suas bases e mantendo-se dentro de sua linha política moderada, a direção dessa entidade, como pode ser percebido na leitura do convite transcrito a seguir, programou atividades destinadas a colocar positivamente o operariado e suas reivindicações políticas e sociais, mais uma vez, no centro das atenções da opinião pública:

> A diretoria do Centro Operário desta cidade convida a todas as associações e o comércio em geral a embandeirar suas sedes e casas comerciais no dia 1º de maio, visto os operários quererem festejar essa data em honra do "Trabalho Universal". Pedem também aos industriais e proprietários e construtores de obras que suspendam o trabalho e dispensem seus operários no mesmo dia. O Centro Operário espera a benevolência dos interessados (Centro das Classes Operárias. *Jornal do Commercio*, 28 abr. 1906, p. 2).

De acordo com as folhas *Correio de Minas* e *Jornal do Commercio*, "grande número de fábricas, oficinas e casas comerciais fecharam suas portas, arvorando bandeiras nacionais e galhardetes multicores", bem como permitindo que seus empregados participassem dos seguintes eventos programados pelo Centro das Classes Operárias: às 4 horas da manhã, e ao som da banda Euterpe Mineira, alvorada com salva de 21 tiros e préstito de operários pelas ruas centrais da cidade; ainda pela manhã, saudação à imprensa e inauguração festiva, na sede social desse centro, de sua "linda e rica bandeira"; às 15 horas, sessão solene para "distribuição de distintivos aos membros da diretoria" dessa entidade; por fim, às 17 horas, "com a diretoria à frente, banda de música e a gloriosa bandeira do Centro desfraldada", ocorreu uma nova passeata operária, "em que tomaram parte centenas de operários".[413] Mas, um dos pontos altos desse dia, "consagrado pelo proletariado

---

[413] 1º de maio. *Jornal do Commercio*, 1 maio 1906, p. 1-2; *Jornal do Commercio* e *Correio de Minas*, 2 maio 1906, p. 1.

universal à festa do trabalho", foi a presença em Juiz de Fora do oficial de torneiro mecânico da EFCB, Ezequiel Faria de Sousa, que, na qualidade de representante do Partido Operário Independente, proferiu as seguintes palavras ao operariado:

> Companheiros! O dia de hoje, 1º de maio, é para nós, os operários, um dia de festa. (...) É justamente este dia (...) que, nós outros, os evangelizadores do socialismo real, procuramos transmitir aos nossos irmãos e companheiros distantes dos grandes centros de lutas, ideias em prol da conquista de uns tantos direitos que a sociedade atualmente nos denega, pela nossa própria indiferença. (...) Companheiros! (...) a 15 de abril reuniu-se na Capital da República o (...) Congresso Operário Brasileiro com o fim de procurar minorar os sofrimentos e melhorar as condições do operariado no Brasil. Com pesar vos digo que infelizmente isso não se deu e, ao contrário do que muitos supunham, o que de fato se verificou (...) foi o que todos nós sabemos — a classe a que pertencemos ficou seriamente comprometida com todas as outras classes sociais e tida pelos governantes como um elemento perturbador: eis os benefícios que nos proporcionam algumas das deliberações do referido Congresso, as quais jamais poderão ser aceitas pelo elemento operário ordeiro e obediente à verdadeira doutrina socialista (O chanceler do Partido Operário Independente. *Jornal do Commercio*, 2 maio 1906, p. 1).

Para o dirigente do POI, não seriam as resoluções "descabidas e impróprias" e "as greves aconselhadas pelo Congresso Regional Operário" que conduziriam os trabalhadores à conquista de suas "aspirações justas e comedidas". Nesse sentido, ao invés dos movimentos paredistas — considerados por ele como prejudiciais ao operariado por provocarem "a odiosidade, a antipatia e o eterno rancor dos patrões" —, propõe aos assalariados de Juiz de Fora que deixem "de parte as ilusões fagueiras e fictícias" e não abram mão do "mais sagrado dos direitos do homem — o direito de voto".[414] Plenamente solidário com estas orientações moderadas, e visando dar a seus sócios condições indispensáveis para que eles se enveredas-

---

[414] Presente também nessa reunião, Francisco Bernardino defendeu que a resolução do "problema operário" deveria "ser obtida pelas cooperativas e associações operárias e também por medidas previdentes e tutelares do poder legislativo". Contudo, a única iniciativa do parlamentar a respeito foi a inclusão no orçamento federal de 1907 de uma verba de 60 contos de réis anuais para a instalação de enfermarias para operários nos subúrbios do Rio de Janeiro, visando assisti-los nos casos de acidentes (Acidentes do trabalho. *Jornal do Commercio*, 9 dez. 1906, p. 1).

sem pelo "terreno político", durante as festividades de 1º de maio, o Centro das Classes Operárias distribuiu o jornal *Progresso Operário*, bem como anunciou a criação de uma "escola", destinada "a ministrar a instrução primária a operários e aos filhos destes". Mas, como sugere a notícia transcrita a seguir, o recurso à paralisação coletiva do trabalho, sobretudo para exigir aumentos salariais, não deixou de fazer parte dos horizontes reivindicatórios de determinadas categorias profissionais da cidade:

> Continua a *grève* parcial de oficiais sapateiros. Alguns proprietários de fábricas e oficinas de calçados tiveram ontem [21 set. 1906] uma conferência com os grevistas, não chegando a um acordo. A discussão foi acalorada, versando sobre a tabela de preço da mão de obra, não tendo sido aceita a apresentada pelos operários. Quatro grevistas deixaram de ser solidários com seus colegas, que são em número de 46, apresentando-se ontem ao trabalho (*Grève* de sapateiros. *Correio de Minas*, 22 set. 1906, p. 1).

Essa "greve pacífica" foi deflagrada em 17 de setembro de 1906, mas não há notícias sobre a data de seu encerramento e se, afinal, os oficiais sapateiros de Juiz de Fora dobraram a intransigência de seus patrões, obtendo sucesso em "sua pretensão de aumento salarial". Nesse mesmo momento, o Centro das Classes Operárias enfrentava uma séria crise, provocada por divergências políticas que colocarão termo no clima de unidade e otimismo que marcou as festas de 1º de maio e as demais atividades promovidas até então por seus dirigentes. No auge dessa crise, o presidente da entidade, Bernardino Marcello de Moraes, terminou expulso de seus quadros sociais, episódio este que motivou a saída de cerca de 60 trabalhadores das fileiras de tal centro.

Com efeito, no dia 21 de outubro desse ano, além de uma nota de protesto e desagravo, o grupo dissidente publicou no *Jornal do Commercio* um manifesto em que anunciava as bases de uma nova associação de ofícios vários, a Federação Operária dos Artistas de Juiz de Fora — que, de acordo com seus organizadores, somente admitiria "homens que vivam do trabalho honrado, de todas as artes, à qual se pagará dois mil réis (2$000) de joia e (1$000) mil réis de mensalidade".[415]

---

[415] Na nota de protesto, por sua vez, os ex-sócios do Centro das Classes Operárias reafirmam sua confiança em Marcello B. Moraes, destituído por ter supostamente se apropriado de recursos da entidade, e acusam o grupo rival, liderado por Messias do Nascimento, de recorrer a calúnias e ao chefe da polícia

Em fins de abril de 1907, os diretores dessa efêmera Federação Operária, como atesta o comunicado abaixo, aparecerão como fundadores de outra agremiação, a Liga Operária de Resistência do Povo Trabalhador:

> Em assembleia geral, foi deliberada a nomeação da comissão abaixo assinada desejando fundar nessa cidade a Liga Operária de Resistência do Povo Trabalhador a fim de pugnar pelos verdadeiros interesses das classes operárias deste estado e principalmente desta cidade. A comissão, pretendendo festejar o dia 1º de maio, vem solicitar todo o apoio das classes operárias e mais cidadãos amigos do nobre povo trabalhador pedindo auxílios espontâneos, a fim de se conseguir os fundos necessários para o fim desejado (Liga Operária de Resistência do Povo Trabalhador. *Jornal do Commercio*, 30 abr. 1907, p. 2).[416]

As poucas informações referentes à Federação Operária dos Artistas e à Liga Operária de Resistência do Povo Trabalhador não apenas apontam para a fragilidade institucional e a curta duração dessas entidades, como indicam a existência de uma linha de continuidade entre elas. Por outro lado, de fins de 1906 a meados de 1909, o cenário associativo local irá se fragmentar ainda mais, dentro de um contexto em que duas ou mais agremiações profissionalmente indiferenciadas concorrerão para representar os interesses do operariado de Juiz de Fora. As celebrações de 1º de maio de 1907 exemplificam bem esta situação. Enquanto o Centro das Classes Operárias optou pela promoção de uma conferência em sua sede social e de uma passeata vespertina, reunindo basicamente os seus diretores e os cerca de 64 alunos de sua "escola noturna", os sócios e dirigentes da Liga Operária, logo após a sessão solene de instalação dessa associação, saíram incorporados pelas ruas centrais da cidade, seguidos de banda de música e empunhando o seu pavilhão.[417]

---

local para conseguir se apoderar da direção desse centro (Centro das Classes Operárias do Estado de Minas e Federação Estadual Mineira de Artes e Ofícios, com sede em Juiz de Fora. *Jornal do Commercio*, 21 out. 1906, p. 5).

[416] Entre os nomes de operários que integravam a direção da Liga Operária de Resistência do Povo Trabalhador e de sua predecessora, a Federação Operária dos Artistas, destacam-se os de Bernardino M. de Moraes (presidente), Paulo P. Pereira (vice-presidente), Alcides Luiz P. da Gama (1º secretário), Fernando Almada (2º secretário), Ventura P. de Sousa (tesoureiro) e Pedro M. dos Santos (procurador). (Reuniões. *Jornal do Commercio*, 10 e 21 maio 1907, p. 1).

[417] Nesse 1º de maio, várias fábricas também deram folga a seus operários, que engrossaram as atividades programadas pelo Centro das Classes Operárias e pela Liga Operária, sobre a qual não encontrei in-

O Centro das Classes Operárias, entretanto, alcançou uma longevidade bem maior, voltando-se fundamentalmente, desde setembro de 1906 até a sua dissolução, no primeiro semestre de 1913, para a promoção do socorro mútuo, a manutenção de sua "escola noturna" e a realização de palestras e celebrações, especialmente em efemérides como o 24 de fevereiro (aniversário da Constituição de 1891), o 1º de maio, o 13 de maio e o 15 de novembro. Na passagem para 1907, por exemplo, os dirigentes da entidade se empenharam na revisão dos seus estatutos e na formação de uma "caixa de beneficência", cujos objetivos gerais seriam "fornecer gratuitamente aos associados [de ambos os sexos] a assistência médica e farmacêutica, mediante uma pequena contribuição mensal", fazer "o enterro dos associados" e, mais tarde, "edificar pequenas casas para serem alugadas aos associados com abatimento de 50% dos preços atuais". Por outro lado, até pelo menos meados de 1908, amplia-se visivelmente a influência política e ideológica de membros das classes conservadoras sobre a vida dessa associação. Comentando a "boa orientação seguida" pelo centro em sua "nova fase", um articulista chegou inclusive a comemorar que, coadjuvada por "cavalheiros" como os coronéis Augusto Penna ("paraninfo da escola operária") e Antonio Pinto Monteiro ("amigo e entusiasta da classe operária"), a diretoria dessa agremiação se dedicava agora a defender a adesão dos operários "aos deveres cívicos e sociais" e aos "princípios conservadores que são os da ordem, do respeito às leis, à família, do amor à humanidade".[418]

Após as celebrações de 1º de maio de 1908, que contou com passeata e retreta organizadas pelo núcleo local do Partido Operário Independente, instalado na cidade em dezembro do ano anterior, e uma sessão solene na sede do Centro das Classes Operárias, processa-se a readmissão de muitos dos sócios e lideranças que se retiraram dos quadros dessa sociedade em outubro de 1906. Outra parte dos trabalhadores que compuseram a Federação Operária dos Artistas e a Liga Operária de Resistência do Povo Trabalhador entre 1906 e 1907, por sua vez, decidiu se reagrupar numa nova entidade classista, a Associação Beneficente Irmãos Artistas

---

formações posteriores (Festa do trabalho. *Jornal do Commercio*, 2 maio 1907, p. 1-2; e Festa do operário. *O Pharol*, 2 maio 1907, p. 1-2).

[418] Em 1907 e 1908, a "escola noturna" do Centro das Classes Operárias possuía cerca de 85 alunos inscritos e recebia da Câmara uma subvenção mensal de 50$000 (*Jornal do Commercio*, 16 nov. 1906, p. 1; 28 dez. 1906, p. 1; 12 maio 1907, p. 1; 5 jan. 1909, p. 1; e 25 fev. 1909, p. 1; e *O Pharol*, 8 jan. 1907, p. 1; 18 jan. 1907, p. 2; 11 abr. 1908, p. 1; 12 abr. 1908, p. 2 e 17 nov. 1908, p. 1).

(Abia), cuja longevidade alcançará os anos de 1930. Sua primeira diretoria, eleita em assembleia realizada em 13 de julho de 1908, era constituída por: Galdino Antonio de Medeiros, presidente; Jacob H. Gerhein, vice-presidente; André Francisco de Sousa, 1º secretário; José Luiz Pereira, 2º secretário; Armando Dias de Faria, tesoureiro; Juscelino Índio do Brasil, procurador e mais 15 conselheiros.[419]

De acordo com os seus estatutos, a Associação Beneficente Irmãos Artistas tinha como finalidade precípua socorrer "os irmãos operários em diversas artes" que se encontrassem "enfermos, inválidos ou necessitados de auxílio".[420] Por volta dessa mesma época, outras duas agremiações profissionais, a Associação dos Empregados no Comércio e a Associação Tipográfica Beneficente Mineira, fundadas respectivamente em abril de 1903 e agosto de 1905, completavam o intrincado universo associativo das classes trabalhadoras de Juiz de Fora. De fato, entre os anos de 1906 e 1911, a AEC funcionou de modo ininterrupto, dispondo de um número regular de sócios e uma movimentada sede social, instalada num dos sobrados da "parte baixa" da rua Halfeld. Em tal espaço, além de realizarem solenidades, palestras, assembleias e reuniões periódicas, os dirigentes dessa entidade mantinham uma biblioteca (com livros de técnicas comerciais, de literatura brasileira e universal, obras religiosas e espíritas, gramaticais e de línguas) e "aulas noturnas" de escrituração, português, inglês, francês, geografia comercial, aritmética, álgebra, geometria, trigonometria e música. Durante todo esse período, "a instrução, beneficência, recreio", a prestação de "socorros médicos, farmacêuticos e dentários" e o "acautelamento dos interesses coletivos de seus membros" figuraram como funções centrais de tal órgão de classe, que sustentava a expressão latina *Labor omnia vincit* — "O trabalho tudo vence" — no centro de seu estandarte.[421]

---

[419] Já a direção do Partido Operário Independente em Juiz de Fora, cumpre registrar, contava em 1908 com sócios e dirigentes tanto do Centro das Classes Operárias, quanto da Associação Beneficente Irmãos Artistas (Partido Operário Independente. *O Pharol*, 17 dez. 1907, p. 1; e 1º de maio e Centro Beneficente das Classes Operárias. *Jornal do Commercio*, 2 maio 1907, p. 2; 11 jun. 1908, p. 1 e 15 jul. 1908, p. 1).

[420] Ver Andrade, 1987:71.

[421] De 1906 a 1911, as notícias veiculadas sobre a AEC referem-se, em especial, à promoção de assembleias para eleição e posse de sua diretoria e solenidades para comemorar a data de sua fundação e homenagear ex-dirigentes e autoridades locais. A respeito da Associação Tipográfica Beneficente Mineira, há informações regulares sobre as reuniões, decisões e recomposições de seu "conselho deliberativo" e os diversos "festivais" organizados pela entidade "em favor dos seus cofres sociais" (Associação dos Empregados no Comércio e Associação Tipográfica Beneficente Mineira. *Jornal do Commercio*, 1º fev. 1906, p. 2; 25 fev. 1906. p. 1; 2 mar. 1906, p. 1; 13 mar. 1906, p. 2; 9, 19 e 24 abr. 1906, p. 1; 10 set. 1906, p. 1; 11 dez. 1906, p. 2; 29 jan. 1907, p. 1; 23 abr. 1907, p. 1; 3 e 21 jan. 1908, p. 1; 18 fev. 1908, p. 1; 24 mar.

Nos primeiros meses de 1909, por outro lado, ocorrerá a constituição de uma terceira associação de ofícios vários em Juiz de Fora, a União Protetora dos Operários, cujos dirigentes se aliarão aos diretores da Associação Beneficente Irmãos Artistas e do Centro das Classes Operárias para a deflagração de uma inédita campanha em prol da jornada de oito horas. Com este objetivo central, representantes dessas entidades convocaram, por meio de um boletim "profusamente distribuído pela cidade", uma assembleia para as 17 horas do dia 6 de junho desse ano, um domingo. Cerca de uma semana antes, a Associação dos Empregados no Comércio já havia reunido também os seus sócios "para tratar de assuntos de interesse da classe" e, mais especificamente, decidir sobre o envio à Câmara Municipal de um requerimento em que os "moços que se dedicam aos árduos labores do balcão" solicitavam a aprovação de "uma lei obrigando as casas comerciais ao fechamento de suas portas", de segunda-feira a sábado, "às oito horas da noite".[422]

Antes de analisar os desdobramentos políticos desta petição caixeiral e da mencionada assembleia operária, cumpre assinalar que em 1909, ao contrário dos anos anteriores, não houve celebrações de 1º de maio em Juiz de Fora. Contudo, a movimentação simultânea da AEC e das associações de vários ofícios locais em favor da diminuição das horas de trabalho aponta para a existência de um clima de crescente mobilização e relativa unidade nos meios proletários juizforanos. Resultado sem dúvida de uma maior difusão dos temas centrais da questão social na cidade, tal ambiente favorável à ação classista, ao que tudo indica, foi propiciado também pelas repercussões no município da campanha presidencial iniciada nesse ano e a publicação de manifestos e abaixo-assinados de trabalhadores do Rio de Janeiro, de Belo Horizonte e de Juiz de Fora em apoio à chapa encabeçada pelo marechal Hermes da Fonseca — primeiro candidato à presidência do Brasil a fazer referências, ainda que vagas, ao problema operário.[423]

1908, p. 1; 16 jun. 1908. p. 1; 30 ago. 1908, p. 1; 8 jan. 1909, p. 2; 21 abr. 1909, p. 2; 12 jan. 1910, p. 2; 16 abr. 1910, p. 1; 20 maio 1910, p. 2; 26 ago. 1910, p. 2; 19 nov. 1910, p. 2; 15 mar. 1911, p. 2; 14 maio 1911, p. 2; 24 ago. 1911, p. 2 e 26 nov. 1911, p. 1).

[422] Reuniões. *Jornal do Commercio*, 30 maio 1909, p. 2; e As horas de trabalho dos empregados no comércio. *O Pharol*, 1 out. 1909, p. 1.

[423] No início de 1909, ao que parece, os dirigentes da seção local do Partido Operário Independente alteraram o nome dessa agremiação para Partido Operário Modelo. Já em julho desse ano, publicaram um manifesto de apoio à chapa Hermes da Fonseca — Wenceslau Braz, que recebeu adesão também de grupos e partidos operários do Rio de Janeiro e da capital mineira (*Jornal do Commercio*, 27 jan. 1909, p. 2; 1 e 3 jul. 1909, p. 1; e 14 ago. 1909, p. 2).

Na assembleia conjunta de 6 de junho de 1909, que lotou os salões da União Protetora dos Operários, este clima propício à união e mobilização dos diferentes segmentos do proletariado de Juiz de Fora levou inclusive um dirigente do Centro das Classes Operárias a concitar "seus companheiros a não desanimarem na campanha ora encetada" em prol da jornada de oito horas, bem como a ressaltar que "a classe será forte quando souber defender os seus direitos". Em tal oportunidade, os associados dessas duas entidades, da Abia e os demais trabalhadores presentes ouviram também explanações circunstanciadas "sobre a situação do operariado" e a respeito da justeza de "sua pretensão à redução das horas de trabalho". Ao final, antes de saírem em passeata pelas ruas centrais ao som da banda Euterpe Mineira, decidiram enviar, por meio de uma "comissão de operários", a seguinte representação ao patronato da cidade e ao então presidente de sua Câmara Municipal, Antonio Carlos Ribeiro de Andrada:

> Ilmo. Sr. dr. Presidente e Agente Executivo da Câmara Municipal, (...) presidentes de companhias e empresas, gerentes de estabelecimentos industriais, proprietários de oficinas e construtores. Os abaixo-assinados, operários nesta cidade e município de Juiz de Fora, de acordo com seus companheiros residentes em Belo Horizonte, capital do estado de Minas Gerais, vêm pedir-vos redução do horário do trabalho para o operariado e trabalhadores; almejam os signatários que o trabalho obrigatório seja durante oito horas sem diminuição do salário, como foi adotado por acordo com os patrões e com a deliberação com a Federação do Trabalho, em 30 de maio findo, mostrando-se francamente favoráveis os exmos. snrs. Drs. Wenceslau Braz, digno presidente do estado, e o prefeito da capital, onde os operários e trabalhadores já gozam desse benefício, igual ao estado de São Paulo (Reunião da classe operária — redução das horas de trabalho. *Jornal do Commercio*, 9 jun. 1909, p. 1).

Na parte inicial de sua petição, portanto, além de formularem claramente a sua solicitação de redução da jornada diária de trabalho para oito horas "sem diminuição dos salários", os operários juizforanos demonstraram estar conscientes das mobilizações e negociações realizadas então por seus companheiros de Belo Horizonte e de outras capitais mais dinâmicas, como o Rio de Janeiro, Porto Alegre e São Paulo — onde, sobretudo de 1906 a 1909, inúmeras greves foram deflagradas para a conquista dessa reivindicação central e também por questões salariais.[424] Por sua vez, a menção ao fato de Wenceslau Braz, candidato à vice-presidente da República na chapa de Hermes da Fonseca, ter supostamente intercedido em favor de um pedido semelhante dos assalariados belorizontinos, indica que as lideranças proletárias de Juiz de Fora procuraram aproveitar o momento eleitoral para forçar as elites a conceder-lhes direitos sociais há muito reclamados. Mas, na sequência final de sua representação, o operariado dessa cidade se mostra bastante independente, expondo de modo firme as suas condições para o estabelecimento de um acordo com os capitalistas locais:

> Não se diga que os operários são exigentes, porque o trabalho braçal traz o cansaço em pouco tempo, ao passo que o mental, além das regalias pessoais, tem para os funcionários menos horas de trabalho e com melhores remunerações. (...) Entendem os signatários, [dessa maneira] (...) que o trabalho deve começar às 8 horas da manhã, com descanso do meio-dia à uma hora, e começando a esta, terminar às cinco da tarde. Esperam, pois, que, em comunhão de vistas aos interesses dos patrões com os dos operários, adotem o justo pedido que fazem, provando mais uma vez que (...) Juiz de Fora acompanha as evoluções sociais (Reunião da classe operária — redução das horas de trabalho. *Jornal do Commercio*, 9 jun. 1909, p. 1).[425]

Entre os dias 10 de junho e 11 de julho de 1909 foram realizadas outras cinco assembleias proletárias em Juiz de Fora, tanto para tratar "da criação de uma caixa para sustentar a campanha pela redução das horas de trabalho e socorrer a todo operário que, por esse motivo, venha ficar desempregado", quanto para avaliar o andamento das negociações com o patronato e as autoridades. Nessas reuniões, a "comissão" encarregada de tentar fazer avançar tais negociações apresentou rela-

---

[424] Entre 1906 e 1909, foram realizadas ao menos 33 manifestações e greves operárias na capital federal, enquanto no estado de São Paulo ocorreram cerca de 53 movimentos dessa natureza, em geral, deflagrados para se exigir a jornada de oito horas, aumentos salariais e protestar contra demissões, reduções de salários e o autoritarismo dos patrões. No entanto, as conquistas em torno dessas e outras reivindicações foram parciais e efêmeras, em função do desrespeito aos acordos firmados e da crescente repressão policial aos trabalhadores e seus líderes, sobretudo os estrangeiros e militantes anarquistas e sindicalistas revolucionários. Ver Lobo (1992:35-36), Beiguelman (1981:34-56) Simão (1981:125-127) e Batalha (2000:40-43).

[425] O acordo entre operários e capitalistas de Belo Horizonte que fixou então a jornada normal em oito horas (das 7h às 16h, com uma hora para almoço) não foi plenamente respeitado pelos patrões, que aos poucos estenderam tal jornada para nove ou mais horas, resultando na deflagração de uma greve geral nessa capital em maio de 1912.

tórios "dando conhecimento das opiniões de diversos industriais e construtores" que se opunham "aos desejos da classe" e informou que, afinal, apenas um pequeno número de capitalistas havia "se manifestado de modo favorável" à reivindicação dos trabalhadores de que o serviço devia "principiar às 8h da manhã, com descanso do meio-dia à uma hora, e terminar às 5 da tarde".[426]

Embora esse movimento tenha se dissipado pouco tempo depois, vencido pelo recrudescimento da intransigência patronal e pelo tradicional descaso dos governantes, tudo indica que o espectro da greve geral rondou mais uma vez "a cidade da ordem e do trabalho", dentro de um contexto de acirramento crescente das tensões sociais. Defendendo a redução da jornada diária de trabalho em Juiz de Fora, um articulista francamente simpático à causa dos empregados no comércio e dos operários fabris captou e descreveu esse processo de rápida deterioração das relações classistas ao enfatizar, com rara perspicácia, que muitos desses assalariados laboram, quase ininterruptamente, "das seis da manhã às dez da noite":

> *Dezesseis horas de escravidão por dia*! Depois, quando se recolhem à casa, fatigados, abatidos, oprimidos, aborrecidos, frases de desespero, naturalmente, se lhes desprendem dos lábios, por entre amargas imprecações contra os homens que os exploram, contra a existência, contra Deus, contra tudo. Daí, com certeza, ímpetos de revolta, muito justificáveis. Daí, o anseio de entrar em luta para a repressão da tirania de que são vítimas, para a conquista de um pouquinho dos bens na posse (...) [das] classes detentoras do capital. (...) Em Juiz de Fora, os operários querem agora o trabalho reduzido a oito horas e os rapazes do comércio querem que às oito horas da noite o comércio feche. Uns e outros, porém, se declaram inimigos da violência, pretendendo tranquilamente entrar em acordo com os patrões. E os patrões devem aceder ao que desejam, evitando assim que, mais tarde, sejam obrigados a dar pela força o que hoje, com bons modos, humildemente, se lhes pede. Preciso é dosar o trabalho dessa boa gente. Senão, um dia a casa cai (O dia. *Jornal do Commercio*, 11 jul. 1909, p. 1).

De fato, demoraria ainda alguns anos para que os capitalistas dessa cidade fossem compelidos, quer seja por força de uma greve geral, quer seja por determi-

---

[426] Na mesma época, representantes das três associações operárias de Juiz de Fora tentaram sem sucesso, ao que parece, obter o apoio de parlamentares locais para "agitarem" a questão da redução das horas de trabalho junto aos poderes estadual e federal (*Jornal do Commercio*, 12 jun. 1909, p. 1; 16 jun. 1909, p. 2; 29 jun. 1909, p. 1; 6 e 11 jul. 1909, p. 2).

nação legal, a reconhecer e respeitar os direitos sociais dos inumeráveis homens, mulheres e crianças que empregavam, especialmente no que se refere à diminuição da jornada diária, à elevação do valor dos salários e à melhoria das condições gerais de trabalho nas casas de comércio, oficinas e fábricas locais. Mas, no caso dos "rapazes do comércio", a existência de uma forte tradição reivindicatória e associativa em seu seio, de um amplo reconhecimento social de suas demandas e de precedentes positivos de intervenção da municipalidade no horário de funcionamento do comércio, em especial, contribuiu para que uma nova alteração importante no seu extenuante regime de serviço se efetuasse a médio prazo. Com efeito, em 3 de abril de 1911, a Câmara Municipal de Juiz de Fora transformou em lei o pedido feito pela Associação do Empregados no Comércio a essa casa legislativa, cerca de dois anos antes, para que determinasse "o fechamento das casas de negócios às 20 horas durante a semana", medida esta consubstanciada na Resolução nº 655 da seguinte forma:

> Art. 1º — As casas comerciais que abrirem suas portas depois das oito horas da noite pagarão de imposto de indústrias e profissões, além das taxas atuais, mais dois contos de réis (2:000$000) por ano, na cidade. Art. 2º — Excetuam-se da disposição do art. 1º os sábados, nos quais o fechamento poderá dar-se às nove horas da noite. Art. 3º — Excetuam-se da disposição do art. 1º as farmácias, hotéis, cafés, restaurantes, confeitarias, botequins, padarias, açougues, agências de jornais, bilhares, charutarias e barbearias.[427]

No decurso da década de 1910, ao lado da manutenção e diversificação de suas tradicionais funções associativas, as sucessivas diretorias da Associação dos Empregados no Comércio se baterão tanto pelo cumprimento das resoluções nº 655 e nº 511, que desde 1905 proibia a abertura das lojas aos domingos, quanto para que os vereadores restringissem ainda mais o horário do comércio nos demais dias da semana, uma vez que os caixeiros continuavam obrigados a jornadas diárias de cerca de 14 horas. Entre 1918 e 1919, em parte como consequência dessa pressão contínua exercida pela AEC, a Câmara Municipal aprovou duas novas resoluções que, na prática, resultaram na ampliação do tempo de descanso dos in-

---

[427] Resolução nº 655, de 3 de abril de 1911, que trata do fechamento de portas das casas comerciais desta cidade e dá outras providências (AHCJF — *Livro de resoluções da Câmara Municipal de Juiz de Fora — 1906/1932*, p. 26).

tegrantes dessa categoria profissional: a primeira, porque obrigava "o fechamento ao meio-dia, nos dias feriados nacionais, das casas comerciais das zonas urbanas e suburbanas da cidade"; a segunda, em função de impor pesadas taxas de dois contos de réis às "casas comerciais que abrirem as suas portas antes das sete da manhã e depois das sete horas da noite" ou, aos sábados, "depois das oito horas da noite".[428]

As três associações de ofícios vários existentes em Juiz de Fora em meados de 1909, por seu turno, continuarão em pleno funcionamento nos dois anos seguintes. Contudo, ao que parece, caberá à União Protetora dos Operários, em especial, a função precípua de representar politicamente o operariado e sustentar publicamente suas reivindicações sociais.[429] Para celebrar condignamente o 1º de maio de 1910, e certamente reafirmar a solicitação proletária de instituição da jornada de oito horas, por exemplo, os dirigentes dessa entidade prepararam uma programação bastante diversificada, divulgada por meio de panfletos contendo este interessante convite:

> A União Protetora dos Operários de Juiz de Fora comemora hoje condignamente a data gloriosa do Trabalho Universal, e convida a classe operária desta cidade para comparecer na sede social — Largo do Riachuelo, nº 3. Pede-se o comparecimento de todos, em geral, sem distinção de cor ou nacionalidade, para maior brilhantismo da festa. O programa dos festejos é o seguinte. Às 5 horas haverá alvorada pela banda de música Euterpe Mineira, e uma salva de 21 tiros em frente à sociedade. Às 2 horas da tarde será inaugurado na sede social, com a presença da comissão, o pavilhão da sociedade. Às 8 horas da noite, na sede social, haverá uma sessão solene, para comemorar a gloriosa data do Trabalho Universal. Aos operários que comparecerem na sessão solene será

---

[428] Na capital federal, cumpre registrar, desde dezembro de 1911, havia uma determinação legal fixando a jornada dos empregados no comércio, de segunda-feira a sábado, em 12 horas diárias. Ver Popinigis (2007:154-155); Resolução nº 792, de 20 de outubro de 1918, que obriga o fechamento ao meio-dia, nos dias feriados nacionais, das casas comerciais das zonas urbanas e suburbanas da cidade e Resolução nº 800, de 7 de fevereiro de 1919, que dá nova redação para o art. 1º da Resolução nº 655, de 03 abr. 1911 (AHCJF — *Livro de resoluções da Câmara Municipal de Juiz de Fora — 1906/1932*, p. 88-89 e 91).

[429] Na verdade, como indiquei anteriormente, o Centro das Classes Operárias se dissolverá apenas no 1º semestre de 1913, enquanto a Abia continuará existindo ainda no começo da década de 1930. Mas, nos anos de 1910 e 1911, as poucas informações que obtive sobre essas entidades referem-se a reuniões para eleição e posse de suas diretorias e promoção de tômbolas em favor de seus respectivos "cofres sociais" (*Jornal do Commercio*, 22 jan. 1910, p. 1; 30 abr. 1910, p. 1; 26 jun. 1910, p. 3; 5 jul. 1910, p. 1; 10 jan. 1911, p. 2; 8 fev. 1911, p. 2; 7 maio 1911, p. 2; 24 nov. 1911, p. 3).

oferecido um copo de cerveja, saudando-se nessa ocasião a confraternidade da família operária e do braço do trabalhador mundial. Em seguida, realizar-se-á uma passeata, pelas ruas mais centrais da cidade, cumprimentando-se as redações dos jornais locais e recolhendo-se depois à sede social (O 1º de maio. *O Pharol*, 1 maio 1910, p. 2).

De acordo com *O Pharol* (A festa do trabalho, 3 maio 1910, p. 2), essa programação foi cumprida integralmente, tendo sido realizados, na verdade, dois préstitos operários pelas ruas centrais da cidade, ambos musicados pela banda Euterpe Mineira: o primeiro logo pela manhã, após a "salva de 21 tiros", e o outro à noite, no horário previsto e com um número ainda maior de trabalhadores. Indicando também o entusiasmo e o sentimento de unidade vigente nessas comemorações, na sessão solene ocorrida na sede da União Protetora dos Operários, que contou ainda com a participação de sócios da Associação Beneficente Irmãos Artistas, um antigo líder proletário local, Bernardino de Moraes, fez "um discurso alusivo ao 1º de maio, que foi muito aplaudido".

A data dedicada ao "Trabalho Universal", portanto, havia se consolidado no calendário local como um momento em que o operariado, incorporado e escudado pelos pavilhões de suas associações, se apresentava à sociedade tanto como o braço forte do progresso de Juiz de Fora, quanto como uma classe ordeira e disciplinada, que aguardava ainda o reconhecimento efetivo do valor social de sua atividade criadora. Certamente também em busca das retribuições materiais e garantias legais há tempos reivindicadas pelos trabalhadores da cidade, em março de 1911, a União Protetora dos Operários resolveu "indicar e sustentar nas urnas o nome do seu associado Henrique Fox Joppert, jornalista morador nesta cidade, ao cargo de deputado estadual". Após garantir ser este um "candidato genuinamente operário" e integralmente comprometido com a doutrina social da entidade, seus dirigentes solicitaram "ao operariado e às demais classes laboriosas do 2º distrito" todo apoio nas urnas e encerraram seu manifesto eleitoral enfatizando que

> o descaso de todos os governos pelas classes laboriosas e, principalmente, pelo operariado, impõe-lhes o dever de elegerem candidatos que no seio do Congresso sejam seus verdadeiros advogados e solicitem a promulgação de leis protetoras em seu benefício. Essas classes, pois, devem unir-se e bater-se pelo mesmo ideal, isto é, elegerem um representante alheio à política e que defenda os seus interesses (Ao operariado desta cidade e do 2º distrito, *Jornal do Commercio*, 9 mar. 1911, p. 2).

Trata-se também, sem dúvida, de um protesto político contra o desprezo manifestado pelos parlamentares e chefes da seção local do PRM diante da solicitação para que intercedessem a favor dos trabalhadores juizforanos na questão da limitação da jornada de trabalho. Entretanto, não há maiores informações sobre o desempenho eleitoral do citado candidato proletário, que segundo o manifesto que o apresentou ao eleitorado da cidade, não estava filiado e nem se filiaria a qualquer partido político. No decurso de 1910 e 1911, por outro lado, os dirigentes da União Protetora dos Operários se empenharam ainda para consolidar a entidade, realizando conferências para expor seu programa social e assembleias periódicas, bem como instalando em sua sede "aulas diurnas e noturnas" para operários e filhos destes. Poucos meses antes dessa associação de ofícios vários se extinguir, duas outras categorias profissionais de Juiz de Fora decidiram organizar suas respectivas "sociedades de benefício mútuo", os alfaiates e os empregados do setor de carris urbanos da Companhia Mineira de Eletricidade (CME).[430]

A constituição da Associação Beneficente dos Alfaiates de Juiz de Fora ocorreu em maio de 1911, quando seus primeiros sócios — cerca de vinte "alfaiates, sem distinção alguma" — se reuniram diversas vezes no teatro Politeama, sempre aos domingos, para "tratar dos interesses da classe", "fundar uma associação de benefício mútuo" e "nomear uma *comissão* para fazer a propaganda entre a classe" e "solicitar das associações congêneres de São Paulo e Belo Horizonte alguns exemplares de seus estatutos". No último desses encontros, decidiram fixar a joia em 8$000 e as mensalidades em 2$000, bem como adotar como modelo de organização os estatutos da Associação Beneficente dos Alfaiates de Belo Horizonte e estabelecer os seguintes objetivos precípuos para a novel sociedade: (i) "Auxiliar pecuniariamente aos sócios que se enfermarem e ficarem impossibilitados de trabalhar"; (ii) "Concorrer com auxílio para o enterro do sócio falecido" e (iii) "Trabalhar pelo interesse da classe procurando o seu reerguimento e nivelamento social".[431]

A Associação Beneficente dos Condutores e Motorneiros da Companhia Mineira de Eletricidade, por sua vez, foi fundada em meados de outubro de 1911 e já no mês seguinte solicitava ao público a doação de "prendas para a *kermesse*" que

---

[430] União Protetora dos Operários. *Jornal do Commercio*, 19 mar. 1911, p. 2 e 12 ago. 1911, p. 2.

[431] Ao que tudo indica, a Associação Beneficente dos Alfaiates de Juiz de Fora funcionou regularmente ao longo da maior parte da década de 1910, sendo reorganizada em junho de 1921, sob a designação Sociedade Beneficente e Protetora dos Alfaiates (Aos alfaiates. *O Pharol*, 5 maio 1911, p. 2; Associação dos Alfaiates de Juiz de Fora. *O Pharol*, 21 maio 1911, p. 2; Reuniões e Associação dos Alfaiates de Juiz de Fora. *Jornal do Commercio*, 9 e 14 maio 1911, p. 1; 21 e 31 maio 1911, p. 2).

realizaria "em benefício de seus cofres". Todavia, sua "instalação oficial" ocorreu somente no último dia desse ano, numa cerimônia em sua sede social, situada no nº 98 da rua Santa Rita, em que foi também inaugurado o pavilhão da entidade e ao qual compareceram muitos de seus sócios, além do deputado estadual Francisco Valadares e representantes da CME, da imprensa e das demais sociedades beneficentes e proletárias de Juiz de Fora. Ao final, o "orador oficial" dessa solenidade, dr. Antonio R. da Silva Braga, pronunciou um inusitado discurso, cujo trecho transcrito a seguir, a meu ver, confirma não somente o maior interesse e sensibilidade da opinião pública local pela difícil situação social do proletariado, como ainda a existência de uma clara percepção de que um embate classista de grande proporção se prenunciava na "mais industrial das cidades de Minas". De acordo com esse orador, que se identificou como "um amigo leal dos homens do trabalho", estes subsistiam até então sob a tirania da injustiça social e tinham todo direito a resistir coletivamente à exploração, uma vez que,

> sempre mal pago e mal considerado, vivendo como pária entre os componentes da sociedade (...) é o operário o eterno escravo do capitalista, a despeito de ser com o seu trabalho o produtor do capital. (...) O capitalista oprime o povo e se impõe aos governos. Os governos honestos criam embaraços ao capital e facilitam ao operário o trabalho; mas em nossa Pátria e em Juiz de Fora o operariado está desarmado contra seus opressores sociais que se podem tornar seus tiranos e até cruéis. (...) É tempo de agirmos, criando forças de resistência! Os operários unidos e solidários combatem as opressões e os opressores com a *grève* pacífica, a que nenhum se deve furtar para garantia da vitória e manutenção de sua própria força, tão necessária nas agremiações desta natureza. (...) Unidos e solidários, todos serão respeitados, porque devem ser todos por um e um por todos.[432]

É certo que este *slogan* e a conclamação para a resistência e a solidariedade de classe que o precede ecoarão fortes nos corações e mentes dos operários juizforanos no decurso do ano que se iniciava, a despeito da precariedade e do

---

[432] A Associação Beneficente dos Condutores e Motorneiros, que se manteve também ativa por quase toda a década de 1910, voltou-se para as atividades recreativas e a promoção do socorro mútuo, contando para tanto com o repasse das multas aplicadas pela CME a seus empregados. Mas, em novembro de 1912, essa associação participou do 4º Congresso Operário, no Rio de Janeiro (Associação Beneficente dos Condutores e Motorneiros. *Jornal do Commercio*, 18 nov. 1911, p. 1; 2 jan. 1912, p. 1; 5 maio 1912, p. 2; 22 out. 1912, p. 1 e 1º nov. 1912, p. 1).

real grau de representatividade de suas associações. Indubitavelmente, após percorrerem um longo e tortuoso caminho, os trabalhadores de Juiz de Fora tinham chegado, nos termos de um de seus manifestos, à sua "maioridade" política. Nesse trajeto, vencido em mais de duas décadas, identificaram seus interesses comuns e apresentaram suas demandas ao patronato e aos demais segmentos da sociedade, conquistando simpatias e aliados públicos que se revelarão imprescindíveis nos embates classistas que travarão nos anos de 1910.

O ruidoso despertar da multidão de explorados na greve geral de 1912

> As horas de sono não devem ser postas em conta das do repouso do trabalho, mas, consideradas separadamente, porquanto a atividade desempenhada nos esforços do trabalho determina desenvolvimento de energias extraordinárias, superatividade nutritiva, sobrecarga de detritos orgânicos, causa da fadiga, os quais perturbam o sono normal; o bom sono é o do organismo em completo descanso, repouso e tranquilidades física, moral e intelectual. A fórmula proposta, em que concordam proletários e pensadores, e que está de acordo com o equilíbrio fisiológico, é a dos três oito, sendo 8 horas de trabalho, 8 de repouso e 8 de sono.
>
> MENEZES, 1911:22.

> Um horário que começa às cinco e meia da manhã e vai até as nove horas da noite, e uma tabela de salários que nunca nenhum inglês se lembrou de propor no seu país.
>
> Estão fora do trabalho 6.000 operários. *Correio de Minas*, 3 jan. 1920, p. 2.

Em fins de 1911, o médico e diretor da Higiene Municipal, dr. Eduardo de Menezes, entregou ao público a sua proposta para a instituição de um "código sanitário" para Juiz de Fora, na qual mostrava-se também francamente favorável à ideia de dividir o dia em três partes iguais, restringido o trabalho a apenas uma delas — medida esta reivindicada incessantemente no Brasil desde pelo menos o 1º Congresso Operário Brasileiro.[433] Cerca de nove anos depois, no momento em que

---

[433] Sobre a reivindicação da jornada de oito horas no Brasil, ver em especial Silva (1996).

o proletariado juizforano realizava a sua segunda greve geral, o jornal *Correio de Minas* denunciava a persistência na fábrica da principal empresa capitalista local, a Companhia de Fiação e Tecidos Industrial Mineira, de um regime de serviço característico da primeira fase da Revolução Industrial, assentado em salários aviltantes e jornadas que, com a imposição de serões até as 21 horas, podiam chegar a 16 horas por dia.

Separados no tempo por quase uma década, os dois trechos em epígrafe atestam de modo seguro que, principalmente entre os anos de 1900 e 1910, um posicionamento no geral bastante favorável às reivindicações proletárias havia se cristalizado na imprensa e na opinião pública de Juiz de Fora. Não que a argumentação elitista em torno da questão operária tivesse deixado de ser influente ou que existisse no seio do patronato local maior propensão em atender aos clamores de seus empregados. Mas, mesmo a deflagração de uma greve geral, sempre condenada pelas classes conservadoras como atentatória aos princípios de autoridade e da liberdade de trabalho, não era mais quase que unanimemente interpretada como um ato de rebelião, anarquia e violência. Esta passagem de outro artigo da época exemplifica bem esse novo contexto:

> Na sociedade, como presentemente se encontra, depara-nos com um doloroso contraste: de um lado, pobres, penando; de outro lado, ricos, gozando. Tal qual como a sociedade antiga, dividida entre senhores e escravos. Mas os escravos de hoje estão compreendendo que têm também direitos a um bocadinho de felicidade, que representam a força, que constituem a maioria e que tolos devem considerar-se, continuando submissos na situação em que se acham, todo dia impiedosamente tosquiados. De onde se pode concluir que, mais tarde ou mais cedo, aqui como no Velho Mundo, senhores e escravos chegarão às vias de fato (O dia. *Jornal do Commercio*, 11 jul. 1909, p. 1).

O reconhecimento público de que os "homens do trabalho" de Juiz de Fora, assim como de outras cidades brasileiras, viviam como "escravos", eram "impiedosamente tosquiados" todos os dias e não tinham "direitos a um bocadinho de felicidade", por conseguinte, representa uma importante contraposição ao discurso hegemônico das classes conservadoras. Trata-se de uma conquista política e simbólica muito relevante, que contribuiu não apenas para tornar mais evidente a intransigência dos capitalistas diante das justas solicitações de um operariado ordeiro e laborioso, como também para que outros setores sociais se conscientizassem das aviltantes condições de serviço vigentes no mundo do trabalho juizforano. Produzida nesse contexto discursivo mais sensível ao tormento proletário, a narrativa a seguir, por exemplo, vincula de modo indissociável o "progresso" crescente da "mais industrial das cidades de Minas" ao processo cotidiano de esbulho das energias físicas e mentais, e mesmo de exaustão das forças vitais, dos verdadeiros sustentáculos de tal prosperidade material:

> Horrível desastre deu-se ontem [18 de agosto de 1909] logo às primeiras horas do dia nas oficinas da fundição dos srs. Kascher & Irmão (...). Às 6 horas da manhã, as máquinas silvaram demoradamente, dando sinal que o trabalho iria começar. Os operários, em grupos, palestrando nas imediações, aproximaram-se e, ato contínuo, ouviu-se o ruído do maquinismo. O trabalho estava iniciado. De repente, cinco minutos depois, ouvem-se gritos lancinantes e enorme balbúrdia se estabelece no interior das oficinas. Um horrível acidente acabava de dar-se. O operário Venâncio Moreira Alves, brasileiro, casado, de 30 anos, pardo, residente à rua de São Mateus, ao colocar em uma serra a correia de uma polia, teve o paletó preso numa das extremidades da mesma, sendo por ela violentamente arrastado. Inúmeras voltas deu o operário no ar. Os seus companheiros, atônitos, corriam desordenadamente. Um deles, mais calmo, fez parar a máquina. Venâncio estava nesse momento apertado entre duas polias, em altura considerável. Com auxílio de escadas, dificilmente se pôde tirar o infeliz operário, que perdera os sentidos. O seu corpo, coberto de sangue, apresentava enormes ferimentos. (...) Em estado gravíssimo, foi o pobre homem transportado para a Santa Casa (...) às 3 horas da tarde, veio o infeliz a falecer. O seu enterro efetuar-se-á hoje, às 2 ½ horas da tarde, a expensas de seus patrões (Horrível desastre – a morte de um operário. *Jornal do Commercio*, 19 ago. 1909, p. 2).

É bem verdade que no restante de 1909, assim como nos anos seguintes, a quase totalidade das notícias sobre "desastres" como este continuarão a ser curtas e fatalistas, a exemplo das notas referentes a "acidentes de trabalho" veiculadas nos jornais locais na primeira década republicana. Mas, indiscutivelmente, a compaixão e o interesse públicos pelas condições de existência do operariado juizforano aumentarão de modo considerável, criando um ambiente mais propício à movimentação classista dos trabalhadores e, ao mesmo tempo, obrigando os representantes das classes conservadoras a atualizarem a sua tradicional argumentação em relação à questão social, como faz crer a seguinte constatação de um colunista no *Jornal do Commercio* de 28 de novembro de 1911 (Tiras, p. 1):

> A população operária de nossa cidade já se mostra bem avultada para que cogitemos de umas tantas medidas que lhe interessem. Não há dúvida, figura como um dos primeiros

problemas sociais a questão operária, nos pontos concernentes ao seu *modus vivendi*, devendo-se, em favor dessa grande massa, resolver as dificuldades várias que sua sorte apresenta. (...) O operário tem, como todos os homens, o direito de alimentar-se, de asilar-se, nos poucos momentos de lazer, e de vestir-se, modestamente, mas de todo modo a subtrair-se aos rigores de intempéries. O homem do trabalho, no Brasil, é bem pago, não há dúvida; porém ele gasta mais do que pode ganhar, para gozar de relativo conforto.

Para o autor desse comentário, em Juiz de Fora, a questão operária se restringiria fundamentalmente, nesse início de década, à falta de casas higiênicas e de aluguel barato, à deficiência do sistema de transportes que impediria a edificação de tais casas nos subúrbios, longe da área central da cidade, e ao custo elevado dos gêneros alimentícios de primeira necessidade. Seriam essas, em sua opinião, as causas centrais do crescente mal-estar social nesse dinâmico centro urbano e industrial, onde o operário, apesar de supostamente "bem pago", alimentava-se parcamente, vestia-se como indigente e respirava "a pequena atmosfera, que não se renova, de um tugúrio por onde a higiene passa ao largo", resultando daí, ainda segundo o colunista,

> todas as consequências que molestam a sociedade, retardando o seu progresso, (...) [especialmente] o alcoolismo, que alimenta a vagabundagem com todos os seus crimes, e a tuberculose, que das mansardas sobe até os palácios. São males, como toda a gente sabe, que ofendem mui diretamente a sociedade, o que a esta obriga, por simples instinto de conservação — nem é por altruísmo — a envidar esforços, para melhorar a existência das classes operárias (Tiras. *Jornal do Commercio*, 28 nov. 1911, p. 1).

Embora identifiquem com precisão e contribuam para tornar a opinião pública mais sensível em relação às agruras enfrentadas pelos trabalhadores locais, tais constatações revelam, entretanto, a persistência de parcela influente das elites em tentar salvaguardar as *relações* de trabalho de qualquer tipo de regulamentação, imposta quer seja por associações proletárias, quer seja pelo Estado. Movidos sem dúvida pelo "instinto de conservação" da enorme rentabilidade que a exploração brutal de uma legião heterogênea de despossuídos lhes garantia, os capitalistas de Juiz de Fora continuarão a repelir com veemência propostas tendentes a reduzir a jornada diária, elevar os ordenados das horas normais e dos serões, responsabilizá-los pelos "acidentes de trabalho" e restringir o emprego de mulheres e crianças nas fábricas e oficinas, entre outras.

> IMAGEM 22
> Operárias no interior da Fábrica de Meias Viúva Meurer, em Juiz de Fora (1915)

Acervo pessoal de Sérgio Neumann.

TABELA 14
Evolução do valor anual da produção e do quantitativo de operários de alguns dos principais estabelecimentos industriais de Juiz de Fora (1905-14)

Estabelecimentos	Valor anual da produção			Nº de operários		
	1905 1907 (A)	1911 1914 (B)	Variação % entre B e A	1905 1907 (C)	1911 1914 (D)	Variação % entre D e C
Cia. de F. e T. Industrial Mineira	4 milhões m/t (1)	5,34 milhões m/t (1)	+33,5%	400	637	+59,25%
Tecelagem Mascarenhas	700 mil m/t (1)	1,56 milhões m/t (1)	+122,9%	200	526	+163,0%
Fábrica de Tecidos de Juta e Sacos de Aniagem	300 mil m/t (1)	750 mil m/t (1)	+150%	60	76	+26,7%
Fábrica de Ladrilhos e Telhas Pantaleone Arcuri & Spinelli	192:000$000	900:000$000	+368,7%	156	250	+60,26%
Curtume Krambeck	184:000$000	271:000$000	+47,3%	30	50	+66,67%
Fábrica de Móveis e Calçados Corrêa e Corrêa	80:000$000	250:000$000	+212,5%	100	150	+50%
Percentuais médios de crescimento no período 1905-14			+155,8%			+70,98%

Nota: m/t (1) = metros de tecidos.
Fontes: **1905-07** — Município de Juiz de Fora, *Jornal do Commercio*, 3 e 4 jan. 1906, p. 1-2 e Jacob, 1911:315-316.
1911-14 — A cidade de Juiz de Fora — um golpe de vista, *O Pharol*, 2 maio 1911, p. 1-2 e Albino, 1915:280-287.

A afirmação de um articulista de que, na passagem de 1911 para 1912, essa cidade experimentava uma "quadra auspiciosa, uma época de florescimento",[434] por sua vez, confirma também a percepção mais geral de que o incremento contínuo das atividades manufatureiras, da produtividade industrial e do poderio econômico dos capitalistas locais, nesse período, se fez em grande medida por meio do recrudescimento da servidão operária e da precarização das condições de vida e trabalho do proletariado. A esse respeito, os dados compilados na tabela 14 atestam de modo pleno a existência, entre 1905 e 1914, de uma relação bastante desproporcional entre os percentuais médios de crescimento do valor anual da produção (155,8%) e do quantitativo de operários (70,98%) engajados por seis das principais unidades fabris de Juiz de Fora. Tão ou mais eloquente do que esses índices é o seguinte trecho do relatório que a União Operária — Federação do Trabalho de Juiz de Fora enviou, em setembro de 1913, à comissão organizadora do 2º Congresso Operário Brasileiro:

> A situação do proletariado, nesta cidade, é nada lisonjeira, os salários são mais do que exíguos e o horário oscila entre 9 e 10 horas de trabalho por dia, percebendo os trabalhadores 2$000, 3$000, 5$000 e raras vezes 6$000 por dia, que não chega para cobrir (...) as suas despesas mais necessárias, pois como sabeis os gêneros alimentícios sobem de preço dia a dia e quanto aos aluguéis de casa, isso podemos chamar de calamidade, pela sua exorbitância. Os patrões são cada vez mais exigentes e o nosso trabalho, por mais perfeito que seja, diminuiu de preço todos os dias. O operariado fabril que é muito numeroso nesta cidade é o mais torturado, principalmente as mulheres e as crianças, havendo em algumas fábricas trabalho à noite.[435]

Como esclarecem seus dirigentes na abertura desse relatório, a União Operária — Federação do Trabalho de Juiz de Fora foi fundada em 30 de junho de 1912 e, pouco tempo depois, contava com cerca de 280 sócios. Desde sua organização, a direção da entidade procurará, nos seus termos, "empregar todos os seus esforços (...) a fim de serem conquistadas as 8 horas de trabalho, o aumento

---

[434] Tiras. *Jornal do Commercio*, 24 dez. 1911, p. 1.

[435] Em relatório enviado ao mesmo conclave proletário, por sua vez, os dirigentes da Associação Beneficente Irmãos Artistas afirmam que o ordenamento mensal em Juiz de Fora é de cerca de 130$000, enquanto a despesa oscilava na faixa de 90$000 (solteiros) a 140$000 (casados). Ver Andrade (1987:51-52, 175-176).

de salário e outros benefícios para a classe". De fato, sob a liderança dessa associação profissionalmente indiferenciada, o operariado juizforano não somente retomará a campanha pela redução da jornada ordinária, lançada cerca de três anos antes, como também realizará a sua primeira greve geral. Contudo, como indica o convite a seguir, desde pelo menos o início daquele mês registra-se nessa cidade um clima de crescente mobilização política: "Para tratar dos interesses da classe haverá hoje [2 jun. 1912] uma reunião de todos os operários desta cidade. (...) A comissão que [a] convocou (...) pede o comparecimento de todos os companheiros de trabalho".[436]

Este novo alento organizativo e reivindicatório verificado no seio do proletariado de Juiz de Fora não era fortuito. No Rio de Janeiro e em São Paulo, desde os primeiros dias de 1912, diversas paralisações de serviço já tinham sido realizadas por ferroviários, estivadores, operários têxteis, da construção civil e das fábricas de calçados, em especial, que, de modo geral, batiam-se ainda pela redução da jornada diária e semanal e a concessão de aumentos salariais.[437] De 7 e 17 de maio desse ano, por outro lado, a imprensa juizforana havia dado um grande destaque ao movimento paredista empreendido pelos trabalhadores de Belo Horizonte entre os dias 6 e 14, em que a instituição das oito horas de trabalho aparece como a principal exigência, ao lado do pedido de elevação no valor dos ordenados. Diante do vigor dessa greve, o presidente de Minas, Júlio Bueno Brandão, acatou a proposta de criação de uma "comissão arbitral", presidida por ele e composta por representantes de operários e industriais, para decidir a respeito do pleito central do operariado.[438]

Pela primeira vez, as portas dos luxuosos salões do Palácio da Liberdade se abririam para que os líderes proletários pudessem expor, com relativa autoridade, os argumentos históricos de sua classe em favor de melhores condições sociais. Alguns desses argumentos aparecem com destaque no documento final produzido pela referida "comissão arbitral" e publicado na íntegra pelo *Jornal do Commercio*:

---

[436] Em meados de maio, panfletos convocando os trabalhadores para um *meeting* em prol da diminuição das horas de serviço já haviam sido distribuídos pela cidade, possivelmente por iniciativa de remanescentes do Partido Operário Independente e de integrantes da comissão organizadora da União Operária. Ver Andrade (1987:76-77) e Reunião operária. *O Pharol*, 2 jun. 1912, p. 1.

[437] Ver Lobo (1992:36-37), Beiguelman (1981:66-70) e Simão (1981:125-127).

[438] Para um relato detalhado sobre essa greve e seus resultados, ver Faria e Grossi (1982:165-213).

Considerando que os operários do mundo inteiro, desde o Congresso Internacional de Paris de 1889, vêm propugnando pela redução das horas de trabalho a oito, de sorte que lhes sobre tempo, como a outras classes, para o repouso da vida do lar, diversões e para a própria instrução; considerando que, em alguns países, esse *desideratum* tem sido satisfeito até mediante coação legal do Estado, e em outros as horas de trabalho vão sucessivamente sendo reduzidas; considerando que essa aspiração tem despertado simpatias gerais em nosso país, como o prova a parte que os governos estaduais e as diferentes classes sociais tomam na festa de 1º de maio, instituída principalmente [pela] redução do trabalho a oito horas; (...) considerando não se tratar de exigência peculiar ao operariado dessa capital, pois a parede daqui coincidiu com a declarada em São Paulo, onde os operários pedem simultaneamente a redução das horas de trabalho e o aumento de salários; (...) considerando que a observação feita em outros países demonstra que o produto é tanto melhor quanto o salário é maior e mais razoavelmente diminuem as horas de trabalho; considerando que as estatísticas demonstram que, com essa diminuição, se reduzem os acidentes quase de 50% (...) Resolve: 1º — Deferir o pedido dos operários, ficando reduzido o número de horas de trabalho a oito efetivas; 2º — Estabelecer, porém, para isso, um prazo de três meses; (...) 3º — Salvo casos de força maior, à regra supra, de 8 horas do trabalho, não se admitirá exceção alguma (Belo Horizonte — parede dos operários. *Jornal do Commercio*, 16 maio 1912, p. 2).[439]

Desta forma, a partir de 16 de agosto de 1912, o horário de trabalho na capital mineira passaria a ser "das sete às dez da manhã e das onze às quatro da tarde". A sentença da "comissão arbitral", formada sob o patrocínio do governo mineiro e a pressão de uma vigorosa greve geral, representa uma rara exceção à regra no que se refere ao tratamento dispensado pelo Estado e o patronato, nessa época, às demandas sociais do proletariado. Não por acaso, a conquista do "dia de serviço de 8 horas" pelos operários de Belo Horizonte terá uma forte repercussão em Juiz de Fora, constituindo-se mesmo como um dos principais elementos catalisadores

---

[439] É importante notar que, além da pressão política direta exercida pelos operários da capital mineira sobre o governo estadual, o fato de as indústrias de Belo Horizonte estarem, na época, isentas de pagarem diversos impostos e de contarem com fornecimento gratuito de energia elétrica pesou bastante no acatamento da jornada de oito horas por parte do patronato (Belo Horizonte — parede dos operários. *Jornal do Commercio*, 16 maio 1912, p. 2; A greve operária. *O Pharol*, 15 maio 1912, p. 2; A greve. *O Pharol*, 16 maio 1912, p. 1).

para que os assalariados dessa cidade também se decidissem pela deflagração de uma greve geral. Cerca de dois meses antes desse movimento paredista irromper, como indica a notícia a seguir, os oficiais de sapateiro juizforanos conquistaram também uma significativa vitória diante de seus patrões:

> Terminou ontem a greve pacífica dos operários sapateiros, que anteontem, em massa, haviam abandonado o trabalho em todas as oficinas da cidade. Os patrões cederam às exigências dos grevistas, aumentando-lhes os respectivos ordenados (Greve dos sapateiros. *O Pharol*, 5 jun. 1912, p. 1).[440]

Ao longo dos meses de junho e julho de 1912, sob o impulso dessas recentes conquistas, diversas assembleias proletárias foram realizadas nesse centro urbano, cuja população totalizava então cerca de 35 mil habitantes e a força de trabalho era estimada em não mais do que 5 mil operários, entre homens, mulheres e crianças. No dia 21 de julho, quando a União Operária — Federação do Trabalho já se encontrava constituída, um dos principais líderes da greve ocorrida em maio na capital mineira, o operário italiano Donatti Donato, proferiu uma "conferência" para seus companheiros de Juiz de Fora. Nessa oportunidade, "perante numerosa assistência", exortou "os operários a se baterem, dentro da lei, pelos incontestáveis direitos que possuem" e, de acordo com *O Pharol* de 23 de julho de 1912 (Conferência operária, p. 1), ressaltou que "A diminuição das horas de trabalho diário é uma necessidade, e os operários têm o dever de a exigir dos patrões e dos governos — destes principalmente, que podem eficazmente oferecer sua intervenção em prol do operariado".[441]

Imbuídos dessa orientação política, as lideranças e associações do operariado de Juiz de Fora, nesses dois meses, organizaram um abaixo-assinado e uma petição solicitando a intervenção das autoridades municipais e estaduais

---

[440] A negociação com os donos das oficinas ficou a cargo de uma comissão composta pelos operários Francisco de Souza, José da Costa, José Marchete e Octavio Dias (Greve dos sapateiros. *Jornal do Commercio*, 4 e 6 jun. 1912, p. 1; Greve dos sapateiros. *O Pharol*, 4 jun. 1912, p. 1).

[441] A presença de Donatti Donato em Juiz de Fora vincula-se também à tentativa de reorganização da Federação do Trabalho de Minas de Gerais, fundada em 1909 em Belo Horizonte, e de realização de um congresso reunindo líderes operários de todo o estado em agosto ou setembro de 1912, projeto que aparentemente não se concretizou afinal (Andrade, 1987:76-77 e O congresso operário em Belo Horizonte. *Diário Mercantil*, 28 jun. 1912, p. 2).

"no sentido de resolver o problema da redução do trabalho diário" a oito horas — medida há muito reivindicada junto aos patrões e companhias industriais. Em meio a essa crescente e profícua movimentação política nos meios proletários locais, Gilberto de Alencar, que mantinha a coluna "Crônica semanal" n'*O Pharol*, publicou um longo artigo em que, a princípio, exaltou a calma e a prudência da "classe operária desta cidade" em sua justa campanha "pela diminuição das horas de trabalho". A seguir, o literato procurou angariar a simpatia da opinião pública para a causa daqueles que "em plano inferior se agitam na grande luta do pão para a boca", bem como pôr em xeque o descaso e a intransigência dos capitalistas, enfatizando que

> a redução do tempo a passar na oficina ou na fábrica, querem os operários daqui obtê-la não pela força, mas pela exposição de seus direitos e de suas necessidades — exposição esmagadoramente convencedora. Concederão os patrões e os proprietários o que agora tão mansamente lhes pedem aqueles que são os maiores colaboradores de sua fortuna e de seu bem-estar? Bater o pé, negar, fugir à concessão tão justa — seria, além de uma prova de irreprimível ganância, uma exploração clamorosa, uma clamorosa desumanidade. (...) É preciso que os patrões atendam. A atitude pacífica dos operários, que, podendo reclamar e exigir, apenas pedem e suplicam, deve, não digo enternecê-los, mas humanizá-los (Crônica semanal. *O Pharol*, 13 jun. 1912, p. 1).[442]

Com o claro objetivo de retirar os industriais da cômoda posição de "beneméritos propulsores do progresso material e moral de Juiz de Fora" e, assim, tentar suavizar o indiferentismo que manifestavam diante dos clamores de seus empregados, Gilberto de Alencar debruçou-se sobre um problema grave e que, a seu ver, também deveria ser enfrentado com urgência: a exploração desenfreada de meninos e meninas nas fábricas e oficinas locais. Numa descrição em que as ter-

---

[442] Autor dos livros de contos *Prosa rude* (1910) e de crônicas *Névoas ao vento* (1914), Gilberto de Alencar (1886-1961) era também professor da Escola Normal e membro da Academia Mineira de Letras. Sua postura em relação às reivindicações proletárias, nessa época, rendeu-lhe tanto homenagens por parte do operariado, que o laureou como "defensor da classe", como críticas severas dos setores conservadores, que o acusavam de ser "anarquista", "demagogo" e "agitador" (Crônica semanal. *O Pharol*, 29 ago. 1912, p. 1).

ríveis condições de serviço impostas há anos ao operariado são narradas com rara vivacidade, o literato afirma que

> há dramas dolorosos e pungentes (...) no interior sombrio das fábricas de por aí, cujas grossas paredes nos ocultam cenas de arrepiar, cujos ruídos de máquinas e motores nos abafam o som de muito gemido que ninguém ouve e de que ninguém chega a suspeitar. Essa multidão de crianças, esse bando enorme de meninos e meninas que vivem dia e noite debruçados sobre os teares, respirando um ar viciado, pisando a umidade do cimento e da pedra, longe do sol e longe da luz, ambos roubados pela janela cerrada como as de uma prisão; esses infelizes, que não têm tempo para comer, que não têm tempo para descansar, devem merecer a piedade dos patrões, já que os abandonou a leviandade do legislador oco e fútil que nós outros tão cara pagamos. (...) Só quem jamais assistiu a uma saída das fábricas; (...) só aquele que nunca viu esses rostos pálidos e magros, esses corpos prematuramente vergados, esses seios sumidos, essas negras olheiras nas órbitas fundas; só aquele que nunca viu o bando esquálido e quase fúnebre poderá permanecer indiferente ao martírio diário dos pobrezinhos, que a indústria de hoje vai aos poucos inutilizando e matando (Crônica semanal. *O Pharol*, 13 jun. 1912, p. 1).

Mobilizando imagens comoventes, algumas bem conhecidas pela população, essa denúncia de Gilberto de Alencar teve uma forte repercussão social. A crítica política nela contida, por sua vez, surtiu efeito poucas semanas depois, quando o vereador Pinto de Moura, sob aplausos da Sociedade de Medicina, apresentou à Câmara Municipal um projeto de lei "proibindo o serão" nas fábricas e oficinas de "crianças menores de quatorze anos".[443] A solicitação das associações proletárias para que as autoridades intercedessem a favor do operariado na questão da diminuição das horas de trabalho, todavia, continuou sem qualquer resposta, abandonada pela "leviandade do legislador oco e fútil". Diante também do descaso dos patrões em relação a seus pedidos pacíficos de concessão das oito horas, os trabalhadores juizforanos deflagrarão a sua primeira greve geral.

---

[443] O trabalho na fábrica. *O Pharol*, 24 jul. 1912, p. 2 e Os menores na fábrica. *O Pharol*, 26 jul. 1912, p. 1.

> IMAGEM 23
> Oficinas da Mecânica Central, em Juiz de Fora (1914)

Acervo pessoal de Sérgio Neumann.

A greve geral foi deflagrada precisamente na data prevista para entrar em vigor o dia de oito horas nas indústrias de Belo Horizonte. Com efeito, se sentindo suficientemente mobilizados e seguros quanto à simpatia que a sua causa desfrutava na opinião pública, entre os dias 16 a 30 de agosto de 1912, os tecelões, pedreiros, carpinteiros, marceneiros e sapateiros, entre outras categorias profissionais, cruzaram os braços e interromperam completamente a produção das diversas fábricas, oficinas, construções e obras de Juiz de Fora. Além de reivindicar a diminuição da jornada de serviço de 10 para 8 horas diárias, sem qualquer redução nos salários, os operários queriam que a Câmara Municipal aprovasse imediatamente o projeto de lei proibindo o trabalho de menores de 14 anos após as 17 horas e os sapateiros, que já tinham realizado uma paralisação no início de junho, exigiam um reajustamento na tabela de remuneração por peça produzida.[444]

---

[444] Para relatos detalhados de cada um dos quinze dias dessa greve geral, ver Andrade (1987:78-87) e Almeida (2005:62-89).

Os dirigentes das três associações de ofícios vários dessa cidade — o Centro Beneficente das Classes Operárias, a Associação Beneficente Irmãos Artistas e a União Operária — mostraram-se solidários ao movimento, mantendo suas sedes abertas e cedendo-as para a realização de reuniões. Mas, a princípio, toda a negociação com o poder municipal e com os industriais ficou a cargo de uma comissão de operários, integrada por André Bechlufft, Antônio Notaroberto e José Biteti, aos quais se juntou depois Donatti Donato, líder da Federação do Trabalho de Minas Gerais. Ainda no primeiro dia da greve, a comissão entregou ao presidente da Câmara Municipal, Oscar Vidal Barbosa Lage, um memorial solicitando que essa casa legislativa discutisse uma lei regulamentando as horas de trabalho e intermediasse um entendimento entre os grevistas e o patronato. Por meio de telegramas, os representantes do proletariado juizforano pediram também ao presidente de Minas Gerais e ao Congresso Nacional a fixação legal da jornada de 8 horas no estado e no país.[445]

Além de coerente com a cultura política das classes trabalhadoras de Juiz de Fora, a opção de suas lideranças em solicitar às autoridades e aos poderes públicos que legislassem sobre esse tema central da questão social e atuassem como árbitros no conflito classista em curso na cidade estava em consonância com o sentido geral da mobilização do proletariado brasileiro nesse período. A esse respeito, Luiz Werneck Vianna enfatiza que desde o Congresso Operário de 1906 o movimento operário perceberá no Estado um interlocutor vulnerável à sua ação, dele reivindicando leis protetoras e regulamentadoras do trabalho. Entre 1891 e 1919, constata Vianna (1989:49-53):

> A classe operária brasileira se viu como força isolada no mercado, ausente da vida legal. Em grande medida, além do caráter imediato de suas reivindicações no plano econômico, boa parte de sua movimentação organizada esteve precisamente localizada no esforço de romper o estatuto da ortodoxia liberal da ordem inclusiva. Um dos fins de sua ação se dirigia a torná-la permeável à admissão de dispositivos regulamentadores do uso no mercado do fator trabalho. Daí que seu agir, apesar do anarco-sindicalismo,

---

[445] De fato, o Congresso Nacional apreciava então um projeto fixando a jornada e garantindo aos operários com mais de cinco anos de atividade o direito de receberem 2/3 de sua diária quando não mais tivessem condições de trabalho — medidas que não se transformariam em lei nesse momento. Ver Dias (1977:60-61).

com segurança mais de fachada do que de conteúdo, se tenha bifurcado na direção da empresa, de um lado, e na do Estado, de outro, para pressioná-lo a intervir sobre o mercado de trabalho.

Foi o que ocorreu no caso da luta pela fixação da jornada de oito horas, medida reivindicada incessantemente pelo operariado, a partir de 1906, junto aos governantes e ao patronato dos principais centros industriais brasileiros. Nesse sentido, uma análise mais atenta do memorial enviado pelos grevistas à Câmara Municipal de Juiz de Fora, em 16 de agosto de 1912,[446] demonstra que, não obstante o tom respeitoso ao se dirigir ou ao se referir aos vereadores, o que não poderia ser de outra forma, em momento algum a comissão de operários deixou transparecer que nutria qualquer ilusão em relação ao caráter de classe dessa casa legislativa. Na verdade, o que os seus signatários procuram habilmente fazer é exigir com veemência que as autoridades juizforanas, a exemplo do presidente mineiro, tratem também a questão das horas de trabalho com a devida seriedade e urgência:

> O operariado de Juiz de Fora, confiante no patriotismo de V. Ex^{cia}. que nunca se desmentiu, e, mais do que tudo, ciente das sábias decisões da Câmara no que diz respeito ao interesse coletivo, vem despertar a vossa atenção para o problema másculo que tem abalado a Nação nos momentos atuais: a regulamentação das horas de trabalho. O movimento operário, que nestes últimos tempos se tem acentuado, inspira simpatias porque, em se tratando das reivindicações sociais, tem o apoio de todo aquele que coloca a ordem e a harmonia da sociedade acima do interesse pessoal. Assim é que em várias cidades mineiras as horas consagradas ao trabalho já são determinadas em lei. O próprio Sr. Coronel Bueno Brandão, DD. Presidente do Estado, no laudo havido por ocasião dos graves sucessos de Belo Horizonte, demonstrou de um modo patente e claro que é chegada a hora, no Brasil, de tratar seriamente sobre a classe operária, melhorando as suas condições e fazendo-a erguer-se altiva e forte dessa posição sem garantias em que se acha atualmente (Oliveira, 1966:209-210).

Na ótica dos representantes dos trabalhadores, portanto, a quebra da ordem e da harmonia social representada pela greve geral que lideravam decorria da não

---

[446] O texto integral do memorial pode ser encontrado em: Oliveira (1966:209-210).

atenção às legítimas aspirações do proletariado. Entretanto, malgrado sua importância para a sociedade, os operários de Juiz de Fora não queriam privilégios e sim equidade social, uma vez que sua condição era, até então, a de membros de uma classe injustiçada, desamparada e explorada economicamente e desprestigiada socialmente. Nessa perspectiva, concluem o seu memorial afirmando:

> As outras classes sociais, quando lutam por suas reivindicações, facilmente proclamam vitória porque elas têm geralmente um apoio; mas a classe proletária, desamparada, sofrendo as maiores imposições que constituem verdadeiros absurdos, mais dificilmente vence. Embora assim seja, o proletariado espera (...) a sua colaboração eficaz na causa justa que se levanta no seio dos homens que cotidianamente labutam fecundando o mundo. O proletariado de Juiz de Fora, portanto, espera que V. Ex^{cia} fará o devido empenho para que a Câmara possa discutir brevemente uma lei no sentido de regulamentar as horas de trabalho. Os operários confiam no patriotismo de V. Ex^{cia} (Oliveira, 1966:209-210).

Ao apelar para o patriotismo e o senso público dos vereadores, a comissão solicitava a esses parlamentares que abandonassem seus interesses pessoais e legislassem com responsabilidade social, garantindo a consagração da causa justa demandada pelo operariado juizforano e brasileiro naquele momento: a redução da jornada de trabalho para oito horas ordinárias, sem rebaixamento do nível do salário, como ocorreu então em Belo Horizonte. Por isso, apesar de se dizerem confiantes no apoio e colaboração dos membros da Câmara Municipal de Juiz de Fora, o que também não poderia ser de outra maneira, os trabalhadores que aderiram à greve, ao contrário do que sustenta Silvia Vilela de Andrade, não manifestaram confiança extremada nos políticos locais e nem ingenuamente entregaram aos mesmos o destino de suas reivindicações.[447]

As ações desenvolvidas por tais assalariados no decurso de seu vigoroso movimento paredista demonstram isso amplamente. Durante os 15 dias de paralisação,

---

[447] Embora tenha realizado uma ampla pesquisa de dados na imprensa local e em jornais operários de outros centros, a autora resolveu atribuir a esse movimento paredista dos trabalhadores juizforanos um caráter "reformista", segundo ela, por não ter encontrado nenhum indício nos documentos produzidos por suas lideranças de que "a greve fosse um meio de luta contra o capitalismo, uma tentativa de abolí-lo". Ver Andrade (1987:78-90).

IMAGEM 24
Detalhe da primeira página do jornal *O Pharol* de 22 de agosto de 1912

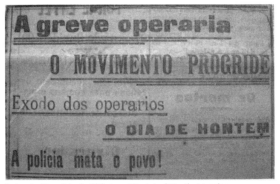

Setor de Memória da Biblioteca Municipal Murilo Mendes

os grevistas realizaram diversas assembleias, piquetes, passeatas e atos públicos na área central de Juiz de Fora e nos subúrbios que contavam com fábricas e oficinas. A repressão policial foi intensa, tanto nas portas dos estabelecimentos fabris, quanto nas manifestações promovidas em apoio à greve, com a ocorrência de espaldeiramentos, prisões e choques que resultaram em várias pessoas feridas e no assassinato do trabalhador Juvenal Guimarães, funcionário da Companhia Singer.

Esse episódio funesto aconteceu na noite de 21 agosto de 1912, quando a polícia dispersou à bala uma concentração pacífica de operários na rua Halfeld, uma das mais importantes de Juiz de Fora. O relato a respeito n'*O Pharol*, possivelmente escrito por Gilberto de Alencar, que presenciou os tristes fatos e quase foi alvejado também, indica o grau elevado de tensão social e o clima de revolta popular:

> Às 9 ½ horas da noite, à rua Halfeld, (...) um pelotão de 50 soldados de polícia, desta polícia de covardes e de sanguinários que há oito dias afronta nossa população, fez barbaramente fogo sobre o povo e sobre os operários que ali estacionavam em atitude calma e pacífica. Durante três minutos, uma fuzilaria cerrada se fez ouvir. As balas choviam por todos os lados, quebrando vidraças, furando paredes, escangalhando portas. O povo, aterrado, invadia as casas vizinhas, louco de pavor. (...) Cessado o fogo, (...) três populares jaziam baleados na calçada. Eram eles: João Batista Ferreira Bretas [ferido numa das pernas], Juvenal Guimarães e um outro cujo nome não podemos obter. Juvenal Guimarães agonizava momentos depois (A greve operária. *O Pharol*, 22 ago. 1912, p. 1).[448]

---

[448] Responsabilizado criminalmente, o comandante dessa soldadesca, o alferes José Pereira de Castro, acabou absolvido (Um julgamento importante. *O Pharol*, 18 nov. 1912, p. 1).

Cumpria-se assim, de maneira trágica, uma ameaça de repressão brutal há tempos cultivada nos corações e mentes dos membros mais autoritários das elites de Juiz de Fora. No dia seguinte, em pesar à morte do trabalhador, o comércio parou parcialmente, os cinemas não funcionaram e até as lojas maçônicas reuniram-se para protestar. Demonstrando também ter sido generalizada a indignação em relação a essa violenta ação policial, o féretro de Juvenal Guimarães foi acompanhado por duas mil pessoas, num protesto pacífico e silencioso.[449] Mas, além de provocar grande comoção na cidade, tais eventos acabaram por reforçar o apoio popular aos grevistas, permitindo que o movimento paredista continuasse forte por mais alguns dias.

No entanto, nem mesmo esses acontecimentos foram capazes de abrandar a intransigência dos capitalistas locais, que, determinados a retomar a produção em suas fábricas e confiantes no poder repressivo do Estado, decidiram sustentar sua resolução anterior em face das solicitações dos grevistas, tomada em reunião na Câmara Municipal na tarde de 19 de agosto. Irredutíveis, continuaram recusando-se a conceder a jornada de oito horas e a estabelecer qualquer tipo de negociação coletiva, recomendando aos trabalhadores insatisfeitos que se entendessem individualmente com seus empregadores, por julgarem que "só no contato do patrão com o operário, e nunca entre o patrão e a classe, repousa a ordem industrial".[450] Essa postura patronal pode ser mais bem compreendida a partir da afirmação de Luiz Werneck Vianna (1989:47) de que, nas primeiras décadas do século passado, a ortodoxia liberal reinante procurou impedir qualquer restrição ao movimento "natural" do capital como fator de produção. Enquanto o marco institucional alinhou-se com fidelidade ao espírito da Constituição de 1891, ressalta o autor, toda tentativa de corrigir, disciplinar ou regulamentar o mercado de trabalho foi repelida pela burguesia industrial em nome da liberdade do exercício profissional.

Considerando tanto as enormes dificuldades políticas e institucionais que enfrentou — decorrentes do desinteresse da Câmara Municipal e do governo estadual em atuarem como árbitros na questão da jornada de oito horas —, quanto o fato de ter sido esse o seu primeiro embate classista de grandes proporções, é

---

[449] Banditismo policial — a indignação pública. *O Pharol*, 23 ago. 1912, p. 1.
[450] O texto integral da resolução dos industriais pode ser encontrado em Oliveira (1966:210-211).

possível afirmar que nessa greve geral o operariado de Juiz de Fora alcançou vitórias materiais e simbólicas importantes. Por um lado, os sapateiros conquistaram os aumentos salariais pleiteados, o que representou o acatamento por parte de um setor do patronato local do contrato coletivo de trabalho, dispositivo reivindicado insistentemente pelas associações operárias e repudiado com veemência pela burguesia industrial brasileira não apenas durante a Primeira República, como também ao longo de toda a década de 1930.

Por outro lado, em 18 de outubro de 1912, a Câmara Municipal aprovou a Resolução nº 669, que proibia o emprego de menores de 14 anos, de ambos os sexos, nas fábricas e oficinas de Juiz de Fora após as 17 horas. Além de representar o deslocamento inicial do poder municipal de sua posição passiva diante das condições aviltantes em que era exercido, então, o trabalho industrial nessa cidade, a sanção dessa lei confirma que as denúncias em torno da exploração desenfreada de meninos e meninas nas indústrias locais ecoou forte na opinião pública, obrigando os vereadores a referendarem o projeto Pinto de Moura. Contudo, apesar de constituir "um passo dado em prol dos infelizes explorados nas fábricas e oficinas", como notou um articulista d'*O Pharol*,

> o projeto Pinto de Moura, quando convertido em lei, não resolverá o problema (...) porque só proíbe os serões a menores de 14 anos, quando há crianças de muito menor idade trabalhando em fábricas, crianças essas cuja compleição não pode resistir ao próprio trabalho ordinário das 5 horas da manhã às 5 horas da tarde, mal alimentadas, mal vestidas, respirando uma atmosfera viciada (Hebdômada, 28 jul. 1912, p. 1).[451]

No campo das conquistas simbólicas, ao lado da consagração de suas causas e reivindicações sociais junto a amplos setores da sociedade, tudo indica que o aprendizado político e o acúmulo de experiência de luta em defesa de seus direitos foram os principais frutos colhidos pelo operariado de Juiz de Fora ao final desse seu primeiro grande movimento paredista. É o que admiravelmente sugeriu na época Gilberto de Alencar:

---

[451] Coube à Diretoria de Higiene Municipal fiscalizar o cumprimento da Resolução nº 669, que previa multa de 100$000 a 200$000 para os patrões que a infringissem (AHCJF — *Livro de resoluções da Câmara Municipal de Juiz de Fora — 1906-32*, p. 36).

Não deve, pois, a classe operária desanimar com o que hoje lhe parece uma derrota e que não é senão um primeiro ensaio de sua força, que se arregimenta, que se disciplina para a grande luta a travar. (...) É por isto que a atual agitação operária é benéfica em seus resultados: ela está educando, ela está mostrando ao operário os recursos com que ele conta para fazer face, no futuro, àqueles que hoje não querem ouvir as queixas e os lamentos. Ela está despertando no homem do trabalho a *consciência* de seu valor, de seu formidável poder. E que grande soma de benefícios não se encerra aí, nesse despertar da multidão dos explorados e ludibriados! (Crônica semanal. *O Pharol*, 22 ago. 1912, p. 1).

Um por todos e todos por um: a Associação Beneficente Operária e a conquista das oito horas

A situação econômica vai cada vez de mal para pior. Tudo aumenta: aumenta o custo da vida, aumenta a fome, a miséria, aumenta o luxo, o gozo dos sibaritas; mas felizmente aumenta também a luz da consciência (...) dos trabalhadores. (...) Aqueles que veem perigar os seus milhões, pretendem resolver a questão social com conversa fiada. (...) O único meio de resolver tão magna questão seria todos os homens se dedicarem ao trabalho. Mas para que isso aconteça é necessário que se torne o trabalho cousa suave e remuneradora, (...) que garanta o bem-estar a quem exercer, e não como acontece agora, em que o trabalho é uma ocupação SUJA, o trabalhador um tipo vil

A questão social. *O Operário*, 14 jan. 1920, p. 2-3.

O aumento da movimentação do proletariado de Juiz de Fora entre 1912 e 1914 comprova que a experiência grevista desempenhou na consciência da classe um papel fortemente provocador e edificante preconizado, nessa época, pelo escritor Gilberto de Alencar. De fato, sensíveis aos aspectos positivos da greve geral que realizaram em agosto daquele ano e sofrendo com o agravamento de suas condições de existência, os trabalhadores reforçaram seus laços associativos, participando das atividades beneficentes e de resistência desenvolvidas pela Associação Beneficente Irmãos Artistas e pela União Operária, que passou a ocupar o espaço político do Centro das Classes Operárias, dissolvido em 1913.

Essas associações de ofícios vários, sintonizadas com a mobilização operária que crescia nacionalmente, enviaram representantes tanto ao 4º Congresso Operário Brasileiro de 1912, considerado "reformista" pelos simpatizantes da ação direta e pelos militantes libertários que o boicotaram, quanto ao 2º Congresso Operário Brasileiro de 1913, organizado pelos sindicalistas revolucionários.[452] Isso demonstra que, para as lideranças proletárias de Juiz de Fora, o importante era participar, debater, conhecer melhor as ideias e experiências de seus companheiros das diferentes regiões do país, independentemente dos matizes que as diferenciavam. Nesses anos, a Abia e a União Operária adotaram os programas dos referidos conclaves, aderiram à Confederação Operária Brasileira (COB) e procuraram colocar em prática algumas de suas mais importantes orientações. Com esse objetivo, promoveram comícios contra a carestia e organizaram comemorações de 1º de maio em 1913 e 1914, quando reivindicações como a jornada de oito horas e a melhoria dos salários foram reafirmadas junto ao patronato e às autoridades municipais.[453]

Particularmente de 1912 a 1914, foi possível identificar uma complementaridade entre as funções e atividades da Associação Beneficente Irmãos Artistas e da União Operária — Federação do Trabalho. Consideradas conjuntamente, as práticas sindicais dessas entidades envolviam, por um lado, a prestação do socorro mútuo (auxílio aos enfermos, inválidos, desempregados e viúvas) e a promoção da instrução, de momentos de recreação e eventos culturais (quermesses, festivais, bailes, aulas noturnas). Por outro, abrangiam ações de resistência e de encaminhamento de reivindicações político-sociais, como as mobilizações pela redução da jornada, a luta por aumentos salariais e a constante denúncia da carestia e da penúria em que viviam os assalariados locais.

Concebidas em seus estatutos para promoverem a melhoria material e intelectual de seus associados, a Abia e a União Operária — Federação do Trabalho contribuíram em muito para o reforço da unidade e da consciência da classe operária de Juiz de Fora. Promovendo a solidariedade proletária, puderam denunciar

---

[452] Os organizadores do 4º Congresso Operário Brasileiro consideravam como precedentes a esse evento, realizado na capital federal em fins de 1912, os conclaves socialistas e operários de 1892, 1902 e 1906. Ver Pinheiro (1997:166).

[453] Essa síntese das atividades da Abia e da União Operária, entre 1912 e 1914, baseia-se em Andrade (1987:97-101).

com mais intensidade a exclusão social, a miséria e a exploração capitalista na antiga Manchester Mineira. Como é possível perceber, cristalizava-se na cultura política dos trabalhadores juizforanos, fundamentalmente nesse contexto, a ideia-força de que beneficência e resistência constituíam faces de uma mesma moeda.

Entretanto, a crise econômica experimentada pelo país nos anos iniciais da Primeira Guerra Mundial levou o nascente movimento operário de Juiz de Fora a um refluxo inevitável. A exemplo do que ocorreu nos principais centros urbanos brasileiros, os esforços das lideranças proletárias locais em organizarem atos contra a carestia, a redução do valor nominal dos salários e a falta de trabalho não impediram o declínio das mobilizações e o esvaziamento das associações que dirigiam.[454] Em meio a tal conjuntura, a União Operária — Federação do Trabalho desarticulou-se e desapareceu no final de 1914, enquanto a Abia manteve-se em funcionamento ainda por muito mais tempo, sobretudo, prestando o socorro mútuo.[455]

Somente em meados de 1916, aproximadamente, é que as atividades comerciais e industriais do país retomaram um ritmo acelerado de crescimento. À medida que os produtos importados deixavam de chegar aos portos brasileiros, em função do recrudescimento da guerra na Europa, as indústrias nacionais voltaram a empregar cada vez mais operários para atender o crescimento da demanda por tecidos, calçados, alimentos, bebidas e outros produtos de consumo popular. Ao mesmo tempo, a significativa expansão das atividades econômicas foi favorecida pelos baixos níveis salariais e pelo processo inflacionário, agravado, muitas vezes, pela escassez no mercado interno de gêneros que estavam sendo largamente exportados.[456]

Tudo isso resultou num quadro social que combinou progresso econômico e tecnológico com aumento da pobreza e rebaixamento dos níveis de vida e das condições de trabalho de grande parte da população, particularmente a urbana.

---

[454] De fato, entre 1913 e 1914, o Brasil entrou numa nova fase de recessão. As consequências mais penosas dessa crise recaíram sobre o operariado, que sofreu com os efeitos do desemprego, da redução dos salários e da perda das pequenas conquistas (Fausto, 1976:157-158).

[455] As informações levantadas sobre a Abia confirmam que ela permaneceu ativa até meados de 1931, pelo menos, quando realizou uma festa para comemorar os seus 23 anos de existência e empossar uma nova diretoria. A longevidade alcançada por essa associação, ao que parece, deveu-se à opção de seus dirigentes em voltar suas atividades, cada vez mais, para a prestação do socorro mútuo (*Diário Mercantil*, 18 maio 1931, p. 1).

[456] Ver Batalha (2000:48-49) e Gomes (1978:60).

Com efeito, o movimento operário ressurgiu com força no cenário nacional, sobretudo, nos dois principais centros urbanos e industriais brasileiros. Mas o fez informado por uma cultura política que já havia se enraizado no seio das classes trabalhadoras, resultado do conjunto das lutas sociais travadas no país desde o início da República.

As greves gerais deflagradas no Rio de Janeiro e em São Paulo entre 1917 e 1919 constituem marcos históricos fundamentais para o reinício das agitações dos trabalhadores em todo o Brasil, sobretudo por abrirem a fase em que esse tipo de mobilização popular alcançou seu ápice na Primeira República. A esse respeito, diferentes autores ressaltam que esses movimentos paredistas reforçaram a tendência do operariado nacional em lutar por uma legislação trabalhista, envolvendo, entre outros, os seguintes pontos: respeito integral ao direito de associação dos trabalhadores; abolição de fato do emprego de menores de 14 anos na indústria; proibição do trabalho noturno para mulheres e menores de 18 anos; aumento de 50% em todo o trabalho extraordinário; pleno emprego; jornada de oito horas e semana inglesa, isto é, com 36 horas de descanso consecutivas.

Por outro lado, o aumento significativo das manifestações e greves nesses anos forçou a Câmara dos Deputados a discutir mais sistematicamente o problema operário, para o que colaboraram também outros dois fatores: a grande repercussão da Revolução Russa (1917) nos meios urbanos brasileiros e a adesão do Brasil ao Tratado de Versalhes — que recomendou às nações signatárias, entre outras coisas, o abandono dos princípios liberais em assuntos trabalhistas. De fato, paralelamente às negociações para o estabelecimento dessa convenção, constitui-se em Paris uma comissão para estudar as condições do trabalho operário e definir as bases para criação de um organismo internacional para cuidar desse assunto. De acordo com Marisa Saenz Leme (1978:102), a referida comissão terminou sua tarefa em março de 1919, marcando para outubro, em Washington, a conferência de instalação da Organização Internacional do Trabalho (OIT). Além disso, recomendou em seu relatório final que os governos participantes do acordo de paz adotassem as seguintes medidas em seus respectivos países: [457]

---

[457] Sobre as greves e mobilizações operárias dessa época e as discussões em torno do projeto de Código de Trabalho, ver: Vianna (1989:59-61), Batalha (2000:49-57), Fausto (1976:157-173, 192-216), Gomes (1978:63-90) e Moraes Filho (1978:197-209).

A instituição da jornada de oito horas, o descanso semanal, a proibição do trabalho do menor de quatorze anos, a proibição do trabalho noturno da mulher, o auxílio à gestante, igualdade de salários para trabalhos iguais, pensões de velhice e invalidez, proteção contra doenças e acidentes de trabalho, a afirmação do sindicalismo, a organização do ensino profissional e a luta contra o desemprego.

Nesse contexto efervescente e de grandes transformações internacionais, coube ao deputado federal Maurício de Lacerda a proposição, na Câmara dos Deputados, de um verdadeiro Código de Trabalho para o país, englobando a criação do Departamento Nacional do Trabalho, o estabelecimento do dia de oito horas de trabalho, a criação de Juntas de Arbitragem com caráter obrigatório, a fixação das condições de trabalho das mulheres nas fábricas e oficinas, o estabelecimento de creches, a fixação da idade de 14 anos como mínima para admissão ao trabalho e regulamentação do contrato de aprendizado. No entanto, a ação regulatória do Estado brasileiro sobre o mercado de trabalho, nesse momento, restringiu-se à sanção de apenas duas leis: o Decreto nº 3.550, de 16 de outubro de 1918, criando o Departamento Nacional do Trabalho, e o Decreto nº 3.724, de 15 de janeiro de 1919, regulando as obrigações patronais resultantes de "acidentes de trabalho".

Será nesse contexto fortemente marcado pela intensificação das ações classistas do proletariado e pela maior disposição dos governos em legislar sobre a questão social, que o operariado de Juiz de Fora realizará uma nova greve geral. Deflagrada nos primeiros dias de janeiro de 1920, entretanto, foi precedida por dois eventos significativos para a rearticulação do movimento operário local: a organização da Associação Beneficente Operária (ABO) e a retomada da campanha de denúncia da carestia e da miséria, com a promoção de diversos comícios e manifestações populares, nem sempre pacíficos. A desesperante situação dos trabalhadores juizforanos, mais uma vez, sensibilizava e provocava a crescente indignação da opinião pública. É o que evidencia o comentário abaixo, veiculado n'*O Pharol* de 31 de agosto de 1918 (apud Andrade, 1987:105):

> É um absurdo, é o cúmulo ouvir falar-se em fome na terra da mais notável fecundidade do mundo! Entretanto, isso é um fato. Há por aí numerosas famílias de operários de cidades e de jornaleiros que não tomam nem sal e gordura nos parcos alimentos que ainda conseguem ingerir uma só vez ao dia. (...) O proletariado em geral está sofrendo as

maiores angústias (...) Posto que inerte diante da falta de poderes legais, o Comissariado da Alimentação já apurou em suas estatísticas que entre os preços dos gêneros no mês de julho de 1914 e os atuais houve um aumento que circula de 17 a 455 por cento!

Tal quadro de penúria e exclusão social dos trabalhadores certamente contribuiu para que alguns de seus líderes, no processo de formação e consolidação de uma nova associação profissionalmente indiferenciada, mesclassem beneficência e resistência sob uma mesma forma institucional. Dessa maneira, os sócios da ABO, fundada entre janeiro e maio de 1918, decidiram que entre os seus principais objetivos programáticos constaria a defesa dos direitos trabalhistas de seus membros, como o descanso dominical e o pleito de aumentos salariais, a prestação de assistência jurídica, funerária, médica, farmacêutica e dentária e a organização de cooperativas de consumo, escola profissionalizante e biblioteca. Essas funções associativas estão consagradas no art. 5º de seus estatutos, que esclarece que a finalidade precípua da agremiação seria "organizar serviços que tenham por fim melhorar as condições materiais e morais dos operários, defender seus direitos, ampará-los junto dos patrões, patrocinar suas reivindicações justas e protegê-los nas suas necessidades".[458]

De acordo com Eliana de Freitas Dutra (1988), em seu primeiro ano de existência, além da arregimentação contínua de novos sócios, a ABO centrou sua atuação na tentativa de organização de uma cooperativa de consumo e no envio de ofícios aos industriais que não respeitavam o descanso dominical e à Câmara Municipal, para que esta determinasse a fiscalização dos preços dos gêneros alimentícios e as balanças e demais medidas utilizadas no comércio local. Para ampliar sua inserção junto ao operariado e à sociedade de Juiz de Fora, na mesma época, a ABO publicou ainda as folhas *O Operário* e *O Braço Operário*, desenvolvendo por meio desses jornais uma intensa campanha contra a carestia e os baixos salários e para que os "homens do governo" aprovassem, com urgência, um Código de Trabalho para o país. Do mesmo modo, dirigia repetidos apelos para que os traba-

---

[458] Estatutos da Associação Beneficente Operária. *O Operário*, 1 maio 1918, p. 2-4 (apud Andrade, 1987:109). Sobre o envolvimento de membros das classes conservadoras, como "sócios defensores", no processo de criação da ABO, ver Almeida (2005:90-109).

lhadores se filiassem e fortalecessem a entidade, que foi lentamente aumentando sua influência e representatividade.[459]

A prática sindical dessa associação proletária retomou e atualizou uma série de elementos importantes da experiência organizativa e reinvindicatória anterior das classes trabalhadoras de Juiz de Fora, tais como: a tradição de combinar beneficência e resistência no conjunto de suas ações e objetivos; a construção e defesa de uma imagem positiva para o trabalhador e para o ato de trabalhar e a pressão sobre o poder público municipal para que adotasse medidas que resguardassem e beneficiassem os setores mais pobres da população. Igualmente significativos nas atividades empreendidas pela ABO, entre 1918 e 1919, são a denúncia da situação de miséria, exploração e exclusão em que subsistia o operariado juizforano e os apelos veementes para que o Estado interviesse no mercado de trabalho e atuasse como árbitro nos conflitos trabalhistas, expressos na defesa da sanção de um Código de Trabalho que garantisse os direitos sociais reivindicados há tempos pelo proletariado brasileiro.

As crenças e valores que fundamentavam as atividades beneficentes e as ações de resistência desenvolvidas pela ABO reforçam a percepção de que o projeto político que mais tarde ficou conhecido como *trabalhismo* resgatou e ressignificou habilmente tradições inventadas e formuladas pelos próprios trabalhadores no decurso da Primeira República.[460] Por outro lado, trata-se de um equívoco analítico grave tomar a opção da direção da ABO por uma prática sindical alternativa à orientação do sindicalismo revolucionário como uma evidência inquestionável de sua predisposição à colaboração de classe ou de que seus dirigentes foram cooptados pelos políticos e industriais locais, como fez Silvia Andrade (1987:107-115):

> Tomando emprestada aos anarco-sindicalistas a classificação das sociedades operárias da época, podemos incluir a Associação Beneficente Operária de Juiz de Fora, nos seus dois anos de existência, como um exemplo de "sociedade amarela" que orienta sua atuação mediante franca colaboração com o patronato e o Estado. Tratava-se de uma tentativa de cooptação dos operários pelo poder político constituído.

---

[459] Os demais temas tratados pelo *O Operário* e *O Braço Operário*, em suma, giravam em torno do papel da solidariedade operária e denúncia do analfabetismo e dos vícios (Dutra, 1988:85-89).

[460] Gomes, 1988:325-329.

Igualmente incomodado pelos contatos mantidos pela ABO e o seu primeiro presidente, João de Campos Monteiro Bastos, com elementos das classes conservadoras, Mateus Fernandes de Almeida, a exemplo de Silvia Vilela de Andrade, parece ter confundido o indisfarçável oportunismo político desse dirigente de extração não operária com as práticas sindicais efetivas daquela agremiação proletária entre 1918 e 1919. Elegendo a ação direta como a única expressão ou como a manifestação mais verdadeira da luta de classes, Almeida (2005:108-114) concluiu que "o caráter puramente beneficente da Associação envolvia (...) objetivos alheios aos plenos interesses dos trabalhadores" e que a opção de sua direção por "tentar solucionar problemas entre o capital e o trabalho através da política de conciliação de classes" inviabilizaria "toda forma de atuação autônoma e de iniciativa direta por parte dos trabalhadores no campo das lutas".

Como demonstrei amplamente ao longo deste capítulo, a aproximação circunstancial entre lideranças classistas e membros das elites, o estabelecimento de relações regulares e até corteses entre sociedades proletárias, autoridades e parlamentares, bem como as tentativas patronais de tutelar direta e indiretamente a vida associativa do operariado não constituem "aberrações" ou "desvios" inaceitáveis na trajetória histórica dos trabalhadores. Na verdade, são partes integrantes da complexa experiência política e social do proletariado de Juiz de Fora, assim como de centros urbanos mais importantes, nas primeiras décadas republicanas. Analiticamente, somente podem ser consideradas como evidências irrefutáveis de "passividade", "colaboração de classe", "submissão" e "cooptação política" se forem separadas da dinâmica real da luta de classes e dos diferentes contextos em que ela se desenvolveu nessa época. Não por acaso, no seu conjunto, as fontes documentais e discursivas que Silvia Vilela de Andrade e Mateus Fernandes de Almeida apresentam para sustentar suas afirmações apontam muito mais para um gradual fortalecimento institucional da ABO, cujo número de sócios multiplicou-se por três entre 1918 e 1919, e para o envolvimento crescente de sua heterogênea diretoria com os temas candentes da questão social.

A linha de atuação moderada da Associação Beneficente Operária, além de coerente com as tradições organizativas e reivindicatórias dos assalariados de Juiz de Fora, apresentava-se naquele momento, aos olhos dos contemporâneos, como o caminho mais viável e seguro para a gradativa retomada das mobilizações classistas na cidade. A afirmação de um dirigente da entidade de que o seu programa "nada tem de revolucionário ou anarquista: é destinado a ser cultivado à sombra da lei e da ordem",[461] mais do que qualquer outra coisa, parece revelar o desejo de encaminhar as reivindicações sociais longe das patas dos cavalos e dos golpes de espada da polícia, que vitimaram muitos trabalhadores nas greves ocorridas então no Distrito Federal e em São Paulo. Ao que tudo indica, ao passo que investiam na reorganização do movimento operário local, os líderes proletários juizforanos alimentavam justificadas esperanças de que o Código de Trabalho em discussão na Câmara dos Deputados seria aprovado, promovendo, assim, a tão desejada justiça social — algo que de fato não ocorreu.

Frustradas todas as expectativas de que, naquele momento, o Estado abandonaria sua passividade e assumiria um papel mais ativo na regulamentação das relações de trabalho, a via do confronto direto veio à tona novamente no horizonte político das lideranças proletárias de Juiz de Fora. O espectro da greve geral rondava as fábricas, oficinas e obras da cidade mais uma vez, como demonstra um editorial do jornal *O Dia*, publicado em agosto de 1918 (apud Dutra, 1988:91-92):

> Já há dias que entre as classes proletárias vêm surgindo os primeiros rumores de uma greve motivada pelos salários percebidos nas diversas fábricas e pela sujeição que alegam viver, e, dadas as circunstâncias dos grandes lucros que asseguram, várias indústrias vêm usufruindo com a colocação de seus produtos no mercado. Ainda agora, após a organização do Comissariado de Alimentação, os gêneros alimentícios subiram extraordinariamente, fato este alegado pelas classes operárias que já se encontram desiludidas de apelarem para os poderes públicos que nenhuma providência tomam.

Comentários, aliás, sintonizados com a posição da Associação Beneficente Operária expressa no mesmo período em *O Operário* (apud Andrade, 1987:40): "há industriais que estão ganhando, no presente momento, rios de dinheiro e remunerando pessimamente os seus operários". Embora apelando para a inexistente caridade do patronato, principalmente no que se refere aos direitos fundamentais de seus funcionários, a direção dessa entidade reafirmava a urgente necessidade de serem concedidos aumentos salariais para que o proletariado pudesse, ao me-

---

[461] *O Dia*, 2 maio 1918 (apud Dutra, 1988:85).

nos, suportar em melhores condições a brutal exploração econômica e o processo de exclusão social de que era vítima. Apelos para os quais continuavam cegos e surdos não apenas os industriais, como também os grandes comerciantes, os políticos e as autoridades públicas de Juiz de Fora.

Exasperados pelo menosprezo do patronato e das autoridades municipais em relação às suas precárias condições de existência, muitos trabalhadores passaram a protestar de forma cada vez mais agressiva contra a fome e a miséria que se agravavam. Na noite de 27 de agosto daquele ano, por exemplo, um número elevado de populares se concentrou diante das repartições municipais para acompanhar mais um comício contra a carestia. Na presença do agente executivo da cidade, José Procópio Teixeira, diversos oradores reivindicaram que a municipalidade atuasse junto aos comerciantes locais no sentido de serem barateados os gêneros de primeira necessidade e junto aos industriais para que estes reajustassem de 30 a 50% o valor dos salários dos operários. Os apelos populares receberam uma resposta seca e arrogante do presidente da Câmara Municipal, que, em seu discurso, afirmou que os poderes municipais já estavam fazendo o que podiam e que o operariado "deveria limitar-se a pedidos corteses, abandonando qualquer ideia de imposição".

A arrogância do agente executivo municipal ateou fogo no estopim que fez explodir uma revolta popular inédita na experiência reinvindicatória da classe operária juizforana. Naquela noite, uma onda de saques e depredações varreu as principais ruas, avenidas e praças da cidade. Os alvos preferenciais da fúria popular foram os estabelecimentos comerciais atacadistas, como a Cia. Usinas Nacionais, que perdeu cerca de 3 mil sacas de açúcar e teve o seu escritório depredado. A ação violenta da polícia não impediu que os trabalhadores, que tomaram parte desse verdadeiro motim da fome, rumassem para suas casas, a pé ou de bonde, carregando, como podiam, os alimentos e produtos que conseguiram pegar em meio à confusão generalizada que se formou.[462]

Esses graves acontecimentos forçaram as autoridades e uma parte dos industriais e comerciantes a reavaliarem o tratamento displicente que há tempos dispensavam aos clamores populares. Pelo menos por um breve período, pôde

---

[462] Ver Dutra (1988:96-98) e Andrade (1987:104-106).

o povo trabalhador experimentar uma sensação de vitória sobre as classes dominantes. A Câmara Municipal finalmente resolveu organizar uma tabela de preços para os gêneros de primeira necessidade, adotada de imediato pelo comércio local. Alguns capitalistas, por outro lado, criaram uma cooperativa para fornecer víveres a seus empregados por preços inferiores aos da tabela instituída pela municipalidade. Medidas que, ao que tudo indica, surtiram pouco efeito e não diminuíram as tensões sociais na cidade, como comprova o seguinte trecho de um artigo veiculado n'*O Pharol* em 14 de dezembro de 1918 (apud Andrade, 1987:42):

> Redobra a vigilância sobre indivíduos suspeitos que aqui têm surgido com o intuito de fomentar greves nas fábricas locais e promover tumultos nas praças públicas (...) Por esse motivo, a polícia está de sobreaviso e decidida a deter com firmeza qualquer alteração da ordem pública. O policiamento, ontem, foi grandemente reforçado, tendo sido espalhados por diversas partes da cidade muitos agentes secretos.

Criminalizar e reprimir as manifestações e reivindicações populares foram, na verdade, as medidas mais efetivas adotadas pelas autoridades públicas naquela conjuntura. Por ordem expressa do então presidente de Minas Gerais, Artur Bernardes, a polícia impediu a realização de novos comícios e protestos contra a carestia em Juiz de Fora durante todo o ano de 1919. Orientação autoritária que, se foi eficaz, por um lado, em sufocar temporariamente o clamor popular; por outro, revelou-se incapaz de impedir que, silenciosamente, os trabalhadores reforçassem seu espírito associativo e sua solidariedade de classe, como forma de suportar a opressão política e social. Tal fato é comprovado pelo grande crescimento experimentado pela Associação Beneficente Operária entre maio de 1918 e dezembro de 1919, quando seu quadro social passou de 1.024 para cerca de 3 mil membros.

Por tudo isso, não há razões para desvincular totalmente os levantes populares contra a fome, irrompidos em Juiz de Fora no mês de agosto de 1918, da campanha contra a carestia e por melhores salários desenvolvida pela Associação Beneficente Operária desde sua fundação. Tais eventos e ações, assim como a sanha repressiva da polícia e a insensibilidade das classes dominantes para com o sofrimento dos pobres, fazem parte de um mesmo contexto de luta de classes

— em que beneficência, solidariedade, resistência operária e revolta popular combinaram-se de forma criativa, inquietante e imprevisível.[463]

Fortalecida por um número cada vez maior de associados e revigorada pela posse de uma nova diretoria, foi possível à Associação Beneficente Operária iniciar uma mobilização mais efetiva pela conquista das reivindicações que agitaram o proletariado brasileiro, especialmente o paulistano e o carioca, no triênio iniciado em 1917. Inaugurando essa sua nova fase, essa agremiação comemorou o 1º de maio de 1919 promovendo palestras em que as discussões de questões de organização e mobilização, como "as associações proletárias" e "a greve", ocorreram ao lado de outras de caráter mais genérico, como "a revolução", "o socialismo" e "a bandeira da paz".[464]

Em São Paulo e no Rio de Janeiro, onde a efervescência era muito maior, o 1º de maio foi celebrado com protestos e concentrações proletárias, marcando a retomada da luta pela redução da jornada de trabalho e o início de uma nova onda de movimentos paredistas, que, embora reprimidos com violência, alcançarão importantes vitórias. De acordo com Marisa Saenz Leme (1978:102), o empresariado desses dois centros industriais, premido pela urgente necessidade de encontrar um paradeiro às greves que comprometiam a produção e os lucros, decidiu ceder e atender as principais reivindicações operárias: aumentos salariais, descanso semanal remunerado, proibição do trabalho do menor de 14 anos e da jornada noturna para mulheres.

Desta forma, até mesmo a maior barreira enfrentada pelos trabalhadores em sua luta pela redução da jornada de trabalho, a intransigência patronal em reconhecer e negociar com as associações proletárias, parece ter sido momentaneamente reduzida. Em sintonia com o novo tratamento dispensado pelas potências mundiais à questão social e sob pressão de sucessivos e vigorosos movimentos grevistas, uma parcela da burguesia brasileira se viu forçada a reconhecer e negociar com as organizações do operariado. Com efeito, de julho a dezembro de 1919, o problema da jornada de trabalho dominou novamente as atenções de muitos

---

[463] Nesse sentido, é plenamente possível, e mesmo indispensável, separar o oportunismo político de João de Campos Monteiro Bastos, assumido por ele em seu relatório de despedida da presidência da ABO, em abril de 1919, da prática sindical efetiva dessa associação proletária durante todo o seu curto período de existência.

[464] Dutra, 1988:87.

dos assalariados de Juiz de Fora, pois desde o início da guerra os operários fabris eram submetidos, diariamente, a serões excessivos e não remunerados. O clima para a obtenção do dia de oito horas afigurava-se como favorável, tanto em função de sua recente conquista por diversas categorias profissionais paulistanas e cariocas, quanto por sua consagração internacional na Conferência do Trabalho de Washington.

Aproveitando tal conjuntura auspiciosa para mobilizações, os dirigentes da ABO enviaram aos industriais da cidade um memorial solicitando a adoção das seguintes medidas: o dia de oito horas de trabalho, o aumento de 50% sobre os salários dos serões e de 25% do ordenado da jornada normal. Se comparada com as reivindicações das greves ocorridas entre maio e julho daquele ano em São Paulo, a pauta dos trabalhadores de Juiz de Fora era, de fato, bastante modesta.[465] Fato que torna ainda mais evidente a indisposição inicial dos capitalistas locais em estabelecerem uma negociação franca com as lideranças operárias. Nesse sentido, a primeira contraproposta patronal enviada à ABO previa apenas o estabelecimento da jornada de 9 horas — das 7 da manhã às 5 da tarde, com serões compulsórios de 3 horas todos os dias, remunerados com 25% de acréscimo sobre o valor das horas ordinárias, para as quais não seria admitido qualquer tipo de reajustamento.[466]

Numa assembleia geral realizada em 1º de janeiro de 1920, os operários discutiram longamente a proposta de acordo feita pelos seus patrões e decidiram unanimemente rejeitá-la. Assim, no dia seguinte, tecelões, gráficos, metalúrgicos e trabalhadores da construção civil abandonaram o trabalho e deram início à greve geral que preparavam desde o final do ano anterior. Durante seis dias, sob a liderança da Associação Beneficente Operária, o operariado do ainda maior centro industrial do estado de Minas Gerais cruzou novamente os braços exigindo reajustes salariais, redução da jornada de trabalho e regulamentação dos serões.[467]

---

[465] Nas greves que realizaram no primeiro semestre de 1919, os operários paulistanos formularam ao patronato as seguintes reivindicações: o dia de oito horas de trabalho; repouso semanal ininterrupto de 36 horas; proibição do trabalho dos menores de 14 anos, como também o trabalho noturno das mulheres; estabelecimento do salário mínimo, baseado no custo atual dos víveres; pagamento semanal; equiparação dos salários das mulheres aos dos homens; completo respeito por parte dos poderes públicos às associações operárias e plena liberdade de pensamento; rebaixamento efetivo e seguro dos gêneros de primeira necessidade; medidas impeditivas da falsificação desses gêneros e redução imediata dos aluguéis. Ver Moraes Filho (1978:203-205).

[466] Ver Andrade (1987:114-116) e Dutra (1988:99).

[467] Em 1920, de acordo com o *Annuário estatístico de Minas Gerais*, a população de Juiz de Fora era de 118.166, sendo 51.392 no distrito-sede e 66.774 nos demais distritos. Os operários industriais da cidade,

A ação da polícia, a princípio, restringiu-se à vigilância dos estabelecimentos industriais, não se verificando atos de violência indiscriminada contra os grevistas. Dessa forma, dispondo de relativa liberdade de expressão, os trabalhadores realizaram piquetes e panfletagens nas portas das grandes fábricas e oficinas com o objetivo de angariar novas adesões ao movimento paredista. Como consequência, o apoio à greve foi aumentando gradativamente até atingir cerca de 6 mil operários, o que representava então quase 72% da força de trabalho local. O patronato, por sua vez, percebendo a dimensão e o sucesso dessa mobilização, exigiu das autoridades policiais a proibição dos piquetes e ameaçou os grevistas de demissão e de não pagamento dos dias parados, além de prometer fechar as fábricas por tempo indeterminado, gerando desemprego em massa.[468]

Atentos às possibilidades e limitações políticas e institucionais da greve geral em curso, os dirigentes da ABO procuraram angariar o apoio de outros setores sociais da cidade para a causa do operariado. Com esse objetivo, no quarto dia de greve, distribuíram um manifesto aos trabalhadores e à população, em que, nos termos consagrados em sua cultura política, ressaltaram que a prosperidade desfrutada pelos industriais locais no pós-guerra — produto direto da exploração desmedida da classe operária de Juiz de Fora nos anos do conflito — tornava mais do que legítima a parede pacífica que lideravam:

> Chegou o momento das nossas reivindicações. Depois de quatro anos de um labor insano e mal remunerado, é justo que tenhamos compensações. Quando a crise das indústrias atingiu ao extremo, nesta cidade, pela paralisação das fábricas e oficinas de trabalho (...) suportamos estoicamente o terrível sacrifício que se nos impôs. Veio, depois, a prosperidade das indústrias, que ora se acham imensamente ricas (Paula, 1976:65-67).[469]

---

segundo o Censo de 1920, somavam 8.353 trabalhadores, assim distribuídos percentualmente em cada setor produtivo: vestuário, toucador e têxtil, 48,4%; edificação, 22,1%; metalurgia, 6,4%; alimentação, 3,7%. Dutra (1985:68-69) e Paula (1976:65-80).

[468] Ver Andrade (1987:117-119).

[469] De fato, entre 1908 a 1920, Juiz de Fora teve uma de suas fases de maior crescimento industrial, refletindo o que ocorreu em nível nacional, onde o período correspondeu a uma quadra de proliferação ou modernização das indústrias, antes da Primeira Guerra Mundial, e incremento da produção por meio da exploração intensiva da mão de obra operária e da capacidade industrial instalada, durante o conflito.

Entretanto, a riqueza gerada em tal processo de significativo desenvolvimento econômico, na medida em que só beneficiou a burguesia industrial e comercial da cidade, aprofundou a servidão e a miséria dos homens, mulheres e crianças que realmente a promoveram. Como no memorial enviado à Câmara Municipal no início da greve de agosto de 1912, os trabalhadores juizforanos reclamavam mais uma vez o reconhecimento do valor social de seu trabalho e denunciavam a brutal exploração que sofriam há anos:

> O regime de trabalho existente em 1914 subsiste ainda o mesmo. O mesmo número de horas, o mesmo salário, salvo irrisórias bonificações, o mesmo sistema de multas e retenções de salários, o mesmo cativeiro, o mesmo desprezo pela situação das mulheres e crianças nas fábricas, que chegam às vezes a serem tratadas como coisas e não como seres humanos. Bem podíamos pela força e pelo desatino reagir contra esse estado de coisas. Seria a justa revolta do fraco contra o forte, do explorado contra o explorador. Mas não o fazemos, não devemos fazê-lo.

Escravos industriais, submetidos a jornadas de trabalho excessivas, a salários insuficientes, a regulamentos arbitrários e tratados de forma cruel e desumana. Era assim que os operários de Juiz de Fora descreviam seu cotidiano nas fábricas e oficinas. Mas, apesar de oprimidos e explorados, eles apresentavam-se altivos, pacíficos e unidos, solicitando a compreensão e a solidariedade da população da cidade para o movimento grevista que foram obrigados a deflagrar e que, a todo custo, se empenhavam em manter dentro da lei e da ordem:

> Cumpre-nos dar uma demonstração pública e eloquente de que somos mais humanos e delicados do que os nossos patrões, que, surdos, não querem ouvir o clamor de nossos lamentos, cegos, obstinam-se em não ver a miséria em que nos encontramos, e, impassíveis, fingem não compreender a legitimidade da causa que defendemos! (...) Façamos um esforço ingente, sobre-humano, para nos conter dentro dos princípios da ordem e do respeito às autoridades e da inviolabilidade da propriedade pública ou particular. Mas, dentro desses princípios, sejamos unidos, coesos, fortes e resolvidos a toda sorte de sacrifícios. (...) Um por todos e todos por um![470]

---

[470] Esse manifesto da ABO encontra-se transcrito em Andrade (1987:184-185, anexo 9).

Dessa maneira, em seu manifesto, a diretoria da Associação Beneficente Operária procurava arrefecer a arrogância patronal, atacando um patrimônio zelosamente construído pelos industriais: a imagem de homens cultos e progressistas. No discurso dos operários, no qual é possível identificar expressões e noções determinantes em sua cultura política, os proprietários das fábricas e oficinas foram retirados da condição de grandes beneméritos do município e apresentados à opinião pública como capitalistas selvagens, desumanos, insensíveis, brutos, cínicos, autoritários e gananciosos. Trata-se de uma luta por valores socialmente importantes, que na interpretação de Thompson (2001:260-261) expressa também uma dimensão da luta de classes muito relevante.

O que se assiste aqui é a liderança grevista formulando uma autoimagem positiva para os trabalhadores de Juiz de Fora, indivíduos juridicamente livres que labutam honesta e disciplinadamente sob as mais terríveis condições, e, ao mesmo tempo, outra que desqualifica os seus patrões, representados como uma casta de homens mesquinhos e hipócritas, que exploram sem piedade homens, mulheres e crianças desvalidas. As imagens, positivas e negativas, e os valores produzidos pelos operários juizforanos no manifesto distribuído à população têm como objetivo romper com o "senso comum" do poder que, segundo Thompson, satura a vida cotidiana e se expressa, mais ou menos conscientemente, na abrangente cúpula de hegemonia da classe dominante e nas suas formas de dominação ideológica.

Paralelamente a essa ação para granjear o apoio da opinião pública e diminuir a intransigência da burguesia industrial, por meio do desgaste de sua imagem social, a Associação Beneficente Operária buscou colocar em prática sua proposta de criação de uma Junta de Arbitramento e Conciliação na cidade, solicitando à Associação Comercial e à Associação dos Empregados do Comércio que mediassem um entendimento entre os grevistas e os industriais.[471] O argumento para atrair essas entidades para as negociações era bastante objetivo: um aumento nos salários dos operários, ao colocar mais capital circulando no mercado local, beneficiaria em muito as atividades comerciais da cidade. Por tudo isso, já não era mais possível aos patrões continuarem negando-se a negociar com os trabalhadores em greve.

Na primeira rodada de negociações em que tomaram parte as associações ligadas ao comércio, os industriais se recusaram a conceder a jornada de oito ho-

---

[471] Somente no início de 1933, por força do Decreto nº 22.132 de 25 de novembro de 1932 e da articulação das lideranças sindicais para sua implementação real, é que um órgão de resolução judicial de conflitos trabalhista foi instalado em Juiz de Fora.

ras, a promover reajustes salariais nas horas ordinárias e a readmitir os líderes do movimento grevista. Aceitavam apenas o dia de nove horas de trabalho (sendo a nona hora considerada extraordinária, com 25% de acréscimo sobre ela) e a limitação dos serões a três horas, obrigatórios somente durante três dias por semana e remunerados com 25% de acréscimo sobre as horas normais. Só concordavam, ainda, em pagar o salário dos dias parados aos menores de 16 anos. Essa nova contraproposta patronal foi avaliada numa assembleia operária realizada em 6 de janeiro de 1920. Pressionados pela insatisfação manifestada por grande parte dos cerca de mil trabalhadores presentes naquela reunião, os dirigentes da Associação Beneficente Operária resolveram formar uma comissão para negociar a eliminação da nona hora ordinária no acordo final com o patronato.[472]

No dia seguinte, a maioria dos operários voltou ao trabalho, enquanto a ABO e a "comissão de operários", com apoio da Associação dos Empregados do Comércio, fecharam um acordo final com os industriais, prevendo: (i) a delegação para uma "comissão" formada pela Associação Beneficente Operária, a Associação dos Empregados do Comércio e a Associação Comercial para analisar com os industriais possíveis aumentos salariais; (ii) jornada de trabalho de oito horas diárias, a partir de 1º de fevereiro de 1920 — a nona hora paga com 27% de aumento vigorou até 31 de janeiro de 1920; (iii) serões obrigatórios em três dias da semana, com três horas cada um e remunerados com 25% de acréscimo sobre o valor da hora ordinária; (iv) organização de tabelas com valor dos salários e preços por peças, para serem expostas nas fábricas; (v) pagamento dos dias parados às operárias e aos menores de 16 anos; (vi) readmissão dos trabalhadores demitidos em função da greve.[473]

Ainda que tenha deixado a questão do reajuste dos salários para ser decidida por uma "comissão" que atuaria sem a pressão da greve, esse acordo representou uma importante vitória para o operariado e suas lideranças classistas, especialmente num aspecto crucial que necessita ser aqui realçado: pela primeira vez, os trabalhadores juizforanos conseguiram colocar em xeque o liberalismo ortodoxo de seus patrões, forçando-os a assinar um contrato coletivo de trabalho que, além de reajustes nos ordenados, envolvia a redução da jornada ordinária de serviço

---

[472] Dutra, 1988:69-70.

[473] O acordo que pôs termo a essa greve geral, firmado entre a ABO e os industriais em 7 de janeiro de 1920, também se encontra transcrito em Andrade (1987:186, anexo 10).

para oito horas, a fixação de normas para a realização dos serões e o reconhecimento parcial do direito de greve. Vitória que para ser materializada exigiria desses assalariados, nos meses e anos seguintes, ainda mais união, organização e solidariedade. Isso em função tanto do desrespeito, da quebra da palavra empenhada, por parte de muitos patrões ao acordo firmado com a ABO, quanto da impossibilidade das conquistas salariais então obtidas reverterem por completo, ou mesmo minimizarem, o quadro de miséria e exclusão social em que os operários se encontravam há tempos inseridos.

Precisamente por essas razões, entre 1920 e 1924, a mobilização do proletariado de Juiz de Fora se intensificou e gerou novas formas organizacionais, reivindicações sociais e paralisações coletivas de serviço. Já em fevereiro de 1920, os operários da Companhia Fiação e Tecelagem Industrial Mineira cruzaram os braços novamente em protesto contra a demissão de dois de seus companheiros, um deles responsável por negociar a nova tabela salarial com a gerência da tecelagem, que também estava desrespeitando os demais itens do acordo firmado ao final da greve geral de janeiro. Como indica a seguinte denúncia veiculada então por *O Operário* (Reações e reações na Fábrica Surerus, 14 jan. 1920, p. 2-3), esse parece ter sido um comportamento adotado por quase todas as demais firmas do setor têxtil:

> Tendo as operárias [da fábrica de tecelagem de malhas Henrique Surerus e Irmão], (...) ao receberem o pagamento no dia 10, notado que estavam sendo burladas (ou melhor, roubadas) — pois não receberam a parte do salário relativo à nona hora, resolveram protestar contra o abuso inqualificável de seus patrões, que não consideram nem ao menos a palavra dada e registrada no acordo final da última greve de que pagariam a seus trabalhadores não só a nona hora como extraordinária, mas também o salário correspondente aos dias em que estiveram em parede — isto só às operárias em geral e aos operários menores de 16 anos. Assim, logo após o pagamento das 53 operárias que lá trabalham, 48 procuraram o gerente, que as recebeu da maneira a mais estúpida, com palavrões da mais requintada grosseria. (...) [Uma operária, não tendo se assustado,] protestou em nome de suas colegas, pedindo o pagamento integral e completo de todo o salário, isto é, os dias de serviço, 5 dias em que estiveram em greve, horas extraordinárias em que trabalharam das 7 às 5 da tarde.[474]

---

[474] Ver também O caso da Industrial Mineira. *Diário Mercantil*, 6 fev. 1920, p, 2.

A necessidade de fazer frente ao crescente autoritarismo patronal e de garantir a aplicação efetiva dos itens acordados com os capitalistas, em especial, reforçou a decisão tomada pelos integrantes da Associação Beneficente Operária, ainda durante a greve geral de janeiro de 1920, em transformá-la numa nova organização proletária, a Federação Operária Mineira (FOM) — concebida originalmente para congregar sindicatos profissionalmente diferenciados, formados a partir de sua orientação. Sob a liderança da FOM, que a exemplo de sua antecessora também procurou mesclar as ações de resistência com a prestação do socorro mútuo para os seus cerca de 4 mil sócios, os trabalhadores de Juiz de Fora reforçaram seus laços de solidariedade e, entre os dias 10 e 20 de junho de 1924, realizaram uma terceira greve geral por aumentos salariais. Contudo, ao contrário da parede de janeiro de 1920, tal greve terminou sem qualquer conquista efetiva, tendo sido registrados, no curso desse movimento, diversas prisões, espancamentos e espaldeiramentos perpetrados por praças e cavalarianos da força pública mineira.[475]

De fato, o agravamento das crises econômica, política e institucional, ao longo da década de 1920, tornou cada vez mais difícil e perigosa a movimentação do operariado local por seus direitos. O estado de sítio em que viveu o país durante o governo Artur Bernardes e a persistência da repressão policial às manifestações e organizações populares na gestão Washington Luís, em especial, tornaram ainda mais difíceis qualquer possibilidade de sucesso dos trabalhadores nos enfrentamentos com o patronato. Tal quadro de opressão social, no entanto, não impediu os trabalhadores de Juiz de Fora de desenvolverem e reproduzirem sua cultura política, se valendo dela para retomar suas lutas e reivindicações às vésperas da Revolução de 1930 e durante os anos do Governo Provisório de Getúlio Vargas (1930-34).

---

[475] Sobre as atividades da Federação Operária Mineira e os eventos e desdobramentos da greve geral de junho de 1924, ver: Dutra (1988:106-114 e 131-142), Andrade (1987:130-162) e Almeida (2005:132-167).

Conclusão

> Uma parte de qualquer cidade fica sempre submersa. Sempre à margem da história. Olho a Cia. Têxtil Bernardo Mascarenhas, a Cia. Pantaleone Arcuri, os sobrados suntuosos, um ou outro prédio comercial do velho conjunto da praça da estação. Nada resta, no entanto, da vilagem da colônia dom Pedro II e das demais vilagens. Nenhum registro físico. Nenhuma lembrança do percurso operário por estas terras, das escrituras dos escassos, do trabalho infantil que me chega assim queimando na forja viva de velhas fotografias. Implacável, o patrimônio industrial demite da história, por fim — e sem justa causa —, seus empregados.
>
> IACYR ANDERSON DE FREITAS. *Juiz de Fora, 150 anos* (apud Barbosa e Rodrigues, 2002:286-290).

Este trabalho é parte de um esforço de pesquisa mais amplo, empreendido pioneiramente por Silvia Vilela de Andrade, Eliana de Freitas Dutra e Sonia Regina Miranda, para resgatar e analisar os processos sincrônicos de constituição e expansão do núcleo urbano de Juiz de Fora e de formação de suas classes trabalhadoras, suas experiências sociais, políticas, associativas e reivindicatórias entre os séculos XIX e XX. Trata-se, sem dúvida, de uma tarefa analítica ainda incompleta, que requer novos levantamentos de informações e a contribuição de outros pesquisadores, outros olhares e abordagens para que o proletariado e a luta de classes sejam "readmitidos", definitivamente, na memória e na história da antiga Manchester Mineira.

De todo modo, nesta conclusão, procurarei destacar algumas passagens deste estudo que acredito serem fundamentais para o reforço da percepção mais geral que me orientou durante a pesquisa. Refiro-me à percepção de que o entendimento adequado da história de Juiz de Fora requer mais do que apenas o exame das bases objetivas de seu significativo desenvolvimento econômico, ou a identificação dos múltiplos "efeitos encadeadores" da cafeicultura matense sobre o núcleo urbano da cidade na sua decisiva transição para o capitalismo.[476] Igualmente ou até mais importante para a maior parte dos assuntos que envolvem tal análise histórica é a consideração dos aspectos políticos e culturais que perpassam a conformação do mercado de mão de obra e das relações de trabalho, as formas de resistência popular às tentativas elitistas de ordenamento de seu mundo e os embates classistas gerados, a cada momento, pela imposição de regimes de serviços extenuantes e mal pagos, a estigmatização social e espacial dos despossuídos e a persistência do patronato e das autoridades em desconsiderar as reivindicações que lhes dirigiam, quase sempre de modo ordeiro, os trabalhadores e suas lideranças.

Na passagem do século XIX para o XX, Juiz de Fora experimentou um momento de diversificação e consolidação de um processo de desenvolvimento econômico e urbano iniciado nos idos de 1860. Com efeito, no princípio da República, o progresso, com suas promessas irrealizadas de bem-estar geral, será a palavra de ordem, o argumento central do discurso hegemônico que, nessa quadra de significativas transformações, as classes conservadoras passarão a difundir localmente. Ao lado de adequar as ruas, avenidas, praças às novas exigências que o rápido incremento das atividades mercantis e industriais e o aumento acelerado da população impunham à área central da cidade — embelezamento, abastecimento de água, saneamento básico, transportes, iluminação, telefonia, serviços em geral voltados para um consumo privilegiado —, convencer os novos e antigos habitantes do lugar de que o trabalho constituía o elemento primordial da vida em sociedade se configurará como uma tarefa elitista urgente e crucial.

A esse respeito, as pesquisas realizadas n'*O Pharol* e no *Jornal do Commercio* demonstraram que no decurso de boa parte da Primeira República duas argumentações coexistirão no interior da ética do trabalho propagada então pelas elites locais, concorrendo igualmente para a ordenação e o disciplinamento dos mundos do trabalho e dos trabalhadores de tal urbe mineira no momento em que

---

[476] A este respeito, ver Pires (2005:13-37).

ela assumia as funções de uma cidade-fábrica capitalista. Uma de teor repressivo e autoritário, elaborada e difundida a partir dos anos finais do Império e da escravidão, impunha o ato de trabalhar com um dever, uma obrigação, e se assentava fundamentalmente no combate sem tréguas à ociosidade, à vadiação adulta e infanto-juvenil. A outra, persuasiva e conformada durante as diversas "festas industriais e do trabalho" realizadas em Juiz de Fora nos anos de 1890, possuía um caráter fortemente mobilizador e preconizava que o engrandecimento material dessa dinâmica cidade constituía a meta primordial a ser perseguida cotidianamente por cada um de seus habitantes, independentemente de sua origem étnica, sexo, idade ou condição social.

Por conseguinte, simultaneamente com o acentuado incremento demográfico e a expansão contínua do mercado urbano de mão de obra de Juiz de Fora entre os anos de 1880 e 1900, processos para os quais muito contribuiu a instalação da Hospedaria Horta Barbosa nos arrabaldes da cidade, as suas classes conservadoras desencadearão uma série de ações destinadas a coagir, disciplinar e manter constantemente ocupada a maior parte dos habitantes dessa cidade. Na sua essência, tais ações resultarão na imposição de variados padrões de contratação da força de trabalho às parcelas despossuídas da população juizforana. Padrões alicerçados, invariavelmente, em regimes de serviço rígidos, extenuantes, mal remunerados e que reproduzirão uma série de práticas típicas do mundo senhorial, mesmo mais de uma década após a extinção formal do cativeiro.

Nas primeiras duas décadas da República, portanto, ao passo que com o concurso de seu labor permitiram a expansão da malha urbana e a intensificação dos negócios e da produção manufatureira de Juiz de Fora, os integrantes do heterogêneo proletariado local viram, ano após ano, as suas condições de vida e trabalho se agravarem. Sofreram ainda com o preconceito social e a segregação espacial, que decorriam tanto de sua situação miserável quanto da insistência dos setores dominantes em enquadrar os mais pobres como classes perigosas e viciosas, em condenar os seus modos de vida e hábitos culturais, enfim, em negar-lhes o pleno direito à cidade. Não por acaso, nessa mesma temporalidade, como atestam as informações que reuni no terceiro capítulo da tese, a "cidade da ordem e do trabalho" configurou-se também enquanto um espaço de disputas, protestos e reivindicações políticas e sociais. Identifiquei evidências importantes dessa resistência multifacetada, por exemplo, no desrespeito contumaz manifestado pelos setores subalternos diante de itens importantes das posturas municipais, especialmente daqueles referentes às moradias, e nas denúncias populares contra os negociantes que especulavam com os preços dos gêneros básicos.

Mas, ao lado dessa resistência difusa e da denúncia das múltiplas manifestações cotidianas da dominação capitalista em seu mundo, segmentos importantes do proletariado local procuraram, em momentos distintos e com maior ou menor grau de sucesso, unificar seus interesses em torno de associações de ofícios vários e agremiações profissionalmente diferenciadas. Nesse sentido, a incessante campanha desenvolvida, de 1877 a 1905, pelos empregados no comércio de Juiz de Fora em prol do direito de descansar integralmente no domingo, em especial, representa um marco fundamental no longo processo de construção da identidade e da cultura política das classes trabalhadoras de tal cidade mineira.

Angariando simpatias e apoios crescentes na opinião pública, ao longo desses cerca de 30 anos, os caixeiros juizforanos forjaram uma significativa tradição associativa que, em 1903, resultou na fundação da Associação dos Empregados no Comércio (AEC) — entidade que alcançou os anos 1930 e deu origem ao atual sindicato trabalhista da categoria. Concomitantemente, elaboraram uma argumentação veemente que opunha de modo irreconciliável o justo e sagrado direito dos "rapazes do comércio" descansar aos domingos à liberdade irrestrita de comércio que a parcela mais conservadora dos negociantes arrogava lhe assegurar a Constituição de 1891. Forte e habilmente alicerçada nas dissensões existentes no seio patronal em relação a essa questão, tal movimentação caixeiral foi a principal responsável para que a Câmara Municipal determinasse finalmente em abril de 1905, por meio da Resolução nº 511, o fechamento das portas no sétimo dia da semana — conquista centenária seriamente ameaçada no presente, devido ao recrudescimento das ações do empresariado para "flexibilizar" o horário de funcionamento do comércio local.

Os desdobramentos da campanha pelo descanso hebdomadário empreendida pelos caixeiros e a AEC, que nos anos de 1900 e 1910 se baterão ainda pela redução da jornada nos dias úteis e feriados nacionais, transcenderam em muito essa difícil e importante vitória sobre a ortodoxia liberal dos negociantes dessa cidade. De fato, tal mobilização classista contribuiu sobremaneira, também, tanto para que um discurso de valorização do trabalhador e de sua atividade produtiva pouco a pouco se firmasse na opinião pública, quanto para que amplos setores da sociedade local se tornassem mais suscetíveis às denúncias crescentes feitas por um número cada vez maior de assalariados em relação às suas precárias condições de existência, à brutal exploração de sua força de trabalho e ao desrespeito a seus direitos fundamentais de cidadãos. Esses constituem, em suma, os conteúdos e sentidos políticos essenciais da relevante movimentação associativa e reivindicatória do operariado juizforano entre os anos de 1890 e 1920.

Nesse período, foram fundadas em Juiz de Fora cerca de 30 distintas agremiações de trabalhadores, entre associações de ofícios vários que congregavam centenas de operários (das fábricas e oficinas, da construção civil e dos transportes) e entidades representativas de uma categoria profissional específica (tais como caixeiros, tipógrafos, alfaiates, sapateiros e motorneiros). Mantendo relações mais ou menos estáveis com o modelo associativo apolítico e pluriclassista que as classes conservadoras prescreviam então para "os homens do trabalho", as lideranças e consócios dessas organizações voltaram boa parte de suas ações para tentar reverter a situação de completo desprestígio social e político em que subsistiam os membros do numeroso proletariado juizforano. De fato, especialmente nos primeiros 15 anos republicanos, o grande desafio enfrentado pelas lideranças proletárias consistiu em romper com a indiferença que o patronato, a municipalidade e a opinião pública tradicionalmente manifestavam em face da servidão operária vigente no mundo do trabalho da antiga Manchester Mineira.

A partir principalmente da criação da União Operária e do Centro das Classes Operárias, entre os anos de 1904 e 1906, a experiência associativa do operariado dessa cidade se diversificou bastante. Por um lado, devido ao maior empenho de suas lideranças para garantirem a tais entidades bases mínimas tanto para a prestação do auxílio mútuo e promoção de atividades instrucionais, culturais e recreativas, quanto para o encaminhamento de funções classistas propriamente ditas, sobretudo a formulação e publicização das demandas políticas e sociais da classe. Por outro, por força da influência de propostas de reforma social propagadas localmente por lideranças cariocas vinculadas ao Partido Operário Independente, como o socialista Antonio Augusto Pinto Machado, e também por líderes operários de Belo Horizonte, especialmente por Donatti Donato, presidente da Federação do Trabalho de Minas Gerais. Nesse processo, as celebrações de 1º de maio e a deflagração de uma campanha pela conquista da reivindicação central vinculada a essa data, a instituição da jornada de oito horas, se configuraram como eventos fundamentais tanto para que os trabalhadores de Juiz de Fora reforçassem seus laços de solidariedade, quanto para que os temas da questão social ganhassem maior visibilidade e apoio junto à opinião pública desse centro urbano.

Em 1909 e nos três anos seguintes, a existência simultânea de duas ou mais associações de ofícios vários em Juiz de Fora não impediu que seus diversos sócios e dirigentes se unissem para tentar conquistar a redução da jornada de trabalho e exigir da Câmara Municipal a limitação do trabalho de menores de 14 anos nas fábricas e oficinas — principais reivindicações da greve geral realizada pelo operariado local em agosto de 1912. Além disso, as bases em que se assentou tal movimento associativo e reivindicatório atestam que foi na segunda metade dos anos de 1900, que ocorreu a conformação do padrão agremiativo que marcou profundamente a experiência política da classe operária juizforana nas décadas de 1910 e 1920: a organização horizontal desses trabalhadores em uniões, federações ou associações profissionalmente indiferenciadas, que mesclavam coerentemente beneficência e resistência em sua prática sindical cotidiana.

Não por acaso, entre 1918 e 1920, no processo de retomada de suas campanhas de denúncia da carestia, por reajustes salariais e pelo estabelecimento da jornada de trabalho de oito horas, conquistada durante a greve geral realizada na cidade em janeiro deste último ano, o operariado de Juiz de Fora procurou resgatar e desenvolver esse padrão agremiativo, com a fundação da Associação Beneficente Operária e a sua posterior transformação na Federação Operária Mineira. No seu conjunto, portanto, as experiências organizativas e reivindicatórias do proletariado juizforano apontam para a consolidação, nos três decênios iniciais da República, não apenas de tradições associativas importantes — especialmente entre os caixeiros, ferroviários, oficiais de ofícios e operários de obras, fábricas e oficinas.

Revelam também o vigor e as múltiplas dimensões de uma cultura política forjada em meio a uma movimentação crescente desses assalariados urbanos contra a exploração, a miséria e a exclusão social.

Fontes e Bibliografia

Fontes

Setor de Memória da Biblioteca Municipal Murilo Mendes (SMBMMM), Juiz de Fora, MG

O Pharol (1876-1912)
Gazeta da Tarde (1889)
Minas Livre (1891)
Almanak de Juiz de Fora – Publicação commercial, industrial, administrativa, litteraria, artística, etc. (1891 e 1892, Editores Leite Ribeiro & Comp.)
A Actualidade (1892) | *Juiz de Fora* (1893)
Correio de Minas (1895, 1896, 1898, 1906 e 1920)
Jornal do Commercio (1896-1912)
Correio da Tarde (1906)

Instituto Histórico e Geográfico de Juiz de Fora (IHGJF)

JUIZ DE FORA no século XIX. Juiz de Fora: Tipografia Central, 1901.
ANNUARIO Historico-Chorographico de Minas Geraes – 1909 (Anno III). Belo Horizonte: [s.e.], 1909.
MENEZES, Eduardo. *Cidade salubre* – código sanitário fundamentado e justificado, feito para a cidade e município de Juiz de Fora. Juiz de Fora: Typographia Brazil, 1911.
ANNUARIO Historico-Chorographico de Minas Geraes – 1913 (Anno V). Belo Horizonte: [s.e.], 1913.
ESTEVES, Albino. *Álbum do município de Juiz de Fora*. Belo Horizonte: Imprensa Oficial, 1915.
GOMES, Lindolfo. *Nihil novi...* Estudos de literatura comparada, de tradições populares e de anedotas. Juiz de Fora: Tipografia Brasil, 1927.
GOES, H. de Araújo. *Inundações do Paraibuna em Juiz de Fora*. Rio de Janeiro: Imprensa Nacional, 1943.
MASCARENHAS, Nelson Lage. *Bernardo Mascarenhas*. O surto industrial de Minas Gerais. Rio de Janeiro: Aurora, 1954.
ESTEVES, Albino. Mariano Procópio: trabalhos originais. *Revista do IHGB*, Rio de Janeiro, jan./mar. 1956.

Arquivo Histórico da Cidade de Juiz de Fora (AHCJF)

FUNDO da Câmara Municipal na República Velha — série 203 — Documentos referentes à Associação dos Empregados no Comércio de Juiz de Fora.

FUNDO da Câmara Municipal no Império — série 25 — Correspondências enviadas pela Presidência da Província à Câmara Municipal de Juiz de Fora referentes à legislação provincial e posturas (1850-88).

FUNDO da Câmara Municipal no Império — série 133 — Requerimentos diversos (1854-89).

POSTURAS da Câmara Municipal da Cidade do Paraibuna da Província de Minas Gerais. Rio de Janeiro: Tipografia de Soares & Irmão, 1860.

RESOLUÇÃO nº 290, de 16 de agosto de 1894. *Livro de resoluções da Câmara Municipal de Juiz de Fora*, 1892-1906. p. 111.

RESOLUÇÃO nº 390, de 14 de janeiro de 1897. *Livro de resoluções da Câmara Municipal de Juiz de Fora*, 1892-1906. p. 161.

RESOLUÇÃO nº 511, de 18 de fevereiro de 1905, que proíbe a abertura de portas das casas comerciais aos domingo. *Livro de resoluções da Câmara Municipal de Juiz de Fora*, 1892-1906.

RESOLUÇÃO nº 530, de 12 de abril de 1905 que altera a resolução nº 511. *Livro de resoluções da Câmara Municipal de Juiz de Fora*, 1892-1906.

RESOLUÇÃO nº 655, de 3 de abril de 1911 que trata do fechamento de portas das casas comerciais desta cidade e dá outras providências. *Livro de resoluções da Câmara Municipal de Juiz de Fora*, 1906-1932. p. 26.

RESOLUÇÃO nº 669, de 18 de outubro de 1912 que trata das crianças de ambos os sexos nas fábricas da cidade e do município. *Livro de resoluções da Câmara Municipal de Juiz de Fora*, 1906-1932. p. 36.

RESOLUÇÃO nº 792, de 20 de outubro de 1918, que obriga o fechamento ao meio-dia, nos dias feriados nacionais, das casas comerciais das zonas urbanas e suburbanas da cidade. *Livro de resoluções da Câmara Municipal de Juiz de Fora*, 1906-1932. p. 88-89.

RESOLUÇÃO nº 800, de 7 de fevereiro de 1919, que dá nova redação para o art. 1º da Resolução nº 655 de 3 de abril de 1911. *Livro de resoluções da Câmara Municipal de Juiz de Fora*, 1906-1932. p. 91.

Centro de Documentação e Memória da Universidade Estadual Paulista (Cedem/Unesp)

O Operário (1920)

ENCYCLICA *Rerum Novarum* — sobre a condição dos operários. Juiz de Fora: Typografia do Lar Católico, 1937.

Associação Comercial de Juiz de Fora

Gazeta Commercial (1924)

Arquivo Histórico da Universidade Federal de Juiz de Fora (AH/UFJF)

FUNDO da Cia. de Fiação e Tecelagem Industrial Mineira. *Folha de pagamento de fevereiro de 1884.*

O Pharol (1890-1904) — microfilmes.

FUNDO da Cia. de Fiação e Tecelagem Industrial Mineira. *Folha de pagamento de maio de 1897*.
COLEÇÃO Carlota de Paula.
COLEÇÃO Silvia Vilela.
FUNDO da Companhia Têxtil Bernardo Mascarenhas.
FUNDO da Associação Beneficente dos Irmãos Artistas.

Acervo particular Dormevilly Nóbrega, Juiz de Fora, MG
Treze de Maio, Juiz de Fora, MG, 20 maio 1888.
Almanach de Juiz de Fora para 1897 – Publicação commercial, industrial, agrícola e litteraria (anno II). Juiz de Fora: Mattoso & Medeiros Editores, 1896-1897.
Almanach de Juiz de Fora para 1898 – Publicação commercial, industrial, agrícola e litteraria (anno III). Juiz de Fora: Mattoso & Medeiros Editores, 1898.
Almanach de Juiz de Fora para 1899 – Publicação commercial, industrial, agricola e litteraria (anno IV). Juiz de Fora: Olavo Mattoso Editor, 1899.
JACOB, Rodolpho. *Minas Gerais no XX século*. Rio de Janeiro: Gomes, Irmão & Cia., 1911.

Fontes digitalizadas e acessadas online
HOSPITAIS de caridade. In: *Relatório que ao Illm. e Exm. sr. Comendador Manoel T. de Souza, 2º vice-presidente da província de Minas Gerais apresentou no ato de passar-lhe a administração em 22 de abril de 1860, o Cons. Carlos C. de Campos*. Disponível em: <http://brazil.crl.edu/bsd/bsd/u259/000019.html>. Acesso em: 11 jan. 2006.
QUADRO geral da população da paróquia de Santo Antônio do Juiz de Fora. In: *Recenseamento da população do Império do Brasil de 1872*. Rio de Janeiro, 1872. p. 1.027-1.029. Disponível em: <http://biblioteca.ibge.gov.br/colecao_digital_publicacoes. php>. Acesso em: 1 ago. 2006.
COLÔNIAS particulares – D. Pedro II. In: *Relatório do ano de 1873 apresentado à Assembleia Geral Legislativa na 3ª Sessão da 15ª Legislatura pelo ministro e secretário de Estado dos Negócios da Agricultura, Comércio e Obras Públicas José Fernandes da Costa Pereira Júnior*. p. 189-191. Disponível em: <http://brazil.crl.edu/bsd/bsd/ u1960.html>. Acesso em: 23 set. 2006.
RECENSEAMENTO. In: *Relatório que a Assembleia Legislativa Provincial de Minas Gerais apresentou no ato da abertura da Sessão Ordinária de 1874 o vice-presidente, Francisco Leite da Costa Belem*. Ouro Preto: Typ. de J. F. de Paula Castro, 1874. p. 67-75. Disponível em: <http://brazil.crl.edu/bsd/bsd /481/000067.html>. Acesso em: 12 jan. 2006.
FALA que à Assembleia Legislativa Provincial de Minas Gerais dirigiu em 25 de setembro de 1880 o Exmo. sr. Cônego Joaquim José de Sant'Anna, 2º vice-presidente da mesma província, por ocasião da abertura da 1ª Sessão Ordinária da 23ª Legislatura. Disponível em: <http://brazil.crl.edu/bsd/bsd/487/index.html>. Acesso em: 3 dez. 2005.
INDÚSTRIA manufatureira. In: *Fala que o Exmo. sr. dr. Antonio Gonçalves Chaves dirigiu à Assembleia Legislativa Provincial de Minas Gerais na 1ª Sessão da 25ª Legislatura em 1º de agosto de 1884*. Ouro Preto: Typ. do Liberal Mineiro, 1884. p. 72-74. Disponível em: <http://brazil.crl.edu/bsd/bsd/491/index.html>. Acesso em: 20 mar. 2008.

FALA que à Assembleia Provincial de Minas Gerais dirigiu o Exmo. sr. Dr. Luiz Eugênio Horta Barbosa, Presidente da província, ao instalar-se a 1ª Sessão da 27ª Legislatura em 01/06/1888. Disponível em: <http://brazil.crl.edu/bsd/bsd/495/ index.html>. Acesso em: 3 dez. 2005.

L'ETOILE du Sud — Revue commerciale, financière et marititime. In: *Almanak Laemmert — Almanak Administrativo, Mercantil e Industrial do Rio de Janeiro*, 1889, p. 1959. Disponível em: <http://brazil.crl.edu/bsd/bsd/almanak/al1889/00001696.gif>. Acesso em: 12 dez. 2005.

AUTOBIOGRAFIA juvenil de um velho militante das lutas operárias: Domenico Marchioro. Disponível em: <www.assis.unesp.br/~folquito/autobiografia_marchioro.htm>. Acesso em: 20 jan. 2008.

Bibliografia

ADDOR, Carlos Augusto. *A insurreição anarquista no Rio de Janeiro.* Rio de Janeiro: Dois Pontos, 1986.

AGASSIZ, Luís; AGASSIZ, Elizabeth Cary. *Viagem ao Brasil (1865-1866).* Brasília: Senado Federal, 2000.

ALENCASTRO, Luiz Felipe de. Proletários e escravos: imigrantes portugueses e cativos africanos no Rio de Janeiro, 1850-1872. *Novos Estudos*, São Paulo, Cebrap, n. 21, jul. 1988.

ALMEIDA, Fernanda Moutinho de. *E depois do 13 de maio?* Conflitos e expectativas dos últimos libertos de Juiz de Fora (1888-1900). Dissertação (Mestrado em História) — Universidade Federal Fluminense, Niterói, 2003.

ALMEIDA, Mateus Fernandes de Oliveira. *Movimento operário em Juiz de Fora na Primeira República.* Dissertação (Mestrado em História) — Universidade Federal do Rio de Janeiro, Rio de Janeiro, 2005.

ALMICO, Rita de Cássia da Silva. *Fortunas em movimento:* um estudo sobre as transformações na riqueza pessoal em Juiz de Fora, 1870-1914. Dissertação (Mestrado em História Econômica) — Instituto de Economia, Unicamp, Campinas, 2001.

_____; LAMAS, Fernando; SARAIVA, Luiz Fernando. A Zona da Mata Mineira: subsídios para uma historiografia. In: CONGRESSO BRASILEIRO DE HISTÓRIA ECONÔMICA, 5. *Anais...* Caxambu, MG: Associação Brasileira de Pesquisadores em História Econômica, 2003.

ALONSO, Angela. Crítica e contestação: o movimento reformista da Geração 1870. *Revista Brasileira de Ciências Sociais*, v. 15, n. 44, out. 2000. Disponível em: <www.scielo.br/pdf/rbcsoc/v15n44/ 4146.pdf>. Acesso em: 20 ago. 2006.

AMARO, Austen. *Juiz de Fora*: poema lírico. Juiz de Fora: Funalfa, 2004.

ANDRADE, Rômulo. Escravidão e cafeicultura em Minas Gerais: o caso da Zona da Mata. *Revista Brasileira de História*, Associação Nacional de História, v. 11, n. 22, 1991.

_____. Apontamentos sobre a microeconomia do escravo e sua interação com a família e as solidariedades (Zona da Mata de Minas Gerais, século XIX). In: SEMINÁRIO SOBRE A ECONOMIA MINEIRA, 10. *Anais...* Belo Horizonte: UFMG; Diamantina: Cedeplar, 2002. Disponível em:

<www.cedeplar.ufmg.br/seminários/seminario_diamantina/2002/D09.pdf>. Acesso em: 13 dez. 2005.

ANDRADE, Sílvia Maria B. Vilela de. *Classe operária em Juiz de Fora*: uma história de lutas (1912-1924). Juiz de Fora: EDUFJF, 1987.

ARANTES, Luiz Antônio V. Caminhos incertos, conflitos religiosos e empreendimentos: a trajetória dos alemães na cidade. In: BORGES, Célia Maia (org.). *Solidariedades e conflitos*: histórias de vidas e trajetórias de grupos em Juiz de Fora. Juiz de Fora: EDUFJF, 2000. p. 111-117.

ARÊAS, Luciana Barbosa. As comemorações do primeiro de maio no Rio de Janeiro (1890-1930). *História Social*, Campinas, n. 4/5, 1997/1998.

ARIAS NETO, José Miguel. Primeira República: economia cafeeira, urbanização e industrialização. In: FERREIRA, Jorge; DELGADO, Lucília de Almeida Neves (Orgs.). *O Brasil republicano*. O tempo do liberalismo excludente: da Proclamação da República à Revolução de 1930. Rio de Janeiro: Civilização Brasileira, 2003.

AZEVEDO, Elciene. *O direito dos escravos*: lutas jurídicas e abolicionismo em São Paulo na segunda metade do século XIX. Tese (Doutorado em História Social) – Unicamp, Campinas, 2003.

AZZI, Riolando. *Sob o báculo episcopal*: a Igreja Católica em Juiz de Fora, 1850-1950. Juiz de Fora: Centro de Memória da Igreja de Juiz de Fora, 2000.

BANDEIRA, Manuel; ANDRADE, Carlos Drummond. *Rio de Janeiro em prosa e verso*. Rio de Janeiro: Livraria José Olympio Editora, 1965.

BARBOSA, Alexandre de Freitas. *A formação do mercado de trabalho no Brasil*: da escravidão ao assalariamento. Tese (Doutorado em Economia Aplicada) – Instituto de Economia, Unicamp, Campinas, 2003.

BARBOSA, Leila Maria Fonseca; RODRIGUES, Marisa Timponi Pereira. *Letras da cidade*. Juiz de Fora: Funalfa, 2002.

BARRETO, Lima. *Numa e a ninfa*. Rio de Janeiro: Gráfica Editora Brasileira, 1950.

BASTOS, Wilson de Lima. *Mariano Procópio Ferreira Lage*: sua vida, sua obra, sua descendência, genealogia. Juiz de Fora: Edições Paraibuna, 1991.

_____. *Centenário da Associação Comercial de Juiz de Fora*. Juiz de Fora: ACJF, 1996.

BATALHA, Claudio H. M. A difusão do marxismo e os socialistas brasileiros na virada do século XIX. In: MORAES, João Quartim de (Org.). *História do marxismo no Brasil*. Campinas: Editora da Unicamp, 1995. v. II: Os influxos teóricos.

_____. *O movimento operário na Primeira República*. Rio de Janeiro: Jorge Zahar, 2000.

_____. Formação da classe operária e projetos de identidade coletiva. In: FERREIRA, Jorge; DELGADO, Lucília de Almeida Neves (Orgs.). *O Brasil republicano*. O tempo do liberalismo excludente: da Proclamação da República à Revolução de 1930. Rio de Janeiro: Civilização Brasileira, 2003.

_____. Cultura associativa no Rio de Janeiro da Primeira República. In: _____; SILVA, Fernando Teixeira da; FORTES, Alexandre (Orgs.). *Culturas de classe*: identidade e diversidade na formação do operariado. Campinas: Editora da Unicamp, 2004.

BEIGUELMAN, Paula. *Os companheiros de São Paulo*. São Paulo: Global, 1981.

BERSTEIN, Serge. A cultura política. In: RIOUX, Jean-Pierre; SIRINELLI, Jean-François (Orgs.). *Para uma história cultural*. Lisboa: Estampa, 1998.

BIRCHAL, Sérgio de Oliveira. O mercado de trabalho mineiro no século XIX. *História Econômica & História da Empresa*, São Paulo, Hucitec, n. 1, 1998. Disponível em: <www.ceaee.ibmecmg.br.wp/wp12.pdf>. Acesso em: 12 jan. 2006.

_____. *O empresário brasileiro*: um estudo comparativo. Ibmec MG Working Paper, 2004, p. 10-20. Disponível em: <www. ceaee.ibmecmg.br/wp/wp11.pdf>. Acesso em: 10 jan. 2006.

BLASENHEIN, Peter. Uma história regional: a Zona da Mata Mineira (1870-1906). In: SEMINÁRIO DE ESTUDOS MINEIROS – A REPÚBLICA VELHA EM MINAS, 5. Anais... Belo Horizonte: UFMG, Proed, 1982.

_____. As ferrovias de Minas Gerais no século dezenove. *Locus – Revista de História*, Juiz de Fora, NHR/EDUFJF, v. 2, n. 2, 1996.

BONDUKI, Nabil G. *Origens da habitação social no Brasil*. Arquitetura moderna, lei do inquilinato e difusão da casa própria no Brasil. São Paulo: Estação Liberdade, Fapesp, 1998.

BORGES, Célia Maia (Org.). *Solidariedades e conflitos*: histórias de vidas e trajetórias de grupos em Juiz de Fora. Juiz de Fora: EDUFJF, 2000.

BRAGA, Hilda Soares. *Sistemas eleitorais do Brasil* (1821-1988). Brasília: Senado Federal, 1990.

BURTON, Richard F. *Viagem do Rio de Janeiro a Morro Velho*. Brasília: Senado Federal, 2001.

CAMPOS, Kátia Maria Nunes. *Juízes de Ofício, Posturas e Regimentos da Câmara de Vila Rica*. s.d. Disponível em: <www.cmop.mg.gov.br/site/memorial/regimentoseposturas.php>. Acesso em: 22 jan. 2006.

CANSTATT, Oscar. *Brasil*: terra e gente (1871). Brasília: Senado Federal, 2002.

CARDOSO, Ciro Flamarion (Org.). *Escravidão e abolição no Brasil*: novas perspectivas. Rio de Janeiro: Jorge Zahar, 1988.

CARNEIRO, Deivy Ferreira. *Conflitos, crimes e resistência*: uma análise dos alemães e teuto-descendentes através de processos criminais (Juiz de Fora, 1858/1921). Dissertação (Mestrado em História) – Universidade Federal do Rio de Janeiro, Rio de Janeiro, 2004. Disponível em: <www.cipedya.com/web/FileDetails.aspx?IDFile=149139>. Acesso em: 14 dez. 2009.

CARONE, Edgar. *A República Velha I* (instituições e classes sociais). São Paulo: Difel, 1978.

_____. *O movimento operário no Brasil, 1877-1944*. São Paulo: Difel, 1979.

CARRARA, Angelo Alves. As Zonas da Mata de Minas de Minas Gerais. In: SEMINÁRIO DE HISTÓRIA ECONÔMICA E SOCIAL DA ZONA DA MATA MINEIRA, 1. Anais... Juiz de Fora: CES, 2005.

CARVALHO, José Murilo de. *Os bestializados*: o Rio de Janeiro e a República que não foi. São Paulo: Companhia das Letras, 1987.

CARVALHO, Lia de Aquino. *Contribuição ao estudo das habitações populares*: Rio de Janeiro (1886-1906). Dissertação (Mestrado em História) – Universidade Federal Fluminense, Niterói, 1980.

CERQUEIRA FILHO, Gisálio. *A influência das ideias socialistas no pensamento político brasileiro, 1890-1922*. São Paulo: Loyola, 1978.

CHALHOUB, Sidney. *Visões da liberdade*: uma história das últimas décadas da escravidão na Corte. São Paulo: Companhia das Letras, 1990.

_____. *Trabalho, lar e botequim*: o cotidiano dos trabalhadores cariocas na *belle époque*. Campinas: Editora da Unicamp, 2001.

CHRISTO, Maraliz de Castro Vieira. *Europa dos pobres*: o intelectual e o projeto educacional dominante em Juiz de Fora na belle époque mineira. Dissertação (Mestrado em História) – Universidade Federal Fluminense, Niterói, 1987.

CONRAD, Robert. *Os últimos anos da escravatura no Brasil*: 1850-1888. Rio de Janeiro: Civilização Brasileira, 1978.

COSENTINO, Daniel do Val. A transição para o trabalho livre em Minas Gerais: um estudo a partir dos inquéritos provinciais da década de 1850 e do recenseamento de 1872. In: SEMINÁRIO SOBRE A ECONOMIA MINEIRA, 11. *Anais...* Diamantina, MG: Cedeplar, UFMG, 24 a 27 ago. 2004. Disponível em: <www.cedeplar.ufmg.br/diamantina2004/textos/ D04A055. PDF>. Acesso em: 13 jan. 2006.

COSTA, Maria Emília Viotti da. *Da Monarquia à República*: momentos decisivos. São Paulo: Ciências Humanas, 1979.

_____. *Da senzala à colônia*. São Paulo: Unesp, 1998.

CROCE, Marcus Antônio. *O encilhamento e a economia de Juiz de Fora*: o balanço de uma conjuntura (1888-1898). Dissertação (Mestrado em História) – PPGH/Universidade Federal Fluminense, Niterói, 2006.

CRUZ, Maria C. Velasco e. Tradições negras na formação de um sindicato: sociedade de resistência dos trabalhadores em trapiche e café, Rio de Janeiro, 1905-1930. *Afro-Ásia*, Salvador, Ceao/UFBA, v. 24, n. 24, p. 243-290, 2000.

DIAS, Everardo. *História das lutas sociais no Brasil*. São Paulo: Alfa-Ômega, 1977.

DUTRA, Eliana de Freitas. Apontamentos sobre uma experiência de luta operária na Zona da Mata de Minas Gerais. *Revista Brasileira de História*, São Paulo, Anpuh/Marco Zero, v. 5, n. 10, 1985.

_____. A Revolução de 30 e o movimento operário-sindical de Juiz de Fora. In: SEMINÁRIO DE ESTUDOS MINEIROS – A REVOLUÇÃO DE 1930, 6. *Anais...* Belo Horizonte: UFMG, 1987.

_____. *Caminhos operários nas Minas Gerais*. Um estudo das práticas operárias em Juiz de Fora e Belo Horizonte na Primeira República. São Paulo: Hucitec, 1988.

_____. História e culturas políticas: definições, usos e genealogias. *Revista Varia História*, Belo Horizonte, UFMG, n. 28, dez. 2002.

EICHENBERG, Fernando *A ciranda política*: de Victor Hugo a Sarkozy. 2007. Disponível em: <http://terramagazine.terra.com.br>. Acesso em: 30 out. 2007.

EISENBERG, Peter. *Homens esquecidos:* escravos e homens livres no Brasil – séc. XVIII e XIX. Campinas: Editora da Unicamp, 1989.

ENGELS, Friedrich. *A situação da classe trabalhadora na Inglaterra*. São Paulo: Global, 1986.

ESPESCHIT, Lindolpho. *Pelos caminhos do Brasil o que encontrei*: histórias que me contaram, histórias que pesquisei, histórias que vivi. Belo Horizonte: Mazza, 1995.

ESTEVES, Albino. *Álbum do município de Juiz de Fora*. Belo Horizonte: Imprensa Oficial, 1915.

FARIA, Maria Auxiliadora; GROSSI, Yonne de Souza. A classe operária em Belo Horizonte: 1897-1920. In: SEMINÁRIO DE ESTUDOS MINEIROS – A REPÚBLICA VELHA EM MINAS, 5. *Anais...* Belo Horizonte: UFMG/Proed, 1982.

FAUSTO, Boris. *Trabalho urbano e conflito social (1890-1920)*. São Paulo: Difel, 1976.

FERRÃO, André Munhoz de Argollo. Colonos na fazenda Ibicaba, empresários em Piracicaba: a evolução socioeconômica de um grupo de imigrantes alemães (1850-1880). In: CONGRESSO BRASILEIRO DE HISTÓRIA ECONÔMICA, 3. CONFERÊNCIA INTERNACIONAL DE HISTÓRIA DE EMPRESAS, 4. *Anais...* Curitiba: UFPR/ABPHE, 1999. CD-ROM.

FERREIRA, Jorge. *Trabalhadores do Brasil*: o imaginário popular. Rio de Janeiro: FGV, 1997.

_____. Sindicalismo, política e trabalhismo no Rio Grande do Sul: a trajetória de José Vecchio. In: REIS, Daniel Aarão (Org.). *Intelectuais, história e política*: séculos XIX e XX. Rio de Janeiro: 7 Letras, 2000.

_____. O nome e a coisa: o populismo na política brasileira. In: FERREIRA, Jorge (Org.). *O populismo e sua história*: debate e crítica. Rio de Janeiro: Civilização Brasileira, 2001.

_____. *Prisioneiros do mito*. Cultura e imaginário político dos comunistas no Brasil (1930-1956). Rio de Janeiro: Mauad; Niterói: Eduff, 2002.

FRAGA JUNIOR, Walter. *Caminhos da liberdade*: escravidão, emancipação e pós-emancipação na Bahia, 1870-1910. Tese (Doutorado em História Social) — Campinas, Unicamp, 2004.

FRANCO, Maria Silvia de Carvalho. *Homens livres na ordem escravocrata*. São Paulo: Unesp, 1997.

FRENCH, John D. *O ABC dos operários*. Conflitos e alianças de classe em São Paulo, 1900-1950. São Paulo: Hucitec; São Caetano do Sul: Prefeitura de São Caetano do Sul, 1995.

FREYRE, Gilberto. *O escravo nos anúncios de jornais brasileiros do século XIX*. Recife: Imprensa Universitária, 1963.

GEBARA, Ademir. *O mercado de trabalho livre no Brasil (1871-1888)*. São Paulo: Brasiliense, 1986.

GENOVEZ, Patrícia F. *As malhas do poder*: as elites de Juiz de Fora na 2ª metade do século XIX. Dissertação (Mestrado em História) — Universidade Federal Fluminense, Niterói, 1996.

GENOVEZ, Patrícia F.; SOUZA, Sonia Maria de. Peças de ébano: a legislação escravista em Juiz de Fora. *Revista Eletrônica de História do Brasil*, Juiz de Fora, UFJF, v. 1, n. 1, maio 1997. Disponível em: <www.ufjf.br/~clionet/rehb>. Acesso em: 15 jul. 2004.

GIROLETTI, Domingos. *Industrialização de Juiz de Fora (1850-1930)*. Juiz de Fora: EDUFJF, 1987.

GRINBERG, Keila. *Liberata* — a lei da ambiguidade. As ações de liberdade da Corte de Apelação do Rio de Janeiro no século XIX. Rio de Janeiro: Relume Dumará, 1994.

GROSSI, Yonne de Souza. *Mina de Morro Velho*: a extração do homem. Rio de Janeiro: Paz e Terra, 1981.

GÓES, Maria Conceição Pinto de. *A formação da classe trabalhadora*: movimento anarquista no Rio de Janeiro, 1888-1911. Rio de Janeiro: Jorge Zahar, 1988.

GOMES, Angela de Castro. *Burguesia e trabalho*: política e legislação social no Brasil (1917-1937). Rio de Janeiro: Campus, 1978.

_____. *A invenção do trabalhismo*. São Paulo: Vértice; Rio de Janeiro: Iuperj, 1988.

_____. O populismo e as ciências sociais no Brasil: notas sobre a trajetória de um conceito. In: FERREIRA, Jorge (Org.). *O populismo e sua história*: debate e crítica. Rio de Janeiro: Civilização Brasileira, 2001.

_____. *Cidadania e direitos do trabalho*. Rio de Janeiro: Jorge Zahar, 2002.

GOMES, Flávio; NEGRO, Antonio Luigi. Além de senzalas e fábricas: uma história social do trabalho. *Tempo Social — Revista de Sociologia da USP*, São Paulo, v. 18, n. 1, jun. 2006.

GOODWIN JR., James W. A modernidade como projeto conservador: a atuação da Câmara Municipal em Juiz de Fora (1850-1888). *Locus — Revista de História*, Juiz de Fora, v. 3, n. 1, 1997.

_____. Pedra, papel e perfume francês: a construção de Juiz de Fora como cidade civilizada. (1850-1914). In: SEMINÁRIO DE HISTÓRIA ECONÔMICA E SOCIAL DA ZONA DA MATA MINEIRA, 1. Anais... Juiz de Fora: CES, 2005.

GRAHAM, Richard. *Grã-Bretanha e o início da modernização do Brasil*. São Paulo: Brasiliense, 1973.
GRAHAM, Sandra Lauderdale. *Proteção e obediência*: criadas e seus patrões no Rio de Janeiro, 1860-1810. São Paulo: Companhia das Letras, 1992.
GUIMARÃES, Elione Silva. *Múltiplos viveres de afrodescendentes na escravidão e no pós-emancipação*: família, trabalho, terra e conflito (Juiz de Fora - MG, 1828-1928). São Paulo: Annablume; Juiz de Fora: Funalfa, 2006.
_____; GUIMARÃES, Valéria A. *Aspectos cotidianos da escravidão em Juiz de Fora*. Juiz de Fora: Funalfa, 2001.
HARDMAN, Francisco Foot; LEONARDI, Victor. *História da indústria e do trabalho no Brasil*: das origens aos anos vinte. São Paulo: Ática, 1991.
HOBSBAWM, Eric J. *A era do capital*: 1848-1875. Rio de Janeiro: Paz e Terra, 1988a.
_____. *Mundos do trabalho*: novos estudos sobre história operária. Rio de Janeiro: Paz e Terra, 1988b.
_____. *A era dos Impérios (1875-1914)*. Rio de Janeiro: Paz e Terra, 1992.
HOLLANDA, Sérgio Buarque. *História geral da civilização brasileira*. O Brasil monárquico. Rio de Janeiro: Bertrand Brasil, 1997. tomo II: Do Império à República.
HUGO, Victor. *O último dia de um condenado à morte*. Rio de Janeiro: Newton Compton Brasil, 1993.
JARDIM, Rachel; BUENO, Alexei. *Num reino à beira do rio*: um caderno poético. Juiz de Fora: Funalfa, 2004.
JESUS, Ronaldo P. de; VISCARDI, Cláudia M. R. A experiência mutualista e a formação da classe trabalhadora no Brasil. In: FERREIRA, Jorge; REIS, Daniel Aarão (Orgs.). *As esquerdas no Brasil*. Rio de Janeiro: Civilização Brasileira, 2007. v. 1: A formação das tradições.
KIRDEIKAS, João Carlos Vieira. *O Estado e a formação do mercado interno para o capital no Brasil*: 1850-1903. Dissertação (Mestrado em Economia) – Universidade Federal de Minas Gerais, Belo Horizonte, 2003.
KLEIN, Herbert. *A imigração espanhola no Brasil*. São Paulo: Idesp, Fapesp, 1994.
KOWARICK, Lúcio. *Trabalho e vadiagem*: a origem do trabalho livre no Brasil. São Paulo: Brasiliense, 1987.
LACERDA, Antonio Henrique Duarte. *Os padrões das alforrias em Juiz de Fora, um município cafeeiro em expansão* (Zona da Mata de Minas Gerais, 1844-88). Dissertação (Mestrado em História) – Universidade Federal Fluminense, Niterói, 2002.
LAMAS, Fernando Gaudereto; OLIVEIRA, Luís Eduardo. As vicissitudes da escravidão e da imigração em Minas Gerais: a Companhia União e Indústria, os escravos e os alemães (1852-1879). In: ENCONTRO ESCRAVIDÃO E LIBERDADE NO BRASIL MERIDIONAL, 3. Anais... Florianópolis, 02-04 maio 2007.
LAMOUNIER, Maria Lúcia. *Da escravidão ao trabalho livre*: a lei de locação de serviços de 1879. Campinas: Papirus, 1988.
LANNA, Ana Lúcia Duarte. *A transformação do trabalho*: a passagem para o trabalho livre em Minas Gerais (1870-1920). Campinas: Editora da Unicamp, 1988.
_____. Os trabalhadores da Companhia Paulista de Estradas de Ferro, 1870/1920. In: CONGRESSO BRASILEIRO DE HISTÓRIA ECONÔMICA, 3. CONFERÊNCIA INTERNACIONAL

DE HISTÓRIA DE EMPRESAS, 4. *Anais...* Curitiba, ABPHE, 29 ago.-1 set. 1999. Disponível em: <www.abphe.org.br/ congresso1999/Textos/ANA_7.pdf>. Acesso em: 15 jul. 2006.

LEAL, Victor Nunes. *Coronelismo, enxada e voto*: o município e regime representativo no Brasil. São Paulo: Alfa-Ômega, 1975.

LEME, Marisa Saenz. *A ideologia dos industriais brasileiros (1919-1945)*. Petrópolis: Vozes, 1978.

LESSA, Jair. *Juiz de Fora e seus pioneiros* (do Caminho Novo à Proclamação). Juiz de Fora: EDUFJF, Funalfa, 1986.

LEVINE, Robert M. As classes urbanas no Brasil e o legado da década de 1930. In: SEMINÁRIO INTERNACIONAL A REVOLUÇÃO DE 1930, set. 1980. *Anais...* Brasília: UnB, 1983.

LIBBY, Douglas Cole. *Transformação e trabalho em uma economia escravista*: Minas Gerais no século XIX. São Paulo: Brasiliense, 1988.

LIMA, João Heraldo. *Café e indústria em Minas Gerais — 1870-1970*. Petrópolis: Vozes, 1981.

LIMA, Pablo Luiz de Oliveira. *A máquina, tração do progresso*. Memórias da ferrovia no oeste de Minas: entre o sertão e a civilização (1880-1930). Dissertação (Mestrado em História) — Universidade Federal de Minas Gerais, Belo Horizonte, 2003.

LINHARES, Hermínio. *Contribuição à história das lutas operárias no Brasil*. São Paulo: Alfa-Ômega, 1977.

LOBO, Eulália Maria Lahmeyer (Coord.). *Rio de Janeiro operário*: natureza do estado, conjuntura econômica, condições de vida e consciência de classe (1930-1970). Rio de Janeiro: Access, 1992.

_____ et al. Evolução dos preços e do padrão de vida no Rio de Janeiro, 1820-1930 — resultados preliminares. *Revista Brasileira de Economia*, Rio de Janeiro, FGV, v. 25, n. 4, 1971.

_____; CARVALHO, Lia de Aquino. A questão habitacional operária no Rio de Janeiro, 1880-1930. In: _____ (Org.). *Questão habitacional e o movimento operário*. Rio de Janeiro: UFRJ, 1989.

LOPES, José Sérgio Leite (Org.). *Cultura e identidade operária*: aspectos da cultura da classe trabalhadora. Rio de Janeiro: UFRJ, Museu Nacional, Marco Zero, 1988.

LOYOLA, Maria Andréia. *Os sindicatos e o PTB* — estudo de um caso em Minas Gerais. Petrópolis: Vozes, Cebrap, 1980.

MACHADO, Cláudio H. Tráfico interno de escravos na região de Juiz de Fora na segunda metade do século XIX. In: SEMINÁRIO DE HISTÓRIA ECONÔMICA E SOCIAL DA ZONA DA MATA MINEIRA, 1. *Anais...* Juiz de Fora: CES, 2005.

MAMIGONIAN, Beatriz G. Revisitando o problema da "transição para o trabalho livre" no Brasil: a experiência de trabalho dos africanos livres. In: JORNADA NACIONAL DE HISTÓRIA DO TRABALHO, 1. *Anais...* Pelotas, 2002. Disponível em: <www.labhstc.ufsc.br/VI%20jornada %20trabalho/JHT_BeatrizMamigonian.rtf>. Acesso em: 11 jan. 2006.

MANTOUX, Paul. *A revolução industrial no século XVIII*. São Paulo: Hucitec, 1998.

MARAM, Sheldon Leslie. *Anarquistas, imigrantes e o movimento operário brasileiro, 1890-1920*. Rio de Janeiro: Paz e Terra, 1979.

MARTINS, José de Souza. *O cativeiro da terra*. São Paulo: Hucitec, 1990.

_____. O estigma herdado da escravidão. *Revista Espaço Acadêmico*, n. 79, dez. 2007. Disponível em: <www.espacoacademico.com.br/079/79martins.htm>. Acesso em: 14 dez. 2007.

MATTOS, Hebe. *Das cores do silêncio*: os significados da liberdade no Sudeste escravista (Brasil, século XIX). Rio de Janeiro: Arquivo Nacional, 1995.

MELO, Hildete Pereira de. Ferrovias e café: Rio de Janeiro e Minas Gerais 1850/1910. In: LIBBY, Douglas Coly; PAIVA, Clotilde Andrade (Orgs.). *20 anos do Seminário Sobre a Economia Mineira*: história econômica e demografia histórica. Belo Horizonte: Cedeplar, 2002. v. 2.

MENDES, Murilo. *A idade do serrote*. Rio de Janeiro: Sábia, 1968.

MIRANDA, Sonia Regina. *Cidade, capital e poder*: políticas públicas e questão urbana na velha Manchester Mineira. Dissertação (Mestrado em História) – Universidade Federal Fluminense, Niterói, 1990.

MONTEIRO, Ana Maria F. da Costa. *Empreendedores e investidores em indústria têxtil no Rio de Janeiro*: 1878-1895. Uma contribuição para o estudo do capitalismo no Brasil. Dissertação (Mestrado em História) – Universidade Federal Fluminense, Niterói, 1985.

MONTEIRO, Norma de Góes. *Imigração e colonização em Minas (1889-1930)*. Belo Horizonte: Itatiaia, 1994.

MORAES FILHO, Evaristo de. *Introdução ao direito do trabalho*. São Paulo: LTr, 1978.

_____. *O problema do sindicato único no Brasil* (seus fundamentos sociológicos). São Paulo: Alfa-Ômega, 1978.

MOURA, Esmeralda Blanco B. de. Meninos e meninas na rua: impasse e dissonância na construção da identidade da criança e do adolescente na República Velha. *Revista Brasileira de História*, v. 19, n. 37, 1999.

NABUCO. Joaquim. *O abolicionismo*. Rio de Janeiro: Nova Fronteira; São Paulo: Publifolha, 2000.

NAVA, Pedro. *Balão cativo*. Rio de Janeiro: José Olympio, 1974.

_____. *Beira-mar*. Rio de Janeiro: José Olympio, 1978.

_____. *Baú de ossos*. São Paulo: Ateliê Editorial, Giordano, 2002.

NEVES, Lucília de Almeida. Cidadania: dilemas e perspectivas na república brasileira. *Revista Tempo*, Rio de Janeiro, v. 4, 1997.

NEVES, Margarida de Souza. Os cenários da República. O Brasil na virada do século XIX para o século XX. In: FERREIRA, Jorge; DELGADO, Lucília de Almeida Neves (Orgs.). *O Brasil republicano*. O tempo do liberalismo excludente: da Proclamação da República à Revolução de 1930. Rio de Janeiro: Civilização Brasileira, 2003.

OLIVEIRA, Fernanda Amaral de. Escravo de aluguel: a utilização da mão de obra escrava nos serviços da cadeia pública de Juiz de Fora (2ª metade do século XIX). In: ENCONTRO REGIONAL DE HISTÓRIA, 15. *Anais eletrônicos...* São João Del Rei, MG: Anpuh, 2006.

OLIVEIRA, Márcio Piñon de. Quando a fábrica cria o bairro: estratégias do capital industrial e produção do espaço metropolitano no Rio de Janeiro. *Scripta Nova – Revista Electrónica de Geografia y Ciencias Sociales*, Universidad de Barcelona, v. X, n. 218(51), ago. 2006. Disponível em: <www.ub.es/geocrit/sn/sn-218.htm>. Acesso em: 20 jan. 2007.

OLIVEIRA, Mônica Ribeiro de. *Imigração e industrialização*: os alemães e os italianos em Juiz de Fora (1854-1920). Dissertação (Mestrado em História) – Universidade Federal Fluminense, Niterói, 1991.

_____. *Negócios de famílias*: mercado, terra e poder na formação da cafeicultura mineira, 1780-1870. Bauru: Edusc; Juiz de Fora: Funalfa, 2005.

OLIVEIRA, Paulino. *História de Juiz de Fora*. Juiz de Fora: Dias Cardoso, 1966.

PASSAGLIA, Luiz Alberto do Prado. *A preservação do patrimônio histórico de Juiz de Fora* — medidas iniciais. Juiz de Fora: Iplan, 1982.

PAOLI, Célia. *Os trabalhadores urbanos na fala dos outros*: tempo, espaço e classe na história operária brasileira. Rio de Janeiro: UFRJ, 1982.

PAULA, Maria Carlota. *As vicissitudes da industrialização periférica*: o caso de Juiz de Fora (1930-1970). Dissertação (Mestrado em Ciência Política) — Universidade Federal de Minas Gerais, Belo Horizonte, 1976.

PEREIRA, Lígia Maria Leite; FARIA, Maria Auxiliadora de. *Presidente Antonio Carlos*. Um Andrada da República: o arquiteto da Revolução de 30. Rio de Janeiro: Nova Fronteira, 1998.

PEREIRA, Thiago Bueno. Abolicionismo em Juiz de Fora — MG, 1870/1888. In: SIMPÓSIO NACIONAL DE HISTÓRIA, 23. 2005. Anais... (edição complementar). Disponível em: <www.anpuh.uepg.br/xxiii-simposio/anais/anaistitulo.htm>. Acesso em: 10 nov. 2005.

PERROT, Michelle. *Os excluídos da história*: operários, mulheres e prisioneiros. Rio de Janeiro: Paz e Terra, 1988.

PESSANHA, Elina G. da Fonte; MOREL, Regina Lúcia M. Classe trabalhadora e populismo: reflexões a partir de duas trajetórias sindicais no Rio de Janeiro. In: FERREIRA, Jorge (Org.). *O populismo e sua história*: debate e crítica. Rio de Janeiro: Civilização Brasileira, 2001.

_____. Metalúrgicos, sempre operários navais: da cultura de direitos às perspectivas dos sem-fábricas da Indústria Naval do Rio de Janeiro. In: RAMALHO, José Ricardo; SANTANA, Marco Aurélio (Orgs.). *Trabalho e tradição sindical no Rio de Janeiro*: a trajetória dos metalúrgicos. Rio de Janeiro: DP&A, 2001.

PINHEIRO, Fábio W. A. O tráfico de escravos na Zona da Mata Mineira: Minas Gerais, 1808-1850. In: SEMINÁRIO DE HISTÓRIA ECONÔMICA E SOCIAL DA ZONA DA MATA MINEIRA, 1. Anais... Juiz de Fora: CES, 2005a.

PINHEIRO, Luciana de Araújo. *A civilização do Brasil através da infância*: propostas e ações voltadas à criança pobre nos anos finais do Império (1879-1889). Dissertação (Mestrado) — Universidade Federal Fluminense, Niterói, 2003.

PINHEIRO, Maria Cristina Luz. O trabalho de crianças escravas na cidade de Salvador (1850-1888). *Afro-Ásia*, Salvador, Ceao, UFBA, n. 32, 2005b.

PINHEIRO, Paulo Sérgio. O proletariado industrial na Primeira República. In: FAUSTO, Boris (Org.). *O Brasil republicano*. Rio de Janeiro: Bertrand Brasil, 1997. t. III: Sociedade e instituições (1889-1930).

_____; HALL, Michael. *A classe operária no Brasil:* documentos (1889-1930). São Paulo: Alfa-Ômega, 1979. v. 1: O movimento operário.

_____; _____. *A classe operária no Brasil:* documentos (1889-1930). São Paulo: Brasiliense, 1981. v. 2: Condições de vida e de trabalho, relações com os empresários e o Estado.

PINTO, Jefferson de Almeida. *Velhos atores em um novo cenário*: controle social e pobreza em Minas Gerais na passagem à modernidade (Juiz de Fora, c.1876 - c.1922). Dissertação (Mestrado em História) — Universidade Federal Fluminense, Niterói, 2004.

_____. A caridade e a ordem: ação e contribuição da cristandade na organização do espaço público da cidade de Juiz de Fora na passagem à modernidade *oitocentista* (1890-1924). In: SEMINÁRIO DE HISTÓRIA ECONÔMICA E SOCIAL DA ZONA DA MATA MINEIRA, 1. Anais... Juiz de Fora: CES, 2005.

PIRES, Anderson. *Capital agrário, investimento e crise na cafeicultura de Juiz de Fora (1870-1930)*. Dissertação (Mestrado em História) – Universidade Federal Fluminense, Niterói, 1993.

_____. *Café, finanças e bancos*: uma análise do sistema financeiro da Zona da Mata de Minas Gerais – 1889/1930. Tese (Doutorado em História Econômica) – FFLCH/Universidade de São Paulo, São Paulo, 2004a.

_____. "Café e indústria em Juiz de Fora: uma nota introdutória". In *Juiz de Fora: história, texto e imagem*. Juiz de Fora: Funalfa, 2004b.

_____. A industrialização de Juiz de Fora. *Revista Científica da Faminas*, Muriaé, v. 1, n. 2, 2005.

POPINIGIS, Fabiane. As sociedades caixeirais e o "fechamento das portas" no Rio de Janeiro (1850-1912). *Cadernos AEL*, Campinas, v. 6, n. 10/11, 1999.

_____. Caixeiros e operários: relações de trabalho e sociabilidade no Rio de Janeiro do início do século XX. *História Social*, Campinas, n. 8/9, 2001/2002.

_____. *Proletários de casaca*: trabalhadores do comércio carioca, 1850-1911. Campinas: Editora da Unicamp, 2007.

PRZEWORSKI, Adam. *Capitalismo e social-democracia*. São Paulo: Companhia das Letras, 1989.

REIS, João. De olho no canto: trabalho de rua na Bahia na véspera da abolição. *Afro-Ásia*, Salvador, Ceao, UFBA, n. 24, p. 199-242, 2000.

REIS, Liana; SOUZA, Tânia Maria F. de. Técnicas mineratórias e escravidão nas Minas Gerais dos séculos XVIII e XIX: uma análise comparativa introdutória. In: SEMINÁRIO SOBRE A ECONOMIA MINEIRA – ECONOMIA, HISTÓRIA, DEMOGRAFIA E POLÍTICAS PÚBLICAS, 12. *Anais...* Diamantina, 2006. Disponível em: <www.cedeplar.ufmg.br/seminarios/seminario_diamantina/2006/ D06A018.pdf>. Acesso em: 22 set. 2006.

REIS FILHO, Daniel Aarão (Org.). *Intelectuais, história e política*: séculos XIX e XX. Rio de Janeiro: 7 Letras, 2000.

_____. O colapso do colapso do populismo ou a propósito de uma herança maldita. In: FERREIRA, Jorge (Org.). *O populismo e sua história*: debate e crítica. Rio de Janeiro: Civilização Brasileira, 2001.

REMOND, René (Org.). *Por uma história política*. Rio de Janeiro: UFRJ, FGV, 1996.

RODRIGUES, Edgar. *Alvorada operária*. Rio de janeiro: Edições Mundo Livre, 1979.

SANTIAGO, Sinval Batista. Juiz de Fora à luz da História e dos documentos. *Revista do Instituto Histórico e Geográfico de Juiz de Fora*, ano VIII, n. 8, dez. 1979.

SARAIVA, Luiz Fernando. *Um correr de casas, antigas senzalas*: a transição do trabalho escravo para o livre nas fazendas de café, 1870-1900. Dissertação (Mestrado em História) – Universidade Federal Fluminense, Niterói, 2001.

_____. Estrutura de terras e transição do trabalho em um grande centro cafeeiro, Juiz de Fora, 1870-1900. *Revista Científica da Faminas*, Muriaé, v. 1, n. 2, 2005a.

_____. A transição do trabalho escravo para o livre na Zona da Mata mineira: propriedade e poder. In: SEMINÁRIO DE HISTÓRIA ECONÔMICA E SOCIAL DA ZONA DA MATA MINEIRA, 1. *Anais...* Juiz de Fora: CES, 2005b.

SENA, Ernesto. Lojistas e caixeiros antigos. In: BANDEIRA, Manuel; ANDRADE, Carlos Drummond de. *Rio de Janeiro em prosa e verso*. Rio de Janeiro: Livraria José Olympio Editora, 1965.

SEVCENKO, Nicolau. *A Revolta da Vacina*. Mentes insanas em corpos rebeldes. São Paulo: Brasiliense, 1984.

SILVA, Fernando Teixeira da; COSTA, Hélio da. Trabalhadores urbanos e populismo: balanço dos estudos recentes. In: FERREIRA, Jorge (Org.). *O populismo e sua história*: debate e crítica. Rio de Janeiro: Civilização Brasileira, 2001.

SILVA, Fernando Teixeira da. *Operários sem patrões*: os trabalhadores da cidade de Santos no entreguerras. Campinas: Editora da Unicamp, 2003.

SILVA, Josué Pereira da. *Três discursos, uma sentença*: tempo e trabalho em São Paulo — 1906/1932. São Paulo: Annablume, Fapesp, 1996.

SILVA, Maíra Carvalho Carneiro. Visões sobre o cortiço. In: SEMINÁRIO NACIONAL DE HISTÓRIA, 1. *Anais eletrônicos...* Viçosa: UFV, 2006.

SILVEIRA, José Mauro Pires. *A Estrada de Ferro Leopoldina*: história e memória no sul da Mata (1872-1898). Juiz de Fora: Editar, 2005.

SIMÃO, André Luciano. Minas Gerais e o congresso agrícola de 1878: demandas, temores e percepções dos produtores rurais mineiros. In: SEMINÁRIO SOBRE A ECONOMIA MINEIRA, 11. *Anais...* Diamantina, MG: Cedeplar, UFMG, 24-27 ago. 2004. Disponível em: <www.cedeplar.ufmg.br/diamantina2004/textos/D04A053.PDF>. Acesso em: 3 jan. 2006.

SIMÃO, Aziz. *Estado e sindicato*: suas relações na formação do proletariado de São Paulo. São Paulo: Ática, 1981.

SIMÕES, José Luis. Anotações sobre a abolição, imigração e o mercado de trabalho na República Velha. In: SIMPÓSIO INTERNACIONAL PROCESSO CIVILIZADOR, 9. *Anais eletrônicos...* Paraná, 2006. Disponível em: <www.pg.cefetpr.br/ppgep/Ebook/cd_Simposio/artigos/mesa_debates/art16.pdf>. Acesso em: 22 out. 2006.

SINGER, Paul. *Desenvolvimento econômico e evolução urbana*. São Paulo: Nacional, USP, 1974.

SOARES, Luiz Carlos. *A manufatura na formação econômica e social escravista no Sudeste*. Um estudo das atividades manufatureiras na região fluminense: 1840-1880. Dissertação (Mestrado em História) — Niterói, PPGH/ Universidade Federal Fluminense, 1980.

_____. A escravidão industrial no Rio de Janeiro do século XIX. In: CONGRESSO BRASILEIRO DE HISTÓRIA ECONÔMICA, 5; CONFERÊNCIA INTERNACIONAL DE HISTÓRIA DE EMPRESAS, 6. *Anais...* Caxambu, MG: ABPHE, 2003. Disponível em: <www.abphe.org.br/congresso2003/Textos/Abphe_2003_85.pdf>. Acesso em: 16 jul. 2006.

SOUZA, Sonia Maria de. A presença camponesa em uma região agroexportadora no período escravista: Juiz de Fora (1870-1888). *Revista Eletrônica de História do Brasil*, Juiz de Fora, Departamento de História UFJF, 2004, v. 6, n. 2, jul./dez, 2004. Disponível em: <www.rehb.ufjf.br>. Acesso em: 29 jan. 2006.

STEHLING, Luiz José. *Juiz de Fora, a Companhia União e Indústria e os alemães*. Juiz de Fora: Funalfa, 1979.

STEIN, Stanley. *Origens e evolução da indústria têxtil no Brasil* — 1850/1950. Rio de Janeiro: Campus, 1979.

TAMM, Paulo. *A família Mascarenhas e a indústria têxtil em Minas Gerais*. Belo Horizonte: Tipografia Brasil, [s.d.].

TEIXEIRA, Adriano Braga. Vila de Barbacena: historiografia e apontamentos de uma pesquisa. In: SEMINÁRIO DE HISTÓRIA ECONÔMICA E SOCIAL DA ZONA DA MATA MINEIRA, 1. *Anais...* Juiz de Fora: CES/JF, 2005.

TEIXEIRA, Heloísa Maria. A labuta sem ciranda: crianças pobres e trabalho em Mariana (1850-1900). In: SEMINÁRIO SOBRE A ECONOMIA MINEIRA – ECONOMIA, HISTÓRIA, DEMOGRAFIA E POLÍTICAS PÚBLICAS, 12. Anais... Diamantina, 2006. Disponível em: <www.cedeplar.ufmg.br/seminarios/seminário_diamantina/2006/D06A051.pdf>. Acesso em: 25 set. 2006.

THOMPSON, Edward P. *A formação da classe operária inglesa*. Rio de Janeiro: Paz e Terra, 1987a. v. 1: A árvore da liberdade.

_____. *A formação da classe operária inglesa*. Rio de Janeiro: Paz e Terra, 1987b. v. 2: A maldição de Adão.

_____. *Senhores e caçadores*: a origem da Lei Negra. Rio de Janeiro: Paz e Terra, 1987c.

_____. *As peculiaridades dos ingleses e outros artigos*. Campinas: Editora da Unicamp, 2001.

_____. *Costumes em comum*. São Paulo: Companhia das Letras, 2002.

VAZ, Alisson Mascarenhas. *Bernardo Mascarenhas*: desarrumando o arrumado. Um homem de negócios do século XIX. Belo Horizonte: CFTCC, 2005.

VIANNA, Luiz Werneck. Estudos sobre sindicalismo e movimento operário: resenha de algumas tendências. *Boletim Informativo e Bibliográfico de Ciências Sociais*, Rio de Janeiro, n. 3, 1978.

_____. *Liberalismo e sindicato no Brasil*. Rio de Janeiro: Paz e Terra, 1989.

WEID, Elisabeth Von Der; BASTOS, Ana Marta R. *O fio da meada*; estratégia de expansão de uma indústria têxtil: Companhia América Fabril (1878-1930). Rio de Janeiro: FCRB, CNI, 1986.

ZEMELLA, Mafalda P. *O abastecimento da capitania das Minas Gerais no século XVIII*. São Paulo: Hucitec, 1990.

Anexos

Anexo I

Profissões, estabelecimentos comerciais e manufatureiros em Juiz de Fora (1870-77)

Ramos de negócios, serviços e produção	1870	1877
Lojas de roupas, fazendas, armarinhos, mantimentos e molhados	120	103
Hotéis	2	2
Farmácias	5	5
Negociantes de joias, relojoeiros e ourives	8	14
Açougues	2	6
Barbearias	2	6
Cambistas, casas bancárias e capitalistas	3	16
Bilhares	1	12
Alfaiatarias	2	10
Casa de lavar chapéus e chapelarias	2	2
Livreiro	1	—
Agência de leilões	—	1
Retratista	—	1
Advogados	—	16
Médicos	—	6
Dentistas	—	3
Padres	—	3
Pintores	—	4
Vidraceiros	—	2
Modistas	—	1
Carros de aluguel	—	20
Oficinas de ferreiro	7	12
Olarias	6	4
Fábrica de carros e carroças	3	5
Selarias e oficinas de correeiro	3	4
Fábrica de fogos de artifício	2	2
Oficina de funileiro e caldeireiro	2	9
Padarias e confeitarias	2	6
Fábrica de charutos e cigarros	2	4
Sapateiros	2	10
Oficinas de chapeleiros	2	2
Oficinas de colchoeiros	1	2
Fábricas de cerveja	1	2
Oficinas de marcenaria e carpintaria	2	9
Casas de café torrado	—	2
Tipografia	—	1
Oficinas diversas, a vapor	—	6
Vidraceiros	—	2
Marmorista	—	1
Total	189	316

Fontes: Oliveira (1966:103); Esteves (1915:69); e Giroletti (1987:49-50).

Anexo II

Principais ramos e estabelecimentos manufatureiros em Juiz de Fora (1878-83)

Ramo	Estabelecimento	Fundação	Outras informações	Principais produtos e atividades
Mecânico metalúrgico	Mecânica Kascher	1865	Proprietário: Martin Kascher	Fabricação e instalação de rodas d'água, turbinas, rodízios de ferro e ferragens para máquinas hidráulicas; máquinas para beneficiar café (secadores, despolpadores, descascadores, ventiladores, brunidores e separadores); engenhos de cana; serras diversas (horizontais, verticais, circulares); moinhos e debulhadores de milho; cevadeiras, prensas, coadores e torradores para farinha de mandioca; bombas de poço; gradis, escadas e sepulturas de ferro batido ou fundido; fogões chapas e chaminés.
	Fábrica de Máquinas e Fundição de Ferro e Bronze George Francisco Grande	1874	Fundada e dirigida por João Ulrico Schies até 1877. Em meados de 1879 torna-se propriedade do engenheiro mecânico alemão George F. Grande Localização: Morro da Gratidão	
	Oficinas de Máquinas e Fundição de Ferro e Bronze de Christiano Schubert	1874	Proprietário: Christiano Schubert Localização: rua Direita, 1	
	Oficina a Vapor de André Alfeld	Anterior a 1879	Proprietário: André Alfeld Localização: largo do Riachuelo Possuía filial em Barbacena	Fabricação, manutenção e revenda de máquinas de costura; ferramentas e utensílios diversos de ferro, cobre, zinco e arame (peneiras, tachos, chaves de parafuso, canos de chumbo e ferro, torneiras e registros de metal); correias inglesas de couro e borracha.
	Oficina de Ferreiro de Frederico Winter	Anterior a 1876	Proprietário: Frederico Winter Localização: rua Direita, 2	Fabricação e reforma de carros, carroças, tróleis e tilburis.
	Oficina de Funileiro e Caldeireiro "Ao Caboclo"	Anterior a 1883	Proprietário: José A. Picorelli Concessionário da iluminação pública (lampiões a querosene) Localização: rua Halfeld, 17	Fabricação, instalação e conserto de tachos, tachas e alambiques. Iluminação urbana por meio de lampiões a querosene.
Bebidas	Imperial Fábrica de Cerveja Nacional de Augusto Kremer & Cia.	1867	Filial da firma Augusto Kremer & Cia, de Petrópolis (fundada em 1858) Localização: Morro da Gratidão	Cervejas (brancas e pretas), águas minerais e águas gasosas.
	Fábrica de Cerveja Nacional e Águas Minerais José Weiss	1879	Proprietário: José Weiss (ex-sócio-gerente da fábrica local de Augusto Kremer) Ocupava uma chácara na Vilagem, com um parque e área para lazer	Destilação à vapor de espírito de vinho, aguardente do reino, laranjinha e licores.
	Cervejaria Borboleta	1880	Proprietários: Irmãos Scoralick	Fabricação de xaropes de groselha, refrescos de frutas e vinagre.
	Fábrica Poço Rico	1881	Proprietários: Francisco Freesz, Antonio Freesz e Martin Kascher	Algumas dessas firmas mantinham depósito de vinhos e bebidas nacionais e estrangeiras, adquiridas junto a casas importadoras da Corte e da Europa.
	Destilação e Fábrica de Bebidas de Julio Jeandel	1882	Proprietário: Júlio Jeandel Localização: rua do Imperador	

Continua

Ramo	Estabelecimento	Fundação	Outras informações	Principais produtos e atividades
Alimentos	Refinação de Açúcar	1883	Proprietário: A. J. Ferreira Pontes Júnior Localização: rua Direita, 3	Açúcar e doces "para bailes, batizados e casamentos".
	Fábrica de Café Moído	Anterior a 1878	Proprietário: José de Paula Queiroz	Café moído superior.
Curtição, calçados, artefatos de couro e artigos para viagens	Fábrica e Depósito de Selins e Colchões Guilherme Bartels	1871	Proprietário: Guilherme Bartels Localização: rua Halfeld, 13	Fabricava e importava selins, material para montaria (arreios, freios, cabeçadas), utensílios para viagem, malas, camas de ferro e colchões.
	Fábrica de Calçados Corrêa & Corrêa	1878	Proprietário: Corrêa & Corrêa Localização: rua Halfeld	Fabricava calçados variados para homens, senhoras e crianças; botas para caçadores, cavalheiros e de luxo; botas impermeáveis. Importava e revendia calçados importados e nacionais de várias marcas.
	Fábrica de Calçados "Ao São Crispim"	Anterior a 1879	1º proprietário: Joaquim Alves da Silva Bastos (J. A. S. Bastos) Ampliou a oficina em 1879, para diversificar e aumentar produção; sustenta a divisa "progresso da indústria nacional" 2º proprietário, desde 1883: João Antunes Rosa Localização: rua Halfeld, 36	Fabricante das chinelas da marca "Dalila", revendia também variado sortimento de calçados nacionais e estrangeiros para homens, mulheres e crianças.
	Curtume	1881	Fundado por Peter Giese e João Wried (oleiro da CUI) Em 1885, é adquirido por Detlef Krambeck e assume a denominação de Curtume Krambeck	Curtição de couros e peles.

Continua

Ramo	Estabelecimento	Fundação	Outras informações	Principais produtos e atividades
Confecção de vestuário e enxoval	Alfaiataria "A Tesoura de Ouro"	Anterior a 1879	Proprietário: José F. dos Reis Localização: rua Direita, 45	Essas oficinas executavam "com presteza e perfeição todo [e] qualquer trabalho concernente ao alfaiate", aprontando em até 24 horas calças (10$ a 15$), ternos (44$) e fraques (60$ a 100$).
	Alfaiataria "Paris na América"	Anterior a 1879	Localização: anexo ao Grande Depósito de Roupa Feita	
	Alfaiataria da Felicidade	Anterior a 1883	Proprietário: A. F. Machado Localização: rua Halfeld, 31	Possuíam, para escolha do cliente, grande sortimento de fazendas de lei (panos pretos franceses, casimiras, flanelas americanas, brins brancos e coloridos) de todas as qualidades e gostos, e "a preços cômodos". Comercializavam, ainda, roupas prontas de qualidade e a bons preços (sobretudos, paletós, calças, coletes, ceroulas, camisas, meias, lenços, colarinhos, gravatas). Atendiam "encomendas para o interior".
	"Loja de Alfaiate"	1883	Proprietários: Francisco R. Neves e Candido P. de Castro Localização: rua Direita, em frente ao Jardim Municipal	
	"Au Primptemps – Casa de Confecção"	1878	1ª proprietária: Mme. Amelie Floret 2ª proprietária: Mme. Prat (a partir de 1883) Localização: rua Direita, 65-67	Essas "casas de confecção" de modistas e costureiras se encarregavam de executar "qualquer trabalho que diz respeito ao completo toilete de uma senhora", tais como vestidos para ocasiões (baile, casamento, batizado, luto), roupas para amazonas e "roupa branca para senhora", além de roupas para crianças e enxovais completos para casamentos e batizados. Lavavam, tingiam, reformavam, enfeitavam chapéus e se encarregavam de realizar bordados de ouro, prata, seda e linho, lenços, porta-relógios e carteiras. Também comercializavam vestidos prontos de lã, cetim e seda, a 15, 20, 40 e até 200$. "Tudo com brevidade, perfeição, bom gosto, economia na fazenda e preços muito razoáveis". Também atendiam "encomendas para o interior".
	"Palais Royal – Modista e Costureira"	Anterior a 1879	1ª proprietária: Mme. Beroud 2ª proprietária: Mmes. Granjont & Melina (a partir de 1883) Localização: rua Halfeld, 30	
Materiais e artefatos para a construção civil	Olaria da Colônia D. Pedro II	Anterior a 1879	Proprietário: João Wried Em 1881, essa olaria é transformada em curtume	Fabricação de tijolos e telhas para a construção de casas e prédios.
	Olaria de G. Halfeld	1883	Proprietário: G. Halfeld	
	Marmoraria Pedro Galli	Anterior a 1883	Proprietário: Pedro Galli Localização: rua Halfeld, 25	Projetavam, fabricavam e executavam obras em mármore comum ou de Carrara: monumentos, obras de cemitério, sepulturas com ornato, letras em alto-relevo, pedras para cobrir sepulturas, letras gravadas e douradas, soleiras, peitoris de janelas, lavatórios, aparadores, mesas e bacias para salas de família.
	Marmoraria "Pereira & Costa"	Anterior a 1876	Proprietário: "Pereira & Costa" Localização: rua do Imperador	

Continua

Ramo	Estabelecimento	Fundação	Outras informações	Principais produtos e atividades
Mobiliário e artefatos de madeira para construção e decoração	Fábrica e Depósito de Móveis e Colchoaria Souza & Corrêa	1878	Proprietário: Souza & Corrêa Localização: rua Halfeld, 38 Em 1882 aparece sob a firma Corrêa e Comp. ("Premiados na exposição portuguesa de 1865")	Fabricação e reforma de móveis, esquadrias para casas e artefatos de madeira em geral.
	Marcenaria e Colchoaria do Juiz de Fora	Anterior a 1882	Proprietário: Domingos Pinto Saffres Localização: rua Halfeld, 15	Fabricação e reforma de colchões (de crina e vegetal, de todos os gostos), almofadas, acolchoados de paina e cortinados. Para tanto, informam que contam em suas oficinas com hábeis colchoeiros e estofadores.
	Tanoaria Luiz Larcher	Anterior a 1882	Proprietário: Luiz Larcher Localização: Vilagem da Colônia D. Pedro II, casa 92	Comercialização de mobílias importadas da Europa. Fabricação e reforma de pipas, cubas, barris, dornas e tinas.
Ourivesaria	Benjamin Colucci & Irmão – ourives fabricantes	1875	Proprietário: Benjamin Colucci & Irmão Localização: rua Nova, 42	Fabricavam, consertavam e "abriam letras" em qualquer objeto de ouro, prata ou outro metal. Possuíam e comercializavam um "bonito sortimento" de joias, correntes de ouro e relógios para homens e senhoras. Consertavam relógios diversos, despertadores e caixas de música.
Produtos químicos	Fábrica de Sabão	1879	Proprietário: Antonio Joaquim de Azevedo Localizada no Botanágua	Fabricação de sabões variados.
Produtos derivados do fumo	Fábrica de Fumo Caporal Mineiro	1883	Proprietário: Carlos de Andrade & Comp.	Fabricação de cigarros de papel e de palha pelo "processo americano" e de fumo especial para cachimbo, vendido em pacotes e maços.
Tipografia e artes gráficas	Oficinas de O Pharol	1870	Proprietário: Charles G. Dupin Localização: rua Halfeld, 67	Trabalhos de tipografia, litografia, pautação e encadernação em faturas, cartões de visitas e comerciais, recibos, ações para companhias, relatórios, livros comerciais, listas para ingênuos.

Fontes: Stheling (1979:303-304, 349-354); Lessa (1986:107, 113, 138, 142, 158-164); Giroletti (1987:74-78); e os anúncios publicados nas seguintes edições de O Pharol: 4 jun. 1876, p. 4; 10 jan. 1878, p. 4; 20 jan. 1878, p. 3; 3 fev. 1878, p. 3; 14 mar. 1878, p. 3; 19 maio 1878, p. 3; 1 out. 1878, p. 4; 2 nov. 1878, p. 3; 1 dez. 1878, p. 3; 8 jan. 1879, p. 3; 23 jan. 1879, p. 4; 8 maio 1879, p. 3-4; 18 maio 1879, p. 3; 5 jun. 1879, p. 3; 21 set. 1879, p. 4; 20 nov. 1879, p. 3; 28 dez. 1879, p. 3; 1 fev. 1880, p. 4; 13 jan. 1881, p. 4; 20 jan. 1881, p. 4; 24 fev. 1881, p. 3; 17 mar. 1881, p. 4; 31 mar. 1881, p. 4; 9 fev. 1882, p. 4; 15 jun. 1882, p. 4; 29 jul. 1882, p. 4; 3 ago. 1882, p. 4; 14 dez. 1882, p. 4; 6 jan. 1883, p. 4; 22 fev. 1883, p. 4; 19 abr. 1883, p. 3; 22 maio 1883, p. 4; 16 jun. 1883, p. 3; 23 jun. 1883, p. 3-4; 4 out. 1883, p. 3; 25 out. 1883, p. 4; 20 nov. 1883, p. 4 e 8 dez. 1883, p. 3.

Anexo III

Oficiais de ofício, oficinas e estabelecimentos fabris em Juiz de Fora por ramos industriais (1890-98)

Ramo industrial	Oficiais de ofício, fábricas e oficinas [1]	1890	1891	1896	1897	1898	Produtos e atividades do ramo industrial [2]
Fiação e tecelagem	Fábricas de tecidos	2	2	2	2	2	Fabricação de cassinetas mineiras de numerosos padrões, xadrezes e *oxfords* diversos, trançados brancos e coloridos, de mariposas e americanos.
	Fábricas de sacos de aniagem	—	—	1	—	1	Fabricação de panos especiais para sacos de aniagem e fios coloridos em novelos e meadas.
Energia hidroelétrica e telefonia	Companhia de eletricidade	1	1	1	1	1	Geração e distribuição de energia hidroelétrica para iluminação pública, particular e força-motriz industrial (a partir de 1898).
	Empresa de telefones	1	1	1	1	1	Sistema de telefonia residencial e comercial.
Confecção de chapéus, vestuário e enxoval	Alfaiatarias	18	17	19	18	17	Confecção de roupas sob medida para homens, mulheres e crianças e de enxovais (casamentos e batizados).
	Modistas	4	5	18	9	10	Mantinham estoques de tecidos finos.
	Fábricas de chapéus (incluindo chapéus de sol)	—	1	5	5	5	Fabricação, conserto e revenda de chapéus diversos para homens, mulheres e crianças.
Instrumentos musicais	Oficinas de consertos de instrumentos musicais e afinadores de piano	—	—	5	4	4	Importação, conserto e afinação de pianos e de instrumentos musicais variados (sopro e cordas).
Mecânico e metalúrgico	Armeiros	—	—	1	2	2	Conserto e revenda de armas de fogo e artigos de cutelaria.
	Fábricas e oficinas de carroças e veículos	4	4	4	4	3	Fabricação e conserto de carros de diferentes sistemas e modelos (seges, carroças, troles).
	Fundições de ferro e bronze	—	2	3	3	3	Fundição de ferro e bronze.
	Fábricas de máquinas para lavoura	—	—	1	1	2	Fabricação, revenda e conserto de máquinas e aparelhos para a lavoura: descascador, brunidor, catadores e despolpadores de café, moendas para cana, cevadeiras, prensas para mandioca, torradores para farinha, moinhos de fubá, rodas e turbinas hidráulicas, engenhos de serrar.
	Oficinas de consertos mecânicos	—	—	1	—	—	Importação, instalação e conserto de equipamentos e insumos industriais: máquinas de costura e a vapor; correias, transmissões, óleos lubrificantes e sistemas de telefonia e de iluminação, campainhas elétricas.
	Serralheiros	3	3	8	7	5	Serviços de ferraria, serralheria, carpintaria e serraria a vapor: fabricação de portões, grades, fogões e fornos, trancas, velocípedes, mobílias de ferro, sacadas, alpendres.
	Funileiros	—	4	12	6	5	
	Ferradores	2	2	7	6	5	Fabricação de pregos ponta Paris.
	Fábricas de fogões econômicos	—	—	1	2	2	
	Fábricas de pregos	—	—	1	1	1	

Continua

Ramo industrial	Oficiais de ofício, fábricas e oficinas [1]	1890	1891	1896	1897	1898	Produtos e atividades do ramo industrial [2]
Bebidas	Destilações	—	2	4	2	2	Destilação especial de licores, vinhos e bebidas espirituosas (anis, Kümel, bitter, quirche e conhaque), xaropes, vinagres, laranjinhas e limonadas. Importação direta de bebidas finas. Fabricação de cervejas de diversas qualidades (branca, preta e dupla) e de águas gasosas (incolor e rósea) e minerais. Algumas cervejarias mantinham depósitos de bebidas importadas, salões para eventos e parques recreativos.
	Fábricas de cerveja e águas gasosas	6	5	9	8	7	
	Fábricas de xarope e águas minerais	—	—	1	—	—	
Alimentos	Fábricas de massas	1	1	3	3	3	Fabricação de massas alimentícias variadas (macarrão, lasanha, talharim, estrelinha), pães (francês, italiano, rosca), biscoitos, bolachas, doces, bolos, tortas e salgados para festividades. Refino e comercialização de açúcar e de café moído e torrado no varejo e em grosso.
	Padarias e confeitarias	8	7	16	12	12	
	Refinações de açúcar	2	2	4	4	4	
	Fábrica de café moído	1	1	1	1	1	
Produtos derivados do fumo	Fábrica de charutos e cigarros	1	1	1	1	1	Fabricação e importação de charutos, cigarros, fumos desfiados e em rolos de todas as qualidades.
Curtição, calçados, artefatos de couro e artigos para viagens	Fábricas de selins	—	—	2	3	3	Fabricação, conserto e revenda de selins, silhões, lombrilhos, arreios, rédeas, malas e artigos para viagens (mantas, capas, suadores). Curtição de couros e peles e fabricação de solas. Fabricação, conserto e revenda de sapatos e de botas para caçadores, montaria e ciclistas.
	Correeiros e seleiros	3	3	5	5	4	
	Curtumes	—	1	3	3	3	
	Fábricas de malas	—	—	1	1	2	
	Fábricas de calçados a vapor	—	—	1	1	1	
	Oficinas de calçados	16	15	30	21	23	
Construtoras e empreiteiros de obras públicas e privadas	Companhias construtoras e empreiteiras de obras públicas e privadas	3	10	13	9	10	Elaboração de projetos e realização de obras públicas e privadas: construção, reforma e ampliação de prédios; instalação de redes de esgoto e água potável e serviços de urbanização variados. Pintura de carros, casas e prédios.
	Pintores	6	7	11	7	6	
	Oficinas de pintura	—	—	1	1	1	
Materiais e artefatos para a construção civil	Fábricas de azulejos, cerâmicas e ladrilhos	—	1	1	1	1	Fabricação de ladrilhos e mosaicos de todas as cores, de cantaria artificial (degraus, sacadas, passeios, pias, colunas) e de ornatos de gesso, mármore e cimento (caixas d'água, chafarizes, túmulos, estátuas, balaústres, capitéis, frontões). Fabricação de tijolos, telhas, manilhas e tubos com até 1 metro de diâmetro (água e esgoto). Depósito de cimento, gesso e cal; de material hidráulico em geral; de artigos para pintura e de ferramentas, ferro e madeira para construções.
	Fábricas de telhas e tijolos (olarias)	5	5	10	9	9	
	Marmoristas	2	2	2	2	2	
Mobiliário e artefatos de madeira para construção e decoração	Fábricas de móveis a vapor	1	1	1	1	1	Fabricação, importação e revenda de mobílias diversas (mesas, cadeiras, armários, camas, berços) e de colchões, artigos de colchoaria, tapetes e cúpulas. Fabricação de carteiras escolares, de vassouras e de armações, assoalhos, cimalhas, molduras, venezianas, esquadrias e lambrequins. Depósito de madeiras — em bruto e preparadas — para a construção civil (tábuas para forros e assoalhos, caibros, ripas). Fabricação de tonéis e tinas para fermentação de qualquer dimensão e de vasilhames de cervejaria.
	Fábricas de colchões	—	—	4	4	4	
	Marcenarias e carpintarias	2	3	7	7	7	
	Serrarias a vapor	—	—	3	3	4	
	Fábricas de vassouras	—	—	1	1	1	
	Artista em madeira e decorador	1	1	1	1	1	
	Tanoeiros	—	—	2	2	3	
	Fábricas de tapeçarias	—	—	2	2	2	

Continua

Ramo industrial	Oficiais de ofício, fábricas e oficinas [1]	1890	1891	1896	1897	1898	Produtos e atividades do ramo industrial [2]
Produtos químicos e fogos de artifício	Fábricas de formicida e produtos químicos	—	—	1	3	3	Fabricação de produtos farmacêuticos. Fabricação e revenda de formicidas e adubos químicos.
	Fábricas de gelo	—	—	1	1	1	Fabricação de gelo.
	Fábricas de sabão	1	1	3	2	2	Fabricação e importação de sabão e sabonetes.
	Tinturarias	1	1	3	2	2	Lavagem e aplicação de tinturas em roupas e tecidos.
	Fabricantes de fogos	—	—	3	—	—	Fabricação e depósito de fogos de artifício.
Ourivesaria	Oficinas de ourives	—	—	9	6	8	Fabricação, conserto e revenda de pulseiras, brincos, anéis, alfinetes e medalhas de ouro ou prata. Abertura de letras, douramentos e prateamentos.
Tipografia e artes gráficas	Tipografias	—	3	5	6	7	Execução de trabalhos tipográficos em uma ou mais cores: rótulos industriais, impressões variadas (cartões de visita, convites, jornais, livros), livros em branco para escrituração, recibos diversos, encadernação, douramento de livros de luxo, pautação e riscação. Execução de trabalhos litográficos variados. Jornais diários de grande circulação, destacando-se *O Pharol*, *Correio de Minas* e *Jornal do Commercio*.
	Impressores tipográficos	—	8	8	10	10	
	Tipógrafos	—	28	20	30	38	
	Oficinas de encadernação	—	—	1	1	1	
	Encadernadores e pautadores	—	4	2	2	2	
	Litógrafos	1	1	1	1	1	
	Jornais diários	2	3	3	3	3	
Número total de oficiais de ofício, fábricas e oficinas [3]		98	159	281	254	265	

[1] A relação de oficiais de ofício, fábricas e oficinas foi elaborada tanto a partir dos indicadores comerciais, industriais e de serviços, quanto com base nos conteúdos das propagandas presentes nas edições dos anos de 1891, 1892, 1897, 1898 e 1899 do *Almanaque de Juiz de Fora*. Tendo em vista que tais publicações eram compostas sempre no final do ano anterior à sua distribuição, considerei os dados nelas contidos como válidos, respectivamente, para os anos de 1890, 1891, 1896, 1897 e 1898.
[2] A discriminação dos produtos e atividades de cada ramo industrial baseia-se em informações pesquisadas em anúncios veiculados nesses almanaques.
[3] Em função da atuação de firmas e oficiais em mais de um segmento manufatureiro ou setor econômico, as somas presentes neste campo são apenas ilustrativas da dimensão assumida pela atividade industrial em Juiz de Fora em cada um desses anos.
Fontes: **1890** — *Almanak de Juiz de Fora* (1891); **1891** — *Almanak de Juiz de Fora* (1892); **1896** — *Almanach de Juiz de Fora para 1897* (1896/1897); **1897** — *Almanach de Juiz de Fora para 1898* (1897/1898); **1898** — *Almanach de Juiz de Fora para 1899* (1898/1899).

Anexo IV

Evolução da organização administrativa, da estrutura e das atividades produtivas das principais companhias e estabelecimentos industriais de Juiz de Fora (1884-1902)

Ramo industrial	Nome da companhia ou estabelecimento industrial	Fundação, trajetória administrativa e localização	Evolução da estrutura produtiva, maquinário, n° de operários e seções	Informações relativas à produção e demais atividades da empresa
Fiação e tecelagem	Fábrica de Fiação e Tecelagem Industrial Mineira	Sociedade anônima organizada em 1883 sob a liderança dos capitalistas radicados no Rio de Janeiro Andrew, John e Peter Steele, Willian Moreth e Henry Whittaker. Gerenciada inicialmente por J. H. Rilley. Entre 1884 e 1891 o capital da companhia aumentou de 600:000$000 para 1.000:000$000. Entre 1896 e 1898 foi dirigida por Henry Miller, W. F. Geppe e F. Burrowe. Entre 1896 e 1902 foi gerenciada por Cecil E. Hogg. Localização: Estação Mariano Procópio. Escritório no Rio de Janeiro: rua 1º de Março, 64	Entre 1883 e 1884 instalou-se em prédio próprio, empregava 128 operários e seus 73 teares eram movidos por uma turbina hidráulica de 200 HP. Nos anos 1901 e 1902 funcionava com 300 operários, 120 teares, uma turbina hidráulica, um motor a vapor de 300 CV (reserva) e iluminação elétrica própria. Dividia-se nas seguintes seções: escritório; ferraria; almoxarifado; carpintaria, refeitório; depósito de algodão em rama; tinturaria; salas dos batedores, das cordas, da fiação, das urdideiras e dos teares.	Entre 1888 e 1893 era também proprietária da empresa telefônica local, que possuía cerca de 100 aparelhos. Nos anos de 1901 e 1902 produzia cerca de dois milhões de metros (seis mil metros por dia) de tecidos de algodão e linho (lisos, finos, grossos, americanos, trançados, mariposas, cassinetas, xadrez, riscados e *oxford*). Fabricava ainda fios e panos para sacos de aniagem. Sua produção era quase toda destinada ao Rio de Janeiro, sua sede comercial.
	Tecelagem Bernardo Mascarenhas	Fundada em 1888 por Bernardo Mascarenhas, que administrou a fábrica até 1899, quando faleceu. Estima-se que Mascarenhas investiu 35:000$000 próprios para estruturar a tecelagem. Em 1892 seu valor girava em torno de 170:000$000 (prédio, móveis e utensílios, maquinismos, fios e tecidos). Entre 1899 e 1902, sob a administração da viúva Mascarenhas, a fábrica foi gerenciada pelo engenheiro mecânico Agenor Barbosa. Localização: rua XV de Novembro, 2	Entre 1888 e 1892 funcionava com cerca de 75 operários, que operavam 30 teares movimentados por um motor a vapor. Entre 1897 e 1998 possuía cerca de 60 teares movidos a vapor e 150 operários, "a maior parte moças e meninas, umas brasileiras, outras espanholas e italianas." Nos anos 1901 e 1902 seus operários chegaram a 200, entre adultos e crianças, e seus 65 teares eram movimentados por um motor elétrico de 30 CV.	Entre 1892 e 1898 elevou sua produção anual de 165.000 para cerca de 480.000 metros de tecidos (brins superiores de algodão e de linho, brancos e em cores firmes). Nos anos 1901 e 1902 produzia anualmente 700.000 metros de tecidos (cerca de 2.000 metros por dia). Sua produção era comercializada em Minas Gerais, no Espírito Santo e no Rio de Janeiro.
	Fábrica de Tecidos de Juta	Fundada em julho de 1893 a partir da transformação do Escritório Comercial Crédito Mineiro — empresa financeira sediada no Rio de Janeiro — em companhia industrial. Capital inicial de 250:000$000. Compuseram sua diretoria entre 1893 e 1896, Bernardo Mascarenhas (presidente) e Eduardo de Andrade (diretor-gerente). Em 1897, ao que parece, a fábrica foi desativada, retomando as atividades produtivas no ano seguinte, sob a administração da firma Pfeiffer & Sydow. Nesse período, o Banco de Crédito Real era o maior acionista da companhia que possuía suas instalações industriais. Em 1901, a fábrica passa para a Ornstein & Comp, sob a direção técnica de Bruno Von Sydow, e direção comercial de Julio H. Hoff.	Em 1894 iniciou a sua produção com 24 teares ingleses movidos a vapor, montados num prédio de 400 m², construído especialmente para abrigar a fábrica. Em 1901 possuía um motor elétrico de 30 CV e 20 teares, operados por 53 trabalhadores.	Em 1901 produzia 2.600 metros diários, ou cerca de 950 mil metros anuais, de sacos para exportação de café e cereais. Sua produção era integralmente destinada à firma importadora e exportadora Ornstein & Comp., grande compradora de café e cereais nos estados de Minas Gerais, Rio de Janeiro e São Paulo.

Ramo industrial	Nome da companhia ou estabelecimento industrial	Fundação, trajetória administrativa e localização	Evolução da estrutura produtiva, maquinário, nº de operários e seções	Informações relativas à produção e demais atividades da empresa
	Fábrica de Meias Meurer	Propriedade de Antônio Meurer, negociante inicialmente estabelecido no comércio de armarinho, fazendas e moda na rua Halfeld, 86. A tecelagem de meias foi fundada em 1898 nos fundos da rua Halfeld, sendo transferida, em 1901, para um prédio especialmente construído para abrigá-la. Localização: rua do Espírito Santo, 17	Entre 1901 e 1902 possuía um motor elétrico de 3 CV, 14 teares e uma caldeira a vapor para a tinturaria. Nesse período, sua força de trabalho elevou-se de 15 para 50 operários, em sua maior parte "crianças de oito a 14 anos de idade", como informa seu proprietário em uma propaganda veiculada em O Pharol.	Nos anos 1901 e 1902 sua produção passou de oito mil para mais de 28 mil pares de meias por mês. Foi a primeira fábrica da cidade especializada em tecelagem de malha. Comercializava seus produtos em Minas Gerais, Rio de Janeiro e São Paulo.
	Fábrica de Meias José Galietti	Fundada em 1902 por José Galietti e gerenciada por Antonio Rosa.	Em 1902 possuía 20 máquinas, que eram movidas por um motor elétrico de 10 CV.	Em 1902 produzia 140 dúzias de meias por dia, o que equivalia a uma produção mensal aproximada de 25 mil pares. Vendia seus produtos para os estados de Minas Gerais, Rio de Janeiro e São Paulo.
	Fábrica de Seges e Fundição Kascher & Irmãos	Fundada por Martim Kascher em 1865 e gerenciada por Francisco Kascher desde 1875. De 1890 a 1902 era propriedade de Kascher & Irmãos. Localização: entre as linhas da E.F.J.F.-Piau e EFCB	Entre 1897 e 1902 possuía 15 máquinas diversas e empregava 25 operários. Era movimentada por um motor a vapor de 6 CV e estava instalada num galpão próprio, com cerca de 660 m².	Em 1902 produzia máquinas para a lavoura, ferramentas e utensílios industriais e domésticos, como ferros de passar e engomar roupas.
	Fábrica de Máquinas e Fundição George F. Grande	Fundada em 1873 por João Ulrico Schiess, que gerenciou a fábrica até sua morte, em 1877. A partir de 1879 torna-se propriedade e é administrada pelo engenheiro mecânico germânico George F. Grande. Localização: rua da Gratidão, 13	Entre 1890 e 1902 possuía fornos para fundição de ferro e bronze e maquinário completo para os mais diversos e complexos serviços mecânicos de carpintaria, marcenaria, serraria e ferraria.	Entre 1890 e 1902, produzia carros de sistemas diversos, máquinas de beneficiar café, engenhos de cana e de serrar, moinhos de fubá, rodas e turbinas hidráulicas. Encarregava-se, também, da montagem de estabelecimentos industriais e da instalação de telefones, campainhas e iluminação elétrica.
	Mecânica Mineira	Organizada como companhia em fins de 1890, seus sócio-fundadores são Antonio A. de Andrade e João V. A. Coutinho, e os principais acionistas grandes fazendeiros de Juiz de Fora e região. Foi liquidada em 1894. Entre 1891 e 1894 contava com um capital nominal de 250:000$000. Durante esse período, enfrentou sérios problemas administrativos e financeiros. Em 1895 transforma-se em sociedade individual, sob a propriedade da firma Assis Fonseca & Cia. Em 1901 era dirigida pelo engenheiro Belisário Fonseca, e em 1902 foi incorporada ao patrimônio do Banco da República, que optou por vendê-la no ano seguinte. Localização: largo do Riachuelo, 13	Desde o início dos anos 1890 ocupava um edifício próprio com 7.800 m², entre as ruas Direita e XV de Novembro. Empregava diariamente de 120 a 160 operários, conforme afluíam os pedidos. Até 1902 suas principais seções eram: fundição de ferro e bronze, ferraria, serralheria, carpintaria e serraria a vapor. Nos anos 1901 e 1902 era movida por um motor elétrico de 30 CV e por um a vapor de 18 CV (reserva). Contava com iluminação elétrica própria e possuía 42 máquinas e fornos para fundir ferro e bronze.	Fabricava máquinas e aparelhos para a lavoura e outras indústrias. Era a fabricante do descascador "Rápido" e do brunidor "Mineiro", além de catadores e despolpadores de café, de rodas d'água, engenhos de serrar, moendas para cana, torradores de farinha, cevadeiras e prensas para mandioca, veículos para transporte, vagões e vagonetes. Comercializava sua produção nos estados de Minas Gerais, São Paulo, Espírito Santo e Rio de Janeiro.

Continua

Ramo industrial	Nome da companhia ou estabelecimento industrial	Fundação, trajetória administrativa e localização	Evolução da estrutura produtiva, maquinário, nº de operários e seções	Informações relativas à produção e demais atividades da empresa
Mecânico e metalúrgico	Fábrica de Máquinas e Serraria a Vapor Pedro Schubert	Fundada em 1894, de propriedade de Pedro Schubert. Localização: rua Marechal Deodoro, 4, em frente à estação da EFCB	Em 1901 possuía maquinismos acionados por um motor elétrico e em suas oficinas trabalhavam 10 operários. Suas principais seções eram: serraria, carpintaria, tanoaria, ferraria, depósito de cereais e de máquinas.	Em 1901 fabricava o maquinário Schubert de beneficiar café, além de vasilhames, tonéis e tinas para fermentação de qualquer dimensão. Em sua serraria, fabricava esquadrias para construção civil. Importava e assentava máquinas para lavoura ou indústria. Mantinha depósito de máquinas de costuras e seus acessórios. Preparava e comercializava, no varejo e no atacado, arroz, café e sal.
	Fábrica a Vapor de Carruagens Henrique Faulhaber & C.	Fundada em 1895 por Henrique Faulhaber. Localização: rua Marechal Deodoro, 67	Em 1902 era equipada com um motor a vapor de 12 CV e nove máquinas variadas, movimentados por nove operários.	Fabricava e reformava carros, carroças, carruagens e troles de todos os sistemas e rodas para veículos.
	Oficina a Vapor Abrard & Manferrari	Fundada por volta de 1896 por Abrard & Manferrari. Localização: rua São Sebastião, 13	Em 1902 possuía uma oficina a vapor "bem montada e completa".	Fabricava e reformava carros, troles e carroças de várias dimensões e modelos.
	Fábrica de Pregos São Nicolau	Fundada em 1896 pelo engenheiro mecânico Edmundo Schmidt e o negociante de joias Fritz Cathoud. De 1897 a 1900 era propriedade da firma Cardoso & Schmidt. Em 1900 passou para o controle do capitalista A. J. da Costa Cardoso. Localização: rua do Comércio, 41	Em 1901 possuía seis máquinas produtoras de pregos, dois brunidores e um ventilador. Em 1902 funcionava com um motor térmico (petróleo) de 8 CV, nove máquinas diversas e 32 operários (20 no fabrico, nove no empacotamento e três no encaixotamento).	Entre 1901 e 1902 produzia 2.118 pregos por minuto (3,14 toneladas por dia). Exportava entre 400 e 500 caixas de pregos ponta Paris por ano. Mantinha uma oficina mecânica para a manutenção de seu maquinário.
Energia hidroelétrica e telefonia	Companhia Mineira de Eletricidade (CME)	Concessionária incorporada em janeiro de 1888, tendo como principais acionistas membros da família Mascarenhas (56,8%) e grandes fazendeiros e negociantes juizforanos. Entre 1888 e 1894, a CME mais do que quintuplicou o seu capital nominal (de 150:000$000 para 800:000$000). Compôs sua diretoria, entre 1888 e 1899, Bernardo Mascarenhas, F. Batista de Oliveira e Francisco E. Rezende. Entre 1900 e 1902 é dirigida por Azarias de Andrade e Francisco E. Rezende. Localização: rua do Espírito Santo, 7	Entre 1888 e 1892 construiu sua primeira usina hidroelétrica, a Marmelos 0, com duas turbinas e dois dínamos monofásicos em corrente alternada. Em 1892 instalou um novo grupo gerador, elevando sua potência total de 250 KW para 375 KW. Entre 1896 e 1901 construiu uma nova usina, a Marmelos I, com dois alternadores bifásicos e potência total de 600 KW, o que elevou a sua capacidade de geração para 975 KW. Informava, em 1901, que seus equipamentos eram do sistema Westinghouse, e que mantinha um "numeroso pessoal empregado e metodicamente distribuído em seções."	Entre 1889 e 1892 a iluminação pública e particular funcionou de modo precário, com interrupções constantes. Em 1893 a CME adquiriu da Cia. Industrial Mineira o serviço de telefonia local. Cinco anos depois, em 1898, iniciou o fornecimento de força-motriz com a instalação de dois motores elétricos. Em 1901 monopolizava os serviços de iluminação, telefonia e força-motriz, utilizado por um grupo restrito de unidades fabris.

Continua

Ramo industrial	Nome da companhia ou estabelecimento industrial	Fundação, trajetória administrativa e localização	Evolução da estrutura produtiva, maquinário, nº de operários e seções	Informações relativas à produção e demais atividades da empresa
Alimentos	Fábrica a Vapor de Massas Alimentícias de Paulo Simoni	Fundada em 1896 por Paulo Simoni. Localização: rua XV de Novembro, 6 e 8	Em 1901 empregava 15 operários e contava com maquinismos especiais e modernos, importados da Europa, que eram movidos por um motor elétrico.	Em 1898 produzia 50 caixas de massa por dia. Em 1901 sua produção era de 18 mil quilos de massas mensais (miúdas para sopas, brancas e amarelas).
	Fábrica a Vapor de Torrefação de Café e Cereais	Fundada em 1885, propriedade de Christovam de Andrade, Gama & Cia. Localização: rua Direita, 155	Em 1901 um motor a vapor movimentava suas máquinas de torrefação e moagem de grãos. Possuía, ainda, uma grande serra para cortar lenha e madeira.	Em 1901 realizava torrefação de café em larga escala, refinação de açúcar e sal, moagem de fubá e a venda de lenha.
	Laticínio Bom Jesus	Fundada em 1899, propriedade de Felício Maldonado.	Em 1901 utilizava diariamente uma grande quantidade de leite proveniente das fazendas da região.	Em 1901 produzia diariamente 50 quilos de manteiga da marca "Estrela". Fabricava também requeijão, queijos e doce de leite.
Bebidas	Imparcial Fábrica de Cervejas e Águas Minerais	Fundada em 1867, propriedade de Augusto Kremer & C. Localização: Morro da Gratidão	Em 1902 informou que seus maquinismos eram movidos por tração animal. Empregava cerca de 15 operários e importava matéria-prima da Alemanha, Áustria e Portugal.	Em 1902 fabricava cerveja (branca, branca dupla, preta, especial) e limonada gasosa. Sua produção era destinada aos estados de Minas Gerais e Rio de Janeiro. Mantinha um depósito de bebidas finas importadas.
	Fábrica de Cerveja e Águas Minerais Poço Rico	Fundada em 1875, propriedade de Freez & Irmão. Localização: Poço Rico	Em 1901 estava instalada em um prédio próprio e era movimentada por 25 operários.	Em 1901 produzia 25.000 garrafas de cervejas por mês (cerca de 300.000 por ano).
	Fábrica de Cerveja e Águas Minerais Carlos Stibler	Fundada em 1889, propriedade de Carlos Stibler. Capital de 80:000$000 em 1901. Localização: avenida Garibaldi (Botanágua)	Em 1901 estava instalada em um edifício especialmente construído para a fábrica; empregava, nesse período, 20 operários. Importava ingredientes e materiais da Europa.	Em 1901 produzia 500 mil garrafas de cerveja da marca "Dois Leões" por ano. Fabricava também limonada gasosa.
	Fábrica de Cervejas José Weiss	Fundada em 1879 por José Weiss. Em 1901 estava sob o controle de Francisco de Paula Gomes. No ano seguinte, José Weiss reassume a direção e a propriedade da cervejaria. Localização: rua Bernardo Mascarenhas, Vilagem	Em 1901 empregava 15 operários e possuía maquinismos para fabricação e arrolhamento de garrafas de cervejas, águas gasosas e minerais.	Em 1902 produzia 60 mil garrafas de cervejas e 12 mil de águas minerais e gasosas por ano. Contava ainda com um aprazível parque para a realização de festividades e piqueniques.
Produtos derivados do fumo	Fábrica de desfiar fumo	Fundada em 1890, propriedade de Julião Ribeiro Georg.	Em 1901 era movida a vapor e operada por quatro trabalhadores.	Em 1901 fabricava cigarros, charutos, fumos desfiados e em rolo de todas as qualidades.

Continua

Ramo industrial	Nome da companhia ou estabelecimento industrial	Fundação, trajetória administrativa e localização	Evolução da estrutura produtiva, maquinário, nº de operários e seções	Informações relativas à produção e demais atividades da empresa
Curtição, calçados, artefatos de couro e artigos para viagens	Curtume Krambeck	Fundado em 1881 por Peter Giese e João Wried, antigos artífices da Companhia União e Indústria. Em 1885, passa para a propriedade de Detlef Krambeck. Localização: rua Bernardo Mascarenhas.	Em 1901 empregava 40 operários e seus maquinismos eram movidos a vapor.	Entre 1885 e 1901 especializou-se na curtição de couros e peles e na produção de solas. Informava, em 1901, que mantinha um depósito de seus produtos na capital federal. Comercializava seus produtos nos estados de Minas Gerais e Rio de Janeiro.
	Curtume Leger	Propriedade de Camilo Leger. Localização: rua Mac-Adam (Poço Rico)	Em 1901 era movimentado pelo rio Paraibuna.	Em 1901 realizava curtição de couros e peles.
	Fábrica de Curtume de Couro	Fundada em 1896, propriedade de José Tortoriello. Localização: subúrbio de Três Pontes (após o Poço Rico)	Em 1901 empregava sete operários.	Em 1901 produzia 400 metros de solas por mês.
	Fábrica a Vapor de Calçados Corrêa & Corrêa	Fundada em 1893 por Joaquim Pinto Corrêa e João Cardoso Corrêa de Almeida. Ente 1893 e 1901 passou a ser propriedade da firma Corrêa & Corrêa. Localização: rua Halfeld, 135 (anexo à fábrica de móveis)	Entre 1897 e 1901 empregava 40 homens e suas 12 máquinas eram movimentadas por um motor a vapor de 35 CV.	Entre 1897 e 1901 fabricava diariamente 2.000 pares de botinas da marca "Portuense". Mantinha um depósito na recém-inaugurada Belo Horizonte. Comercializava seus produtos no Rio de Janeiro e em Minas Gerais.
Mobiliário e artefatos de madeira para construção e decoração	Fábrica de Móveis e Serraria a Vapor Corrêa & Corrêa	Fundada em 1878 por Manoel Pinto Corrêa e José Pinto Corrêa. Propriedade de Corrêa & Comp. Localização: rua Halfeld, 132, e rua da Imperatriz, 85 (edifício com frente para as duas ruas)	Entre 1897 e 1901 estava instalada em um edifício próprio com 1.200 m²; construído especialmente para a fábrica, equipado com um motor a vapor de 35 CV e 25 máquinas diversas. Empregava 100 operários, "alguns artistas especialmente contratados pela fábrica". Possuía as seguintes seções: marcenaria, carpintaria, serraria, depósitos de móveis, madeiras e artigos decorativos.	Fabricava móveis de luxo e comuns (canela, imbuia, jacarandá e vinhático), carteiras escolares, colchões, soalhos, lambrequins, molduras e ornatos de madeira. Possuía um depósito de madeira, móveis, tapeçaria e objetos de decoração, nacionais e estrangeiros. Sua produção era vendida em todo o estado de Minas Gerais.
	Fábrica de Móveis Luiz Perry	Fundada por volta de 1890 por Luiz Perry, e extinta antes de 1896. Localização: rua Halfeld, 16	Empregava 25 operários, em sua maior parte marceneiros.	Possuía um depósito com móveis nacionais e importados e fabricava mobílias comuns e de luxo.
Produtos químicos	Companhia Chimico Industrial de Juiz de Fora	Criada em 1891 sob a iniciativa de Henrique Vaz e Constantino Palleta (sócio-fundadores). Entre 1891 e 1893 seu capital realizado era de 100:000$000. Foi presidida entre 1896 e 1900 por A. J. da Costa Cardoso. Nesse último ano foi liquidada, com a transferência de seu patrimônio para o Banco da República. Localização: rua das Palmeiras (Manoel Honório)	Entre 1893 e 1900 possuía um completo laboratório químico industrial e uma máquina para fabricação de gelo.	Entre 1893 e 1900 fabricava produtos farmacêuticos, formicidas, xaropes e águas minerais. Tinha capacidade para produzir uma tonelada de gelo por dia.
	Fábrica de Gelo	Fundada em 1900, propriedade de Custódio da Costa. Localização: rua Halfeld, próximo à estação da EFCB	Em 1901 possuía uma máquina para fabricação de gelo.	Em 1901 produzia 2.000 quilos de gelo por dia.

Continua

Ramo industrial	Nome da companhia ou estabelecimento industrial	Fundação, trajetória administrativa e localização	Evolução da estrutura produtiva, maquinário, nº de operários e seções	Informações relativas à produção e demais atividades da empresa
Construtoras e empreiteiros de obras públicas e privadas	Companhia Construtora Mineira	Fundada em julho de 1890 tendo como acionistas grandes fazendeiros, proprietários urbanos, negociantes e industriais locais. Capital realizado em 1891: 225:000$000. Foi dirigida entre 1890 e 1896 por Bernardo Mascarenhas (presidente) e Constantino Paleta (diretor-secretário). Entre 1897 e 1902 por Constantino Paleta (presidente) e Eduardo de Andrade (gerente). Em 1902 foi liquidada e seu patrimônio incorporado pelo Banco de Crédito Real de Minas Gerais. Localização: rua da Gratidão, 4 (escritórios) e rua Roberto de Barros, 2 (oficinas)	Instalada em um prédio próprio, construído para abrigar suas oficinas e depósitos. Possuía uma fábrica para preparação de objetos cerâmicos, cujos maquinismos eram movimentados por um motor de 120 CV.	Voltada para a construção civil e industrial, destaca-se a edificação dos prédios da Cia. de Tecidos de Juta, do Banco de Crédito Real de Minas Gerais, da Academia de Comércio, da Santa Casa de Misericórdia e da firma Christovam de Andrade & C., todos em Juiz de Fora. No início da década de 1890 aterrou e urbanizou uma grande área na região central da cidade, lucrando com a venda de terrenos a terceiros. Mantinha um depósito de materiais variados para construção.
	Empresa Industrial de Juiz de Fora	Fundada em 1891 como Companhia Industrial de Juiz de Fora. Capital em 1891: 70:000$000 (nominal) e 35:000$000 (realizado). Compunha sua diretoria, em 1896, Augusto Penna, Joaquim N. Jaguaribe, e J. Barroso da Silva (gerente). Foi liquidada em 1897, passando a funcionar, a partir desse mesmo ano, como uma empresa individual do capitalista J. Barroso da Silva. Localização: rua da Gratidão, 12	Entre 1896 e 1902 estava instalada em um edifício próprio, com cerca de 1.500 m². Possivelmente seus maquinismos eram movimentados por um motor a vapor.	Entre 1890 e 1902 produzia couros e matérias-primas graxas, mas a partir de 1892 passou a concentrar-se na fabricação de mosaicos e ladrilhos de todas as cores, cantaria artificial para portalados e passeios, pias, caixas d'água, tubos, chafarizes, túmulos e ornatos variados (estátuas, balaústres, capitéis, frontões). Mantinha um grande depósito de cimento, ferro, gesso e terra romana.
Materiais e artefatos para a construção civil	Oficina de Marmorista	Fundada em 1892, propriedade de Francisco de Paula Castello. Localização: rua Marechal Deodoro, 89	Em 1901 empregava seis oficiais.	Trabalhos artísticos em mármore.
	Pantaleone Arcuri & José Spinelli	Firma constituída em 1895, inicialmente sob a designação Pantaleone Arcuri, Timponi & Comp., de propriedade dos italianos Pantaleone Arcuri e Pedro Timponi. Entre 1895 e 1898 ocorre o ingresso de um novo sócio, José Spinelli, e a firma estrutura a Oficina São José, para a produção de material para construções. Seu mestre de oficinas era Salvador Natoberto. De 1898 a 1901, expande suas atividades no ramo de obras públicas e particulares. Em 1901, Pedro Timponi deixa a sociedade e a firma passa a se chamar Pantaleone Arcuri & José Spinelli. Localização: rua do Espírito Santo, 1 e 3 (escritório, oficinas, depósito e armazém)	Desde 1898 ocupava um prédio próprio com cerca de 1.800 m², dividido nas seguintes seções: serraria e carpintaria, ferraria, moagem de grãos, depósito de materiais de construção; escritório e gabinete de desenho; armazém de secos e molhados, ferragens e tintas. Entre 1900 e 1901 informou que empregava de 60 a 100 operários. Entre 1900 e 1902 o maquinário das diversas seções de sua oficina era movimentado por um motor elétrico de 20 CV e por outro a vapor. Possuía equipamentos completos de serraria, carpintaria e ferraria, além de moinhos para beneficiamento de cereais. Em 1902 informou que sua força de trabalho restringia-se a somente 20 operários.	Entre 1895 e 1902 atuou tanto no ramo de construção e reconstrução de prédios públicos e privados, quanto na produção e revenda de materiais para obras diversas. Suas principais obras nesse período foram: os prédios em que funcionavam suas oficinas; construção e preparo do jardim cel. Halfeld; e a avenida de casas para operários. Ao lado do depósito de materiais para construções, mantinha também um armazém de secos e molhados.

Continua

Ramo industrial	Nome da companhia ou estabelecimento industrial	Fundação, trajetória administrativa e localização	Evolução da estrutura produtiva, maquinário, n° de operários e seções	Informações relativas à produção e demais atividades da empresa
Tipografia e artes gráficas	Lithographia a Vapor Biancovilli	Fundada em 1888, propriedade de Pedro Biancovilli. Localização: rua Santo Antônio com rua São Sebastião	Em 1901 possuía uma bem montada oficina, equipada com uma máquina litográfica Marinoni. Afirmava ser, então, o único estabelecimento do tipo no estado de Minas Gerais.	Executava qualquer trabalho em litografia: apólices e ações; diplomas; ilustrações de jornal; bilhetes lotéricos; rótulos, faturas, recibos, convites, cartões, papéis e envelopes com monogramas.
	Jornal do Commercio	Fundado em 1896, propriedade de Antonio Carlos Ribeiro de Andrade. Localização: rua Halfeld, 130 (redação e oficina de obras)	Possuía oficina tipográfica própria.	Entre 1898 e 1902 sua tiragem diária era de cinco mil exemplares. Apresentava-se como o "órgão do comércio, lavoura e indústrias".
	Tipografia Mattoso	Ao que parece, fundada antes de 1896 e extinta em 1899. Propriedade de Mattoso & Medeiros. Localização: rua do Commercio, 51	Entre 1896 e 1898 era equipada com maquinário variado e oficiais habilitados para execução de serviços tipográficos, encadernação e pautação.	Editou, entre 1896 e 1899, o *Almanaque de Juiz de Fora*, com cerca de 350 páginas e tiragem de 5 mil exemplares. Executava qualquer trabalho tipográfico e de encadernação.

Fontes: Indústria manufatureira (1884), p. 72-74: Quadro das companhias anônimas que funcionam em Juiz de Fora. *Minas Livre*, 29 out. 1891, p. 2; *Almanak de Juiz de Fora*, 1891; Uma cidade industrial — Juiz de Fora. *Jornal do Commercio*, 3 nov. 1897, p. 1; *Almanach de Juiz de Fora para 1897* (1897); *Almanach de Juiz de Fora para 1898* (1898); *Almanach de Juiz de Fora para 1899* (1899); Indústria local. *Jornal do Commercio*, 30 set. 1900, p. 1; Nossas indústrias. *O Pharol*, 23 out. 1900, p. 1; As indústrias em Juiz de Fora. *Jornal do Commercio*, 1 jan. 1901, p. 3; Indústrias de Juiz de Fora. *O Pharol*, 1 jan. 1901, p. 5; Companhia de fiação e tecelagem de Mariano Procópio, Fábrica São José, Fábrica de meias, Fábrica de tecidos de juta, Fábrica de cerveja. *O Pharol*, 2 jul. 1902, p. 3, 6 e 10; Mascarenhas (1954:87-125, 213-216); Stehling (1979:311-313, 401-405); Lessa (1986:155, 176, 202, 209 e 257-259); Croce (2006:255-283); Pires (2004a:291-307); e Vaz (2005:308-320, 373-379).

Anexo V
Estabelecimentos e profissões do setor terciário da economia de Juiz de Fora (1890-98)

Firmas comerciais e profissões técnicas e liberais [1][2]	1890	1891	1896	1897	1898
Abridor de letras	—	—	1	1	—
Açougues	6	5	9	9	8
Advogados	22	16	30	36	32
Agências intermediárias, comerciais e agrícolas	1	1	5	4	1
Agência de anúncios, publicidade e belas artes	—	—	1	1	—
Agências de companhias de navegação	—	—	1	2	2
Agência de correio	—	1	—	—	—
Agências de jornais e publicações estrangeiras	1	—	2	1	1
Agências de loterias	1	1	4	2	2
Agrimensores	4	3	5	4	4
Armadores	2	2	1	3	3
Armarinhos, fazendas e modas	15	15	57	37	34
Armazéns de ferragens	2	3	3	3	3
Armazéns de louças, porcelanas e cristais	—	—	3	2	2
Armazéns de víveres (molhados)	75	74	150	71	57
Artigos de fantasia	—	—	8	7	7
Ateliê artístico	—	—	1	1	—
Bancos e agências de companhias de seguros	1	3	8	5	2
Bilhares	3	4	4	4	2
Botequins e quiosques	8	8	40	42	26
Brinquedos	—	—	3	3	3
Cafés	3	2	8	5	7
Casa de banho	—	—	1	—	—
Charutarias	8	8	11	10	7
Cocheiras de carros	—	4	—	—	—

Continua

Firmas comerciais e profissões técnicas e liberais [1] [2]	1890	1891	1896	1897	1898
Colégios e externatos	7	9	16	14	14
Comissões e consignações	—	—	8	13	10
Dentistas	3	4	12	12	11
Depósito de adubos químicos	—	—	1	1	—
Depósitos de aparelhos hidráulicos	—	—	2	1	1
Depósitos de armas	—	—	4	4	3
Depósitos de arreios e artigos para viagens	—	—	2	3	2
Depósitos de café moído	—	—	5	3	3
Depósitos de chapéus e chapéus de sol	1	2	7	5	5
Depósitos de cimento e de gesso	—	—	3	4	6
Depósitos de colchões	—	—	4	4	4
Depósito de farinha de trigo	—	—	1	1	—
Depósitos de gelo	—	—	1	3	3
Depósitos de laticínios	—	—	3	2	3
Depósitos de lenha	—	—	4	2	2
Depósitos de máquinas de costura	—	—	4	4	5
Depósitos de madeiras e materiais de construção	—	—	6	5	5
Depósitos de móveis	3	3	4	3	3
Depósito de pianos e música	—	—	1	1	1
Depósito de tintas e material de pintura	—	—	1	1	1
Depósitos de vidros e papéis pintados	—	2	—	4	4
Desenhistas	—	—	12	11	11
Drogaria	—	—	1	1	1
Engenheiros	8	10	9	15	14
Farmacêuticos	—	—	20	18	16
Farmácias	9	9	14	14	13
Florista	—	—	1	1	1
Fotógrafos e fototipistas	2	4	2	2	2

Continua

ANEXOS 455

Firmas comerciais e profissões técnicas e liberais [1] [2]	1890	1891	1896	1897	1898
Fruteiros	4	4	12	7	6
Guarda-livros	—	7	14	18	18
Hotéis e pensões	16	14	18	18	16
Importação mecânica	—	—	1	1	2
Leiloeiros	2	2	3	3	3
Livrarias	—	—	5	3	2
Lojas de barbeiros	10	9	17	13	12
Lojas de calçados	—	—	14	24	24
Lojas de papéis pintados	2	—	5	—	—
Médicos	15	15	24	20	18
Oculista	—	1	—	—	—
Papelarias e objetos para escritórios	—	—	8	8	9
Relojoarias e joalherias	8	8	9	9	9
Restaurantes	—	—	16	11	10
Solicitadores	10	9	9	8	8
Teatros e agências teatrais	—	2	1	1	—
No total de firmas comerciais e de profissionais [3]	252	264	660	549	484

[1] A relação de estabelecimentos comerciais e de profissões técnicas e liberais foi elaborada a partir dos indicadores comerciais e de serviços presentes nas edições dos anos de 1891, 1892, 1897, 1898 e 1899 do *Almanaque de Juiz de Fora*. Tendo em vista que tais publicações eram compostas sempre no final do ano anterior à sua distribuição, considerei os dados nelas contidos como válidos, respectivamente, para os anos de 1890, 1891, 1896, 1897 e 1898.
[2] Não foram relacionadas as seguintes profissões artísticas, culturais e religiosas: literatos, professores, músicos, padres, professores de música, revisores de prova e cenógrafos.
[3] Em função da atuação de firmas comerciais e de profissionais em mais de um segmento mercantil ou de serviços, as somas presentes neste campo são apenas ilustrativas da dimensão assumida pelo setor terciário da economia de Juiz de Fora em cada um desses anos.
Fontes: **1890** — *Almanak de Juiz de Fora* (1891), p. 13-25, 117; **1891** — *Almanak de Juiz de Fora* (1892); **1896** — *Almanach de Juiz de Fora para 1897* (1896/1897), p. 46-55, 123-128, 247, 327-354 e 384-386; **1897** — *Almanach de Juiz de Fora para 1898* (1897/1898), p. 149-156, 264, 305-327, 345-362 e 378; **1898** — *Almanach de Juiz de Fora para 1899* (1898/1899), p. 217-222, 257, 266-279, 290-299 e 312.

Anexo VI

Folha de pagamento da Fábrica de Fiação e Tecelagem Industrial Mineira (fevereiro de 1884)

Setores [1]	Funções [1]	Nº	Sexo - Homens	Sexo - Mulheres	Menores [2]	Nacionalidades [3] Bra-Port.	Ale.	Ing.	Ital.	Média de dias trabalhados [4] (A)	Jornais diários [5] Menor (B)	Médio (C)	Maior (D)	Ordenados mensais [6] Menor (A x B)	Médio (A x C)	Maior (A x D)
Gerência e controle da produção [7]	Gerente	1	1	—	—	—	—	1	—	24	—	—	10$000	—	—	240$000
	Mestre	3	3	—	—	—	—	3	—	25,9	5$454	7$272	9$090	141$257	188$345	235$431
	Contramestre	1	1	—	—	—	—	1	—	26,7	—	—	3$500	—	—	93$450
	Apontador	1	1	—	—	—	—	1	—	25	—	—	3$500	—	—	87$500
Fiação	Batedor	2	2	—	—	—	1	—	1	24	1$500	1$850	2$200	36$000	44$400	52$800
	Cardador	3	2	1	—	3	—	—	—	17,2	1$500	1$833	2$000	25$800	31$528	34$400
	Penteador	3	—	3	—	—	3	—	—	11,4	$800	1$133	1$300	9$120	12$916	14$820
	Maçaroqueiro	19	2	17	4	1	17	1	—	7,6	$240	$910	1$800	1$824	6$916	13$680
	Arriador	1	1	—	—	1	—	—	—	18,6	—	—	2$200	—	—	40$920
	Fiandeiro	17	9	8	14	7	8	2	—	10,6	$300	$454	1$200	3$180	4$812	12$720
Tecelagem	Urdidor	4	1	3	—	2	2	—	—	10,1	1$000	1$450	1$800	10$100	14$645	18$180
	Tecelão	19	13	6	—	15	4	—	—	Variava segundo a metragem e o tipo de tecido produzido [8]					18$472	36$200
Serviços adicionais à produção	Medidor	1	1	—	—	—	1	—	—	25,2	—	—	2$600	—	—	65$520
	Revistador	3	3	—	1	3	—	—	—	12,8	$500	1$367	1$800	6$400	17$498	23$040
	Estoquista	1	1	—	—	—	1	—	—	17,6	—	—	2$000	—	—	35$200
	Auxiliar de estoque	1	1	—	1	—	1	—	—	2,6	—	—	$320	—	—	$832
Oficinas, turbina hidráulica, caldeiraria e depósito	Mecânico	3	3	—	—	—	2	1	—	25,6	2$800	4$467	7$000	71$680	114$355	179$200
	Ferreiro	2	2	—	—	—	2	—	—	24,9	2$200	2$900	3$600	54$780	72$210	89$640
	Operador da turbina	1	1	—	—	—	1	—	—	26,1	—	—	2$000	—	—	52$200
	Caldeireiro	1	1	—	—	—	1	—	—	27,9	—	—	2$200	—	—	61$380
	Almoxarife	2	2	—	—	2	—	—	—	17,4	1$500	1$950	2$400	26$100	33$930	41$760

Continua

ANEXOS 457

Setores [1]	Funções [1]	Nº	Sexo Homens	Sexo Mulheres	Menores [2]	Nacionalidades [3] Bra-Port.	Ale.	Ing.	Ital.	Média de dias trabalhados [4] (A)	Jornais diários [5] Menor (B)	Médio (C)	Maior (D)	Ordenados mensais [6] Menor (A x B)	Médio (A x C)	Maior (A x D)
Serviços auxiliares à produção	Vigia	1	1	—	—	—	1	—	—	27,9	—	—	2$576	—	—	74$700
	Cozinheira	1	—	1	—	1	—	—	—	27,9	—	—	1$380	—	—	40$000
	Varredor	1	1	—	—	1	—	—	1	18,8	—	—	1$800	—	—	33$840
Obras de instalação da fábrica	Carpinteiros	6	6	—	—	2	3	—	1	23,9	1$200	3$283	4$200	28$680	78$463	100$380
	Pedreiros	7	7	—	—	2	5	—	—	19,9	3$600	3$886	4$200	71$640	77$331	83$580
	Pintores	1	1	—	—	—	1	—	—	18,7	—	—	3$000	—	—	56$100
	Trabalhadores	22	22	—	—	6	15	—	1	20,2	1$400	1$943	2$200	28$280	39$250	44$440
Somas / Médias gerais		128	89	39	20	45	69	10	04	19,9	1$426	2$110	2$425	28$377	41$989	48$257
% sobre o total de operários		100	69,5	30,5	15,6	35,2	53,9	7,8	3,1							

[1] Os "setores" e as "funções", que na folha original se encontram em inglês e com outras denominações, foram organizados a partir da descrição do processo produtivo, antes de 1930, da principal e mais complexa unidade da Companhia América Fabril, a Fábrica Cruzeiro (Weid e Bastos, 1986:197-215).

[2] Não havendo especificação das idades na *folha original*, foram considerados "menores" os operários que receberam jornal igual ou inferior a $600 diários, ou um pouco mais do que 1/3 do valor médio do menor jornal diário pago pela Companhia a seus empregados.

[3] Por não constarem na folha original, as "nacionalidades" foram deduzidas a partir dos nomes e sobrenomes dos operários e classificadas em: (Br-Pt), brasileiros, portugueses e descendentes nascidos no Brasil; (Ale) alemães e descendentes nascidos no Brasil; (Ing) ingleses e (Ita) italianos e descendentes nascidos no Brasil.

[4] A "média de dias trabalhados" foi obtida dividindo-se a soma de dias trabalhados por todos os operários da função pelo contingente de operários em cada função.

[5] O valor médio dos jornais diários foi obtido dividindo-se o somatório de todos os jornais pagos em cada função pelo contingente total de operários em cada função.

[6] Os valores dos ordenados mensais foram obtidos multiplicando-se os "jornais diários" (B, C ou D) pela "média de dias trabalhados" (A) de cada função.

[7] Os salários dos funcionários do setor de "Gerência e controle da produção" não entraram no cálculo das médias gerais dos valores pagos aos operários da fábrica.

[8] Os teceleões recebiam ordenados conforme a sua produção, avaliada em função da quantidade e do tipo de pano fabricado, "branco" ou "riscado". Os salários dos teceleões não entraram no cálculo das médias gerais dos valores pagos pela fábrica a seus demais operários.

Fonte: Fundo da Cia. de Fiação e Tecelagem Industrial Mineira.

Anexo VII

Entrada de imigrantes em Minas Gerais pela hospedaria de Juiz de Fora (1894-1901)

Ano	Mês	Quant.	País de origem (%) [1]				Modalidade (%) [2]				Religião (%) [3]		Profissão (%) [4]			Total
			Itália	Espanha	Portugal	Outros	GF	GE	EXP	PP	Cat.	Aca.	Agri.	Art.	S/prof.	
1894	Ago.	292	97%	—	2,9%	0,1%	—	93%	4,8%	2,2%	99,9%	0,1%	98,0%	2%	—	4.554
	Set.	765														
	Out.	1.254														
	Dez.	2.243														
1895	Jan.	1.189	99%	0,6%	0,4%	—	0,4%	97%	2%	0,6%	100%	—	77%	1,6%	21,4%	5.569
	Mai.	51														
	Jul.	20														
	Ago.	365														
	Set.	1.043														
	Out.	1.004														
	Nov.	1.408														
	Dez.	489														
1896	Jan.	662	78,1%	8,1%	0,4%	13,4%	4,2%	94,9%	0,6%	0,3%	100%	—	87,1%	1%	11,9%	22.327
	Fev.	2.899														
	Mar.	2.811														
	Abr.	1.966														
	Mai.	2.007														
	Jun.	2.700														
	Jul.	1.841														
	Ago.	2.095														
	Set.	2.503														
	Out.	1.267														
	Nov.	892														
	Dez.	684														

Continua

ANEXOS 459

Ano	Mês	Quant.	País de origem (%) [1]				Modalidade (%) [2]				Religião (%) [3]		Profissão (%) [4]			Total
			Itália	Espanha	Portugal	Outros	GF	GE	EXP	PP	Cat.	Aca.	Agri.	Art.	S/prof.	
1897	Jan.	614														
	Fev.	665														
	Mar.	1.977														
	Abr.	1.350														
	Mai.	1.905														
	Jun.	593														
	Jul.	422	98,5%	0,2%	0,06%	1,24%	0,3%	97,3%	1,9%	0,5%	100%	—	78,5%	9,3%	12,2%	17.423
	Ago.	1.074														
	Set.	3.058														
	Out.	1.643														
	Nov.	—														
	Dez.	4.122														
1898	Ano	2.029	94,5%	0,15%	5,2%	0,15%	—	97%	3%	—	100%	—	77,5%	9,5%	13%	2.029
1899	Ano	661	98,3%	—	—	1,7%	—	98,5%	0,9%	0,6%	100%	—	81,4%	5,9%	12,7%	661
1900	Ano	5	80%	—	—	20%	—	100%	—	—	100%	—	80%	20%	—	5
1901	Ano	14	100%	—	—	—	—	100%	—	—	100%	—	100%	—	—	14
Total		52.582	89,57%	3,6%	0,67%	6,16%	1,95%	95,84%	1,66%	0,55%	99,99%	0,01%	83,67%	4,31%	12,01%	52.582

[1] A coluna "Outros" se refere tanto aos 240 imigrantes originários da Áustria (188), Alemanha (14), Grécia (26), Armênia (3), Canadá (3) e França (6), quanto aos 3.001 indivíduos classificados por Norma de Góes Monteiro, de forma genérica e sem maiores esclarecimentos, como "italianos etc."

[2] Modalidades de introdução: Por conta do Governo Federal (GF); Por conta do Governo Estadual (GE); Espontânea (EXP) e Passagem paga (PP).

[3] Religião professada: Católicos (Cat.) e Acatólicos (Aca.).

[4] Profissão declarada: Agricultores (Agri.); Artistas (Art.) e Sem profissão (S/prof.).

Fontes: Tabela compilada a partir de dados presentes em: Imigração. *Almanach de Juiz de Fora para 1897* (1896-1897), p. 207-209; Imigração. *Almanach de Juiz de Fora para 1898* (1898), p. 217; e Monteiro (1994:173, anexo a).

Anexo VIII

População das zonas urbana, suburbana e rural do distrito-sede do município de Juiz de Fora (1907)

Zonas	Região de abrangência	População
Zonas urbana e suburbana	Ruas Direita e Lamaçal e avenida Manoel Honório	2.305
	Rua Halfeld (da Academia de Comércio à rua Botanágua)	1.195
	Ruas Espírito Santo, Barão de Santa Helena, Progresso e Antonio Dias	1.317
	Ruas São Mateus, Capharnaum, Moraes e Castro e Sampaio	1.424
	Ruas 15 de Novembro, Osório de Almeida e Mac-Adam	1.949
	Ruas Botanágua e Carlos Otto, Vargem F. Borges e Avenida Garibaldi	1.791
	Ruas F. Peixoto (parte baixa) e Fonseca Hermes, Pç. Dr. João Penido e Av. Municipal	466
	Ruas S. Sebastião, S. Antonio e Floriano Peixoto (parte alta), Parque Halfeld e Avenida Rita Halfeld	1.009
	Morro S. Antonio, Ruas Chácara, Vigário, Alto Academia, Tiradentes, Boa Vista e Dr. Paletta	885
	Ruas Baptista de Oliveira e Marechal Deodoro e Vargem Piau	1.889
	Ruas Santa Rita, São João, Barbosa Lima e Braz Bernardino	1.205
	Morro da Gratidão e ruas dos Artistas, da Glória e Mariano Procópio	1.854
	Ruas Roberto de Barros, Benjamim Constant, Silva Jardim e Largo do Riachuelo	669
	Tapera (da rua Mariano Procópio ao alto da serra da Grama)	1.022
	Rua Bernardo Mascarenhas, Escola e região	1.315
	Vilagem e Cresotagem	311
	Colônia São Pedro, Caixa D'Água e região	1.728
	Subtotal	22.334
Zona rural	Do fim da rua S. Mateus até as divisas dos distritos de S. F. de Paula e Matias Barbosa	2.472
	Do Asilo João Emílio às divisas dos distritos de Matias Barbosa e Sarandy, compreendendo Graminha, Estação do Retiro, Morro da Boiada e região	757
	Das Jabuticabeiras a Benfica e daí às divisas dos distritos de Rosário e Paula Lima	1.457
	Barreira do Triunfo e região	598
	Da Serra da Grama e do sítio Julio Modesto às divisas da Chácara, compreendendo a Estação da Grama e Filgueiras até a divisa de Água Limpa	935
	Subtotal	6.219
	Total	28.553

Fonte: População da cidade de Juiz de Fora (urbana e suburbana). *O Pharol*, 17 out. 1907, p.1 e 22 out. 1907, p.1; Juiz de Fora. *O Pharol*, 5 maio 1909, p. 1.

Anexo IX

Anúncios de emprego publicados nos jornais *O Pharol*, *Correio de Minas* e *Jornal do Commercio* (1890-1904)

Profissões	Tipos de anúncios			
	OFERTA Contratantes precisam de trabalhadores		**PROCURA** Trabalhadores buscam uma colocação	
	Nº de anúncios	Nº de vagas ofertadas	Nº de anúncios	Nº de vagas procuradas
Administrador de fazenda	1	1	5	10
Agente de viagem / viajante comercial	2	6	1	1
Ajudante de cozinha	3	3	—	—
Alfaiate	8	17	—	—
Ama de leite	4	4	1	1
Ama seca	2	2	—	—
Aprendiz de alfaiate	1	1	—	—
Aprendiz de colchoeiro	1	1	—	—
Aprendiz de serralheiro	1	3	—	—
Aprendiz de tipografia	1	3	—	—
Barbeiro	5	5	—	—
Caixeiro / empregado de loja	8	8	6	6
Calceteiros	1	5	—	—
Canteiro	2	8	—	—
Carpinteiro	3	9	—	—
Carroceiro	2	8	—	—
Cavouqueiro	1	5	—	—
Cervejeiro	3	5	—	—
Chacareiro	—	—	1	1
Copeiro	4	5	2	3
Costureira	3	9	2	2
Cozinheira	10	10	2	2
Cozinheiro	7	8	6	7
Criada / serviços domésticos	11	12	—	—
Dobrador de jornal	1	1	—	—
Empalhadores	2	6	—	—
Empregado de escritório	3	3	1	1
Empreiteiro rural	1	3	—	—
Entregador de jornal	3	3	—	—
Feitor de obras	1	3	—	—
Ferrador	2	2	—	—
Ferreiro	1	1	—	—
Guarda-livros / escrituração	—	—	2	5
Gerente de hotel	1	1	—	—
Gerente de lavanderia	1	1	—	—

Continua

	Tipos de anúncios				
Profissões	Oferta Contratantes precisam de trabalhadores		Procura Trabalhadores buscam uma colocação	
	Nº de anúncios	Nº de vagas ofertadas	Nº de anúncios	Nº de vagas procuradas
Jardineiro / hortelão / horteleiro	—	—	6	6
Jornaleiros / trabalhadores	10	67	2	2
Lavadeira e engomadeira	5	8	—	—
Lavador de pratos	2	2	—	—
Limador de serras	2	2	—	—
Marceneiro	5	15	—	—
Matador de formiga	1	1	—	—
Mecânico / maquinista	—	—	5	5
Oficial de farmácia	1	1	—	—
Operador de locomóvel	1	1	—	—
Padeiro	3	3	1	1
Pedreiro	3	12	—	—
Professor / professora	—	—	2	3
Refinador de açúcar	1	2	—	—
Sapateiros	9	18	—	—
Serralheiro	1	2	—	—
Serventes	2	11	—	—
Trabalhador rural / lavrador	5	40	—	—
Telheiro / tijoleiro / oleiro	3	10	—	—
Tipógrafos / compositores	5	10	—	—
Torneiro	3	7	—	—
Vendedor de jornal	1	3	—	—
Total de anúncios / vagas	163	377	45	56

Fontes: *O Pharol* — 6 jun. 1890, p.2; 4 jul. 1890, p. 4; 20 jul. 1890, p. 4; 23 ago. 1890, p. 3; 4 set. 1890, p. 4; 12 set. 1890, p. 2; 23 out. 1890, p. 3; 20 nov. 1890, p. 3; 13 dez. 1890, p. 3; 16 jan. 1892, p. 2; 30 jan. 1892, p. 3; 9 fev. 1892, p. 3; 14 fev. 1892, p. 2; 10 mar. 1892, p. 2-3; 26 mar. 1892, p. 2; 5, 16 e 26 maio 1892, p. 2; 1 e 6 jun. 1892, p. 2; 7 jun. 1892, p. 3; 17 jun. 1892, p. 2; 24 jun. 1892, p. 2; 5 ago. 1892, p. 2; 14 out. 1892, p. 4; 11 nov. 1892, p. 2; 1 e 30 jul. 1893, p. 3; 20 set. 1893, p. 3; 21 set. 1893, p. 2; 12 out. 1893, p. 2; 7 dez. 1893, p. 2; 21 jul. 1894, p. 3; 24 out. 1894, p. 3; 28 jul. 1894, p. 3; 15 e 17 set. 1894, p. 3; 2 e 30 out. 1894, p. 3; 20 e 21 dez. 1894, p. 3; 5 ago. 1895, p. 3; 7 ago. 1895, p. 2; 9 e 13 ago. 1895, p. 2; 19 ago. 1895, p. 4; 5 out. 1895, p. 2; 9 nov. 1895, p. 3; 11 nov. 1895, p. 2; 15 nov. 1895, p. 2 e 20 jan. 1904, p. 2. *Correio de Minas* — 2 out. 1896, p. 3; 10 nov. 1896, p. 3. *Jornal do Commercio* — 25 dez. 1896, p. 3; 16 jan. 1897, p. 3; 20 jan. 1897, p. 3; 23 jan. 1897, p. 3; 2 fev. 1897, p. 3; 18 fev. 1897, p. 3; 4 mar. 1897, p. 2; 13 mar. 1897, p. 3; 20 mar. 1897, p. 2-3; 24 mar. 1897, p. 2; 28 mar. 1897, p. 3; 5 abr. 1897, p. 3; 7 abr. 1897, p. 2; 14 abr. 1897, p. 4; 16 maio 1897, p. 3; 17 maio 1897, p. 2; 21 maio 1897, p. 3; 30 maio 1897, p. 3; 27 jun. 1897, p. 3; 15 jul. 1897, p. 2; 17 jul. 1897, p. 2; 22 jul. 1897, p. 2; 28 jul. 1897, p. 3; 5 ago. 1897, p. 3; 20 ago. 1897, p. 2; 21 ago. 1897, p. 3; 27 set. 1897, p. 2; 30 set. 1897, p. 2; 3 abr. 1898, p. 2; 19 maio 1898, p. 3; 25 maio 1898, p. 3; 12 jun. 1898, p. 3; 22 jun. 1898, p. 2; 5 jan. 1899, p. 2; 12 jan. 1899, p. 2; 21 jan. 1899, p. 2; 22 jan. 1899, p. 2; 2 mar. 1899, p. 2; 8 out. 1899, p. 2; 5 ago. 1900, p. 2; 6 ago. 1900, p. 3; 27 set. 1900, p. 2; 12 abr. 1901, p. 2; 19 jun. 1901, p. 2; 23 ago. 1902, p. 2; 4 jun. 1903, p. 3.

Anexo X

Folha de pagamento da Companhia de Fiação e Tecelagem Industrial Mineira (maio de 1897)

Setores [1]	Funções [1]	Nº	Sexo Homens	Sexo Mulheres	Menores [2]	Nacionalidades [3] Br-Pt	Ale	Ing	Ita	Média de dias trabalhados [4] (A)	Jornais diários [5] Menor (B)	Médio (C)	Maior (D)	Ordenados mensais [6] Menor (A x B)	Médio (A x C)	Maior (A x D)
	Mestre	3	3	—	—	2	—	1	—	25,3	8$000	10$397	13$192	202$400	263$044	333$758
	Contramestre	7	7	—	—	1	5	—	1	28,1	4$000	4$673	6$000	112$400	131$311	168$600
Gerência e controle da produção [7]	Apontador	1	1	—	—	—	1	—	—	28,1	—	—	10$676	—	—	300$000
	Escriturário	1	1	—	—	—	1	—	—	28,1	—	—	1$780	—	—	50$000
	Vendedor	1	1	—	—	1	—	—	—	28,1	—	—	8$897	—	—	250$000
	Abridor	1	1	—	—	—	1	—	—	23	—	—	3$400	—	—	78$200
	Batedor	3	3	—	—	—	—	—	3	24,8	3$400	3$466	3$600	84$320	85$957	89$280
	Cardador	4	4	—	—	2	1	—	1	20,5	1$700	3$175	4$000	34$850	65$088	82$000
Fiação	Penteador	11	—	11	—	1	6	—	4	20	1$200	1$882	2$500	24$000	37$640	50$000
	Maçaroqueiro	49	—	49	23	16	13	—	20	20,7	$500	$972	1$600	10$350	20$120	33$120
	Arriador	1	1	—	—	—	1	—	—	24	—	—	1$600	—	—	38$400
	Fiandeiro	57	57	—	47	24	11	—	22	21,6	$500	$758	1$600	10$800	16$373	34$560
	Urdidor	6	—	6	—	3	3	—	—	20,1	1$800	2$283	2$700	36$180	45$888	54$270
Tecelagem	Tecelão	54	11	43	—	6	28	—	20	Variava segundo a metragem e o tipo de tecido produzido [8]				44$440		107$900
	Aprendiz	5	1	4	5	1	1	—	3	18	—	—	$500	—	—	9$000
	Tintureiro	5	5	—	—	2	3	—	—	23	3$800	3$880	4$000	87$400	89$240	92$000
	Medidor	2	2	—	—	—	2	—	—	24,5	—	—	4$000	—	—	98$000
Serviços adicionais à produção	Revistador	3	3	—	3	—	3	—	—	22,7	$800	$833	$900	18$160	18$910	20$430
	Enfardador	7	7	—	1	1	4	—	2	27,7	$900	2$343	3$500	24$930	64$901	96$950
	Estoquista	2	2	—	—	—	2	—	—	23,6	1$553	1$743	1$933	36$640	41$130	45$620
	Expedidor	3	3	—	—	—	3	—	—	27	3$600	4$062	4$300	97$200	109$674	116$100

Continua

Setores [1]	Funções [1]	Nº	Sexo Homens	Sexo Mulheres	Menores [2]	Nac. Br-Pt	Nac. Ale	Nac. Ing	Nac. Ita	Média de dias trabalhados [4] (A)	Jornais diários [5] Menor (B)	Médio (C)	Maior (D)	Ordenados mensais [6] Menor (A x B)	Médio (A x C)	Maior (A x D)
	Op. da turbina	2	2	—	—	1	—	—	1	25,5	3$600	3$950	4$300	91$800	100$725	109$650
	Mecânico	1	1	—	—	—	—	1	—	27,5	—	—	10$009	—	—	30$500
	Ferreiro	1	1	—	—	—	1	—	—	19,5	—	—	5$000	—	—	97$500
	Funileiro	1	1	—	—	1	—	—	—	19	—	—	4$500	—	—	85$500
Turbina hidráulica, oficinas e vigilância	Carpinteiro	1	1	—	—	1	—	—	—	25	—	—	4$800	—	—	120$500
	Pedreiro	1	1	—	—	—	1	—	—	24	—	—	5$400	—	—	129$600
	Trabalhador	5	5	—	—	4	1	—	—	25,7	3$000	3$378	3$891	77$100	86$815	100$500
	Vigia	3	3	—	—	2	—	—	—	28,1	3$915	4$094	4$453	110$000	115$040	125$120
Somas / médias gerais		241	128	113	79	69	93	2	77	24	2$162	2$630	3$586	51$888	63$120	86$064
% sobre o total de operários		100	53,1	46,9	32,8	28,6	38,6	0,8	32							

[1] Os "setores" e as "funções", que na folha original se encontram em inglês e com outras denominações, foram organizados a partir da descrição do processo produtivo, antes de 1930, da principal e mais complexa unidade da Companhia América Fabril, a Fábrica Cruzeiro (Weid e Bastos, 1986:197-215).
[2] Não havendo especificação das idades na folha original, foram considerados "menores" os operários que receberam jornal igual ou inferior a $900 diários, ou um pouco mais do que 1/3 do valor médio do menor jornal diário pago pela Companhia a seus empregados.
[3] Por não constarem na folha original, as "nacionalidades" foram deduzidas a partir dos nomes e sobrenomes dos operários e classificadas em: (Br-Pt), brasileiros, portugueses e descendentes nascidos no Brasil; (Ale) alemães e descendentes nascidos no Brasil; (Ing) ingleses e (Ita) italianos e descendentes nascidos no Brasil.
[4] A "média de dias trabalhados" foi obtida dividindo-se a soma de dias trabalhados por todos os operários da função pelo contingente de operários em cada função.
[5] O valor médio dos jornais diários foi obtido dividindo-se o somatório de todos os jornais pagos em cada função pelo contingente total de operários em cada função.
[6] Os valores dos ordenados mensais foram obtidos multiplicando-se os "jornais diários" (B, C ou D) pela "média de dias trabalhados" (A) de cada função.
[7] Os salários dos funcionários do setor de "Gerência e controle da produção" não entraram no cálculo das médias gerais dos valores pagos aos operários da fábrica.
[8] Os tecelões recebiam ordenados conforme sua produção, avaliada em função da metragem e da complexidade do tecido produzido. A folha original não traz o valor em réis do metro de cada tipo de pano fabricado. Os salários dos tecelões não entraram no cálculo das médias gerais dos valores pagos pela fábrica a seus operários.
Fonte: Fundo da Cia. de Fiação e Tecelagem Industrial Mineira.

ANEXOS 465

Anexo XI

Greves, ameaças de greves, mobilizações e protestos proletários, no Brasil e no mundo, noticiadas pela imprensa de Juiz de Fora (1890-1912)

Ano	País	Cidade	Mês	Tipo	Liderança	Categorias envolvidas	Motivos e/ou reivindicações	Ações e resultados conhecidos
1890	Brasil	Rio de Janeiro	Dez.	Ameaça de greve	Partido Operário e associações proletárias	Várias, em especial cocheiros, carroceiros e tipógrafos	Suspensão de dispositivos do novo Código Penal (arts. 204, 205 e 206)	Enviaram representações ao Governo Provisório exigindo a suspensão da execução do novo Código Penal, que por meio do Decreto nº 1.162 (12 dez. 1890) atenua as restrições às greves sem deixar de prever pena de multa e prisão para os acusados de as liderarem.
1890	Brasil	Rio de Janeiro	Dez.	Ameaça de greve	Comissão ligada a um centro tipográfico	Tipógrafos e operários dos jornais da capital federal	Não divulgados	Promoveram uma reunião com os representantes dos operários das oficinas dos jornais para tentar desencadear uma greve no dia 20 de dezembro, o que não ocorreu.
1891	Brasil	Rio de Janeiro	Fev.	Greve	Não identificada	Carroceiros, carregadores de café, trabalhadores da estiva e outros operários das docas	Aumentos salariais e denúncia da grande carestia dos gêneros alimentícios	Conquistaram aumentos salariais.
1891	Brasil	Rio de Janeiro	Fev.	Greve	Não identificada	Trabalhadores da fábrica de gás	Aumentos salariais [1]	Forte repressão e demissões.
1891	Brasil	Rio de Janeiro	Fev.	Greve	Não identificada	2.500 operários da EFCB	Aumentos salariais, diante da ameaça de redução dos mesmos feita pelos diretores da EFCB	O transporte de cargas e passageiros entre o Rio de Janeiro e Juiz de Fora ficou paralisado. Um operário foi morto pela polícia. O governo substituiu a direção da empresa e concedeu aumentos salariais.
1891	Brasil	Rio de Janeiro	Mar.	Ameaça de greve	Não identificada	Trabalhadores da fábrica de gás	Readmissão dos empregados demitidos na tentativa de greve em 18 de fevereiro	A greve não ocorreu devido à intervenção das autoridades policiais.
1891	Brasil	Rio de Janeiro	Set.	Greve	Não identificada	Trabalhadores e operários da alfândega	Não divulgados	Um forte esquema policial deu cobertura à demissão dos aproximadamente 200 operários que aderiram ao movimento.

Continua

Ano	País	Cidade	Mês	Tipo	Liderança	Categorias envolvidas	Motivos e/ou reivindicações	Ações e resultados conhecidos
1892	Brasil	Santos	Out.	Greve	Não identificada	Operários da estrada de ferro inglesa (São Paulo Railway)	Aumentos salariais ("há seis meses era de 3$000, foi elevado para 4$000, e agora exigem que seja elevado a 5$000.")	Sem notícias.
	Nápoles		Fev.	Protestos e greves	Não identificada	Operários de construções e desempregados	Desemprego, fome e miséria	Distúrbios, paralisações, manifestações de protesto e comícios, sempre sob forte repressão policial.
	Itália / vários da Europa	Várias da Europa	Abr./mai.	Protestos e greves	Não identificada	Diversas categorias de operários	Para marcar a passagem do 1º de maio e unificar a luta pela jornada de oito horas	Sem notícias.
		Milão	Set.	Greve	Não identificada	4.000 metalúrgicos	Não divulgados	Sem notícias.
1893	Brasil	Rio de Janeiro	Mar.	Greve	Não identificada	Trabalhadores dos armazéns de café da estação marítima da Gamboa	Aumentos salariais	Sem notícias sobre acordo.
			Mar.	Greve	Não identificada	Empregados das barcas Ferry	Aumentos salariais	Sem notícias sobre acordo.
	Bélgica	Bruxelas, Mons e Anvers	Abr.	Greve	Não identificada	Milhares de operários, tipógrafos	Não divulgados	Manifestações e conflitos com forças policiais, que responderam com forte repressão.
1894	Estados Unidos	Chicago	Ago.	Greve	Não identificada	96.000 operários de fábricas de carruagens	Aumentos salariais	Piquetes e ataques às fábricas, com confrontos e forte repressão policial.
1895	Brasil	Rio de Janeiro	Nov.	Greve	Não identificada	Operários da EFCB em serviço na Estação do Méier e outros subúrbios	Contra a administração da EFCB	Repressão policial pôs fim ao movimento.
1896	Espanha	Madri	Jun.	Greve	Não identificada	Operárias de fábricas de charutos	Corte de pessoal	Manifestação diante da Câmara dos Deputados da Espanha, dissolvida à força pela polícia, que prendeu quase duas dezenas de grevistas.

Continua

ANEXOS 467

Ano	País	Cidade	Mês	Tipo	Liderança	Categorias envolvidas	Motivos e/ou reivindicações	Ações e resultados conhecidos
1898	Brasil	Rio de Janeiro	Ago.	Greve	Não identificada	Cocheiro da companhia de carris urbanos	Não divulgados	Ao impedir a circulação dos carris, os cocheiros foram severamente reprimidos pela polícia, que deu fim ao movimento.
1898	Espanha	Madri, Bilbao e outras cidades	Mai.	Greves, motins e saques	Não identificada	População urbana e operários das minas	Carestia e a escassez de gêneros alimentícios	Desordens e saques a estabelecimentos comerciais, protestos de rua, confrontos com forças policiais e militares.
1898	Itália	Roma, Florença, Turim, Milão e outras cidades	Mai.	Greves, motins e saques	Não identificada	População urbana e operários da construção naval	Escassez de gêneros alimentícios e fome generalizada. Críticas à monarquia	Saques a estabelecimentos comerciais, protestos de rua, barricadas, confrontos com a força policial e militar, com milhares de feridos e mais de 500 mortos. As autoridades foram forçadas a distribuir alimentos.
1899	Brasil	Rio de Janeiro	Dez.	Reunião	Comissão de operários da EFCB	Ferroviários da EFCB	Redução da jornada de trabalho	Por intermédio da Intendência do Rio de Janeiro, a comissão de ferroviários dirigiu ao Ministério da Viação uma solicitação para que as horas de trabalho fossem reduzidas.
1900	Brasil	Rio de Janeiro	Jan.	Greve	Não identificada	Cocheiros de bondes e carros, carroceiros e demais empregados de veículos, num total estimado em 20 mil trabalhadores	Contra o novo regulamento de veículos, que os obrigava ao pagamento de matrículas e carteira, bem como o comparecimento a uma delegacia para serem fotografados e fichados	Durante cerca de três dias o tráfego de carroças, bondes e demais veículos ficou totalmente paralisado, prejudicando enormemente as atividades mercantis e portuárias. Grevistas arrancaram trilhos, viraram bondes e entraram em confrontos com a polícia e o Exército, que mataram ao menos dois trabalhadores e feriram outros tantos. O governo teve que negociar para pôr fim ao movimento paredista.
1903	Brasil	Rio de Janeiro	Ago.	Greve	Não identificada	Chapeleiros, alfaiates, operários de fábricas de tecidos, pregos e de papéis pintados	Contra as demissões e pela redução das horas de trabalho (para oito horas diárias) e aumentos salariais [1]	Realizaram passeatas e intimaram as casas de chapéus a cerrarem suas portas. Polícia, Marinha e Exército reprimiram o movimento, entrando em confronto com os grevistas. Houve grande número de presos e feridos. A jornada de trabalho foi reduzida para 10 horas e ocorreram demissões em massa. [1]

Continua

Ano	País	Cidade	Mês	Tipo	Liderança	Categorias envolvidas	Motivos e/ou reivindicações	Ações e resultados conhecidos
1904	Brasil	Rio de Janeiro	Nov.	Protestos, motins e saques	Liga Contra a Vacina e Centro das Classes Operárias	População urbana	Contra a vacinação obrigatória	Foram realizadas grandes assembleias públicas para fundar a Liga Contra à Vacina a protestar contra a vacinação obrigatória. A repressão policial fez com que os protestos se transformassem em distúrbios, com depredações, barricadas e ataques a prédios públicos. Numerosos grupos de populares enfrentaram a força pública em vários pontos da capital federal, resultando em muitas prisões, feridos e ao menos seis mortos.[2]
1906	Brasil	Rio de Janeiro	Jan.	Greve e conflito	Não identificada	300 trabalhadores do serviço de remoção de carvão da empresa Brasilian-Coal	Contra a dispensa de 70 trabalhadores	Paralisação do trabalho e agressões ao feitor da empresa.
	Brasil	São Paulo, Santos, Rio Claro, Ribeirão Preto, Jundiaí e Campinas	Mai.	Greve	Liga Operária	Movimento iniciado pelos empregados da Companhia Paulista, em Jundiaí, tendo se espalhado por outras cidades e categorias operárias, como os ferroviários da companhia Mogiana, cocheiros, operários da Lidgerwood Company e os empregados das companhias de gás e bondes de Campinas	Demissão do chefe da locomoção, responsabilizado pela dispensa de muitos operários[3]	Forte repressão policial e ameaças de demissão em massa impediram a generalização da greve e sua continuação por muito tempo.[3]
	Brasil	Rio de Janeiro	Mai./jun.	Greve	Não identificada	Operários do porto (Lloyd Brasileiro) e das fábricas de tecidos Corcovado e Carioca	Não divulgados	Foi convocado um *meeting* na área central do Rio, mas a polícia impediu sua realização, além de prender um sócio da Liga dos Alfaiates e o presidente da União dos Operários do Engenho de Dentro, Antonio Augusto Pinto Machado.
	Brasil	Rio de Janeiro	Set.	Greve	Não identificada	Sapateiros	Não divulgados	O embate entre grevistas e policiais resultou em muitos trabalhadores feridos.
	Argentina	Buenos Aires	Fev.	Greve e conflito	Não identificada	Ferroviários, tipógrafos, entre outras categorias de operários	Não divulgados	Ataques a oficinas de grandes jornais, saques a estabelecimentos comerciais e conflitos de rua com forças de segurança, que reprimiram violentamente os grevistas, resultando em muitos mortos e feridos (estimados em 313 pessoas).

Continua

Ano	País	Cidade	Mês	Tipo	Liderança	Categorias envolvidas	Motivos e/ou reivindicações	Ações e resultados conhecidos
1907	França	Marselha	Mai.	Paralisação e protesto no dia 1º de maio	União das Câmaras Sindicais Operárias	Operariado em geral	Redução da jornada de trabalho	Sem notícias.
1908	Brasil	Rio de Janeiro	Abr.	Greve	Não identificada	Pelo menos 500 operários, empregados da Light and Power	Contra a imposição de tarefas extras no carregamento de carvão [1]	A greve deixou os subúrbios da capital federal às escuras, com apenas metade dos combustores acesos nas ruas centrais. A Light and Power chegou a demitir todos os grevistas, mas depois cedeu e aceitou o acordo que colocou fim ao movimento. Os operários conquistam o direito à uma hora de almoço. [1]
	Brasil	Rio de Janeiro	Nov.	Greve	Não identificada	1.200 operários da fábrica de tecidos Cruzeiro	Contra demissões e pelo estabelecimento de tabela de produção por metro [1]	Sem notícias.
1912	Brasil	Rio de Janeiro	Jun.	Greve	Não identificada	Carroceiros	Não divulgados	Diversos grevistas foram presos pela polícia, que colocou fim ao movimento.
	Espanha	Madri	Jun.	Greve	Congresso dos Operários das Vias Férreas	Ferroviários	Direito de reunião e de greve	Sem notícias.
	França	Paris, Bordeux, Havre	Jun.	Greve	Conselho Federal dos Empregados dos Portos e Docas	Marítimos	Não divulgados	Sem notícias.

Continua

Ano	País	Cidade	Mês	Tipo	Liderança	Categorias envolvidas	Motivos e/ou reivindicações	Ações e resultados conhecidos
1912	Inglaterra	Londres	Jun./jul.	Greve	Não identificada	Empregados das empresas de transporte e marítimos	Não divulgados	Sem notícias.
	Estados Unidos	Nova York	Jun.	Greve	Não identificada	Marítimos	Não divulgados	Sem notícias.
	Portugal	Lisboa	Jul.	Greve	Não identificada	Trabalhadores da Companhia Carris de Lisboa	Contra a demissão de um grupo de antigos funcionários da empresa	Companhia de Carris demite parte de grevistas, contando com a repressão policial para pôr fim à greve e reativar o tráfego de bondes.

[1] Lobo, 1992:32-35; [2] Carvalho, 1987:95-135; [3] Beiguelman, 1981:35-41.

Fontes: **1890** — Greve eminente. *O Pharol*, 13 dez., p. 2; Os operários e o código. *O Pharol*, 14 dez., p. 2; e Falsos operários. *O Pharol*, 16 e 21 dez, p. 2 e 1, respectivamente. **1891** — Greves. *O Pharol*, 19 fev. 1891, p. 1 e 20 fev., p. 1; Greve. *O Pharol*, 24, 25 e 26 fev., p. 1; e 5 mar, p. 1; A miséria na Itália. *O Pharol*, 26 fev., p. 1; E. F. Central. *O Pharol*, 27 fev., p. 1 e 8 mar., p. 1; Ameaça de Greve na Europa. *O Pharol*, 29 abr., p. 1; Greve no Distrito Federal. *O Pharol*, 13 set., p. 2; Greve na Itália, 27 set., p. 1 e Greve em Santos. *O Pharol*, 28 out, p. 1. **1892** — Greve. *O Pharol*, 10 mar., p. 1. **1893** — As greves na Bélgica. *O Pharol*, 20 abr., p. 2. **1894** — Greve monstro. *O Pharol*, 17 ago., p. 1. **1895** — Greve na Central. *Correio de Minas*, 15 nov., p. 1. **1896** — Revolução de mulheres. *O Pharol*, 28 jun., p. 1. **1898** — Greve dos Cocheiros. *Correio de Minas*, 22 ago., p. 1; Carestia do pão. *Jornal do Commercio*, 9, 10 e 11 maio, p. 1; **1899** — *Jornal do Commercio*, 21 dez., p. 1. **1900** — Greve. *Jornal do Commercio*, 16 jan., p. 1; A greve dos carroceiros. *Jornal do Commercio*, 18 jan., p. 1; Os cocheiros do Rio. *Jornal do Commercio*, 18 jan., p. 1; Algumas tiras. *Jornal do Commercio*, 19 jan., p. 1; Greve. *O Pharol*, 16, 17 e 18 jan., p. 1. **1903** — Greve. *O Pharol*, 21 e 27 ago., p. 1. **1904** — Distúrbios no Rio. *O Pharol*, 12, 13 e 15 nov., p. 1. **1906** — Conflito. *Jornal do Commercio*, 17 jan., p. 1; Greve, combates, depredações. *Jornal do Commercio*, 10 fev., p. 1; Greves. *Jornal do Commercio*, 20 maio, p. 1; Greve em São Paulo. *Jornal do Commercio*, 21 maio, p. 1; A greve e Meeting. *Jornal do Commercio*, 31 maio, p. 2; O chefe da polícia e os grevistas. *Jornal do Commercio*, 1 jun., p. 2; Greve dos sapateiros. *Correio da Tarde*, 20 set., p. 2. **1907** — *O Pharol*, 2 maio, p. 1. **1908** — A greve da companhia de gás. *Jornal do Commercio*, 12, 14 e 15 abr., p. 1; Os operários do gás. *O Pharol*, 12 abr., p. 1 e 19 nov., p. 1. **1912** — Carroceiros em greve. *O Pharol*, 7 jun., p. 1; O congresso do pessoal ferroviário. *O Pharol*, 26 jun., p. 1; A greve dos marítimos. *O Pharol*, 27 jun., p. 1; Ainda a greve dos marítimos. *O Pharol*, 30 jun., p. 1; A greve dos empregados das empresas de transporte. *O Pharol*, 4 jul., p. 1; Greve dos marítimos. *O Pharol*, 5 jul., p. 1; A greve do pessoal dos elétricos. *O Pharol*, 19 e 26 jul, p. 1.

Anexo XII

Greves, mobilizações, comemorações e protestos proletários ocorridos em Minas Gerais e noticiados pela imprensa de Juiz de Fora (1890-1912)

Ano	Cidade	Período	Tipo	Liderança	Categorias envolvidas	Motivos e/ou reivindicações	Ações e resultados conhecidos
1890	Juiz de Fora	Mai./nov.	Mobilização	Não identificada	Empregados do comércio (caixeiros)	Solicitaram à Intendência Municipal que determinasse o fechamento do comércio às 14h aos domingos e dias santos, e aos patrões que os liberassem no 1º aniversário da República.	Não foram atendidos nas duas solicitações.
1891	Juiz de Fora	27 a 29 abr.	Mobilização	Não identificada	Oficiais de alfaiate (total de 22 trabalhadores)	Reajuste de preços dos serviços	Reuniram-se em 27 de abril e elaboraram uma nova tabela de preços que foi aceita pela maioria dos proprietários de alfaitarias.
1891	Juiz de Fora	5 set.	Greve	Sociedade dos cozinheiros	Cozinheiras	Fixação da remuneração mínima em 30$000 mensais	Publicaram nota no jornal avisando as "exmas. famílias que de hoje em diante não cozinham por menos de 30$ mensais." Muito provavelmente não foram atendidas.
1891	Nova Lima	5 nov.	Greve	Não identificada	Operários da mina de Morro Velho	Contra a morte de dois operários, e ferimento de outros sete, devido a um desastre provocado por dinamite	Paralisaram o trabalho, mas não tivemos notícias de resultados.
1892	Juiz de Fora	Mar./ago.	Mobilização	Não identificada	Trabalhadores urbanos	Contra a carestia e a especulação com os gêneros de primeira necessidade	Publicaram cartas e realizaram uma manifestação para que a Câmara adotasse medidas contra a carestia e a especulação, o que resultou na resolução nº 80, de 19 ago. 1892.
1892	Ouro Preto	2 jun.	Greve	Não identificada	Tipógrafos e operários das oficinas do jornal *Minas Gerais*	Reajuste salarial	Não obtiveram êxito, tendo sido demitidos os líderes do movimento.

Continua

Ano	Cidade	Período	Tipo	Liderança	Categorias envolvidas	Motivos e/ou reivindicações	Ações e resultados conhecidos
1894	Além Paraíba	23 a 26 ago.	Greve	Não identificada	Operários das oficinas da Estrada de Ferro Leopoldina	Contra a nomeação de um novo chefe de serviço e pelo pagamento dos salários em atraso	Paralisaram as oficinas e o tráfego de trens, arrancando um trecho dos trilhos. Sofreram repressão das tropas federais. A empresa manteve a nomeação do novo chefe, mas prometeu pagar os salários.
	Aiuruoca	Nov.	Greve	Não identificada	Trabalhadores da estrada de ferro de Sapucaí	Pagamento dos salários em atraso	Os operários, "há meses sem receberem seus salários", paralisaram os trabalhos e mantiveram dois engenheiros como reféns. Sem notícias de resultados.
	Guarani e Bicas	Fev./mar.	Greve	Não identificada	Operários do ramal Piau da Estrada de Ferro Leopoldina	Reajuste salarial	Em duas ocasiões os ferroviários paralisaram o trabalho e trafegaram em um trem entre as estações para mobilizar companheiros na luta por melhores salários, obtendo um acréscimo de $300.
	Juiz de Fora	Ago./set.	Mobilização	Ignácio R. Cardoso e outros	Empregados do comércio (caixeiros)	Fechamento do comércio aos domingos	Publicaram manifestos e realizaram reuniões e préstitos pelas ruas centrais da cidade para pedir a aprovação e garantir a aplicação de uma lei determinando o fechamento das portas do comércio aos domingos. Trata-se da Resolução nº 290, de 16 de agosto de 1894, que vigorará até janeiro de 1897.
1896	Juiz de Fora	1º de maio	Comemoração	Club dos Operários	Trabalhadores urbanos	O 1º de maio	Pela primeira vez, operários locais realizaram passeata e *meetings* para comemorar o 1º de maio.
	Juiz de Fora	Mai./jul.	Mobilização	Ignácio R. Cardoso e outros	Empregados do comércio (caixeiros)	Contra a revogação da Resolução nº 290, de 16 de agosto de 1894	Por meio de manifestos nos jornais, assembleias e passeatas, os caixeiros protestaram contra a reabertura do comércio aos domingos. Mas a Resolução nº 390, de 14 jan. 1897, permitirá o funcionamento das lojas nesse dia até as 12h.
	Juiz de Fora	14 out.	Greve	Não identificada	40 guarda-freios da Estrada de Ferro Central do Brasil	Aumentos salariais	Reuniram-se na Estação Mariano Procópio para exigir que seus vencimentos fossem equiparados aos dos demais operários da ferrovia. Sob forte ameaça policial, voltaram ao trabalho sem serem atendidos.

Continua

Ano	Cidade	Período	Tipo	Liderança	Categorias envolvidas	Motivos e/ou reivindicações	Ações e resultados conhecidos
1897	Juiz de Fora	24 a 26 fev.	Greve	Não identificada	Cocheiros	Pela revogação de resolução nº 353, de 27 de setembro de 1896, que impede os cocheiros de estacionar em qualquer ponto da cidade	A resolução não foi revogada, mas continuou a ser desrespeitada.
	Juiz de Fora	Mar.	Greve	Não identificada	Operários das obras da alfândega de Juiz de Fora	Os operários "declararam-se (...) em *grève*, por falta de pagamento de salários" e contra o pagamento com "vales" a serem trocados no comércio	Ao que parece, os salários foram acertados integralmente.
	Nova Lima	Mai.	Greve	Não identificada	400 operários da mina de Morro Velho, em sua maioria, espanhóis	Não divulgados	O chefe da polícia de Minas Gerais enviou um trem com cem praças fortemente armados para garantir o "restabelecimento da ordem" e pôr fim ao movimento paredista.
1900	Juiz de Fora	Jun.	Greve	Não identificada	Operários da fábrica de móveis Corrêa & Corrêa	Foram motivados por "questões internas de administração"	Os operários paralisaram a produção, mas não houve notícia dos resultados.
	Nova Lima	Jul.	Greve	Não identificada	Operários da mina de Morro Velho, em sua maioria, espanhóis	Contra a redução do valor dos salários	A Companhia solicitou força policial para reprimir a greve, sufocada com a prisão de diversos trabalhadores.
	São João d'El-Rey	Set.	Greve	Não identificada	Operário da Estrada de Ferro Oeste de Minas	Pagamento dos salários em atraso	Os operários interromperam o tráfego com a retirada de trechos dos trilhos. Houve repressão policial. Sem notícias de resultados.
1903	Juiz de Fora	Set.	Mobilização	Não identificada	Operários de diversas categorias	Possivelmente reivindicavam aumento salarial e redução da jornada de trabalho para oito horas	Mobilização com intenção de deflagrar uma greve geral. Sem notícias de resultados.

Continua

ANEXOS 473

Ano	Cidade	Período	Tipo	Liderança	Categorias envolvidas	Motivos e/ou reivindicações	Ações e resultados conhecidos
1904	Nova Lima	Mar.	Greve	Não identificada	700 operários da mina de Morro Velho	Contra os descontos nos salários dos gastos com a iluminação no interior da mina	Houve ameaça de repressão policial, mas não houve notícia dos resultados.
	Juiz de Fora	Abr./dez.	Mobilização	Associação dos Empregados no Comércio (AEC)	Empregados no comércio	Decretação de uma resolução municipal sobre o descanso dominical	Sob a liderança da AEC foi retomada a luta pelo descanso dominical integral com a realização de assembleias, publicação de manifestos e o envio de abaixo-assinados e petição à Câmara Municipal. A Resolução nº 511, de 18 de fevereiro de 1905, garantiu finalmente o fechamento do comércio aos domingos.
	Juiz de Fora	Jul.	Mobilização	União Operária do Engenho de Dentro	Operários da estação Mariano Procópio da EFCB	Contra a demissão de um trabalhador e a suspensão dos trens noturnos	A sociedade operária protestou junto à administração da ferrovia, que manteve a demissão. A greve não irrompeu, mas ameaças de paralisações e depredações levaram a empresa a não suspender os trens noturnos.
1905	Juiz de Fora	23 e 24 abr.	Mobilização	Não identificada	Verdureiros	Contra a cobrança de impostos e a imposição de venda apenas no mercado	Os verdureiros protestaram comparecendo ao mercado sem produtos para vender, e dirigindo à Câmara uma petição solicitando a revogação da resolução.
	Juiz de Fora	5 ago.	Mobilização	Não identificada	Açougueiros	Contra a rejeição de rezes classificadas como impróprias pela Câmara	Açougueiros impediram a matança de rezes até que todas fossem liberadas. Mas, ao final, prevaleceu a resolução municipal.

Continua

ANEXOS 475

Ano	Cidade	Período	Tipo	Liderança	Categorias envolvidas	Motivos e/ou reivindicações	Ações e resultados conhecidos
1906	Juiz de Fora	Jan.	Protesto	Não identificada	Trabalhadores em geral, alguns vinculados ao Centro das Classes Operárias	Contra a situação de abandono e miséria em que se encontravam muitos trabalhadores vitimados pela enchente de janeiro de 1906	Distribuíram um manifesto conclamando o proletariado a não participar das eleições de 30 de janeiro de 1906. Os jornais e a seção local do PRM condenaram veementemente tal manifesto, taxando-o de "anarquista" e "impatriótico".
1906	Juiz de Fora	1º de maio	Comemoração	Centro das Classes Operárias	Trabalhadores em geral	Celebração do 1º de maio como data consagrada para honrar o trabalho universal	O Centro das Classes Operárias programou diversos eventos para a celebração: salva de tiros, préstitos de trabalhadores ao som de banda, sessões solenes, inauguração do pavilhão da entidade e lançamento do jornal *Progresso Operário*. O ponto alto da festa foi a presença de um representante carioca do Partido Operário Independente, que criticou as resoluções do 1º COB.
1907	Juiz de Fora	17 a 22 set.	Greve	Não identificada	50 oficiais de sapateiros	Aumento da tabela de preços de mão de obra	Sapateiros apresentaram a nova tabela e entraram em greve diante da recusa dos patrões em conceder-lhes os aumentos reivindicados. Sem notícias dos resultados.
1907	Juiz de Fora	1º de maio	Comemoração	Centro das Classes Operárias e Liga Operária	Trabalhadores em geral	Celebração do 1º de maio em honra ao trabalho universal	O Centro das Classes Operárias promoveu uma conferência e uma passeata com os alunos de sua "escola noturna". Já a Liga Operária realizou uma sessão solene e um préstito de operários que desfilaram empunhando seu pavilhão, acompanhados por uma banda de música.
1908	Juiz de Fora	1º de maio	Comemoração	Centro das Classes Operárias e Partido Operário Independente (POI)	Trabalhadores em geral	Celebração do 1º de maio em honra ao trabalho universal	O 1º de maio de 1908 contou com passeata e retreta organizadas pelo POI e uma sessão solene na sede do Centro das Classes Operárias.

Continua

Ano	Cidade	Período	Tipo	Liderança	Categorias envolvidas	Motivos e/ou reivindicações	Ações e resultados conhecidos
1909	Juiz de Fora	Jun./jul. 1909	Mobilização	Centro das Classes Operárias; POI, Abia e União Protetora dos Operários	Operários das fábricas, construções, oficinas e dos transportes	Redução da jornada de trabalho para oito horas	O POI, juntamente com as três associações de ofícios vários locais, deflagraram uma campanha conjunta em prol da jornada de oito horas, realizando diversas assembleias, passeatas operárias e enviando uma petição para o patronato e a Câmara Municipal. Contudo, o patronato não atendeu a reivindicação, e o movimento se dissipou.
1909	Juiz de Fora	Mai. (1909-1911)	Mobilização	AEC	Empregados do comércio	Decretação de uma resolução municipal limitando o horário do comércio até as 20 horas nos dias úteis	Reunidos em fins de maio de 1909, os sócios da AEC decidiram enviar uma petição aos vereadores solicitando a aprovação de "uma lei obrigando as casas comerciais ao fechamento de suas portas", de segunda-feira a sábado, "às oito horas da noite". Em abril de 1911, a Câmara Municipal aprovou uma resolução nesse sentido.
1910	Juiz de Fora	1º de maio	Comemoração	União Protetora dos Operários e Abia	Trabalhadores em geral	Celebração do 1º de maio em honra ao trabalho universal	A União Protetora dos Operários procurou reafirmar a reivindicação da jornada de oito horas comemorando o 1º de maio com diversas atividades: préstimos operários, inauguração de pavilhão social e conferência.
1912	Belo Horizonte	7-17 maio	Greve Geral	Federação do Trabalho de Minas Gerais	Operários das fábricas, construções, oficinas e dos transportes	Instituição da jornada de trabalho para oito horas, sem redução de salários	A "comissão arbitral", nomeada pelo governo mineiro, estabeleceu que a partir de 16 de agosto de 1912, o horário de trabalho seria das 7 às 10 horas e das 11 às 16 horas.

Continua

ANEXOS   477

Ano	Cidade	Período	Tipo	Liderança	Categorias envolvidas	Motivos e/ou reivindicações	Ações e resultados conhecidos
1890	Juiz de Fora	2-4 jun.	Greve	Comissão de operários	Oficiais de sapateiro de diversas oficinas da cidade	Aumentos salariais	Em face da paralisação completa do serviço, o patronato do setor cedeu e concedeu os reajustes salariais reivindicados.
1891	Juiz de Fora	Maio/jul.	Mobilização	União Operária, Federação do Trabalho	Operários das fábricas, construções, oficinas e dos transportes	Instituição da jornada de trabalho para oito horas, sem redução de salários	A União Operária promoveu *meetings*, assembleias e enviou um abaixo-assinado e uma petição solicitando a intervenção das autoridades municipais e estaduais em favor da jornada de oito horas.
1912	Juiz de Fora	16-30 ago.	Greve geral	Não identificada	Operários e oficiais de ofício das fábricas, oficinas e construções	Instituição da jornada de trabalho para oito horas, sem redução de salários, aumento do salário por peça e regulamentação do trabalho do menor	Por aproximadamente 15 dias a cidade permaneceu em clima de tensão, tendo ocorrido prisões, espaçamentos e o assassinato de um trabalhador. O patronato se recusou a atender as reivindicações, exceto as dos fabricantes de calçados, que reajustaram o salário de seus operários. A Câmara aprovou uma resolução proibindo o trabalho de menores de 14 anos após as 17 horas.

Fontes: **1890** — Fechamento das portas. *O Pharol*, 8 maio, p. 1; Fechamento das portas. *O Pharol*, 24 out., p. 2; Aos comerciantes – o fechamento das portas. *O Pharol*, 11 nov., p. 1. **1891** — Oficiais de alfaiate. *O Pharol*, 29 abr., p. 2; Greve das cozinheiras. *O Pharol*, 5 set., p. 1; Desastre no Morro Velho. *O Pharol*, 10 nov., p. 1. **1892** — A carestia de gêneros. *O Pharol*, 29 mar., p. 1 e 4 ago., p. 1; Greve, *O Pharol*, 4 jun., p. 1; 28 ago., p. 1; 3 set., p. 1, 2 e 9 nov., p. 1; Manifestação de apreço. *O Pharol*, 4 ago. 1892, p. 1-2; e Resolução no 80 de 19 de agosto de 1892. *O Pharol*, 4 set. 1892, p. 1. **1894** — Greve. *O Pharol*, 27 fev., p. 1; E. F. Leopoldina. *O Pharol*, 9 mar., p. 1; Fechamento das portas. *O Pharol*, 25 mar., p. 1; À edilidade. *O Pharol*, 14 ago., p. 1; À classe caixeiral. *O Pharol*, 7 set., p. 2; Meeting. *O Pharol*, 11 set., p. 1. **1896** — Festejos da classe operária. *O Pharol*, 30 abr., p. 2; 1º de maio. *O Pharol*, 1 maio, p. 2; Fechamento das portas!!! *O Pharol*, 2 maio, p. 2; Fechamento das portas – alerta à Câmara Municipal. *O Pharol*, 10 jul., p. 2; Ata da reunião da classe caixeiral de Juiz de Fora, efetuada no Salão Apollo. *O Pharol*, 14 jul., p. 2; Greve de guarda-freios da Central. *O Pharol*, 16 out., p. 1. **1897** — Fechamento de portas. *O Pharol*, 14 jan., p. 1; Greve. *O Pharol*, 4 mar., p. 1; Greve no Morro Velho. *O Pharol*, 7 maio, p. 1; Greve dos cocheiros. *Jornal do Commercio*, 25, 26 e 27 fev., p. 1. **1900** — Greve. *O Pharol*, 12 jun., p. 1; Greve em Morro Velho. *O Pharol*, 18 jul., p. 1; Greve. *O Pharol*, 30 set., p. 1; Projeto de greve. *Jornal do Commercio*, 18 jul., p. 1. **1903** — Greve? *O Pharol*, 4 set, p. 1. **1904** — Greve em Morro Velho. *O Pharol*, 6 mar., p. 1; Os empregados do comércio. *O Pharol*, 8 mar., p. 1; Boatos de greve. *O Pharol*, 6 ago., p. 1; Opressão? *Jornal do Commercio*, 6 maio, p. 1. **1905** — Greve no Mercado. *O Pharol*, 25 abr., p. 1; Greve no matadouro. *O Pharol*, 17 abr. e 24 e 25 jul., p. 1; Anarquia ou tolice? *Jornal do Commercio*, 28 jan., p. 1; 1º de maio. *Jornal do Commercio*, 1 maio, p. 1-2; Festa do operário. *O Pharol*, 2 maio, p. 1-2. **1906** — Boletim eleitoral ao povo. *Jornal do Commercio*, 26 jan., p. 1; Greve de sapateiros. *Correio de Minas*, 18 e 22 set., p. 1. **1907** — Festa do trabalho. *Jornal do Commercio*, 2 maio, p. 1-2; 1º de maio. *Correio de Minas*, 2 maio; Greve de sapateiros. *Correio de Minas*, 2 maio, p. 2. **1909** — Reunião da classe operária: redução das horas de trabalho. *Jornal do Commercio*, 1 maio, p. 1; As horas de trabalho dos empregados no comércio. *O Pharol*, 1 out., p. 1. **1910** — O 1º de maio. *O Pharol*, 1 maio, p. 2; A festa do trabalho. *O Pharol*, 8 e 9 jun., p. 1; Greve dos sapateiros. *Jornal do Commercio*, 16 maio, p. 2; Greve dos operários. *Jornal do Commercio*, 6 jun., p. 1. **1912** — Belo Horizonte, parede dos operários. *Jornal do Commercio*, 3 maio, p. 2.

Anexo XIII

Associações proletárias constituídas em de Juiz de Fora (1889-1920)

Associação	Fundação	Categorias	Diretoria ou principais dirigentes	Ações e atividades mais relevantes	Dissolução
Club Caixeiral Hugoniano	14 jul. 1889	Empregados no comércio	Emiliano Pinto (presidente) | José A. Pinto (vice-presidente) | José da Silva Gomes (primeiro-secretário) | Gustavo Trindade (segundo-secretário) | Manoel Caetano M. Sampaio (tesoureiro) | Onofre Rangel (procurador) | Joaquim Ferreira, S. Nogueira e José Christo (comissão de sindicância)	Realização de assembleias para tratar dos seguintes assuntos: aprovação de estatutos, eleição de diretoria, a questão do "fechamento das portas" aos domingos, abertura de sede, formação de biblioteca e promoção de apresentações teatrais. Solicitação de apoio da imprensa e da Câmara Municipal para aprovação do descanso dominical.	13 out. 1889
Centro Operário Mineiro	08 jun. 1890	Ofícios vários	Eustáquio Ferreira (presidente) | Antonio Gomes Mundim (secretário)	Realização de reuniões dominicais para eleger diretoria provisória e tratar dos interesses da classe operária. Solicitou a Federação Operária do Rio de Janeiro seu programa.	2º sem. 1891
Sociedade União Operária	1º maio 1891	Ofícios vários	Antonio Gomes Mundim | João Francisco da Cruz | Francisco Costa | Alfredo M. de Oliveira | Francisco de Paula Gomes	Reunidos desde abril de 1891, planejaram a fundação da Sociedade para o dia 1º de maio, quando aprovaram estatutos e elegeram a diretoria provisória. A partir de junho passaram a realizar assembleias e reuniões quinzenais em sua sede.	24 jan. 1892
Sociedade dos Cozinheiros	2º sem. 1891	Cozinheiros e cozinheiras	Simão Butta (presidente)	Associação beneficente e recreativa. Em setembro de 1891 apoiou uma mobilização de cozinheiras locais por aumentos salariais.	2º sem. 1891
Sociedade União dos Empregados do Comércio	2º sem. 1893	Empregados no comércio	Arthur Caron (primeiro secretário) | Francisco de Carvalho Moura (tesoureiro)	Manutenção de um "salão social" para a realização das assembleias de sócios e acompanhamento da tramitação na Câmara Municipal do projeto sobre o fechamento das casas comerciais às 14 horas nos domingos e feriados.	1º sem. 1894
Club Operário	Jun. 1895	Ofícios vários	1ª Diretoria (1895-1896): Mateus Kascher, Antonio Netto Júnior e Pedro de Gouvêa Horta 2ª Diretoria (1896): Mateus Kascher (presidente) | Arhur Penna (vice-presidente) | Archimedes Franco (primeiro-secretário) | Elisiario da Fonseca (segundo-secretário) | Francisco de Assis Castro (tesoureiro) | Vicente Queres (procurador)	Entre junho e setembro de 1895 reuniram-se para aprovar os estatutos e escolher a primeira diretoria. A entidade realizava assembleias dominicais e voltava-se também para a promoção do socorro mútuo, ensaios de dança e bailes em sua sede social, localizada na rua XV de Novembro. Em 1896 organizou a primeira grande comemoração de 1º de maio em Juiz de Fora.	2º sem. 1896
Associação dos Empregados no Comércio	16 maio 1897	Empregados no comércio	Thiago A. Guimarães (presidente) | Ignácio R. Cardoso (vice-presente) | Renato Dias (primeiro-secretário) | José da Costa Lima (segundo-secretário) | Joaquim A. de Campos (tesoureiro)	Manutenção de uma sede social e de um "gabinete literário" na rua Halfeld, 35 B, realização de assembleias de sócios e promoção de atividades recreativas e de lazer, geralmente aos domingos.	1º sem. 1898

Continua

ANEXOS 479

Associação	Fundação	Categorias	Diretoria ou principais dirigentes	Ações e atividades mais relevantes	Dissolução
Centro Operário Nacional	7 ago. 1898	Ofícios vários	Felicíssimo Mendes Ribeiro (presidente) | José Teixeira (vice-presidente) | Francisco Eduardo de Paula Ribeiro (primeiro-secretário) | Ricardo Dutra (segundo-secretário) | Guilhermino A. de Lima (tesoureiro) | Quirino Ribeiro da Luz (procurador)	De agosto a setembro de 1898 realizou diversas assembleias para tratar de sua organização interna (estatutos e eleição de diretoria) e desenvolveu uma campanha de arrecadação de recursos, com os quais alugou sua "sede social", situada rua Fonseca Hermes, 4.	2º sem. 1898
Club União Comercial	21 ago. 1898	Empregados no comércio	Manoel da Silva Lemos (presidente) | Antonio Fernandes de Oliveira (vice-presidente) | Joaquim de Azevedo Vieira (primeiro-secretário) | Aristeu Duarte (segundo-secretário) | José Woyame (tesoureiro)	Associação de caráter "beneficente, humanitário e recreativo". Aprovou estatutos e elegeu sua diretoria por meio de assembleias. Seus sócios conferem ao diretor da Academia de Comércio o título de "sócio-distinto".	2º sem. 1898
Sociedade Tipográfica Beneficente Mineira	30 out. 1898	Tipógrafos	J. J. M. Tavares (presidente) | Pedro de Gouvêa Horta (vice-presidente) | Alfredo Torres (primeiro-secretário) | Francisco Torres (segundo-secretário) | Antonio Bernardo (tesoureiro)	Seus sócio-fundadores reuniram-se entre outubro e novembro de 1898, no prédio da Loja Maçônica Grande Oriente de Minas, para discutir e aprovar seus estatutos e escolher sua primeira diretoria.	2º sem. 1898
Associação dos Empregados no Comércio	1 fev. 1903	Caixeiros de casas comerciais, guarda-livros, empregados de escritórios, viajantes, gerentes e empregados de companhias e empresas	2ª Diretoria (1904): Renato C. Dias (presidente) | Alcides Freitas (vice-presidente) | Hermínio Santos (primeiro-secretário) | Antonio Gomes (segundo-secretário) | Leolpoldino de Araújo (tesoureiro) 3ª Diretoria (1905): Renato C. Dias (presidente) | Hermógenes Santos (vice-presidente) | Alcides de Freitas (primeiro-secretário) | Antonio Faulhaber (segundo-secretário) | Leolpoldino de Araújo (primeiro-tesoureiro) | Besnier de Oliveira (segundo-tesoureiro)	Em 1903 a AEC restringiu-se as atividades beneficentes e recreativas. Nos dois anos seguintes, assumiu também a liderança na campanha pelo descanso aos domingos, conquistados em abril de 1905. De 1906 em diante manteve-se ativa de modo ininterrupto, dispondo de sede social, bandeira, biblioteca e aulas noturnas. Nesse mesmo período, empenhou-se na luta pela limitação do horário de funcionamento do comércio de segunda a sábado, medida decretada pela Câmara Municipal em 1911 e 1919.	Em 1933 torna-se um sindicato reconhecido nos moldes da lei sindical de 19 de março de 1931
Centro Operário de Juiz de Fora	21 abr. 1903	Ofícios vários	Bruno Von Sydow (presidente) | Félix Schimidt (vice-presidente) | João Ribeiro dos Santos (primeiro-secretário) | Manoel de Carvalho (segundo-secretário) | Altivo Halfeld (tesoureiro) e mais 12 membros do "conselho administrativo"	Entre e maio e abril, sob a orientação de membros das classes conservadoras locais, cerca de uma centena de operários se reuniram, em diversas oportunidades, para tratar da fundação desse Centro Operário, que se dissolveu menos de um mês após a eleição de sua diretoria.	Jun. 1903

Continua

Associação	Fundação	Categorias	Diretoria ou principais dirigentes	Ações e atividades mais relevantes	Dissolução
União Operária de Juiz de Fora	Mar./jul. 1904	Ofícios vários	1ª Diretoria (1904): Domingos Vassalo Jr. (presidente) ǀ Adelino Abrard (vice-presidente) ǀ Orestes Bellotti (primeiro-secretário) ǀ João D. Filho (segundo-secretário) ǀ Paschoal Baldi (tesoureiro) ǀ Bernardino J. Batista (segundo-tesoureiro) ǀ Antonio M. Ribeiro (orador) ǀ Theobaldo R. Lima (procurador) 2ª Diretoria (1905): Domingos Vassalo Júnior (presidente) ǀ Adelino Abrard (vice-presidente) ǀ D. Caruso (primeiro-secretário) ǀ Antonio Guerra (segundo-secretário) ǀ Bernardino M. da Cruz (tesoureiro) ǀ Onofre de Giacomo (orador) ǀ Júlio do Rego (procurador)	A princípio, a União Operária de Juiz de Fora era uma "filial" da União Operária do Engenho de Dentro, cujo presidente, Antonio Augusto Pinto Machado, realizou diversas "conferências socialistas" em Juiz de Fora. Entre julho de 1904 e maio de 1905, os dirigentes da União Operária desta cidade procuraram garantir sua consolidação institucional e oferecer diversos serviços a seus sócios, como o socorro mútuo, escola noturna, atividades culturais e celebrações classistas, como a realizada em 1º de maio de 1905. Digna de nota, também, é a edição da folha semanal *O Operário*, que tinha como objetivo defender "os interesses das classes laboriosas".	2º sem. 1905
Associação Tipográfica Beneficente Mineira	Ago. 1905	Tipógrafos	2ª Diretoria (1906/07): Pedro de G. Horta (presidente) ǀ Anísio Mattoso (vice-presidente) ǀ Paulo Shimidtz (tesoureiro) ǀ Gabriel Costa (primeiro-secretário) ǀ Alberto Gualberto (segundo-secretário) e mais seis membros das comissões de sindicância e de beneficência	Reorganização da Sociedade Tipográfica Beneficente Mineira (1898), com o objetivo de manter ações beneficentes e recreativas. De 1906 a 1911 os dirigentes da Associação Tipográfica Beneficente Mineira promoveram reuniões regulares e diversos festivais e quermesses em favor de seus "cofres sociais".	Início da década de 1920
Centro das Classes Operárias	Jan. 1906	Ofícios vários	1ª Diretoria (1906/07): Bernardino M. de Moraes (presidente) ǀ Antonio Ventura (vice-presidente) ǀ Messias do Nascimento (primeiro-secretário) ǀ José Lobatti (segundo-secretário) ǀ Bernardino J. Batista (tesoureiro) ǀ Guilherme da Silva (procurador) e mais 22 conselheiros	Formada em janeiro de 1906, quando seus dirigentes enviaram uma representação ao Congresso Nacional solicitando a redução da jornada de trabalho e outras medidas sociais. Ainda em 1906, aderiu ao 1º COB protestando contra o aumento de impostos; organizou a celebração local do 1º de maio e publicava o jornal *Progresso Operário*. Com o aparecimento de algumas divergências internas e a saída de parte importante de seus quadros sociais, o Centro das Classes Operárias voltou-se cada vez mais para a promoção da beneficência e da instrução, o que não impediu seus diretores e sócios em apoiarem a campanha pelo "dia de oito horas", iniciada em meados de 1909, e a greve geral, que ocorreu na cidade em agosto de 1912.	2º sem. 1913
Federação Operária dos Artistas de Juiz de Fora	Out. 1906	Ofícios vários	Bernardino M. de Moraes e outros ex-dirigentes do Centro das Classes Operárias	Essa Federação operária foi formada por aproximadamente 60 dissidentes do Centro das Classes Operárias. Em seu manifesto de criação afirmaram que a nova entidade só admitiria "homens que vivam do trabalho honrado, de todas as artes." Teve existência efêmera e seus sócios agruparam-se, no ano seguinte, na Liga Operária.	1º trim. 1907
Liga Operária de Resistência do Povo Trabalhador	Abr. 1907	Ofícios vários	Bernardino M. de Moraes (presidente) ǀ Paulo P. Pereira (vice-presidente) ǀ Alcides Luiz P. da Gama (primeiro-secretário) ǀ Fernando Almada (segundo-secretário) ǀ Ventura P. de Sousa (tesoureiro) e Pedro M. dos Santos (procurador)	Associação formada por remanescentes da Federação Operária dos Artistas, que teve também uma curta duração. Em 1º de maio de 1907, os sócios e dirigentes da Liga Operária realizaram a instalação solene da entidade e saíram em passeata pelas ruas centrais da cidade.	2º sem. 1907

Continua

ANEXOS   481

Associação	Fundação	Categorias	Diretoria ou principais dirigentes	Ações e atividades mais relevantes	Dissolução
Partido Operário Independente	Dez. 1907	Trabalhadores em geral	Messias do Nascimento | Galdino Antonio de Medeiros e Quirino Ribeiro da Luz	O núcleo local do Partido Operário Independente (POI) foi organizado em dezembro de 1907, contando na sua direção com alguns dos sócios e dirigentes do Centro das Classes Operárias e da Associação Beneficente Imãos Artistas. Promove comemorações de 1º de maio e, entre 1909 e 1912, participa da campanha pela jornada de oito horas.	2º sem. 1912
Associação Beneficente dos Imãos Artistas	15 maio 1908	Ofícios vários	1ª Diretoria (1908/09): Galdino Antonio de Medeiros (presidente) | Jacob H. Gerhein (vice-presidente) | André Francisco de Sousa (primeiro-secretário) | José Luiz Pereira (segundo-secretário) | Armando Dias de Faria (tesoureiro) | Juscelino Índio do Brasil (procurador) e mais 15 conselheiros	A Associação Beneficente Imãos Artistas tinha como finalidade precípua socorrer "os irmãos operários em diversas artes" que se encontrassem "enfermos, inválidos ou necessitados de auxílio." Mas desenvolveu também ações de resistência, tendo participado da campanha pela jornada de oito horas e apoiado a greve geral de 1912. Em 1921, possuía 650 sócios.	Início da década de 1930
União Protetora dos Operários	1º sem. 1909	Ofícios vários	Não há informação	Ao lado da Abia e do Centro das Classes Operárias, a União Protetora dos Operários, em junho de 1909, deflagrou uma campanha em prol da jornada de oito horas, realizando diversas assembleias e enviando uma petição para o patronato e a Câmara Municipal. Até sua dissolução, em meados de 1911, desenvolve ações de resistência e presta o socorro mútuo.	2º sem. 1911
Associação Beneficente dos Alfaiates de Juiz de Fora	Maio 1911	Oficiais de alfaiate	Casemiro Dias Rosa e Pedro Lucci	Associação destinada a defender os interesses de seus sócios e socorrê-los nos momentos de enfermidade. Funcionou ao longo da década de 1910, sendo reorganizada em 1921, como Sociedade Beneficente e Protetora dos Alfaiates.	Início da década de 1920
Associação Beneficente dos Condutores e Motorneiros	Out. 1911	Condutores e Motorneiros da Cia. Mineira de Eletricidade	Não há informação	Durante toda a década de 1910, essa associação profissional voltou-se para as atividades recreativas e a promoção do socorro mútuo. Participou, em 1912, do 4º Congresso Operário, no Rio de Janeiro.	Início da década de 1920
União Operária – Federação do Trabalho	30 jun. 1912	Ofícios vários	André Bechtlufft | Salvador Poly | Waldemiro Padilha | Jovelino Juvêncio de Oliveira e José Cândido de Souza	Essa entidade foi formada durante a retomada da campanha pela jornada de oito horas em Juiz de Fora, tendo apoiado a greve de agosto de 1912 e participado dos congressos operários realizados nesse ano e em 1913 no Rio de Janeiro. Entre 1913 e 1914, ao lado da prestação do socorro mútuo, promoveu protestos contra a carestia.	Final de 1914
Sindicatos dos Sapateiros e classes anexas	1 set. 1912	Oficiais de sapateiros	Aristides de Oliveira Carvalho | Settimo Giovanini | Paulo Henrique Stiebler e Clodomiro Monti	Sindicato classista formado pelos sapateiros logo após a greve de agosto de 1912.	Não há informação

Continua

Associação	Fundação	Categorias	Diretoria ou principais dirigentes	Ações e atividades mais relevantes	Dissolução
Federação Operária de Juiz de Fora	30 nov. 1913	Ofícios vários	Odilon Duarte Braga | Amadeu Timponi | Belmiro de Medeiros Silva e Nelson Martins Paixão	Não há informação.	Final de 1914
Associação Beneficente Operária (ABO)	1º maio 1918	Ofícios vários	João de Campos Monteiro Bastos | Joaquim de Souza Moreira | José Custódio Jr. | Absalão J. Luiz | Gustavo Larcher, entre outros	Entre 1918 e 1919, desenvolve campanha contra carestia, publica o jornal *O Operário* e presta o socorro mútuo. Em janeiro de 1920, lidera a greve e as negociações que resultaram na conquista da jornada de oito horas.	Reorganizada como Federação Operária Mineira
Federação Operária Mineira	04 jan. 1920	Ofícios vários	João de Campos Monteiro Bastos | Joaquim de Souza Moreira | José Custódio Jr. | Absalão J. Luiz | Gustavo Larcher, entre outros	Concebida originalmente para congregar sindicatos profissionalmente diferenciados, formados a partir de sua orientação, a Federação Operária Mineira foi criada logo após a greve de 1920. Possuía 3.600 sócios em 1921 e 4.000 em 1924, quando lidera uma nova greve geral na cidade.	Início da década de 1930
Centro dos Barbeiros	1920	Oficiais de barbeiros	Não há informação	188 sócios em 1921.	Não há informação
Centro de resistência dos Gráficos de Juiz de Fora	24 out. 1920	Gráficos: tipógrafos, litógrafos, gravadores	Não há informação	Não há informação.	Não há informação

Fontes: *Gazeta da Tarde* — 15 jul. 1889, p. 2; 29 jul. 1889, p. 1; 15 ago. 1889, p. 3; 25 ago. 1889, p. 3; 29 ago. 1889, p. 2; 16 set. 1889, p. 2; 19 set. 1889, p. 1; 4 out. 1889, p. 2; 11 out. 1889, p. 2 e 17 out. 1889, p. 2. *Correio de Minas* — 11 ago. 1898, p. 3; 17 ago. 1898, p. 3; 22 ago. 1898, p. 1; 26 ago. 1898, p. 2 e 04 set. 1906, p. 1. *O Pharol* — 10 jun. 1890, p. 2; 5 set. 1890, p. 3; 12 abr. 1891, p. 3; 26 abr. 1891, p. 2; 30 abr. 1891, p. 2; 5 maio 1891, p. 2; 19 jun. 1891, p. 1; 5 e 6 set. 1891, p. 1; 3 e 23 out. 1891, p. 2; 22 jan. 1892, p. 3; 11 fev. 1894, p. 3; 3 mar. 1894, p. 1; 6 jun. 1895, p. 1; 9 e 22 ago. 1895, p. 2; 4 set. 1895, p. 2; 5 mar. 1896, p. 2; 10 abr. 1896, p. 2; 18 e 30 abr. 1896, p. 2; 1 e 2 maio 1896, p. 2; 17 jun. 1896, p. 2; 23 jul. 1896, p. 1; 16 ago. 1896, p. 1; 7 abr. 1903, p. 1; 19 abr. 1903, p. 2; 21 abr. 1903, p. 2; 21 maio 1903, p. 2; 22 jul. 1904, p. 1; 4, 11 e 30 out. 1904, p. 1; 25 out. 1904, p. 2; 7 e 29 dez. 1904, p. 1; 30 ago. 1905, p. 1; 17 dez. 1907, p. 1; 5 maio 1911, p. 2; 21 maio 1911, p. 2. *Jornal do Commercio* — 16 maio 1897, p. 3; 17 maio 1897, p. 2; 4 jul. 1897, p. 3; 9 ago. 1898, p. 2; 29 ago. 1898, p. 1; 30 out. 1898, p. 1; 13 e 15 nov. 1898, p. 1; 12 e 26 maio 1903, p. 1; 21 maio 1903, p. 2; 19, 26 e 27 abr. 1904, p. 1; 6 e 17 maio 1904, p. 2; 15 maio 1904, p. 1; 22 jul. 1904, p. 1; 13 e 28 fev. 1906, p. 1; 12 mar. 1906, p. 1-2; 18 abr. 1906, p. 1; 1 maio 1906, p. 1-2; 2 maio 1906, p. 1; 21 out. 1906, p. 5; 2 maio 1907, p. 1-2; 10 e 21 maio 1907, p. 1; 9 maio 1911, p. 1; 14 maio 1911, p. 1; 21 e 31 maio 1911, p. 2; 18 nov. 1911, p. 1; 2 jan. 1912, p. 1; 5 maio 1912, p. 2; 22 out. 1912, p. 1; 1 nov. 1912, p. 1. Ver também: *Almanak de Juiz de Fora* (1891), p. 17, 56; *Almanak de Juiz de Fora* (1892), p. 57; *Almanach de Juiz de Fora para 1897* (1896-1897), p. 203-204; Andrade (1987:68-75, 97-101, 107-116, 195); Dutra (1985:83-88 e 131-144).

Esta obra foi produzida nas
oficinas da Imos Gráfica e Editora na
cidade do Rio de Janeiro